# LA SCIENCE DES INGÉNIEURS.

IMPRIMERIE DE AMB. FIRMIN DIDOT,
IMPRIMEUR DE L'INSTITUT, RUE JACOB, N° 24.

# LA SCIENCE

# DES INGÉNIEURS,

DANS LA CONDUITE DES TRAVAUX DE FORTIFICATION
ET D'ARCHITECTURE CIVILE.

PAR BÉLIDOR.

Nouvelle édition, avec des notes, par M. NAVIER, membre
de l'Académie des Sciences.



A PARIS,
CHEZ FIRMIN DIDOT FRÈRES, LIBRAIRES,
RUE JACOB, N° 24.

1830.

# PRÉFACE

## DE L'AUTEUR.

Si l'on considère tous les différents travaux dont les ingénieurs ont la conduite, on conviendra qu'il n'y a point de profession qui exige plus de connaissances que la leur. Car, sans parler de la manière de disposer les pièces de fortification, pour les rendre capables de toute la défense possible, malgré, les irrégularités des lieux et la figure bizarre d'une *enceinte qu'on veut ménager*, ni de *tout ce qui peut* les distinguer dans la guerre des siéges, quelle foule d'objets divers ne présente pas la construction des fortifications, qui est la seule chose que je me suis proposée dans ce volume! On ne peut parcourir les places frontières sans rencontrer à chaque pas des ouvrages d'une construction particulière; quelquefois même, sans passer d'un lieu à un autre, on trouve dans le même endroit tout ce qui peut exercer pendant plusieurs années les esprits les plus laborieux, et les plus capables des grandes choses. Quand on veut entrer dans le détail, tout devient intéressant, on aperçoit mille choses essentielles qui échappent aux yeux de ceux qui regardent les fortifications avec indifférence: ici, il faudra travailler dans des lieux aquatiques, qui présentent cent sortes de difficultés à surmonter; là, ce sont des rochers escarpés qu'il faut soumettre aux règles de l'art; plus loin, construire des digues, des écluses, des ponts, des formes, des bassins, des jetées, des fanaux, des risbans, des môles, et tant d'autres ouvrages qui se font aux places maritimes; ailleurs, joindre une rivière à une autre par des canaux qu'il faudra peut-être faire passer sur des montagnes, pour de là aller traverser quelquefois un marais et même une rivière, sans qu'elle devienne un obstacle au chemin que le canal doit parcourir pour faciliter la navigation et le commerce; d'autre part, c'est un torrent rapide qu'il faut maintenir dans son lit, en construisant des épis pour en conserver les bords, ou empêcher qu'il ne détruise une île fortifiée, ou ne s'aille répandre dans la campagne et y causer de grands dommages.

Présentement, si l'on examine l'intérieur des places, l'on y apercevra des ouvrages de toute autre espèce : ce seront des portes de villes, des ponts, des bâtardeaux, des souterrains, des arsenaux, des citernes, etc., qu'il faut savoir exécuter. Enfin, l'on peut dire qu'un bon ingénieur est un homme universel, et que rien ne fait plus d'honneur à la France que d'en avoir un très-grand nombre capables de toutes les choses dont je viens de donner un crayon.

Quand on envisage tout ce que comprennent les fortifications, n'a-t-on pas lieu d'être surpris qu'il n'y ait eu jusqu'ici aucun traité pour l'instruction des jeunes gens qui veulent prendre ce parti? Car je compte pour rien ceux qu'on a mis au jour sous le nom de M. le maréchal de Vauban, pour leur donner du crédit, et qu'il a toujours désavoués. D'ailleurs, ces traités n'apprennent tout au plus que le nom des ouvrages, et à tracer sur le papier un front de polygone avec quelques dehors, dont la plupart sont assez mal entendus : on n'y fait point mention de la construction ni de tous les détails qui y ont rapport. Ce n'est pas que nous n'ayons un nombre d'habiles gens qui pourraient nous en donner d'excellents : plusieurs ont travaillé avec M. de Vauban, et il n'y a rien qu'on ne dût attendre de leur capacité. Mais leur silence est glorieux, le roi leur a confié les barrières du royaume : sans cesse occupés à faire des ouvrages nouveaux ou à maintenir les anciens en bon état, ils sont privés du loisir qu'il faudrait pour répandre leurs lumières, et se contentent de les communiquer à ceux qui travaillent sous leurs ordres.

Mais si l'on fait réflexion qu'on s'instruit fort lentement quand on n'apprend les choses qu'à mesure qu'elles se présentent, et qu'il arrive rarement qu'un jeune ingénieur puisse voir dans une même province toutes les différentes espèces de travaux qui dépendent des fortifications, l'on conviendra que rien ne serait plus utile qu'un bon livre, dans lequel il pût acquérir une connaissance générale de toutes les parties de son métier, afin que, venant à passer d'une place à une autre, il ne se présentât rien dont il ne pût avoir la conduite, dès qu'il joindrait la théorie à ce que la pratique pourrait lui apprendre. Il ferait alors beaucoup plus de progrès, et pourrait en peu de temps se mettre en état de marcher sur les traces des plus grands maîtres.

On ne peut disconvenir qu'un tel livre ne fût d'une grande utilité : sans doute que l'on m'accusera de témérité d'avoir osé l'entreprendre. Quand je l'ai commencé, si j'en avais conçu toute la conséquence, je me serais bien gardé d'y penser : peut-être aurais-je pris le parti le plus sage, et me serais épargné par-là beaucoup de peines et d'inquiétudes. Mais ce n'est ordinairement qu'après avoir travaillé long-temps, qu'on s'aperçoit du danger qu'il y a de se faire imprimer; parce que, devenant plus délicat, on cesse de voir ses ouvrages avec la même complaisance, on méprise au bout de quatre jours ce qu'on avait trouvé passable d'abord, et on n'est jamais content de soi, par l'envie qu'on a de mieux faire.

Il y a treize ou quatorze ans que j'ai ébauché celui-ci, sans avoir pu me persuader qu'il méritât d'être mis au jour, et peut-être ne serait-il pas sorti de mon cabinet, si j'en avais été entièrement le maître. Je n'affecte point une fausse modestie, les personnes aux lumières desquelles j'ai soumis mes écrits, rendront justice à la sincérité de mes sentiments : la gloire d'avoir fait un livre ne s'est jamais présentée à mon esprit d'une manière assez riante pour me sentir flatté de la qualité d'auteur : je n'ai jamais perdu de vue la censure à la quelle j'allais m'exposer, et cette pensée m'a même souvent intimidé. Cependant j'ai fait en sorte d'en tirer avantage, en considérant la rigueur du public comme un motif excellent pour me rendre circonspect. Tout le monde est d'accord que ce n'est que depuis qu'on l'a regardé comme un juge inexorable, que l'émulation des gens de lettres s'est accrue, et que les bibliothèques se sont grossies d'un grand nombre de livres en toute sorte de genres, qui ne seraient peut-être pas si achevés, si ceux qui les ont produits n'avaient appréhendé le ridicule que les gens de bon goût ont coutume de donner à tout ce qui porte un caractère de médiocrité. Il est vrai qu'il y a des matières si abondantes par elles-mêmes que, pour peu qu'on les traite avec méthode, on peut se tirer plus heureusement d'affaire. Celles dont je parlé sont de cette nature; et, pour juger du plan général que je me suis proposé, en voici la disposition.

Il s'agit de quatre volumes in-quarto, accompagnés d'un très-grand nombre de planches gravées en taille douce, qui comprennent les plans, profils et élévations des différents sujets qu'on s'est proposé de développer. De ces quatre volumes il y en a deux qui regardent l'art de fortifier les places dans toute sorte de situations, la manière de les attaquer et de les défendre relativement à ce qui s'est pratiqué de mieux depuis l'invention de la poudre. Les deux autres ont pour objet la construction des fortifications et de tous les ouvrages qui en font partie, et c'est le premier de ces deux-là que je donne présentement; puisque l'ordre naturel demande que l'on parle de la manière de construire les places qu'on veut *fortifier*, avant de donner des maximes pour les *attaquer* et les *défendre*. Ce n'est pas que ces deux objets n'aient un rapport intime; aussi l'a-t-on insinué aux endroits où il convenait d'en faire mention. D'ailleurs, on n'a pas voulu donner les quatre volumes à la fois, afin d'avoir plus de facilité pour l'impression, et ne point engager le public tout d'un coup dans une dépense qui aurait pu gêner plusieurs personnes : ajoutons que les volumes qui conviendraient aux uns, ne conviendraient peut-être pas aux autres, selon le goût que l'on peut avoir pour les matières qui intéressent plus ou moins, chacun faisant un traité à part, qui peut être détaché du reste. C'est pourquoi je ne m'arrêterai point à les détailler, pour ne m'attacher uniquement qu'à celui-ci, afin d'éviter la confusion que pourraient faire naître tant de sujets différents.

Ce volume est divisé en six livres : dans le premier, on

enseigne la manière d'appliquer les principes de la mécanique à la construction des revêtements de maçonnerie, pour savoir l'épaisseur qu'il faut leur donner par rapport à la poussée des terres qu'ils ont à soutenir; on y fait voir suivant quelle loi cette poussée agit, de quelle résistance les contreforts peuvent être capables, selon leur longueur, leur épaisseur, et la distance où ils seraient les uns des autres; en un mot, ce livre comprend beaucoup de choses très-utiles, dont la plupart n'avaient pas encore été traitées.

Dans le second, l'on considère de quelle manière se fait la poussée des voûtes, afin d'en tirer des règles générales et certaines pour déterminer l'épaisseur de leurs piédroits selon la figure que l'on voudrait donner aux voûtes dans les différents usages qu'on en fait pour les fortifications, soit aux souterrains, portes de ville, magasins à poudre, etc. On y parle aussi des culées des ponts par rapport à la poussée des arches, et on y fait plusieurs observations touchant l'exécution de ces sortes d'ouvrages.

Dans le troisième, on trouvera plusieurs dissertations sur les qualités et le choix des matériaux, avec la manière de les mettre en œuvre dans toute sorte de travaux; les détails dans lesquels il faut entrer pour en faire les estimations et les devis; ce qu'il faut observer dans les grands ateliers pour le transport et le remuement des terres, la façon de les employer, et comment on doit construire les voûtes des souterrains. On s'est étendu particulièrement sur les différentes espèces de fondements qu'on pouvait faire dans toute sorte d'endroits, principalement dans ceux qui présentent de grands obstacles à vaincre; et, pour tout dire enfin, on a supposé dans ce livre qu'on avait une place neuve à bâtir, pour avoir lieu de parler de tous les gros ouvrages de fortification, et d'en montrer la conduite depuis le tracé du projet jusqu'à son entière exécution.

Dans le quatrième, on a eu pour objet la construction de tous les édifices qui se font aux places de guerre : comme sont les portes de ville, corps-de-garde, redoutes, magasins, arsenaux, casernes, boulangeries, cantines, citernes, etc.; on y donne aussi des règles générales pour l'architecture civile, et des principes sur la force des bois de charpente : enfin, on est entré dans le détail de toutes les différentes parties qui se rencontrent dans la construction des édifices.

Dans le cinquième, on enseigne ce qui peut appartenir à la décoration, c'est-à-dire que l'on y donne les cinq ordres d'architecture avec les règles et les maximes des plus fameux architectes, tant anciens que modernes, pour orner les bâtiments et leur donner cette élégance qui les distingue du commun.

Enfin, dans le sixième livre, on montre la manière de faire les devis de tous les ouvrages contenus dans les précédents; on en rapporte des exemples détaillés et circonstanciés avec le plus de netteté qu'il a été possible, et l'on y trouvera aussi plusieurs observations sur la forme des adjudications, et les conditions sous lesquelles on doit passer les marchés aux entrepreneurs. Et pour rendre ce livre plus instructif, et suivre l'esprit du troisième et du quatrième, on a commencé par donner un modèle de devis général pour une place neuve qu'on aurait à construire, accompagné de quelques autres devis particuliers, qui serviront pour dresser ceux des ouvrages qui se font le plus ordinairement dans les places.

Comme ces six livres font autant de petits traités complets dans leur genre, on a affecté, en les imprimant, de les détacher les uns des autres, afin de contribuer à la satisfaction de plusieurs personnes, qui désiraient les avoir séparés ou les faire relier en deux tomes plus commodes, selon eux, que s'ils n'étaient qu'en un seul; c'est pourquoi les pages de chaque livre sont cotées à part. J'ajouterai aussi que, dans le premier et le second, et dans la suite des autres, lorsque l'on verra à la marge V. le C. art., etc., cela veut dire voyez tel article du Cours de Mathématiques : j'entends celui que j'ai fait à l'usage de l'Artillerie et du Génie, qui se trouve chez le même libraire qui vend mes ouvrages; car comme ce Cours a été composé exprès pour faciliter l'intelligence des choses de théorie qui demandaient des connaissances *préliminaires*, et que j'aurais eu peine à indiquer ailleurs, il était naturel que j'y eusse recours plutôt qu'à tout autre(1).

A l'égard du second volume, on y trouvera généralement tous les ouvrages qui appartiennent à l'architecture hydraulique, avec un dictionnaire fort ample des termes propres à la fortification et à l'architecture, et j'ose bien assurer que ce volume sera au moins aussi intéressant que le premier. Ayant encore des augmentations à y faire, il ne paraîtra pas cette année, comme je l'avais fait espérer; mais

(1) La manière de coter les pages n'est plus la même dans la présente édition, et les indications dont parle Bélidor ont été supprimées, l'ouvrage auquel elles se rapportent étant actuellement peu connu, et les connaissances préliminaires qu'elles rappellent étant devennes très-familières au plus grand nombre des lecteurs *(N)*.

le public n'y perdra rien, je tâcherai de payer avec usure l'attente de ceux qui voudront bien y prendre quelque part. D'ailleurs il est à propos que je sache le jugement qu'on portera de celui-ci, afin que, si j'apprenais qu'il y eût des augmentations ou des corrections à y faire, on pût les donner par supplément. Pour les fautes d'impression, je ne doute pas qu'on en rencontre quelques-unes; mais je ne les crois point assez de conséquence pour arrêter le lecteur; c'est pourquoi je n'ai pas fait d'errata.

Malgré toutes les mesures que j'ai pu prendre pour rendre cet ouvrage le plus achevé qu'il m'a été possible, j'ai cru ne devoir le mettre au jour qu'après l'avoir exposé tout de nouveau à la censure des ingénieurs du premier ordre; et M. le marquis Dasfeld ayant bien voulu s'intéresser à tout ce qui pouvait perfectionner mon dessein, je l'ai prié de me nommer pour commissaires quatre directeurs des fortifications : aussitôt qu'il se fut rendu à mes instances, je leur présentai mon manuscrit, qu'ils prirent la peine d'examiner, conjointement avec les ingénieurs en chef et les autres qui se sont trouvés sur les lieux. Et comme il est permis de se faire honneur des approbations que les personnes équitables et éclairées veulent bien nous accorder, voici celles de Messieurs de Vauban, Demus, de Vallory et Gittard (1).

(1) Voir à la fin du volume.

# LA SCIENCE
# DES INGÉNIEURS,
## DANS LA CONDUITE DES TRAVAUX
# DE FORTIFICATION.

## LIVRE PREMIER,

OÙ L'ON ENSEIGNE LA MANIÈRE DE SE SERVIR DES PRINCIPES DE LA MÉCANIQUE, POUR DONNER LES DIMENSIONS QUI CONVIENNENT AUX REVÊTEMENTS DES OUVRAGES DE FORTIFICATION, POUR ÊTRE EN ÉQUILIBRE AVEC LA POUSSÉE DES TERRES QU'ILS ONT A SOUTENIR.

DEPUIS qu'on a cherché dans les Mathématiques les moyens de perfectionner les Arts, on y a fait des progrès qu'on n'eût osé espérer auparavant : mais, comme il n'y a qu'un petit nombre de personnes qui sont en état de juger jusqu'où peut mener cette science, on a peine à se persuader qu'elle soit capable de toutes les merveilles qu'on lui attribue, ce que l'on a découvert de plus avantageux étant justement ce qui est ignoré du public, et même de ceux qui pourraient s'en servir utilement, par l'éloignement où ils sont de comprendre les principes qui ont conduit à la recherche d'une infinité de choses utiles, à moins qu'ils ne s'en instruisent, et ne se mettent, pour ainsi dire, eux-mêmes en état de faire des découvertes : d'ailleurs l'opinion qu'il n'y a que la seule pratique qui peut les mener au but, est encore un obstacle qui n'est pas le moins difficile à vaincre. Il est bien vrai que l'expérience contribue beaucoup à donner des connaissances nouvelles, et qu'elle fournit tous les jours aux plus habiles gens des sujets de réflexion dont ils ne se seraient peut-être pas avisés, si elle ne les avait fait naître : mais il faut que cette expérience soit éclairée, sans quoi l'on ne peut avoir que des idées très-confuses sur tout ce qui se présente ; on voit toujours les objets par la même face, on veut qu'ils soient tels qu'on nous a dit qu'ils étaient, ou tels qu'il a plu à notre imagination de nous les représenter, et qu'on soit dans le vrai ou non, on passe toute sa vie sans rien savoir de juste et de précis sur ce que l'on croit pourtant posséder le mieux. De là vient que bien des choses imparfaites demeurent toujours dans le même état; elles se transmettent d'une postérité à l'autre avec les mêmes défauts, et si par hasard quelqu'un s'avise de les remarquer, aussiôt tous les gens du métier se révoltent contre la nouveauté, l'on a peine à se figurer que ceux qui n'ont point travaillé toute leur vie à certains ouvrages, puissent en raisonner juste ; et la vérité, tout estimable qu'elle est, se trouve souvent obligée de garder le silence, ou de prendre des mesures et des ménagements pour s'insinuer. Cela vient, sans doute, de ce que la plupart des hommes ne consultent point assez la raison : esclaves du préjugé, c'est presque toujours l'usage qui les détermine ; et pour ne parler que de l'*architecture*, qui est le seul objet que j'ai en vue, n'est-il pas surprenant que depuis le temps qu'on la cultive, on l'ait si peu perfectionnée en certains points essentiels qui en sont comme la base ? car, si l'on en excepte quelques règles de convenance et de goût qui appartiennent à la décoration, on n'a rien d'assez précis ni d'exact sur la plupart du reste ; aucun architecte n'a donné des principes pour trouver le point d'équilibre entre les forces agissantes et celles qui doivent résister : on ne sait pas, par exemple, quelle épaisseur il faut donner au revêtement des terrasses ou à ceux des remparts, des quais et des chaussées, aux pieds-droits des voûtes, aux culées des ponts, pour être en équilibre par leur résistance avec la poussée que ces différents murs doivent soutenir sans y employer des matériaux superflus.

S'il manque quelque chose à l'architecture, c'est que ceux qui en ont traité ont voulu tirer tout du même fonds, et se passer des secours qu'ils ont crus étrangers à leur sujet, n'ayant pas considéré que les sciences doivent se donner des lumières mutuelles, et que celle-ci roulant sur des rapports, il n'y avait que les mathématiques qui pussent les déterminer. Ils ont pourtant bien senti qu'il leur manquait quelque chose ;

mais, comme la plupart n'avaient que très-peu ou point du tout de connaissance de la mécanique ni de l'algèbre, qui seules pouvaient donner ce qu'ils cherchaient, il n'est pas étonnant qu'ils n'y aient point eu recours, et qu'ils s'en soient tenus à une certaine pratique, qui à la vérité leur a réussi dans bien des cas, parce qu'ils n'ont point épargné les matériaux quand ils ont eu quelque sujet d'appréhender que leur ouvrage ne fût point assez solide.

Après cela, quand on parviendrait à trouver des règles qui donneraient à l'architecture toute la perfection possible, il est à craindre qu'on n'en tire pas toute l'utilité qu'on pourrait se promettre, parce que les règles que les géomètres donneront, ne pourront pas être entendues aussi aisément qu'on a coutume d'entendre les livres ordinaires de l'architecture, et qu'il faudra absolument employer l'algèbre et la mécanique, ces sortes de choses ne pouvant s'expliquer dans un autre langage. On aura beau dire qu'on n'y comprend rien, ce ne sera point la faute de ceux qui auront fait de leur mieux pour donner des principes nouveaux et plus certains que ceux que l'on avait. Mais pourquoi, dira-t-on, *vouloir assujétir l'architecture à tant de connaissances abstraites? Les architectes jusqu'ici n'ont pas su l'algèbre, et leurs ouvrages n'en sont pas moins solides, ni moins beaux.* Je conviens qu'on ne saurait trop les admirer, et qu'il est surprenant qu'ils aient pu se passer des règles dont je parle : cela vient apparemment du long usage où ils ont été de faire exécuter souvent la même chose, qui leur a fourni certaines pratiques dont ils se sont bien trouvés. Mais quel temps ne leur a-t-il pas fallu avant d'être capables de travailler hardiment ! A peine toute leur vie a-t-elle pu suffire, la malheureuse condition des hommes étant d'arriver au dernier terme de leurs jours lorsqu'ils commencent seulement à savoir quelque chose. Il faudrait donc, pour tirer le meilleur parti qu'il est possible d'une vie si courte, apprendre avec méthode ce qu'on a envie de savoir, avoir des règles sûres et démontrées, afin qu'en étant une fois prévenu on ne soit pas obligé d'attendre que l'expérience ou le hasard nous les apprenne. Ainsi, dans quelque profession que l'on soit, il faut entrer dans sa carrière avec le plus de fonds qu'il est possible, ensuite mettre à profit nos réflexions, ou celles des autres, sur les différents cas qui se présentent ; c'est-à-dire qu'il serait à souhaiter qu'on commençât où ceux qui nous ont précédés ont fini, parce que ce qu'ils nous ont laissé nous instruira presque autant que si nous l'avions pratiqué nous-mêmes. Mais, quoique bien des choses leur aient réussi, il est à propos de ne les imiter que dans celles où l'on apercevra les raisons qu'ils ont eues d'agir de telle et telle manière; car, comme les lieux, les circonstances, les différentes espèces de matériaux peuvent favoriser ou altérer l'exécution d'une même chose, il serait à craindre que ce qui a réussi aux uns ne fasse échouer les autres. Ainsi, pour commencer à suivre la méthode selon laquelle il m'a paru que l'architecture devait être traitée (c'est-à-dire, cette architecture qui appartient principalement à l'ingénieur), nous allons enseigner dans ce livre-ci une nouvelle théorie pour régler l'épaisseur des revêtements de maçonnerie qui, à ce que je crois, sera bien reçue de ceux qui seront à portée de l'entendre, puisqu'ils y trouveront la résolution d'un grand nombre de problèmes utiles dont ils pourront tirer beaucoup de connaissances. J'aurais bien voulu me servir d'une autre voie que celle de l'algèbre pour me faire entendre; mais je n'ai pu m'en passer, ce qui me fait appréhender que ceux qui ne sont que trop prévenus contre cette science, ne se préviennent aussi contre mon ouvrage, et n'en tirent pas tout le fruit que j'ai eu en vue de leur procurer. Je n'ai pourtant rien négligé pour me faire entendre clairement, je me suis servi partout des expressions les plus simples, terminant chaque proposition par un calcul arithmétique, et par des applications qui pourront être entendues de tout le monde, n'ayant pas voulu construire mes égalités selon la méthode ordinaire des géomètres, dans la crainte de donner à mon ouvrage un air savant, qui n'aurait fait que le rendre encore plus inaccessible à ceux pour qui j'écris.

Comme avant toutes choses il faut connaître les centres de gravité des figures sur lesquelles nous serons obligés d'opérer, je vais enseigner ce qu'il faut savoir là-dessus dans le chapitre suivant.

# CHAPITRE PREMIER,

*Où l'on donne la manière de trouver les centres de gravité de plusieurs figures.*

## DÉFINITION.

Il y a dans tous les corps pesants, c'est-à-dire dans toutes figures pesantes, un point par lequel cette figure étant suspendue, ou soutenue comme sur la pointe d'un pivot fort aigu, toutes les parties de la figure demeurent en équilibre ou en repos : or, ce point est nommé *le centre de gravité* de la figure.

## PROPOSITION PREMIÈRE.

### THÉORÈME.

1. *Si l'on divise en deux également les côtés opposés* AB *et* CD *d'un parallélogramme, et qu'on tire la ligne* EF, *je dis que le centre de gravité de ce parallélogramme est dans le milieu de cette ligne.* PLANCHE I^re. FIG. I.

### DÉMONSTRATION.

Il est certain que la ligne EF passant par le milieu de tous les éléments qui composent le parallélogramme, leur centre commun de gravité sera dans un des points de cette ligne : de même, si par le milieu des côtés AC et BD on tire la ligne GH, le centre de gravité du parallélogramme sera aussi dans cette ligne GH : il sera donc au point I où ces deux lignes se rencontrent.

*Remarque première.*

2. Quoique l'on ait coutume de considérer un plan sans nulle epaisseur quand il s'agit de la superficie des corps, cela n'empêche pas qu'on ne puisse attribuer une pesanteur aux plans dont nous parlons, sans que pour cela il faille leur supposer une épaisseur sensible. Cependant,

comme cette pesanteur ne peut être mesurée par aucun poids, nous regarderons la valeur de la superficie des plans comme tenant lieu de la pesanteur qui entre dans la mécanique dont nous parlons. Ainsi, on peut imaginer que deux plans homogènes sont en équilibre aux extrémités des bras d'un levier, quand les superficies de ces plans sont dans la raison réciproque des bras du levier.

*Remarque seconde.*

3. Puisque l'on peut considérer la superficie d'un plan comme exprimant la pesanteur qu'on lui attribue, on pourra donc, comme dans la mécanique ordinaire, supposer toute la pesanteur du plan, c'est-à-dire sa superficie, réunie autour d'un point pris à volonté dans la ligne de *direction* qui passera par le centre de *gravité*. Par exemple, nommant
FIG. 1. $a$ la hauteur AC du parallélogramme, et $b$ la base CD, sa superficie sera $ab$ : or, si on la suppose réunie dans le poids K, qui est dans un des points de la ligne IL tirée du centre de gravité I, l'on pourra dire que la pesanteur de ce poids est exprimée par $ab$.

*Remarque troisième.*

4. Comme les plans dont il sera question représenteront des profils de maçonnerie ou de terrasse, il faudra avoir égard non seulement à leur superficie, quand ils tiendront lieu d'une puissance ou d'un poids, mais encore à la nature des corps dont ils seront la coupe. Par exemple, si on a un levier dont le point d'appui soit dans le milieu, et qu'un plan de six pieds carrés provenant d'une coupe de maçonnerie soit suspendu à l'extrémité d'un des bras, on ne peut pas dire que ce plan puisse se mettre en équilibre avec un autre de six pieds carrés, provenant d'une coupe de terre; parce qu'un pied cube de maçonnerie pesant davantage qu'un pied cube de terre, il faut s'imaginer que le premier plan pèse davantage que le second, dans la raison qu'un pied cube de maçonnerie pèse plus qu'un pied cube de terre : or, comme nous avons besoin de connaître ce rapport parce qu'il aura lieu dans cette mécanique, l'on saura que le poids d'un certain volume de maçonnerie est à celui d'un pareil volume de terre à-peu-près comme 3 est à 2, c'est-à-dire que la terre pèse moins d'un tiers que la maçonnerie.

*Remarque quatrième.*

5. Si l'on avait donc une puissance représentée par un nombre de pieds quarrés provenant d'un profil de terre qu'on voulût mettre en équilibre avec un poids provenant d'un profil de maçonnerie, il faudrait prendre les deux tiers de la puissance, afin de la rendre homogène à la maçonnerie; car, comme la terre pèse moins d'un tiers que la maçonnerie, on ne pourra jamais faire avec ces deux matières différentes des rapports de poids à poids, qu'on ne fasse une réduction dans le volume de la plus légère.

## PROPOSITION SECONDE.

### Théorème.

6. *Si l'on a un triangle* ABC *quelconque, et que l'on divise la base* AC *en deux également au point* D, *je dis que le centre de gravité de ce triangle sera dans le tiers de la ligne* BD, *menée de l'angle* B *au milieu de la base* AC *qui lui est opposée.* Fig. 2.

### Démonstration.

Pour le prouver, je divise le côté BC en deux également au point E, et de l'angle A qui lui est opposé je tire la ligne AE, ensuite je prolonge le côté BA indéfiniment, et des points D et C je mène à la ligne AE les parallèles DG et CH. Cette préparation étant faite, considérez que, si l'on suppose le triangle ABC composé d'une infinité d'éléments parallèles à la base AC, la ligne BD les divisera tous en deux également, et qu'ainsi le centre commun de pesanteur de la somme de tous ces éléments sera dans l'un des points de la ligne BD; de même, supposant encore le triangle ABC composé d'une infinité d'éléments parallèles au côté BC, la ligne AE les partageant en deux également, le centre de pesanteur de toute leur somme sera encore dans l'un des points de la ligne AE : or, puisque le centre de gravité de tous les éléments du triangle, de quelque sens qu'on puisse les prendre, est d'une part dans la ligne BD, et de l'autre dans la ligne AE, le centre de gravité du triangle sera donc au point F, où ces deux lignes se coupent. Ainsi il faut faire voir présentement que le point F est éloigné de D du tiers de la ligne BD.

Pour cela remarquez en premier lieu que, dans le triangle BHC, le côté BC est divisé en deux également au point E, et que la ligne AE étant parallèle à HC, le côté BH sera aussi divisé également au point A; en second lieu, que dans le triangle AHC le côté AC est divisé en deux également au point D, que DG étant parallèle à CH, le côté AH sera encore divisé en deux également au point G : or, la ligne AG étant moitié de AH, elle sera aussi moitié de AB, puisque nous avons prouvé que AB était égal à AH; ainsi AG sera le tiers de BG; mais, comme dans le triangle BGD, AF est parallèle à GD, il s'ensuit donc que la ligne AG étant le tiers de BG, la ligne FD sera le tiers de BD.

*Remarque première.*

Fig. 3. 7. Pour appliquer ceci au triangle rectangle, qui est celui dont nous nous servirons le plus ordinairement dans la suite, remarquez selon le théorème précédent qu'ayant divisé la base BC en deux également au point D (car nous prenons ici un des petits côtés pour la base), et tiré la ligne AD, le point E qui est au tiers de cette ligne sera le centre de gravité du triangle rectangle ABC. Or, si de ce point l'on abaisse la perpendiculaire EF sur la base BC, elle sera la ligne de direction qui passe par le centre de gravité; mais ED étant le tiers de AD, DF sera le tiers de BD, à cause des parallèles EF et AB; ainsi ED sera la sixième partie de la base BC, et la ligne BF étant double de FD, elle sera par conséquent les deux sixièmes, ou, ce qui est la même chose, le tiers de la base BC. On peut donc dire que, dans un triangle rectangle, la ligne de direction EG, qui passe par le centre de gravité, passe aussi par le tiers de la base BC.

*Remarque seconde.*

8. Si l'on avait un triangle rectangle, et qu'on voulût réunir toute sa pesanteur, c'est-à-dire sa superficie, dans un des points de la ligne de direction, il n'y aurait qu'à diviser la base BC en trois parties égales, et de l'extrémité F du tiers qui répond à l'angle droit, abaisser une perpendiculaire FG; elle sera la ligne de direction que l'on demande. Ainsi nommant $a$ la hauteur AB du triangle, et $b$ la base BC, l'on aura $\frac{1}{2}\,ab$ pour la valeur du poids H, dans lequel on suppose que l'on a réuni la pesanteur, ou, ce qui est la même chose, la superficie du triangle.

## PROPOSITION TROISIÈME.

### Théorème.

9. *Si l'on a un trapézoïde* ABCD, *et que par les milieux* O *et* E *des côtés parallèles* BC, AD, *l'on tire la ligne* OE, *je dis que si l'on divise cette ligne en trois parties égales par les points* F *et* G, *le centre de gravité du trapézoïde sera dans l'un des points de la partie du milieu* FG. Fig. 4.

### Démonstration.

Si du point E l'on mène les lignes EB et EC, la figure sera divisée en trois triangles BEC, ABE et ECD. Or, si par le point G l'on mène la ligne HI parallèle à AD, et qu'on divise les bases AE et ED en deux également aux points M et N, pour tirer les lignes BM et CN il est constant que la parallèle HI qui passera par le tiers des lignes BM et CN donnera les points K et L qui seront les centres de gravité des triangles ABE et ECD, par l'article 6e; mais ces triangles sont égaux puisqu'ils ont la même hauteur et des bases égales, leur centre commun de gravité sera donc dans le milieu de la ligne KL, par conséquent au point G; d'autre côté, le centre de grávité du triangle BEC est au point F, puisque la ligne OF est le tiers de OE. Il s'ensuit donc que le centre commun de gravité de ce triangle et des deux autres ABE et ECD joints ensemble, c'est-à-dire du trapézoïde, est dans l'un des points de la ligne FG.

## PROPOSITION QUATRIÈME.

### Problème.

10. *Trouver le centre de gravité d'un trapézoïde.*

On vient de voir dans le théorème précédent que, si la ligne OE qui passe par le milieu des parallèles BC et AD était divisée en trois parties égales, le centre de gravité de toute la figure serait dans l'un des points de la ligne FG. Or, pour trouver ce point, nous regarderons la ligne FG comme un levier aux extrémités duquel seraient suspendus deux Fig. 4.

poids, dont celui de l'extrémité F serait équivalent au triangle BEC, et l'autre de l'extrémité G équivalent à la somme des deux triangles ABE et ECD; et si l'on suppose que le centre de gravité que l'on cherche soit au point P, il est constant que dans l'état d'équilibre il y aura même raison du triangle suspendu au point F à la partie GP, que de la somme des triangles suspendus au point G à la partie FP; mais, comme ces trois triangles ont la même hauteur, ils seront entre eux comme leurs bases, c'est-à-dire que le triangle BEC sera à la somme de deux triangles ABE et ECD comme BC est à AD : ainsi, pour que le point P soit le centre commun de gravité de ces trois triangles ou du trapézoïde, il faut que BC soit à AD comme PG est à PF. Ce qui fait voir que, pour trouver le centre de gravité d'un trapézoïde, il faut par le milieu des parallèles BC et AD tirer la ligne OE, la partager en trois parties égales, et celle du milieu FG en deux parties FP, PG, qui soient l'une à l'autre dans la raison de AD à BC, en sorte que la plus grande partie, comme FP, réponde au plus petit côté BC, et que la plus petite, comme PG, réponde au plus grand AD. Par exemple, si BC était le tiers ou la moitié de AD, il faudrait que la partie PG fût le tiers ou la moitié de FP.

Comme il suffit de savoir trouver le centre de gravité des figures précédentes pour ce que nous avons à enseigner dans ce livre-ci, je ne parlerai point de ceux des autres figures, comme des portions de cercle, d'ellipse, etc., parce que nous ferons en sorte de nous en passer, n'ayant pas voulu les donner, à cause que les démonstrations de ces problèmes sont extrêmement longues par la géométrie ordinaire, et que, si j'avais eu recours aux méthodes que fournissent pour cela les nouveaux calculs, je me serais exposé à n'être entendu que de très-peu de personnes, ces calculs n'étant connus que des géomètres du premier ordre.

## CHAPITRE SECOND,

*Où l'on enseigne comment on trouve l'épaisseur des murs que l'on veut mettre en équilibre par leur résistance avec les puissances qui agiraient pour les renverser, lorsque ces murs sont élevés à plomb des deux côtés.*

### PROPOSITION PREMIÈRE,

*Tirée des principes de la mécanique, et qui doit servir de lemme à quelques-unes des propositions qu'on rencontrera dans la suite.*

11. Si l'on a un levier ou une balance AB, sans pesanteur, dont le point d'appui soit en C, et qu'il y ait à l'extrémité A un poids M, et au point B une puissance P en équilibre avec ce poids, on demande de transposer cette puissance à l'extrémité D du bras de levier CD plus grand que CB, en sorte qu'elle soit encore en équilibre. Fig. 5.

On sent bien que cette puissance agissant en D n'aura pas besoin d'une si grande force qu'elle avait en B pour faire le même effet sur le poids M, puisque son action doit diminuer à mesure que le levier augmente : or, pour qu'elle fasse le même effet à l'extrémité D qu'à l'extrémité B, il faut que, multipliant la force qu'elle a en B par le bras de levier C B, l'on ait un produit égal à celui de la multiplication du bras de levier CD par l'effort qu'il faut qu'elle fasse en D. Nommant $x$ ce second effort, $c$ le bras CB, et $b$ le bras CD, l'on aura $cp=bx$, ou bien $\frac{cp}{b}=x$. C'est-à-dire que, pour avoir la force avec laquelle elle agira en D, il faut multiplier celle qu'elle avait en B par le bras de levier CB, et diviser le produit par toute la longueur CD ; le quotient sera ce que l'on demande.

Mais, si les bras de levier, au lieu d'être sur un seul alignement ACB, faisaient un angle comme font ceux du levier recourbé ABC, il faudrait s'y prendre de la même façon pour transposer la puissance ; c'est-à-dire, que si la puissance F est appliquée à l'extrémité E du bras EB, où elle agit selon une direction perpendiculaire EF, et que l'on veuille la trans- Fig. 6.

poser à l'extrémité A du levier AB plus grand que EB, il faudra multiplier la force de cette puissance par le bras EB et diviser le produit par le bras AB pour avoir le quotient, qui sera la force de la puissance G, pour qu'étant appliquée en A elle fasse le même effet qu'en E, en supposant toujours qu'elle agit selon une direction perpendiculaire au bras du levier.

*Avertissement.*

Avant d'entrer en matière, il est bon de faire ici trois suppositions, dont on conviendra aisément dans le sujet que je vais traiter.

12. La première est que l'on doit regarder un mur comme étant assis sur des fondements inébranlables, et que si une puissance poussait ou tirait le mur, sa base pourrait s'incliner sur les fondements, comme ferait, par exemple, un cube ou un parallélipipède posé sur une table.

13. La seconde est qu'on doit considérer un mur comme composé d'une seule pierre, c'est-à-dire, dont les parties soient si bien liées, qu'elles soient comme indissolubles : quelque effort que fasse la puissance qui agit, elle peut bien renverser le mur, mais non pas le rompre.

14. La troisième, c'est qu'on peut regarder le profil d'un mur comme exprimant le mur même ; car, comme un mur est composé d'une infinité de plans parallèles entre eux et perpendiculaires à l'horison, ce qu'on dira au sujet d'un de ces plans pourra se dire de même de tous les autres. Ainsi la longueur du mur est une chose dont nous ferons abstraction.

La première supposition n'a rien d'extraordinaire, puisqu'on n'y suppose aucune chose qui n'arrive fort souvent dans l'exécution. Les piles des ponts et les murs qui sont bâtis sur pilotis sont assis sur un plancher qui leur sert de base : ainsi dans ce cas-là le mur ne doit être considéré que depuis la retraite jusqu'au sommet, et c'est sur ce pied que nous l'envisagerons ; n'ayant pas jugé à propos d'admettre les fondements dans les calculs que nous serons obligés de faire, parce que ces fondements n'ayant pas de profondeur déterminée, ils n'auraient pu convenir avec la précision que nous avons tâché de suivre.

La seconde supposition n'a rien non plus qui répugne, puisque dans une théorie comme celle-ci il est à présumer que la maçonnerie a été faite avec toutes les attentions possibles. D'ailleurs, le plus ou moins de liaisons que peuvent causer les matériaux bons ou mauvais, n'est point une chose qui appartient à ce livre-ci. Je n'expliquerai point la troisième supposition, parce qu'elle est assez naturelle (1).

J'ajouterai encore que, pour éviter les répétitions inutiles, nous supposerons toujours que les puissances dont nous parlerons poussent ou tirent selon des directions perpendiculaires à la ligne verticale qui détermine la hauteur des murs, excepté dans les occasions où on aura soin d'avertir du contraire; et que chacune de ces puissances sera nommée *bf*,

---

(1) Les suppositions que Bélidor fait ici lui sont nécessaires pour appliquer le calcul au problème de physique qu'il va traiter. Quoiqu'il s'efforce de les justifier, il est visible qu'elles sont fausses, et que les données desquelles il part ne sont point conformes à ce qui a réellement lieu dans la nature. Les murs ne sont jamais établis sur des fondements inébranlables, à moins d'être élevés sur des masses de rochers; ceux mêmes qui ont été fondés sur pilotis sont souvent renversés, parce que ces pilotis n'ayant pas assez pénétré dans un terrain solide, cèdent à la poussée des terres, et s'inclinent en avant: et on peut avancer généralement que la plupart des murs de revêtement périssent moins par un défaut d'épaisseur que par l'imperfection de leurs fondations. Il en est de même à l'égard de la nécessité de considérer le mur comme une seule pierre. Cette hypothèse ne peut avoir quelque vraisemblance qu'autant que les mortiers ont pris corps, et lient parfaitement entre elles toutes les parties dont ce mur est composé, ce qui ne peut arriver qu'après un temps très-considérable.

On peut remarquer ici qu'à l'époque où *la Science des Ingénieurs* a paru, les constructeurs, ordinairement guidés par une pratique aveugle, et pour la plupart étrangers aux connaissances mathématiques, accordaient difficilement leur confiance aux principes que ces sciences fournissent pour les arts de constructions. Il fallait donc, pour donner quelque crédit aux théories que les hommes instruits voulaient établir, les présenter comme exemptes d'incertitude, et écarter du mieux possible celle qui résulte de l'impossibilité de représenter exactement les circonstances physiques au moyen du calcul. Mais l'étude des mathématiques est actuellement si répandue, et leur application à la physique est tellement perfectionnée, qu'il est devenu nécessaire au contraire de prémunir les constructeurs contre les inconvénients d'une confiance trop absolue dans les résultats auxquels elles conduisent. La question de la poussée des terres, en particulier, quelque exacte que soit actuellement son analyse, n'est pas beaucoup plus éclaircie, quant à la pratique des constructions, qu'elle ne l'était du temps de Bélidor. (*N.*)

sans qu'on doive s'embarrasser au commencement pourquoi l'on prend plutôt l'expression $bf$ que toute autre pour désigner la force de la puissance : on en verra la raison dans la suite.

## PROPOSITION SECONDE.

### Problème.

15. *Trouver l'épaisseur qu'il faut donner aux murs qui sont élevés à plomb devant et derrière, pour que par leur pesanteur ils soient en équilibre avec l'effort qu'ils ont à soutenir.*

Fig. 8 Ayant un parallélogramme rectangle ABCD qui représente le profil d'un mur dont la hauteur AB est déterminée, et une puissance P qui pousse ce mur selon une direction KD, on demande quelle épaisseur il faudra donner à la base BC pour que ce mur par son poids soit en équilibre avec l'effort de la puissance.

Comme c'est la même chose à la puissance P de pousser de K en D, ou de tirer de A en H pour renverser le mur, nous supposerons qu'à l'extrémité de la corde AH qui va passer sur une poulie L on a attaché un poids I, qui est équivalent par sa pesanteur à la force de la puissance. Nous supposerons aussi qu'ayant trouvé le centre de gravité F du parallélogramme, on a réuni toute sa superficie dans le poids G qui est suspendu au milieu F de la ligne BC.

Cela posé, il faut considérer les lignes AB et BF, qui forment l'angle droit ABF, comme le bras d'un levier recourbé dont le point d'appui est à l'angle B, le poids G à l'extrémité F du plus petit bras BF, et la puissance dans la direction de la corde AH qui est attachée à l'extrémité A du plus grand bras AB. Nous nommerons $a$ le bras AB, et $bf$ la valeur de la puissance ou du poids I; la ligne BC que nous cherchons sera nommée $y$; pour lors on aura $ay$ pour la superficie du parallélogramme, ou, ce qui est la même chose, pour la valeur du poids G; or, il ne s'agit donc que de connaître $y$.

Remarquez, pour que la puissance et le poids soient en équilibre, qu'il faut qu'ils soient dans la raison réciproque des bras du levier; et comme on suppose ici l'équilibre, on aura donc $bf : ay :: \frac{1}{2}y : a$, qui donne $abf = \frac{1}{2} ay^2$; d'où effaçant $a$ de part et d'autre, et multipliant le premier membre par 2, pour faire évanouir la fraction du second, il vient $2bf = y^2$, qui se réduit à cette dernière équation $\sqrt{2bf} = y$.

## APPLICATION.

Pour trouver l'épaisseur qu'il faut donner à un mur qui est poussé par le sommet selon une direction perpendiculaire, il faut doubler le nombre qui exprime la valeur de la puissance et en extraire la racine carrée; cette racine sera ce que l'on demande. Par exemple, supposant que la puissance $bf$ soit équivalente à un plan de 18 pieds carrés, il faut doubler ce nombre pour avoir 36 pieds carrés, dont la racine qui est 6 sera l'épaisseur BC que l'on cherche.

Si j'ai supposé que la puissance était équivalente à un plan de 18 pieds carrés, il ne faut pas que cela paraisse extraordinaire, puisque, comme on l'a déja insinué dans le second article, les forces agissantes et résistantes ne doivent être exprimées dans cette mécanique qu'avec des plans, comme on en verra encore mieux la raison ailleurs.

### Corollaire I.

16. Si l'on avait un mur AD poussé par deux puissances qui agissent selon les directions LB et KM, ou qui tirent de l'autre côté selon les directions AI et GH, et qu'on voulût savoir quelle épaisseur il faudrait donner à ce mur pour être en équilibre avec les deux puissances, il faudrait réunir la puissance H avec la puissance I, c'est-à-dire la transporter à l'extrémité A, selon l'article 11ᵉ; et supposant que la valeur de ces deux puissances soit exprimée par $bf$, on aurait comme ci-devant $\sqrt{2bf} = y$. Fig. 7.

### Corollaire II.

17. De même, si l'on avait une puissance appliquée en E tirant de E en H, et une autre appliquée en B tirant de B en K, et qu'on voulût connaître quelle doit être l'épaisseur AD pour que le mur soit en équilibre par son poids avec les deux puissances, en supposant que la puissance K fait beaucoup plus d'effort au point B que la puissance H n'en Fig. 16.

fait au point E, il faudrait réduire la puissance H à l'extrémité C par l'article 11ᵉ pour avoir la puissance I, qui sera opposée à la puissance K. Ainsi, étant sur un même alignement, il se fera une destruction de force, c'est-à-dire que la puissance K, que nous avons supposée la plus grande des deux, sera diminuée de toute la puissance I. C'est pourquoi, si l'on retranche la plus petite de la plus grande, et que l'on nomme la différence $bf$, tout le mécanisme se réduira encore à cette dernière équation $\sqrt{2bf}=y$.

## Corollaire III.

Fig. 9. 18. Ayant un mur AD et une puissance K appliquée à l'extrémité A du levier AC, qui tire de A en F selon une direction oblique au bras du même levier, voulant savoir quelle épaisseur il faut donner à la base CD du mur pour qu'il soit en équilibre par son poids avec l'effort de la puissance K : considérez que le poids I équivalant à cette puissance n'aura pas tant de force en agissant selon la direction oblique AF que si c'était selon une direction AN perpendiculaire au levier AC. Or, si l'on abaisse du point d'appui C la perpendiculaire CG sur le prolongement FA de la direction de la puissance, on pourra, au lieu du bras de levier CA, prendre le bras CG, et pour lors la proposition subsistera toujours dans son entier, puisque l'on sait que la puissance est au poids dans la raison réciproque des perpendiculaires CG et CL, abaissées sur les lignes de direction de la puissance et du poids. Ainsi, nommant la ligne CA, $c$; le levier CG, $a$; et la base CD, $y$; on aura $bf : cy :: \frac{1}{2}y : a$, qui donne $abf=\frac{1}{2}cy^2$, ou bien $\frac{1}{c}\sqrt{2abf}=y$.

## APPLICATION.

Pour avoir l'épaisseur CD, il faut multiplier la puissance I par le levier CG, diviser le produit par la hauteur AC de la muraille, doubler le quotient, et en extraire la racine carrée qui donnera ce que l'on cherche.

## CHAPITRE TROISIÈME,

*Où l'on détermine quelle épaisseur il faut donner au sommet des murs qui sont élevés à plomb d'un côté et en talus de l'autre, pour que ces murs puissent être en équilibre par leur résistance avec la poussée qu'ils ont à soutenir.*

Il y a apparence que, dès les premiers temps que les hommes se sont avisés de faire des revêtements de maçonnerie pour soutenir des terrasses ou des remparts de fortification, ils ont senti la nécessité de leur donner du talus du côté du parement : mais l'on ne sait pas bien s'ils ont eu dessein de donner plus d'assiette à la base du mur, ou si c'était seulement pour que les matériaux se soutinssent mieux, à l'imitation de ce que l'on fait pour les ouvrages de terrasse. Car il ne paraît pas que leur vue ait été de rendre les revêtements capables de résister davantage à la poussée des terres, du moins les architectes tant anciens que modernes qui ont écrit n'en font pas mention ; et ce qui me ferait présumer qu'ils n'ont pas aperçu tout l'avantage des talus, c'est qu'ils se sont contentés d'établir pour règle générale qu'il fallait donner aux murs pour talus la cinquième partie de leur hauteur, et que dans bien des occasions où ils auraient pu en donner beaucoup plus pour ne point employer une quantité de matériaux superflus, ils ne l'ont pas fait. Au contraire, souvent il leur est arrivé de donner du talus à des murs qui n'en devaient point avoir, et d'élever à plomb des deux côtés ceux qu'un talus aurait rendus capables d'une force beaucoup plus grande, même avec moins de maçonnerie. Cependant il est si naturel d'apercevoir qu'un mur qui a du talus résiste mieux qu'un autre qui n'en a point, que, malgré tout ce que je pourrais dire pour confirmer ma pensée, j'aime mieux croire qu'ils ont vu que le talus était nécessaire, mais qu'ils n'ont eu là-dessus que des sentiments obscurs, ce qui ne peut arriver autrement quand on ne considère pas les choses dans leur principe. Mais comme rien, en fait d'architecture, ne me paraît plus nécessaire d'être bien entendu que ce qui vient de faire le sujet de cette petite dissertation, je vais faire en sorte dans ce chapitre d'en bien développer toutes les circonstances.

## PROPOSITION PREMIÈRE.

### PROBLÈME.

19. *Ayant un profil de muraille* ABC *triangulaire, dont le point d'appui est en* C, *et qu'une puissance pousse de* K *en* B *pour la renverser du côté opposé, on demande quelle épaisseur il faudra donner à la base* AC, *pour que le poids* G *qu'on suppose équivalent à la superficie du triangle, soit en équilibre avec la puissance* K.

FIG. 15. Pour bien entendre ce problème, il faut considérer les côtés CB et CE de l'angle BCE comme formant un levier recourbé dont le point d'appui est en C, que la puissance K appliquée à l'extrémité B du bras CB pousse selon une direction parallèle à l'horizon, et par conséquent oblique au bras du levier, et que le poids G est appliqué à l'extrémité E de l'autre bras CE, qui est terminé par la ligne de direction IL tirée du centre de gravité I du triangle. Or, comme c'est la même chose que la puissance K pousse de K en B, ou qu'elle tire de B en H selon une direction toujours parallèle à l'horizon, nous supposerons pour plus de facilité que le poids F est équivalent à cette puissance; et abaissant la perpendiculaire CD sur la ligne BH, la longueur du bras de levier oblique CB, par rapport à la puissance, sera réduite à la ligne CD par l'article 18; et par-là la puissance K ou F pourra être admise dans son entier, en supposant qu'elle est appliquée à l'extrémité D de la perpendiculaire CD, que nous regarderons présentement comme un des bras de levier. Si l'on nomme ce bras de levier $c$, aussi bien que la hauteur BA qui lui est égale; $y$, la base CA; l'on aura $\frac{2}{3}y$ pour l'autre bras CE (puisque, par l'article 7, la partie AE est le tiers de toute la base AC); cela étant, le poids G sera $\frac{1}{3}cy$, ainsi l'on aura $bf : \frac{1}{2}cy :: \frac{2}{3}y : c$, qui donne cette équation $\frac{1}{6}cy^2 = bcf$, qu'on rendra plus simple en faisant la réduction, puisqu'on n'aura plus que $\frac{1}{3}y = bf$, ou bien $y = \sqrt{3bf}$, qui fait voir qu'on trouvera la base AC en triplant la puissance K ou F, et en extrayant la racine carrée de ce produit.

*Remarque première.*

20. L'on doit remarquer ici que, de toutes les figures que l'on peut donner à un profil de muraille qui a quelque poussée à soutenir, il n'y en a point où il faille moins de maçonnerie que dans celle qui est triangulaire, parce que le levier CE gagne par sa longueur ce que le poids G a de moins provenant d'un triangle que s'il provenait d'un parallélogramme, ce que je vais démontrer. FIG. 15.

Ayant le parallélogramme rectangle AD, dont la hauteur soit égale à celle du triangle précédent, et la puissance qui pousse de K en C ou tire de C en G, selon une direction parallèle à l'horizon, agissant avec la même force que celle du triangle ABC, l'on sait que, pour avoir l'épaisseur BD, il faut doubler la puissance K et en extraire la racine carrée*, puisqu'après avoir fait les opérations ordinaires il vient pour dernière équation $\sqrt{2bf}=y$; et comme nous venons d'avoir $\sqrt{2bf}=y$ pour la base du triangle, l'on peut donc dire que la superficie du profil rectangle AD sera à celle du profil triangulaire, comme $\sqrt{2bf}$ est à la moitié de $\sqrt{3bf}$, puisque ne prenant que la moitié de la base du triangle, l'on peut regarder cette moitié comme la base du rectangle égal au triangle; mais la moitié de $\sqrt{3bf}$ est beaucoup moindre que $\sqrt{2bf}$, et pour en être convaincu il n'y a qu'à faire un triangle rectangle et isocèle ABC, et supposer que chaque carré des côtés BA et BC est égal à $bf$; cela étant, l'hypoténuse AC, ou, ce qui est la même chose, $\sqrt{2bf}$, pourra être regardée comme exprimant la base BD du profil rectangle, et si l'on fait un autre triangle rectangle ACD, dont le côté CD soit égal à CB, l'hypoténuse AD exprimera la base AC du profil triangulaire, et divisant cette hypoténuse en deux également au point E, sa moitié AE sera la base du parallélogramme égal au triangle; ainsi la superficie du profil rectangle surpassera autant celle du profil triangulaire, que la ligne AC surpasse la moitié de la ligne AD, ce que l'on ne peut pas exprimer en nombre bien exactement, à cause des incommensurables. Cependant on peut dire que la maçonnerie du profil triangulaire est à celle du profil rectangle, à-peu-près comme 11 à 18, ce qui fait voir qu'il y a plus d'un tiers moins dans le premier que dans le second.

FIG. 10.

*Art. 15.

Il ne faut pas trouver étrange qu'on suppose ici un profil triangulaire : nous savons bien qu'on ne fait pas de mur qui soit terminé en arrête comme est celui-ci ; c'est pourquoi on ne doit regarder cette proposition que comme pouvant servir à l'intelligence des autres.

*Remarque seconde.*

21. Selon la remarque précédente, l'on voit combien il est de conséquence d'avoir égard à la longueur des leviers pour régler l'épaisseur des murs qu'on veut mettre en équilibre avec l'effort qu'ils ont à soutenir, et que voici la seule voie par laquelle on peut connaître ce point d'équilibre. C'est à quoi M. *Bullet* et plusieurs autres n'ont fait aucune attention dans les règles qu'ils ont cru donner sur ce sujet : aussi sont-ils tombés dans des erreurs fort grossières.

## PROPOSITION SECONDE.

### PROBLÈME.

22. *Trouver l'épaisseur qu'il faut donner au sommet des murs qui sont élevés à plomb d'un côté et qui ont un talus de l'autre, pour être en équilibre par leur résistance avec la force de la puissance qui voudrait les renverser.*

On donne, comme nous l'avons dit, pour talus aux murs des remparts ou des terrasses la cinquième partie de leur hauteur ; c'est-à-dire, FIG. 11. que supposant BG de trente pieds, les lignes BI et GH seront chacune de six pieds. Ainsi, quand on cherche quelle épaisseur il faut donner à ces sortes de murs, l'on a toujours le triangle GBH connu, et le problème ne roule plus que sur l'épaisseur qu'il faut donner à la partie BD, ou FG, qui étant inconnue sera nommée $y$; la hauteur BG sera nommée $c$; et la ligne de talus GH, $d$. Cela étant, l'on aura $yc$ pour la valeur du poids N, et $\frac{1}{2}cd$ pour le poids M : on peut donc dire que le poids N est suspendu à l'extrémité L du bras de levier HL, et le poids M à l'extrémité P du bras HP, qui est égal aux deux tiers de la base GH du triangle par l'article 7. Or, comme on ne se servira que du bras HL, il faut donc, selon l'art. 11, réunir le poids M au poids N, de manière qu'il ne pèse pas plus en L qu'il ne fait en P : ainsi je multiplie le poids M $= \frac{2}{3} cd$ par son bras de levier HP $= \frac{2}{3} d$, pour avoir le produit $\frac{4}{9} cd^2$, qu'il faut diviser par le bras HL $= \frac{1}{2}(y + 2d)$, et le quotient $\frac{8}{9} \frac{cd^2}{y+2d}$ sera le poids M appliqué au point L, lequel étant ajouté avec le poids N, donnera N + M $= cy + \frac{8}{9} \frac{cd^2}{y+2d}$ qu'on pourra si l'on veut considérer comme ne faisant que le seul poids O, qu'il faut supposer être en équilibre avec la puissance K $= bf$. Ainsi le produit de la puissance K par la perpendiculaire HI $= c$, qui est équivalente à son bras de levier par l'article 18, sera égal au produit du poids O par son bras de levier HL; pour lors le premier produit donnera $bcf$, et le second $\frac{1}{2}(cy^2 + 2cdy) + \frac{4}{9} cd^2$, car il est à remarquer qu'ayant $cy + \frac{8}{9}\frac{cd^2}{y+2d}$ à multiplier par $\frac{1}{2}(y + 2d)$, il n'y a que le premier terme $cy$ à multiplier effectivement, puisque pour le second $\frac{8}{9} \frac{cd^2}{y+2d}$ il suffit de supprimer tout-à-fait le facteur $\frac{2}{y+2d}$, pour que la grandeur $\frac{4}{9} cd^2$ soit multipliée par le bras de levier LH; car c'est multiplier une grandeur par son diviseur que de ne pas la diviser quand elle doit l'être.

Comme les deux produits précédents donnent cette équation $\frac{1}{2}(cy^2 + 2cdy) + \frac{4}{9} cd^2 = bcf$, il ne s'agit plus que d'engager l'inconnue $y$, en faisant passer un $\frac{4}{9} cd^2$ du premier membre dans le second, et effaçant la lettre $c$, pour avoir $y^2 + 2dy = 2bf - \frac{8}{9} d^2$; mais comme il manque $d^2$ au premier membre pour faire un carré parfait, je l'ajoute de part et d'autre; ce qui donne $y^2 + 2dy + d^2 = 2bf + \frac{1}{9} d^2$, et extrayant la racine carrée de chaque membre, l'on a $y + d = \sqrt{(2bf + \frac{1}{9} d^2)}$, ou enfin $y = \sqrt{(2bf + \frac{1}{9} d^2)} - d$.

## APPLICATION.

Supposant que la puissance K, de quelque part qu'elle puisse venir, soit exprimée par 52 pieds $\frac{1}{2}$, l'on aura $bf = 52 \frac{1}{2}$; or, comme la dernière équation que nous avons trouvée montre qu'il faut, pour avoir l'épaisseur BD, doubler la valeur de la puissance, ce qui donne 105, ajouter à cette quantité le tiers du carré de la ligne de talus BH ou GH, et cette ligne ayant été supposée 6 pieds, son carré sera 36, dont le tiers est 12, qui étant ajouté avec 105 donne 117, dont il faut extraire la racine carrée, que l'on trouvera de 10 pieds 9 pouces 8 lignes, qui est l'épaisseur de la base FH, de laquelle retranchant la valeur de $d$, c'est-à-dire la valeur de la ligne de talus, l'on aura 4 pieds 9 pouces 8 lignes, qui est l'épaisseur qu'il faut donner au sommet de la muraille pour être en équilibre par son poids avec la puissance K.

Cette proposition nous servira dans le quatrième chapitre à trouver l'épaisseur qu'il faut donner au sommet des murs des remparts pour être en équilibre avec la poussée des terres.

*Remarque première.*

23. Quand on a plusieurs poids appliqués en différents endroits d'un bras de levier à mettre en équilibre avec une puissance, il n'est pas toujours nécessaire de réunir les poids ou de les supposer réunis en un seul, puisqu'il suffit de les multiplier chacun par le bras de levier qui lui répond, c'est-à-dire par la distance qu'il y a du point d'appui aux endroits où ces poids sont appliqués, parce que la multiplication rétablit ce que la division peut ôter. Ainsi dans le problème précédent au lieu de multiplier le poids M par son bras de levier HP, et diviser ensuite le produit par le bras HL, pour en réunir le quotient au poids L, il aurait suffi de multiplier les poids M et N chacun par leur bras de levier, c'est-à-dire par leur distance au point d'appui, puisque d'une façon comme de l'autre on aura toujours $\frac{1}{2}(cy^2 + 2cdy) + \frac{1}{3}cd^2$ pour l'un des membres de l'équation, dont l'autre sera comme à l'ordinaire le produit de la puissance agissante par le bras de levier qui lui répond. C'est pourquoi dans la suite on se passera autant qu'on le pourra de ces sortes de divisions pour rendre les opérations moins composées.

*Remarque seconde.*

24. On peut s'apercevoir ici combien le talus qu'on donne à l'une des faces d'un mur changerait la résistance de ce mur, si la puissance, au lieu de tirer de B en K, tirait de D en A. Pour cela il faut chercher le centre commun de gravité des poids M et N, qui sera dans un des points du levier LP aux extrémités duquel ces poids sont suspendus;

on le trouvera en divisant la ligne LP au point R, de façon que LR soit à RP, comme le poids M est au poids N : mais ces deux poids sont l'un à l'autre comme la moitié de GH est à toute la ligne GF ; or, considérant ces deux poids M et N comme étant réunis dans le seul poids Q, l'on aura le bras de levier RH quand il s'agira du point d'appui H, et le bras de levier FR quand le point d'appui sera supposé en F. Et si l'on fait attention que le bras de levier DF a la même longueur que IH, et que le poids Q ne change point de situation, l'on verra que la puissance qui tire de B en I est à celle qui tire de D en A comme le bras HR est au bras FR.

*Remarque troisième.*

Il y a encore une remarque à faire, qui est qu'ayant deux murs AD et FI de même hauteur, le premier élevé à plomb des deux côtés, et le second avec un talus égal de chaque côté, ce dernier, quoique égal au précédent en volume, résistera beaucoup plus que l'autre à l'effort d'une puissance qui voudrait le renverser à droite ou à gauche. Car, supposant que l'épaisseur du sommet FG ne soit que les deux tiers de celle du sommet AB, mais qu'en récompense la base HI soit plus grande que CD du tiers de la même CD, les poids M et N qui exprimeront les superficies AD et FI seront égaux ; et comme les bras de levier DB et IL sont aussi égaux, les puissances P et Q seront dans la raison des bras de levier IK et DE : ainsi la puissance P ne sera que les trois quarts de la puissance Q. Par la même raison, si l'épaisseur FG n'était que la moitié de AB, la puissance P ne serait que les deux tiers de la puissance Q; ce qui prouve bien la nécessité de donner du talus aux murs. FIG. 12 et 13.

## PROPOSITION TROISIÈME.

### PROBLÈME.

25. *Voulant élever un mur dont l'épaisseur* BC *au sommet soit donnée, aussi bien que sa hauteur* BA, *on demande quelle doit être la ligne de talus* DE, *pour que ce mur, étant poussé de* M *en* B *ou tiré de* C *en* K *par une puissance, le mur* ABCD *soit en équilibre avec cette puissance.* FIG. 17.

Ayant nommé BC ou AD, $a$; la hauteur CD, $c$; la ligne de talus DE, $y$; la superficie du rectangle ABCD sera $ac$, qu'on pourra consi-

dérer comme la valeur du poids H suspendu au point F, milieu de la ligne AD; le triangle DCE sera $\frac{1}{2}cy$ qu'on pourra aussi considérer comme exprimant la valeur du poids I suspendu au point G, qui est aux deux tiers de la ligne DE: or si l'on multiplie chacun de ces poids
*Art. 23 par leur bras de levier ou par leur distance au point d'appui, * et qu'on ajoute ces deux produits ensemble, l'on aura $\frac{1}{2}(a^2c + 2acy) + \frac{1}{3}cy^2 = bcf$, ou bien $y^2 + 3ay = 3bf - \frac{3}{2}a^2$. Or, pour dégager l'inconnue $y$, il faut ajouter à chaque membre de cette équation le carré de la moitié du coefficient du second terme, c'est-à-dire le carré de $\frac{3}{2}$ qui est $\frac{9}{4}a^2$, et pour lors on aura $y^2 + 3ay + \frac{9}{4}a^2 = 3bf - \frac{3}{2}a + \frac{9}{4}a^2$, dont le premier membre est un carré parfait; ainsi extrayant la racine carrée de cette équation, l'on aura $y + \frac{3}{2}a = \sqrt{(3bf - \frac{3}{2}a^2 + \frac{9}{4}a^2)}$ ou bien $y = \sqrt{(3bf - \frac{3}{2}a^8 + \frac{9}{4}a^2)} - \frac{3}{2}a$: mais comme on peut réduire $-\frac{3}{2}a^2 + \frac{9}{4}a^2$ en leur donnant un dénominateur commun, l'on aura $+\frac{3}{4}a^2$; par conséquent l'équation précédente sera $y = \sqrt{(3bf + \frac{3}{4}a^2)} - \frac{3}{2}a$, qui donne l'expression la plus simple qu'on puisse avoir de la valeur de la ligne DE.

## APPLICATION.

Comme je n'ai voulu omettre aucun des principaux cas qui peuvent se rencontrer dans la construction des ouvrages de maçonnerie, j'ai supposé ici qu'il s'agissait de construire un mur dont l'épaisseur au sommet devait être déterminée pour des raisons qui obligeraient d'en user ainsi, et que ce mur ayant à soutenir l'effort d'une puissance devait avoir nécessairement un certain talus pour que la longueur du levier qui répond à la base étant augmentée suppléât au défaut d'épaisseur qu'on aurait donnée au sommet, parce qu'il faut s'imaginer que, si le mur avait été fait à plomb des deux côtés, l'épaisseur qu'on veut lui donner ne suffirait point pour résister à l'effort de la puissance; par conséquent le problème se réduit à trouver la ligne de talus DE. Or, comme l'équation $y = \sqrt{(3bf + \frac{3}{4}a^2)} - \frac{3}{2}a$ vient de nous la donner, il ne s'agit plus que d'avoir des nombres qui expriment les lettres du second membre. C'est pourquoi nous supposerons que la puissance $bf$ vaut 50 pieds carrés, et que $a$, c'est-à-dire la ligne AD ou BC, est de 4 pieds : ainsi, comme il n'y a que ces deux grandeurs qui se trouvent dans l'équation, il nous reste à les joindre ensemble de la façon qu'elles y sont, c'est-à-dire qu'au lieu de $bf$ on aura 150, qu'au lieu de $\frac{3}{4}a^2$ l'on aura $\frac{48}{4}$, ou bien 12, qui est la même chose; ainsi joignant 150 avec 12, l'on aura 162, dont il faut extraire la racine carrée que l'on trouvera de 12 pieds 8 pouces 9 lignes. Mais l'équation nous montre que de cette racine il en faut soustraire $\frac{3}{2}a$ ou bien 12 divisé par 2 qui est 6, et que la différence sera la valeur de $y$; retranchant donc 6 de la racine précédente, il restera 6 pieds 8 pouces 9 lignes pour la ligne de talus DE que l'on cherche.

## PROPOSITION QUATRIÈME.

### PROBLÈME.

26. *Ayant le profil* ABCD *d'un mur élevé à plomb des deux côtés, et dont l'épaisseur* BC *est tellement proportionnée à la hauteur* CD *que ce mur soit en équilibre par son poids avec la puissance* P, *qui tire de* C *en* E : *on demande de changer ce profil-là en un autre* IGHL, *qui lui soit égal en superficie et en hauteur, et dont le côté* GI *soit perpendiculaire, pour que ce second soit en équilibre par sa résistance à une puissance* Q, *dont la force serait double de la puissance* P. FIG. 18 et 19.

Pour cela nous nommerons BC, $a$; CD, de même que GI, $c$; GH, ou IK, $x$; KL, $y$; la puissance P sera $bf$, comme à l'ordinaire, et la puissance Q, $2bf$: cela posé, la superficie du rectangle IGHK, ou si l'on veut le poids N, sera $cx$, et celle du triangle KHL, ou le poids S, sera $\frac{cy}{2}$; ces deux points étant multipliés par leur bras de levier * et réunissant leur produit, on aura une quantité égale au produit de la puissance par son bras de levier, c'est-à-dire $\frac{1}{2}(cx^2 + 2cyx) + \frac{1}{3}cy^2 = 2bfc$, ou divisant tous les termes par $c$, l'on aura $\frac{1}{2}(x^2 + 2yx) + \frac{1}{3}y^2 = 2bf$; mais comme le rectangle BD $= ac$ est supposé égal au trapezoïde IGHL, il viendra encore cette équation $acy = cx + \frac{1}{2}c$, d'où dégageant l'inconnue $y$ l'on aura $y = 2a - 2x$, et substituant la valeur de $y$ dans l'équation précédente, cela donne $\frac{1}{2}x^2 + 2ax - 2x^2 + \frac{1}{3}(4a^2 - 8ax + 4x^2) = 2bf$, qui étant réduite donne $\frac{1}{2}x^2 + 2ax = 4a^2 - 6bf$, et faisant évanouir la fraction l'on a $x^2 + 4ax = 8a^2 - 12bf$, à quoi

*ART. 23.

ajoutant $4a^2$ de part et d'autre pour rendre le premier membre un carré parfait, il viendra $x^2 + 4ax + 4a^2 = 12a^2 - 12bf$, d'où l'on tire $x = \sqrt{(12a^2 - 12bf)} - 2a$, après avoir extrait la racine carrée.

## APPLICATION.

L'on sait que la puissance P étant en équilibre avec le poids O, l'on a $a = \sqrt{2bf}$: ainsi supposant $bf = 72$, il vient $12 = \sqrt{2bf}$, par conséquent l'épaisseur BC sera de 12 pieds; quant à la hauteur CD, nous la supposerons de 30, quoiqu'on puisse s'en passer ici. Présentement pour connaître la valeur de $x$, j'entends l'épaisseur GH, il ne faut que suivre ce qui est indiqué dans l'équation dernière, c'est-à-dire, ôter de $12a^2$ qui valent 1728, $12bf$ qui font 864, et extraire la racine carrée de la différence, pour avoir 29 pieds 4 pouces 8 lignes, d'où soustrayant la valeur de $2a$ qui est 24 pieds, l'on aura 5 pieds 4 pouces 8 lignes pour la valeur de $x$, ou l'épaisseur GH, par le moyen de laquelle il sera facile d'avoir la ligne KL ou $y$ que l'on trouvera de 13 pieds 2 pouces 8 lignes, à quoi ajoutant la valeur de $x$ il viendra 18 pieds 7 pouces 4 lignes pour la base IL du mur. Or, comme le rectangle AC ayant 12 pieds de base sur 30 de hauteur vaut 360 pieds de superficie, et que celle du trapézoïde IGHL en vaut autant (comme il est aisé de s'en convaincre si l'on en fait le calcul), il s'ensuit donc qu'on a satisfait exactement aux conditions du problème.

### *Remarque.*

27. L'on pourrait encore rendre le second profil capable de soutenir l'effort d'une puissance plus grande que $2bf$, car moins le sommet du revêtement aura d'épaisseur, plus la ligne de talus augmentera la longueur du bras de levier ML, et par conséquent la résistance du mur; et cette augmentation pourra toujours aller en croissant jusqu'à ce que le point H soit confondu avec le point G, c'est-à-dire que la ligne GH soit réduite à zéro, parce qu'alors le profil deviendra un triangle rectangle, qui est la figure capable de soutenir la plus grande puissance qu'il est possible, comme on l'a vu dans l'article 20e: et je trouve ici que si le premier profil était changé en triangle, au lieu de soutenir en équilibre une puissance de 72 pieds, il en soutiendrait une de $145\frac{1}{3}$.

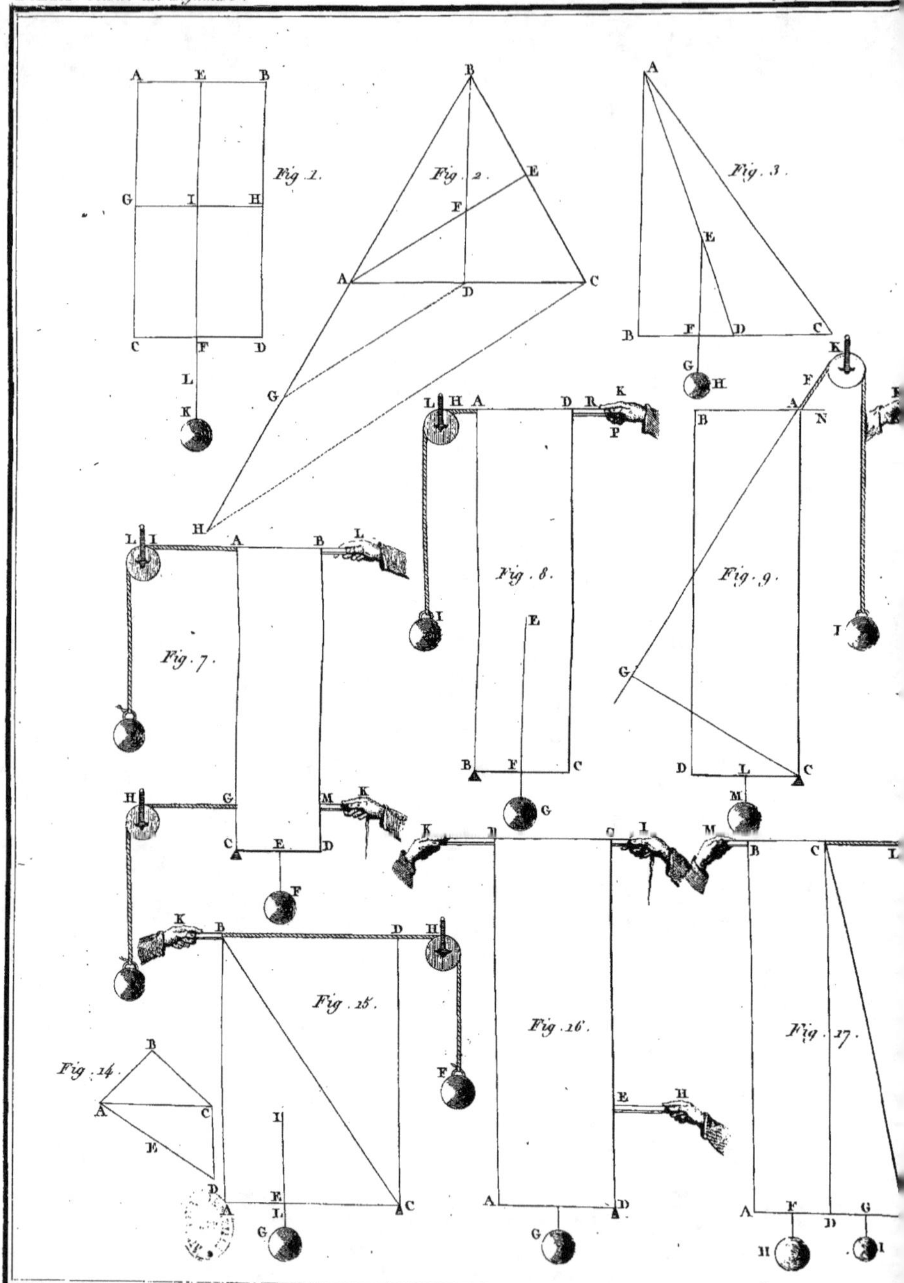
Fig. 1.
Fig. 2.
Fig. 3.
Fig. 7.
Fig. 8.
Fig. 9.
Fig. 14.
Fig. 15.
Fig. 16.
Fig. 17.

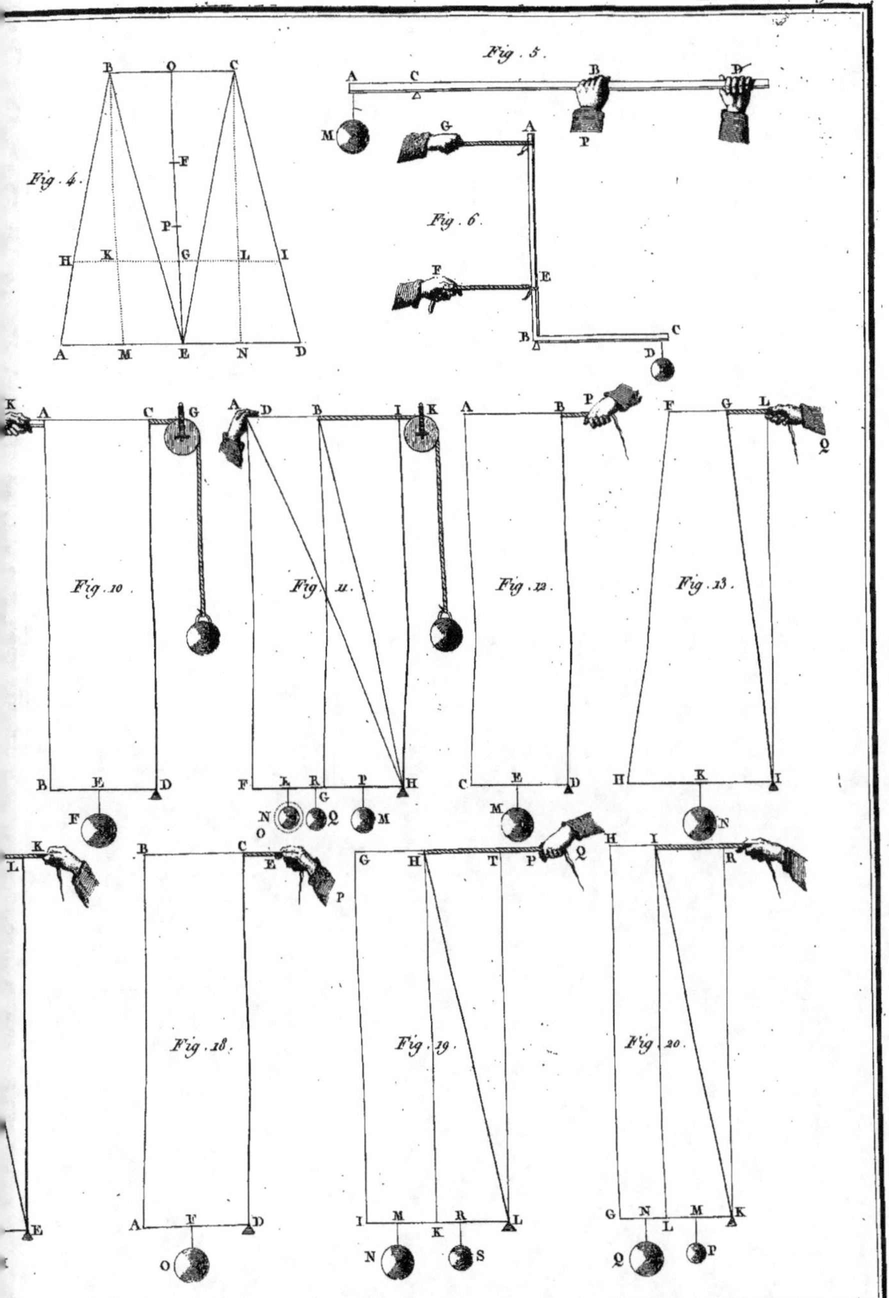
Fig. 4.
Fig. 5.
Fig. 6.
Fig. 10.
Fig. 11.
Fig. 12.
Fig. 13.
Fig. 18.
Fig. 19.
Fig. 20.

## PROPOSITION CINQUIÈME.

### Problème.

28. *Ayant comme dans le problème précédent un profil rectangulaire AC en équilibre par son poids avec une puissance* P, *on demande un autre profil* GHIK, *qui ait la même hauteur que le précédent; mais dont la superficie n'en soit que les trois quarts, avec cette condition que le mur* GHIK *soit encore en équilibre par sa résistance à l'effort de la puissance* P *qu'on suppose agir toujours avec la même force.* Fig. 18 et 20.

Nommant les lignes BA ou HG, $c$; AD, $a$; HI ou GL, $x$; LK, $y$; l'on aura $ac$ pour le rectangle BD, $cx$ pour le rectangle HL, ou si l'on veut pour le poids Q, et $\frac{1}{2}cy$ pour le triangle ILK qui est la même chose que le poids P : or comme le trapèze GHIK ne doit être que les trois quarts du rectangle BD, l'on aura donc $\frac{3}{4}ac = cx + \frac{1}{2}cy$; et si l'on réunit le poids Q avec le poids P, après les avoir multipliés par leur bras de levier, l'on aura une quantité égale au produit de la puissance P, qui est toujours $bf$, par le bras de levier KR, ce qui donne cette seconde équation $\frac{1}{2}cx^2 + cyx + \frac{1}{3}cy^2 = bcf$, ou en effaçant de tous les termes la lettre $c$, $\frac{1}{2}x^2 + yx + \frac{1}{3}y^2 = bf$. Mais si dans la première équation $\frac{3}{4}ac = vx + \frac{1}{2}yc$ l'on dégage $y$, l'on aura $y = \frac{6}{4}a - 2x$, et supposant $\frac{6}{4}a = n$ pour plus de facilité, l'on aura $y = n - 2x$. Si présentement l'on substitue la valeur de $y$ dans l'équation $\frac{1}{2}x^2 + yx + \frac{1}{3}y^2 = bf$, elle sera changée en celle-ci $\frac{1}{2}x^2 + nx - 2x^2 + \frac{1}{3}(n^2 - 4nx + 4x^2) = bf$, d'où faisant évanouir la fraction et réduisant, l'on a $2n^2 - 6bf = x^2 + 2nx$ : or, si à cette équation l'on ajoute $n^2$ de part et d'autre, on aura $3n^2 - 6bf = x^2 + 2nx + n^2$, dont extrayant la racine carrée et dégageant l'inconnue, il vient enfin $\sqrt{(3n^2 - 6bf)} - n = x$ qui donne la valeur de l'épaisseur HI.

Pour avoir l'autre inconnue $y$, nous supposerons $\sqrt{(3n^2 - 6bf)} - n = d$, pour lors on aura $2d = 2x$, et mettant la valeur de $2x$ dans l'équation $n - 2x = y$; l'on aura $n - 2d = y$.

## APPLICATION.

Comme nous avons supposé $\frac{6}{4}a = n$, et que $a$ vaut 12 pieds de même que dans le problème précédent, $n$ sera donc de 18, par conséquent $3n^2$ vaudront 972 pieds. Or, comme $bf$ vaut encore 72, si l'on Fig. 18 et 20.

soustrait $6bf$, c'est-à-dire sa valeur qui est 432, du nombre précédent, l'on aura 405 pour la différence, dont extrayant la racine carrée, on la trouvera de 23 pieds 3 pouces, de laquelle ôtant la valeur de $n$, qui est 18, l'on verra que l'épaisseur HI doit être de 5 pieds 3 pouces, et que par conséquent la ligne de talus LK, c'est-à-dire $y$, vaut 7 pieds 6 pouces; à laquelle ajoutant GL, je veux dire 5 pieds 3 pouces, l'on aura 12 pieds 9 pouces pour toute la base GK : ce qui est bien évident, puisqu'un trapézoïde qui aurait 30 pieds de hauteur, et pour côtés parallèles une ligne de 5 pieds 3 pouces et une autre de 12 pieds 9 pouces, vaudra 270 pieds de superficie qui est justement les trois quarts du rectangle BD qui en doit valoir 360.

*Remarque.*

29. On pourrait, si l'on voulait, diminuer encore la maçonnerie du problème précédent, en ne supposant la superficie du second profil que des deux tiers de celle du premier, et pour lors on trouvera que $x$, ou si l'on veut le sommet du mur, ne doit avoir que 2 pieds d'épaisseur; mais comme il y a des cas où cette épaisseur ne suffirait pas pour des murs qui ont à soutenir une certaine poussée, on sera le maître de ne diminuer le mur que d'un quart ou d'un cinquième, plus ou moins selon les occasions. Tout ce que l'on doit remarquer, c'est que si la diminution qu'on voudrait faire était trop grande, on s'en apercevrait en donnant aux termes du premier membre de l'équation $\sqrt{(3n^2 - 6bf)} - n = x$, la valeur en nombre des lettres qui le composent : car si l'on trouve, par exemple, que $3n^2$ soient moindres que $6bf$, c'est une marque que ce problème est impossible; que si l'on trouve $\sqrt{(3n^2 - 6bf)} = n$, c'est un signe que $x$ est égal à zéro, c'est-à-dire que le sommet du mur sera la pointe du triangle dont l'épaisseur sera zéro (1).

(3) Les résultats de ce chapitre et du précédent, fondés sur l'application des premiers principes de la mécanique aux hypothèses qui ont été établies, ne peuvent donner lieu à aucune observation. On remarquera seulement que dans les dernières solutions du problème de la poussée des terres qui ont été publiées, on considère également le mur comme une seule pierre reposant sur une base incompressible ; mais on y suppose que le mur peut céder de deux manières différentes, c'est-à-dire en tournant autour de la ligne extérieure de sa base, ou en glissant horizontalement sur cette base, et on évalue sa résistance dans ces deux hypothèses (*N*).

## CHAPITRE QUATRIÈME.

*De la manière de calculer la poussée des terres que soutiennent les revêtements des terrasses et des remparts, afin de savoir l'épaisseur qu'il faut leur donner.*

### PRINCIPE TIRÉ DE LA MÉCANIQUE.

30. Si l'on a un poids H sur un plan incliné AC, et une puissance K qui soutienne ce poids selon une direction EK parallèle à l'horizon, il est démontré dans la mécanique que la puissance K est au poids, comme la hauteur AB du plan incliné est à la longueur BC de la base; or si l'on suppose que la hauteur AB soit égale à la base BC, c'est-à-dire que la ligne AC soit la diagonale d'un carré, la puissance sera égale au poids. Mais comme c'est la même chose que la puissance tire de E en K, ou soit appliquée au poids même, comme est la puissance P qui pousse par une direction diamétrale EG parallèle à l'horizon, on peut dire que la puissance P a besoin d'une force égale au poids H pour le soutenir en équilibre. PL. II. FIG. I.

*Principe d'expérience.*

31. C'est une chose démontrée par l'expérience, que les terres ordinaires, quand elles sont nouvellement remuées et mises les unes sur les autres sans être battues ni entrelacées par aucun fascinage, prennent d'elles-mêmes une pente ou talus, qui fait avec l'horizon un angle de 45 degrés, ou qui suit la diagonale d'un carré. Je dis que cela arrive aux terres ordinaires : car nous n'ignorons pas que si elles étaient sablonneuses, elles ne fassent un angle plus aigu, et qu'au contraire si elles étaient grasses et fortes elles n'en fassent un plus ouvert; mais pour tabler sur quelque chose de fixe, nous avons supposé une terre qui tiendrait un milieu entre ces deux-ci.

Prévenus de cela, imaginons que contre une muraille A on ait ramassé des terres soutenues de l'autre côté par une surface DE, qu'une FIG. 2.

puissance Q qui la maintient peut ôter librement. Ces terres étant renfermées dans l'espace BCDE comme dans une caisse dont le profil CD serait un carré, il est constant que, si l'on ôtait la surface DE pour laisser aux terres la liberté d'agir, il s'en éboulerait une partie, et qu'il ne resterait que celles du triangle CBE, et que par conséquent la puissance Q soutient toute la poussée des terres du triangle BDE, je veux dire l'effort qu'elles font pour rouler le long du plan incliné BE. Il s'ensuit donc que la puissance Q aurait besoin d'une force exprimée par le triangle BDE, si effectivement les terres s'éboulaient avec autant de facilité qu'un corps sphérique roule sur un plan incliné bien poli; mais comme leur ténacité fait que leurs parties ne peuvent se détacher pour s'ébouler sans rencontrer beaucoup d'obstacles, il est certain, comme l'expérience le fait voir, qu'elles ne font pas seulement la moitié de l'effort contre la surface DE qu'elles feraient, si elles étaient ramassées dans un corps sphérique. Ainsi on peut donc considérer la puissance Q comme équivalente à un plan qui serait exprimé par la moitié du triangle BDE, pour être en équilibre avec la poussée des terres; ce qui convient d'autant mieux avec la pratique qu'on ne les emploie jamais pour élever des remparts, des terrasses, des chaussées, etc. qu'elles ne soient bien battues, et qu'on n'en ait pour ainsi dire augmenté la ténacité.

Comme c'est sur ce principe que nous agirons dans la suite, on remarquera que, si l'on suppose les lignes BD et DE chacune de deux pieds, la superficie du triangle sera de deux pieds carrés; et la puissance Q n'en soutenant que la moitié, on peut dire que la force de cette puissance dans l'état d'équilibre sera exprimée par un pied carré.

## PROPOSITION PREMIÈRE.

### Problème.

32. *Qui enseigne comment il faut calculer la poussée des terres pour régler l'épaisseur des murs qui les doivent soutenir en équilibre.*

Fig. 3. Pour savoir quel effort font les terres derrière le revêtement BCDE, je prends la ligne AB égale à BD, pour avoir le triangle rectangle et isoscèle ABD, qui comprend toutes les terres qui poussent, puisque par l'article 31 celles qui sont sous la ligne AD se soutiennent par elles-mêmes, l'angle ADX étant de 45 degrés. Mais, comme ces terres agissent avec plus ou moins de force selon qu'elles sont plus ou moins éloignées du sommet B, il faut faire en sorte de rapporter toute la poussée au point B. Pour cela, je divise la hauteur BD en un grand nombre de parties égales, par exemple en autant de parties qu'elle contient de pieds : ainsi, supposant qu'il soit question d'un revêtement de 15 pieds de hauteur, on aura 15 parties égales, et si par chaque point de division l'on mène à la ligne DA les parallèles HG, NM, PO, RQ, etc., l'on aura d'abord un petit triangle HGB, ensuite une quantité de trapèzes qui vont toujours en augmentant, et qu'on doit considérer comme autant de puissances qui poussent le mur. Or, pour savoir la poussée de chacun, commençons par le triangle HGB, qu'on peut regarder, selon l'article 31, comme un corps posé sur le plan incliné LGH, qui agit contre la surface BH pour la renverser : si l'on nomme *b* l'effort que fait le triangle contre la surface, on pourra, connaissant la poussée du triangle, connaître aussi celle de tous les trapèzes qui sont immédiatement après; car, comme le trapèze GN est triple du triangle HGB, son effort contre la surface HN sera 3 *b*, et la poussée de tous les autres trapèzes suivants pourra être exprimée par les différences des carrés des termes d'une progression arithmétique, ce qui donne cette progression *b*. 3 *b*. 5 *b*. 7 *b*. 9 *b*. 11 *b*. 13 *b*. 15 *b*. 17 *b*. 19 *b*. 21 *b*. 23 *b*. 25 *b*. 27 *b*. 29 *b*. Or, si l'on suppose que l'action du triangle HGB, au lieu d'agir le long de la surface BH, soit réunie au point B, que l'action du trapèze GN soit réunie au point H, et qu'il en soit de même pour l'action de tous les autres trapèzes réunie aux points N, P, R, etc., on pourra concevoir qu'une puissance exprimée par *b* agit à l'extrémité B du bras de levier BD, qu'une autre exprimée par 3 *b* agit à l'extrémité H du bras de levier DH, et qu'en étant de même pour tous les autres trapèzes ou puissances, il y aura autant de leviers que de puissances, et ces leviers seront dans une progression arithmétique des nombres naturels, dont le premier terme sera le levier DB, et le plus petit le levier DK, de sorte que la progression des leviers ira en diminuant, tandis que celle des puissances ira en augmentant; car, si l'on range ces deux progressions l'une sur l'autre de manière que chaque puissance réponde à son levier, l'on aura.

$b.\ 3b.\ 5b.\ 7b.\ 9b.\ 11b.\ 13b.\ 15b.\ 17b.\ 19b.\ 21b.\ 23b.\ 25b.\ 27b.\ 29b.$
15. 14. 13. 12. 11. 10. 9. 8. 7. 6. 5. 4. 3. 2. 1.

Mais l'on sait que les effets de plusieurs puissances appliquées à des leviers, sont dans la raison composée de leur force et de la longueur de leurs leviers; c'est pourquoi, afin d'avoir l'effort dont chaque puissance est capable, il faudra la multiplier par son bras de levier, et la somme de tous les produits sera égale à l'effort total de toutes les puissances appliquées à leur bras de leviers: mais, comme chaque puissance pourra être transportée à l'extrémité B du bras DB, en divisant selon l'article 11 le produit de sa force et de son levier par toute la longueur BD, on n'aura donc qu'à diviser les produits dont nous venons de parler par le diviseur commun 15, pour avoir $\frac{1240}{15}\ b = 82{,}67\ b$; de sorte que, si l'on suppose $82{,}67 = f$, l'on aura $bf$ pour l'effort de toutes les puissances réunies au point B.

Voulant savoir présentement ce que $bf$ vaut en pieds carrés, il faut se rappeler que $b$ a été supposé égal à la poussée du triangle HGB contre la surface BH. Or, comme les côtés GB et BH de ce triangle sont chacun d'un pied, sa superficie sera de 6 pouces, et la surface BH n'en soutenant que la moitié par l'art 31, à cause de la ténacité des terres, $b$ sera donc de 3 pouces de pieds carrés: ainsi, multipliant 3 pouces par 82 pieds 8 pouces, le produit sera 20 pieds 8 pouces pour la valeur de $bf$.

Il est bon que je m'arrête ici un moment, afin d'expliquer pourquoi la ténacité des terres diminue leur poussée de la moitié de l'effort qu'elles feraient derrière le revêtement, si au lieu d'agir comme elles font, elles agissaient comme un corps sphérique qui serait sur le plan incliné AD, ou comme un coin ABD, dont toutes les parties seraient parfaitement unies.

Remarquez que le triangle GBH s'appuyant sur le trapèze MGHN, les terres de ce trapèze sont plus pressées que celles du triangle; de même que les terres du trapèze OMNP sont aussi plus pressées que celles qui sont dans celui de dessus; les terres du trapèze QOPR, plus pressées encore que celles du précédent, ainsi des autres trapèzes, qui seront toujours plus pressés à mesure qu'ils approcheront du plan incliné AD: et comme tous ces trapèzes, depuis le plus petit jusqu'au plus grand, se surpassent également, on peut donc dire que leur pression ou leur ténacité augmente dans la raison des termes d'une progression arithmétique, et que la ténacité qui est répandue dans tout le triangle ABD n'est que la moitié de ce qu'elle serait, si, se trouvant uniforme dans chaque trapèze, elle était égale à celle du dernier. Or, comme la poussée des trapèzes derrière le revêtement CD doit diminuer dans la même raison que leur ténacité augmente, il m'a paru que, pour y avoir égard, il fallait ne prendre que la moitié de la superficie du petit triangle GBH pour la valeur de la puissance *b*: ce que j'ai fait avec d'autant plus d'assurance que je me suis aperçu que tous les calculs que j'ai faits pour trouver l'épaisseur des revêtements, se rencontraient parfaitement bien avec ce que l'expérience a pu autoriser: ainsi je finis cette digression pour reprendre la suite de l'article précédent.

Mais, comme les pieds carrés que nous venons de trouver ne sont point homogènes avec ceux qui doivent exprimer la valeur du poids Y, les uns provenant du triangle de terre ABD, et les autres du profil de maçonnerie CD, il faut donc, en suivant ce qui a été dit dans l'article 5, faire une réduction dans les premiers, c'est-à-dire prendre les deux tiers de 20 pieds 8 pouces, parce qu'un pied cube de terre pèse moins d'un tiers qu'un pied cube de maçonnerie, et pour lors *bf*, ou la puissance, ne vaudra que 13 pieds 9 pouces 4 lignes (1).

(1) Les hypothèses de Bélidor sur la manière dont s'exerce la poussée des terres sont encore plus fautives que celles qu'il a faites ci-dessus sur l'état du mur dont elles sont revêtues. Ces dernières se réduisent en effet à considérer le mur dans un état de perfection qui est une sorte de limite que l'exécution n'atteint jamais, mais dont elle peut approcher plus ou moins, tandis que les premières sont complètement arbitraires.

Ces hypothèses reviennent: 1° à considérer le triangle de terre qui doit s'ébouler, comme décomposé par des plans parallèles à celui du talus en tranches qui tendent toutes à descendre librement comme des corps posés sur des plans inclinés; 2° à regarder l'effort que chaque tranche exerce contre le mur comme une force horizontale, égale au poids de cette tranche, et appliquée au point du mur qui répond à son extrémité inférieure; 3° à imaginer que, par l'effet de la cohésion, chacune de ces forces doit être réduite à moitié. Il est visible qu'indépendamment de ce que Bélidor suppose

Présentement que l'on est prévenu de la valeur de la puissance, il ne s'agit plus que de chercher, comme on l'a fait dans le chapitre précédent, quelle épaisseur il faut donner au sommet BC et à la base DF du revêtement pour qu'il soit en équilibre par son poids avec cette puissance, ou, si l'on veut, avec la poussée des terres. Pour cela, nous supposerons que la puissance, au lieu de pousser de M en B, tire de B en T, ce qui est la même chose; et menant du point d'appui F la perpendiculaire FS sur la direction BT, on prendra cette perpendiculaire à la place du bras de levier FB: et c'est par cette même raison que nous avons regardé ci-devant la ligne BD comme un bras de levier, dans la longueur duquel était appliqué un nombre de puissances, parce que cette ligne est égale à la perpendiculaire FS, et que par conséquent on peut prendre l'une pour l'autre. Nous aurons donc le levier recourbé SFZ: ainsi nommant SF ou CE, $c$; EF, $d$; l'épaisseur BC ou DE, $y$;

---

toujours l'angle des talus de 45°, sans avertir que ces calculs devraient être modifiés suivant les différentes espèces de terres, chacune de ces suppositions est non-seulement fausse, mais encore très-éloignée de la véritable manière dont la poussée des terres s'exerce, et peu propre à la représenter dans le calcul; quelques-unes sont même contradictoires, puisque, comme l'a remarqué M. de Prony, les lames ou tranches formées par des plans parallèles à celui du talus n'ont aucune tendance à glisser, et ne peuvent produire aucun effort contre le mur. On en jugera mieux après avoir lu la note placée à la fin du livre.

Nous ajouterons seulement que la critique que fait M. Mayniel, sous-directeur des fortifications, de cette théorie (*Traité de la poussée des terres*, page 60), porte entièrement à faux. M. Mayniel dit que la théorie de Bélidor est d'autant plus défectueuse, *qu'il suppose que l'action totale des terres s'exerce au sommet de l'obstacle, tandis qu'il est plus naturel de supposer, comme l'expérience le démontre, que la résultante passe par le centre de gravité de la masse de l'éboulement.* Il est évident, par le texte et par ce qui précède, que Bélidor ne suppose point que l'action totale des terres s'exerce au sommet de l'obstacle. La résultante de toutes les forces horizontales qu'il considère comme l'effet de la poussée des trapèzes passe au tiers de la hauteur du mur, conformément à la vraie théorie; et si, pour la commodité du calcul, il la transporte au sommet du mur, il a soin de diminuer la valeur de cette force en raison de l'augmentation de son bras de levier. Il paraît donc que M. Mayniel avait mal compris la théorie de Bélidor. On doit lire avec défiance la plupart des observations contenues dans son ouvrage (*N*).

le poids V sera $\frac{cd}{2}$ et le poids Y sera $cy$: si l'on réunit le poids V au poids Y et qu'on multiplie leur somme par le bras de levier ZF, on aura un produit égal à celui de la puissance T par son bras de levier SF, avec lequel on formera cette équation $\frac{1}{2}cy^2 + cdy + \frac{1}{3}cd^2 = bcf$; de laquelle dégageant l'inconnue il viendra $y = \sqrt{(2\,bf + \frac{1}{3}\,d^2)} - d$, qui donne ce que l'on cherche (1).

J'ai abrégé les opérations qu'il a fallu faire pour trouver la valeur de $y$, parce qu'elles ont été expliquées amplement dans l'article 22: j'en userai ainsi dans la suite quand il s'agira de la même formule.

## APPLICATION.

Il est bien aisé à présent de mettre en pratique ce que le problème précédent vient de nous enseigner; car la dernière équation nous montrant que pour avoir la valeur de $y$ il faut doubler celle de la puissance X, ajouter le tiers du carré de la ligne de talus, extraire la racine carrée de la somme de ces quantités, et en retrancher la ligne de talus; ayant trouvé que $bf$ vaut 13 pieds 9 pouces 4 lignes, $2\,bf$ vaudront 27 pieds 6 pouces 8 lignes, et comme la ligne de talus EF est de 3 pieds, ce qui est la cinquième partie de la hauteur EC, ajoutant donc à la valeur de $2\,bf$, 3, qui est égal à $\frac{1}{3}\,d^2$, l'on aura 30 pieds 6 pouces 8 lignes, dont la racine carrée est de 5 pieds 6 pouces 2 lignes, qui est l'épaisseur qu'il faut donner à la base DF du revêtement; par conséquent, si l'on en retranche la valeur de la ligne de talus qui est 3 pieds, il restera 2 pieds 6 pouces 2 lignes pour l'épaisseur du sommet BC.

En suivant la même règle, on trouvera qu'un revêtement de 20 pieds de hauteur doit avoir au sommet 3 pieds 3 pouces 5 lignes, et sur la retraite 7 pieds 3 pouces 5 lignes; qu'un autre de 30 pieds doit avoir

---

(1) M. Mayniel (*Traité de la poussée des terres*, page 61) remarque que la valeur de $y$ devait être celle qui est énoncée ci-dessus, et non $y = \sqrt{(2\,bf + \frac{1}{3}\,cd^2} - d$, telle qu'on le trouve dans la première édition de *la Science des Ingénieurs*. Si M. Mayniel avait lu quelques lignes de plus, il aurait reconnu que l'erreur prétendue qu'il relève n'était qu'une faute d'impression (*N*).

pour épaisseur au sommet 4 pieds 9 pouces 8 lignes, et sur la retraite 10 pieds 9 pouces 8 lignes.

*Remarque première.*

33. On voit que la valeur de $y$ est un tant soit peu plus grande qu'elle ne devrait être naturellement : car, quand nous avons supposé que l'effort du triangle HGB était réuni au point B, nous avons donné un peu plus de fore à ce triangle qu'il ne devait en avoir, parce qu'agissant le long de la ligne BH son action diminue à mesure qu'elle approche du point H, le bras de levier n'étant plus si grand ; c'est-à-dire, par exemple, que le triangle ne faisant point autant d'effort au point I qu'au point B, à cause que le bras de levier ID est plus petit que BD, on a augmenté la force qui agit au point I en la supposant en B de la différence qu'il y a du bras ID au bras BD ; ainsi de tous les autres points de la ligne BH ; et comme nous avons agi de même pour les trapèzes qui sont après le triangle, en supposant leur effort réuni aux points HN, etc., l'on voit que toutes les différences des bras de leviers jointes ensemble donnent un peu plus de force à la puissance qu'elle ne devrait en avoir. Mais ceci n'est pas un défaut, car la puissance étant un peu au-dessus de ce qu'elle doit être, il faudra donner au revêtement un peu plus d'épaisseur qu'il n'en faudrait pour un parfait équilibre ; et c'est ce qu'il faut absolument, puisque, quand même l'on aurait trouvé dans la dernière justesse ce point d'équilibre, il faudrait toujours donner plus d'avantage à la puissance résistante qu'à celle qui agit : ainsi, le calcul précédent est fort bon dans la pratique. Cependant cela n'empêche pas que l'on ne puisse, quand on voudra, trouver la valeur de $y$ la plus approchante qu'il est possible, en divisant la hauteur du mur en un si grand nombre de parties que la différence des bras de leviers soit fort petite : on en sera quitte pour faire un calcul beaucoup plus long que le précédent ; mais ce serait s'arrêter à la vétille que d'y prendre garde de si près. Ainsi, on ne peut mieux faire que de donner toujours aux progressions des puissances et des leviers autant de termes qu'il y a de pieds dans la hauteur du mur.

*Remarque seconde.*

34. J'ai fait la remarque précédente, pour satisfaire la délicatesse de ceux qui aiment que tout ce qui se rapporte aux mathématiques soit toujours dans la dernière justesse. Mais, si l'on fait attention que quand il s'agit de choses de pratique, il faut quelquefois s'écarter d'une trop grande précision, crainte qu'elle ne devienne nuisible à ce que l'on veut exécuter, l'on verra que dans le sujet dont il est ici question on aurait tort de faire des revêtements qui fussent parfaitement en équilibre avec la poussée des terres, surtout quand ils servent pour des chaussées, des quais, etc., puisque dans ce cas ils doivent, non-seulement soutenir les terres, mais encore le poids des voitures et l'ébranlement qu'elles peuvent causer. C'est pourquoi, quand on n'y fera pas des contreforts, je voudrais qu'on leur donnât un quart plus de force qu'il ne leur en faudrait dans l'état d'équilibre. Je veux dire que, s'il s'agissait par exemple d'un mur de 15 pieds, la puissance *bf*, au lieu de valoir 13 pieds 9 pouces 4 lign., doit être de 17 pieds 2 pouces 8 lignes, ce qui donnera 3 pieds 1 pouce pour l'épaisseur du sommet BC, et 6 pieds 1 pouce pour la base DF.

*Remarque troisième.*

Ayant fait sentir dans plusieurs endroits de ce livre, et particulièrement à l'article 23, combien le talus qu'on donnait au parement d'un mur le fortifiait contre l'effort qu'il avait à soutenir, j'ai cru devoir rapporter ici un profil de rempart assez singulier, imaginé depuis peu par des gens qui n'ont peut-être point fait assez d'attention sur la manière dont se faisait la poussée des terres : voici de quoi il est question.

Pour ne point trop exposer un revêtement aux injures des saisons, leur sentiment est de faire le parement à plomb et lui donner un talus du côté des terres, dans la pensée que, s'appuyant sur ce talus, il y en aurait une partie qui contre-balancerait la poussée de l'autre. Pour en juger, il faut du point A tirer la perpendiculaire AE à la ligne HD, et faire EF égal à cette perpendiculaire, afin d'avoir le triangle AEF, qui renfermera toutes les terres qui agissent contre la ligne EA, que nous regarderons pour un moment comme une surface. Dans ce cas, il n'y Fig. 5.

a point de doute que, si la ligne EA était le derrière du revêtement, la poussée ne se fît comme à l'ordinaire; il s'agit donc de savoir si celles qui sont renfermées dans le triangle EAD soulagent le revêtement, ou si, au contraire, elles se joignent aux autres pour en augmenter la poussée. Si l'on divise la ligne EA en autant de parties égales que la hauteur du revêtement contient de pieds, et que l'on fasse les trapèzes des puissances comme à l'ordinaire, il est constant qu'en prolongeant toutes les parallèles au-delà de la ligne EA jusqu'à la rencontre de la face DA, toutes les puissances contenues depuis F jusqu'en E se trouveront augmentées par les nouveaux trapèzes qui règnent depuis I jusqu'en A, les unes plus, les autres moins; et il y aura cela de particulier, que les puissances qui auront les plus grands bras de leviers seront justement celles qui auront reçu le plus d'augmentation. Or, si dans cette augmentation générale on comprend encore le petit triangle EDI, qui sera de conséquence à cause qu'il agit vers le sommet de la muraille, il saute aux yeux que le triangle AED, bien loin d'affermir le revêtement contre la poussée des terres qui sont derrière la ligne AE, ne fait que le charger beaucoup plus qu'il ne le serait, si le mur était à plomb de ce côté-là. On pourrait même déterminer avec assez de précision à quoi peut aller cette nouvelle poussée, mais ce serait perdre du temps mal à propos (1).

Fig. 4. On remarquera seulement qu'en ne donnant point de talus aux

---

(1) Il paraît que la grande majorité des ingénieurs ne partage point l'opinion de Bélidor sur le désavantage qu'il trouve à donner du talus à la face intérieure des murs de revêtement; et au contraire, dans la plus grande partie des murs exécutés, on a généralement soin de construire cette face intérieure soit en talus, soit par retraites. Il est aisé de sentir que cette opposition entre les résultats de sa théorie et l'assentiment général des constructeurs tient à la supposition arbitraire que fait Bélidor sur la manière dont s'exerce la poussée des terres. On doit observer en effet que l'augmentation de poussée résultant du poids du triangle AED est peu de chose relativement à la poussée totale du triangle d'éboulement, et que la pression exercée sur le mur par les terres se décomposant en deux, l'une horizontale, qui tend à le renverser, et l'autre verticale, qui tend à l'affermir dès que son parement intérieur est en talus, l'augmentation de stabilité qui en résulte peut, suivant les circonstances, compenser au moins l'augmentation de la poussée (*N*).

revêtements de fortification, il n'y a point de doute qu'étant battus en brêche, la destruction ne se fasse plutôt par la facilité que les débris auront de s'ébouler. D'un autre côté, dans les pays où la maçonnerie n'est pas bien bonne et où les revêtements sont sujets à surplomber ou à souffler, on s'apercevrait bientôt du mauvais effet de ce système qui, à ce que je crois, n'aura pas beaucoup de partisans.

## PROPOSITION SECONDE.

### PROBLÈME.

35. *Trouver quelle épaisseur il faut donner aux revêtements des remparts de fortification qui sont accompagnés d'un parapet.*

Nous n'avons parlé jusqu'ici que de l'épaisseur des murs qui soutenaient des terrasses, et non pas de ceux qui servent de revêtements aux remparts des fortifications. Il y a des gens qui croient que c'est à-peu-près la même chose, mais il y a bien de la différence. Car, comme on élève toujours sur ces sortes de remparts un parapet de terre qui fortifie la poussée de celles qui sont déja derrière le revêtement, l'on sent bien que ces revêtements-ci doivent avoir plus d'épaisseur que ceux des terrasses. Il est vrai qu'il y a un peu de difficulté à trouver de combien le parapet augmente cette poussée, mais l'on va voir qu'on en peut rendre le calcul aussi aisé que le précédent.

Ayant pris KD égal à DB, considérez la première ligne comme marquant le niveau du rempart sur lequel on a élevé la banquette et le parapet IGEQ, soutenu par un petit revêtement EC, auquel on donne ordinairement 4 pieds de hauteur sur 3 d'épaisseur. Si l'on divise la ligne BD en autant de parties égales qu'il y a de pieds dans la hauteur du revêtement, et que l'on tire toutes les lignes comme ST, VX, etc., parallèles à KB, elles formeront des trapèzes comme dans la figure précédente; et si l'on prolonge toutes ces parallèles jusqu'à la rencontre des lignes qui renferment le parapet et la banquette, l'on aura un grand nombre de nouveaux trapèzes, dont chacun pourra être regardé comme la quantité dont la puissance qui lui répond est augmentée. Cela posé, il faut considérer d'abord qu'il y a le long de la ligne EQ trois tra- FIG. 4.

pèzes et un triangle dont l'action doit être supposée réunie aux points E, M, O, N, extrémités des bras de leviers AE, AM, AO, AN; et comme l'effort de chacun de ces trapèzes doit être réduit à l'extrémité D du bras de levier BD, il faut multiplier l'expression de la force dont chacun est capable par son bras de levier; et pour trouver cette expression, il n'y a qu'à voir le rapport du petit triangle DST à chaque trapèze : ainsi, supposant que le trapèze LM soit quadruple du petit triangle, la poussée de ce petit triangle étant nommée *b* comme ci-devant, celle du trapèze LM sera 4*b*, et l'on trouvera de même la poussée des trois autres trapèzes suivants. Après cela, il faut multiplier chacune de ces puissances par le bras de levier qui lui répond, et écrire les quatre produits à part pour les ajouter, quand il sera temps, avec les autres que nous allons trouver. Il faut encore chercher le rapport du petit triangle DST avec tous les autres trapèzes PQ, RD, YS, etc., qui règnent depuis Q jusqu'en I, au-dessus de la ligne DK, afin de voir combien chacun contient de fois la puissance *b*; ensuite écrire la progression de toutes les puissances qui sont au-dessous de la ligne DK, comme on a fait dans l'art. 32, qui sera *b*, 3*b*, 5*b*, 7*b*, 9*b*, 11*b*, etc., et voir combien chaque terme doit être augmenté; par exemple, comme le petit triangle DST est augmenté de tout le trapèze RD, on doit regarder le trapèze PT comme la puissance qui agit au point D; et le trapèze PQ agissant aussi autour du point D, le premier terme de la progression doit être augmenté d'autant d'unités que la puissance *b* est contenue de fois dans les deux trapèzes PT et PQ; de même le second terme exprimant le trapèze SX doit être augmenté d'autant d'unités que la puissance *b* est contenue de fois dans RV; ainsi des autres, qui doivent augmenter selon que les trapèzes qui leur répondent dans la figure contiennent plus ou moins la puissance *b*, jusqu'à ce que l'on soit parvenu au point I: parce que, pour lors, si le triangle KDB contient encore quelques puissances qui ne soient point augmentées dans la figure, elles ne doivent pas l'être non plus dans la progression, et par conséquent les termes qui leur répondent doivent être écrits comme à l'ordinaire.

Après qu'on aura écrit de suite toutes les puissances qui agissent le long de la ligne DB, et qui exprimeront par conséquent la poussée des terres du rempart et du parapet, à l'exception de celles qui agissent derrière la ligne EQ, il faudra les multiplier par leur bras de leviers comme à l'ordinaire, et ajouter à la somme de tous les produits les quatre que nous avons trouvés d'abord au sujet du petit revêtement EC : après cela, l'on aura l'effet total de toutes les puissances qui agissent derrière le revêtement EQDB, lequel étant divisé par la hauteur DB, le quotient donnera la poussée des terres, ou, si l'on veut, toutes les puissances réunies à l'extrémité D du bras de levier BD ; de sorte que s'il s'agit d'un revêtement dont la hauteur BD soit de 25 pieds, l'on trouvera que la somme de toutes les puissances réunies au point D sera de $342 \frac{2}{3} \times b$ ; et supposant $342 \frac{2}{3} = f$, on aura donc la valeur de $bf$, qui est la puissance avec laquelle il faut que le revêtement soit en équilibre.

Présentement, voulant trouver l'épaisseur DC ou BZ, nous la nommerons $y$; QC, $a$; FC, $g$; la hauteur CZ, $c$; et la ligne de talus ZH, $d$. Cela posé, il faut réduire la figure QEFC, que nous considérerons comme un rectangle, à n'avoir qu'une même épaisseur DC avec le rectangle BDCZ : pour cela, il faut diviser sa superficie, qui est $ag$, par la ligne $DC = y$, et on aura $\frac{ag}{y}$ pour la hauteur dont le rectangle DZ doit être augmenté, pour que le petit revêtement EC soit uni avec le rectangle DZ. Ainsi, multipliant $y$ par $\frac{ag}{y} + c$, l'on aura $ag + cy$ égal à toute la superficie BDQEFZ, que nous supposerons réunie au poids qui est suspendu dans le milieu de la ligne BZ, auquel joignant comme à l'ordinaire le poids 3, et multipliant leur somme par le bras de levier H4, il viendra un produit égal à celui de la puissance $bf$ par son bras de levier BD ou H5, d'où l'on tire cette équation $\frac{1}{2} cy^2 + \frac{1}{2} agy + cdy + agd + \frac{1}{3} cd^2 = bfc$, qui est un peu composée, mais qui n'est pourtant pas difficile à réduire. Car, si l'on change $\frac{1}{2} ag + cd$, en un rectangle qui ait pour une de ses dimensions la grandeur $c$, et que l'autre dimension ait été trouvée égale à $n$, l'on aura $\frac{1}{2} ag + cd = cn$, par conséquent $\frac{1}{2} agy + cdy = cny$ : or, mettant dans l'équation précédente $cny$ à la place de sa valeur, l'on aura $\frac{1}{2} cy^2 + cny + agd + \frac{1}{3} cd^2 = bfc$ ; de laquelle faisant évanouir la fraction du premier terme, et divisant le tout par $c$, l'on aura $y^2 + 2ny + \frac{2agd}{c} + \frac{2d^2}{3} = 2bf$, ou bien $y^2 +$

$2ny = 2bf - \frac{2agd}{c} - \frac{2}{3}d^2$; à quoi ajoutant $n^2$ de part et d'autre pour rendre le premier membre un carré parfait, il viendra $y^2 + 2ny + n^2 = 2bf - \frac{2agd}{c} - \frac{2}{3}d^2 + n^2$, dont extrayant la racine carrée, l'on aura enfin $y = \sqrt{(2bf - \frac{2agd}{c} - \frac{2}{3}d^2 + n^2)} - n$, qui donne 5 pieds 8 pouces et environ 8 lignes pour la valeur $y$.

Comme cette opération est un peu longue, surtout pour connaître la valeur de $y$, il vaut beaucoup mieux, dans la pratique, faire abstraction du petit revêtement EC, et ne le pas admettre dans le calcul algébrique, et pour lors on aura, comme à l'ordinaire, l'équation $y = \sqrt{(2bf + \frac{1}{3}d^2)} - d$, qui est beaucoup plus simple. Il est vrai que le poids qui exprime la pesanteur de tout le revêtement sera plus léger qu'il ne devrait l'être de la partie EC; mais ce n'est point un mal, au contraire, puisque l'épaisseur DC en sera un tant soit peu plus grande qu'il ne faudrait pour un parfait équilibre. Il semble même qu'on pourrait me reprocher de donner dans une trop grande précision pour un sujet qui de lui-même demande d'être traité plus cavalièrement, car l'épaisseur qu'on trouvera de plus, en omettant le petit revêtement, ne passe pas 8 ou 9 lignes, comme on va le voir.

## APPLICATION.

Ne faisant point mention, comme je viens de le dire, du petit revêtement EC, il ne s'agit plus, pour avoir l'épaisseur DC en nombres, que de calculer l'équation $y = \sqrt{(2bf + \frac{1}{3}d^2)} - d$. Pour cela, il faut se rappeler que l'on a trouvé que $f$ valait $342\frac{2}{3}$, qu'il faut multiplier par la valeur de $b$, qui est 3 pouces, parce que le petit triangle DST vaut 6 pouces, et qu'il n'y en a que la moitié qui agit contre la surface DT, ou comme on l'a supposé contre le point D, et l'on aura 85 pieds 8 pouces pour la valeur de $bf$; mais comme $bf$ doit être diminué d'un tiers, à cause que cette grandeur exprime la valeur d'une superficie de terre, par l'article 5, il faut donc prendre les deux tiers de 85 pieds 8 pouces, pour avoir 57 pieds 1 pouce 4 lignes, pour la valeur de $bf$ réduite, c'est-à-dire pour qu'elle puisse entrer dans le calcul de la maçonnerie. Or, comme dans la formule $bf$ est multiplié par 2, il faut aussi doubler 57 pieds 1 pouce 4 lignes, pour avoir 114 pieds 2 pouces 8 lignes; à quoi ajoutant le tiers du carré de la ligne de talus, qui est 8 pieds 4 pouces, l'on aura 122 pieds 6 pouces 8 lignes, dont la racine carrée est de 11 pieds 10 pouces pour l'épaisseur BH, sur la retraite; d'où retranchant la ligne de talus qui est 5 pieds, l'on trouvera 6 pieds 10 lign. pour l'épaisseur DC que le mur doit avoir au sommet: et comme l'on n'a trouvé que 6 pieds 2 lignes, il s'ensuit, comme je l'ai insinué, que la différence est 8 lignes.

*Remarque première.*

36. L'on voit qu'en suivant ce que je viens d'enseigner, on peut trouver avec assez de précision la poussée des terres qui composent le rempart et le parapet. On pourrait seulement se plaindre que c'est un travail un peu long de calculer la valeur de tous les trapèzes qui sont au-dessus de la ligne DK, à cause qu'ils sont irréguliers; c'est pourquoi j'ai cherché une voie plus abrégée, et j'en ai trouvé une qui rend les opérations tout aussi aisées que s'il n'y avait point de parapet; la voici:

Il faut commencer par faire abstraction de tout ce qui est au-dessus de la ligne KC, c'est-à-dire qu'il ne faut considérer que le triangle de terre KDB et le profil de la maçonnerie BDCH, comme s'il s'agissait d'un revêtement de terrasse, ainsi que dans l'article 32; ensuite écrire la progression des puissances, en lui donnant autant de termes que la hauteur DB contient de pieds, et supposant qu'elle en contienne 25, j'écris 1*b*. 3*b*. 5*b*. 7*b*. 9*b*. 11*b*. 13*b*. 15*b*. 17*b*. 19*b*. 21*b*. 23*b*. 25*b*. 27*b*. 29*b*. 31*b*. 33*b*. 35*b*. 37*b*. 39*b* 41*b*. 43*b*. 45*b*. 47*b*. 49*b*. J'ajoute dix unités à chacun des vingt premiers termes de cette progression, pour avoir 11*b*. 13*b*. 15*b*. 17*b*. 19*b*. 21*b*. 23*b*. 25*b*. 27*b*. 29*b*. 31*b*. 33*b*. 35*b*. 37*b*. 39*b*. 41*b*. 43*b*. 45*b*. 47*b*. 49*b*., dont les cinq derniers termes sont les mêmes que dans la progression précédente, parce qu'ils n'ont pas été augmentés; car, comme je l'ai dit, il n'y a qu'aux vingt premiers termes qu'il faut ajouter 10, soit que le revêtement ait 30, 40 ou 50 pieds de hauteur, les autres termes qui suivent les vingt premiers devant toujours rester comme si on n'avait fait aucun changement à la progression. Je multiplie présentement chaque terme par son bras de levier, comme à l'ordinaire; j'entends que le premier terme 11*b* sera

FIG. 4.

multiplié par 25, le second $13b$ par 24, le troisième $15b$ par 23, et ainsi des autres, car je ne fais aucun changement dans la progression des nombres naturels qui expriment la longueur des leviers. Toutes les multiplications étant faites, la somme des produits sera $8625b$, qui, étant divisée par 25, donnera pour quotient $345\,b$. Ainsi $f$, qui, dans l'art. 25, était de $342\frac{2}{3}$, sera ici de 345, ce qui fait environ 2 unités de plus ; par conséquent dans l'équation $y = \sqrt{(2\,bf + \frac{1}{3}d^2)} - d, bf$, au lieu de valoir 57 pieds 1 pouce 4 lignes, vaudra 57 pieds 6 pouces, qui donne environ 5 pouces de plus ; et continuant le reste de l'opération, je trouve que $y$ vaut 6 pieds 1 pouce 2 lignes, au lieu qu'elle n'a été trouvée dans l'article précédent que de 6 pieds 10 lignes, ce qui fait une différence de 4 lignes.

J'ai cherché selon ces deux méthodes l'épaisseur qu'il fallait donner au sommet de plusieurs revêtements : les prenant à des hauteurs arbitraires, j'ai trouvé que mes opérations donnaient la même chose pour la valeur de $y$, à trois ou quatre lignes près, qui est une différence de si peu de conséquence, qu'il m'a paru qu'il valait beaucoup mieux suivre cette méthode-ci que l'autre.

On demandera peut-être la raison qui m'a fait ajouter dix unités aux vingt premiers termes de la progression : mais je n'en ai d'autre à donner, sinon que je me suis aperçu, après avoir beaucoup cherché, que ces dix unités ajoutées de suite faisaient une compensation pour les puissances et les leviers, qui donnait la même chose que les trapèzes qui sont au-dessus de la ligne KC, et qui composent le parapet, quoique ces trapèzes allassent tantôt en augmentant, tantôt en diminuant. Aussi ne faut-il regarder cet abrégé que comme un moyen qui n'est bon que dans la pratique, et dont on peut se servir aussi utilement que de la méthode que j'ai expliquée dans l'article 35, sans laquelle je n'aurais pas trouvé celle-ci.

### *Remarque seconde.*

On ne pratique plus guère des revêtements de maçonnerie au-dessus FIG. 6. du cordon, pour soutenir les terres du parapet, parce qu'on s'est aperçu que les éclats que causait cette maçonnerie quand elle était battue du canon, devenaient nuisibles à ceux qui étaient derrière le parapet, et

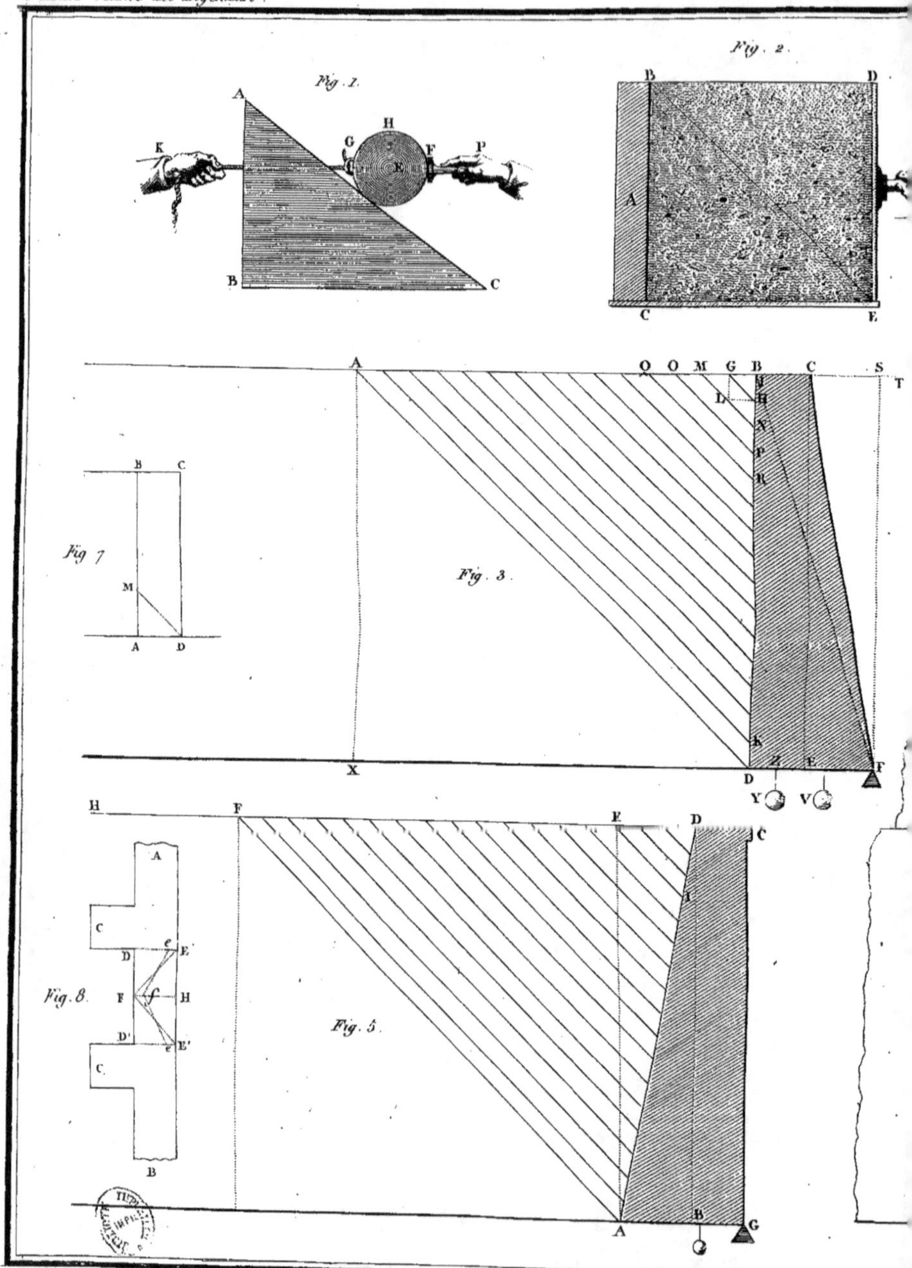
Fig. 1.
Fig. 2.
Fig 7
Fig. 3.
Fig. 8.
Fig. 5.

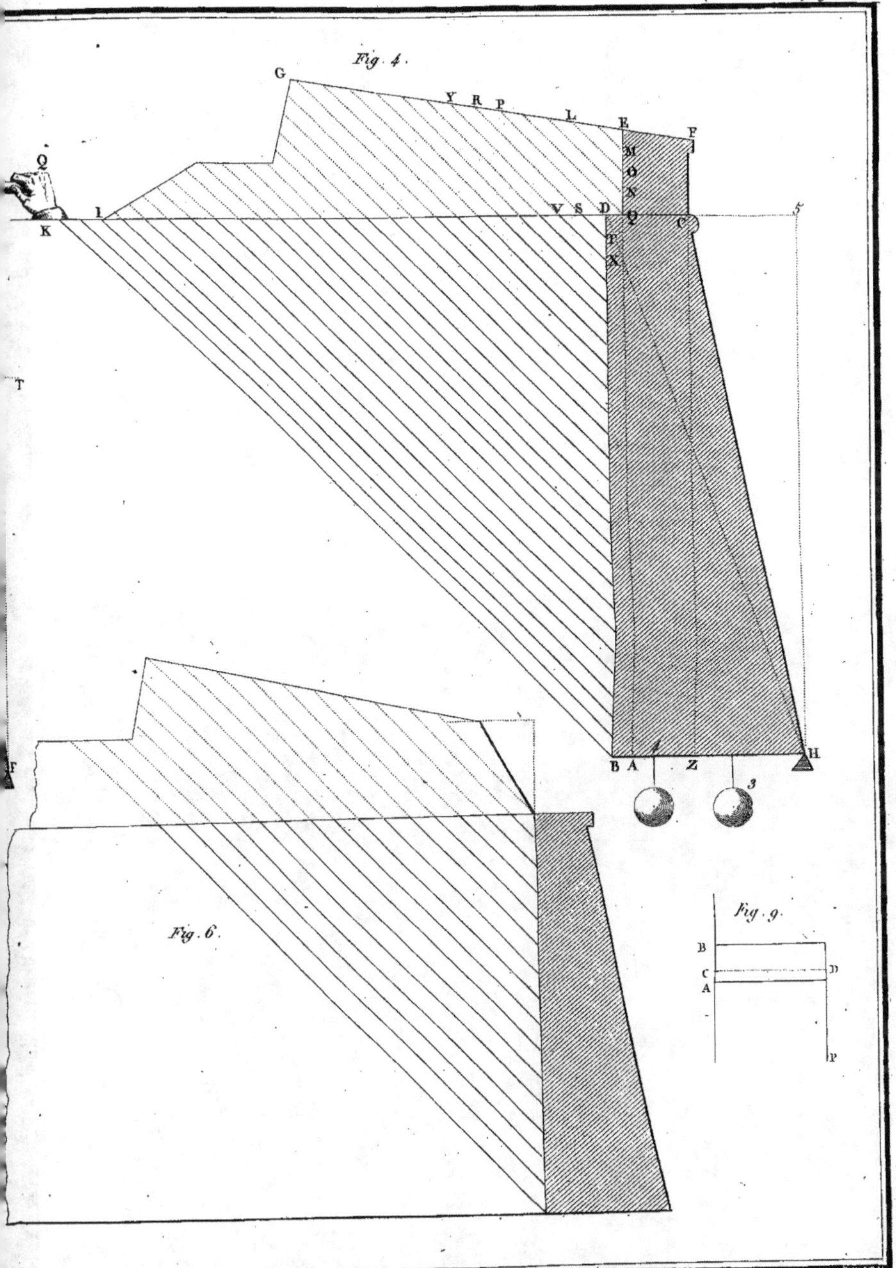
Fig. 4.
G
Y R P
L
E
F
M
O
N
Q
K
I
V S D
Q
C
5
T
X
T
B A
4
Z
3
H
F
Fig. 6.
Fig. 9.
B
C
D
A
P

d'ailleurs qu'il fallait plus de temps et de difficulté pour percer les embrasures en temps de siége, que si ce parapet n'était revêtu que de gazons ou de plaçage sur les deux tiers de talus, qui est le parti que l'on prend aujourd'hui. Pour cela, l'on éloigne un peu le pied du parapet du sommet de la muraille, afin qu'il se soutienne mieux, comme on le voit dans la Figure 6 ; mais que le parapet soit revêtu ou non, la méthode que je viens de donner pour calculer la poussée des terres, sera toujours la même aussi bien que pour les demi-revêtements.

Usage d'une Table *pour trouver l'épaisseur qu'il faut donner aux revêtements des terrasses et à ceux des remparts de fortification.*

37. Comme il y a des gens qui pourraient se trouver embarrassés de se servir des règles que j'ai enseignées au sujet des revêtements des terrasses et des remparts, faute de bien entendre les raisons sur lesquelles elles sont établies, j'ai cru qu'il était à propos de donner une table qui les dispensât de faire de longs et pénibles calculs, dans lesquels il est toujours dangereux de se tromper, à moins qu'on n'y apporte une grande attention : et afin d'éviter les moindres fautes, j'ai fait faire ceux qui ont servi à composer cette table par trois personnes fort intelligentes, afin que, chacune en particulier faisant les mêmes opérations, je n'eusse plus qu'à voir si elles se rapportaient, et que, quand elles différeraient en quelque chose, je pusse voir de quelle part l'erreur pouvait provenir. Ainsi, l'on peut s'assurer que ces calculs ont été faits avec toute la précison possible.

La première colonne comprend toutes les hauteurs des murs depuis 10 jusqu'à 100, allant en progression arithmétique dont la différence est 5 ; c'est-à-dire que le premier nombre appartient à un mur qui aurait 10 pieds de hauteur, le second à celui qui en aurait 15, le troisième à celui qui en aurait 20, et ainsi de suite jusqu'à 100 ; faisant attention que cette hauteur ne doit être comprise que depuis la retraite jusqu'au cordon, aux revêtements qui soutiennent un parapet : parce que l'on fait abstraction du petit revêtement EC, et que tous ces revêtements sont supposés avoir pour talus du côté du parement la cinquième partie de leur hauteur, l'autre côté étant élevé à plomb.

J'ai été fâché, après avoir calculé cette table, d'avoir donné aux murs un talus si considérable, parce que la pratique de la plupart des ingénieurs d'aujourd'hui est de ne donner que le septième de la hauteur pour talus; leur raison étant qu'un plus grand talus expose trop le parement aux injures de l'air, ce qui cause des écorchements au bout de quelques années, au lieu que cela n'arrive pas quand on leur en donne moins. Cependant, comme cela oblige à augmenter beaucoup l'épaisseur du sommet, je doute qu'on abandonne absolument l'ancienne méthode, c'est-à-dire celle de M. de Vauban, qui dans son profil général donne pour talus la cinquième partie de la hauteur; et c'est à son exemple que j'ai pris le même parti, ne pouvant avoir un meilleur garant.

La seconde colonne comprend les puissances équivalentes à la poussée des terres que doit soutenir un revêtement de terrasses, de quais, de chaussées, etc., afin que dans les occasions où l'on aurait besoin de connaître cette poussée, on la trouve ici tout d'un coup sans faire aucun calcul. Ainsi, si l'on voulait savoir, par exemple, quel effort font les terres rapportées derrière un revêtement de 30 pieds de hauteur, ou, ce qui revient au même, quelle serait la force de la puissance qui agirait au sommet du revêtement, et qui serait équivalente à la poussée de toutes les terres qui agissent derrière le revêtement depuis le haut jusqu'en bas, on cherchera dans la première colonne le nombre 30, et l'on prendra dans la seconde celui qui lui répond que l'on trouvera de 52 pieds 6 pouces 4 lignes, qu'on doit regarder comme équivalent à des pieds provenants d'une coupe de maçonnerie, parce qu'on a fait la réduction de ceux de terres afin de pouvoir les comparer avec les profils de maçonnerie, ou les poids qui les expriment, comme je l'ai assez expliqué dans l'art. 5.

La troisième colonne contient comme la seconde un nombre de pieds, pouces, etc., carrés, qui expriment aussi la poussée des terres, mais différemment, parce qu'on y a compris celle du parapet et du rempart comme on en a fait mention dans les art. 35 et 36.

La quatrième colonne donne l'épaisseur que chaque revêtement doi avoir au sommet par rapport à sa hauteur, pour être en équilibre pa son poids avec la poussée des terres. Ainsi, voulant savoir l'épaisse qu'il faut donner au sommet d'un revêtement qui aurait 30 pieds d hauteur, il n'y a qu'à chercher dans la première colonne le nombre 30, et l'on regardera dans la quatrième le nombre qui lui répond : on trouvera 4 pieds 9 pouces 8 lignes pour ce que l'on demande, et ainsi des autres.

La cinquième colonne comprend l'épaisseur des mêmes revêtements, avec cette différence qu'au lieu d'être en équilibre avec la poussée des terres comme dans la quatrième, les épaisseurs qu'on y donne appartiennent à des revêtements dont la résistance serait au-dessus de l'équilibre d'un quart de la force de la poussée des terres. C'est-à-dire, par exemple, que si un mur de 30 pieds de hauteur est en équilibre avec 200 toises cubes de terre, en ne lui donnant que 4 pieds 9 pouces 8 lignes au sommet, comme dans la quatrième colonne, il pourrait en soutenir 250, si on lui donnait l'épaisseur qui se trouve dans la cinquième, qui est de 5 pieds 11 pouces 1 ligne. Ceci répond à ce qui a été dit dans l'article 34 : on l'a calculé exprès pour servir à déterminer l'épaisseur des revêtements des terrasses, des quais, des chaussées, etc., auxquels ne voulant point faire de contreforts, on est bien aise de mettre leur résistance au-dessus de la poussée des terres, afin d'agir en toute sûreté; au lieu que si l'on était attaché précisément à l'équilibre, il eût été à craindre que les ébranlements causés par les voitures ne produisissent des secousses qui auraient pu mettre par accident la poussée des terres au-dessus de la résistance du revêtement. Malgré cette précaution, je conviens que les quatre ou cinq premiers termes de cette colonne ne donnent point assez d'épaisseur aux murs qui leur répondent, pour pouvoir s'en servir sans contreforts, parce que dans la pratique on ne doit point absolument considérer la maçonnerie comme indissoluble, surtout quand elle est nouvellement faite : mais à l'exception de ces trois ou quatre termes-là, auxquels il est à propos d'avoir égard, on pourra se servir des autres sans crainte.

Il semblera peut-être, selon ce que je viens de dire, que la quatrième colonne est assez inutile, puisqu'on lui préférera toujours la cinquième : mais comme c'est elle qui donne le point d'équilibre, pour augmenter la puissance d'un quart, et que d'ailleurs elle nous servira dans la suite quand nous parlerons des contreforts, il était nécessaire de ne pas l'omettre.

Quant à la sixième colonne, elle donne l'épaisseur du sommet des revêtements des remparts à la hauteur du cordon, dans le cas où ces remparts soutiendraient un parapet, et feraient équilibre par leur résistance à la poussée des terres qui composent le rempart et le parapet. On ne parle point de ce dont il faudrait augmenter l'épaisseur de ces revêtements pour mettre leur résistance au-dessus de la poussée des terres, parce que cela aurait été inutile à cause qu'il convient mieux d'y ajouter des contreforts, pour les raisons qu'on verra dans le cinquième chapitre.

Les termes des quatrième, cinquième et sixième colonnes servant à donner l'épaisseur du sommet des revêtements, on n'a pas parlé de celle que doivent avoir leurs bases, parce que, pour la trouver, on n'a qu'à ajouter à celle du sommet la cinquième partie de la hauteur du revêtement qu'on veut élever. Par exemple, si l'on ajoute 6 pieds à 4 pieds 9 pouces 8 lignes, l'on aura 8 pieds 9 pouces 8 lignes pour l'épaisseur que doit avoir sur la retraite un revêtement qui aurait 30 pieds de hauteur, et qui selon la quatrième colonne serait en équilibre avec la poussée des terres : il en sera de même pour tous les autres revêtements des cinquième et sixième colonnes.

Comme les hauteurs des revêtements qui sont dans la première colonne vont en augmentant de 5 pieds, n'ayant pas voulu suivre la progression des nombres naturels, à cause que la table eût été d'un trop grand travail, il est bon de dire quelque chose sur ce qu'il convient de faire quand on voudra chercher l'épaisseur d'un revêtement dont la hauteur ne se rapporterait pas précisément avec quelques-uns des termes de la première colonne; par exemple, s'il s'agissait d'un revêtement de 28 ou 29 pieds de hauteur, on pourra prendre l'épaisseur qui répond à 30, quoiqu'elle soit un peu plus forte qu'il ne faut. Mais si la hauteur était de 26 ou 27 pieds, il faudra, dans le cas d'équilibre, ajouter l'épaisseur qui répond à 30 pieds, avec celle qui répond à 25, et prendre la moitié de la somme; c'est-à-dire 4 pieds 9 pouces 8 lignes, avec 4 pieds 7 lignes, pour avoir 8 pieds 10 pouces 3 lignes, dont la moitié est 4 pieds 5 pouces 1 ligne, qui est ce que l'on demande : on pratiquera la même chose pour la cinquième et la sixième colonne.

# TABLE

## POUR RÉGLER L'ÉPAISSEUR QU'IL FAUT DONNER AUX REVÊTEMENTS DE MAÇONNERIE QUI SOUTIENNENT DES TERRASSES OU REMPARTS.

| HAUTEUR des revêtements. | VALEUR des puissances qui sont équivalentes à la poussée des terres qui n'ont point de parapet. | | | VALEUR des puissances qui sont équivalentes à la poussée des terres du rempart et du parapet des ouvrages de fortification. | | | ÉPAISSEUR du sommet des revêtements qui sont en équilibre avec la poussée des terres, lorsqu'il n'y a pas de parapet. | | | ÉPAISSEUR du sommet des revêtements dont la résistance est au-dessus de l'équilibre, d'un quart de la poussée. | | | ÉPAISSEUR des revêtements qui sont en équilibre par leur résistance avec des remparts qui soutiennent un parapet. | | |
|---|---|---|---|---|---|---|---|---|---|---|---|---|---|---|---|
| pieds. | pieds. | pouces. | lignes. | pieds. | pouces. | lignes. | pieds. | pouces. | lignes. | pieds. | pouces. | lignes. | pieds. | pouces. | lignes. |
| 10 | 6 | 5 | 0 | 15 | 7 | 0 | 1 | 9 | 1 | 1 | 11 | 6 | 3 | 8 | 4 |
| 15 | 13 | 9 | 4 | 27 | 1 | 4 | 2 | 6 | 2 | 2 | 9 | 11 | 4 | 6 | 8 |
| 20 | 23 | 11 | 0 | 41 | 5 | 0 | 3 | 3 | 5 | 3 | 8 | 3 | 5 | 4 | 6 |
| 25 | 36 | 6 | 0 | 57 | 6 | 0 | 4 | 0 | 7 | 4 | 6 | 7 | 6 | 1 | 2 |
| 30 | 52 | 6 | 4 | 74 | 4 | 0 | 4 | 9 | 8 | 5 | 4 | 9 | 6 | 9 | 0 |
| 35 | 71 | 0 | 0 | 95 | 3 | 4 | 5 | 6 | 11 | 6 | 3 | 1 | 7 | 4 | 8 |
| 40 | 92 | 3 | 0 | 117 | 8 | 0 | 6 | 3 | 10 | 7 | 1 | 6 | 8 | 1 | 2 |
| 45 | 116 | 3 | 0 | 142 | 7 | 0 | 7 | 1 | 3 | 7 | 11 | 10 | 8 | 7 | 11 |
| 50 | 143 | 1 | 0 | 170 | 1 | 0 | 7 | 10 | 5 | 8 | 10 | 0 | 9 | 3 | 0 |
| 55 | 172 | 8 | 0 | 200 | 3 | 0 | 8 | 7 | 6 | 9 | 8 | 4 | 9 | 11 | 10 |
| 60 | 205 | 0 | 4 | 233 | 1 | 0 | 9 | 4 | 9 | 10 | 6 | 8 | 10 | 9 | 1 |
| 65 | 240 | 2 | 0 | 271 | 10 | 0 | 10 | 2 | 0 | 11 | 5 | 1 | 11 | 4 | 3 |
| 70 | 278 | 1 | 0 | 306 | 9 | 0 | 10 | 11 | 0 | 12 | 8 | 4 | 12 | 0 | 8 |
| 75 | 318 | 9 | 0 | 347 | 10 | 0 | 11 | 8 | 3 | 13 | 1 | 8 | 12 | 9 | 1 |
| 80 | 362 | 3 | 0 | 391 | 7 | 6 | 12 | 5 | 4 | 14 | 0 | 0 | 13 | 5 | 6 |
| 85 | 408 | 6 | 0 | 438 | 6 | 0 | 13 | 2 | 7 | 14 | 10 | 3 | 14 | 2 | 1 |
| 90 | 457 | 6 | 0 | 487 | 3 | 8 | 13 | 11 | 9 | 15 | 8 | 6 | 14 | 10 | 9 |
| 95 | 526 | 10 | 6 | 556 | 10 | 6 | 14 | 8 | 10 | 16 | 6 | 11 | 15 | 7 | 5 |
| 100 | 563 | 11 | 0 | 594 | 10 | 0 | 15 | 6 | 1 | 17 | 5 | 3 | 16 | 4 | 2 |

## PROPOSITION TROISIÈME.

### Problème.

38. *Voulant augmenter l'épaisseur d'un revêtement qui serait en équilibre avec la poussée des terres, on demande de combien la résistance de ce revêtement deviendra plus forte qu'elle n'était, par suite de l'augmentation qu'on veut faire.*

Pour résoudre ce problème, nous supposerons que $a$ exprime l'épaisseur au sommet d'un revêtement quelconque, quand la résistance du mur est égale à la poussée des terres; que $m$ exprime la nouvelle épaisseur composée de la première et de l'augmentation proposée. Cela posé, si dans le premier membre de l'équation $y^2 + 2dy + \frac{2}{3} d^2 = 2bf$, (où nous avons vu, art. 22, que le poids était en équilibre avec la puissance), l'on met $a$ au lieu de $y$, l'on aura $a^2 + 2ad + \frac{1}{3} d^2$ pour la résistance dont le revêtement est capable, étant en équilibre avec la poussée des terres; et mettant encore $m$ à la place de $y$ dans la même équation, l'on aura $m^2 + 2md + \frac{2}{3} d^2$ pour la résistance du revêtement après avoir augmenté son épaisseur : par conséquent, le rapport que nous cherchons sera égal à $\frac{a^2 + 2ad + \frac{2}{3} d^2}{m^3 + 2md + \frac{3}{3} d^2}$, dont on connaîtra la valeur en mettant des nombres à la place des lettres.

## APPLICATION.

Remarquez que le numérateur de la fraction précédente n'est autre chose que le carré de $a + d$, c'est-à-dire le carré de l'épaisseur de la base du revêtement, moins le tiers du carré de la ligne de talus, et que le dénominateur est aussi égal au carré de la base du revêtement dont on a augmenté l'épaisseur, moins le tiers du carré de la même ligne de talus. Or, s'il s'agit d'un revêtement de 30 pieds de hauteur qui soutienne un rempart avec un parapet, selon la sixième colonne de la table, l'épaisseur de ce revêtement au sommet dans l'état d'équilibre sera de 6 pieds 9 pouces, à quoi ajoutant la ligne de talus qui est 6 pieds, l'épaisseur de la base sera 12 pieds 9 pouces, dont le carré est 162 pieds

6 pouces 9 lignes, duquel retranchant 12, qui est le tiers du carré de la ligne de talus, il restera 150 pieds pour la valeur de $a^2 2ad + \frac{2}{3} d^2$, en négligeant les 6 pouces 9 lignes qui ne feraient qu'embarrasser. Mais si l'on veut augmenter de 15 pouces l'épaisseur en question, la base sera de 14 pieds, dont le carré est 196; d'où retranchant encore 12, il restera 184 pour $m^2 + 2dm + \frac{2}{3} d^2$: ainsi l'on aura $\frac{150}{184}$, qui étant réduite donne à-peu-près $\frac{5}{6}$; ce qui fait voir que les 15 pouces dont on a augmenté l'épaisseur du revêtement, le rendent plus fort de la cinquième partie de la force qu'il lui aurait fallu pour être en équilibre avec la poussée des terres.

## PROPOSITION QUATRIÈME.

### PROBLÈME.

39. *Connaissant la hauteur et les épaisseurs du sommet et de la base d'un mur qui ne soutient aucune poussée, trouver quelle est la puissance avec laquelle il pourrait être en équilibre.*

Si un mur AD est élevé à plomb des deux côtés, qu'on nomme $c$ sa hauteur AC, $a$ l'épaisseur AB ou CD, et $x$ une puissance P qui tirerait de A en F, le poids M sera $ac$ : il est constant que le point d'appui étant en C, l'on aura $x : ac :: \frac{1}{2} a : c$, dont le produit des extrêmes et celui des moyens donnent après la réduction $\frac{1}{2} a^2 = x$. PL. III. FIG. 1.

Mais si le mur était comme le profil CA, c'est-à-dire qu'il fût élevé à plomb d'un côté et qu'il eût un talus de l'autre, il est certain que la puissance que l'on cherche tirant de E en Q ferait un effet tout différent que dans la figure précédente. Or, pour trouver la valeur de cette puissance, nous nommerons DF, $a$; FA, $d$; la hauteur EF, $c$; et la puissance Q, $y$ : cela posé, ayant réuni le poids O au poids N, et multiplié leur somme par leur bras GA, l'on aura un produit égal à celui de la puissance $Q = y$ par la perpendiculaire AB; et si de chacun de ces produits l'on efface la lettre $c$, il viendra $\frac{1}{2} a^2 + ad + \frac{1}{3} d = y$, qui fait voir que la puissance Q est égale à la moitié du carré de l'épaisseur CE ou DF, plus au tiers du carré de la ligne de talus FA, plus enfin à un rectangle compris sous DF et FA. FIG. 2.

## APPLICATION.

On peut faire usage de cette proposition pour voir si des murs qui ne soutiennent rien peuvent servir de revêtement à des remparts qu'on voudrait élever derrière, puisque, cherchant dans la table à quoi peut aller la poussée des terres, on s'apercevra si ces murs ont assez de force: car, si le mur qui est élevé à plomb des deux côtés a, par exemple, 6 pieds d'épaisseur, la moitié de son carré sera 18; ainsi il ne pourra tout au plus soutenir qu'une puissance équivalente à 18 pieds carrés.

De même, dans le second profil, supposant l'épaisseur DF de 4 pieds, la ligne de talus FA de 5: suivant ce qu'enseigne l'équation $\frac{1}{2}a^2 + ad + \frac{1}{3}d^2 = y$, l'on trouvera que la puissance Q est de 36 pieds 4 pouces, et que par conséquent la poussée des terres qu'on voudrait lui faire soutenir ne doit point passer cette quantité.

# CHAPITRE CINQUIÈME.

### DE LA CONSIDÉRATION DES MURS QUI ONT DES CONTREFORTS.

Tout le monde sait que les contreforts qu'on élève avec les murs, contribuent beaucoup à les fortifier contre la poussée des terres ou des voûtes quand ils en soutiennent; mais il ne paraît pas qu'on se soit appliqué à examiner de combien ils pouvaient rendre ces murs capables d'une plus ou moins grande résistance, selon la longueur, l'épaisseur, la distance et même la figure qu'on donnerait aux contreforts. Ce sujet est pourtant digne d'attention, surtout quand il s'agit de certains ouvrages qui doivent plutôt tirer leur solidité des règles de l'art que de l'abondance des matériaux, puisque, si l'on connaissait bien le mécanisme qui appartient à ce sujet, on éleverait des édifices qui seraient encore plus hardis que la plupart de ceux qui font tant d'honneur aux siècles passés: on travaillerait avec sûreté, et l'on n'apercevrait pas une certaine timidité qui est assez ordinaire aux ouvrages des modernes. Les anciens architectes paraissent en ceci plus éclairés : s'ils n'avaient pas des règles certaines et démontrées comme celles qu'on demande, ils agissaient au moins avec un jugement qui en approchait beaucoup. Les beaux monuments qu'ils nous ont laissés en font foi : leurs églises sont d'une légèreté admirable ; il semble qu'ils ont usé de quelques moyens extraordinaires, qu'on a perdus avec eux. Cependant, si l'on y prend garde de près, l'on verra que tout ce qui en fait le merveilleux n'est autre chose que la bonne liaison des matériaux, la situation et l'étendue des contreforts dont ils se sont toujours servis heureusement : et comme peu de gens s'arrêtent à cette dernière particularité, faute d'en connaître tout le mérite, ils sont ravis d'un étonnement qu'ils ne savent à quoi attribuer. Les églises que l'on a bâties dans ces derniers temps, et entre autres quelques-unes de Paris, sont bien éloignées d'intriguer personne : si elles causent quelque surprise, c'est de les voir si matérielles, qu'elles semblent avoir épuisé toutes les carrières du pays. Est-il possible que l'intervalle de quelques siècles rende les hommes si opposés sur une même chose ? Ne conviendra-t-on jamais que dans tout ce que l'on fait qui est susceptible de plus et de moins, *il y a un certain point d'où dépend la construction la plus parfaite qu'il est possible d'atteindre*, et que c'est à ce point là qu'il faut uniquement s'appliquer, afin d'y demeurer fixe quand on l'aura une fois trouvé ? De pareilles recherches seraient d'un grand avantage pour la perfection de l'architecture : on ne peut trop engager ceux qui la cultivent d'y travailler ; et comme les contreforts y doivent avoir beaucoup de part, nous allons faire en sorte, dans ce chapitre, d'en bien développer toute la théorie. Mais avant cela il est à propos que j'avertisse qu'il faut supposer que les contreforts dont nous parlerons ont été construits dans le même temps que les murs qu'ils soutiennent, et que la liaison est si parfaite, que de part et d'autre elle ne fait plus qu'un seul corps (1).

---

(1) On ne peut se dispenser de faire remarquer cette nouvelle hypothèse, contraire à ce qui a véritablement lieu. Pour examiner avec quelque exactitude ce que des contreforts, soit extérieurs, soit intérieurs, ajoutent à la résistance d'un mur, il ne faut point admettre que la maçonnerie fasse parfaitement corps, mais faire entrer en consi-

## PROPOSITION PREMIÈRE.

### PROBLÈME.

40. *Ayant le profil* ABCD *d'un mur élevé aplomb des deux côtés, et soutenu par des contreforts représentés par le rectangle* AEFC, *on demande, si une puissance* Q *agissait de* A *en* B *pour renverser ce mur du côté du parement, ou une autre* P *de* A *en* E *pour le renverser du côté des contreforts, quel est le rapport de la résistance du mur dans ces deux cas, ou, ce qui est la même chose, le rapport de la puissance* Q *à la puissance* P, *supposant qu'elles agissent chacune en particulier.*

PL. III. FIG. 4 et 5. Considérez la figure 5, qui représente le plan de la maçonnerie du profil qui est au-dessus, dont les contreforts sont rectangles et égaux dans ce plan : l'on suppose que l'épaisseur LI des conforts est égale à l'épaisseur CD de la muraille; que leur longueur FC est double de leur épaisseur, et que leur distance CL ou IK est double de la longueur FC. Ainsi, nommant l'épaisseur CD ou LI, $a$; FC sera $2a$, et CL ou IK sera $4a$. Quant à la hauteur AC de la muraille et des contreforts, nous la nommerons $b$. Cela posé, $ab$ sera la valeur du rectangle AD, ramassé dans le poids N qui est suspendu dans le milieu de la ligne CD, et $2\,ab$ sera la valeur du rectangle EC. Or, comme cette muraille n'a point de longueur déterminée, nous n'y aurons point égard : mais les contreforts étant à une certaine distance, et ne formant point de massif continu, comme la muraille fait dans sa longueur, on ne peut pas dire

dération les forces que ses différentes parties opposent à leur séparation. En supposant cette force proportionnelle à la surface de rupture, et observant qu'il faut lui attribuer différentes valeurs suivant que sa direction est perpendiculaire ou parallèle à cette surface, on peut représenter par des équations la résistance d'un mur accompagné de contreforts de différentes espèces; mais elles sont peu utiles dans la pratique, par la difficulté d'exprimer en nombres la valeur de la cohésion des maçonneries, valeur si sujette à varier par la nature des matériaux, le genre de construction, le temps écoulé depuis l'exécution du travail, le climat et la saison même dans lesquels il est exécuté (*N*).

que $2ab$ exprime le poids des contreforts, puisque pour cela il faudrait qu'il n'y eût point d'intervalle entre eux. Il faut donc réduire la valeur des contreforts, de façon qu'on puisse la considérer comme si elle régnait sur toute la longueur du mur : pour cela l'on n'a qu'à diviser $2ab$ par 5, et l'on aura $\frac{2}{5}ab$ pour l'expression du poids M, qu'on doit regarder comme équivalent à tous les contreforts réunis ensemble dans un des points de la ligne GM tirée du centre de gravité.

Présentement il faut réunir le poids M au poids N, en sorte qu'il pèse autant en H qu'il pèse en G par rapport au point d'appui D; ainsi je multiplie la valeur du poids M par son bras de levier $GD = 2a$ pour avoir $\frac{4}{5}a^2b$, que je divise par le bras $HD = \frac{1}{2}a$; le quotient est $\frac{8}{5}ab$, qui étant ajouté avec le poids $N = ab$ donne $\frac{13}{5}ab$ pour la somme des poids M et N, réunis si l'on veut dans le seul poids. Maintenant, si l'on nomme $x$ la puissance Q, et qu'on considère les lignes HD et BD comme faisant un levier recourbé dont le point d'appui est en D, l'on aura $BD = ab : HD = \frac{1}{2}a :: O = \frac{13}{5}ab : x$, qui donne cette équation $bx = \frac{13}{10}a^2b$, ou bien $x = \frac{13}{10}a^2$, qui fait voir que la puissance Q est $\frac{13}{10}a^2$.

Si, au lieu de supposer le point d'appui en D, on le suppose en F, l'on aura le levier recourbé EFH, à l'extrémité d'un des bras duquel est encore le poids O, qui exprime toujours la muraille et les contreforts, et la puissance P à l'autre bras, laquelle étant nommée $y$ donnera dans l'état d'équilibre $EF = b : FH = \frac{5}{2}a :: \frac{29}{10}ab : y$. D'où l'on tire $y = \frac{29}{10}a^2$; par conséquent $Q = x : P = y :: \frac{13}{10}a^2 : \frac{29}{10}a^2$, ou comme treize est à vingt-neuf.

### *Remarque première.*

41. Cette proposition montre clairement qu'un mur qui a des contreforts résiste beaucoup plus à l'effort d'une puissance quand elle agit ans un sens opposé aux contreforts, que lorsqu'elle pousse du côté des contreforts mêmes, à cause de la différence des bras de leviers qui répondent à la base.

### *Remarque seconde.*

42. On remarquera encore que si dans les revêtements de fortifications et de terrasses l'on n'avait égadr qu'à la poussée des terres, il vau-

drait beaucoup mieux faire les contreforts en dehors qu'en dedans: cependant cela ne se pratique point ainsi, pour ne pas choquer la vue et pour d'autres raisons qui se font assez sentir. Mais quand il s'agit de soutenir les pieds droits d'une voute, c'est alors qu'il faut absolument les placer en dehors, afin qu'ils soient directemeut opposés à la poussée.

*Remarque troisième.*

43. Pour faire voir à quel point un mur qui soutient quelque poussée est capable de résister davantage lorsqu'il y a des contreforts que quand il n'y en a point, quoique la même quantité de maçonnerie subsiste de
FIG. 4 et 5. part et d'autre, augmentons par plaisir l'épaisseur CD de la muraille de toute la maçonnerie qui est employée dans les contreforts. Pour cela je divise la longueur $FC = 2a$ par 5, pour avoir $\frac{2}{5}a$ qui sera l'épaisseur RC réduite, qui étant ajoutée avec CD donnera $\frac{7}{6}a$ pour toute l'épais-
FIG. 3. seur RD ou PX, du nouveau profil YX, qui étant multipliée par la hauteur $YP = b$ donne $\frac{7}{5}ab$ pour la valeur du rectangle YX réuni au poids T qui est suspendu dans le milieu V de la ligne PX. Or supposant le point d'appui en X, et une puissance S qui tire de R en S, nommant cette puissance $z$, l'on aura dans le cas d'équilibre $RX = b : XV = \frac{7}{10}a :: T = \frac{7}{5}ab : z$, qui donne $\frac{49}{50}a^2 = z$, et comme 49 ne diffère de 50 que d'une unité, nous supposerons $a^2 = z$.

Présentement, pour comparer la puissance $Q = \frac{13}{30}a^2$ à la puissance S, on donnera à la seconde le même dénominateur qu'à la première, et pour lors on aura $Q : S :: \frac{13}{10}a^2 : \frac{10}{10}a^2$, qui étant réduite donne $Q : S :: 13 : 10$. L'on peut donc conclure de tout ceci que plus les contreforts seront longs, et plus le bras de levier sera à l'avantage de la puissance résistante. C'est pourquoi, dans les occasions où l'on peut se dispenser de donner une grande épaisseur aux contreforts, il vaut mieux étendre sur leur longueur que sur leur épaisseur la maçonnerie qu'on leur destine, afin que l'ouvrage en soit encore plus inébranlable.

## PROPOSITION SECONDE.

### PROBLÈME.

44. *Ayant un revêtement de terrasse* ABCD, *et une puissance* P *dont la force est supposée beaucoup au-dessus de la résistance dont le revêtement est capable par son poids, on demande de quelle longueur il faudra faire les contreforts qu'on voudrait y ajouter, afin que le tout soit en équilibre avec cette puissance.*

Pour bien entendre ce problème, il faut être prévenu que la hauteur CE du revêtement est supposée de 30 pieds, et qu'ainsi, selon la règle générale, la ligne de talus ED doit être de 6 pieds. Or, si ce revêtement avait des terres à soutenir, on verra dans la table que la puissance équivalente à leur poussée, c'est-à-dire la puissance P, est de 52 pieds 6 p. 4 lign., et que, pour mettre le revêtement en équilibre avec cette puissance, il faudrait donner 4 pieds 9 pouces 8 lignes à l'épaisseur BC du sommet. Par conséquent, si l'on diminuait cette épaisseur de quelque chose, c'est-à-dire, par exemple, si au lieu de lui donner 4 pieds 9 p. 8 lign., on ne lui donnait que 3 pieds, la puissance étant toujours supposée la même, il est certain que le revêtement ne serait plus en équilibre, parce que le bras du levier ID sera raccourci, et le poids M diminué, ce qui mettrait la puissance beaucoup au-dessus de la résistance du revêtement. Cependant, comme on veut maintenir l'un et l'autre en équilibre, on prend le parti de faire des contreforts, et la question se réduit à savoir quelle longueur il faudra leur donner par rapport à leur épaisseur et à la distance où ils seront posés, afin qu'ils suppléent à l'épaisseur qu'on a donnée de moins qu'il ne fallait au sommet BC.

Pour cela nous nommerons BC ou AE, $a$; CE, $c$; ED, $d$; GA, $y$: et nous supposerons que $n$ marque toute l'épaisseur AD de la base, afin d'avoir $n = a + d$, et que la puissance P est toujours exprimée par $bf$. Cela étant, le poids M sera $ac$ et le poids N sera $\frac{1}{2} cd$: à l'égard du poids L, il serait exprimé par $cy$, si le rectangle FA était le profil d'un mur qui régnât sur toute la longueur du revêtement; mais n'étant que celui des contreforts, il faut, comme nous l'avons dit dans l'article 40, avoir égard à leur distance et à leur épaisseur. Or, si l'on suppose que de l'espace LMON qui règne derrière le revêtement, il n'y en ait qu'un quart qui soit occupé par les contreforts; c'est-à-dire que donnant, par exemple, 4 pieds à l'épaisseur BC ou EF de chaque contrefort, on en laisse 12 d'intervalle de C en D, tous les contreforts pourront être exprimés par $\frac{1}{4}cy$, de même que tout le revêtement ABCD par $ac + \frac{1}{2}cd$. Il ne s'agit donc plus que de réunir les poids L et N avec le poids M pour ne faire ensemble qu'un seul poids O qui fasse le même effet étant suspendu au point I par rapport au point d'appui D, qu'ils font étant suspendus en H et en K. Pour cela, l'on sait qu'il faut multiplier le poids N $= \frac{1}{2}cd$ par son bras de levier KD $= \frac{2}{3}cd$ de même que le poids L $= \frac{1}{4}cy$ par son bras de levier HD $= n + \frac{1}{2}y$, et diviser chaque produit par le bras ID $= \frac{1}{2}a + d$, et qu'alors l'on aura $\frac{3cy^2 + 6cny + 8cd^2}{12a - 24d} + ac$ pour la valeur du poids O. Or, multipliant ce poids par son bras de levier ID, l'on aura un produit égal à celui de la puissance P $= bf$ par son bras de levier DQ $= c$; par conséquent cette équation $3cy^2 + 6cny + cd^2 + 12a^2c + 24acd = 24bcf$: d'où effaçant $c$, et faisant passer du premier membre dans le second les termes où l'inconnue ne se trouve point, l'on aura $y^2 + 2ny = 8bf - 4a^2 - 8ad - \frac{8}{3}d^2$. Si on ajoute $n^2$ de part et d'autre de cette équation pour rendre le premier membre un carré parfait, l'on aura $y^2 + 2ny + n^2 = 8bf - 4a^2 - 8ad - \frac{8}{3}d^2 + n^2$, d'où extrayant la racine carrée et dégageant l'inconnue, il viendra pour dernière équation $y = -n + \sqrt{(8bf - 4a^2 - 8ad - \frac{8}{3}d^2 + n^2)}$, qui donne ce que l'on cherchait.

## APPLICATION.

Pour savoir en nombre quelle doit être la longueur des contreforts, il faut se rappeler que l'on a supposé que la puissance $bf$ valait 52 pieds 6 pouces 4 lignes, que $a$ valait 3 pieds, $d$, 6; $a + d$ ou $n$ vaudra donc 9 pieds. Ainsi, en suivant ce qui est enseigné dans la dernière équation, l'on aura $8bf = 420$ pieds 2 pouc. 8 lign., $4a^2 = 36$, $8ad = 144$, $\frac{8}{3}d^2 = 96$, et $n^2 = 81$. Mais cette équation montre aussi qu'il faut ajouter $8bf$ avec $n^2$, c'est-à-dire 428 pieds 2 pouces 8 lignes avec 81 pour avoir 501 pieds 2 pouces 8 lignes; et qu'il en faut soustraire $4a\ ad^2\ 8d$ et $\frac{8}{3}d^2$, ou leur valeur 36, 144, 96, qui font 276; et de la différence qui est 225 pieds 2 pouces 8 lignes, en extraire la racine carrée, qu'on trouvera d'environ 15 pieds, de laquelle soustrayant $n$ qui vaut 9 pieds, la différence sera 6 pieds pour la valeur de $y$, ou si l'on veut pour la longueur qu'il faudra donner aux contreforts.

*Remarque première.*

45. Si l'on voulait que les contreforts et le revêtement, au lieu d'être en équilibre par leur résistance avec la puissance P, fussent capables de soutenir l'effort d'une autre puissance qui serait plus forte d'un quart que celle-ci, il faudrait, au lieu de supposer $bf$ égal à 52 pieds 6 pouces 4 lignes, le supposer de 65 pieds 8 pouces; pour lors les contreforts auraient 9 pieds 6 pouces 4 lignes de longueur, et non pas 6 pieds.

*Remarque seconde.*

46. Nous venons de supposer que l'espace LMNO, qui règne derrière le revêtement, était rempli par un quart de maçonnerie et par trois quarts de terre, parce que l'intervalle AB d'un contrefort à l'autre est triple de l'épaisseur BC de chaque contrefort; et c'est pour cela que nous avons divisé la longueur EB par 4, parce qu'en effet la ligne AC, qui vaut quatre parties égales, peut être regardée comme le dénominateur d'une fraction dont le numérateur est égal à la partie BC qui est un quart de toute la ligne AC. Mais si l'on voulait que les contreforts fussent plus près les uns des autres, en sorte qu'ils ne fussent éloignés, par exemple, que du double de leur épaisseur, pour lors l'étendue qu'occuperont tous les contreforts sera à celui qui règne entre les deux parallèles LM et NO comme un est à trois: ce qui fait voir qu'au lieu de diviser la longueur inconnue des contreforts, c'est-à-dire $y$ par 4, il ne faudrait la diviser que par 3 ou par 2, si l'on voulait que les contreforts ne fussent distants les uns des autres que d'un intervalle égal à leur épaisseur: enfin, si l'on voulait que l'étendue occupée par les contreforts fût à tout l'espace renfermé par les parallèles comme 2 est à 5, il faudrait multiplier $y$ par 2 et le diviser ensuite par 5, parce qu'alors l'on aura $\frac{2}{5}y$ qui exprimera la réduction des contreforts; or, comme 5 FIG. 7.

marque tout l'espace renfermé entre les parallèles, et 2 celui qui est occupé par les contreforts, si l'on retranche donc 2 de 5, il restera 3, et les nombres deux et trois marqueront le rapport de l'épaisseur des contreforts à leur distance. Il est bon de faire attention à ceci, quoique ce ne soit qu'une bagatelle, parce que dans le problème suivant, où nous chercherons quel doit être le rapport de l'épaisseur des contreforts à leur distance, cela pourra nous servir.

## PROPOSITION TROISIÈME.

FIG. 6.

### PROBLÈME.

47. *Ayant déterminé la longueur* AG *des contreforts, l'épaisseur* BC *du revêtement et sa ligne de talus* ED, *on demande quelle épaisseur il faudra donner aux contreforts par rapport à la distance où il faudra les éloigner les uns des autres, pour que toute la maçonnerie soit en équilibre avec la puissance* P *qui tirerait de* C *en* Q.

On suppose encore ici, comme on l'a fait ailleurs, que la puissance P est beaucoup au-dessus de la résistance dont le revêtement ABCD est capable par son poids, et qu'ainsi il faut faire des contreforts pour donner au revêtement la force qui lui manque : or, comme dans le problème précédent nous avons cherché quelle longueur il fallait donner à ces contreforts pour rencontrer le point d'équilibre, ici l'on suppose que cette longueur a été déterminée, et qu'il s'agit seulement de savoir quel rapport il doit y avoir de l'épaisseur des contreforts à leur distance, afin qu'ils composent ensemble un massif suffisant pour rendre le revêtement capable de soutenir l'effort de la puissance.

Ayant nommé GA, $h$; BA, $c$; AE, $a$; ED, $d$; AD, $n$ (ce qui donne $n = a + d$); et la puissance P, $bf$, comme à l'ordinaire : l'on aura $\frac{1}{2}cd$ pour le poids N, et $ac$ pour le poids M. Quant au poids L, comme il ne doit exprimer qu'une partie du rectangle GFBA, on ne peut pas dire que $ch$ soit la valeur de ce poids, parce que $ch$ doit être divisé par une certaine grandeur qui détermine le rapport de l'épaisseur des contreforts avec leur intervalle : or, comme on ne connaît pas cette grandeur, nous la nommerons $x$, et pour lors le poids L sera $\frac{ch}{x}$. Présentement, si l'on réunit les trois poids D, M, N, en un seul O, et qu'on le multiplie par le bras de levier ID, l'on aura un produit égal à celui de la puissance P par son bras de levier DQ, qui donnera cette équation $\frac{ch^2}{2x} + \frac{cnh}{x} + \frac{1}{2} a^2 c + adc + \frac{1}{3} cd^2 = bcf$, dont je n'explique point les opérations qui l'ont formée, parce qu'elles sont les mêmes que celles de la proposition précédente : il suffira seulement de dire que, pour avoir la valeur de l'inconnue $x$, il faut d'abord effacer $c$ de toute part, et faire passer $\frac{1}{2} a^2 + ad + \frac{1}{3} d^2$ du premier membre dans le second, afin d'avoir $\frac{h^2}{2x} + \frac{nh}{x} = bf - \frac{1}{2} a^2 - ad - \frac{1}{3} d^2$; d'où faisant évanouir la fraction du premier membre, il viendra $h^2 + 2nh = 2bfx - a^2 x - 2adx - \frac{2}{3} d^2 x$. Or, si l'on divise cette équation par $2bf - a^2 - 2ad - \frac{2}{3} d^2$, elle sera changée en celle-ci $\frac{h^3 + 2nh}{2bf - a^2 - 2ad - \frac{2}{3} d^2} = x$, qui donne la valeur de $x$.

## APPLICATION.

Supposant que la puissance P soit de 66 pieds, que GA ou $h$ soit de 7 pieds, ED ou $d$, de 6, AE ou $a$, de 3, l'on aura 9 pour la valeur de $n$. Cela posé, le dividende de l'équation précédente sera 175, et le diviseur sera 63 : ainsi, faisant la division, l'on aura pour quotient $2 + \frac{7}{9}$ ou ce qui est la même chose $\frac{25}{9} = x$, c'est-à-dire, qu'il faut diviser $ch$ par $\frac{25}{9}$. Mais comme $ch$ divisé par $\frac{25}{9}$ est la même chose que $\frac{9}{25}\, ch$, l'on voit que supprimant $ch$ qui est inutile, et retranchant le numérateur du dénominateur, il vient $\frac{9}{16}$ qui marque le rapport de l'épaisseur qu'il faut donner aux contreforts avec l'intervalle dont ils doivent être éloignés les uns des autres. C'est-à-dire, par exemple, que si l'on donnait 4 pieds $\frac{1}{2}$ d'épaisseur aux contreforts, il faudrait les construire à 8 pieds les uns des autres.

## PROPOSITION QUATRIÈME.

### PROBLÈME.

FIG. 9. 48. *Ayant déterminé la longueur* GA *des contreforts, leur épaisseur et leur distance, de même que la ligne du talus* ED *et la hauteur* CE, *l'on demande quelle épaisseur il faudra donner au sommet* BC *du revêtement pour qu'il soit en équilibre par son poids avec une puissance qui tirerait de* C *en* Q.

Nous nommerons GA, $h$; ED, $d$; la hauteur CE, $c$; l'épaisseur BC ou AE, $x$; et la puissance, $bf$, comme à l'ordinaire. Or, comme l'on suppose que l'espace occupé par les contreforts est à toute l'étendue LMNO, comme 2 est à 5, la réduction des contreforts, ou si l'on veut, la valeur du poids L sera donc $\frac{2}{5}ch$, le poids M sera $cx$, et le poids N $\frac{1}{2}cd$. Si présentement l'on réunit ces trois poids dans un seul O, et qu'on multiplie ensuite ce poids par le bras ID, l'on aura comme ci-devant un produit égal à celui de la puissance P par son bras de levier DQ; par conséquent cette équation $\frac{1}{2}cx^2 + cdx + \frac{2}{5}chx + \frac{1}{5}ch^2 + \frac{2}{5}cdh + \frac{1}{9}cd^2 + bcf$, d'où faisant passer du premier membre dans le second les termes où l'inconnue ne se trouve point, et divisant le tout par $c$, l'on aura $\frac{1}{2}x^2 + (8 + \frac{2}{5}h)x = bf - \frac{1}{5}h^2 - \frac{2}{5}dh - \frac{1}{3}d$. Mais si l'on suppose $n = d + \frac{2}{5}h$ l'on aura $nx = (d + \frac{2}{5}h)x$, et mettant $nx$ à la place de sa valeur dans l'équation précédente, et multipliant le tout par 2 pour faire évanouir la fraction $\frac{1}{2}x^2$, elle sera changée en celle-ci $n^2 + 2nx = 2bf - \frac{2}{5}h^2 - \frac{4}{5}dh - \frac{2}{3}d^2$, à laquelle ajoutant $n^2$ de part et d'autre, il viendra $x^2 + 2nx + n^2 = 2bfn^2 - \frac{4}{5}h^2 - \frac{4}{5}dh - \frac{2}{3}d^2$: or, si l'on extrait la racine carrée de cette équation, et qu'on dégage ensuite l'inconnue, on aura cette dernière $x = -n + \sqrt{}(2bf + n^2 - \frac{2}{5}h^2 - \frac{4}{5}dh - \frac{2}{3})$, qui donne ce que l'on cherche.

### APPLICATION.

Si l'on suppose que la puissance $bf$ soit de 55 pieds, que GA $= h$ soit de 5, et la ligne de talus ED de 4, l'on n'aura qu'à faire les mêmes opérations par les nombres que celles qui sont indiquées dans la dernière équation, et l'on trouvera que l'épaisseur BC ou AE doit être de 4 pieds 5 pouces 4 lignes, pour que le revêtement joint aux contreforts soit en équilibre avec la puissance.

*Remarque.*

49. Après qu'on aura trouvé le point d'équilibre au sujet de quelqu'un des problèmes précédents, on pourra mettre le revêtement et les contreforts au-dessus de la poussée des terres, soit en donnant un peu plus d'épaisseur au sommet, ou en augmentant la ligne de talus ou la longueur des contreforts. Je n'en donne point d'exemple, parce que ceci peut se faire sans aucune difficulté.

*Examen des différentes figures qu'on peut donner à la base des contreforts.*

50. On a insinué, au commencement de ce chapitre, qu'il fallait avoir égard à la figure qu'il convenait de donner à la base des contreforts, selon les différents usages des murs auxquels ils seraient appliqués : comme c'est ici l'endroit d'en examiner toutes les circonstances, voici ce qui m'a paru qu'on pouvait dire sur ce sujet.

Quand il s'agit des murs qui ne soutiennent aucune poussée, comme sont ceux de clôture, et qu'on juge à propos d'y faire des contreforts, il semble qu'il est assez indifférent de donner à leur base telle figure que l'on voudra, parce que dans ce cas les contreforts ne servent guère qu'à donner plus d'assiette aux murs; et comme on a coutume de faire leur base rectangulaire, il ne sera pas mal de suivre l'usage; c'est pourquoi nous ne nous y arrêterons point.

Mais quand les contreforts sont appliqués derrière des revêtements qui doivent soutenir des terres et autres poids considérables, ce qui convient le mieux est de faire la base comme ECDF, c'est-à-dire de lui FIG. 9.
donner plus de largeur à la queue CD qu'à la racine EF, parce que le centre de gravité, au lieu d'être dans le milieu de sa longueur comme au rectangle AB, sera plus éloigné du point d'appui; par conséquent le bras de levier qui répond au poids devenant plus long, le revêtement sera capable d'une plus grande résistance qu'auparavant avec la même quantité de maçonnerie : et si j'ai supposé rectangulaire la base des contreforts

dans les propositions précédentes, ce n'est pas que j'aie voulu montrer qu'il fallait la faire ainsi, mais seulement pour agir avec plus de simplicité.

Si les contreforts sont en dehors, c'est-à-dire opposés à la poussée de la puissance qui agit, comme aux piédroits des voûtes, il faut au contraire faire leurs bases plus larges à la racine qu'à la queue comme
FIG. 9. IHGK, parce que le centre de gravité sera plus éloigné du point d'appui, et que le bras de levier qui répond au poids se trouvera encore allongé comme dans le cas précédent, mais dans un sens contraire, ce qui donnera beaucoup plus de force aux piédroits et aux contreforts. Je ne parle pas de plusieurs autres figures qu'on pourrait donner à la base des contreforts pour fortifier encore davantage les revêtements, parce que ces figures dépendraient de certaines courbes qu'il serait bien difficile de faire entendre non seulement aux maçons, mais même à ceux qui les dirigent. J'ai de la répugnance aussi bien qu'eux pour tout ce qui n'est pas d'une utilité essentielle, surtout dans les choses qui demandent d'être exécutées par des voies simples.

Mais, pour juger exactement de la résistance dont les revêtements peuvent être capables par rapport à la figure que l'on donnera à leurs contreforts, nous supposerons que le profil LY appartient à trois revêtements différents, dont le premier aurait tous ses contreforts comme
FIG. 8 et 9. AB, le second comme CF, et le troisième comme HK; que ces contreforts sont égaux en superficie, et que par conséquent la quantité de maçonnerie est égale pour chacun des revêtements. Cela posé, remarquez que dans le rectangle AB, le centre de gravité est au point O, milieu de la longueur LR (par l'art. 1.) qui répond aussi au profil; mais qu'il n'en est pas de même de l'autre plan CF, puisque pour avoir son centre de gravité selon l'art. 10 il faut diviser la ligne LR en trois également, ensuite couper la partie du milieu MQ au point N, de manière que NM soit à NQ comme EF est à CD : or, ayant fait CD double de EF, NQ sera double de NM, par conséquent le point N sera le centre de gravité. Mais dans le profil, le poids du contrefort pesera plus en N qu'en O dans la raison de NZ à OZ, qu'on doit regarder comme des bras de leviers dont le point d'appui est en Z : par conséquent le contrefort CF résistera plus que AB, dans la raison des lignes NZ et OZ.

Cependant le contrefort CF résistera encore bien davantage que

HK, si la ligne GK est double de HI. Car pour lors MP sera double de PQ, parce que le centre de gravité sera au point P, et le poids qui y sera suspendu ne pesera pas tant que s'il était en O, et encore moins que s'il était en N, dans la raison que PZ sera plus petit que NZ.

Il suit de ce que l'on vient de dire, que plus les lignes égales CD et CK seront plus grandes que EF et HI, plus le contrefort CF aura sa résistance au-dessus de HK, quand les bases de ces deux contreforts seront égales en superficie.

Voulant exprimer d'une manière générale la résistance dont chacun des trois revêtements est capable, nous nommerons RV, $a$; VZ, $d$; VY, $c$; RZ, $q$; LR, $h$; et le tiers de la même ligne LR, $n$; l'on aura $\frac{1}{2}a^2c + acd + \frac{1}{3}cd^2$ pour le rectangle RY, et le triangle de talus réuni autour du point T, multiplié par le bras de levier TZ. D'autre côté $ch$ exprimera la valeur du rectangle des contreforts; et si l'on suppose que selon l'article 46 la maçonnerie de ces contreforts occupe un tiers de l'espace qui est entre la queue et la racine, l'on aura $\frac{1}{3}ch$ pour la valeur des contreforts réduite, qu'il faut multiplier par les bras des leviers $OZ = q + \frac{3}{2}n$, $NZ = q + \frac{5}{3}n$, $PZ = q + \frac{4}{3}n$ dont les produits seront $\frac{1}{2}chq + \frac{1}{2}cnh$, $\frac{1}{3}chq + \frac{5}{9}chn$, $\frac{1}{3}chq + \frac{4}{9}chn$, qu'il faudrait diviser par TZ, pour réunir chaque poids au point T. Mais comme ces grandeurs doivent être ensuite multipliées par la même ligne TZ, quand on voudra former les équations des poids et des puissances par leur bras de leviers, on se contentera d'ajouter chacun de ses produits avec $\frac{1}{2}a^2c + acd + \frac{1}{3}cd^2$. Ainsi nommant $x$ la puissance qui sera en équilibre avec le premier revêtement des contreforts AB, l'on aura $\frac{1}{2}a^2 + ad + \frac{1}{3}d^2 + \frac{1}{3}hq + \frac{1}{2}hn = x$; nommant $y$ celle du revêtement dont les contreforts seront comme CF, l'on aura $\frac{1}{2}a^2 + ad = \frac{1}{3}d^2 = \frac{1}{3}hq + \frac{5}{9}hn = y$; enfin nommant $z$ la puissance qui est en équilibre avec la résistance du revêtement dont les contreforts sont comme HK, l'on aura $\frac{1}{2}a^2 + ad + \frac{1}{3}d^2 + \frac{1}{3}hq + \frac{4}{9}hn = z$. Par conséquent, si on donne des valeurs en nombres aux lignes qui sont exprimées par les lettres qui composent les premiers membres des équations précédentes, il sera aisé de connaître le rapport des trois puissances, $x$, $y$, $z$, qui fera voir de combien ces revêtements ont plus de force les uns que les autres.

Il suit de tout ce que l'on vient de voir, que si l'on veut faire des revêtements qui aient la même hauteur, et des poussées égales à soutenir, on sera contraint, pour les mettre en équilibre, de donner plus d'épaisseur au sommet de ceux qui auront leurs contreforts comme HK, que de ceux qui les auront comme CF (1).

Je ne sais par quelle raison on fait ordinairement les contreforts des revêtements de fortification plutôt comme HK que comme CF, si ce n'est pour les lier davantage à la muraille; puisque si l'on en excepte ce motif qui est de conséquence, surtout quand on n'a pas de bons matériaux, on ne peut pas douter qu'il ne faille beaucoup plus de maçonnerie, selon la première manière que selon la seconde, pour faire le même effet. Il y en a qui veulent que ce soit pour diminuer la poussée des terres : mais c'est une erreur, puisqu'elles agiront de même de quelque manière que les contreforts soient faits, comme il est aisé de le prouver. D'autres prétendent que c'est afin qu'ils soutiennent plus long-temps la violence du canon quand on bat en brèche, et qu'ils empêchent que la chemise d'un ouvrage ne soit aussitôt ruinée. Cette raison n'est pas meilleure que la précédente, comme on le va voir.

Supposant que la muraille ait été ruinée jusqu'à la racine des contreforts, on sait bien que quand les batteries des assiégeants en sont là, les contreforts ne sont pas un petit obstacle à l'avancement de la brèche, puisque, donnant moins de prise que le reste, ce n'est pas sans difficulté que l'ennemi parvient à les raser, au point de rendre la brèche praticable. Or, la question se réduit à savoir lequel des deux contreforts CF, ou HK, soutiendra plus long-temps le choc des boulets : pour en juger, nous les examinerons comme s'ils étaient détachés du revêtement.

FIG. 10 et 11. On ne peut pas disconvenir que la face FH étant celle qui se présente à l'ennemi, ne soit plutôt détruite que l'autre BC, parce que les angles aigus F et H ont peu de solidité; et comme ce qui restera du contrefort va toujours en diminuant vers la queue, l'ébranlement augmentant à mesure que les premières parties seront détachées, la destruction totale sera bientôt achevée.

---

(1) En examinant les expressions de $x$, $y$ et $z$, on voit que leurs valeurs diffèrent très-peu entre elles, que par conséquent la forme des contreforts n'a qu'une influence insensible sur l'épaisseur du revêtement, et que, sous le point de vue même où il les considère, le choix de cette forme n'a point l'importance que Bélidor lui attribue (*N*).

Il n'en est pas de même selon l'autre figure : car, comme la face BC présente un plus petit front, elle sera moins en prise, les angles obtus B et C se soutiendront davantage que les autres F et H. D'ailleurs les faces AB et BC ne se présentant que de biais, le boulet ne les choquera point avec sa force absolue. Ainsi la destruction ne pourra se faire que successivement, à mesure que les parties qui sont immédiatement derrière la ligne BC seront détruites ; et je ne doute nullement que s'il faut 40 coups de canon pour raser le contrefort FH, il n'en faille plus de 60 pour le contrefort AC. Et comme il arrivera la même chose à tous les autres qui accompagneront ce dernier dans l'étendue de la brèche, on ne peut pas contester qu'un revêtement dont les contreforts sont plus épais à la queue qu'à la racine, ne se soutiennent bien plus longtemps que s'ils étaient faits comme on les pratique ordinairement. Au reste, je ne veux rien décider absolument là-dessus ; j'expose mes réflexions, on en fera l'usage qu'on jugera à propos. Ce que je pourrais dire pour justifier ce que j'avance quelquefois, et qui n'est pas conforme à l'usage, c'est que je ne rapporte rien qui ne soit établi sur des démonstrations.

*Pour lier cette dissertation avec les propositions de ce chapitre*, il est à propos de faire remarquer que, soit qu'on se serve des contreforts comme CF ou comme HK, on résoudra tous les problèmes précédents de la même façon que si ces contreforts étaient comme AB ; puisqu'il n'y aura d'autre différence que dans la situation du centre de gravité. C'est pourquoi, quand ils seront comme CF, il faudra multiplier la superficie des contreforts par la ligne NZ, et quand on les fera comme HK il faudra la multiplier par PZ et non pas par OZ, à cause que le bras de levier est augmenté dans le premier cas, et diminué dans le second. A cela près, tout le reste se fera comme il a été enseigné. FIG. 3.

M. Delormes, me voyant travailler à cet ouvrage, me dit qu'ayant démoli dans la dernière guerre plusieurs places du duc de Savoie, entre autres Pignerol, Verceilles, Hivrée et Veruë, il avait remarqué que tous les contreforts des revêtements de ces places étaient liés ensemble par une arcade qui allait se terminer à la hauteur du cordon, et qu'au-dessus des arcades et des contreforts il régnait une espèce de banquette sur laquelle reposait la plus grande partie des terres du parapet. Cela lui a fait penser que, pour fortifier les revêtements contre la poussée des terres et l'effet du canon, et empêcher que la brèche ne se fît aussitôt, on pourrait dans l'entre-deux des contreforts faire une arcade, qui, régnant sur toute leur longueur, contribuerait beaucoup à rendre le revêtement plus solide, sans être obligé de lui donner tant d'épaisseur au sommet, surtout quand il s'agirait d'une hauteur de rempart considérable: et son dessein serait que, faisant ces arcades en plein cintre, la hauteur sous la clef fût environ les deux tiers de toute la hauteur du revêtement ou des contreforts depuis la retraite jusqu'au cordon. L'avantage de cette construction est que l'ennemi, après avoir ruiné la chemise, serait encore non seulement dans la nécessité de battre les contreforts, mais aussi de détruire les arcades qui seraient un grand obstacle à l'éboulement des terres et à l'avancement de la brèche, de sorte qu'à le bien prendre, il aurait deux revêtements pour un à ruiner.

Je viens d'apprendre que M. du Vivier, ingénieur en chef de Charlemont, a proposé depuis peu un nouveau système de revêtement dans lequel il emploie quatre arcades l'une sur l'autre pour lier les contreforts (1); et par là le revêtement devient si solide, qu'il lui suffit de donner trois pieds d'épaisseur sur la retraite comme au sommet, parce qu'il est fait à plomb devant et derrière, sans doute pour ne point exposer le parement aux injures de l'air, ce qui est une précaution que j'approuverai toujours, malgré tout ce que j'ai pu dire en faveur des talus. Mais, comme ce n'a été que dans l'esprit d'une théorie qui ne doit rien laisser échapper de tout ce qui mérite quelque attention, j'ai toujours entendu que quand il serait question d'élever des murs, on ne doit point se servir de mes remarques au préjudice des attentions qu'on doit avoir dans la pratique par rapport à la qualité des matériaux qu'on emploie, et aux autres circonstances inséparables de l'objet que l'on a en vue. Pour tout dire en un mot, quand on aura occasion de donner beaucoup de talus à un mur sans qu'il devienne contraire à sa durée, on ne doit point y manquer, parce qu'il faudra moins de maçonnerie: mais si l'on s'aperçoit qu'il puisse devenir nuisible dans la suite, il

(1) Cette idée a été développée par M. Gauthey, inspecteur-général des ponts et chaussées, et mise à exécution pour la construction du mur de quai de Châlons-sur-Saône. (Voyez son *Traité de la Construction des ponts*, tome. I^er, liv. II, chap. VI), chez Firmin Didot, libraire, rue Jacob, n° 24 (*N*).

vaut mieux lui en donner moins et ne point s'embarrasser si l'on emploie plus de matériaux; il arrivera toujours que si l'on perd d'un côté l'on gagnera de l'autre.

Je prévois que bien des gens qui ne jugent des choses que superficiellement, et même souvent sans les entendre, diront peut-être, après avoir lu ce que je viens d'écrire, que j'aurais pu me dispenser de prendre tant de peine pour développer un sujet sur lequel on sait à quoi s'en tenir depuis long-temps, puisque je ne dois point ignorer que M. de Vauban a donné un profil qui convient à toutes sortes de remparts. Je ne disconviens pas que ce profil ne soit bien imaginé : mais qu'il me soit permis de demander si l'on a quelque certitude de la justesse de ses dimensions. Car, comme il n'est établi sur aucun principe démontré, il pourrait bien n'être pas si juste qu'on se l'est imaginé. Ce n'est pas au reste que je veuille en diminuer le mérite, je fais trop de cas de tout ce qui vient de son illustre auteur, pour m'émanciper dans une censure qui me siérait mal. Mais, comme le respect qu'on doit à la mémoire des grands hommes ne nous oblige point à recevoir aveuglément tout ce qui vient d'eux, je vais faire un parallèle du profil général avec les règles que je viens d'établir.

51. *Parallèle du profil général de M. de Vauban avec les règles des chapitres précédents.*

M. de Vauban, s'étant aperçu que les anciens ingénieurs n'étaient point d'accord sur les dimensions qu'il fallait donner aux revêtements de maçonnerie, les uns les faisant d'une épaisseur extraordinaire, et les autres leur donnant à peine celle qu'il fallait pour soutenir le poids des terres, a établi un profil général accommodé à toutes sortes de hauteurs de remparts depuis dix pieds jusqu'à quatre-vingts : et, quoiqu'il soit assez connu de ceux qui s'appliquent aux fortifications, il m'a paru que je ne ferais pas mal d'en donner l'explication, telle qu'on la tient de M. de Vauban lui-même, avant d'entrer dans aucun détail, afin qu'on pût vérifier mes observations, sans être obligé d'aller chercher ce profil ailleurs.

1° Dans le pays où la maçonnerie est fort bonne, on peut fixer l'épaisseur au sommet à 4 pieds et demi; mais dans les lieux où elle ne le sera pas, il faudra l'augmenter jusqu'à 5 pieds 6 pouces, et même plus si elle est fort mauvaise.

FIG. 12. 2° Que les contreforts aux angles saillans doivent être redoublés et brasés de part et d'autre, par rapport aux lignes droites qui forment ces angles;

3° Qu'ils seront toujours élevés à plomb à l'extrémité et par les côtés, et bien liés au corps de la muraille;

4° Que les contreforts seront élevés aussi haut que le cordon; ils seraient encore meilleurs si on leur donnait deux pieds de plus pour le soutien du parapet;

5° Que dans les ouvrages où le revêtement n'est élevé qu'à moitié ou aux trois quarts du rempart, et le surplus en gazons en placage, il faudra régler son épaisseur comme s'il devait être élevé en maçonnerie jusqu'au sommet du rempart: par exemple, si on élevait 15 pieds en gazon au-dessus du revêtement, il faudrait augmenter l'épaisseur au sommet de 3 pieds, avec 5 qu'elle aurait déja, pour en avoir 8 à la naissance du gazon;

6° Qu'il faut augmenter la grandeur et la solidité des contreforts à proportion de l'élévation du revêtement: par exemple, si le revêtement a 35 pieds de haut, savoir 20 en revêtement et 15 en gazon, il faudra y faire les contreforts qui ont été réglés par le profil de 35 pieds de haut, et que le revêtement ait la même épaisseur à 20 pieds de haut comme s'il en avait 35;

7° Que dans les endroits où on fera des cavaliers comme à Maubeuge, il faudra augmenter le sommet du profil d'un demi-pied d'épais pour chaque 5 pieds que le cavalier sera élevé au-dessus du revêtement, et la solidité des contreforts à proportion: ce qui doit s'entendre des gros revêtements de la place, et non pas de ceux que l'on fait quelquefois aux cavaliers, et seulement quand le pied du cavalier approche de trois à quatre toises du parapet;

8° Que les deux dernières colonnes de la table portent en toises, pieds et pouces cubes, ce que chaque toise courante de tous ces différents profils en contient, réduction faite des contreforts;

9° Que ces profils ne sont proposés que pour la maçonnerie qui doit soutenir des grands poids de terre nouvellement remuée, et non pas celle qu'on endosse contre la terre vierge qui ne l'a pas encore été, comme sont la plupart des revêtements.

M. de Vauban rapporte, à la suite de cette explication, une table composée de plusieurs colonnes, où les dimensions de chaque profil particulier qu'on voit contenues dans la figure, sont rapportées et proportionnées, à ce qu'il dit, au poids des terres qu'ils auront à soutenir; et, pour en marquer la bonté, il ajoute qu'on l'a éprouvée sur plus de 500000 toises cubes de maçonnerie bâties à 150 places fortifiées par les ordres de Louis-le-Grand.

# TABLE

## POUR EXPLIQUER LES DIMENSIONS CONTENUES AU PROFIL GÉNÉRAL DE M. DE VAUBAN.

| HAUTEUR DES PROFILS ou des revêtements. | ÉPAISSEUR des revêtements au sommet. | ÉPAISSEUR des revêtements sur la retraite. | DISTANCE du milieu d'un contrefort à l'autre. | DISTANCE du milieu d'un contrefort à l'autre. | LONGUEUR des contreforts. | ÉPAISSEUR des contreforts à la racine. | ÉPAISSEUR des contreforts à la queue. | | CUBE de la maçonnerie par toise courante, les contreforts étant de 18 pieds en 18 pieds. | | | | CUBE de la maçonnerie par toise courante, les contreforts étant de 15 pieds en 15 pieds. | | | |
|---|---|---|---|---|---|---|---|---|---|---|---|---|---|---|---|---|
| pieds. | pieds. | pieds. | pieds. | pieds. | pieds. | pieds. | pi. | pou. | pi. | pouc. | lig. | poi. | pi. | pouc. | lig. | poi. |
| 10 | 5 | 7 | 18 | 15 | 4 | 3 | 2 | 0 | 2 | 0 | 11 | 1 | 2 | 1 | 1 | 4 |
| 20 | 5 | 9 | 18 | 15 | 6 | 4 | 2 | 8 | 4 | 5 | 0 | 5 | 4 | 5 | 9 | 4 |
| 30 | 5 | 11 | 18 | 15 | 8 | 5 | 3 | 4 | 8 | 3 | 3 | 1 | 8 | 5 | 1 | 4 |
| 40 | 5 | 13 | 18 | 15 | 10 | 6 | 4 | 0 | 13 | 2 | 6 | 2 | 14 | 0 | 2 | 8 |
| 50 | 5 | 15 | 18 | 15 | 12 | 7 | 4 | 8 | 19 | 3 | 8 | 10 | 20 | 4 | 2 | 8 |
| 60 | 5 | 17 | 18 | 15 | 14 | 8 | 5 | 4 | 27 | 2 | 10 | 2 | 29 | 6 | 2 | 8 |
| 70 | 5 | 19 | 18 | 15 | 16 | 9 | 6 | 0 | 36 | 3 | 9 | 4 | 39 | 3 | 4 | 0 |
| 80 | 5 | 21 | 18 | 15 | 18 | 10 | 6 | 8 | 47 | 4 | 5 | 4 | 51 | 2 | 8 | 0 |

Tous les revêtements depuis 10 pieds jusqu'à 80 sont supposés avoir pour talus la cinquième partie de la hauteur, comme on peut en juger par la figure générale. Quoique la plupart des ingénieurs trouvent ce talus trop grand, M. de Vauban l'a pourtant suivi dans toutes les places qu'il a fait bâtir ; et, comme il y a apparence qu'il n'ignorait pas les raisons que l'on a aujourd'hui d'en donner moins, il faut croire qu'il ne les a pas jugées assez fortes pour y avoir égard.

Pour ne pas se méprendre dans l'usage de cette table, j'ajouterai, au sujet des contreforts, que M. de Vauban propose de les faire de 18 pieds en 18 pieds, comme on le voit dans la quatrième colonne, ou bien de 15 pieds en 15 pieds, comme il est marqué dans le cinquième ; c'est-à-dire que si l'on estimait que le revêtement d'un des profils dont on voudrait se servir ne fût point assez solide pour soutenir le poids des terres, au lieu de donner 18 pieds du milieu d'un contrefort à l'autre, on n'en donnerait que 15. Apparemment que son dessein a été qu'on en usât ainsi lorsque le revêtement aurait à soutenir quelque chose de plus que le rempart ordinaire, comme serait par exemple un cavalier ou quelque retranchement, puisque dans les fortifications de Landau, du Neuf-Brisac, de Béfort, etc., il les a mis à la distance de 18 pieds. Mais, d'une façon comme de l'autre, il donne toujours les mêmes dimensions aux contreforts ; c'est-à-dire que soit qu'on les fasse de 15 pieds en 15 pieds, ou de 18 en 18, ils ont la même longueur et la même épaisseur à la racine qu'à la queue, comme on le voit dans la table.

Comme il entre plus de maçonnerie dans les revêtements dont les contreforts sont de 15 pieds en 15 pieds, que dans ceux où ils sont de 18 en 18, il a donné les deux dernières colonnes de la table. Dans la pénultième on y trouve en toises, pieds et pouces cubes (comme il l'a dit dans le huitième article de son explication), la valeur d'une toise courante des revêtements, y compris les contreforts réduits, lorsqu'ils sont de 18 pieds en 18 pieds ; et la dernière est aussi la valeur d'une toise courante des mêmes revêtements lorsqu'ils ne sont que de 15 pieds en 15 pieds. Mais on remarquera que cette valeur de la toise courante dans l'une et l'autre colonnes ne doit être comptée que pour la maçonnerie des revêtements au-dessus de la retraite, parce qu'il n'y est pas question des fondements, à cause que la différence du terrain peut les rendre plus profonds dans un endroit que dans l'autre.

On remarquera encore que, selon ce qui est rapporté dans les septième et huitième colonnes, aussi bien qu'au profil général, tous les contreforts sont plus épais à la racine qu'à la queue, et que cette épaisseur de la queue est les deux tiers de celle de la racine, laquelle va toujours en augmentant d'un pied à mesure que la hauteur des revêtements augmente de 10, et que la longueur des mêmes contreforts augmente de 2 pieds en suivant encore la proportion des hauteurs.

Aux contreforts dont j'ai parlé dans l'article 50, j'ai supposé que la racine GK était double de la queue HI, parce que voulant les disposer dans un sens contraire comme au contrefort CF, pour les raisons que j'en ai données, il m'a paru qu'il valait mieux faire la ligne EF moitié de CD que si elle en était les deux tiers, à cause que, selon l'article 50, plus la queue des contreforts sera au-dessus de la racine, plus le revêtement aura de force : c'est pourquoi je n'ai point suivi la pratique de M. de Vauban. FIG. 9.

Si l'on prend garde à la seconde colonne de la table, on verra que les revêtements, à quelque hauteur qu'on veuille les faire, doivent toujours avoir 5 pieds au sommet. Ainsi, ils ne sont augmentés en épaisseur que sur la retraite, de la quantité dont la ligne de talus devient plus grande à mesure que l'élévation est plus considérable : ce qui ne rendrait pas ces revêtements proportionnés à la poussée qu'ils ont à soutenir, si ce défaut n'était réparé en partie par l'augmentation qu'on doit faire aux contreforts, selon ce qui est dit dans le sixième article de l'explication. Mais voilà le profil général suffisamment détaillé : passons au parallèle que je me suis proposé.

Quand on est accoutumé d'agir selon les principes des mathématiques, on se fait aisément des difficultés. A moins que l'évidence ne règne dans tout ce que l'on nous donne pour juste, l'esprit n'est point satisfait, et ce qui paraît indubitable aux yeux de tout le monde donne souvent de grands sujets d'inquiétude aux géomètres. J'ai été long-temps dans cette disposition à l'occasion du profil général de M. de Vauban. Ce profil, me suis-je dit plusieurs fois, doit être bon, puisque l'on s'en est toujours servi avec succès : cela vient-il de ce que les revêtements qu'on y propose sont en équilibre avec la poussée des terres ? ou serait-ce à cause qu'ils sont tellement au-dessus de cette poussée, qu'il ne peut jamais leur arriver d'être renversés ? Si c'en est là la raison, on emploie peut-être sans le savoir une grande quantité de maçonnerie superflue. Si au contraire ils n'ont que les dimensions qui leur conviennent pour être un peu au-dessus de la poussée des terres, on ne peut pas se hasarder à élever sur un rempart, comme on le fait quelquefois, de cavaliers, des retranchements, ou quelque autre ouvrage pour se couvrir contre les commandements, parce que le revêtement se trouvant trop faible pour soutenir cette nouvelle charge, pourrait culbuter dans le fossé, comme cela n'est pas sans exemple. Ces réflexions me faisaient sentir qu'il fallait savoir calculer la poussée des terres pour y proportionner les revêtements quand on voulait les construire, ou bien pour savoir de quelle force ils étaient capables, lorsqu'étant une fois construits on voulait augmenter la charge. Or, comme c'est là ce que nous proposons d'examiner ici, nous nous attacherons aux six premiers revêtements du profil général, parce qu'il y a apparence qu'il en sera des autres qui les suivent comme de ceux-ci, et nous commencerons par chercher quelle est la puissance avec laquelle chacun d'eux doit être en équilibre, en leur supposant les mêmes dimensions qui leur répondent dans la table.

FIG. 31. Faisant abstraction de la petite muraille CN, à laquelle nous n'aurons point égard, parce qu'elle est toujours la même dans chaque profil, & que d'ailleurs elle n'est plus guère d'usage, nous nommerons l'épaisseur AC ou BD, $a$; la hauteur CD, $c$; la ligne de talus DE, $d$; la longueur GB des contreforts $h$; la distance KE du centre de gravité des contreforts au point d'appui, $n$; et le rapport de l'espace qu'occupe chaque contrefort à l'intervalle où ils sont du milieu de l'un au milieu de l'autre, sera exprimé par $\frac{p}{q}$.

Cela posé, si l'on multiplie $ch$ par $\frac{p}{q}$, l'on aura $\frac{pch}{q}$, pour la valeur des contreforts réduite, laquelle étant multipliée par le bras de levier $EK = n$, il viendra $\frac{pchn}{q}$; multipliant de même le poids $R = \frac{1}{2}cd$ par son bras de levier $ME = \frac{2}{3}d$, et le poids $Q = ac$ par le sien LE, ajoutant ces trois produits ensemble, l'on aura $\frac{pchn}{q} + acd + \frac{1}{2}a^2c + c + \frac{1}{3}cd^2$, pour la valeur des poids P, Q, R, réunis au point L, et multipliés par le bras de levier LE égale, selon l'art. 22, au produit du bras de levier AB ou ES par la puissance que l'on cherche : laquelle étant nommée $x$ donne, en effaçant $c$, $\frac{phn}{q} + ad + \frac{1}{2}a^2 + \frac{1}{3}d^2 = x$, qui est une équation générale qui conviendra à tel profil de revêtement que l'on voudra, puisqu'il ne faudra avoir égard qu'à la valeur des lettres.

Voulant appliquer cette équation à un revêtement de 20 pieds de hauteur, on aura recours à la table de M. de Vauban pour voir les mesures qui lui appartiennent, et l'on trouvera que $d = 4$, $a = 5$, $h = 6$, $n = 11$ pieds 9 pouces 6 lignes. Comme l'épaisseur des contreforts est les deux tiers de celle de la racine, et que par conséquent ces contreforts ont des trapèzes pour bases, remarquez que, prenant le profil GC pour celui sur lequel nous opérons présentement, la ligne BG, selon l'art. 10, doit être divisée en trois parties égales, et celle du milieu HI coupée au point K, pour avoir le centre de gravité, de manière que KI soit à KH dans la raison de l'épaisseur de la queue à celle de la racine, j'entends comme 2 est à 3 : ainsi KI sera les $\frac{2}{5}$ de HI ou IB; mais comme la ligne entière GB vaut 6, HI ou IB ne vaudra que 2, à quoi ajoutant les $\frac{2}{5}$ du même IB, l'on aura 2 pieds 9 pouces 6 lignes pour la valeur de KB, qui étant jointe à BE $= a + d$, donnera 11 pieds 9 pouces 6 lignes pour la valeur de $n$. Pour savoir aussi ce que doit valoir $\frac{p}{q}$, considérez que $p$ doit marquer l'épaisseur de chaque contrefort, et $q$ l'intervalle de leur milieu : ajoutant donc les dimensions de la racine avec celles de la queue, telles qu'on les trouve dans la table, je veux dire 4 pieds avec 2 pieds 8 pouces, l'on aura 6 pieds 8 pouces, dont la moitié, qui est 3 pieds 4 pouces, sera l'épaisseur moyenne des contreforts, et par conséquent la valeur de $p$. Quant à celle de $q$, elle sera toujours 18, parce que c'est la distance du milieu d'un contrefort à l'autre. Ainsi $\frac{p}{q}$ sera la même chose que $\frac{40}{184}$, ou bien s $\frac{5}{27}$. Multipliant cette quantité par la valeur de $nh$, l'on trouvera 12 pieds 5 pouces pour $\frac{phn}{q}$. L'on trouvera aussi que $ad + \frac{1}{3}a^2$ vaut 32 pieds 6 pouces, et $\frac{3}{3}d^2$, 5 pieds 4 pouces.

Joignant donc tous ces nombres ensemble, il viendra 50 pieds 4 pouc. 10 lign. pour la valeur de $x$, c'est-à-dire pour la puissance avec laquelle le revêtement de 20 pieds du profil général peut être en équilibre. C'est en faisant les mêmes calculs avec toute la précision imaginable, que j'ai trouvé que le revêtement de 10 pieds de hauteur était en équilibre avec une puissance de 28 pieds 10 pouces, celui de 20 avec 50 pieds 4 pouc.

10 lignes, celui de 30 avec 81 pieds 1 pouce; celui de 40 avec 123 pieds 10 pouces, celui de 50 avec 175 pieds 10 pouces, enfin celui de 60 avec 237 pieds 7 pouces.

Pour savoir présentement le rapport de la résistance de chacun de ces revêtements avec les puissances qui exprimeraient la poussée des terres qu'ils ont à soutenir, il faut chercher la valeur de ces puissances pour 10, 20, 30, 40, 50 et 60 pieds de hauteur dans la troisième colonne de la table que nous avons donnée, article 37, et l'on trouvera qu'elles sont équivalentes à 15 pieds 7 pouces, 41 pieds 5 pouces, 75 pieds 4 pouces, 117 pieds 8 pouc., 170 pieds 1 pouce et 233 pieds, qui, étant comparés avec la résistance des revêtements, donneront $\frac{15}{28}$, $\frac{41}{51}$, $\frac{75}{82}$, $\frac{117}{124}$, $\frac{170}{176}$, $\frac{233}{237}$, ou à-peu-près $\frac{1}{2}$, $\frac{3}{4}$, $\frac{7}{8}$, $\frac{18}{19}$, $\frac{28}{29}$, $\frac{57}{58}$. Ce qui fait voir que le revêtement de 10 pieds, selon le profil général, est en état de soutenir une poussée double de celle qu'il soutient naturellement; que celui de 20 est au-dessus de l'équilibre d'un quart de la résistance qu'il lui faut; que celui de 30 n'est au-dessus de l'équilibre que d'un huitième, celui de 40 d'un dix-neuvième, celui de 50 d'un vingt-unième, et celui de 60 d'un cinquante-huitième.

Comme les rapports précédents ont été trouvés par des règles incontestables, on ne peut douter que dans le profil général la résistance des revêtements ne diminue à proportion qu'ils ont plus d'élévation, puisque, tandis que celui de 10 pieds est au-dessus de l'équilibre de toute la poussée qu'il devrait soutenir naturellement, celui de 60 n'a sa résistance que d'un cinquante-huitième au-dessus de l'équilibre, ce qui étant une différence fort petite, on peut regarder ce revêtement comme en équilibre avec la poussée des terres. Ainsi, dans ceux qui sont plus élevés, il est à présumer que suivant les proportions du profil général la poussée deviendra au-dessus de la résistance, au lieu qu'il faudrait que le revêtement fût toujours capable de résister avec une force plus grande que la poussée, afin de n'avoir rien à craindre des accidents qui peuvent arriver, soit de la part des grandes pluies, qui au bout d'un certain temps peuvent augmenter considérablement le poids des terres, soit par les ébranlements qui arrivent quelquefois par le bruit du tonnerre ou du canon qu'on tire sur les remparts, qui pourraient produire des secousses capables de causer le renversement de quelque face d'ouvrages. D'ailleurs, quand même tous ces mouvements ne surviendraient point, il y a encore une raison pour mettre les revêtements beaucoup au-dessus de la poussée : c'est qu'en temps de siége, quand un ouvrage est battu en brèche, la violence du canon ne peut manquer de causer un grand mouvement dans les parties de la maçonnerie et dans les terres, qui pourrait précipiter l'avancement de la brèche, si le revêtement se trouvant au-dessous de la poussée, comme je le suppose, il avait plus de penchant à culbuter. On me dira peut-être que c'est vouloir examiner les choses trop physiquement ; mais dans un sujet comme celui-ci il faut avoir égard à tout.

On fera encore attention que si, au lieu de donner 5 pieds d'épaisseur au sommet, on n'en donnait que 4 et demi dans les endroits où la maçonnerie serait fort bonne, comme il est dit dans le premier article de l'explication de M. Vauban, ce serait alors qu'on aurait tout à craindre du peu de résistance des revêtements de 40, 50, 60 et 70 pieds de hauteur, puisqu'elle se trouverait au-dessous de la poussée des terres. Car, comme je l'ai dit, art. 13, la liaison doit être supposée ici la meilleure qu'il est possible, et on ne doit avoir égard qu'au poids et à la longueur du bras de levier qui répond à la base du mur, ce qui ferait croire que M. de Vauban n'a pas eu cette considération (1).

Malgré ce que je viens de dire, je ne regarde pas le profil général comme assez défectueux pour ne pouvoir pas s'en servir : l'expérience qui prouve le contraire, ne serait pas de mon côté. Je voudrais seulement qu'on ne donnât pas tant d'épaisseur au sommet des petits revêtements, et que pour plus de sûreté on en donnât davantage à celui des plus élevés, et je ne vois pas la nécessité de donner 5 pieds au sommet de celui qui n'en aurait que 10 en hauteur, comme s'il en avait 80. Si l'on y fait attention, c'est justement de là que vient le défaut du profil général : car, comme il faut que les proportions de toutes les parties de chaque revêtement augmentent ou diminuent dans la même raison, selon que l'élévation est plus grande ou plus petite, afin que la

---

(1) La conclusion à laquelle Bélidor est conduit en comparant la résistance du profil de M. de Vauban à la force de la poussée des terres, telle qu'elle est indiquée dans sa table, est très-juste : elle l'est d'autant plus, ainsi qu'on le verra dans la note à la fin du livre, que cette table indique des valeurs trop faibles pour cette force, et d'autant plus faibles que la hauteur du revêtement est plus grande (*N*).

résistance soit toujours proportionnée à la poussée, il n'y a point de
FIG. 12. doute que, si une des dimensions du profil demeure constante comme est ici celle du sommet; la poussée des terres ne soit au-dessous de la résistance des petits revêtements, et ne devienne au-dessus de celle des plus grands. Il faut donc que le bras de levier LE augmente dans la raison de la hauteur AB, pour que la proportion ne soit point inter-
FIG. 13. rompue, au lieu qu'elle ne peut manquer de l'être, tant que les lignes BD, AC, demeureront toujours de 5 pieds, et que les trois autres AB, BG, DE, augmenteront ou diminueront.

Or, pour savoir de combien il faudrait augmenter l'épaisseur du sommet des grands revêtements, et diminuer celle des petits, pour les bien proportionner à la poussée des terres et rendre régulier le profil général, nous prendrons pour exemple celui de la figure 13, et nous nommerons GB, $h$; KB, $g$, BD, $y$: l'on aura $KE = g + y + d$, et $\frac{pch}{q}$ sera la valeur des contreforts réunie autour du centre de gravité K, laquelle étant multipliée par le bras de levier KE donnera $\frac{pchg + pchy + pchd}{q}$ pour le produit. De même, si l'on multiplie le poids $Q = cy$ par $LE = \frac{1}{2}y + d$, et le poids $R = \frac{1}{2}cd$ par $ME = \frac{1}{3}d$, et qu'on ajoute ces trois produits ensemble, la somme sera égale au produit de la puissance $hf$ par son bras de levier; ce qui donne, en effaçant $c$ de part et d'autre $\frac{phg + phy + phd}{q} + \frac{1}{2}y^2 + dy + \frac{1}{3}d^2 = bf$. Or, si l'on suppose $n = \frac{ph}{q} + d$, l'on aura $ny = \frac{phy}{q} + dy$, et mettant $ny$ à la place de sa valeur dans l'équation précédente, l'on aura $\frac{phg + phd}{q} + \frac{1}{3}d^2 + \frac{1}{2}y^2 + ny = bf$; d'où faisant passer du premier membre dans le second les termes où $y$ ne se trouve point, et multipliant le tout par 2; il vient $y + 2ny = 2bf - \frac{2}{3}d^2 - \frac{2ph}{q}(g - d)$, ou $y^2, + 2ny + n^2 = 2bf + n^2 - \frac{2}{3}d^2 - \frac{2ph}{q}(g - d)$, en ajoutant $n^2$ de part et d'autre, qui donne $y = -n + \sqrt{[2bf + n^2 - \frac{2}{3}d^2 - \frac{2ph}{q} g - d)]}$, qui est une équation qui conviendra à tel revêtement que l'on voudra du profil général, puisqu'il n'y aura que la valeur des lettres qui en fera la différence.

Bélidor. Science des Ingénieurs.

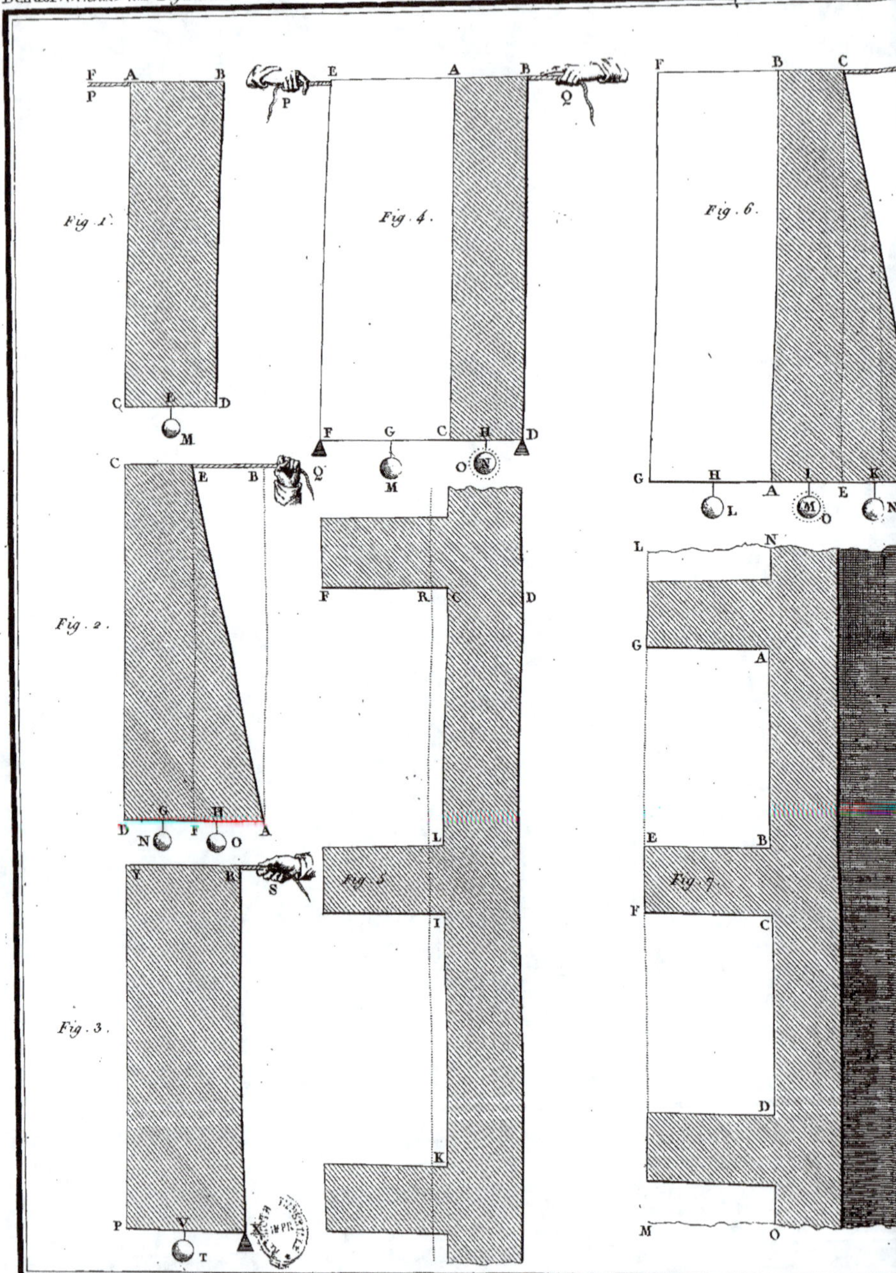

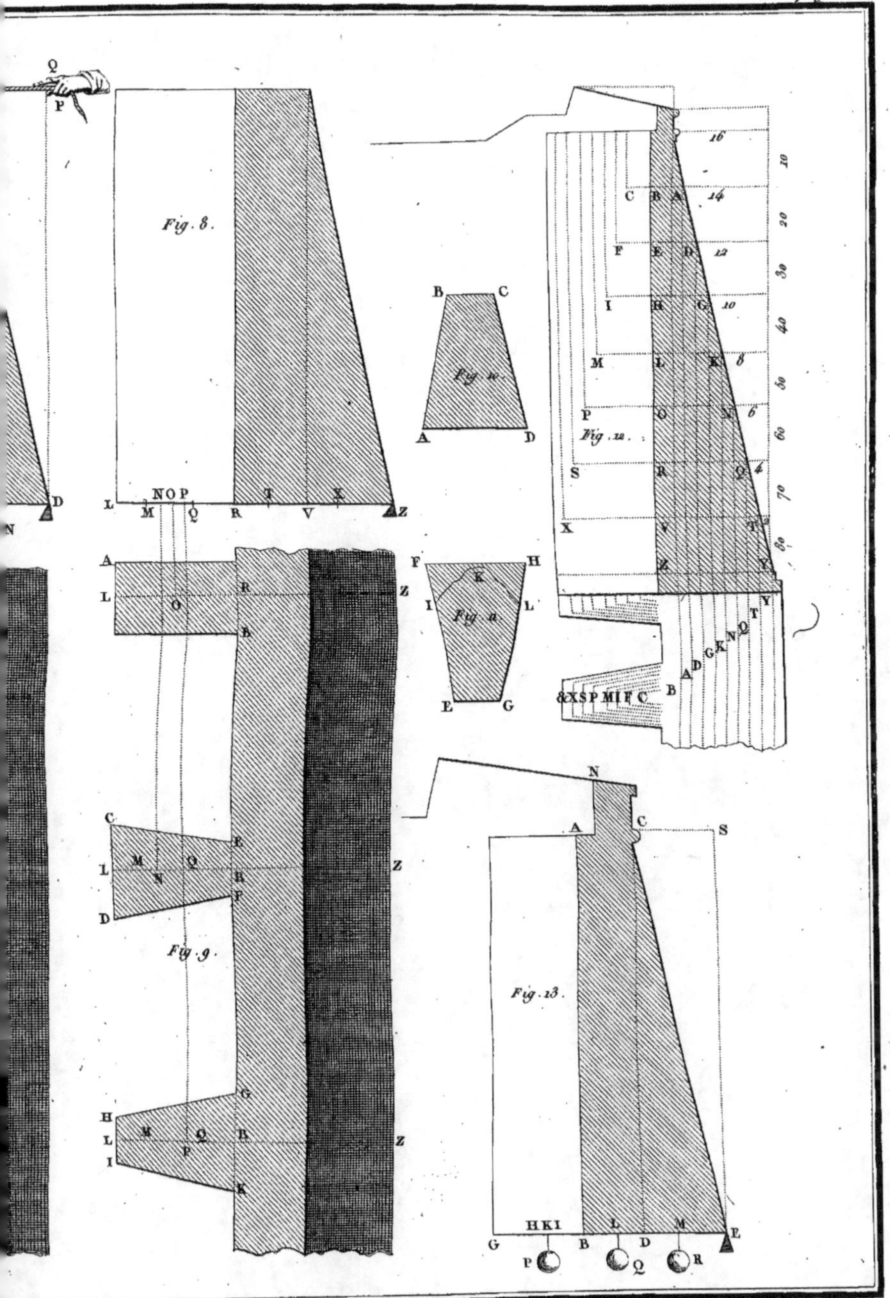
Fig. 8.
Fig. 9.
Fig. 10.
Fig. 11.
Fig. 12.
Fig. 13.

Nous servant de cette équation pour savoir quelle épaisseur il faut donner au sommet d'un revêtement de 40 pieds de hauteur, tiré du profil général, afin que ce revêtement soit au-dessus de la poussée des terres, de telle quantité que l'on voudra, par exemple d'un sixième de la même poussée, ce qui doit suffire, comme j'en ferai voir la raison dans la suite : il faut chercher dans la troisième colonne des puissances quelle est la valeur de celle qui exprime la poussée des terres du parapet et du rempart de 40 pieds ; l'on trouvera qu'elle est de 117 pieds 8 pouc. dont il faut prendre le sixième qui est 19 pieds 7 pouces 4 lignes, lesquels étant ajoutés avec la valeur de la puissance même, on aura 137 pieds 3 pouces 4 lignes pour la valeur de $bf$, qui étant multipliée par 2, afin de suivre ce qui est marqué dans l'équation, donne 274 pieds 6 pouces 8 lignes pour $2\,bf$ ; et, pour avoir de suite la valeur des quantités positives, remarquez que les contreforts pour 40 pieds, dans la table du profil général, ont 6 pieds de racine et 4 de queue, et que par conséquent l'épaisseur moyenne est 5, qui est la valeur de $p$ ; comme la distance du milieu d'un contrefort à l'autre est toujours 18 pieds, l'on aura dans ce cas-là $\frac{p}{q} = \frac{6}{18}$, et comme nous avons $n = \frac{ph}{q} + d$, $n$ vaudra donc 10 pieds 9 pouces 4 lignes, dont le carré est 116 pieds 1 pouce 11 lignes, qui étant ajoutés avec la valeur de $2\,bf$, donnent 390 pieds 8 pouc. 7 lign. pour les deux grandeurs positives $2\,bf + n^2$ ; et cherchant la valeur des négatives $- \frac{2}{3} d^2 - \frac{2ph}{q})g - d)$, on trouvera que leur somme est 113 pieds 4 lignes qui, retranchée du nombre précédent, donne pour différence 277 pieds 8 pouces 3 lignes, dont la racine carrée est 16 pieds 8 pouces 9 lignes, d'où il faut retrancher la valeur de $n$, c'est-à-dire 10 pieds 9 pouces 4 lignes, et il restera 5 pieds 11 pouces 5 lignes, qui est l'épaisseur qu'il faut donner au sommet du revêtement de 40 pieds du profil général, pour que sa résistance soit au-dessus de la poussée des terres de la sixième partie de la force de cette poussée.

C'est en faisant les mêmes opérations relativement à la valeur des termes de la formule générale, qu'on trouvera que l'épaisseur au sommet pour le revêtement de 10 pieds doit être de 3 pieds 5 pouc. 4 lignes ; pour celui de vingt, de 4 pieds 8 pouces 9 lignes ; pour celui de 30, de

5 pieds 5 pouces 9 lignes; pour celui de 50, de 6 pieds 2 pouces 10 lignes; et pour celui de 60, de 6 pieds 8 pouces 10 lignes.

Convaincu, comme je viens de le prouver, que la plupart des revêtements du profil général n'étaient pas capables de toute la résistance qui paraît leur être nécessaire pour soutenir la poussée des terres et tous les ébranlements qui peuvent survenir, on sera sans doute surpris que tous ceux que l'on a construits se soutiennent en bon état depuis long-temps, sans qu'il leur soit arrivé aucun accident, ce qui semble détruire mes raisonnements, tout démontrés qu'ils soient. Cependant l'on verra que cela ne peut guère arriver autrement, si l'on fait attention que trois raisons en sont la cause : la première, c'est que les revêtements que l'on fait d'ordinaire aux fortifications passent rarement 35 à 40 pieds, et qu'à cette hauteur la résistance ne laisse pas d'être encore beaucoup au-dessus de la poussée, comme nous venons de le voir; la seconde, que les terres n'ont jamais toute la poussée dont elles sont capables, parce que, quand on élève les remparts, on les entretient avec des lits de fascinage qui font qu'elles se soutiennent presque d'elles-mêmes; la troisième, c'est que le pied du revêtement est bien lié avec les fondements, lesquels étant enterrés ne peuvent pas facilement incliner du côté du fossé, quand même la résistance du revêtement serait au-dessous de l'équilibre. Joignons à cela que le sommet des contreforts étant couvert par 5 ou 6 pieds de terres qui composent le parapet, ces terres font l'effet d'une puissance qui contrebalance en partie l'effort de plusieurs autres puissances qui agiraient pour renverser le revêtement. C'est pourquoi j'ai dit ci-devant qu'il suffirait de rendre les revêtements capables de soutenir une poussée qui ne fût que de la sixième partie au-dessus de celle que causent naturellement les terres qui sont élevées derrière. Car enfin les terres du parapet agiront d'autant plus puissamment sur les contreforts pour les retenir, que ces contreforts seront plus longs : ainsi plus les revêtements seront élevés, et plus dans ce sens ils trouveront d'obstacles à incliner. Il n'y a que le cas où les terres du parapet seraient éboulées quand on bat en brèche, où il y aurait quelque chose à craindre, parce que le dessus des contreforts n'étant plus retenu, le revêtement pourrait culbuter si la résistance était au-dessous de l'équilibre. Quand je dis que cela pourrait arriver ici, si les terres du parapet cessaient d'appuyer sur les contreforts, je veux parler des revêtements qui sont fort enterrés, et dont l'assiégeant est un temps à ne battre que le sommet des ouvrages, sans pouvoir découvrir le reste: ainsi on aura toujours sujet de rendre les revêtements plutôt forts que faibles.

Comme on s'est toujours bien trouvé des revêtements de 30 à 35 pieds de hauteur, en ne leur donnant que 5 pieds d'épaisseur au sommet, il semble que ce que l'on peut faire de mieux pour se servir en toute sûreté du profil général sans être obligé de faire tous les calculs que je viens de rapporter, c'est de donner 4 pieds d'épaisseur au sommet du revêtement de 10 pieds, 4 et demi à celui de 20, 5 à celui de 30, 5 et demi à celui de 40, et ainsi des autres, dont on augmentera toujours l'épaisseur de 6 pouces, à mesure que la hauteur augmentera de 10 pieds : et à l'égard des autres dimensions, on les déterminera comme elles sont marquées dans la table du profil général. Pour lors tout sera bien proportionné et presque d'accord avec ce que peuvent fournir les règles les plus exactes. Il est vrai que l'épaisseur du sommet du revêtement de 10 pieds sera un peu plus grande qu'elle ne devrait l'être; mais ce revêtement en soutiendra plus long-temps l'effet du canon.

Tout ce que je viens de dire sert non seulement à faire voir ce que l'on peut penser pour et contre le profil général, mais encore à mettre les gens du métier en état d'examiner les choses avec précision, et par des voies qui mènent à la vérité, et dont les principes peuvent servir à quantité d'autres sujets qui auraient rapport à celui-ci. Ainsi, quand même on resterait dans l'opinion de se servir du profil général tel qu'il est sans y faire aucun changement, cette dissertation n'en serait pas moins utile. C'est pourquoi il n'y a point d'apparence qu'on soit en droit de me reprocher d'écrire des choses superflues, puisque les mathématiques ont toujours cela d'heureux, que s'il leur arrive quelquefois d'être appliquées à des sujets qui paraissent de petite conséquence, elles s'y rendent au moins nécessaires par le tour qu'on leur a fait prendre; et c'est cette espèce de sagacité que je cherche sur toutes choses à insinuer à ceux qui veulent s'instruire sérieusement, et se mettre en état de juger avec des vues claires et distinctes de tout ce qui se présente (1).

---

(1) J'ai suivi dans le cours de ce livre l'exposition que fait Bélidor de sa théorie

J'ai pensé plusieurs fois, en écrivant ce premier livre, que des personnes qui n'ont qu'une médiocre connaissance de l'algèbre seraient peut-être embarrassées de savoir pourquoi, après avoir fait passer tous les termes où se trouve l'inconnue dans le même membre, il fallait

---

de la poussée des terres, en remarquant les suppositions arbitraires et fautives sur lesquelles cette théorie est fondée. Je vais maintenant exposer en peu de mots la véritable analyse de ce problème, en indiquant les ouvrages où on en pourra trouver le développement. Quant à son histoire, comme elle est exposée dans l'ouvrage de M. Mayniel, cité ci-dessus, je n'entrerai dans aucun détail à ce sujet, sur lequel on peut consulter aussi le Mémoire de M. de Prony, intitulé *Recherches sur la poussée des terres*, 1802, page 38. J'observerai seulement que Coulomb est le premier qui, en 1773, ait appliqué convenablement le calcul à cette question, mais que son travail paraît avoir été négligé par toutes les personnes qui s'en sont occupées jusqu'en 1794, où M. de Prony refit l'analyse du problème dans sa Mécanique philosophique, en donnant à ce calcul une forme qui, ainsi qu'on le verra plus bas, le conduisit à un résultat d'une élégance et d'une simplicité très-remarquables.

Bélidor s'étant occupé d'abord de la manière dont on devait évaluer la résistance d'un mur, j'observerai aussi en premier lieu que tous les auteurs ont, comme lui, supposé que le mur ne faisait qu'une seule masse, dont les parties ne se séparaient point dans le mouvement qu'il pouvait prendre en cédant à la poussée des terres. Cependant, pour ne parler d'abord que des cas où le mur cède en tournant autour de l'arête extérieure de sa base, il est visible que dans ce mouvement il doit rester sur cette base un prisme de maçonnerie qui ne sera point soulevé avec le reste du mur, à moins que la
PL. II. force de cohésion des mortiers ne soit plus considérable que l'effet du poids de ce
FIG. 7. prisme. Supposons que, dans le mur AC, DM soit la trace du plan qui sépare le prisme, et nommons $m$ la tangente trigonométrique de l'angle ADM. Le moment de la force de cohésion sur DM (*), pris par rapport au point D, sera $\frac{1}{2}\, a^2\,(1 + m^2)\, c$,

(*) Le tableau ci-dessous contient la notation employée dans le cours de cette note.

1° Quantités relatives à l'action des terres sur le mur.

$P$ = une force horizontale qui retient le prisme d'éboulement des terres sur le plan de rupture.

$Q$ = le poids absolu de ce prisme.

$\varsigma$ = l'angle que le plan de rupture fait avec la verticale.

$\gamma$ = la force de cohésion des terres sur l'unité de surface.

$b$ = la longueur de la ligne sur laquelle la cohésion a lieu.

$f$ = le rapport de la pression normale au frottement dans les terres.

$\tau$ = l'angle dont la tangente est $\frac{1}{f}$.

$t$ = tang. $\frac{1}{2}\,\tau$.

$\pi$ = la pesanteur spécifique des terres.

ajouter de part et d'autre le carré de la moitié du coefficient du second terme, pour faire de ce membre un carré parfait, et qu'un petit éclaircissement sur ce sujet pouvant leur faire plaisir, la remarque suivante ne serait point inutile pour l'intelligence des articles 22, 25, 26, etc.

---

et celui du poids du triangle ADM pris par rapport au même point, $\frac{1}{3}\Pi ma^3$. On aura donc pour l'équation d'équilibre

$$\frac{1}{2}a^2(1+m^2)c = \frac{1}{3}\Pi ma^3,$$

d'où on déduit

$$c = \frac{2}{3}\Pi a \frac{m}{1+m^2},$$

En égalant à zéro le coefficient différentiel de cette expression, on en tire pour la valeur de $m$ qui répond au *maximum*, $m=1$; et celle de $c$ est alors $c=\frac{1}{3}\Pi a$. Ainsi, l'angle ADM est la moitié d'un angle droit, et la rupture se fera toutes les fois qu'on aura $c < \frac{1}{3}\Pi a$. Faisons $a = 5$ met. et $\Pi = 2200$ kil. : $\frac{1}{3}\Pi a$ sera 4000 kil. D'après les expériences de M. Rondelet (*), il paraît que six mois après la construction la force $c$ est environ 14000 kil. Si on observe que ces expériences ont été faites sur de petits cubes de pierre isolés, et que les mortiers sèchent très-lentement dans l'intérieur des massifs, on jugera qu'il doit s'écouler plusieurs mois avant que la valeur de $c$ surpasse 4000 kil., et par conséquent qu'en évaluant dans cet intervalle la résistance du mur, il ne faudrait point tenir compte de celle du triangle AMD, qui est assez considérable pour influer sensiblement sur les dimensions de ce mur. Supposons, en effet, que $h=12$ met., le moment de stabilité du mur sera $\frac{1}{2}a^2 h = 150$ met. carr., en supposant que le triangle AMD fasse corps avec lui. Mais le moment de ce triangle est $\frac{1}{3}a^3 = 41,73$ met. car. Donc, s'il demeure isolé du reste du mur, la résistance de ce dernier se trouve diminuée de plus d'un quart (**). La différence serait encore plus grande, si le mur avait des talus extérieurs ou intérieurs.

2° Quantités relatives à la résistance du mur.

$a$ = l'épaisseur du mur (s'il a des talus, c'est l'épaisseur au sommet).
$h$ = la hauteur du mur.
$d$ = la moitié de la distance d'un contrefort à l'autre.
$n$ = le rapport de la base à la hauteur du talus du parement extérieur.
$n'$ = la même quantité pour le parement intérieur.
$c$ = la force de cohésion des mortiers sur l'unité de surface.
$r$ = la résistance de la pierre à la pression sur l'unité de surface.
$\Pi$ = la pesanteur spécifique de la maçonnerie.

(*) *Art de bâtir*, tome 1, page 312.

(**) Les expériences de M. Mayniel, et l'observation qu'il rapporte en ces termes : *Un mur de 20 pieds de*

52. *Remarque sur la résolution des Problèmes du deuxième degré.*

Si l'on a deux grandeurs liées ensemble par le signe + ou — comme $y \pm a$, je dis que le carré de ces deux grandeurs sera égal au carré de la première, plus au carré de la seconde, plus ou moins le produit de la première par le double de la seconde : ce qui est bien évident, puis-

---

Quant au cas où le mur glisserait sur sa base, comme il n'a alors aucune tendance à se diviser, sa résistance est exprimée par une force horizontale égale au poids du mur, multiplié par le rapport du frottement à la pression, plus la valeur de la cohésion dans l'étendue de cette base. Le cas où le mur glisserait plutôt que de se renverser, ne peut se présenter dans la pratique que dans des circonstances très-rares, et qu'il vaut mieux chercher à prévenir par quelques procédés de construction que de s'attacher à régler convenablement les dimensions de ce mur, qu'il serait d'ailleurs très-difficile de fixer alors avec un peu d'exactitude.

Passons maintenant à l'évaluation de la poussée des terres.

Si on considère un massif de terres situé derrière un mur de revêtement, dont les molécules soient liées par une certaine force de cohésion, et qui, dans les mouvements qu'elles peuvent prendre, éprouvent en glissant les unes sur les autres un certain frottement, et qu'on suppose que le mur vienne à céder un peu, il se séparera un prisme de terre qui restera adhérent au mur, en ne formant qu'une seule masse jusqu'à l'entier déversement, et dont la pression contre le mur en occasionnera seule la chûte. On pourra donc le considérer comme un corps solide, glissant sur la surface de rupture (que nous supposerons être un plan, pour plus de simplicité), où il est retenu par la cohésion et par le frottement. Cela posé, on aura pour la valeur de P, dans le cas de l'équilibre,

$$P = \frac{Q\,(\cos.\,\varsigma - f \sin.\,\varsigma) - \gamma\, b}{\sin.\,\varsigma \cos + f \cos.\,\varsigma},$$

qui, en y substituant pour Q, $b$ et $f$, les valeurs qui conviennent à la question, et introduisant par les formules de trigonométrie la tangente $\tau - \varsigma$, peut être mise sous la forme.

$$P = (\tfrac{1}{2}\,\pi\, h^3 + \gamma\, h \,tang.\,\tau)\, tang.\,\varsigma\, tang.\,(\pi - \varsigma) - \gamma\, h\, tang.\,\tau.$$

En faisant varier dans cette équation l'angle $\varsigma$, on trouve pour la valeur qui répond

*hauteur, dont on avait laissé consolider la maçonnerie, s'est rompu au niveau du sol, en formant une ligne de rupture qui eût pu dans le profil être la diagonale d'un carré qui eût eu pour côté l'épaisseur du mur* (Traité de la poussée des terres, pag. 98) confirment pleinement la théorie précédente.

qu'il vient $yy \pm 2ay + aa$, qui renferme les carrés de $y$ et de $a$, et le produit de $y$ et de $2a$.

De même, si la seconde des deux grandeurs était multipliée ou divisée comme dans cet exemple, $y + 2a$, $y + \frac{3}{2}a$, $y + \frac{5}{2}a$, $y - \frac{ab}{c}$, le

---

au *maximum* de P. $\varsigma = \frac{1}{2}\tau$; et la valeur de P est alors

$$P = h\ tang.\ \tfrac{1}{2}\tau\ (\tfrac{1}{2}\pi\ h\ tang.\ \tfrac{1}{2}\tau - 2\gamma).$$

On peut mettre cette équation sous une forme plus simple, en observant que si $h$ est la hauteur à laquelle les terres se soutiennent d'elles-mêmes par l'effet de leur cohésion, on doit avoir en même temps dans l'équation précédente $h = h_{,}$, et $P = 0$, ce qui donne $\gamma = \frac{1}{4}\pi t h$, et

$$P = \tfrac{1}{2}\pi\, h t^2 (h - h_{,}).$$

Pour faire usage de cette valeur de P, il est nécessaire de savoir quelle est la hauteur de son point d'application. On trouve facilement qu'elle est égale à

$$\frac{(h - h_{,})(h + \frac{1}{2}h_{,})}{3h}.$$

Ces valeurs sont très-générales, et embrassent toutes les circonstances de la question. Comme, dans les applications, les murs de revêtement doivent presque toujours soutenir des terres fraîchement remuées pour lesquelles la valeur de cohésion est presque nulle, il est convenable de supposer $h = 0$, ce qui donne pour la poussée

$$P = \tfrac{1}{2}\pi\, h^2 t^2,$$

pour la hauteur de son point d'application $\frac{1}{3}h$, et $t$ est alors la tangente d'un angle égal à la moitié de celui du talus naturel des terres.

Lorsque les terres que soutient un mur éprouvent une surcharge, il est facile de la faire entrer dans le calcul. En nommant G le poids porté par une unité de surface, les valeurs précédentes deviennent

$$P = (\tfrac{1}{2}\pi h + G)\, h t^2, \text{ et } \frac{h(\frac{1}{3}\pi h + G)}{\pi h + 2G},$$

formules qui s'appliquent à tous les angles de talus (*).

(*) Voyez pour les détails et le développement de cette analyse les *Recherches sur la poussée des terres*, de M. de Prony, déja citées, ou le *Traité de la construction des ponts*, de M. Gauthey, tom. I. M. de Prony a publié en outre en 1802, sons le titre d'*Instruction-pratique sur une méthode pour déterminer les dimensions des murs de revêtement*, une formule graphique par le moyen de laquelle on construit avec la plus grande facilité les valeurs de $a$ données par ses formules.

carré donnera toujours $y^2 + 4ay + 4a^2$, $y^2 + 3ay + \frac{9}{4}a^2$, $y^2 + 5ay + \frac{25}{4}a^2$, $y^2 - \frac{2aby}{c} + \frac{a^2b^2}{c^2}$, où l'on trouve encore le carré de la première et de la seconde grandeur, et le produit de la première par le

---

Il ne sera pas inutile de comparer les résultats de cette analyse exacte avec ceux de la méthode empirique contenue dans le texte. Supposons $t = tang.\ 22^\circ\ 30' = 0.414$, $\pi = 1$, comme l'a fait Bélidor, et $h = 10$ pieds. On trouvera $P = 20,7$ pieds carrés, et en supposant cette force qui agit à la distance $\frac{1}{3}\ h = 3,3$ pieds, appliquée au sommet du mur, elle sera $= 6,9$ pieds carrés au lieu de 6,5 pieds carrés indiqués dans la table de Bélidor. Si $h = 100$ pieds, on trouvera $P = 2070$ pieds carrés, et pour cette même force appliquée au sommet du mur, 690 pieds carrés au lieu de 564 pieds que contient la table. Ainsi, cette table offre des résultats sensiblement exacts pour les terres dont le talus est de 45°, lorsque la hauteur du revêtement ne passe pas 10 à 15 pieds; mais au-delà, les valeurs de la poussée qu'elle indique sont trop faibles.

La manière d'évaluer la résistance des revêtements et la poussée des terres étant connue par ce qui précède, les dimensions des murs se déduisent immédiatement de l'équation d'équilibre qu'on établit entre ces deux forces. En supposant que le mur forme un seul bloc, et négligeant les carrés de $n$ et $n'$, on trouve pour l'épaisseur du mur,

$$a = h\left[-\left(n + \tfrac{1}{2}n'\right) + \sqrt{\frac{\pi t^2}{3\Pi}}\right],$$

qui se réduit, si le mur est à plomb des deux côtés, à

$$a = h\sqrt{\frac{\pi t^2}{3\Pi}}$$

Il ne reste plus maintenant qu'à faire entrer en considération les contreforts dont les murs sont souvent accompagnés.

Pl. II. fig. 5. Soit AB un mur de revêtement dont l'épaisseur n'est pas assez grande pour qu'il puisse résister à la poussée des terres, et auquel on a adossé d'espace en espace des contreforts C, C'. Ils présenteront des points d'appui immobiles sur lesquels l'action des terres dans l'intervalle DD' se transmettra, le mur DD'E'E faisant la fonction d'une voûte en plate-bande dont les contreforts seraient les culées. Cela posé, soit le point F milieu de DD', la poussée des terres dans l'intevalle DD' a pour expression $\pi\ dh^2 t^2$, et cette force étant répartie sur la longueur de cet intervalle, peut être remplacée par une force moitié moindre, ou $\frac{1}{2}\ \pi\ d h^2 t^2$, qui serait appliquée en F. En décomposant cette dernière suivant les lignes FE', FE, puis remplaçaut chacune de ces deux forces par leurs composantes suivant FD et HF, FD' et FH, on aura pour

Bélidor. *Science des Ingénieurs.*

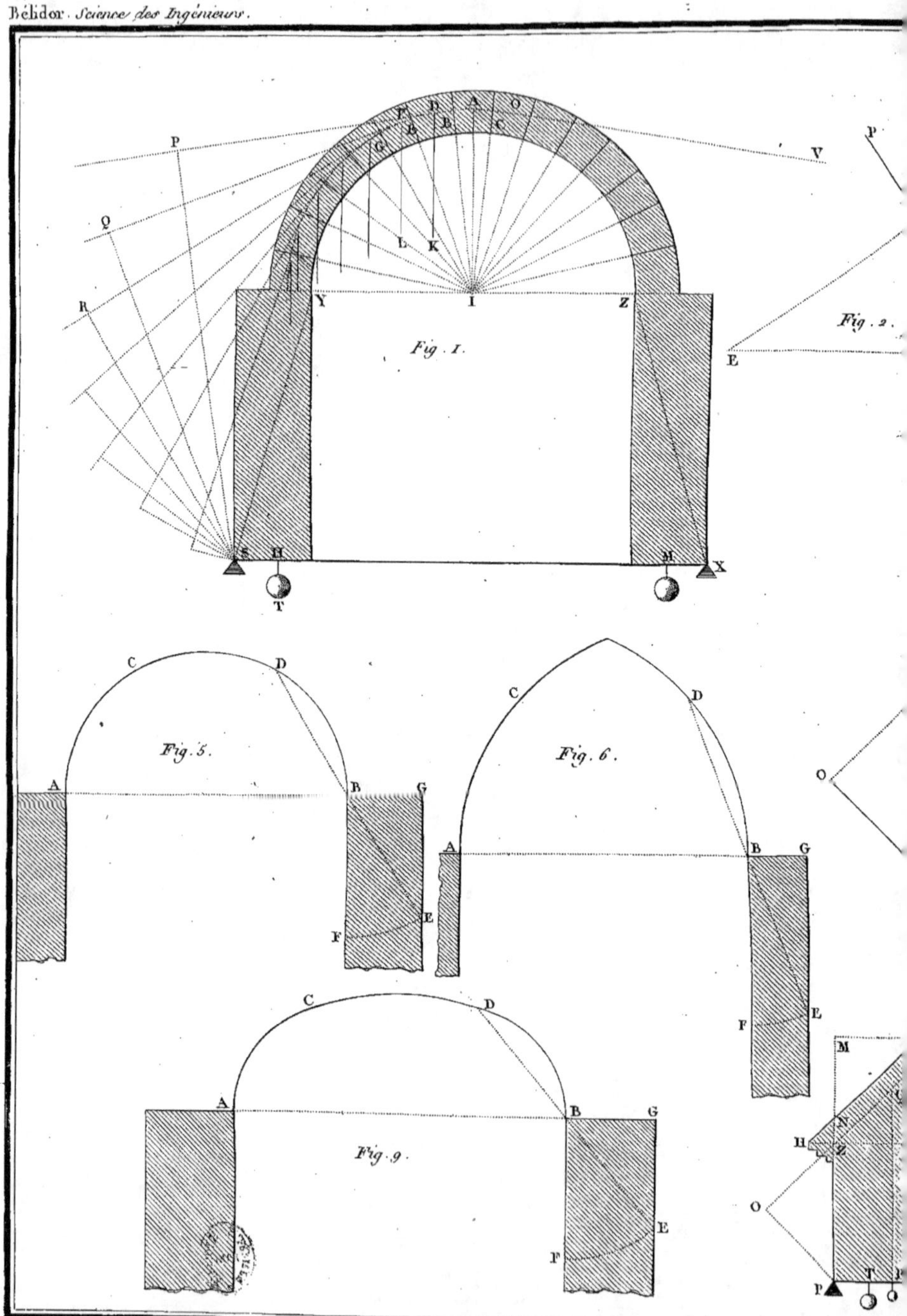

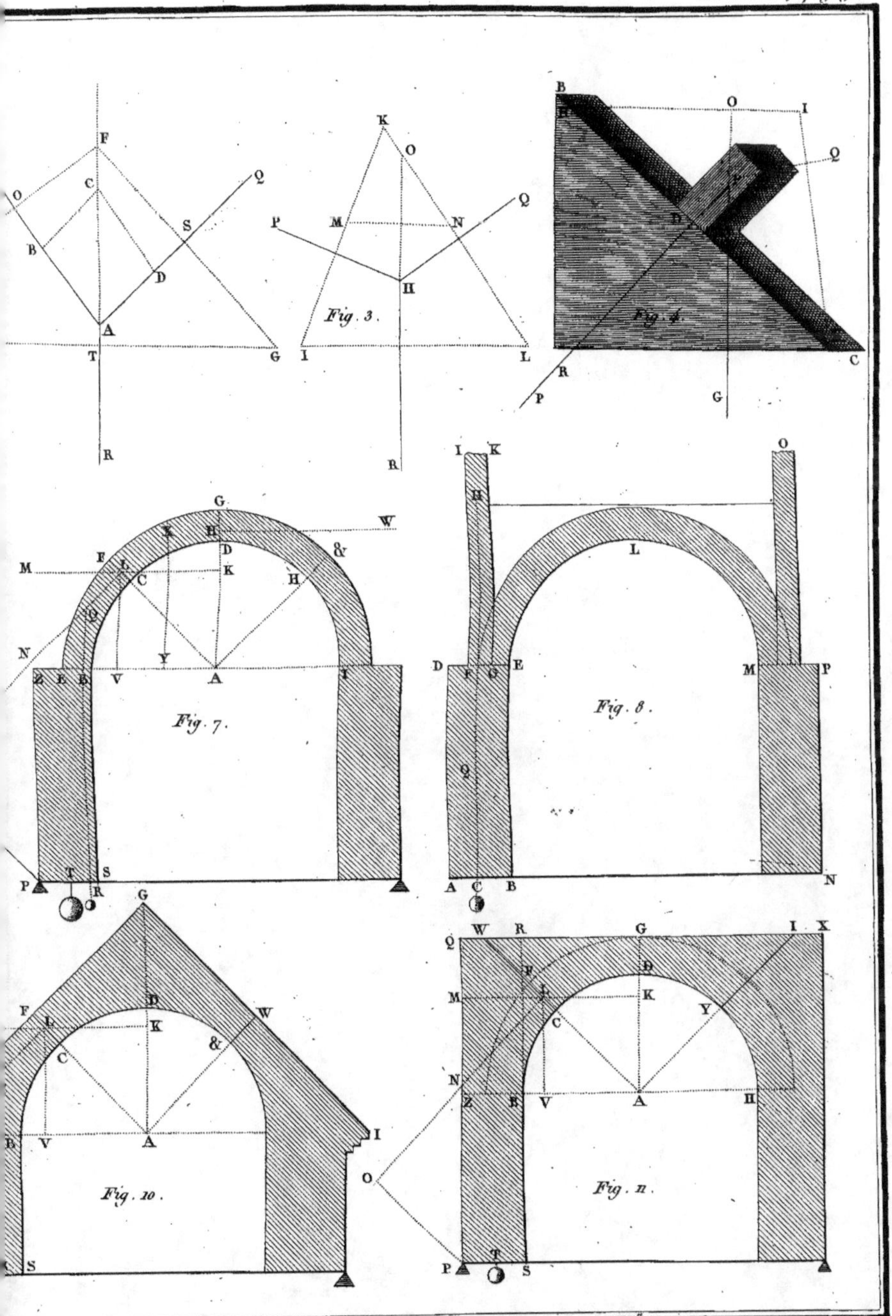
Fig. 3.
Fig. 4.
Fig. 7.
Fig. 8.
Fig. 10.
Fig. 11.

double de la seconde : car multipliant $2a$, $\frac{3}{2}a$, $\frac{5}{2}a$, $\frac{ab}{c}$, par deux, il vient $4a$, $3a$, $5a$, $\frac{2a}{c}$, dont le produit par la première grandeur $y$ donne $4ay$, $3ay$, $5ay$, $\frac{2aby}{c}$.

---

la valeur des composantes suivant FD et FD′, $\frac{\pi d^2 h^2 t^2}{4a}$, et l'effet de cette dernière force sera de faire ouvrir une lézarde dans la maçonnerie du mur, suivant la ligne DE, en agissant avec un bras de levier $= a$. Mais la cohésion des mortiers s'oppose à cet effet, et on a pour l'équation d'équilibre

$$ca^2 = \frac{\pi d^2 h t^2}{4},$$

équation qui donnera la valeur de $a$ quand $d$ sera connu, et réciproquement. Elle donne

$$a = \frac{dt}{2}\sqrt{\frac{\pi h}{c}}, \qquad d = \frac{2a}{t}\sqrt{\frac{c}{\pi h}}.$$

*La première équation paraîtrait indiquer que $a$ doit augmenter indéfiniment avec $d$: mais il faut observer que le moment de stabilité du mur étant équivalent à celui de la* poussée des terres quand $a = h\sqrt{\frac{\pi t^2}{3\Pi}}$, *a ne doit jamais être au-dessus de cette der*nière valeur. En la substituant dans celle de $d$, on trouve

$$d = 2\sqrt{\frac{ch}{3\Pi}},$$

ce qui est une limite que la valeur de $d$ ne doit point passer, et au-delà de laquelle les contreforts seraient inutiles. On peut remarquer que cette valeur est indépendante de la nature des terres.

Pour faire une application de ce résultat, supposons $\pi = 1800$ kil., $c = 2000$ kil., $d = 2{,}5$ mèt., $h = 12$ mèt., $t = 0{,}414$ : on trouvera $a = 1{,}7$ mèt. D'où il suit qu'un mur de 12 mètres de hauteur, fortifié par des contreforts suffisamment épais, et distants les uns des autres de 5 mètres, serait en équilibre avec la poussée des terres, en lui donnant 1,7 mètre d'épaisseur.

On peut observer que, pour que le mur s'ouvre aux points D, H et D′, il est nécessaire que les matériaux se compriment aux points E, F et E′, et qu'on néglige dans le calcul la résistance qu'ils opposent, ce qui donne pour $a$ une trop grande valeur. Cependant, en supposant effectivement que cette compression eût lieu, les centres de rotation se trouveraient transportés en de nouveaux points $e$, $f$ et $e'$, de la position

Puisque les coefficients sont doubles des racines du second d
on peut conclure que toutes les fois que l'on aura le carré d'une
connue, plus ou moins cette inconnue multipliée par un coeffic

---

desquels il résulterait une décomposition de forces plus désavantageuse à la résista
PL. II. ce qui, suivant les circonstances, pourrait compenser ce qui a été négligé dans le
FIG. 8. cul ci-dessus. Pour en juger, considérons un solide ABD, composé de fibres roid
encastré suivant la ligne AB, et soumis à l'action d'une force P, parallèle au plan
rupture : si C est le centre de rotation qui doit s'établir, on aura, en appelant tou
la largeur AB, $a$, et faisant AC $= x$,

$$r x^2 - c(a-x)^2 = 0,$$

d'où l'on tire

$$x = a\frac{\sqrt{cr} - c}{r - c},$$

ou $x = am$, en faisant pour abréger $m = \frac{\sqrt{cr} - c}{r - c}$. Supposons maintenant
FIG. 8. nouveaux centres de rotation des leviers hypothétiques $ef$, $e'f$, tellement situés,
le rapport de la distance E$e$ = E$f$ = E$e'$ à la largeur du mur soit $= m$, les fo
$\frac{1}{4}\pi d^2 h^2 t^2$ deviendront $\frac{\pi d^2 h^2 t^2}{4a(1-2m)}$, et l'équation d'équilibre sera

$$c(a-m)^2 + r m^2 = \frac{\pi d^2 h t^2}{4},$$

d'où l'on déduit

$$a = \sqrt{\left(\frac{\pi d^2 h t^2}{4c} - \frac{r}{c} m^2\right)} + m.$$

Or, comme $r$ est toujours plus grand que $c$, cette valeur de $a$ est plus petite que la première, qui s'en déduirait en faisant $m = 0$ : ainsi cette première valeur est effec vement un peu trop considérable. Mais elle ne diffère de la véritable que d'une qua tité moindre que celle qu'il faut lui ajouter pour se mettre dans la pratique au-dess de l'équilibre.

L'espacement des contreforts étant fixé d'avance, et l'épaisseur du mur dans les intervalles déterminée par ce qui précède, il ne restera plus qu'à régler la largeur et l queue des contreforts : elles seront données par la condition que le moment de stab lité d'un contrefort et de l'intervalle voisin soit au-dessus de celui de la poussée de terres qui agissent derrière. On pourra considérer le mur comme lié au contrefort, mais il faudra regarder comme ne faisant point partie de la maçonnerie tout ce qu sera situé au-dessous d'un plan incliné de 45°, passant par l'arête extérieure de l base (N).

quelconque, on pourra regarder ce coefficient comme le double de la racine du carré qui manque pour que l'inconnue se trouve comprise dans un carré parfait, et qu'ainsi *on aura toujours la racine de ce carré, en prenant la moitié du coefficient du second terme.*

Quand il arrive que le coefficient se trouve composé de plusieurs termes, il faut les supposer n'en valoir tous ensemble qu'un seul; par exemple, si l'on avait $y^2 + \frac{2}{3}ay - \frac{3bdy}{5c} + 2dy + \frac{b^2 2y}{d}$, on supposera $\frac{2}{3}a - \frac{3bd}{5c} + 2d + \frac{b^2}{d} = n$ : et comme en multipliant cette équation par $y$, l'on a $\frac{2}{3}ay - \frac{3bdy}{5c} + 2dy + \frac{b^2 y}{d} = ny$, on pourra mettre $ny$ à la place de sa valeur. Et au lieu de ce qui précède, on aura $y^2 + ny$ qu'on pourra changer en carré, en y ajoutant le carré de la moitié du coefficient, c'est-à-dire le carré de $\frac{1}{2}n$, afin d'avoir $y^2 + ny + \frac{1}{4}n^2$. Et pour éviter les fractions, on peut encore supposer le coëfficient complexe égal à $2n$ plutôt qu'à $n$ seul, parce qu'alors ayant $2ny$ au lieu de $ny$, le carré sera $y^2 + 2ny + n^2$.

---

# LIVRE SECOND,

QUI TRAITE DE LA MÉCANIQUE DES VOUTES, POUR MONTRER LA MANIÈRE DE DÉTERMINER L'ÉPAISSEUR DE LEURS PIÉDROITS.

---

Si l'on a bien conçu ce que je viens d'enseigner dans le livre précédent, on conviendra sans doute qu'il y a une méthode pour considérer les sujets qui se rapportent à l'architecture, par laquelle on est sûr de ne pas donner dans le faux, dès qu'on saura se servir heureusement des connaissances acquises par l'étude des mathématiques. Les principes qu'elles nous présentent sont d'une si grande fécondité, qu'il n'y a rien à quoi ils ne soient applicables, principalement ceux de la mécanique. C'est vainement qu'on voudra nous persuader que la pratique abandonnée à elle-même peut arriver au point de perfection : l'expérience prouve souvent le contraire, et j'en vais faire voir un exemple au sujet des voûtes, qui viendra fort à propos pour faire sentir combien il est de conséquence de ne pas suivre sans examen les principes qui ne sont autorisés que par l'usage. Mais avant cela il faut que j'insinue de quelle manière se fait la poussée des voûtes, afin d'examiner si le sentiment qu'on en doit avoir peut s'accorder avec les productions de la pratique.

Comme je serai obligé d'employer encore l'algèbre en parlant des voûtes, bien des gens qui ne l'entendent point se mettront peut-être de mauvaise humeur de ce que, non content d'en avoir rempli tout le premier livre, je m'en sers encore dans le second : mais je les prie de m'excuser et de lire celui-ci tout de suite, afin de profiter des endroits qui sont faciles à entendre, tels que les applications et la plus grande partie des remarques. En récompense, dans le dessein de leur faire ma cour, ils trouveront dans le quatrième chapitre des méthodes générales pour avoir l'épaisseur des piédroits de toutes sortes de voûtes par le seul calcul des nombres, sans le mélange d'aucun caractère algébrique : moyennant cette condition, j'espère que nous vivrons bien ensemble.

# CHAPITRE PREMIER,

## OU L'ON ENSEIGNE COMME SE FAIT LA POUSSÉE DES VOUTES.

Si l'on considère la voûte YAZ formée par une quantité de *voussoirs* égaux, on sait que ces voussoirs, quand il s'agit d'une voûte en plein-cintre, ont été taillés de manière que leurs joints prolongés viennent se rencontrer au centre du demi-cercle : ainsi, ces voussoirs étant plus larges à la tête qu'en bas, doivent être regardés comme des *coins* qui s'appuient et se soutiennent les uns les autres, et résistent mutuellement à l'effort de leur pesanteur qui les porte à tomber; car nous supposons ici (pour mieux apercevoir l'effet des voussoirs) qu'ils ne sont entretenus par aucun ciment, et ont la liberté de glisser comme si leurs faces étaient polies. Nous supposerons encore que les points O, A, D, F, etc., marquent les centres de gravité des voussoirs, et qu'en commençant par la clef on a tiré par les points A et O une ligne AV perpendiculaire sur la face C; que par les points A et D on en a tiré une autre AP sur la face B; par les points D et F on en a tiré une autre DQ sur la face E; et qu'on a continué de même, afin d'en avoir autant que de voussoirs. Cela posé, considérez que la *clef* étant soutenue par les deux voussoirs voisins comme par des plans inclinés, fait le même effet qu'un *coin* qui, étant chassé dans un corps, tend à le partager en deux par un effort qui se fait selon des directions AB et AC, perpendiculaires aux deux plans inclinés BI et CI; car l'on peut prendre ici la pesanteur du coin pour la puissance qui le chasse : ainsi les deux puissances qui soutiendront les faces BI et CI en équilibre contre la force du coin, agiront suivant des lignes de direction AP et AV, perpendiculaires aux mêmes faces; et comme ces directions viennent se rencontrer au centre de gravité A, où l'on peut supposer que la pesanteur du coin est réunie, on peut donc dire que ces puissances auront besoin d'autant plus de force que les angles PAI et VAI seront plus ouverts, ou, ce qui revient au même, que les faces BI et CI seront moins inclinées par rapport à la verticale AI; car si elles l'étaient infiniment PL. IV. FIG. I.

peu, c'est-à-dire presque perpendiculaires à l'horizon, les directio des puissances P et V se trouvant directement opposées, il leur faudr une force extrême pour pouvoir soutenir le point pesant A, équivale au voussoir, au lieu que plus les angles qu'elles formeront avec la ve ticale AI seront aigus, moins elles auront besoin de force, puisqu'alo leurs directions n'étant plus si opposées entre elles, elles le seront d vantage au poids du voussoir.

Ce que nous venons de voir au sujet de la clef, pourra aussi se di des voussoirs D et O: car le voussoir D, par exemple, ayant aussi figure d'un *coin*, agira pour écarter les deux faces voisines; mais n pas si puissamment sur la face E que la clef A fait sur la face B, à cau que le plan EI, étant plus incliné que le plan BI, par rapport à la ve ticale AI, l'angle QDK formé par la ligne de direction DK et la lign de direction DQ, de la puissance qui serait en équilibre avec l'effo que fait le voussoir D sur la face E, est plus aigu que l'angle PAI. même que le voussoir F fera encore moins d'effort contre la face G que le précédent n'en fait contre la face E, parce que l'angle RFL encore plus aigu que l'angle QDK. Or, comme toutes les puissances q soutiendraient les voussoirs depuis la clef jusqu'aux piédroits, agiro toujours selon des directions qui feront des angles plus aigus avec le lignes tirées du centre de gravité des voussoirs, leur force ira donc tou jours en diminuant; et comme ces puissances ont été supposées équi valentes aux efforts que font les voussoirs, il s'ensuit que ceux-c poussent avec une force qui va toujours en diminuant depuis la cl jusqu'aux piédroits.

Cependant, comme le voussoir D agit en même temps sur les deu faces E et B, on voit qu'il ne peut s'appuyer contre la face B, san s'opposer en partie à l'effort que fait la clef contre cette même face, e que par conséquent il doit arriver une destruction de forces entre la clef et le voussoir D. De même, les deux voussoirs F et D agissant auss dans un sens opposé, eu égard à la face E, il y aura encore une des truction de forces entre ces deux voussoirs, et ainsi des autres suivants pris deux à deux. Il est bien vrai que, comme la clef pousse avec plus de force contre la face B que le voussoir D n'en a pour la repousser, la destruction de forces ne sera point entière; il en restera toujours à la clef une certaine quantité, mais qui ne sera pas si grande qu'elle eût été si le voussoir D ne faisait aucun effet sur la surface B : de même, quoique le voussoir D soit repoussé par l'autre F, il restera encore à ce premier une certaine quantité de force. Ainsi, en général, on peut dire qu'un voussoir qui est au-dessus d'un autre a plus de force pour pousser l'inférieur, que celui-ci n'en a pour le repousser : et comme les voussoirs, depuis la clef jusqu'à la naissance de la voûte, vont toujours en exerçant une moindre partie de leur pesanteur sur ceux qui sont immédiatement dessous, l'effort que chaque voussoir fait pour repousser celui qui est supérieur, va toujours en diminuant à mesure que les plans E I et G I sont moins inclinés à l'horizon, parce qu'alors ces plans portent une plus grande partie du poids. Par conséquent, celle qui tend à glisser fait moins d'effet contre la puissance qui voudrait lui résister, tellement qu'on peut dire que l'effort que tous les voussoirs font de bas en haut va toujours en diminuant en venant de la clef vers les piédroits, dans la même raison que l'effort qui se fait du haut en bas.

Comme le résultat de l'effort que les voussoirs font à droite et à gauche de la clef tendra à écarter ce qui peut leur résister, c'est-à-dire les piédroits, c'est l'effort total de tous ces voussoirs qu'on appelle *poussée*, qui n'agit pourtant pas tout-à-fait comme je viens de l'insinuer, puisqu'il ne paraît pas possible que tous les voussoirs qui composent une voûte puissent se soutenir d'eux-mêmes sans être entretenus par *ciment* ou *mortier*. Car les voussoirs supérieurs ayant plus de force pour pousser les inférieurs que ceux-ci n'en ont pour les repousser, il est constant que ceux qui auront moins de force seront contraints de s'élever ; ce qui laissant la liberté de tomber à ceux qui sont au-dessus, tout l'arrangement des voussoirs se détruirait, et par conséquent la voûte même : et ce n'est que dans le cas où tous les voussoirs auraient une poussée égale, qu'ils se maintiendraient en équilibre sans le secours d'aucune matière qui les entretînt. Mais pour cela il faudrait augmenter leur pesanteur en venant de la clef vers les piédroits, afin que chacun pût, par son poids, résister d'autant plus que le plan sur lequel il est appuyé est moins incliné par rapport à celui qui est au-dessus. Or, puisqu'une voûte telle que celle qui est représentée dans la figure ne pourrait se soutenir sans ciment, ce n'est donc pas les efforts effectifs des voussoirs qu'il faut considérer, mais seulement la tendance qu'ils ont à agir.

Comme il doit y avoir sur la base de chaque piédroit un point où vient aboutir l'effort qui se fait à droite et à gauche, on remarquera que ces points répondent nécessairement aux angles S et X, qu'on doit regarder comme des *points d'appui* qui appartiennent à des *leviers*, qui à la vérité ne sont point sensibles aux yeux, mais qui pour cela n'en ont pas moins de réalité, comme on en va juger.

Si la poussée d'une voûte n'était point partagée le long de chaque quart de cercle AY et AZ, mais qu'elle fût toute réunie à deux points, comme Y et Z, il est constant qu'on aurait de chaque côté *un levier recourbé* YSH et ZXM, dont les *puissances* seraient appliquées aux extrémités Y et Z des bras SY et ZX, et les poids qui sont équivalents à la résistance des piédroits aux extrémités H et M, des bras SH et XM. Mais comme il y a autant de puissances que de voussoirs, si l'on en excepte les deux Y et Z, qui n'ont point de poussée, il faut donc que chaque puissance ait son levier particulier, ou que ce levier soit exprimé par une ligne qui puisse être admise en sa place. Or, comme ces lignes ne peuvent être que les perpendiculaires SP, SQ, SR, etc., tirées du point d'appui S sur les directions des puissances qui soutiendraient les voussoirs, on voit clairement à quoi doit se réduire tout le mécanisme qui règne ici, de sorte que pour proportionner l'épaisseur des piédroits à la poussée d'une voûte, il faut savoir trouver l'effort que fait chaque voussoir, par rapport à sa pesanteur absolue, et les perpendiculaires SP, SQ, SR, etc. (1).

On peut tirer plusieurs conséquences de ce que nous venons de dire

(1) L'explication que donne Bélidor de la manière dont s'exerce la poussée des voûtes, n'était pas nouvelle lors de la première publication de la *Science des Ingénieurs*. Parent, de la Hire, Pitot, en avaient fait usage avant lui, dans des Mémoires publiés dans le recueil de l'Académie des Sciences. Elle a été admise jusqu'à ces derniers temps par tous les savants qui se sont occupés de cette matière, et a servi de base aux applications qu'ils ont faites des principes de la mécanique à la solution des différentes questions concernant la théorie des voûtes.

Les observations recueillies pendant la construction des grands ponts bâtis sur la fin du siècle dernier, et consignées pour la plupart dans les œuvres de Perronet, et des expériences spéciales, ont prouvé que cette explication ne s'accordait point avec les effets naturels, et ont donné lieu à l'établissement d'une nouvelle théorie, dont la

La première, que dans une voûte où l'on supposerait ( comme on l'a fait ici ) que les voussoirs ne sont entretenus par aucun ciment, plus leur tête serait petite, plus la voûte aurait de poussée ; car ces voussoirs étant regardés comme des coins, ils auront d'autant plus de force, que leurs faces prolongées feront un angle plus aigu : d'ailleurs les perpendiculaires **SP**, **SQ**, **SR**, etc., qui répondent aux puissances qui soutiennent les premiers voussoirs, devenant plus grandes à mesure que les faces de ces voussoirs seront moins inclinées à la verticale A I, la longueur des bras des leviers se trouvera augmentée, ce qui donnera plus d'avantage à la poussée des voussoirs (1).

La seconde, c'est que plus la voûte aura d'épaisseur, et plus la poussée sera grande, puisque les voussoirs devenant plus longs et par conséquent plus pesants, ils agiront plus puissamment (2).

La troisième, que plus les piédroits qui soutiennent une voûte seront élevés, plus il leur faudra d'épaisseur pour soutenir la poussée ; car, comme on ne peut augmenter la hauteur des piédroits sans que les perpendiculaires SP, SQ, etc., ne deviennent aussi plus grandes, il s'ensuit que les bras des leviers qui répondent aux puissances, ou si l'on veut à l'effort de chaque voussoir, se trouvant augmentés, ils auront tous ensemble plus de force pour renverser les piédroits.

---

première idée, due à M. Gauthey, a été exposée en l'an VI dans sa Dissertation sur les dégradations du Panthéon français.

Il est actuellement reconnu que les voussoirs d'une voûte n'agissent point comme des *coins* qui se maintiennent en équilibre par la destruction de leurs pressions réciproques; mais qu'une voûte se partage en plusieurs parties, dans chacune desquelles les voussoirs restent juxta-posés, comme s'ils étaient adhérents, et qui agissent les unes sur les autres par des points d'appui, comme le feraient des leviers inflexibles et pesants, réunis par des articulations. Ces considérations seront développées plus bas (*N*).

(1) Il est peut-être superflu d'observer que cette conséquence de l'hypothèse admise par Bélidor, est fausse comme cette hypothèse elle-même. La largeur de la tête des voussoirs n'influe en rien, en général, sur la poussée de la voûte (*N*).

(2) Cette seconde conséquence est suceptible de modification. En général, la poussée d'une voûte n'augmente avec son épaisseur que jusqu'à une certaine limite, au-delà de laquelle, quand l'épaisseur augmente, la poussée diminue, et finit bientôt par devenir nulle (*N*).

Quoique ce que je viens de dire soit bien naturel, c'est pourtant à quoi les architectes qui ont parlé des voûtes n'ont fait aucune attention; et afin qu'on puisse en juger, voici comme parle M. Blondel dans son cours d'architecture, qui est le premier qui m'est tombé sous la main. Il faut, dit-il, donner des épaisseurs aux piédroits qui soutiennent des voûtes, selon la différence des poussées, et c'est ce qui se fait par une règle de pratique en cette manière.

Fig. 5, 6 et 9. « Partagez l'arc en trois parties égales, et menant une des cordes par « le point de l'imposte, prenez en dehors sur la même, continuée, une « ligne qui lui soit égale; la droite menée à plomb par l'extrémité de « cette ligne déterminera l'épaisseur du piédroit; comme si, divisant l'arc « ACDB en trois parties égales aux points CD, je mène la corde DB « passant par le point de l'imposte en B, je n'ai qu'à prendre en dehors « sur la même droite, continuée, la partie BE égale à BD, et menant « les deux perpendiculaires EG et BF, elles détermineront l'épaisseur « du piédroit BGEF, qui sera proportionnée à la poussée de l'arc « ACDB.

L'on voit que dans cette règle il n'est fait aucune mention de l'épaisseur de la voûte ni de la hauteur des piédroits, qui sont pourtant deux circonstances auxquelles il faut avoir égard absolument pour les raisons que j'en ai données plus haut.

## PRINCIPE TIRÉ DE LA MÉCANIQUE.

Fig. 2. 2. Il est démontré dans la mécanique que trois puissances P, Q, R, qui tirent ou poussent autour d'un point A, selon des directions AP, AQ, AR, seront en équilibre entre elles, si après avoir fait le parallélogramme ABCD, la puissance P est exprimée par le côté AB, la puissance Q par le côté AD, et la puissance R par la diagonale CA: ou, ce qui revient au même, si chaque puissance est exprimée par un des côtés du triangle ABC, parce qu'à la place de AD l'on pourra prendre BC, qui lui est égal. Supposant donc qu'on soit bien prévenu de cette vérité, voici une proposition fondamentale qu'on en peut tirer.

Ayant trois puissances P, Q, R, qui tirent ou poussent toutes trois ensemble autour du point A, je dis qu'elles seront en équilibre, si la force avec laquelle chacune agit est exprimée par un des côtés du triangle

EFG, qui couperait à angles droits la ligne de direction de chaque puissance.

Pour le prouver, remarquez que, si la ligne AO est perpendiculaire sur le côté EF et la ligne CT sur le côté EG (comme nous le supposons), l'on aura les deux triangles AOF et FTE semblables, puisqu'ils ont chacun un angle droit, et l'angle OFT qui leur est commun : ainsi l'angle E sera égal à l'angle OAF. Par un semblable raisonnement, on verra aussi que le triangle FAS est semblable au triangle FGT, et que de même l'angle G sera égal à l'angle FAS. Mais, comme ce dernier l'est encore à l'angle alterne BCA, il s'ensuit donc que le triangle ABC est semblable au triangle EFG : ainsi les trois côtés du grand triangle pourront donc être pris à la place de ceux du petit, et par conséquent exprimer le rapport de chaque puissance dont ils coupent la ligne de direction à angles droits. Mais, comme nous avons vu que ces trois puissances étaient en équilibre lorsque leur rapport était exprimé par les côtés du petit triangle ABC, on peut donc dire qu'elles seront encore en équilibre quand leur rapport sera exprimé par les côtés du triangle EFG.

### COROLLAIRE I.

3. Il suit que, quand on aura trois puissances P, Q, R, qui tirent ou poussent autour du point H, si elles sont en équilibre, on connaîtra toujours le rapport que ces puissances ont entre elles, puisqu'on n'aura qu'à couper chaque ligne de direction à angles droits par une ligne tirée à telle distance que l'on voudra du point H. Car ces trois lignes venant à se rencontrer donneront les côtés du triangle IKL, qui exprimeront le rapport des puissances : c'est-à-dire, que si l'on suppose que la puissance P soit exprimée par IK, la puissance Q le sera par KL, et la puissance R par IL. FIG. 3.

### COROLLAIRE II.

4. Il suit encore que, connaissant les trois côtés du triangle IKL, avec une des trois puissances, on pourra connaître les deux autres puissances. Car si (par exemple) l'on a la puissance P, et qu'on veuille connaître la seconde Q, on n'aura qu'à dire comme le côté KI est au FIG. 3.

côté KL, ainsi la puissance P est à la puissance Q, que l'on trouvera par la règle de proportion, aussi bien que la troisième puissance R.

### Corollaire III.

5. Dans les triangles, les sinus des angles étant dans la même raison que leurs côtés opposés, on peut ajouter encore que si l'on avait un triangle IKL, dont les trois côtés fussent en même raison que les puissances P, Q, R, si on ne connaissait pas ces côtés, il suffirait de connaître la valeur des angles qui leur sont opposés, parce que les sinus de ces angles pouvant être pris pour les côtés mêmes, ils exprimeront plus exactement le rapport en nombre, et par conséquent les puissances : de sorte que, si on connaissait la valeur de la puissance Q, & les trois angles I, K, L, on trouverait les deux autres puissances P et R, en se servant des tables de sinus.

### Corollaire IV.

6. Il suit enfin que, si on a trois puissances, dont deux prises ensemble soient plus grandes que la troisième, connaissant le rapport de ces trois puissances, on pourra déterminer selon quelle direction chaque puissance doit tirer ou pousser, pour qu'agissant toutes ensemble autour d'un point, elles soient en équilibre, puisque pour cela il ne faut que se donner trois lignes qui aient entre elles le même rapport que les trois puissances en question, ensuite faire un triangle de ces trois lignes : après quoi, si d'un point quelconque pris dans le plan du triangle, on abaisse les perpendiculaires sur les côtés, elles détermineront les directions, ou, ce qui est la même chose, les angles que les puissances doivent former entre elles.

### *Remarque première.*

7. Il n'est point nécessaire que les trois puissances P, Q, R tirent ou poussent toutes trois ensemble le point H, pour être en équilibre ; il peut y en avoir deux qui tirent, et une autre qui le pousse en sens contraire.

*Remarque seconde.*

8. On prendra garde aussi que ce n'est pas une nécessité que les trois côtés du triangle, qui déterminent le rapport des puissances, soient coupés par les lignes de directions de ces puissances, ni que le point où ces puissances concourent soit renfermé dans ce triangle, puisqu'il suffit que les côtés prolongés du triangle soient coupés à angles droits. Par exemple, si les côtés du triangle MKN sont disposés de façon que quelqu'un d'eux, comme KM ou KN étant prolongés vers I et vers L, coupe les directions HP et HQ à angles droits, et que la direction HR, prolongée vers O, aille couper le côté MN, aussi à angles droits, je dis que les côtés du triangle MKN détermineront encore le rapport des puissances, quoique le point H ne soit point dans ce triangle : car les choses étant telles que nous le supposons, les lignes MN et IL seront parallèles, puisqu'elles sont toutes deux coupées à angles droits par la ligne OR; par conséquent le triangle MKN sera semblable à IKL; or, si les côtés de ce dernier expriment le rapport des trois puissances P, Q, R, comme nous l'avons fait voir ci-devant, ceux de l'autre MKN exprimeront aussi le même rapport. Ainsi le petit triangle pourra tenir lieu du grand.

*Remarque troisième.*

9. Si on avait un corps F, posé sur un plan incliné BC, il est constant que (quelle que soit la figure de ce corps) il ne se maintiendra point en repos, à moins qu'une puissance Q ne le soutienne. Or, si l'on voulait savoir quel est le rapport de la puissance au poids dans la situation où se trouve cette puissance, il faut considérer d'abord qu'au lieu d'une puissance, nous en pouvons concevoir trois. La première sera la pesanteur absolue du corps, qui tend au centre de la terre selon une direction FG, qui, passant dans son centre de gravité, est perpendiculaire à l'horizon. La seconde sera l'effort que ce corps fait sur le plan : si l'on prolonge la ligne FD jusqu'en R, on peut concevoir la ligne DR comme la direction d'une puissance qui pousse de P en D, pour faire équilibre à l'effort que soutient le plan incliné. La troisième sera la puissance Q, qui empêche le corps de tomber. Cela posé, si l'on FIG. 2.

prolonge la ligne de direction GF du poids jusqu'en O, et qu'on la coupe à angles droits par la ligne HI, et de même la direction EQ par la ligne IK, on aura le triangle HIK, dont le côté HK exprimera la puissance P, puisqu'il coupe à angles droits la ligne de direction RF, le côté AI exprimera la pesanteur absolue du poids F, et le côté IK la puissance Q, dans le cas où le tout serait en équilibre. Par conséquent on peut dire que la pesanteur absolue du poids F est à la puissance Q, comme le côté HI est au côté IK. D'autre part, la pesanteur absolue du poids est à la puissance Q, et à l'effort que soutient le plan incliné, ou à la puissance P, comme HI est à HK. Ainsi, quand on connaîtra la pesanteur du poids F, et les sinus des angles du triangle HIK, on pourra donc connaître l'effort que font les deux puissances P et Q.

Il faut s'appliquer à bien entendre cette dernière remarque, relativement à ce qui a été dit dans les articles qui précèdent, parce qu'elle contribuera beaucoup à faciliter l'intelligence de ce que nous avons à enseigner par la suite. C'est ainsi que l'esprit étant préparé à ce qu'on a dessein de lui insinuer, les choses qui lui paraissaient les plus compliquées lui deviennent sensibles, dès qu'il aperçoit quelque jour où il peut se reconnaître.

## CHAPITRE SECOND.

*De la manière de calculer l'épaisseur des piédroits des voûtes en plein cintre, pour qu'ils soient en équilibre par leur résistance avec la poussée qu'ils ont à soutenir.*

10. La nécessité de se servir de mortier dans la construction de la maçonnerie, et principalement dans celle des voûtes pour lier les pierres, fait qu'on peut se dispenser de calculer la poussée de tous les voussoirs, chacun en particulier : il suffit d'en considérer une certaine quantité comme ne faisant ensemble qu'un seul voussoir, afin d'éviter l'extrême longueur des calculs qu'on serait obligé de faire, si l'on en usait autrement. Car les sujets qui se rapportent à la pratique doivent

être considérés relativement à ce qu'ils sont dans l'exécution, et non pas tout-à-fait comme l'imagination nous les représente. Par exemple, on remarque que, quand les piédroits d'une voûte sont trop faibles pour en soutenir la poussée, la voûte se fend vers le milieu *des reins*, c'est-à-dire entre *l'imposte* et la *clef:* ainsi, ayant une voûte en plein cintre BDI, dont chaque quart de cercle BD et DI soit divisé en deux FIG. 7.
également au point C et H, l'expérience montre que c'est toujours aux endroits FC et $f$H que la voûte se désunit quand sa poussée est au-dessus de la résistance des piédroits (1). Or, puisque le plus faible d'une voûte est vers le milieu des reins, il est donc naturel de supposer que c'est là où se fait toute l'action de la poussée, et de considérer les deux parties de la voûte CG et CE (que nous nommerons *voussoirs*) comme ne composant qu'une seule pierre, chacune en particulier, dont l'une CE est parfaitement liée avec son piédroit BP, et l'autre CG agit comme un coin qui serait introduit entre les deux plans FA et GA pour les séparer : ou bien l'on pourra prendre toute la partie supérieure CGH de la voûte, qui tend à séparer comme un coin les deux plans AF et A$f$; et, dans ce sens, ce sera cette partie qui causera toute la poussée; la moitié CG agira pour écarter le corps PFCS, composé du piédroit BP et du voussoir EC (comme je l'ai insinué d'abord), et alors il suffira, pour calculer cette poussée, de n'avoir égard qu'à la moitié de la voûte, depuis le point d'appui P jusqu'au sommet DG, puisque l'on concevra la même chose pour l'autre moitié.

Considérant le voussoir supérieur FD comme n'ayant aucune liaison

(1) L'idée de supposer ainsi qu'une voûte en plein cintre se rompt de chaque côté au milieu du quart du cercle, et de considérer la partie du milieu comme un coin qui tend à renverser les deux parties latérales, est due à Lahire, qui l'a exposée pour la première fois en 1712, dans les Mémoires de l'Académie. Cette manière d'évaluer l'effort auquel les piédroits doivent résister, a depuis été généralement admise, et a servi à calculer des tables pour l'épaisseur des culées. La nouvelle théorie des voûtes a substitué à ces considérations précaires, et presque toutes fausses, des considérations rigoureuses. Il n'est point vrai en général que *le plus faible d'une voûte soit au milieu des reins*: la position des points de rupture dépend des dimensions de la voûte, et varie avec elles. Cette proposition n'est pas même vraie dans l'hypothèse de Lahire, adoptée par Bélidor; car on a remarqué depuis long-temps que cette hypothèse indiquait des épaisseurs de culées d'autant plus considérables qu'on supposait la disjonction plus près de la clef (*N*).

avec le reste de la maçonnerie, sa poussée qui se fera à l'égard du point d'appui P sera la plus grande qu'il est possible, puisque, dans une voûte, il n'arrive jamais que les voussoirs agissent si puissamment qu'ils feraient si leurs joints étaient extrêmement polis, sans trouver d'obstacle de la part du mortier ni du frottement : par conséquent, si l'on cherche à proportionner la résistance du piédroit PB à cette plus grande poussée, l'on donnera à la puissance *résistante* une force un peu au-dessus de celle qu'il lui faudrait effectivement pour soutenir l'effort du voussoir FD, dans le cas où il serait lié avec le reste de la voûte.

Ainsi, cette supposition ne pouvant que contribuer à la fermeté des piédroits, il s'ensuit que considérer ici les choses dans la rigueur de la théorie, c'est leur donner tout l'avantage qu'on peut désirer dans la pratique.

Cela posé, si l'on élève une perpendiculaire LO sur le milieu du joint FC, cette perpendiculaire exprimera la direction de la puissance qui soutiendrait l'effort que fait le voussoir FD sur le plan incliné FA*.
*Art. 1. De même, si sur le milieu du joint GD on élève une autre perpendiculaire HW, elle exprimera aussi la direction de la puissance qui soutiendrait l'effort que ferait le voussoir contre le plan vertical GA. Enfin, si du point X (que je suppose le centre de gravité du voussoir) on abaisse une perpendiculaire XY à l'horizon, elle exprimera la direction
*Art. 9. suivant laquelle ce voussoir tend au centre de la terre*. Par conséquent, nous avons ici trois puissances, qui, dans l'état d'équilibre,
*Art. 2 et 3. seront exprimées par les trois côtés du triangle rectangle ALK*: car le côté LK, étant perpendiculaire sur la direction XY, exprimera la pesanteur absolue du voussoir FD ; de même, le côté LA étant perpendiculaire sur la direction LO de la puissance O, il exprimera la force de cette puissance pour soutenir la poussée qui se fait sur le joint FC; enfin, la direction HW de la puissance W étant perpendiculaire sur la ligne GA, le côté KA exprimera l'effort de cette puissance. Mais comme elle n'entre point ici dans le calcul, nous en ferons abstraction à l'avenir, pour ne considérer que la seule puissance O, dont le bras de levier sera exprimé par la perpendiculaire PO, tiré du point d'appui P sur la direction LO. Prévenu de tout ceci, je ne crois pas qu'on rencontre aucune difficulté à bien entendre les propositions qui vont faire l'objet de ce chapitre.

## PROPOSITION PREMIÈRE.

### PROBLÈME.

*Trouver l'épaisseur qu'il faut donner aux piédroits des voûtes en plein cintre, pour être en équilibre par leur résistance avec la poussée qu'ils ont à soutenir.*

11. Ayant mené par le point L, milieu de FC, la ligne MK parallèle à ZA, prolongé PZ jusqu'en M, et abaissé la perpendiculaire LV sur AB, nous nommerons LK ou KA, $a$; LA, $b$; BV, $c$; ZP, $d$; ZB ou PS, $y$; ainsi ML ou MN sera $y + c$, et MP sera $a + d$; par conséquent NP sera $a + d - c - y$; et si l'on suppose $a + d - c = f$, l'on aura $f - y$ pour la valeur de NP. La superficie de chaque voussoir CG et CE sera nommée $n^2$. Enfin, si du centre de gravité Q du voussoir CE l'on abaisse la perpendiculaire QR sur la base PS, RS sera nommée $g$: par conséquent PR sera $y - g$. FIG. 7.

*Cela posé*, la première chose qu'il faut chercher est l'expression du bras de levier PO. Pour cela, considérez que les triangles LKA et NOP sont semblables, puisqu'ils sont rectangles et isoscèles, et que par conséquent $LA = b : LK = a :: NP = f - y : PO = \frac{a}{b}(f - y)$. D'un autre côté, remarquez que la pesanteur absolue du voussoir FD est à l'effort que soutient le joint FC, ou à la puissance O, comme LK est à LA, * ou bien $a : b :: n^2 : \frac{bn^2}{a}$ : ainsi, multipliant $\frac{bn^2}{a}$ (qui est l'expression de la puissance O) par son bras de levier PO, l'on aura $fn^2 - n^2 y$ pour le moment de la poussée de la voûte par rapport au point d'appui P. Et comme nous voulons mettre cette poussée en équilibre avec la résistance du piédroit joint au voussoir EC, il faut multiplier la superficie du rectangle PB, qui est $dy$, par le bras de levier PT $\pm \frac{1}{2} y$, moitié de PS, pour avoir $\frac{1}{2} y^2$; et à l'égard du voussoir EC, dont la ligne de direction QR, tirée du centre de gravité perpendiculaire sur PS, marque que $PR = y - g$ est le bras de levier qui répond à l'action de ce voussoir, il faut multiplier $n^2$ par $y - g$ pour avoir $n^2 (y - g)$, qui, étant ajouté avec $\frac{1}{2} dy^2$, donnera une expression égale au moment

* Art. 4.

de la puissance résistante. Par conséquent l'on a cette équation $fn^2 - n^2y = d\frac{1}{2}dy^2 + n^2y - n^2g$, d'où faisant passer du premier membre dans le second le terme où se trouvera l'inconnue, et du second dans le premier le terme où l'inconnue ne se trouve point, l'on aura, après avoir multiplié par 2 et divisé par $d$, $\frac{2n^2}{d}(f+g) = y^2 + \frac{4n^2}{d}y$, qui est une équation dont il sera aisé de tirer la valeur de l'inconnue, en ajoutant à chaque membre le carré de la moitié du coefficient du second terme, afin de rendre le second membre un carré parfait ; et alors il viendra $\frac{2n^2}{d}\left(f+g+\frac{2n^2}{d}\right) = y^2 + \frac{4n^2}{d}y + \frac{4n^4}{d^2}$, dont extrayant la racine carrée et dégageant l'inconnue, il vient $y = -\frac{2n^2}{d} \pm \sqrt{\left[\frac{2n^2}{d}\left(f+g+\frac{2n^2}{d}\right)\right]}$.

## APPLICATION.

Quand on est une fois parvenu à trouver une expression qui donne la valeur de l'inconnue, il n'y a plus qu'à faire par les nombres ce que la dernière équation nous a indiqué. Cependant, comme les calculs, tout aisés qu'ils sont, pourraient embarrasser ceux qui n'en ont point l'habitude, je vais, comme dans le livre précédent, en détailler les opérations.

Nous supposerons que le rayon AB est de 12 pieds ; que le rayon AE est de 15 : par conséquent la voûte en aura 3 d'épaisseur : ainsi $AL = b$ sera de 13 pieds 6 pouces, LK ou $KA = a$ de 9 pieds 10 pouces, et $BV = c$ sera de 2 pieds 2 pouces ; nous supposerons aussi que $ZP = d$, ou la hauteur des piédroits, est de 15 pieds, et que $RS = g$ est d'un pied ; et selon toutes ces suppositions $a + d - c = f$ sera de 22 pieds 2 pouces ; de sorte que $f + g$ sera de 23 pieds 2 pouces : or, comme il ne nous reste plus à connaître que $n^2$, il n'y a qu'à chercher la superficie des deux cercles qui auraient pour rayons AC et AF, c'est-à-dire 12 et 15 pieds, ôter la plus petite de la plus grande, et prendre la huitième partie de la différence qu'on trouvera de 31 pieds 9 pouces 8 lignes, qui sera la valeur $n^2$ ; c'est-à-dire de chaque voussoir CG ou CE. Présentement que l'on connaît la valeur de toutes les lettres, il ne s'agit plus que de faire les opérations qui sont indiquées dans l'équation $y = -\frac{2n^2}{d} \pm \sqrt{\left[\frac{2n^2}{d}\left(f+g+\frac{2n^2}{d}\right)\right]}$. Or, $\frac{2n^2}{d} =$ 4 pieds 2 pouces 11 lignes, et $f+g+\frac{2n^2}{d} =$ 27 pieds 4 pouces 11 lignes; multipliant ces deux quantités l'une par l'autre, on trouvera $\frac{2n^2}{d}\left(f+g+\frac{2n^2}{d}\right) =$ 116 pieds 2 pouces 11 lignes, et par conséquent $\sqrt{\left[\frac{2n^2}{d}\left(f+g+\frac{2n^2}{d}\right)\right]} =$ 10 pieds 9 pouces 5 lignes, d'où retranchant la valeur de $\frac{2n^2}{d}$, il viendra 6 pieds 6 pouces 6 lignes pour la valeur de $y$; c'est-à-dire, l'épaisseur PS qu'il faudra donner aux piédroits de la voûte dont il s'agit, pour être en équilibre avec la poussée.

On prendra garde que l'épaisseur que l'on vient de trouver n'est pas celle que je prétends qu'il faut donner au piédroit d'une voûte qui aurait les mêmes dimensions que celle qu'on a supposée ici, puisqu'après avoir trouvé le point d'équilibre, il faut, comme on l'a dit plusieurs fois dans le livre précédent, mettre toujours la puissance résistante au-dessus de la poussée, afin d'agir en toute sûreté; ce qui se fera en donnant au piédroit 5 ou 6 pouces d'épaisseur de plus que n'en demande le calcul, ou bien en ajoutant des contreforts, comme nous en ferons mention ailleurs.

*Remarque première.*

12. Quand on a trouvé une expression algébrique qui marque la poussée d'une voûte, il est facile de résoudre plusieurs cas qu'on peut proposer au sujet des bâtiments dans lesquels on doit faire des voûtes: en voici un entre autres qui se rencontre fort souvent. FIG. 8.

On a dessein de faire une voûte ELM élevée sur des piédroits EA et MN, et l'on veut faire au-dessus de la voûte un bâtiment, soit pour la couvrir contre les injures du temps, soit pour y pratiquer quelque logement, ainsi qu'on le fait au-dessus du passage des portes des villes: pour cela, on sera obligé d'élever à droite et à gauche deux pignons IG OP sur les piédroits, qui, étant chargés de ces deux nouveaux corps de maçonnerie, n'auront pas besoin de tant d'épaisseur que s'ils n'avaient que leur hauteur naturelle. On demande donc (étant prévenu de la hauteur IF et de l'épaisseur IK, que doivent avoir les murs qu'on veut élever en même temps que les piédroits) quelle doit être l'épaisseur AB, pour que le tout soit en équilibre.

Nous supposerons, pour plus de facilité, que le mur IG soit élevé sur le milieu du piédroit ; en sorte que les centres de gravité H et Q des deux murs IG et BD soient dans la même ligne HC, qui tombe sur le milieu de AB, et que la voûte dont il est question a les mêmes dimensions que ci-devant, et est nommée par les mêmes lettres. Cela posé, il est certain que, si on ne faisait pas mention comme dans la figure précédente du mur IG, la résistance du piédroit serait exprimée par $\frac{1}{2}dy^2 + n^2y - n^2g$; mais comme il faut y ajouter le poids de ce mur, multiplié par le bras de levier AC, si on nomme IF, $h$, et IK, $r$, l'on aura $\frac{5}{2}dy^2 + (n^2 + \frac{1}{2}hr)y - n^2g$ pour la résistance d'un piédroit de la voûte qui, devant être en équilibre avec la poussée, donne par conséquent cette équation $\frac{3}{8}dy^2 + (2n^2 + \frac{1}{2}hr)y = n^2(f + g)$, qui ne diffère de celle que nous avons vue ci-devant que du seul terme $\frac{1}{2}hry$. C'est pourquoi, faisant les mêmes choses qu'on a déja faites pour dégager l'inconnue, et pour en avoir la valeur en nombre, on trouvera, en déterminant les dimensions $h$ et $r$, combien il faudra donner de moins à l'épaisseur des piédroits que dans le cas précédent.

*Remarque seconde.*

13 Nous venons de supposer que l'*extrados* de la voûte sur laquelle nous avons opéré était circulaire, parce qu'il s'en rencontre qui ont cette figure. Mais, comme dans les places de guerre les voûtes des souterrains et celles des magasins à poudre ont toujours leurs extrados terminés en *dos d'âne*, pour l'écoulement des eaux de pluie, et pour qu'elles résistent mieux en temps de siége au choc des bombes, il est bon de nous arrêter ici un moment pour faire voir qu'on trouvera l'épaisseur des piédroits de ces sortes de voûtes, de la même manière que dans le problème précédent.

Prenant pour exemple le profil d'un magasin à poudre, il faut être prévenu que, pour mettre ces sortes d'édifices à l'épreuve de la bombe, on donne ordinairement à la voûte 3 pieds d'épaisseur au milieu des reins : c'est-à-dire, qu'ayant divisé le quart de cercle BD en deux également au point C, on prolonge le rayon AC jusqu'en F, en sorte que CF soit de 3 pieds ; et afin de bien diriger les pentes GH et GI, on les fait perpendiculaires sur le rayon AF, et alors elles forment un angle droit HGI au sommet, qui est l'angle qui convient le mieux pour ne point rendre le magasin trop élevé ni trop écrasé.

Cela posé, si l'on suppose le rayon AB de 12 pieds, la ligne AF de 15, et la hauteur du piédroit ZP aussi de 15, nous aurons les mêmes lignes que ci-devant, et chacune sera exprimée par les mêmes lettres et les mêmes nombres, et il n'y aura que les deux parties égales CFGD et CFHB de la voûte qui seront différentes, étant beaucoup plus considérables : ce qui changera la valeur de $n^2$. Fig. 6 et 7.

Les triangles LKA et NOP étant semblables, on aura $LA = b : LK = a :: NP = f - y : PO = \frac{a}{b}(f - y)$; et comme la partie CFGD de la voûte agit toujours sur le joint FC ou sur la puissance O, dont la direction OL est perpendiculaire sur le milieu du joint FC, l'expression de cette puissance sera encore $\frac{bn^2}{a}$, laquelle étant multipliée par son bras de levier PO, il vient $n^2 (f - y)$ pour la poussée de la voûte par rapport au point d'appui P.

D'un autre côté, la résistance du piédroit sera le produit de sa superficie par la moitié de la base PS, qui donne $\frac{1}{2} dy^2$, à quoi ajoutant le produit de la superficie de la partie CFHB par son bras de levier $PR = y - g$, on aura $\frac{1}{2} dy^2 + n^2 y - n^2 g$ pour l'expression de la puissance résistante : par conséquent cette équation $fn^2 - n^2 y = \frac{1}{2} dy^2 + n^2 y - n^2 g$, qui étant la même que celle qu'on a trouvée dans la proposition précédente, se réduira à $y = -\frac{2n^2}{d} \pm \sqrt{\left[\frac{2n^2}{d}\left(f + g + \frac{2n^2}{d}\right)\right]}$, qui donnera la valeur de l'inconnue, en suivant ce qui a été enseigné dans l'application.

On remarquera, comme je l'ai déja dit, qu'il faudra chercher une nouvelle valeur de $n^2$, ce qui est bien aisé; car, comme l'on connaît les côtés AF et FG du triangle rectangle FGA, aussi bien que le rayon AC, on n'aura qu'à retrancher le secteur ACD du triangle, la différence sera la valeur de la partie CFGD ou de $n^2$, que l'on trouvera de 56 pieds.

On prendra garde aussi que la partie FHBC de la voûte qui est unie avec le piédroit, étant d'une figure différente que dans le problème précédent, le centre de gravité Q ne sera point dans la même position par rapport à la base PS, puisque la ligne RS sera nécessairement plus grande que dans la figure 7, ce qui fait que la valeur de $g$ ne peut être d'un pied, comme nous l'avons supposé ci-devant; aussi l'ai-je estimée de 18 pouces : or, si l'on a égard à tout ce que je viens de dire, on trouvera, en faisant le calcul numérique, que l'épaisseur PS des piédroits doit être de 7 pieds 8 pouces 6 lignes dans l'état d'équilibre.

*Remarque troisième.*

14. Mais si l'on avait une voûte BDH dont le dessus fût terminé par
Fig. 11. un plan horizontal QX, il est constant que, prolongeant les rayons AC et AY (qui divisent les quarts de cercles DB et DH en deux également jusqu'à la rencontre de la ligne QX), la partie supérieure CWIYD de la voûte exercera toute la poussée que doivent soutenir les piédroits: or, voulant savoir l'épaisseur qu'il faut leur donner, je prolonge SB jusqu'en R, et considère le rectangle PQRS comme le piédroit qui répond au voussoir CWGD. Mais, dira-t-on, ce voussoir anticipe sur le piédroit de tout le triangle FWR, par conséquent le piédroit a plus de superficie qu'il ne devrait en avoir. Cela est vrai; mais aussi je compte faire abstraction du triangle mixte BFC, qui appartient naturellement au piédroit, afin d'éviter les petites circonstances qui pourraient rendre le problème embarrassant : ainsi, pour le ramener à la proposition précédente, je prends la partie CF égale à DG; j'élève sur son milieu L la perpendiculaire LO, pour marquer la direction de la puissance O, et je tire les lignes MK et LV comme ci-devant, et les nomme, aussi bien que les autres, par les mêmes lettres dont on s'est déja servi, excepté MP, que nous nommerons $f$. Cela posé, remarquez que les triangles semblables LKA et PON donnent $LA = b : LK = a :: PN = f - c - y : PO = \frac{a}{b}(f - c - y)$, et que la pesanteur absolue du voussoir $CWGD = n^2$ est encore à la poussée, ou si l'on veut à l'effort de la puissance O, comme $LK = a$ est à $LA = b$; ce qui donne toujours $\frac{bn^2}{a}$ pour l'expression de cette puissance qui, étant multipliée par son

bras de levier PO, donnera $n^2$ $(f-c-y$ pour le produit, qui doit être égal, dans l'état d'équilibre, à la pesanteur du piédroit PQRS multiplié par son bras de levier PT; ainsi, ayant nommé QP, $d$, et PS, $y$, on aura $\frac{1}{2}dy^2$ pour la résistance du piédroit; par conséquent cette équation $n^2(f-c-y)=\frac{1}{2}dy^2$ qui, étant multipliée par 2 et divisée par $d$, donne $2n^2(f-c)=y^2+\frac{2n^2}{d}y$; de laquelle dégageant l'inconnue, il vient

$$y=-\frac{n^2}{d}\pm\sqrt{\left[\frac{2n}{d}\left(f-c+\frac{n^2}{2d}\right)\right]}.$$

Si l'on suppose présentement le rayon AB de 12 pieds; GD, de 3; BS, de 15; PQ $=d$ sera de 30; LK ou LV $=a$ sera de 9 pieds 10 pouces; MP $=f$ de 24 pieds 10 pouces; BV $=c$ de 2 pieds 2 pouces; et $n^2$ sera de 56 pieds : or, si l'on fait toutes les opérations qui sont indiquées dans la dernière équation, l'on trouvera que l'épaisseur PS du piédroit, c'est-à-dire $y$, doit être de 7 pieds 6 pouces, pour être en équilibre avec la poussée de la voûte.

15. Je suis bien aise de faire observer ici en passant que toutes les fois que nous avons multiplié l'expression de la puissance O, c'est-à-dire $\frac{b.n^2}{a}$ par son bras de levier PO $=\frac{a}{b}(f-c-y)$, les lettres $a$ et $b$ se sont évanouies, n'étant resté pour le produit que $n^2(f-c-y)$, qui n'est autre chose que celui de $f-c-y$ par $n^2$; or, comme $f-c-y$ est l'expression de l'hypoténuse NP du triangle rectangle PON, et $n^2$ la superficie du voussoir CWGD, on peut donc tirer cette conséquence, qui est que toutes les fois que le triangle LKA sera semblable au triangle PON, on n'aura qu'à multiplier l'expression de la pesanteur absolue du voussoir par celle de l'hypoténuse NP, pour avoir la poussée de la voûte par rapport au point d'appui P, sans être obligé de faire aucune analogie : c'est ce que nous suivrons à l'avenir pour abréger les opérations; mais l'on fera attention que ceci n'a lieu que quand il est question d'une voûte en plein cintre.

*Remarque quatrième.*

16. On remarquera encore que, si l'on voulait construire un édifice où l'on fût obligé de faire plusieurs voûtes les unes sur les autres sou- PL. V. FIG. 2.

tenues par les mêmes piédroits, il n'y aurait pas plus de difficulté à trouver l'épaisseur de ces piédroits, que l'on n'en a eu dans les cas précédents : il arrivera seulement que les calculs seront un peu plus composés, comme on en va juger.

Si l'on considère le profil représenté par la figure 2, on verra qu'on y suppose deux étages : le premier, qui est couvert par deux voûtes de même grandeur, pourra être pris si l'on veut pour un souterrain au dessus duquel est un magasin qui compose le second étage ; et comme ce magasin est couvert par une voûte qui est soutenue par les mêmes piédroits que celle du souterrain, la poussée des deux voûtes répondra au même point d'appui P. Si l'on divise les quarts de cercles BD et WQ en deux également, et qu'on élève aux points L et X les perpendiculaires LO et XE, elles représenteront comme à l'ordinaire la direction des puissances qui soutiendraient en équilibre la poussée des voussoirs LG et XQ : par conséquent, si du point d'appui P l'on abaisse sur ces directions les perpendiculaires PO et PE, on aura d'une part le triangle LKA, semblable à PON, et de l'autre le triangle XIS semblable à PEH. Or, pour avoir la poussée des deux voussoirs LG et XQ, on n'aura qu'à multiplier la superficie du premier LG par l'hypoténuse NP du triangle rectangle PON, et celle du second XQ par l'hypoténuse PH du triangle PEH, et ajouter ces deux produits ensemble. Ainsi, nommant LV ou MZ, $a$; BV, $c$; ZP $d$; MP sera $a + d$; et ZB étant toujours $y$, ML* ou MN sera $y + c$; par conséquent NP sera $a + d - c - y$ : et si l'on suppose, pour abréger, $a + d - c = f$, NP sera $f - y$, qui, étant multiplié par $n^2$, superficie du voussoir LG, donnera $n^2 (f - y)$ pour le premier produit, c'est-à-dire pour l'expression de la poussée de la voûte supérieure. De même, si l'on nomme WY, $b$, et RP, $h$; RX ou RH sera $y + b$; par conséquent HP sera $h - b - y$: et supposant encore, pour abréger, $h - b = p$, HP sera $p - y$, qui étant multiplié par la superficie du voussoir XQ, que nous nommerons $q^2$, donnera $q^2 (p - y)$ pour le second produit, ou si l'on veut pour la poussée de la voûte inférieure, qui, étant ajoutée avec celle de la supérieure, donnera $n^2 (f - y) + q^2 (p - y)$ pour la poussée que soutient le piédroit PB : et comme la résistance du piédroit, jointe au voussoir ZLB, est exprimée comme ci-devant par $\frac{1}{2} dy^2 + n^2 y - gn^2$ (car nous faisons abstraction de la partie XW de la voûte du souter-

*Art. 15.

rain, parce que cette partie se trouve presque entièrement enclavée dans le piédroit), l'on aura donc cette équation $n^2 (f - y) + q^2 (p - y) = \frac{1}{2} dy^2 + n^2 y - gn^2$; d'où, faisant passer dans le second membre les termes où se trouve l'inconnue, et du second dans le premier ceux où l'inconnue ne se trouve point, on aura $\frac{2}{d} [n^2 f + g) + pq^2] = y^2 + \frac{2}{d}(2n^2 + q^2) y$, après avoir divisé par $d$ et multiplié toute l'équation par 2; et si l'on suppose $\frac{2n^2 + q^2}{d} = r$, mettant $r$ à la place de sa valeur et complétant le carré, on aura $\frac{2}{d}[n^2 (f + g) + pq^2] + r^2 = y^2 + 2ry + r^2$; d'où, dégageant l'inconnue, il vient enfin $y = -r + V \left[\frac{2}{d}[n^2 (f + g) + pq^2]\right]$, qui donne en termes connus la valeur de $y$. Ainsi l'on n'aura qu'à déterminer, si l'on veut, les dimensions de la figure pour avoir la valeur des lettres, et ensuite faire avec les nombres les opérations indiquées dans l'équation, et l'on trouvera l'épaisseur qu'il faut donner aux piédroits pour être en équilibre avec la poussée des deux voûtes.

Quand les voûtes sont couvertes par une surface horizontale servant de rez-de-chaussée à l'étage qui est au-dessus, il n'est pas nécessaire d'avoir égard aux poids des terres ou des autres matériaux qu'on met au-dessus des reins pour remplir les vides; car, comme ces matériaux agissent dans un sens perpendiculaire, ils font un effort qui diminue en quelque façon la poussée, puisqu'ils aident les piédroits à y résister: ainsi il suffira de considérer la voûte, pour en avoir les piédroits, comme s'il n'était pas question de cette nouvelle charge; c'est pourquoi je n'en ai pas fait mention dans les calculs précédents (1).

---

(1) Pour ne négliger aucune observation sur les objets qui peuvent intéresser la pratique, on remarquera qu'on ne doit point omettre, dans le calcul de la poussée d'une voûte, le poids des matières dont son sommet peut être chargé, à moins qu'on ne se soit assuré que ce poids est trop peu considérable pour influer sensiblement sur l'épaisseur des piédroits (*N*).

*Remarque cinquième.*

PL. V. FIG. I. Il se fait quelquefois des voûtes dont l'*imposte* saille au-delà du mur, et alors cette voûte est nommée *encorbellement*, parce qu'elle est portée par des corbeaux de pierre : telle est la voûte en plein cintre BDH, qui repose sur les corbeaux BE et HX, dont la saillie EB et HX est à-peu-près égale à l'épaisseur de la voûte : comme cette construction n'est guère solide, je me garderai bien de la proposer pour modèle, principalement dans les ouvrages de fortifications, où il faut que les voûtes soient d'une certaine épaisseur et solidement établies ; mon dessein est seulement de montrer qu'elle a beaucoup moins de poussée que si elle reposait directement sur les piédroits comme à l'ordinaire, et qu'on peut la mettre en usage dans les bâtimens civils, quand on veut voûter quelque endroit dont les murs qui doivent servir de piédroits se trouvent tout faits, mais trop faibles, parce qu'ils peuvent avoir été bâtis anciennement, sans qu'on ait eu en vue de leur faire porter une voûte.

Or, pour juger de combien cet encorbellement soulage les piédroits, nous tirerons les lignes comme à l'ordinaire, et nous nommerons CV, $c$; ZC ou PS, $y$; ZP, $d$; MP, $f$; SR, $g$; ainsi ML ou MN sera $y+c$, et par conséquent NP sera $f-c-y$ : et comme nous supposons que la superficie de chaque voussoir LGD ou LCB est toujours exprimée par $n^2$, il s'ensuit, par l'article 15, multipliant $n^2$ par NP $=f-c-y$, on aura $n^2(f-c-y)$ pour la poussée de la voûte ; d'un autre côté la résistance des piédroits sera toujours $\frac{1}{2}dy^2$, à quoi ajoutant celle du voussoir CLB, qui est le produit de $n^2$ par le bras de levier PR $=y+g$, l'on aura cette équation $n^2(f-c)-n^2y=\frac{1}{2}dy^2+n^2y+gn^2$, ou bien $\frac{2n^2}{d}(f-c-g)=y^2+\frac{4n^2}{d}y$, après avoir fait la réduction, multiplié par 2 et divisé par $d$ ; or, si l'on change le second membre en un carré parfait, et qu'on dégage ensuite l'inconnue, il viendra $y=-\frac{2n^2}{d}+\sqrt{\left[\frac{2n^2}{d}\left(f-c-g+\frac{2n^2}{d}\right)\right]}$.

Pour connaître la valeur de l'inconnue, nous supposerons que le rayon AB est de 12 pieds, que la voûte en a trois d'épaisseur, que les piédroits ont 15 pieds de hauteur, et que la ligne SR $=g$ est de 2 pieds. On trouvera que MP $=f$ vaut 24 pieds 10 pouces, et que EV $=c$ vaut

5 pieds 2 pouces. Or, puisqu'on a la valeur de toutes les lettres qui se trouvent dans le premier membre de l'équation précédente, on trouvera, en faisant les opérations qui y sont indiquées, que l'épaisseur des piédroits doit être de 5 pieds 5 pouces. Et comme nous avons vu dans l'article 11 que les piédroits d'une voûte qui aurait les mêmes dimensions que celle-ci sans être soutenue par des corbeaux, devaient avoir 9 pieds 6 pouces 7 lignes d'épaisseur, il s'ensuit que l'encorbellement donnera 1 pied 1 pouce 7 lignes pour la différence de l'épaisseur des piédroits.

On fera attention, quand on fait des voûtes par encorbellement, de charger les piédroits d'une bonne maçonnerie IY, pour maintenir solidement la queue des pierres qui composent les corbeaux, afin d'avoir un contrepoids qui fasse équilibre à celui de la voûte.

## PROPOSITION SECONDE.

### Problème.

*Trouver quelle épaisseur il faut donner aux piédroits d'une voûte, lorsque ces piédroits ont un talus déterminé.*

17. Nous avons supposé jusqu'ici que les piédroits des voûtes étaient élevés à plomb des deux côtés, parce qu'il n'arrive guère qu'on les fasse autrement : cependant, si on se rappelle ce qui a été dit dans le premier livre, on verra que, leur donnant un peu de talus du côté opposé à la poussée, on pourra, avec moins de maçonnerie, les mettre en état de soutenir la poussée de la voûte ; et c'est ce que l'on se propose d'expliquer ici, afin de ne rien négliger de tout ce qui peut intéresser le sujet que je traite.

Pour trouver l'épaisseur ZB ou PS du piédroit PB auquel on se propose de donner un talus exprimé par FZ ou PX, je tire toutes les lignes qu'on a tirées dans les figures précédentes, et je nomme KA ou MF, $a$; FZ ou PX, $b$; BV, $c$; ZX ou FP, $d$; ZB, $y$. Ainsi FV ou ML ou MN sera $b + c + y$; et MP, $a + d$, par conséquent NP sera $a + d - b - c - y$; et supposant $a + d - b - c = f$, NP sera $f - y$. Or, comme les triangles LKA et PON sont semblables, multipliant $f - y$

par $n^2$, c'est-à-dire par la superficie du voussoir LGD, on aura $n^2(f-y)$ pour l'expression de la poussée de la voûte par rapport au point d'appui P.

Présentement, pour avoir celle de la résistance du piédroit, je considère que la superficie du triangle rectangle PZX est $\frac{1}{2}bd$, et que la ligne PY est les deux tiers de PX, le point Y sera celui où on pourra réunir la superficie du triangle : ainsi, multipliant $\frac{1}{2}bd$ par $\frac{2}{3}b$, l'on aura après la réduction $\frac{1}{3}b^2d$ pour le produit de la superficie du triangle par le bras de levier PY. Je multiplie de même la superficie du rectangle XZBS $= dy$ par le bras de levier PT $= b + \frac{1}{2}y$ pour avoir $bdy + \frac{1}{2}dy^2$. Enfin, comme le centre de gravité Q du voussoir ELB répond au point R, je multiplie sa superficie $n^2$ par le bras de levier PR, c'est-à-dire par $b+y-g$ (car je suppose toujours RS $= g$), et le produit donne $n^2(b+y-g)$. Or, ajoutant ensemble ces trois produits, on aura la résistance du piédroit; par conséquent cette équation $fn^2 - n^2y = \frac{1}{3}b^2d + bdy + \frac{1}{2}dy^2 + bn^2 + n^2 - gn^2y$, ou bien $\frac{2n^2}{d}(f+g-b) - \frac{2}{3}b^2 = y^2 + 2\left(\frac{2n^2}{d} + b\right)y$ (après avoir divisé par $d$, et fait passer dans les mêmes membres les termes où se trouve l'inconnue). Or, si l'on suppose $\frac{2n^2}{d} + b = p$, et qu'on mette $p$ à la place de sa valeur, on pourra du second membre faire un carré parfait, et dégager l'inconnue comme à l'ordinaire, pour avoir cette dernière équation $y = -p + \sqrt{\left[\frac{2n^2}{d}(f+g-b) - \frac{2}{3}b + p^2\right]}$.

## APPLICATION.

Supposant la hauteur du piédroit FP $= d$ de 15 pieds, et son talus EZ $= b$ de 3 : KA $= a$ sera de 9 pieds 10 pouces, BV $= c$ de 2 pieds 2 pouces; ainsi $a + d - b - c$, c'est-à-dire $f$, sera de 19 pieds 8 pouces, et la superficie du voussoir LGD, de 32 pieds. Or, pour avoir la valeur de $p$, qui est la seule lettre qui nous reste à connaître, je me rappelle qu'on a supposé $\frac{2n^2}{d} + b = p$; et comme $\frac{2n^2}{d}$ vaut 4 pieds 3 pouces, et $b$ 3 pieds, $p$ vaudra 7 pieds 3 pouces. Ainsi, ayant la valeur de toutes les lettres, je fais avec les nombres les opérations qui sont indiquées dans l'équation $y = -p \pm \sqrt{\left[\frac{2n^2}{d}(f+g-b) - \frac{2}{3}b + p^2\right]}$, et je trouve que $y$, ou si l'on veut, l'épaisseur de ZB, est de 3 pieds 9 pouces 3 lignes; c'est-à-dire que si l'on donne trois pieds de talus aux piédroits, et 3 pieds 9 pouces 3 lignes d'épaisseur au sommet, ils seront en équilibre par leur résistance avec la poussée de la voûte.

*Remarque première.*

18. Pour juger combien il faudrait moins de maçonnerie pour les piédroits de la voûte que nous venons de calculer, que pour ceux du premier problème, il n'y a qu'à comparer l'épaisseur du profil de l'un avec celle du profil de l'autre, puisqu'ils ont la même hauteur. Pour cela, j'ajoute les lignes ZB et PS ensemble, c'est-à-dire 3 pieds 9 pouces 3 lignes, et 6 pieds 9 pouces 3 lignes, et je prends la moitié de la somme, qui est de 5 pieds 3 pouces 3 lignes pour l'épaisseur réduite, laquelle étant comparée avec 6 pieds 6 pouces 7 lignes, épaisseur des piédroits du premier problème, la différence sera de 1 pied 3 pouces 4 lignes; ce qui fait voir qu'en donnant au piédroit un talus tel que nous l'avons supposé, l'on emploiera environ un cinquième moins de maçonnerie, que si l'on avait fait ces piédroits à plomb des deux côtés.

*Remarque seconde.*

19. Quand on a trouvé, comme dans le premier problème, l'épaisseur qu'il faut donner aux piédroits d'une voûte pour être en équilibre avec la poussée, on peut, sans en augmenter la dépense, mettre la résistance des piédroits beaucoup au-dessus de la poussée, afin d'être sûr que, quelque chose qui arrive, les piédroits demeureront inébranlables. Pour cela, il ne faut que diminuer un peu l'épaisseur des piédroits au sommet, et augmenter celle de la base de la même quantité. Par exemple, si l'on a trouvé qu'il fallait 7 pieds d'épaisseur aux piédroits, on en donnera 6 au sommet, et 8 à la base.

Les murs qui sont exposés à l'injure de l'air, et qui ont un talus, étant plus sujets à être dégradés que ceux qui n'en ont point, on ne manquera pas de dire que dans la pratique on fera peu d'attention à l'avantage que je prétends en tirer: on prendra là-dessus le parti qu'on jugera à propos: ce que l'on vient d'enseigner n'en sera pas moins vrai.

## PROPOSITION TROISIÈME.

### Problème.

*Trouver l'épaisseur qu'il faut donner aux piédroits des voûtes, lorsque ces piédroits sont accompagnés de contreforts.*

Je suppose qu'il est question de construire une voûte dont les piédroits doivent être soutenus par des contreforts, que l'on est convenu de la longueur et de l'épaisseur de ces contreforts, aussi bien que de la distance des uns aux autres, et qu'il n'est plus question que de savoir l'épaisseur qu'il faudra donner aux piédroits, afin qu'étant aidés des contreforts, le tout soit en équilibre avec la poussée.

Si l'on considère la Fig. 5, on verra que le point d'appui qui soutient tous les efforts de la poussée de la voûte n'est plus comme ci-devant à l'endroit Y de la base des piédroits, mais bien à l'extrémité P de la queue des contreforts YPQC; ce qui montre que la perpendiculaire PO, abaissée sur la direction LO de la puissance, exprime le bras de levier qui répond à cette puissance. Cela posé, ayant tiré les autres lignes comme à l'ordinaire, nous nommerons KA ou MZ, $a$; ZC ou PY, $b$; BV, $c$; CY, $d$; CB ou TS, $y$; ainsi ML ou MN sera $b+c$
Fig. 4 et 5. $+y$; et MP, $a+d$: par conséquent NP, $a+d-b-c-y$, ou bien $f-y$, en supposant $a+d-b-c=f$.

Comme le triangle PON est semblable à LKA, il s'ensuit que, multipliant la superficie du voussoir LGD $=n^2$ par NP $=f-y$, on aura
*Art. 15. $n^2(f-y)$ pour l'expression de la poussée de la voûte *. Présentement pour avoir celle de la résistance des piédroits et des contreforts, je considère que les contreforts, tels que ceux dont on se sert pour soutenir les voûtes, ont toujours leur sommet QC terminé en pente, pour faciliter l'écoulement des eaux de pluie : c'est pourquoi j'abaisse la perpendiculaire QH sur CY, et je divise CH en deux également au point I, afin d'avoir la ligne IY, que nous nommerons $h$, et qui, étant multipliée par PY $=b$, donnera $bh$ pour la superficie de la coupe du contrefort PQCY, que nous supposerons réuni au point T, milieu de PY, comme si cette coupe était un rectangle (afin d'éviter les petits détails auxquels on serait assujéti, si l'on voulait examiner les choses dans toute

leur précision). Ainsi, multipliant $bh$ par $PT = \frac{1}{2} b$, on aura $\frac{1}{2} b^2 h$ pour le produit du poids 4 par son bras de levier.

Nous supposons que la base des contreforts est rectangulaire; mais comme il faut avoir égard au rapport de l'épaisseur des contreforts à leur distance, nous supposerons que ce rapport est comme 1 à 2; c'est-à-dire, par exemple, que si les contreforts ont 3 pieds d'épaisseur, ils seront à 6 de distance : ainsi, comme ils occupent un tiers de l'espace qui règne derrière les piédroits, il faudra donc diviser $\frac{1}{2} b^2 h$ par 3, afin d'avoir $\frac{1}{6} b^2 h$ pour la résistance des contreforts, comme on l'a expliqué dans l'art. 46 du premier livre.

De là je passe aux piédroits YB, dont la superficie, ou si l'on veut le poids 5, est $dy$, lequel étant multiplié par son bras de levier $PX = b + \frac{1}{2} y$, l'on aura $bdy + \frac{1}{2} dy^2$; enfin je multiplie la superficie du voussoir $CFB = n^2$, ou le poids 6, par son bras de levier $PR = b + y - g$, et le produit donne $n^2 (b + y - g)$, lequel étant ajouté avec les deux précédents, on aura l'expression de la puissance résistante, qui, étant comparée avec celle qui agit, donne cette équation dans l'état d'équilibre $fn^2 - n^2 y = \frac{1}{6} b^2 h + bdy + \frac{1}{2} dy^2 + bn^2 + n^2 y - n^2 g$; laquelle étant réduite, il vient $\frac{2n^2}{d} (f + g - b) - \frac{b^2 h}{3d} = y^2 + 2 \left( \frac{2n^2}{d} + b \right) y$; et supposant $\frac{2n^2}{d} + b = p$, on mettra $p$ à la place de sa valeur pour changer le second membre en un carré parfait, et dégager l'inconnue, afin d'avoir cette dernière équation $y = -p + \sqrt{\left[ \frac{2n^2}{d} (f + g - b) - \frac{b^2 h}{3d} + p^2 \right]}$, qui offre le résultat cherché.

## APPLICATION.

Supposant le rayon AB de 12 pieds, AF de 15, $KA = a$ sera toujours de 9 pieds 10 pouces, $BV = c$ de 2 pieds 2 pouces, et le voussoir $LGD = n^2$ de 56 pieds carrés. D'un autre côté, nous supposerons que la longueur $PY = b$ des contreforts est de 5 pieds, que la hauteur $ZP = d$ des piédroits est encore de 15 pieds, et que CH est égal à HQ; IY sera donc de 12 pieds 6 pouces. On trouvera aussi que $f$ est de 17 pieds 8 pouces, et $p$ de 12 pieds 6 pouces. Cela posé, si l'on fait avec la valeur des lettres les opérations qui sont marquées dans l'équation

$y = p + \sqrt{\left[\frac{2n^2}{d}(f+g-b) - \frac{b^2h}{3d} + p^2\right]}$, on trouvera que l'épaisseur YS des piédroits doit être de 3 pieds 1 pouce 5 lignes, pour qu'aidés des contreforts ils soient en équilibre avec la poussée de la voûte.

*Remarque première.*

21. Pour connaître l'épargne qu'on peut faire sur la maçonnerie, quand on emploie des contreforts, il faut se souvenir que dans l'article 13 nous avons trouvé qu'il fallait donner 7 pieds 8 pouces 6 lignes d'épaisseur aux piédroits d'une voûte semblable à celle-ci, pour qu'ils fussent en équilibre avec la poussée. Ainsi, cette dimension étant multipliée par la hauteur 15 des piédroits, le produit sera 115 pieds 7 pouces 6 lignes pour l'estimation des mêmes piédroits. Présentement, si l'on multiplie aussi l'épaisseur que nous venons de trouver, c'est-à-dire 3 pieds 1 pouce 5 lignes par 15, on trouvera environ 47 pieds 6 pouces pour l'estimation des piédroits YB : mais comme il faut aussi faire celle des contreforts, je multiplie leur hauteur réduite IY, qui est 12 pieds 6 pouces, par la longueur PY de 5 pieds, je prends le tiers du produit, parce que les contreforts n'occupent qu'un tiers de l'espace qui règne derrière les piédroits, et il vient 20 pieds 10 pouces, que j'ajoute avec 47 pieds 6 pouces, pour avoir 68 pieds 4 pouces, lesquels étant comparés avec 115 pieds 7 pouces 6 lignes, la différence est 47 pieds 3 pouces 6 lignes. Ce qui fait voir qu'on emploiera environ deux cinquièmes moins de maçonnerie en ajoutant des contreforts tels que nous venons de les supposer, qu'il n'en aurait fallu en n'en faisant point: par conséquent, si au lieu de donner 5 pieds de longueur aux contreforts, on leur en donnait 5 et demi, la résistance des piédroits serait beaucoup au-dessus de la poussée de la voûte, et on épargnerait encore bien de la maçonnerie; ou, si l'on veut, on pourrait laisser les contreforts comme ils sont, et donner 3 pieds et demi d'épaisseur aux piédroits, ce qui reviendra à-peu-près au même.

*Remarque seconde.*

22. On observera en passant qu'en réglant la distance des contreforts, on ne doit pas trop les éloigner ni leur donner trop de longueur,

crainte d'affaiblir l'épaisseur des piédroits, si l'on voulait considérer le tout dans l'état d'équilibre, puisqu'il faut avoir égard à la liaison des matériaux, dont l'adhérence ne doit point dans la pratique être regardée comme absolument invincible. Je veux dire, par exemple, que si l'on s'apercevait que, pour avoir donné trop de longueur aux contreforts, la valeur de $y$ ne fût point suffisante pour rendre les piédroits d'une épaisseur raisonnable, de sorte qu'on pourrait craindre que la poussée de la voûte ne fît souffler la maçonnerie entre deux contreforts, il vaudrait mieux diminuer la longueur des contreforts, afin que les piédroits en devinssent plus épais : par la même raison, il est plus à propos de partager la maçonnerie qu'on destine à soutenir les piédroits, en multipliant les contreforts, que d'en mettre une moindre quantité et les faire plus épais. Je veux dire, par exemple, que si l'on voulait soutenir une voûte par des contreforts dont la maçonnerie occupât un tiers de l'espace qui règne entre les piédroits et la queue des contreforts, au lieu de faire les contreforts de 6 pieds d'épaisseur et de 12 pieds de distance de l'un à l'autre, il vaudrait beaucoup mieux ne leur donner que 3 pieds d'épaisseur, et les mettre à 6 pieds de distance, parce que plus les piédroits auront de points d'appui, plus l'ouvrage sera solide.

On sent bien que je veux parler des contreforts qui sont appliqués aux ouvrages de fortification; car je n'ignore pas que quand il s'agit de quelque autre édifice, où il faut que la décoration et la solidité soient de concert (comme par exemple aux églises), on n'est pas toujours libre de déterminer la distance des contreforts, puisqu'il faut avoir égard à la largeur des croisées qui sont pratiquées entre deux, et aux endroits de la voûte qui doivent être arcboutés préférablement à d'autres, parce que dans ces sortes d'édifices les voûtes n'agissent point partout également, leur poussée se réunissant à certains points qui indiquent d'eux-mêmes la position des contreforts.

*Remarque troisième.*

23. On peut encore remarquer que la poussée d'une voûte augmente ou diminue selon que le point d'appui P est éloigné du point S, extrémité de la perpendiculaire BS : car, si l'on se rappelle que cette poussée dépend du produit de la pesanteur relative du voussoir LGD par la

perpendiculaire PO, l'on verra que plus le point d'appui P sera éloigné de S, plus la perpendiculaire PO sera accourcie. Ainsi, plus la base des piédroits aura de largeur, moins il faudra de résistance pour soutenir la poussée. S'il arrivait que le point d'appui P fût tellement éloigné de S, que la ligne de direction LO passât par le point P, c'est-à-dire, que les points O et P fussent confondus, alors l'action du voussoir LGD ne ferait aucun effet sur le piédroit : car la ligne MP deviendrait zéro, et zéro multiplié par $n^2$ ne peut donner que zéro.

*Remarque quatrième.*

24. Puisque tous les points d'appui qui soutiennent la poussée d'une voûte se rencontrent positivement sous la queue des contreforts, on voit qu'en construisant les fondements on ne saurait les faire trop solides en ces endroits-là ; c'est pourquoi je voudrais qu'ils fussent composés des plus gros quartiers de pierres posées sur deux rangs de madriers, quand même le terrain sur lequel on voudrait asseoir la fondation paraîtrait ferme ; puisqu'il n'y a point à douter que la voûte, si elle est massive, ne cause par sa poussée quelque affaissement à l'extrémité des contreforts. Il paraît même que, pour plus de sûreté, il serait prudent de faire les fondements des contreforts d'un pied et demi ou deux pieds plus longs que les contreforts mêmes, donnant aussi beaucoup de retraite sur les côtés, afin d'avoir de grands empattements qui allongent le bras de levier et fortifient le point d'appui. J'ai vu un
*Art. 4.5 magasin à poudre dont la voûte s'est fendue des deux côtés au milieu des reins depuis un pignon jusqu'à l'autre, peu de temps après avoir été bâti, quoique les dimensions des piédroits et des contreforts fussent beaucoup au-dessus de celles qu'il aurait fallu pour en soutenir la poussée, et que la maçonnerie fût fort bonne. Ayant examiné d'où cela pouvait provenir, je me suis aperçu que le terrain au-dessus des fondements de la queue des contreforts avait fléchi ; ce qui ne serait pas arrivé, si l'on avait mis deux ou trois bons madriers l'un sur l'autre, pour assurer le point d'appui.

Les ingénieurs qui ont beaucoup d'expérience sentiront mieux que personne la conséquence de cette remarque, non seulement au sujet des contreforts, mais encore pour tous les autres fondements qui doivent servir de point d'appui : aussi voit-on que M. de Vauban, en fortifiant le Neuf-Brisack, a assuré le bord des fondements de tous les revêtements de maçonnerie par un rang de madriers qui règne le long du pourtour de chaque ouvrage (1).

## CHAPITRE TROISIÈME.

*De la manière de trouver l'épaisseur des piédroits des voûtes surbaissées en tiers-point et en plate-bande, et celle des culées des ponts de maçonnerie.*

Je crois avoir suffisamment expliqué les voûtes en plein cintre dans le chapitre précédent pour n'en plus faire mention, c'est pourquoi je vais examiner dans celui-ci celles que l'on nomme *surbaissées* ou *elliptiques*, les autres qu'on appelle *gothiques* ou en *tiers-point*, enfin celles que l'on nomme *plates-bandes*, parce qu'elles ne font aucune corbure sensible étant plates comme un *plat-fond*. Cependant, comme les voûtes surbaissées dont nous allons parler seront supposées parfaitement elliptiques, et non point tracées par des portions de cercle comme font la plupart des ouvriers, il est bon avant toutes choses de prévenir le lecteur de quelques propriétés des sections coniques, auxquelles nous serons obligés d'avoir recours, afin de ne rien supposer dont on n'aperçoive sur-le-champ les raisons : ainsi on fera bien de s'appliquer à ce qui suit.

(1) Cette dernière remarque est également juste et importante. Il n'arrive peut-être jamais qu'on donne aux piédroits des voûtes trop peu d'épaisseur pour en soutenir la poussée. Mais il arrive souvent que, faute de donner de l'empattement à la fondation du côté où l'effort de cette poussée se reporte, ou faute de faire cette fondation assez solide, ces piédroits se déversent et se lézardent. La même observation s'applique aux murs qui ont à soutenir la poussée des terres ; et on peut avancer que la presque totalité des accidents qui arrivent aux constructions, provient de ce qu'on n'a pas donné à cette observation toute l'attention qu'elle mérite (*N*).

*Principes tirés des Sections coniques.*

PL. V. FIG. 7. 25. Il est démontré dans les sections coniques que, si l'on mène une ordonnée GH au grand axe AB d'une ellipse, le rectangle compris sous AG et GB est au carré de GH, comme le carré de AF est au carré de FD : ainsi nommant AF, $a$; FD, $b$; GF, $x$; GH, $y$; on aura $a^2, -x^2 : y^2 :: a^2 : b^2$.

*Second Principe.*

26. Il est aussi démontré que si l'on fait FI troisième proportionnelle à FG et à FA, tirant la ligne HI, elle sera tangente au point H, ce qui donne $FI = \frac{a^2}{x}$, d'où l'on tire $IG = \frac{a^2 - x^2}{x}$.

*Troisième Principe.*

27. Si au point H où une tangente HI touche l'ellipse, on élève une perpendiculaire HK qui aille rencontrer l'axe AB au point K, je dis que FG est à GK comme le carré de AF est au carré de FD, ou, ce qui revient au même, comme le rectangle de AG par GB est au carré de GH.

Pour le prouver, considérez que les triangles IGH et GHK sont semblables; par conséquent $IG = \frac{a^2 - x^2}{x} : GH = y :: GH = y : GK = \frac{y^2}{\frac{a^2 - x^2}{x}}$, ou, ce qui est la même chose, $= \frac{xy^2}{a^2 - x^2}$. Ayant l'expression de KG, il n'est plus question que de prouver que $GF = x$ est à $GK = \frac{xy^2}{a^2 - x^2}$, comme le rectangle de AG par $GB = a^2 - x^2$ est au carré de $GH = y^2$; ce qui est bien évident, puisque le produit des extrêmes et celui des moyens donnent l'un et l'autre $xy^2$ (car on remarquera que c'est multiplier le second terme $xy^2$ par $a^2 - x^2$ que de ne pas le diviser par la même quantité).

Comme les propriétés de l'ellipse sont toujours les mêmes, soit que la tangente aille rencontrer le grand axe AB prolongé, ou le petit axe

DE aussi prolongé, on verra, par une démonstration semblable à la précédente, que si la perpendiculaire élevée sur la tangente IO allait rencontrer le petit axe ED au point L, on aurait encore le carré de EF est au carré de AF, comme l'abscisse MF est à la ligne ML.

### Corollaire I.

28. Il suit du premier principe que, connaissant les deux diamètres AB et ED d'une ellipse, et la distance du centre F au point G où on aura mené une ordonnée GH, on connaîtra toujours la valeur de cette ordonnée en nombres, en disant : Si le carré du demi-diamètre AF donne tant pour le carré du diamètre FD, que donnera la différence du carré de AF au carré de FG pour le carré de GH que l'on cherche ? lequel étant trouvé, on n'aura qu'à en extraire la racine carrée, qui sera la perpendiculaire GH.

### Corollaire II.

29. Il suit aussi du troisième principe que, si on avait besoin de connaître la valeur de la partie ML comprise entre l'ordonnée HM et la perpendiculaire HL, élevée à l'extrémité de la tangente IH, on n'aura qu'à dire : Si le carré EF donne le carré FB, que donnera la ligne FM pour la valeur de la ligne ML ? ce qu'on trouvera en faisant la règle.

### *Remarque.*

30. Comme on ne parvient avec le secours de l'algèbre à la connaissance des grandeurs que l'on cherche, que par le moyen de celles que l'on connaît déja, il faut nécessairement, pour déterminer l'épaisseur des piédroits qui soutiennent les voûtes elliptiques, connaître certaines lignes qu'on ne peut avoir que mécaniquement, c'est-à-dire en traçant une demi-ellipse semblable à celle dont on veut faire la voûte : et les ellipses en pareil cas ne sauraient être trop grandes, afin d'avoir ce que l'on demande avec plus de précision. Voici comme on s'y prendra. Fig. 6.

Ayant tracé sur le parquet d'une chambre ou sur une grande table une ligne AB de 5 à 6 pieds de longueur pour servir de grand axe, on la divisera en deux également au point D, et à ce point on élevera la perpendiculaire DC, dont la longueur doit avoir le même rapport avec la ligne AB, que la hauteur de la voûte dans œuvre qu'on se propose de faire aura avec sa largeur. Ensuite il faut tirer les lignes CE et CF, ensorte qu'elles soient chacune égales à la moitié du grand axe AB, afin d'avoir les points E et F, qui seront les foyers de l'ellipse. Après cela, on aura de la ficelle bien fine et bien unie, ou un cordon de soie, et on prendra dans cette ficelle une longueurqui soit parfaitement égale à l'axe AB : on attachera les deux extrémités de cette longueur aux points E et F, et, pour tenir la ficelle tendue, on se servira d'un poinçon, avec lequel on tracera en même temps la courbe AGHB, en allant du point A au point C, et du point C au point B (car on entend bien que cette ficelle doit glisser autour du poinçon G, et qu'elle doit être toujours également tendue). Cette manière de tracer l'ellipse est la plus commode que je sache : j'ai jugé à propos de la rapporter ici, quoiqu'elle soit assez connue; mais ce n'est point un mal de rendre les choses présentes quand on rencontre les occasions d'en faire usage (1).

---

(1) La description de l'ellipse indiquée par Bélidor est plus expéditive et commode qu'exacte, parce que les cordons que l'on peut employer sont toujours plus ou moins extensibles, et qu'il n'est pas possible que la tension que la main leur donne reste constamment la même; d'où il résulte que la longueur du cordon varie continuellement, et que le poinçon décrit une courbe dont les différentes parties n'appartiennent pas à la même ellipse.

De toutes les descriptions connues, voici celle qui paraît préférable : on marquera sur une ligne droite la distance $ac$ égale au demi-grand axe, et la distance $bc$ égale au demi-petit axe. Puis, ayant mené les lignes AB, CD, à angles droits, on fera mouvoir la ligne $abc$ de manière à ce que les points $a$ et $b$ se trouvent constamment sur deux côtés de cet angle : le point $c$ décrira l'ellipse. Cette méthode se déduit facilement d'un théorème plus général donné par Maclaurin.

FIG. 6.

La démonstration immédiate en est très-simple. Soit $ab\mathrm{H}$ une des positions de la ligne décrivante, on a dans les triangles semblables $a\mathrm{D}b$ et $b\mathrm{HI}$, $\mathrm{D}b : b\mathrm{I} :: ab : b\mathrm{H}$, ou $\mathrm{D}b + b\mathrm{I} : b\mathrm{I} :: ab + b\mathrm{H} : b\mathrm{H}$, ou, en nommant A et B le demi-grand axe et le demi-petit axe, $x$ et $y$ les coordonnées du point H, $x : b\mathrm{I} :: \mathrm{A} : \mathrm{B}$. Mais $b\mathrm{I} = \sqrt{\mathrm{B}^2 - y^2}$, donc $\mathrm{B}x = \mathrm{A}\sqrt{\mathrm{B}^2 - y^2}$, ou $\mathrm{B}^2 x^2 + \mathrm{A}^2 y^2 = \mathrm{A}^2 \mathrm{B}^2$, ce qui est l'équation connue de l'ellipse.

Cette méthode, très-commode pour être employée sur le papier, et quand on a

L'ellipse étant tracée, il faut faire une échelle, et avoir égard à la quantité de pieds qu'on veut donner de largeur à la voûte : si c'est par exemple 24 pieds, je divise la ligne AB en quatre parties égales, et une de ces parties étant divisée en pieds, pouces et lignes, on connaîtra FIG. 6.

---

d'autre objet que de décrire une ellipse, ne conserve pas le même avantage quand on veut tracer en grand les épures servant à l'exécution des voûtes. M. de Prony a donné dans le dixième cahier du Journal de l'École Polytechnique, 1810, un procédé nouveau pour la description des courbes du second degré, qui est parfaitement adapté à cette circonstance, et que, vu sa grande utilité, je vais rapporter ici.

Étant donné le demi-grand axe CA et le demi-petit axe CB de l'ellipse, on décrira du point C comme centre, et avec CA pour rayon, un cercle : puis on fera mouvoir une équerre de manière qu'un de ses côtés $nF$ passant toujours par le foyer F, le sommet $n$ de l'angle droit parcoure ce cercle : l'autre côté de l'équerre $nt$ sera toujours tangent à l'ellipse. Traçant ainsi une suite de tangentes suffisamment rapprochées les unes des autres, on aura avec la plus grande netteté le cours de la courbe. La même méthode s'applique mot à mot à l'hyperbole, et pour la parabole le cercle décrit du centre devient une ligne droite tangente au sommet de la courbe. FIG. 9.

Ce mode de description a le grand avantage de ne pas exiger une aire plus grande que le rectangle circonscrit à l'ellipse, et de donner immédiatement les tangentes et les normales, nécessaires pour le tracé des joints des voussoirs. M. de Prony l'a déduit de la considération des solutions particulières des équations différentielles, et c'est sans doute la manière la plus directe d'y parvenir. Mais je vais en donner une démonstration synthétique, à la portée du plus grand nombre de lecteurs. Supposé que la ligne $mn$ soit effectivement tangente à l'ellipse, et soit $m$ le point de tangence : joignant ce point avec l'autre foyer $f$, la ligne $mf$ prolongée viendra rencontrer en $o$ la ligne F$n$, aussi prolongée, $fo$ sera égale au grand axe, et $no$ à $n$F (cela résulte immédiatement de la méthode connue des anciens pour mener la tangente à l'ellipse); or, en menant C$n$, il est évident que les triangles $fo$F et C$n$F seront semblables, les côtés CF et F$n$ du premier étant les moitiés des côtés F$f$ et F$o$ du second : donc, C$n$ est aussi la moitié de $fo$, et par conséquent égale au demi-grand axe, et le point $n$ se trouve sur le cercle décrit du point C comme centre, avec le demi-grand axe pour rayon. La même démonstration s'applique aux autres courbes du second degré.

Cette construction peut être remplacée par un procédé de calcul de la plus grande simplicité, et que je vais donner en continuant d'employer des considérations élémentaires à la place de celles dont M. de Prony s'est servi. On sait que, nommant $x$ l'abscisse A$p$ du point de contact, comptée à partir du sommet, et A, B, les demi-axes, on a la soutangente

$$pT = \frac{2Ax - x^2}{A - x}.$$

la valeur des lignes qu'on sera obligé de tracer dans l'ellipse. Par exemple, si on avait quelque raison pour abaisser du point H, pris sur la courbe, la perpendiculaire HI à l'axe AB, on pourra avec l'échelle trouver la valeur de l'abscisse DI et de l'ordonnée IH en pieds, pouces et lignes, aussi exactement qu'on peut le désirer dans la pratique. Nous allons faire usage de tout ceci.

## PROPOSITION PREMIÈRE.

### Problème.

*Trouver l'épaisseur qu'il faut donner aux piédroits d'une Voûte elliptique.*

Fig. 8. 31. Comme la poussée d'une voûte se fait toujours selon les directions des tangentes menées à la courbe qu'elle forme, il faut commencer par

---

Nommant les distances A$t$ et AT, $a$ et $b$, il sera très-facile d'après cela de trouver pour leur expression, en se rappelant que $y^2 = \frac{B^2}{A^2}(2Ax - x^2)$,

$$a = \frac{B^2}{A^2}\,\frac{Ax}{\sqrt{2Ax - x^2}}, \quad b = \frac{Ax}{A - x}:$$

éliminant $x$ entre ces équations, on trouvera

$$b = \frac{2A}{\frac{B^2}{a^2} - 1},$$

Observons maintenant que les triangles semblables A$t$T et D$t't$ donnent, en nommant $k$ la distance D$t'$, $b = \frac{ak}{B - a}$: mettant cette valeur de $b$ dans la formule ci-dessus, on en déduira

$$k = \frac{2A}{\frac{B}{a} + 1}$$

Au moyen de cette formule, on déterminera le point $t'$ où la tangente coupe la parallèle au grand axe BD, quand on se sera donné le point $t$ où elle coupe la parallèle au petit axe AD. Et si on veut fixer la position du point de contact, on le fera au moyen de la distance $mt$ que je nomme $l$, et dont l'expression est

$$l = A\frac{\sqrt{a^2 + b^2}}{a + b}, \text{ ou } l = A\frac{\sqrt{(B-a)^2 + k^2}}{B - a + k}\ (N).$$

diviser le quart d'ellipse BD en deux également au point L pour mener à ce point la tangente LO, et sur l'extrémité L la perpendiculaire LA qui, étant prolongée jusqu'en F, partagera comme à l'ordinaire la demi-voûte en deux parties à-peu-près égales (1). Alors la ligne FA pourra être regardée comme le plan incliné sur lequel agit le voussoir FGDL, et la ligne OL comme la direction de la puissance qui serait en équilibre avec l'action du même voussoir. On sera peut-être surpris que cette direction ne soit pas perpendiculaire sur le milieu du joint FL, comme dans les problèmes précédents; mais comme il fallait nécessairement qu'elle répondît au point L pour avoir les lignes LK, LV, KA, nous avons été obligés d'en user ainsi afin d'agir avec plus de précision, et nous y aurons égard dans l'application. Ainsi, supposant les autres lignes tirées comme ci-devant, nous nommerons LK, $a$; KA, $b$; LA, $c$; BV, $d$; BS, $f$; MP, $g$; ZB, $y$; et le voussoir CG ou CE, $n^2$.

Cela posé, je considère que les triangles LKA et LMN, étant semblables, donnent $AK = b : LK = a :: LM = y + d : MN = \frac{a}{b}(y + d)$; par conséquent NP sera $g - \frac{a}{b}(y + d)$; et comme les triangles LKA et NOP sont encore semblables, on aura aussi $LA = c : AK = b :: NP = g - \frac{a}{b}(y + d) : PO = \frac{bg}{c} - \frac{a}{c}(y + d)$, qui donne l'expression du bras de levier PO. Présentement, pour avoir l'expression de la puissance O, je considère que la pesanteur absolue du voussoir LGD est à son effort sur le joint FL, comme $LK = a$ est à $LA = c$, et qu'ainsi il faudra multiplier $\frac{cn^2}{a}$ par le bras de levier PO, ce qui donne $n^2\left(\frac{bg}{a} - d - y\right)$ pour l'expression de la poussée de la voûte par rapport au point d'appui P. D'un autre côté, pour avoir celle de la résistance du piédroit PB, jointe au voussoir FB, je multiplie le rectangle $PB = fy$ par $PT = \frac{1}{2}y$, et la superficie du voussoir $FB = n^2$ par le bras de levier $PS = y$ (car je suppose que la ligne de direction tirée

(1) On voit que Bélidor suppose que la disjonction des voûtes surbaissées se fait dans un point situé à égale distance du sommet et des naissances. Cette supposition est tout aussi arbitraire et tout aussi fausse pour ces voûtes que pour celles en plein cintre. (Voyez ci-dessus la note de la page 111). (*N*)

du centre de gravité Q tombe à-peu-près au point S, ce voussoir étan beaucoup plus incliné que dans la voûte en plein cintre) : ajoutant deux produits ensemble pour la comparer avec la poussée de la voût il vient cette équation $n^2\left(\frac{bg}{a}-d\right)=\frac{1}{3}fy^2+2n^2y$, laquelle éta réduite, divisée par $f$ et multipliée par 2, il vient $\frac{2n^2}{f}\left(\frac{bg}{a}-d\right)=$ $-\frac{4n^2}{f}y$ : changeant le second membre en un carré parfait et dégag l'inconnue, on aura $y=-\frac{2n^2}{f}+\sqrt{\left[\frac{2n^2}{f}\left(\frac{bg}{a}+\frac{2n^2}{f}-d\right)\right]}$, donne ce que l'on cherche.

## APPLICATION.

Pour rapporter le problème précédent à la pratique, il faut comm cer par tracer une grande ellipse, comme on l'a enseigné dans l'ar
FIG. 8. 36, en sorte que les deux demi-axes soient dans la raison des lig HB et HD : par exemple, si la largeur de la voûte dans œuvre étai 24 pieds, et que la hauteur DH fût les deux tiers de cette même geur, BH serait de 12 pieds, et DH de 8. Or, divisant un quart de ellipse en deux également, on abaissera du point de division une perp diculaire comme LV, dont il sera aisé de connaître la valeur par le moy de l'échelle, aussi bien que de la ligne VH ou LK. Ayant donc moi-même ce que je viens de dire, j'ai trouvé que LV ou KH était 6 pieds 3 pouces, et que LK ou VH était de 7 pieds 6 pouces, comme il fallait aussi connaître KA, j'ai dit, selon l'article 29 : com le carré de DH est au carré de HB, de même la ligne KH est ligne KA, que j'ai trouvée de 14 pieds 9 lignes.

La voûte étant supposée de 3 pieds d'épaisseur, pour avoir la sup ficie des voussoirs FD ou FB, j'ai cherché celle de la grande et de petite ellipse, et ayant retranché l'une de l'autre j'ai pris la huitiè partie de la différence, ce qui m'a donné 27 pieds. Ainsi, suppos la hauteur du piédroit de 15 pieds, on aura la valeur de toutes lettres qui se trouvent dans l'équation précédente, puisque LK = sera de 7 pieds 6 pouces, KA = $b$ de 14 pieds 9 lignes, BV = $d$ 4 pieds 6 pouces, ZP = $f$ de 15 pieds, MP = $g$ de 21 pieds 3 pouces à quoi il faut ajouter la moitié de l'épaisseur de la voûte pour avoir 22 pieds 9 pouces, et CG $= n^2$ de 27 pieds : ainsi, ayant fait avec les nombres les opérations qui sont indiquées dans la dernière équation, j'ai trouvé que $y$, c'est-à-dire l'épaisseur des piédroits, devait être de 8 pieds 8 pouces.

*La tangente* LO *donnant un bras de levier* OP *plus court que si la ligne de direction de la puissance était perpendiculaire sur le milieu du joint* FL, *comme est par exemple* CX, *j'ai augmenté la valeur de la ligne* MP *de la moitié de l'épaisseur de la voûte, afin que le bras de levier* PO *se trouvant allongé de la ligne* XO *égale à* CL, *cette solution répondît à-peu-près aux précédentes.*

*Remarque première.*

32. On voit que les voûtes surbaissées ont plus de poussée que celles qui sont en plein cintre : car, comme l'angle OLV formé par la ligne de direction OL et la perpendiculaire LV est plus grand que dans les profils précédents, il arrive que le bras de levier PO se trouve allongé, ce qui doit augmenter la force de la puissance agissante. Or, comme plus le demi-axe DH sera petit eu égard à l'autre HB, plus le bras de levier PO augmentera, il s'ensuit que plus une voûte est surbaissée, plus elle a de poussée. FIG. 8.

*Remarque seconde.*

33. Il est bon d'observer aussi que les voussoirs qui composent une voûte surbaissée devant avoir nécessairement plusieurs centres, cette voûte n'est pas à beaucoup près si forte que celle en plein cintre ; parce que, dans cette dernière, l'effort de tous les voussoirs se réunissant à un seul point, ils se fortifient mutuellement, et sont capables de mieux soutenir l'action de quelque grand fardeau ou de quelque choc violent, comme serait celui des bombes. Ainsi, quand il est question des souterrains qu'on veut mettre à l'épreuve, il n'y a point de voûte qui convienne mieux que celle en plein cintre.

## PROPOSITION SECONDE.

### PROBLÈME.

*Trouver quelle épaisseur il faut donner aux piédroits des voûtes en tiers-point, pour être en équilibre avec la poussée.*

PL. VI. FIG. 1. 34. On sait que la voûte en tiers-point ou gothique étant formée par deux arcs de cercle égaux, cette voûte doit avoir nécessairement deux centres dont la position dépend de l'élévation qu'on veut lui donner; par exemple, si la ligne BI détermine la largeur de la voûte, les centres peuvent être aux points B et I, ou à quelques autres points G et H, également éloignés du milieu A. Quand on prend les points B et I pour centre, la largeur BI devient le rayon avec lequel on décrit les deux arcs, et alors la voûte est aussi élevée qu'on a coutume de la faire quand il s'agit d'une église ou de quelque bâtiment civil. Mais s'il est question d'un magasin qu'on veuille mettre à l'épreuve de la bombe, on se gardera bien de lui donner tant d'élévation, parce qu'elle serait trop faible. La manière la plus convenable est de diviser les lignes AI et AB en parties égales aux points H et G, pour avoir les centres servant à décrire les arcs BD et DI avec les rayons HB et GI. Ainsi, supposant que la voûte sur laquelle nous allons opérer ait été tracée de cette manière, on divisera l'arc BCD en deux également au point C, ensuite on tirera les rayons HF, HT, la corde BD et les autres lignes, comme à l'ordinaire.

Ayant nommé LK, $a$; KQ, $b$; LQ, $c$; BV, $d$; ZP, $f$; MP, $g$; ZB, $y$; ML sera $y + d$. Cela posé, remarquez que les triangles LQK et LMN étant semblables, on aura $KQ = b : KL = a :: KM = d + y : MN = \frac{a}{b}(d + y)$. Ainsi la ligne NP sera $NP = g - \frac{a}{c}(d + y)$; et comme le triangle LQK est aussi semblable à NOP, on aura encore $NQ = c : KQ = b :: NP = g - \frac{a}{b}(d + y) : PO = \frac{bg}{a} - \frac{a}{c}(d + y)$.

Présentement, faites attention que dans le triangle rectangle LKQ, le côté LK peut exprimer la pesanteur absolue du voussoir LDT, puisque la ligne de direction tirée de son centre de gravité est coupée à angles droits par ce côté; de même, la ligne de direction OL de la puissance O étant perpendiculaire sur le côté LQ, il exprimera l'effort du voussoir sur le joint FC: ainsi, nommant $n^2$ la superficie de ce voussoir, son effort sera encore $\frac{cn^2}{a}$, lequel étant multiplié par le bras de levier PO, on aura $n^2\left(\frac{bg}{a}-d-y\right)$ pour la poussée de la voûte par rapport au point d'appui P. D'un autre côté, si l'on suppose que la ligne de direction tirée du centre de gravité du voussoir LFB vient tomber au point S, afin de rendre le calcul plus simple, la résistance du piédroit joint au voussoir qui lui répond, sera exprimée comme ci-devant par $\frac{1}{2}fy^2 + n^2y$ qui, étant comparé avec la poussée de la voûte, donnera dans l'état d'équilibre $n^2\left(\frac{bg}{a}-d\right)=\frac{1}{2}fy^2+2n^2y$, d'où l'on tirera comme à l'ordinaire $y=-\frac{2n^2}{f}+\sqrt{\left[\frac{2n^2}{f}\left(\frac{bg}{a}-d+\frac{2n^2}{f}\right)\right]}$.

## APPLICATION.

Pour rapporter ce problème à la pratique, nous supposerons que la ligne *BI* est de 24 pieds: cela étant, *HB* ou *HD* sera de 18 pieds, et AH de 6. Ainsi, dans le triangle rectangle ADH, dont on connaît deux côtés, il sera aisé de connaître l'angle AHD, qu'on trouvera de 70 degrés 30 minutes, dont la moitié sera pour l'angle LHV du triangle rectangle LVH, duquel on connaît le côté LH; car, la voûte ayant trois pieds d'épaisseur, ce côté sera de 19 pieds et demi: ayant un triangle rectangle dans lequel on connaît deux angles et un côté, on trouvera par le calcul ordinaire que LV est de 11 pieds 3 pouces, et *VH* d'environ 16 pieds, d'où retranchant AH de six, il en restera 10 pour VA ou LK. Ainsi, connaissant un des deux côtés du triangle rectangle LKQ avec l'angle aigu LQK (puisqu'il est complément de l'angle AHQ), on trouvera que le côté KQ est à-peu-près de 7 pieds, de sorte que, si l'on suppose que la hauteur du piédroit est encore de 15 pieds, on aura la valeur de toutes les lettres, excepté $n^2$; car LA $= a$ sera de 10 pieds, KQ $= b$ de 7, BV $= d$ de 2, ZP $= f$ de 15; à quoi ajoutant LV ou MZ, qu'on a trouvé de 11 pieds 3 pouces, on aura 26 pieds 3 pouces pour MP $= g$.

Comme il nous reste à trouver la valeur $n^2$, je cherche la superficie des cercles qui auraient pour rayon HB et HE ; c'est-à-dire 18 et 21 pieds ; et après les avoir trouvés j'en prends la différence, qui est de 368 pieds carrés, valeur de la couronne dont la superficie du voussoir LDT fait partie. Or, pour avoir cette partie, je dis : Comme 360 degrés, valeur de la circonférence du cercle, est à 35 degrés 15 minutes, valeur de l'arc FT ; ainsi 368 pieds, différence de deux cercles, est à la superficie CFTD, qu'on trouvera de 35 pieds 9 pouces 5 lignes : faisant les opérations indiquées dans l'équation $y = -\frac{2n^2}{f} \pm \sqrt{\left[\frac{2n^2}{f}\left(\frac{bg}{a} - d + \frac{2n^2}{f}\right)\right]}$, on trouvera que la valeur de $y$, c'est-à-dire l'épaisseur des piédroits, doit être de 5 pieds 3 pouces.

Quoique la perpendiculaire AX et le rayon HT se coupent au point D, et forment l'angle TDX, qui comprend un petit espace qui rend le voussoir supérieur LX plus grand que l'inférieur LEB, je n'ai pas laissé de les supposer égaux, parce que la différence est trop peu de chose pour que l'on y ait égard dans la pratique.

### *Remarque première.*

35. On remarquera que les voûtes en tiers-point ont beaucoup moins de poussée que celles qui sont en plein cintre, parce que la ligne de direction OL de la puissance qui soutiendrait le voussoir LTD, faisant un plus petit angle avec la verticale LV que dans la voûte en plein cintre, il faut nécessairement que le bras de levier PO soit plus court que si la voûte était moins élevée, tellement qu'on peut dire que plus le rayon HB de l'arc BD sera grand, moins il faudra donner d'épaisseur aux piédroits.

### *Remarque seconde.*

36. Si les voûtes en tiers-point ou les surbaissées avaient leurs extrados dirigés en pente, on trouverait toujours l'épaisseur de leurs piédroits, comme on a fait dans l'article 13, puisque les opérations ne différeront en rien de celles qu'on vient de voir dans les deux propositions précédentes. Il n'y aura que la seule expression du voussoir qui pourra valoir un plus grand nombre de pieds carrés.

De même, si l'on voulait que les piédroits de ces deux espèces de voûtes fussent accompagnés de contreforts, on suivrait ce qui a été enseigné dans l'article 20, n'ayant pas jugé à propos de répéter ce qui a été dit à ce sujet, pour ne pas ennuyer.

## PROPOSITION TROISIÈME.

### PROBLÈME.

*Trouver l'épaisseur qu'il faut donner aux piédroits qui soutiendraient une plate-bande.*

37. La première chose dont il faut être prévenu, est que pour avoir la coupe des clavaux qui doivent composer une plate-bande, on trace un triangle équilatéral ALF sur la ligne LF qui exprime la largeur de la plate-bande; ensuite on divise cette largeur en autant de parties égales qu'on voit à-peu-près qu'elle doit contenir de clavaux, et du point A comme centre on tire des lignes qui passent par chaque point de division, lesquelles allant rencontrer GI marquent la figure et la grandeur des clavaux. Ainsi, supposant que la plate-bande DEFL ait été construite de la façon que je viens de dire, nous en prendrons la moitié DCKL, pour être considérée comme une seule pierre qui, faisant l'effet d'un coin dont les faces seraient DA et CA, agit contre le point L pour renverser le piédroit MS. C'est pourquoi il faut abaisser au point L la perpendiculaire LO sur DA, pour avoir la ligne de direction de la puissance qui soutiendrait l'effort de la plate-bande DK, et alors la perpendiculaire PO sera comme à l'ordinaire le bras de levier de cette puissance. Pour en avoir l'expression, nous nommerons LK, $a$; par conséquent LA sera $2a$, puisqu'à cause du triangle équilatéral LA est double de LK : d'un autre côté KA sera nommé $b$; LM, $y$; MP, $f$; et la superficie LDCK $n^2$ : cela posé, remarquez qu'à cause de l'angle droit OLA, les trois triangles AKL, LMN, NOP, sont semblables : ainsi $KA = b : KL\ a :: LM = y : MN = \frac{ay}{b}$ : par conséquent NP sera $f - \frac{ay}{b}$, d'où l'on tire $AL = 2a : AK = b :: PN = f - \frac{ay}{b} : PO = \frac{bf}{2a} - \frac{1}{2}y$.

Si l'on fait attention que la pesanteur absolue de la demi-plante-bande LDCK est à l'effort qu'elle fait contre le piédroit comme LK est à LA, on verra que LA étant double de LK, l'effort que soutient la puissance O doit être exprimé par $2n^2$ : c'est pourquoi, multipliant cette quantité par le bras de levier PO, on aura (après la réduction) $n^2\left(\frac{bf}{a}-y\right)$ pour l'expression de la poussée de la plate-bande par rapport au point d'appui P, laquelle étant comparée à la résistance des piédroits, c'est-à-dire, à $\frac{1}{2}fy$, on aura $\frac{bfn^2}{a}=\frac{1}{2}fy^2+n^2y$, dans l'état d'équilibre; ou bien $\frac{2bn^2}{a}=y^2+\frac{2n^2}{f}y$ après avoir multiplié par 2 et divisé par $f$; or, si l'on change le second membre en un carré parfait, et qu'on dégage ensuite l'inconnue, il viendra $y=-\frac{n^2}{f}+\sqrt{\left[n^2\left(\frac{2b}{a}+\frac{n^2}{f}\right)\right]}$.

## APPLICATION.

Supposant que la hauteur $LS=f$ des piédroits soit de 15 pieds, que la largeur LF de la voûte soit de 24, et son épaisseur CK de 3, on verra que $LK=a$ est de 12 pieds, $KA=b$ de 20 pieds 9 pouces 4 lignes, et la superficie $LCDK=n^2$ de 38 pieds 3 pouces carrés: ainsi, faisant les opérations qui sont indiquées dans la dernière équation, on aura 9 pieds 2 pouces pour la valeur de $y$, c'est-à-dire pour l'épaisseur des piédroits.

### *Remarque.*

38. La plate-bande est de toutes les voûtes celle qui a le plus de poussée et le moins de force : c'est pourquoi elle n'est pas d'usage pour les fortifications, et ne s'emploie guère que dans les grands édifices et avec des dépenses considérables, à cause des barres de fer dont on se sert pour soulager les piédroits et pour lier les clavaux ensemble.

S'il s'agissait de quelque porte-cochère, il faut, pour empêcher que la plate-bande ne porte tout le poids du mur qui serait élevé dessus, faire un arc de décharge qui soit appuyé sur les piédroits.

## PROPOSITION QUATRIÈME.

### Problème.

*La pesanteur de la clef d'une voûte en plein cintre étant déterminée, on demande de combien il faut augmenter celle de chaque voussoir, pour qu'ils se soutiennent tous d'eux-mêmes en équilibre.*

39. Nous avons fait voir dans l'article 1er que tous les voussoirs qui composent une voûte avaient plus ou moins de poussée, selon qu'ils étaient plus près ou plus éloignés de la clef, et que cette poussée allant toujours en diminuant, à mesure que les plans sur lesquels ces voussoirs agissaient étaient moins inclinés à l'horizon, les voussoirs supérieurs ne manqueraient pas d'écarter ceux qui sont immédiatement au-dessous, s'ils n'étaient entretenus par du mortier. Cependant, comme ce serait un avantage pour la solidité des édifices que tous les voussoirs qui composent une voûte ne fissent pas plus d'effort les uns que les autres, jusqu'à pouvoir se soutenir d'eux-mêmes par leur poids sans le secours d'aucune matière étrangère, M. de la Hire a cherché de combien il fallait augmenter leur pesanteur au-dessus de celle de la clef, pour gagner par leur propre poids la force qu'ils avaient de moins par leur situation; et comme ce problème est assez curieux, j'ai cru qu'on serait bien aise que je le rapportasse ici. Pl. VI. Fig. 3 et 4.

Fig. 3.

Ayant une voûte en plein cintre ABC composée de plusieurs voussoirs égaux, si par le sommet B de la clef on tire la ligne BO perpendiculaire au rayon GB, et qu'on prolonge jusqu'à la rencontre de BO tous les rayons qui répondent aux lits des voussoirs P, Q, R, S, etc., je dis que tous ces voussoirs seront en équilibre, si leur pesanteur absolue est exprimée par les lignes HK, KL, LM, MN, etc.

Pour le prouver, remarquez que les trois puissances qui appartiennent au voussoir P sont exprimées par les côtés du triangle GHK; que celles qui appartiennent au voussoir Q, le sont par ceux du triangle GKL; et ainsi des autres voussoirs R et S, dont les puissances seront toujours représentées par les côtés des triangles où ils sont renfermés, puisque les directions de ces puissances seront perpendiculaires aux côtés des triangles. Or, si la pesanteur du voussoir P est exprimée par la ligne HK, et celle du voussoir Q par la ligne KL, il est certain qu'ils seront en équilibre, puisque la ligne KG, qui est un côté commun aux triangles qui appartiennent aux voussoirs P et Q, exprime en même temps la force avec laquelle le voussoir P pousse le voussoir Q, et celle avec laquelle le premier est repoussé par le second. De même, si la pesanteur du voussoir R est exprimée par LM, il sera aussi en équilibre avec le voussoir Q, le supérieur poussant l'inférieur avec la même force dont il est repoussé, puisque cette force est exprimée de part et d'autre par la ligne GL, qui est aussi un côté commun aux triangles qui appartiennent aux voussoirs Q et R. Enfin, si la pesanteur du voussoir S est exprimée par MN, on verra par un semblable raisonnement qu'il sera en équilibre avec le voussoir P, puisque ces deux voussoirs agiront l'un sur l'autre avec la même force GM. A l'égard du voussoir T qui répond au piédroit, sa pesanteur ne peut pas être déterminée; les lignes BO et GC étant parallèles ne se rencontreront jamais, ce qui montre que ce voussoir doit être d'une pesanteur infinie pour résister à l'effort de tous les autres dans le cas où il pourrait glisser sur un plan infiniment poli : mais comme dans la pratique il n'est pas question de ces sortes de plans, et qu'au contraire il se rencontre toujours beaucoup de frottement, il suffit de donner à ce voussoir le plus de pesanteur qu'il est possible.

On remarquera que les différentes pesanteurs des voussoirs peuvent être exprimées par la différence des tangentes des angles que font les joints en commençant au milieu de la clef, puisque les lignes KL, LM, MN, qui expriment la pesanteur des voussoirs P, Q, R, S, marquent la différence des tangentes des angles BGK, BGL, BGM et BGN. Or, comme on a la valeur de tous ces angles par la division qu'on a faite du demi-cercle, il s'ensuit qu'ayant leurs tangentes dans les tables des sinus, si l'on en prend les différences, on aura des nombres qui exprimeront les rapports de la pesanteur des voussoirs. Ainsi, connaissant la pesanteur de la clef, on pourra (par la règle de proportion) connaître celle de chaque voussoir, afin de voir combien il faudra les faire plus longs les uns que les autres, c'est-à-dire combien il faudra leur donner plus de queue pour qu'ils fassent à-peu-près le même effort : je dis à-peu-près; car, comme on emploie ordinairement du mortier pour les entretenir, il n'est pas nécessaire d'observer une proportion bien exacte dans le rapport de leur pesanteur, il suffit seulement d'y avoir égard quand on veut faire des édifices solides (1).

## PROPOSITION CINQUIÈME.

### PROBLÈME.

*Trouver quelle est la courbe qu'il conviendrait de donner à une voûte, pour que, tous les voussoirs étant égaux en pesanteur, ils fussent en équilibre.*

40. Si l'on tire sur un plan vertical une ligne AB parallèle à l'horizon, et qu'à deux points C et D, pris dans cette ligne, on attache les extrémités d'une chaîne composée de petits couplets, et qu'on leur laisse la liberté de prendre la situation qui leur convient, je dis qu'ils composeront tous ensemble une courbe CFD, dont la figure représente celle qu'il faudrait donner à une voûte, pour que tous les voussoirs fussent en *équilibre*, quoique égaux en pesanteur. FIG. 7.

Si l'on divise la ligne CD en deux parties égales au point E, et qu'on abaisse la perpendiculaire EF, il est constant qu'elle ira rencontrer le point F, qui sera le plus bas de la courbe; car, à cause de la flexibilité de la chaîne et de l'uniformité qu'on suppose dans les couplets, la partie CF sera égale à la partie DF; elles auront toutes deux la même figure, et tous les points pris dans la longueur CF et DF à une égale distance des extrémités C et D se trouveront également situés par rapport à la perpendiculaire EF. Par conséquent cette chaîne forme une courbe régulière, qui a pour axe EF. Or, tous les couplets qui composent cette

(1) La solution de ce problème étant basée, comme tout ce qui précède, sur la prétendue analogie d'une voûte avec un système de coins pesants, n'a aucun rapport avec les effets qui ont réellement lieu. On verra plus bas comment se résout le problème de la construction d'une voûte sans poussée; et je remarquerai seulement ici que M. de Prony a montré comment, en introduisant dans les conditions d'équilibre d'un système de coins l'hypothèse du frottement sur les joints, on obtenait une valeur finie pour la pesanteur du voussoir aux naissances. (Voyez la *Nouvelle Architecture hydraulique*, Ire partie, pag. 161, chez Firmin Didot, rue Jacob).

chaîne étant supposés égaux en grandeur et en pesanteur, se maintiendront en équilibre entre eux, et tendront chacun en particulier au centre de la terre par des lignes de direction, qui étant tirées de leur centre de gravité peuvent être regardées comme perpendiculaires à l'horizon : et si l'on attribue à chacun de ces couplets une pesanteur égale, mais incomparablement au-dessus de celle qu'ils ont naturellement, ils se soutiendront toujours dans le même état où ils étaient auparavant, n'ayant point de raison pour que l'un détourne l'autre de la direction vers laquelle sa pesanteur le faisait tendre. Mais si l'on faisait en sorte que les couplets se trouvassent tellement unis les uns aux autres, qu'ils ne composassent qu'un seul corps incapable d'aucune flexibilité, il ne leur arriverait rien de particulier, sinon d'être obligés de garder la situation où ils étaient les uns par rapport aux autres : de quelque sens qu'on veuille mettre la chaîne, et tant qu'elle sera attachée aux points C et D, il lui sera indifférent que tous les couplets soient unis ou non, qu'on augmente leur pesanteur, ou qu'on la laisse comme elle était en premier lieu. On pourrait même suspendre des poids égaux au bas de chacun, sans que cela causât aucun changement à la courbe CFD.

Prévenu de cela, on sait qu'on ne dérange rien dans l'équilibre des puissances en changeant seulement leur direction en sens contraire: ainsi, dans la supposition que tous les couplets sont unis à ne pouvoir
Fig. 8. se déranger de la ligne curviligne qu'ils composent tous ensemble, si l'on fait tourner la chaîne CFD sur la ligne CD comme sur un axe, pour prendre la situation opposée mais toujours verticale CFD, tous les couplets gardant entre eux la même situation qu'ils avaient auparavant, tendront au centre de la terre selon les mêmes lignes de direction; et soit qu'on augmente leur pesanteur ou non, pourvu que cette augmentation soit la même, ils se maintiendront toujours en équilibre, et ils ne feront pas plus d'effort pour tomber que s'ils n'étaient point entretenus par quelque cause qui les empêchât de se déranger.

Supposant maintenant que la courbe CFD représente l'intrados d'une voûte ABC, qui soit partout d'une égale épaisseur, et qu'à la place des
Fig. 5. couplets on imagine des voussoirs fort petits qui aient la même pesanteur, et dont les lignes de direction tirées de leur centre de gravité seraient les mêmes que celles des couplets, ces voussoirs demeureront en équilibre ainsi que l'étaient ces couplets, de sorte que, s'ils sont bien

unis les uns contre les autres par un ciment qui les réduise tous à ne faire qu'un seul corps, ils composeront ensemble la voûte ABC, dont toutes les parties seront en équilibre (1).

Si l'on voulait faire usage de cette courbe, je crois qu'on serait obligé de rapprocher ses deux extrémités G et H, afin qu'elles fussent disposées comme EA et FC, et non pas comme EG et FH, ce qui ne conviendrait pas dans l'exécution, à cause que la naissance de la voûte ferait un *jarret* avec le piédroit, ce qui choquerait la vue. Il est bon de profiter de ce que la théorie peut enseigner; mais quand il s'agit de la pratique, on peut sans scrupule ne la pas suivre exactement pour rapporter les choses à l'usage. On trouvera dans le second tome de l'analyse du R. P. Reyneau l'équation de la chaînette et la manière de la tracer; c'est pourquoi je n'en parle point ici.

## APPLICATION.

Si l'on veut construire une voûte naturelle dont la largeur et la hauteur *soient données*, il faut sur une surface verticale tracer une ligne CD *égale à la largeur de la voûte*, abaisser du milieu de cette ligne une perpendiculaire EF égale à la hauteur qu'on veut lui donner, ensuite attacher l'extrémité d'une chaîne au point C, et porter l'autre extrémité vers D, de manière qu'en augmentant ou diminuant la chaîne, son propre poids la fasse passer par le point F lorsqu'elle sera arrêtée aux endroits C et D. Après cela, on pourra, avec un crayon que l'on conduira tout du long de la chaîne (sans pourtant la faire vaciller), tracer FIG. 8.

(1) On peut substituer au raisonnement un peu plus long de Bélidor, pour prouver l'identité de la chaînette avec la courbe d'équilibre de voussoirs infiniment petits, une considération plus simple et plus frappante, en observant que la condition d'équilibre, dont dépend la forme de chaînette, est que chaque point de la courbe se trouve également tiré en sens contraire par des forces directement opposées, et que la condition nécessaire pour l'équilibre des voussoirs est que chaque point se trouve également pressé en sens contraire par des forces directement opposées. Or, ces deux conditions s'écrivent de la même manière, et conduisent nécessairement à la même équation. Tout ceci d'ailleurs ne doit être considéré que comme une abstraction de l'esprit, et n'est, pour la théorie des voûtes, susceptible d'aucune application (*N*).

une courbe, et là-dessus établir la figure du faux cintre de la voûte, la coupe des voussoirs et le reste.

Je crois que ceux qui sont dans l'usage de faire construire des voûtes sans y prendre garde de si près, ne feront pas grand cas des deux propositions précédentes : aussi ne les ai-je rapportées que pour les curieux, qui voient toujours avec plaisir ce qui peut avoir rapport à leur métier. Ce n'est pas qu'on n'en puisse faire usage, puisque la première nous apprend que pour rendre des voûtes solides, il est bon d'en fortifier les reins le plus qu'il sera possible, et particulièrement vers les piédroits, afin de donner, pour ainsi dire, un contrepoids à la poussée des voussoirs supérieurs.

## PROPOSITION SIXIÈME.

### Problème.

*Trouver l'épaisseur qu'il faut donner aux culées des Ponts de maçonnerie.*

41. La manière de régler l'épaisseur des culées des ponts est un problème qui appartient à ce livre-ci ; car les ponts sont composés d'arches, et les arches ne sont autre chose que des voûtes : aussi sa solution dépend-elle des règles que nous venons d'enseigner, ou, pour mieux dire, elle n'en est qu'une répétition accompagnée de quelque circonstance particulière aux ponts de maçonnerie.

On suppose qu'il est question d'un pont composé d'une seule arche en plein cintre, comme dans la figure 6, dont l'épaisseur GD est déterminée, de même que le diamètre BI et la hauteur BS depuis la dernière retraite des fondements jusqu'à la naissance de l'arche, et qu'il s'agit de savoir l'épaisseur PS ou MQ qu'il faut donner à la culée MS, pour qu'elle soit en équilibre avec la poussée qu'elle doit soutenir. Cela posé, on saura que les culées d'un pont peuvent être construites de deux manières : la première est de faire un corps de maçonnerie comme
Fig. 6 et 9. SZ dans la 9^e figure, dont la hauteur ZP ou BS ne surpasse point la naissance de l'arche ; la seconde est d'élever la culée jusque vers le milieu des reins de l'arche, afin de les rendre capables de mieux sou-

tenir l'effort de la partie supérieure, comme dans la figure 6, à laquelle nous nous attacherons uniquement, comme étant la plus conforme à l'usage.

Ayant divisé le quart de cercle BD en deux également au point C, on tirera le rayon AF : on divisera aussi la ligne FC en deux également au point L, par lequel on menera MK parallèle au diamètre BI qui déterminera la hauteur de la culée ; on prolongera la ligne SB jusqu'au point Q de la circonférence, et on tirera le rayon AQ et les autres lignes LO, LV et OP, comme à l'ordinaire.

Pour réduire en équation la poussée de l'arche et la résistance des culées, nous nommerons LK ou KA, $a$; BV, $c$; MP, $d$; SY, $g$; PS, $y$; la superficie CFGD, $n^2$; et la partie BQFC, $h^2$ : ainsi MN ou ML sera $c + y$; et NP sera $d - c - y$; et si l'on suppose $d - c = f$, NP sera $f - y$.

On sait par l'art. 14 que, multipliant la superficie CFGD $= n^2$ par l'hypothénuse NP $= f - y$ du triangle rectangle NOP, lorsqu'il s'agit d'une voûte ou d'une arche en plein cintre, le produit donne une expression égale à la puissance qui soutiendrait la poussée de la partie *CFGD : ainsi cette poussée sera* $n^2 (f - y)$, qu'il faut mettre en équilibre avec la résistance du piédroit PMQS, joint à la partie BQFS, c'est-à-dire avec $dy$ et $h^2$, multipliés par le bras de levier PT $= \frac{1}{2} y$ et PY $= y + g$, dont les extrémités T et Y répondent aux lignes de direction tirées de leur centre de gravité, c'est-à-dire avec $\frac{1}{2} dy^2$ et $h^2 (y + g)$, qui donnent cette équation $fn^2 - n^2 y = \frac{1}{2} dy^2 + h^2 y + gh^2$; d'où faisant passer dans le même membre les termes où se trouve l'inconnue, et dans l'autre ceux où l'inconnue ne se trouve point, on aura, après avoir divisé par $d$, $\frac{fn^2 + gh^2}{d} = \frac{1}{2} y^2 + \left(\frac{h^2 + n^2}{d}\right) y$, et si l'on suppose $\frac{h^2 + n^2}{d} = p$, et qu'on mette $p$ à la place de sa valeur, en multipliant toute l'équation par 2, on pourra du second membre faire un carré parfait en ajoutant $p^2$ de part et d'autre, afin d'avoir $\frac{(2fn^2 + gh^2)}{d} + p^2 = y^2 + 2py + p^2$, dont extrayant la racine et dégageant l'inconnue, l'on aura enfin $y = -p + \sqrt{\left[\frac{2}{d}(fn^2 + gh^2) + p^2\right]}$, qui donne ce que l'on cherche.

## APPLICATION.

Pour avoir la valeur de l'inconnue, nous supposerons le diamètre B de 72 pieds, l'épaisseur DG de 6, et la hauteur BS de 12; ainsi la ligne AL sera de 15, et l'on trouvera que $BV = c$ est de 8 pieds 5 pouces, et LV de 27 pieds 7 pouces. Par conséquent $MP = d$ sera de 29 pieds 7 pouces, et comme nous avons supposé $d - c = f$, $f$ sera donc de 31 pieds 2 pouces. On trouvera aussi que la partie $CFGD = n^2$ est de 184 pieds carrés.

Comme nous avons aussi besoin de la figure BQFC, remarquez que la ligne BQ est moyenne proportionnelle entre les parties EB et BH du diamètre EH : ainsi, multipliant leur valeur, c'est-à-dire 6 pieds, par 78, on trouvera, en extrayant la racine carrée du produit, 21 pieds 6 pouces 6 lignes pour la perpendiculaire BQ, par le moyen de laquelle on aura la superficie du triangle ABQ, qui est de 389 pieds 3 pouces. Or, cherchant aussi la valeur du secteur EAQ qui est de 477 pieds 3 pouces, on en retranchera celle du triangle ABQ : la différence sera 88 pieds pour le segment EBQ, lequel étant aussi retranché de 184 pieds, valeur de EFCB, la différence sera 96 pieds pour la partie BQFC, par conséquent la valeur de $h^2$. D'un autre côté, le centre de gravité de cette partie étant au point X, on verra que la perpendiculaire XY vient tomber environ à 2 pieds 9 pouces du point S. Enfin, comme nous avons supposé $\frac{n^2 + h^2}{d} = p$, on trouvera que $p$ vaut à-peu-près 7 pieds 1 pouce. Ainsi, comme toutes les lettres du premier membre de l'équation $y = -p + \sqrt{\left[\frac{2}{d}(fn^2 + gh^2) + p^2\right]}$ viennent d'être déterminées en nombre, si l'on fait les opérations qui s'y trouvent indiquées, on trouvera que $y$, ou si l'on veut l'épaisseur PS de la culée, doit être de 11 pieds, pour soutenir en équilibre la poussée de la partie de l'arche qui lui répond.

*Remarque première.*

42. On pourra se dispenser dans la pratique d'avoir égard à la partie BQF, qui rend ce problème assez composé, et n'avoir attention qu'au voussoir CFGD et à la culée MS : alors l'équation sera beaucoup plus simple, puisque dans l'état d'équilibre on aura $fn^2 = \frac{1}{2}dy^2 + n^2y$,

qui étant réduit donne, après avoir dégagé l'inconnue, $y = -\frac{n^2}{d} + \sqrt{\left[\frac{n^2}{d}\left(2f + \frac{n^2}{d}\right)\right]}$, dont le calcul numérique n'est pas long, puisque, pour avoir la valeur de toutes les lettres, on n'aura seulement qu'à chercher celle des lignes LV, VB, et la superficie de la partie CFGD. Il est vrai que l'épaisseur de la culée sera un peu plus forte qu'elle ne devrait l'être pour un parfait équilibre, puisqu'ayant calculé cette dernière équation, j'ai trouvé qu'elle donnait 13 pieds 2 pouces 8 lignes au lieu de 11 pieds pour la valeur de $y$; mais comme ce n'est pas l'équilibre que l'on cherche, puisqu'il faut toujours mettre la puissauce résistante au-dessus de l'agissante, il vaut beaucoup mieux, comme je l'ai déja dit, faire abstraction de la partie BQFC pour trouver plus facilement l'épaisseur que l'on demande, et être plus assuré de la solidité de l'ouvrage.

*Remarque seconde.*

43. En cherchant l'épaisseur qu'il fallait donner aux culées, nous n'avons point eu égard au poids dont l'arche pouvait être chargée au-delà du sien propre, de la part des matériaux qui doivent composer la chaussée et des voitures qui passeront dessus, parce que je laisse à la discrétion de ceux qui sont chargés de l'exécution de ces sortes d'ouvrages, d'en augmenter l'épaisseur autant qu'ils le jugeront à propos: je crois que si on l'augmentait d'un sixième de ce que donne le calcul, c'est la plus grande augmentation qu'on puisse faire; c'est-à-dire qu'au lieu de 13 pieds 2 pouces 8 lignes il faudrait lui donner environ 15 pieds et demi.

*Remarque troisième.*

44. Nous avons supposé un pont d'une seule arche, parce que, quand il y en aurait davantage, ce ne serait jamais que la poussée de la première et de la dernière que l'on considérerait, pour leur opposer des culées; puisque les autres qui sont comprises entre celles-ci se soutiennent mutuellement en équilibre sur les piles qui les portent, à moins que ces arches ne soient beaucoup plus grandes que celles des extrémités du pont: car alors il pourrait arriver que la poussée des petites arches soit augmentée par celle des autres plus grandes.

*Remarque quatrième.*

45. Quand on fait des arches d'une grandeur extraordinaire, et qu'on est obligé de donner une épaisseur considérable aux culées, on peut, pour diminuer une trop grande quantité de maçonnerie, donner beaucoup de talus aux extrémités de la culée, comme un tiers ou un quart de la hauteur, ou y faire des contreforts comme on l'a enseigné dans les articles 17 et 20.

*Remarque cinquième.*

46. Si au lieu d'une arche en plein cintre on en avait une surbaissée, on trouverait l'épaisseur qu'il faut donner aux culées, en suivant ce qui a été enseigné dans les articles 30 et 31, puisque, si l'on en excepte quelque particularité qu'il y a ici, et qui ne se trouve pas dans les voûtes, tout le reste est la même chose.

## PROPOSITION SEPTIÈME.

### PROBLÈME.

*Trouver quelle est la portée des voussoirs depuis leur intrados jusqu'à leur extrados, et quelle doit être la largeur des piles pour toute sorte de grandeur d'arche.*

47. Dans tous les édifices où il est question de voûtes, il doit régner une certaine proportion dans les dimensions de leurs parties, d'où dépend toute la solidité. Par exemple, nous venons de voir au sujet des ponts, qu'il fallait qu'il y eût un rapport d'égalité entre la résistance des culées et la poussée des arches. Mais, comme ces arches peuvent être de différente grandeur, il faut absolument que leur épaisseur soit proportionnée à leur ouverture, afin que celle qui aurait 12 ou 15 toises résiste aussi bien au poids des matériaux et des voitures dont elle pourra être chargée, qu'une autre qui n'aurait que 12 ou 15 pieds. Mais la solution de ce problème dépend plutôt de l'intelligence de ceux qui font travailler que de la géométrie : c'est pourquoi il semble que le meilleur parti est de s'en rapporter à l'expérience ; c'est-à-dire, d'examiner avec attention les anciens monuments de cette espèce, afin qu'ayant reconnu la qualité des pierres qu'on y a employées, et la lon-

gueur des voussoirs à plusieurs arches de grandeurs différentes, on soit en état de calculer une table qui puisse servir dans tous les cas qu'on peut rencontrer. C'est ce que M. Gauthier a fait : nul n'était plus capable que lui de remplir un pareil dessein; il a vu et fait la description des plus beaux ponts qui ont été bâtis en France tant par les anciens que par les modernes. Ainsi il me suffira de rapporter la table (1) qu'il a calculée pour la portée des voussoirs : on verra qu'il a eu égard aux pierres dures et à celles qui ne le seraient pas, afin qu'on ait recours à la colonne dont la pierre aurait quelque rapport avec celle qu'on veut employer. Ceux qui n'ont pas une grande connaissance des travaux, seront peut-être surpris de voir dans la colonne où l'on suppose la pierre tendre des voussoirs de 8 et même de 9 pieds de longueur, par la difficulté qu'il y aurait d'avoir des pierres d'un si grand appareil : aussi ne prétend-on pas que ces voussoirs soient absolument composés d'une seule pierre, puisque, quand on n'en a pas d'assez grandes, on les allonge pour faire ce qu'on appelle des *voussoirs sans fin*. C'est ainsi qu'on en a usé pour construire le Pont-Royal des Tuileries à Paris.

*La largeur qu'on doit donner aux piles des ponts par rapport à l'ouverture des arches*, est encore une difficulté sur laquelle les architectes ne s'accordent point, et que la géométrie paraît ne pouvoir entreprendre; puisqu'elle dépend absolument de la consistance de la pierre : car, comme il s'agit de rendre les piles assez fortes pour soutenir le poids des arches, et tout ce qu'elles peuvent porter, il n'y a pas de doute que la pile qui n'aurait qu'une médiocre largeur, et qui serait construite de bonne et grande pierre de taille, ne soutienne plutôt une arche de 15 toises d'ouverture, qu'une autre pile qui aurait deux fois plus de largeur, mais qui n'aurait que le parement de pierre dure, et le dedans rempli de mauvais moellons, n'en soutiendrait une de huit toises. Ce-

(1) Cette table a été publiée par Gauthier, en 1727, dans une *Dissertation sur l'épaisseur des culées des ponts*, etc. Elle est établie sur une règle de Léon-Baptiste Alberti, d'après laquelle la longueur des voussoirs ne doit pas être au-dessous du $\frac{1}{15}$ de l'ouverture de l'arche. Cette règle, comme on le pense bien, n'a aucun fondement. La table ci-dessous indique 8 pieds pour la longueur des voussoirs des voûtes de 120 pieds d'ouverture, telles que celles du pont de Neuilly : l'épaisseur de ces voûtes n'est que que de 5 pieds (*N*).

pendant il est de conséquence de se servir de bonne pierre, pour n'être pas contraint de donner une trop grande largeur aux piles ; parce que, si le lit de la rivière sur laquelle on veut faire un pont est resserré, il est à craindre que le courant de l'eau se trouvant gêné ne renverse le pont dans le temps des grandes inondations, comme cela arrive assez souvent. Un autre inconvénient encore des piles trop larges, c'est que leurs avant-becs présentent de grandes faces qui donnent beaucoup de prise aux glaces quand la rivière charrie, et les chocs violents qui surviennent alors peuvent mettre le pont en danger, comme cela est arrivé au Pont-Marie à Paris. Mais, pour suivre une règle qui détermine la largeur des piles, je crois que celle qui convient mieux est de leur donner la cinquième partie de la largeur des arches ; c'est-à-dire, par exemple, que si l'on a un pont composé de cinq arches, et que celle du milieu ait 60 pieds d'ouverture, les piles qui la soutiendront doivent en avoir 12 de largeur; que si les arches collatérales ont chacune à droite et à gauche 50 pieds d'ouverture, les piles qui leur répondront en auront 10. Il ne faut pourtant pas suivre si constamment cette proportion, qu'on ne s'en écarte quand il se rencontrera quelque circonstance qui pourrait obliger de donner aux piles plus ou moins de largeur, selon que la bonne ou mauvaise qualité des matériaux l'exigerait.

Je crois qu'il est à propos de dire que les arches des ponts doivent toujours être en nombre impair, afin qu'il s'en trouve une grande au milieu qui laisse un passage libre au courant de l'eau, et que cette arche, étant plus élevée, facilite le passage des bateaux chargés.

Voilà ce que je m'étais proposé de dire ici sur les ponts pour faire mention seulement de quelques règles générales qui avaient rapport aux voûtes ; car, comme leur construction demande des connaissances bien au-delà de celles qu'il faut pour les édifices ordinaires, nous reprendrons ce sujet dans l'architecture hydraulique, afin de satisfaire ceux qui ont un intérêt particulier de s'en instruire.

Voici la table dont je viens de parler, où l'on observera que la première et la quatrième colonnes comprennent l'ouverture des arches, qui vont toujours en augmentant selon la suite des nombres naturels.

# TABLE

POUR CONNAÎTRE LA PORTÉE DES VOUSSOIRS, DEPUIS LEUR INTRADOS JUSQU'A LEUR EXTRADOS, POUR TOUTE SORTE DE GRANDEUR D'ARCHE.

| Ouverture des arches. | Voussoirs de pierres dures. | | | Voussoirs de pierres tendres. | | | Ouverture des arches. | Voussoirs de pierres dures. | | | Voussoirs de pierres tendres. | | |
|---|---|---|---|---|---|---|---|---|---|---|---|---|---|
| pieds. | pieds. | pouces. | lignes. | pieds. | pouces. | lignes. | pieds. | pieds. | pouces. | lignes. | pieds. | pouces. | lignes. |
| 1 | 1 | 1 | 6 | 1 | 6 | 0 | 30 | 2 | 3 | 0 | 3 | 0 | 0 |
| 2 | 1 | 1 | 0 | 1 | 7 | 2 | 31 | 2 | 3 | 6 | 3 | 0 | 10 |
| 3 | 1 | 1 | 6 | 1 | 8 | 4 | 32 | 2 | 4 | 0 | 3 | 1 | 8 |
| 4 | 1 | 2 | 0 | 1 | 9 | 6 | 33 | 2 | 4 | 6 | 3 | 2 | 6 |
| 5 | 1 | 2 | 6 | 1 | 10 | 8 | 34 | 2 | 5 | 0 | 3 | 3 | 0 |
| 6 | 1 | 3 | 0 | 2 | 0 | 0 | 35 | 2 | 5 | 6 | 3 | 3 | 10 |
| 7 | 1 | 3 | 6 | 2 | 0 | 8 | 36 | 2 | 6 | 0 | 3 | 4 | 0 |
| 8 | 1 | 4 | 0 | 2 | 1 | 6 | 37 | 2 | 6 | 6 | 3 | 4 | 6 |
| 9 | 1 | 4 | 6 | 2 | 2 | 3 | 38 | 2 | 7 | 0 | 3 | 5 | 0 |
| 10 | 1 | 5 | 0 | 2 | 3 | 0 | 39 | 2 | 7 | 6 | 3 | 5 | 6 |
| 11 | 1 | 5 | 6 | 2 | 4 | 0 | 40 | 2 | 8 | 0 | 3 | 8 | 0 |
| 12 | 1 | 6 | 0 | 2 | 4 | 6 | 41 | 2 | 8 | 10 | 3 | 8 | 10 |
| 13 | 1 | 6 | 6 | 2 | 5 | 0 | 42 | 2 | 9 | 8 | 3 | 9 | 8 |
| 14 | 1 | 7 | 0 | 2 | 6 | 0 | 43 | 2 | 10 | 6 | 3 | 10 | 6 |
| 15 | 1 | 7 | 6 | 2 | 6 | 9 | 44 | 2 | 11 | 4 | 3 | 11 | 4 |
| 16 | 1 | 8 | 0 | 2 | 7 | 0 | 45 | 3 | 0 | 0 | 4 | 0 | 0 |
| 17 | 1 | 8 | 6 | 2 | 8 | 0 | 46 | 3 | 0 | 10 | 4 | 0 | 10 |
| 18 | 1 | 9 | 0 | 2 | 9 | 0 | 47 | 3 | 1 | 8 | 4 | 1 | 8 |
| 19 | 1 | 9 | 6 | 2 | 9 | 3 | 48 | 3 | 2 | 6 | 4 | 2 | 6 |
| 20 | 2 | 10 | 0 | 2 | 9 | 6 | 49 | 3 | 3 | 4 | 4 | 3 | 0 |
| 21 | 1 | 10 | 6 | 2 | 9 | 9 | 50 | 3 | 4 | 0 | 4 | 3 | 10 |
| 22 | 1 | 11 | 0 | 2 | 10 | 0 | 51 | 3 | 4 | 10 | 4 | 4 | 8 |
| 23 | 1 | 11 | 6 | 2 | 10 | 3 | 52 | 3 | 5 | 8 | 4 | 5 | 6 |
| 24 | 2 | 0 | 0 | 2 | 10 | 6 | 53 | 3 | 6 | 6 | 4 | 6 | 4 |
| 25 | 2 | 0 | 6 | 2 | 10 | 9 | 54 | 3 | 7 | 4 | 4 | 7 | 2 |
| 26 | 2 | 1 | 0 | 2 | 11 | 0 | 55 | 3 | 8 | 0 | 4 | 8 | 0 |
| 27 | 2 | 1 | 6 | 2 | 11 | 3 | 56 | 3 | 8 | 10 | 4 | 8 | 10 |
| 28 | 1 | 2 | 0 | 2 | 11 | 6 | 57 | 3 | 9 | 8 | 4 | 9 | 7 |
| 29 | 2 | 2 | 6 | 2 | 11 | 9 | 58 | 3 | 10 | 6 | 4 | 10 | 3 |

## SUITE DE LA TABLE.

| Ouverture des arches. | Voussoirs de pierres dures. | | | Voussoirs de pierres tendres. | | | Ouverture des arches. | Voussoirs de pierres dures. | | | Voussoirs de pierres [illegible] | | |
|---|---|---|---|---|---|---|---|---|---|---|---|---|---|
| pieds. | pieds. | pouces. | lignes. | pieds. | pouces. | lignes. | pieds. | pieds. | pouces. | lignes. | pieds. | pouces. | [illegible] |
| 59 | 3 | 11 | 4 | 4 | 11 | 2 | 90 | 6 | 0 | 0 | 7 | 0 | [illegible] |
| 60 | 4 | 0 | 0 | 5 | 0 | 0 | 91 | 6 | 0 | 10 | 7 | 0 | [illegible] |
| 61 | 4 | 0 | 10 | 5 | 0 | 10 | 92 | 6 | 1 | 8 | 7 | 1 | [illegible] |
| 62 | 4 | 1 | 8 | 5 | 1 | 8 | 93 | 6 | 2 | 6 | 7 | 2 | [illegible] |
| 63 | 4 | 2 | 6 | 5 | 2 | 6 | 94 | 6 | 3 | 4 | 7 | 3 | [illegible] |
| 64 | 4 | 3 | 4 | 5 | 3 | 0 | 95 | 6 | 4 | 0 | 7 | 3 | [illegible] |
| 65 | 4 | 4 | 0 | 5 | 3 | 10 | 96 | 6 | 4 | 10 | 7 | 4 | [illegible] |
| 66 | 4 | 4 | 10 | 5 | 4 | 8 | 97 | 6 | 5 | 8 | 7 | 5 | [illegible] |
| 67 | 4 | 5 | 8 | 5 | 5 | 6 | 98 | 6 | 6 | 6 | 7 | 6 | [illegible] |
| 68 | 4 | 6 | 6 | 5 | 6 | 4 | 99 | 6 | 7 | 4 | 7 | 7 | [illegible] |
| 69 | 4 | 7 | 0 | 5 | 7 | 2 | 100 | 6 | 8 | 0 | 7 | 8 | [illegible] |
| 70 | 4 | 7 | 6 | 5 | 8 | 0 | 101 | 6 | 8 | 10 | 7 | 8 | [illegible] |
| 71 | 4 | 8 | 10 | 5 | 8 | 10 | 102 | 4 | 9 | 8 | 7 | 9 | [illegible] |
| 72 | 4 | 9 | 8 | 5 | 9 | 7 | 103 | 6 | 10 | 6 | 7 | 10 | [illegible] |
| 73 | 4 | 10 | 6 | 5 | 10 | 3 | 104 | 6 | 11 | 4 | 7 | 11 | [illegible] |
| 74 | 4 | 11 | 4 | 5 | 11 | 2 | 105 | 7 | 0 | 0 | 8 | 0 | [illegible] |
| 75 | 5 | 0 | 0 | 6 | 0 | 0 | 106 | 7 | 0 | 10 | 8 | 0 | [illegible] |
| 76 | 5 | 0 | 10 | 6 | 0 | 10 | 107 | 7 | 1 | 8 | 8 | 1 | [illegible] |
| 77 | 5 | 1 | 8 | 6 | 1 | 8 | 108 | 7 | 2 | 6 | 8 | 2 | [illegible] |
| 78 | 5 | 2 | 6 | 6 | 2 | 6 | 109 | 7 | 3 | 4 | 8 | 3 | [illegible] |
| 79 | 5 | 3 | 4 | 6 | 3 | 0 | 110 | 7 | 4 | 0 | 8 | 3 | [illegible] |
| 80 | 5 | 4 | 0 | 6 | 3 | 10 | 111 | 7 | 4 | 10 | 8 | 4 | [illegible] |
| 81 | 5 | 4 | 10 | 6 | 4 | 8 | 112 | 7 | 5 | 8 | 8 | 5 | [illegible] |
| 82 | 5 | 5 | 8 | 6 | 5 | 6 | 113 | 7 | 6 | 6 | 8 | 6 | [illegible] |
| 83 | 5 | 6 | 6 | 6 | 6 | 4 | 114 | 7 | 7 | 4 | 8 | 7 | [illegible] |
| 84 | 5 | 7 | 4 | 6 | 7 | 2 | 115 | 7 | 8 | 0 | 8 | 8 | [illegible] |
| 85 | 5 | 8 | 0 | 6 | 8 | 0 | 116 | 7 | 8 | 10 | 8 | 8 | [illegible] |
| 86 | 5 | 8 | 10 | 6 | 8 | 10 | 117 | 7 | 9 | 8 | 8 | 9 | [illegible] |
| 87 | 5 | 9 | 8 | 6 | 9 | 7 | 118 | 7 | 10 | 6 | 8 | 10 | [illegible] |
| 88 | 5 | 10 | 6 | 6 | 10 | 3 | 119 | 7 | 11 | 4 | 8 | 11 | [illegible] |
| 89 | 5 | 11 | 4 | 6 | 11 | 2 | 120 | 8 | 0 | 0 | 9 | 0 | [illegible] |

## CHAPITRE QUATRIÈME,

*Qui comprend des règles pour trouver l'épaisseur des piédroits des voûtes de toute sorte d'espèces, par le seul calcul des nombres, pour l'intelligence de ceux qui ne savent pas l'algèbre.*

48. Je me suis engagé au commencement de ce second livre à donner des règles pour trouver l'épaisseur des piédroits des voûtes, afin de se passer du calcul algébrique, et contribuer à la satisfaction des personnes qui, quoique très-habiles d'ailleurs dans l'architecture militaire ou civile, ne s'y sont point appliquées. Quand on écrit pour le public, et qu'il s'agit d'un ouvrage comme celui-ci, il faut autant qu'il est possible faire en sorte d'être entendu de tout le monde, principalement de ceux qui se contentent de savoir la pratique des choses, et qui veulent bien s'en rapporter à la bonne foi d'un auteur : soumission qu'il faut avoir nécessairement quand on ne peut en juger par soi-même. Car, comme il est une infinité de sujets qu'on ne peut comprendre sans des connaissances préliminaires, il ne dépend pas toujours de lui de se rendre intelligible à ceux qui ignorent le langage dont il est obligé de se servir, ce qui fait qu'avec les expressions les plus claires il n'en paraît pas moins obscur. Mais j'espère qu'il viendra un temps où les géomètres, les physiciens, les ingénieurs et les architectes penseront à-peu-près de même. Il y a quatre-vingts ans qu'on savait à peine ce que c'était que l'algèbre : aujourd'hui il y a peu de personnes qui se mêlent de science, qui n'en sachent assez pour s'en servir utilement, et je ne doute point qu'à l'avenir on ne l'apprenne aussi communément que l'arithmétique.

Pour remplir parfaitement le dessein que je me suis proposé dans ce chapitre, je n'y supposerai rien de ce qui a été dit dans les précédents; je ferai comme si je commençais seulement à parler des voûtes, ce qui m'obligera à des répétitions indispensables. Mais, comme je ne parle pas à ceux qui pourront se passer de ce que je vais dire, ils auraient mauvaise grace de s'en plaindre, d'autant plus qu'ils ne seront peut-être pas fâchés de faire usage des pratiques dont il va être question, pour se dispenser d'un calcul plus composé. Car il est à propos que l'on sache que les opérations que l'on va faire m'ont été fournies par les formules algébriques que l'on a vues à la fin de chaque proposition des II^e et III^e chapitres, et que je n'aurais pu imaginer sans leur secours. Cependant les calculs en sont plus courts que ceux que l'on a vus dans les applications des mêmes chapitres, parce que j'en ai supprimé quelques circonstances dont on pouvait se passer, et en cela je me suis un peu relâché de cette grande précision que l'on exige en matière de géométrie, mais toujours en faveur de la pratique, c'est-à-dire en faveur de la solidité de l'édifice que l'on voudrait construire, puisque les épaisseurs des piédroits que nous allons trouver auront deux ou trois pouces de plus que n'auraient donné les règles les plus exactes.

## PROPOSITION PREMIÈRE.

### PROBLÈME.

*Trouver l'épaisseur des piédroits d'une voûte en plein cintre, pour être en équilibre avec la poussée qu'ils ont à soutenir.*

49. Quand on veut connaître l'épaisseur qu'il faut donner aux piédroits d'une voûte, de quelque figure qu'elle puisse être, soit en plein cintre, elliptique, en tiers-point, etc., il faut d'abord être prévenu de quatre choses essentielles : la première, la largeur et la hauteur de la voûte dans œuvre ; la seconde, l'épaisseur de cette voûte à l'endroit des reins ; la troisième, sa figure extérieure, et la quatrième, la hauteur des piédroits. Ensuite il suffit de savoir un peu de géométrie pratique et la racine carrée, pour trouver le reste, comme on va le voir dans les exemples suivants.

*Premier Exemple.*

PL. IV. FIG. 7. 50. On propose une voûte en plein cintre, dont l'extrados serait circulaire, comme dans la figure 7, qu'il faut considérer sans se mettre en peine de la signification des lignes, dont nous ne ferons pas mention : on suppose que la hauteur BS des piédroits est de 15 pieds, le rayon AB de 12, et l'épaisseur de la voûte de 3 pieds; par conséquent le rayon EA ou AF sera de 15. Cela posé, pour trouver l'épaisseur PS des piédroits, il faut se proposer quatre opérations.

Pour la première, il faut chercher la superficie des deux cercles qui auraient pour rayon AC et AE (c'est-à-dire, 12 et 15 pieds), prendre le quart de leur différence (et l'on aura 64 pieds quarrés), qu'il faut diviser par la hauteur du piédroit (c'est-à-dire par 15), et le quotient donnera 4 pieds 3 pouces 4 lignes, que nous nommerons premier terme.

Pour la seconde, il faut ajouter au rayon AC la moitié de l'épaisseur de la voûte, pour avoir la ligne AL (de 13 pieds et demi), qu'il faut quarrer et prendre la moitié du produit (c'est-à-dire 91 pieds 1 pouce 6 lignes), et en extraire la racine quarrée (qu'on trouvera de 9 pieds 10 pouces), qu'on ajoutera à la hauteur du piédroit, et l'on aura 24 pieds 10 pouces, que nous nommerons deuxième terme.

Pour la troisième, il faut ajouter ensemble le premier et le second termes (*c'est-à-dire* 4 pieds 3 pouces 4 lignes et 24 pieds 10 pouces, pour avoir 29 pieds 1 pouce 4 lignes), qu'on multipliera par le premier (4 pieds 3 pouces 4 lignes), et le produit donnera 124 pieds 6 pouces 4 lignes pour la valeur du troisième terme.

Enfin, pour la quatrième opération, il faut extraire la racine quarrée du troisième terme (j'entends de 124 pieds 6 pouces 4 lignes), qui est à-peu-près 11 pieds 1 pouce 8 lignes), et en soustraire la valeur du premier (c'est-à-dire 4 pieds 3 pouces 4 lignes) : la différence, qui est 6 pieds 10 pouces 4 lignes, sera l'épaisseur qu'il faut donner aux piédroits.

*Second exemple.*

51. Si l'on avait une voûte en plein cintre, dont l'extrados, au lieu d'être circulaire, fût terminé par deux plans GH et GI, comme dans la figure 10, l'on trouvera l'épaisseur de ses piédroits en faisant encore quatre opérations semblables aux précédentes, puisqu'il n'y aura que la première qui sera un peu différente, la voûte n'étant pas la même que ci-devant. PL. IV FIG. 10.

Supposant le rayon AB de 12 pieds, la hauteur BS des piédroits de 15, l'épaisseur FC de 3 dans le milieu des reins, et que l'angle HGI soit droit, on aura le quarré AFGW, dont le côté AF sera de 15 pieds.

Cela posé, pour la première opération, il faut chercher la superficie du quarré GFAW, et en retrancher le quart de cercle CA, etc., diviser la différence (qui sera 112 pieds) par la hauteur BS des piédroits (c'est-à-dire par 15 pieds), et le quotient donnera 7 pieds 5 pouces 7 lignes pour la valeur du premier terme.

La seconde opération se fera en ajoutant la moitié de l'épaisseur de la voûte FC au rayon AB pour avoir la ligne LA (de 13 pieds et demi), qu'il faut quarrer, prendre la moitié du produit, dont on extraira la racine (qui sera de 9 pieds 10 pouces), qu'on ajoutera à la hauteur du piédroit, pour avoir 24 pieds 10 pouces, valeur du second terme.

Pour la troisième opération, il faut ajouter le premier terme (7 pieds 5 pouces 7 lignes) au second (24 pieds 10 pouces), multiplier leur somme (qui est 32 pieds 3 pouces 7 lignes) par le premier (7 pieds 5 pouces 7 lignes), et le produit sera 241 pieds 1 pouce 3 lignes pour le troisième terme.

Enfin, pour la quatrième opération, on extraira la racine quarrée du troisième terme (241 pieds 1 pouce 3 lignes, et on trouvera qu'elle est de 15 pieds 6 pouces 2 lignes), d'où il faut soustraire la valeur du premier terme (7 pieds 5 pouces 7 lignes) : la différence sera 8 pieds 7 lignes pour l'épaisseur qu'il faut donner aux piédroits.

### *Remarque.*

52. Je viens de supposer que l'angle HGI était droit; mais s'il était obtus ou aigu, il faudrait encore chercher la superficie du quadrilatère AFGW, et en retrancher toujours le quart de cercle CA, etc., car quel que puisse être ce quadrilatère, on aura sans doute l'épaisseur CD au sommet de la voûte, par conséquent la ligne GA, et l'autre AF, aussi bien que l'angle FAG, qui suffiront pour connaître le reste.

### *Troisième exemple.*

Pl. IV. Fig. 11. 53. Si le dessus de la voûte était terminé par une plate-forme, comme dans la figure 11, il suffira de connaître l'épaisseur GD de cette voûte à l'endroit de la clef, le rayon AB, et la hauteur BS des piédroits, pour avoir l'épaisseur PS, en faisant encore quatre opérations.

Pour la première, il faut quarrer la ligne GA composée du rayon et de l'épaisseur de la voûte, du produit en soustraire le quart du cercle CAY, et diviser la différence par la hauteur des piédroits, afin d'avoir le premier terme : à l'égard des trois autres opérations, comme elles sont toutes semblables à celles des deux exemples précédents, il est inutile de les répéter.

## PROPOSITION SECONDE.

### Problême.

*Trouver l'épaisseur qu'il faut donner aux piédroits des voûtes elliptiques ou surbaissées.*

54. Pour avoir une parfaite intelligence de ce problême, je conseille à ceux qui ne se sont point appliqués au chapitre précédent, de lire avec attention l'article 30, où il est parlé de la manière de tracer une ellipse, ce qui leur suffira pour me suivre.

Ayant une voûte elliptique, comme dans la figure 8, dont on connaît les demi-axes BH et HD, on commencera par diviser le quart d'ellipse BD en deux également au point L, duquel on abaissera sur DH et HB les perpendiculaires LK et LV, dont on cherchera la valeur avec le secours de l'échelle ; et supposant que BH soit de 12 pieds et HD de 8, on trouvera que LK ou VH est de 7 pieds 6 pouces, et LV ou KH de 6 pieds 3 pouces ; et faisant la hauteur BS du piédroit de 15 pieds, comme à l'ordinaire, il faut, pour en avoir l'épaisseur, se proposer cinq opérations. Pl. V. Fig. 8.

Pour la première, il faut dire : comme le quarré de DH (de 64 pieds) est au quarré de BH (de 144), ainsi la ligne KH (de 6 pieds 4 pouces) est à la ligne KA, qu'on trouvera de 14 pieds 9 lignes, qui est le premier terme dont nous avons besoin.

Pour la seconde opération, il faut chercher la superficie des deux ellipses, dont la première aurait pour demi-axe BH et HD (de 12 pieds et de 8), et la seconde pour demi-axe HE et HG (de 15 pieds et de 4, parce qu'on suppose que la voûte a encore 3 pieds d'épaisseur) : on retranchera la petite ellipse de la grande, et on prendra le quart de la différence (que l'on trouvera de 54 pieds), qu'il faut diviser par la hauteur du piédroit : le quotient sera de 3 pieds 2 pouces 4 lignes pour le second terme.

Pour la troisième opération, il faut ajouter la ligne LV (qu'on a trouvée de 6 pieds 3 pouces) à la hauteur du piédroit (pour avoir 21 pieds 3 pouces), qu'il faut multiplier par le premier terme (14 pieds 9 pouces), et diviser le produit par la valeur de LK (qui est de 7 pieds 6 pouces) : le quotient sera d'environ 41 pieds 10 pouces pour le troisième terme.

A l'égard de la quatrième, il faut ajouter le second terme au troisième (pour avoir 41 pieds 10 pouces), qu'on multipliera par la valeur du second (c'est-à-dire par 3 pieds 2 pouces), et le produit sera à-peu-près 144 pour le quatrième terme.

Enfin la ~~quatrième~~ cinquième opération se fera en extrayant la racine quarrée du quatrième terme (ce qui sera de 12 pieds), de laquelle il faut soustraire le second (3 pieds 2 pouces 4 lignes), et la différence donnera 8 pieds 9 pouces 8 lignes pour l'épaisseur des piédroits.

*Remarque.*

Fig. 8. 55. Si l'extrados de la voûte, au lieu d'être elliptique, était terminé par deux plans, 5, 6, et 5, 4, comme on le pratique aux magasins à poudre et aux souterrains, il faudrait, au lieu de suivre ce qui est dit dans la seconde opération, chercher la superficie du quadrilatère AF, 5, 3, (formé par l'angle F, 5, 3, et les deux lignes AF et A 3, qui ont été tirées des points L et 2 milieux des quarts d'ellipses DB et D 7, au point A que l'on a trouvé par la première opération), en soustraire la figure mixtiligne ALD 2, et diviser le restant par la hauteur du piédroit, afin d'avoir un quotient qui donnera le second terme : quant aux autres opérations, elles sont les mêmes que celles dont nous venons de parler.

## PROPOSITION TROISIÈME.

### Problème.

*Trouver l'épaisseur qu'il faut donner aux piédroits des voûtes en tiers-point.*

Pl. VI. Fig. 1. 56. Ayant une voûte en tiers-point dont on veut connaître l'épaisseur des piédroits, il faut d'abord savoir à quelle distance les centres G et H, qui ont servi à décrire les deux arcs de la voûte, sont du point A milieu de BI, leur position étant arbitraire et dépendant du plus ou moins d'élévation qu'on veut donner à la voûte, il faut savoir comme on les a déterminés et toujours dans la ligne BI; car s'ils étaient au-dessus ou au-dessous, comme je l'ai vu dans quelque ouvrage assez mal conçu, la voûte serait très-défectueuse, parce que son imposte ferait un jarret avec le piédroit, et aurait beaucoup moins de force pour résister au choc des bombes, si on la construisait pour couvrir un magasin à poudre ou quelque autre édifice militaire. Nous supposerons donc qu'ils sont dans le milieu des lignes BA et AI, qui étant chacune de 12 pieds, HB ou HD sera de 18, et HA de 6 : de l'autre côté, faisant la voûte de 3 pieds d'épaisseur, et donnant encore 15 pieds à la hauteur BS des piédroits, on trouvera le reste en suivant les cinq opérations que voici.

Pour la première opération, il faut chercher par la trigonométrie l'angle AHD du triangle rectangle DAH, duquel on connaît les deux côtés DH et HA (et on trouvera qu'il est de 70 degrés 30 minutes).

Pour la seconde, il faut chercher la superficie des deux cercles qui auraient pour rayon HB et HE (de 18 et de 21 pieds), en prendre la différence (qu'on trouvera de 368 pied quarrés), ensuite dire : Comme 360 degrés est à la valeur de l'angle DHB (de 70 degrés 30 minutes, que l'on a trouvé dans l'opération précédente), ainsi la différence des deux cercles (368) est à un quatrième terme (qu'on trouvera de 71 pieds 6 pouces 8 lignes), qu'il faut diviser par la hauteur (15) des piédroits, et le quotient sera 4 pieds 9 pouces 3 lignes pour le premier terme.

Pour la troisième, on tirera la ligne HF par le milieu C de l'arc BD (qui donnera 35 degrés 15 minutes pour l'angle LVH, par la première opération (et du point L, milieu de FC, on abaissera la perpendiculaire LV, on aura le triangle rectangle LVH, duquel on connaît les angles et le côté HL (de 19 pieds et demi) : ainsi, par les calculs ordinaires, on trouvera 11 pieds 3 pouces pour le côté LV et 16 pieds pour l'autre VH ; et, pour ne pas confondre ces deux grandeurs dans les calculs suivants, nous nommerons 11 pieds 3 pouces second terme, et 16 pieds troisième terme.

Pour la quatrième opération, il faut ajouter le second terme (11 pieds 3 pouces) à la hauteur du piédroit (et l'on aura 26 pieds 3 pouces), qu'on multipliera par le second terme même (c'est-à-dire par 11 pieds

3 pouces), diviser le produit (295 pieds 4 pouces) par le troisième (j'entends par 16 pieds), ajouter le quotient (18 pieds 5 pouces 6 lignes) au premier terme (4 pieds 9 pouces 3 lignes), et multiplier la somme (qui est 23 pieds 2 pouces 2 lignes) par le premier terme (4 pieds 9 pouces 3 lignes): le produit sera environ 110 pieds 9 pouces 9 lignes pour le quatrième terme.

Enfin, pour la cinquième opération, on extraira la racine quarrée du quatrième terme (c'est-à-dire de 110 pieds 9 pouces 9 lignes, qu'on trouvera d'environ 10 pieds 6 pouces 2 lignes), d'où il faut soustraire le premier terme (4 pieds 9 pouces 3 lignes) : la différence sera 5 pieds 8 pouces 11 lignes, qui est l'épaisseur qu'il faut donner aux piédroits.

*Remarque.*

57. Si l'extrados de la voûte, au lieu d'être curviligne comme nous le venons de supposer, était terminé par deux plans, 5, 4, et 5, 6, il faudrait, dans la seconde opération, chercher la valeur du quadrilatère QF 5, 3 (formé par l'angle F 5, 3, et les deux lignes QF et Q 3, qui ont été tirées des centres G et H, pour diviser les arcs DB et DI en deux également) en retrancher la figure mixtiligne QCD 2, et diviser le restant par la hauteur du piédroit, le quotient sera le premier terme. A l'égard des autres opérations, elles doivent être de même que les précédentes.

## PROPOSITION QUATRIÈME.

### Problême.

*Trouver l'épaisseur qu'il faut donner à des piédroits qui soutiendraient une plate-bande.*

Pl. VI. Fig. 8. 58. La plate-bande est une espèce de voûte qui a la figure d'un plafond : son usage le plus ordinaire est d'être employée dans les grands édifices où il y a des péristyles, comme au vieux Louvre à Paris, ou bien on s'en sert aux portes cochères; et alors, comme cette voûte a beaucoup de poussée, on peut, pour la soulager du poids qu'elle aurait à porter, faire un arc de décharge comme je l'ai dit ailleurs. M. Abeille, ingénieur du canal de Picardie, a imaginé une construction de plate-bande fort ingénieuse ; la coupe des clavaux en est singulière, et contribue beaucoup à diminuer la poussée que les piédroits auraient à soutenir. J'en aurais volontiers fait la description, si elle était venue à ma connaissance avant que les planches de ce second livre fussent gravées.

Quand on veut construire une plate-bande LDEF, on décrit sur la ligne LF qui en doit déterminer l'étendue, un triangle équilatéral LAF, dont le point A sert de centre pour trouver la coupe des clavaux : ainsi les lignes LD et EF ( qui ne sont autre chose que les côtés du triangle prolongé ), marquent les joints des deux derniers clavaux qui s'appuient sur les coussinets, de sorte que c'est le trapèze LDEF qui cause la poussée que les piédroits ont à soutenir : or, si l'on suppose la ligne LF de 24 pieds, l'épaisseur CK de 3, et la hauteur LS des piédroits de 15, il faut, pour en trouver l'épaisseur, se proposer quatre opérations.

La première est de chercher la valeur de la perpendiculaire AK par le moyen du triangle LAK, dont le côté LA étant double de LK, l'un sera de 12, et l'autre de 24, qui donneront 20 pieds 9 pouces 4 lignes pour KA, que nous nommerons premier terme.

La deuxième est de chercher la superficie du trapèze LDCK ( que l'on trouvera d'environ 38 pieds 3 pouces ), qu'il faut diviser par la hauteur du piédroit ( qui est de 15 ), et l'on aura 2 pieds 6 pouces 7 lignes pour le second terme.

Pour la troisième, il faut diviser la valeur de la ligne AK ( c'est-à-dire 20 pieds 9 pouces 4 lignes ) par le quart de la largeur LF de la plate-bande ( qui est 6 ), multiplier le quotient ( 3 pieds 5 pouces 6 lignes ) par la superficie du trapèze LDCK ( que l'on a trouvé, dans la seconde opération, de 38 pieds 3 pouces ), et le produit sera de 2 pieds 3 pouces 4 lignes pour le troisième terme.

Enfin, pour la quatrième opération, il faut quarrer le deuxième terme ( 2 pieds 6 pouces 7 lignes ), et ajouter le produit ( 6 pieds 5 pouces 9 lignes ) au troisième ( 2 pieds 3 pouces 4 lignes ) de la somme ( qui est 138 pieds 9 pouces 1 ligne ), extraire la racine quarrée ( qui sera de 11 pieds 9 pouces 4 lignes ), de laquelle retranchant la valeur du second terme ( j'entends 2 pieds 6 pouces 7 lignes ) la différence 9 pieds 2 pouces 9 lignes sera l'épaisseur qu'il faut donner aux piédroits pour soutenir la poussée de la plate-bande dans l'état d'équilibre.

*Remarque.*

58. Quoique les règles que nous venons d'enseigner dans les quatre problêmes précédents, aient donné un peu plus d'épaisseur qu'il ne fallait aux piédroits pour être en équilibre avec la poussée qu'ils avaient à soutenir, on prendra garde que cette petite augmentation ne suffit pas dans la pratique, où il faut que la puissance résistante soit toujours beaucoup au-dessus de celle qui agit, afin que l'ouvrage en soit plus solide : c'est pourquoi il est à propos d'en augmenter l'épaisseur d'un sixième de ce qu'on aura trouvé par le calcul ; ou bien, si on l'aime mieux, on pourra, sans y faire aucune augmentation, fortifier les piédroits par les contreforts, ce qui est le parti le plus convenable et le plus conforme à l'usage, du moins quand il s'agit des ouvrages qui ont rapport à la fortification, étant les seuls que j'ai envisagés. Car j'aurais pu dans les chapitres précédents, aussi bien que dans celui-ci, parler de la construction des voûtes des églises et de celles des autres édifices qui demandent de la légèreté et une certaine hardiesse : peut-être même que les idées que j'ai là-dessus pourraient mériter l'attention des curieux, principalement des architectes ; mais je n'ai pas voulu m'écarter de mon sujet, ni trop m'étendre sur ce qui aurait pu me distraire des autres parties qui doivent composer la suite de mon ouvrage.

Je ne dirai rien non plus de la manière de déterminer la longueur des contreforts par rapport à leur épaisseur et leur distance, parce que je n'aurais pu le faire que par des opérations très-composées ; mais comme on peut s'en passer, puisque les personnes qui sont dans l'usage de faire travailler ont ordinairement assez de connaissances pour prendre d'eux-mêmes de justes mesures, les quatre propositions précédentes leur suffiront.

## PROPOSITION CINQUIÈME.

### Problême.

*Trouver l'épaisseur qu'il faut donner aux culées des ponts de maçonnerie pour soutenir en équilibre la poussée des arches.*

Pl. VI. Fig. 6. 59. Voulant faire un pont composé d'une arche en plein cintre BDI, il faut élever sur le cintre A la perpendiculaire AG, et diviser le quart de cercle BD en deux également par le rayon AF, ensuite mener la ligne MK parallèle à EA; en sorte qu'elle passe par le point L, milieu de l'épaisseur FC de l'arche, et alors elle déterminera la hauteur la plus convenable à donner à la culée MPSQ. Or, supposant le rayon AB de 36 pieds, l'épaisseur FC ou GD de 6, et la hauteur BS de 12, on trouvera l'épaisseur PS de la culée en faisant les quatre opérations suivantes.

Pour la première, il faut quarrer la ligne AL (de 39 pieds), prendre la moitié du produit et en extraire la racine (qu'on trouvera de 27 pieds 7 pouces), pour avoir la valeur de chaque côté LV ou VA du triangle rectangle LAV, et l'on aura en même temps la partie BV (de 8 pieds 5 pouces qu'il faut écrire à part, parce qu'on en aura besoin dans la troisième opération): ensuite ajouter ensemble les lignes LV et BS, pour avoir la hauteur MP de la culée de 39 pieds 7 pouces, qui sera le premier terme.

Pour la seconde, il faut chercher la valeur des deux cercles des rayons AD et AG (c'est-à-dire, de 36 et de 42 pieds), en prendre la différence et la huitième partie de cette différence (qu'on trouvera de 184 pieds carrés), qu'il faut diviser par le premier terme (j'entends par 39 pieds 7 pouces), et le quotient donnera 4 pieds 7 pouces 9 lignes pour le second terme.

Pour la troisième, il faut soustraire la partie BV (de 8 pieds 5 pouces qu'on a trouvée dans la première opération) du premier terme (39 pieds 7 pouces) la différence (31 pieds 2 pouces), doubler, et l'on aura 62 pieds 4 pouces pour le troisième terme.

Enfin pour la quatrième, il faut ajouter le second terme (4 pieds 7 pouces 9 lignes) au troisième (62 pieds 4 pouces, pour avoir 66 pieds 11 pouces 9 lignes), qu'on multipliera par le second terme, et extraire la racine carrée du produit (311 pieds, qu'on trouvera de 17 pieds 7 pouces 9 lignes), de laquelle retranchant le second (4 pieds 7 pouces 9 lignes), la différence sera 13 pieds pour l'épaisseur de la culée; et si on l'augmente d'un sixième, suivant la remarque précédente, il faudra lui donner 15 pieds 2 pouces, pour mieux soutenir le poids de la chaussée du pont et des voitures qui passeront dessus.

*Remarque.*

Quoique les calculs précédents soient bien aisés, j'en aurais volontiers dispensé ceux qui n'en ont pas l'habitude, si j'avais pu donner des tables pour trouver l'épaisseur des piédroits des voûtes dans toute sorte de cas; mais c'est ce qui ne m'a pas paru possible, vu que les édifices où on les emploie sont sujets à une infinité de circonstances différentes, soit par leur figure ou par leur solidité, selon les usages auxquels on les destine : et si l'on savait ce qu'il m'en a coûté pour réduire la théorie aux pratiques que je viens d'enseigner, l'on conviendrait que, tout bien considéré, on n'a pas lieu d'être mécontent de moi, puisque j'ai fait tout ce qui était en mon pouvoir pour m'accommoder aux différents génies de mes lecteurs, comme on s'en apercevra encore mieux dans la suite.

## NOTE SUR LA THÉORIE DES VOUTES.

La théorie des voûtes développée par Bélidor dans ce IIe livre, et dont la première idée, comme on l'a vu ci-dessus, est due à Lahire, a été généralement adoptée jusqu'à ces derniers temps. La véritable analyse du problême n'a été publiée pour la première fois qu'en 1809, dans le *Traité de la Construction des ponts*, liv. II, chap. IV. Mais elle avait été indiquée, dès l'an VI (1797), dans la *Dissertation sur les dégradations du Panthéon français*, de M. Gauthey, et confirmée quelques années après par des expériences très-curieuses, faites par M. Boistard. Ces expériences, citées comme manuscrites dans le *Traité de la Construction des ponts*, liv. II, chap. IV, ont été imprimées en 1810, dans la IIe part. du *Recueil des Mémoires extraits de la bibliothèque des Ponts et Chaussées*, par M. Lesage, 2e édition. On trouve également dans ce même Recueil des tables pour les épaisseurs des culées des voûtes, calculées par MM. Perronet et Chézy, d'après l'hypothèse de Lahire, en admettant pour les voûtes en anse de panier que le point de rupture est situé, non au milieu de la demi-voûte, comme le suppose Bélidor, mais au point de jonction des arcs, cette voûte étant décrite par trois arcs de cercle du sixième de la circonférence. Ces mêmes tables sont aussi imprimées dans la seconde édition du *Cours de construction* de M. Sganzin. Quant à l'histoire des différentes recherches auxquelles la théorie des voûtes a donné lieu, je renverrai au *Traité de la Construction des ponts*, à l'endroit cité ci-dessus. Mais je vais reprendre ici l'analyse du problème, en me bornant, comme l'a fait Bélidor, à considérer les voûtes *en berceau*, c'est-à-dire celles dont les surfaces de l'intrados et de l'extrados sont cylindriques.

Soit une voûte exécutée telle que A C *a*, et supposons qu'elle se maintienne en équilibre. La forme de l'intrados AB*a* étant donnée, et supposant comme Bélidor que les voussoirs sont posés à sec les uns sur les autres, ou faisant abstraction de l'adhérence des mortiers, les conditions de cet équilibre dépendent évidemment d'un certain rapport entre le poids de la partie supérieure et celui des parties inférieures, et c'est ce rapport qu'il s'agit de trouver, et qui donnera les relations qui doivent exister d'après la forme de la voûte entre son épaisseur au sommet, la hauteur et l'épaisseur de ses piédroits.

Supposons que, en menant de chaque côté les plans D'E', *d'e'*, on retranche une portion des piédroits, ce qui diminuera leur pesanteur, et par conséquent la résistance dont ils sont capables. A mesure que les lignes D'E', *d'e'* s'éloigneront de DE, *de*, la force du piédroit diminuera, et ces lignes arriveront à une position telle, que cette force ne sera plus capable de faire équilibre au poids de la partie supérieure de la voûte, et que cette voûte s'écroulera. Supposons que les lignes D'E' et *d'e'* s'arrêtent dans la position qui convient à l'équilibre, et hors de laquelle les piédroits sont trop faibles ou plus forts qu'il n'est nécessaire; alors la voûte sera prête à se rompre. PLANCHE VI *bis*, FIG. 1.

Cette disposition à la *rupture*, qui ne consiste que dans une disjonction ou un commencement de séparation entre les parties supérieures et les parties inférieures de la voûte, s'annoncera de chaque côté par l'ouverture d'un joint dans les reins, situé par exemple en KL et *kl*; en sorte que la partie supérieure KC*k* exercera de chaque côté une certaine pression contre KL et *kl*. Or, il est visible que cette pression, quelle qu'elle soit, ne peut tendre à partager les piédroits dans un point quelconque de leur hauteur; elle ne peut avoir d'autre effet que de les faire tourner autour des arêtes extérieures D' et *d'* de leur base, et c'est ce dont il est facile de se convaincre; car, en supposant le plan KL poussé par une certaine force, et comparant le moment de cette force et le moment de stabilité du piédroit, en admettant que ce piédroit soit rompu dans l'un quelconque des joints compris entre KL et AD', on s'assurera que le moment de la force augmente par rapport à celui du poids du piédroit, à mesure que ce joint de rupture est pris plus bas, et que le premier moment est le plus grand possible par rapport au second, lorsque ce joint est placé en AD'. Donc, les parties inférieures D'L et *d'l* formeront une seule masse dans la rupture de la voûte, en tournant autour de leurs arêtes extérieures D' et *d'*.

Admettons présentement que la voûte ayant commencé à se rompre, les parties inférieures se soient un peu déversées, en sorte que les points K et *k* aient décrit de très-petits arcs de cercle autour des points D' et *d'* comme centres, et voyons ce qui arrivera dans la partie supérieure KC*k*. Si cette partie était faite d'une seule pierre, elle descendrait verticalement pendant le mouvement des parties inférieures, en glissant sur les arêtes K et $k$, et le frottement qui s'exercerait sur ces arêtes s'opposerait à ce mouvement, et apporterait à la chûte de la voûte une résistance qui s'ajouterait à la stabilité du piédroit. Si la partie supérieure de la voûte est faite de deux pierres, en sorte qu'il y ait un joint en BC, il n'en sera pas de même; et quand les deux arêtes K et $k$ s'écarteront par l'effet du mouvement de rotation des piédroits, les deux pierres, au lieu de glisser sur ces arêtes, suivront leur mouvement en s'appuyant l'une contre l'autre en C, et ouvrant leur joint commun en B. Pour s'en convaincre, il suffit d'observer que, par ce genre de mouvement, le centre de gravité commun des deux parties KC, $kc$, descend beaucoup plus pour un écartement donné des parties inférieures, qu'il ne pourrait le faire dans le cas où ces deux pierres, n'en faisant qu'une seule, glisseraient sur les deux arêtes K et $k$; et c'est évidemment par cette condition que la nature du mouvement de la partie supérieure de la voûte doit être déterminée. On voit d'ailleurs que, comme il n'y aura aucun glissement, le frottement n'entrera pour rien dans la résistance du piédroit. Si on admet enfin que cette partie supérieure soit divisée en un nombre quelconque de voussoirs, les choses s'y passeront encore comme dans le cas précédent; car, dans le mouvement de chacune des deux parties KC et $kc$, les voussoirs qui les composent étant soumis à des pressions qui s'exerceront du point C aux points K et $k$, tendront à demeurer appliqués les uns contre les autres comme s'ils ne formaient qu'un seul corps, de la même manière que les assises des piédroits lorsqu'ils tournent autour des arêtes D et $d$.

Il résulte de cette analyse que, au moment où une voûte est prête à se rompre, elle se sépare en quatre parties dont les deux inférieures portent sur leurs bases par les arêtes D′ et $d'$, et dont les deux supérieures portent sur les inférieures par les arêtes K et $k$, en s'appuyant l'une contre l'autre par l'arête C. Si la rupture a lieu, ces quatre parties tournent autour de ces cinq arêtes comme sur des charnières, jusqu'à ce que les points K et $k$ se soient tellement écartés, que leur distance horizontale soit devenue égale à la somme des deux lignes KC et $kc$. Alors la partie supérieure n'étant plus soutenue tombe verticalement, et la voûte s'écroule tout-à-fait. Si on joint les arêtes qui servent d'axes à ces mouvements de rotation par les lignes D′K, KC, $dk$, $k$C, on pourra considérer ces lignes comme des leviers mobiles à leurs extrémités sur des charnières, et chargés chacun du poids des portions de voûte qui leur correspondent, et il est évident que les conditions de l'équilibre de ces leviers sont absolument les mêmes que celles de la voûte, en sorte qu'il faudra concevoir que le poids de la partie supérieure KC$k$, décomposé dans le sens des lignes CK, $ck$, est une force appliquée aux extrémités K, $k$, des leviers D′K, $d'k$, qui tend à les faire tourner en dehors autour des points fixes D′ et $d'$, tandis que le poids des parties inférieures D′E′, $d'e'$, tend à faire tourner ces mêmes leviers en dedans, et c'est de l'équilibre de ces forces que dépend la stabilité de la voûte. Quant aux joints de rupture K et $k$, ils sont placés dans le lieu où la voûte est la plus faible, ou, pour s'exprimer avec plus de rigueur, dans le lieu où le moment des pressions exercées en K, $k$, qui tendent à renverser les piédroits D′L′, $d'l'$, pris par rapport aux points fixes D′, $d'$, est le plus grand possible par rapport au moment du poids de ces piédroits, pris par rapport aux mêmes points.

Supposons maintenant qu'au lieu de diminuer l'épaisseur des piédroits on diminue celle de la voûte, en menant la courbe ponctuée L'C'l'. Il résultera de cette diminution que l'angle des deux lignes CK, $ck$, qui deviennent C'K, $c'k$, diminuera, en sorte que les pressions résultant du poids de la partie supérieure de la voûte, et exercées suivant ces lignes, augmenteront. De plus, ces mêmes lignes se trouvant former un angle plus grand avec la direction des leviers DK, $dk$, la force avec laquelle ces pressions tendent à faire tourner les parties inférieures autour des points D, $d$, augmentera, en sorte qu'il pourra arriver, quoique la valeur absolue du poids de la partie supérieure KC'$k$ ait diminué proportionnellement davantage que la valeur du poids des parties inférieures DL', $d$L', que cependant la poussée de la voûte ait augmenté, d'où il résulte qu'au-delà d'une certaine limite la voûte cesserait de se soutenir. PLANCHE VI *bis*. FIG. 2.

Admettons ensuite qu'on augmente l'épaisseur de la voûte en prolongeant les voussoirs jusqu'à la ligne ponctuée L'' C'' $l''$. Les lignes CK, C$k$, devenant C''K, C''$k$, leur inclinaison diminuera, ainsi que l'angle qu'elles forment avec les leviers D$d$, $dk$. Ces deux causes tendront à faire diminuer la poussée de la voûte; mais le poids absolu de la partie supérieure augmentant dans un plus grand rapport que celui des piédroits, ce qui tend à augmenter cette poussée, et fait compensation, la forme de la voûte peut être telle que la poussée augmente en même temps que son épaisseur, et qu'au-delà d'une certaine limite, cette poussée devienne plus grande que la résistance des piédroits.

Ainsi, en général, l'épaisseur d'une voûte étant donnée, la limite inférieure de l'épaisseur de ses piédroits est aussi donnée; et réciproquement l'épaisseur des piédroits étant donnée, les limites supérieures et inférieures de l'épaisseur de la voûte sont aussi données.

Observons maintenant qu'il peut y avoir des circonstances où l'effet de la poussée ne soit point de renverser les parties inférieures en les faisant tourner autour de l'arête extérieure de leur base. En effet, la pression qui s'exerce suivant la ligne KD étant inclinée sur les joints des assises de la partie inférieure, elle se décompose à leur rencontre en deux forces, l'une perpendiculaire à ces joints, détruite par la résistance de la pierre, et l'autre qui leur est parallèle, et tend à faire glisser les parties supérieures sur ces joints; en sorte que, si ce glissement peut s'opérer, et que le frottement et l'adhérence des mortiers n'y opposent pas une résistance suffisante, la rupture de la voûte aura lieu. Il est évident que, dans l'équilibre de la voûte considéré sous ce nouveau point de vue, la position des joints de rupture sera autre que dans le premier cas; mais ils se trouveront toujours placés dans le lieu où l'effort des parties supérieures sera le plus grand possible par rapport à la résistance que les parties inférieures lui opposent.

On voit qu'en examinant avec attention la nature du système formé par une voû on découvre facilement quels sont les mouvements qui peuvent s'y manifester, comment on doit établir les conditions de son équilibre. Cependant l'erreur dans quelle Lahire et Parent étaient tombés à ce sujet, avait tellement égaré les esprits, q ce n'est qu'après des observations multipliées et des expériences spéciales qu'on a r connu que ces mouvements étaient tels que je viens de les décrire. Comme ces obse vations et ces expériences sont rapportées en détail dans les ouvrages cités ci-dessu je me dispenserai de les donner ici, d'autant plus qu'elles ne font que confirmer l résultats que je viens d'obtenir, sur lesquels il ne reste présentement aucun doute. me bornerai donc à développer ces résultats, en exposant la solution des principa problèmes qui concernent les voûtes.

I. *Une voûte étant donnée, déterminer la position des joints de rupture dans le cas o les piédroits seraient renversés.*

PLANCHE VI *bis*. FIG. 3. Soit une voûte quelconque, telle que AC*a*, dans laquelle on veut trouver les joint KL, *kl*, où la rupture se ferait dans les reins, si les piédroits étaient trop faible Menons les lignes DK et C*k*, *dk* et C*k*, qui seront la direction des quatre leviers ass jétis à tourner autour des points D, K, C, *k*, *d*, et chargés respectivement des poid des portions de voûte correspondantes, et considérons seulement une des moitiés de l voûte. Nommons $\mu$ le poids de la partie DK, et $\mu''$ celui de la partie CK.

Soit $x'$ et $y'$ les distances horizontales et verticales du point K au point fixe D; $x''$ et $y''$ celles du point C au point K; M et N étant les points où les verticales passan par les centres de gravité des portions de voûte DK et KC rencontrent les leviers, soient $\alpha'$ la distance horizontale du point M au point D, et $\alpha''$ celle du point N au point K.

Une partie du poids $\mu''$ suspendu en N est portée par le point K, et a pour expre sion $\mu''\dfrac{\text{CN}}{\text{CK}}=\mu''\dfrac{x''-\alpha''}{x''}$. Une autre partie est portée par le point C, et a pou expression $\mu''\dfrac{\text{NK}}{\text{CK}}=\mu''\dfrac{\alpha''}{x''}$. La partie CK de la voûte chargeant le point C d'un poids égal à ce dernier, ce point se trouve chargé en totalité du poids $2\mu''\dfrac{\alpha''}{x''}$, lequel étant décomposé dans le sens des deux lignes CK, *ck*, donne pour la valeur de ses com posantes

$$\mu''\frac{\alpha''\sqrt{x''^2+y''^2}}{x''y''}.$$

En supposant cette dernière force appliquée en K, on peut la remplacer par deux autres, l'une horizontale, dont l'expression sera $\mu''\dfrac{\alpha''}{y''}$, et l'autre verticale, qui est $\mu''\dfrac{\alpha''}{x''}$. D'un autre côté, la partie du poids $\mu'$ suspendu en M, portée par le point K, est $\mu' \frac{DM}{DK} = \mu' \frac{\alpha'}{x'}$. Ainsi l'extrémité K du levier DK se trouve soumise à la force verticale $\frac{\mu' \alpha'}{x'} + \frac{\mu'' (x'' - \alpha'')}{x''} + \frac{\mu'' \alpha''}{x''}$, ou $\frac{\mu' \alpha'}{x'} + \mu''$, laquelle tend à l'affermir dans sa position, et à la force horizontale $\mu'' \frac{\alpha''}{y''}$, laquelle tend à le renverser. Le moment de cette dernière force, pris par rapport au point D, est

$$\mu'' \frac{y'}{y''} \alpha''; \qquad (A)$$

celui de la première, pris par rapport au point, est

$$\mu' \alpha' + \mu'' \alpha''; \qquad (B)$$

et la position des joints de rupture KL et $kl$ dépend du rapport des deux moments (A) et (B) : ces joints seront placés dans l'endroit de la voûte où le moment (A) sera le plus grand possible par rapport au moment (B). Ainsi, faisant différentes hypothèses sur la position du point K, et calculant pour chacune la valeur de ces deux moments, on trouvera la position des joints de rupture en comparant ces deux valeurs, et choisissant le point où le rapport de la première à la seconde est le plus grand.

Pour que la voûte puisse se maintenir en équilibre, il faut que le moment (B) soit partout plus grand que (A).

*La position du point de rupture est quelquefois donnée par la forme de la voûte.* Par exemple, dans la voûte en arc de cercle AC$a$, les joints de rupture sont placés en KL, $kl$, et on pourrait faire varier dans des limites assez étendues l'épaisseur des piédroits, celle de la voûte, et le surbaissement de l'arc KB$k$, sans que ces joints de rupture changeassent de position. PLANCHE VI *bis.* FIG. 4.

Dans une voûte en plate-bande, le point de rupture est toujours à la jonction de la plate-bande et du piédroit.

II. *Une voûte étant donnée, déterminer la position des joints de rupture, dans le cas où les parties inférieures glisseraient sur les piédroits.*

Il faut remarquer, dans le cas où les parties inférieures doivent céder en glissant, que la séparation doit se faire aux joints EF et $ef$, où sont placées les naissances; car, de tous les joints qui existent dans la hauteur des piédroits, ce sont eux qui se trouvent les moins chargés, et où conséquemment le frottement oppose le moins de résistance. Cela posé, KL et $kl$ étant par hypothèse la position des joints de rupture, le système des leviers FK, KC, $fk$, $k$C, susceptibles de tourner sur les points K, C, $k$, et de glisser sur les lignes horizontales EF, $ef$, représentera le système de la voûte. Nommant $\mu_{\prime}$ le poids de la portion FK, $\mu_{\prime\prime}$ celui de la portion KC; $x_{\prime}$ et $y_{\prime}$ les distances horizontales et verticales du point K au point F, $x_{\prime\prime}$ et $y_{\prime\prime}$ les mêmes distances du point C PLANCHE VI *bis.* FIG. 5.

au point K, $\alpha'$ et $\alpha_{\prime\prime}$ les distances horizontales aux points F et K des points de rencontre M et N des verticales passant par les centres de gravité de $\mu_{\prime}$ et $\mu_{\prime\prime}$ avec les leviers FK et KG, on trouvera, comme dans le problême Ier, que la partie supérieure de la voûte exerce au point K une pression dirigée dans le sens CK qui équivaut à une force horizontale représentée par $\frac{\mu_{\prime\prime}\alpha_{\prime\prime}}{y_{\prime\prime}}$, et à une force verticale représentée par $\mu_{\prime\prime}$. D'un autre côté, le levier FK est chargé du poids $\mu_{\prime}$. En décomposant ces trois forces dans la direction de ce levier, et les ajoutant on aura pour représenter la pression qui s'exerce dans le sens KF,

$$\left[\mu_{\prime} x_{\prime} + \mu_{\prime\prime}\left(1 + \alpha_{\prime\prime}\frac{y_{\prime}}{y_{\prime\prime}}\right)\right]\frac{\sqrt{x_{\prime}^2 + y_{\prime}^2}}{x_{\prime} y_{\prime}}.$$

Cette force, supposée appliquée au point F, s'y décompose en deux autres, l'une horizontale, dirigée dans le sens FE, qui tend à opérer le glissement, et dont la valeur est

$$\left[\mu_{\prime} x_{\prime} + \mu_{\prime\prime}\left(1 + \alpha_{\prime\prime}\frac{y_{\prime}}{y_{\prime\prime}}\right)\right]\frac{1}{y_{\prime}}; \qquad \text{(C)}$$

l'autre verticale, dont la valeur est

$$\left[\mu_{\prime} x_{\prime} + \mu_{\prime\prime}\left(1 + \alpha_{\prime\prime}\frac{y_{\prime}}{y_{\prime\prime}}\right)\right]\frac{1}{x_{\prime}};$$

et c'est le frottement que cette dernière force fait naître qui forme la résistance de la voûte. Nommant $f$ le rapport de la pression normale au frottement, on aura pour l'expression de cette résistance

$$f\left[\mu_{\prime} x_{\prime} + \mu_{\prime\prime}\left(1 + \alpha_{\prime\prime}\frac{y_{\prime}}{y_{\prime\prime}}\right)\right]\frac{1}{x_{\prime}}, \qquad \text{(D)}$$

en sorte que la position des joints de rupture dépendra du rapport des deux forces (C) et (D), et que les joints seront placés dans l'endroit où la première sera la plus grande possible par rapport à la seconde.

Si on veut avoir égard à la résistance au glissement provenant de l'adhérence produite par les mortiers, nommant $g$ la force d'adhérence sur l'unité de surface et $a$ l'aire du joint FG, cette résistance sera représentée par $ga$, et en l'ajoutant à celle du frottement, on aura pour la résistance totale

$$f\left[\mu_{\prime} x_{\prime} + \mu_{\prime\prime}\left(1 + \alpha_{\prime\prime}\frac{y_{\prime}}{y_{\prime\prime}}\right)\right]\frac{1}{x_{\prime}} + ga. \qquad \text{(E)}$$

Ce sera alors du rapport des expressions (C) et (E) que dépendra la position des joints de rupture. Ils seront placés dans l'endroit où la valeur de la force (C) sera la plus grande possible par rapport à celle de la force (E). Quant aux expressions numériques des constantes $f$ et $g$, on peut employer dans la pratique les valeurs $f = 0{,}76$, $g = 6960$ kilogrammes, le mètre carré étant l'unité de surface. (Voyez à ce sujet le *Traité de la Construction des ponts*, liv. II, chap. III.)

III. *Une voûte étant donnée, déterminer l'épaisseur que ses piédroits doivent avoir pour résister à la poussée, dans le cas où ces piédroits seraient renversés.*

Je suppose que l'intrados de la voûte et son épaisseur BC sont donnés, ainsi que les hauteurs de ses piédroits, et qu'il s'agit de fixer leur épaisseur AD, *ad.* PLANCHE VI *bis.* FIG. 3.

En égalant les expressions ci-dessus des deux moments (A) et (B), on a l'équation

$$\mu'\alpha' + \left(1 - \frac{y'}{y''}\right)\mu''\alpha'' = 0, \qquad \text{(F)}$$

qui exprime les conditions nécessaires pour que l'équilibre ait lieu dans la voûte, en supposant que le point K soit le joint de rupture. Il est évident que l'épaisseur AD du piédroit doit être déterminée de manière à ce que, dans cette supposition, cette équation se trouve satisfaite.

Pour faire cette détermination, on fera une hypothèse sur la position du point K : les quantités $x'$, $y'$, $x''$, $y''$, $\alpha''$ et $\mu''$, qui dépendent de la position de ce point, se trouveront données. On exprimera les quantités restantes $\alpha'$ et $\mu'$ en fonction de l'épaisseur AD, puis, substituant toutes ces valeurs dans l'équation (F), on aura une équation entre AD et des quantités connues, qui montera au second degré, et d'où on tirera la valeur de cette quantité. Faisant ensuite une seconde hypothèse sur la position du point K, on obtiendra par le même moyen une seconde valeur pour AD, et ainsi de suite. La plus grande des valeurs de AD obtenues de cette manière sera l'épaisseur cherchée, et la position correspondante du point K sera celle des joints de rupture. (Voyez pour les applications numériques le *Traité de la Construction des ponts.*)

Il est aisé de concevoir que ce procédé s'applique à toutes les voûtes, quelle que soit leur forme.

IV. *Une voûte étant donnée, déterminer la résistance de ses parties inférieures, dans le cas où elles glisseraient sur les piédroits.*

Ce problème est analogue au précédent, et se résoudra d'une manière semblable. Égalant les forces (C) et (D), ou les forces (C) et (E) si on a égard à l'adhérence des mortiers, on aura l'une ou l'autre de ces deux équations d'équilibre

$$\left.\begin{aligned} \left(\frac{1}{y_{,}} - \frac{f}{x_{,}}\right)\left[\mu_{,}x_{,} + \mu_{,,}\left(1 + \alpha_{,,}\frac{y_{,}}{y_{,,}}\right)\right] &= 0, \\ \left(\frac{1}{y_{,}} - \frac{f}{x_{,}}\right)\left[\mu_{,}x_{,} + \mu_{,,}\left(1 + \alpha_{,,}\frac{y_{,}}{y_{,,}}\right)\right] - ga &= 0, \end{aligned}\right\} \quad \text{(G)}$$

qui devront être satisfaites pour que la voûte puisse subsister. Ainsi, faisant une hypothèse sur la position du point K, ce qui donnera les valeurs des quantités $\mu_{,,}$, $x_{,,}$, $y_{,,}$ et $\alpha_{,,}$, on exprimera les autres quantités, soit en fonction de l'épaisseur FG $= a$, de la voûte à la naissance, si on veut faire varier cette épaisseur, soit en fonction de la PLANCHE VI *bis.* FIG. 5.

hauteur d'un massif de maçonnerie dont on pourrait charger le joint FG; l'équation (G) donnera la valeur de cette épaisseur ou de cette hauteur qui convient à l'équilibre. En faisant de la même manière diverses hypothèses sur la position du point K, on aura autant de valeurs correspondantes pour la quantité dont dépend la résistance de la voûte. La plus grande de ces valeurs sera celle qu'il faudra adopter pour mettre les parties inférieures dans le cas de résister à la poussée des parties supérieures.

V. *Une voûte étant donnée, déterminer sa plus grande et sa plus petite épaisseur.*

La complication des formules et les quantités transcendantes introduites par la nature du cercle ne permettant pas de résoudre directement ce problème, on emploiera un tâtonnement, comme on l'a fait dans les problèmes précédents. Reprenant l'équation (F), on fera, en partant de zéro, différentes hypothèses sur l'épaisseur BC de la voûte, et on fixera pour chacune l'épaisseur correspondante AD que doivent avoir les piédroits, au moyen du problème III. Les épaisseurs des piédroits formeront une suite de nombres qui, en général, iront en diminuant depuis l'infini jusqu'à une certaine valeur finie qui sera leur *minimum*, puis augmenteront depuis ce *minimum* jusqu'à l'infini. Si le *minimum* de l'épaisseur des piédroits se trouvait plus grand que l'épaisseur donnée AD, il faudrait en conclure que la voûte ne peut subsister, quelle que soit la valeur qu'on donne à BC. Mais si le *minimum* des épaisseurs des piédroits est au-dessous de AD, il est évident que dans la suite des valeurs de ces épaisseurs il s'en trouvera deux qui seront égales à AD. Les valeurs correspondantes de BC seront les deux limites cherchées.

Dans le cas où la poussée de la voûte tendrait à faire glisser les parties inférieures, on emploierait un procédé absolument semblable, en faisant usage de l'équation d'équilibre (G) et du problème IV.

VI. *Une voûte étant donnée, déterminer si elle est capable ou non de porter une charge donnée.*

La solution de ce problème ne peut offrir aucune difficulté d'après ce qui précède. Il faut observer en premier lieu que la position des joints de rupture dépendant des poids respectifs dont sont chargés les quatre leviers dont le système représente la voûte, cette position varie en même temps que les rapports de ces poids. Cela posé, on fera diverses hypothèses sur la position des joints de rupture, et calculant d'après ces hypothèses quels sont les poids portés par les leviers, on vérifiera si ces poids rendent le moment (B) $\searrow$ (A), condition sans laquelle la voûte ne pourrait subsister.

PLANCHE VI *bis.* FIG. 6. Pour en donner quelques exemples, soit la voûte AC*a* chargée d'une certaine épaisseur de matières, en maçonnerie, terres, pavé, etc. Les poids des parties supérieures augmentant dans un plus grand rapport que celui des parties inférieures, il est visible que la poussée augmentera. Supposant les joints de rupture placés en KL, *kl*, il faudra vérifier si le moment (B) est toujours > (A), en supposant que le poids $\mu'$ qui charge le levier DK est augmenté du poids de la charge EG qui répond au piédroit, et que $\mu''$ qui charge le levier KC est augmenté du poids de la charge LF qui répond à la partie supérieure. Et comme l'effet d'une semblable surcharge est en général de faire remonter les joints de rupture vers la clef, il faudra faire particulièrement cette vérification, en prenant le point K au-dessus de la position qu'il aurait si la voûte n'était point chargée. On aura d'ailleurs égard dans cette opération au déplacement du centre de gravité des poids portés par les leviers, résultant de l'addition des charges EG, LF.

Si la charge, au lieu d'être répartie sur toute la longueur de la voûte, était seulement placée sur le sommet, son effet serait encore d'augmenter la poussée. Mais ici la résistance des piédroits ne recevrait aucune augmentation. Il faudrait donc, plaçant les joints de rupture dans un endroit quelconque KL, examiner si, $\mu'$ représentant seulement le poids de la portion de voûte DL, le moment (B) se trouve toujours plus grand que (A), en supposant que $\mu$ représente le poids de la portion KC, augmenté de la moitié de celui de la charge CF, le centre de gravité de $\mu''$ étant rapproché du sommet suivant que le demande le rapport du poids GK à celui de CF. PLANCHE VI *bis*. FIG. 7.

Dans la plupart des voûtes, et particulièrement dans celles des ponts, on charge les reins d'un massif de maçonnerie EFC, *efc*. Si la voûte est en plein cintre, ou peu surbaissée, ce massif augmentant très-peu le poids des parties supérieures, et étant porté presque entièrement par les parties inférieures, n'augmente point la poussée, en sorte que son addition n'exige aucune augmentation dans l'épaisseur des piédroits, et quelquefois même permettrait de diminuer cette épaisseur s'il était construit avant que la voûte ne fût décintrée. Mais il n'en est pas de même pour les voûtes très-surbaissées, et particulièrement pour celles en arc de cercle. PLANCHE VI *bis*. FIG. 8.

L'addition du massif EFC, *efc*, augmentant proportionnellement beaucoup plus le poids des parties agissantes que celui des parties résistantes, la poussée augmenterait. Il faudrait donc vérifier, de la manière indiquée ci-dessus, si l'augmentation de cette poussée ne rend pas le moment (A) > (B), et dans le cas où cela arriverait, augmenter convenablement l'épaisseur des piédroits. PLANCHE VI *bis*. FIG. 9.

Si la charge additionnelle ne portait que sur les piédroits, il est évident qu'elle n'aurait d'autre effet que d'augmenter leur résistance; ainsi, non seulement on n'aurait point à craindre que la poussée augmentât, mais encore on pourrait diminuer l'épaisseur de ces piédroits, dans lesquels l'augmentation du poids suppléerait à la diminution de son bras de levier.

Mais si cette charge, quoique ne portant que sur les parties résistantes, et conséquemment ne pouvant augmenter la poussée de la voûte, était telle que son centre de gravité tombât en dedans des points A et *a*, elle pourrait en occasioner la rupture par un effet dont je n'ai pas encore parlé, et qui cependant ne doit pas être passé sous silence. Soient alors KL et *kl* les joints dans lesquels la séparation des parties supé- PLANCHE VI *bis*. FIG. 10.

rieure et inférieure doit se faire. Les parties AE, $ae$, tendant à tomber en dedans, tournant autour des points A et $a$, les points L et $l$ tendront à se rapprocher. Si portion de voûte KC$k$ était d'une seule pièce, par l'effet de ce rapprochement elle se soulèverait verticalement en glissant sur les arêtes L, $l$. En la supposant de deux pièces séparées par un joint placé en CB, ce glissement n'aura pas lieu, et ces deux pièces se soulèveront en s'appuyant l'une contre l'autre en B, et portant contre les parties inférieures en L, $l$. Ce mouvement continuera jusqu'à ce que les parties AL, $ae$, aient pris une inclinaison telle que la chûte totale de la voûte ait lieu. En sorte que, si on joint les axes de rotation A, L, B, $l$, $a$, par des lignes droites, le système des quatre leviers AL, LB, $al$, $l$B, dont chacun serait chargé du poids de la portion de voûte correspondante, représentera le système de la voûte. La considération de ce système conduira à une équation d'équilibre analogue à l'équation (F), et qui devra être vérifiée pour que la voûte puisse subsister. Il faudra donc s'assurer, dans le cas où les reins d'une voûte supporteraient une charge additionnelle très-considérable, si son épaisseur est assez grande pour que cette voûte ne soit point rompue et son sommet soulevé par l'effet de cette charge. La position des points de rupture est donnée dans ce cas par la condition que le moment (B) y soit le plus grand possible par rapport au moment (A), et il sera nécessaire pour que le nouvel équilibre que je viens de considérer puisse subsister, et que le premier reste toujours plus petit que le second.

Enfin il pourrait se faire que la voûte portât un fluide dont la pression s'exerce perpendiculairement aux surfaces. Il faudrait alors, supposant le joint de rupture placé en KL, déterminer la pression que supporterait DL, et qui serait dirigée suivant une certaine ligne telle que $pq$. On composera ensuite cette force avec le poids $\mu'$ de la portion DK, et le moment de la résultante de ces deux forces, pris par rapport au point D, remplacera celui qui a été représenté ci-dessus par $\mu'\ \alpha'$. On fera une opération semblable pour la partie supérieure KC, c'est-à-dire, qu'on cherchera la valeur de la pression qui a lieu sur LC, et qui sera dirigée suivant une ligne telle que $st$; puis on prendra la résultante de cette force et du poids $\mu''$ de la portion de voûte KC. Cette résultante, au point où elle rencontre le levier KC, pourra être décomposée en deux forces, l'une horizontale, qui sera détruite par une force égale fournie par l'autre moitié de la voûte, et l'autre verticale, qui remplacera le poids $\mu'$, considéré dans le problème Ier. On examinera donc si la poussée résultant de l'action de cette force verticale ne rend point le moment (A) > (B), ce qui empêcherait l'équilibre de subsister dans la voûte.

PLANCHE VI *bis*. FIG. 11.

S'il y avait de l'eau non seulement en dehors de la voûte, mais en dedans, comme cela a lieu pour les voûtes des ponts, l'effet de ce fluide étant de diminuer la pesanteur spécifique des parties de la voûte qui y sont plongées, il faudrait avoir égard à cette circonstance.

J'ai supposé dans ce qui précède que la poussée de la voûte tend à renverser les parties inférieures. Si elle tendait à les faire glisser, on emploierait, pour examiner l'effet d'une charge additionnelle, des considérations analogues à celles que je viens d'exposer, et la seule différence serait qu'il faudrait avoir égard à d'autres conditions d'équilibre indiquées dans les problèmes II et IV.

Il est facile de juger, par ce qui précède, de la manière dont il faudrait s'y prendre pour établir l'équilibre dans une voûte où il n'existerait point, sans rien changer à ses dimensions. On y parviendrait en augmentant convenablement par des charges additionnelles le poids des parties qui tendent à se soulever ou à glisser.

VII. *L'intrados d'une voûte étant donné, déterminer l'extrados par la condition que cette voûte n'ait aucune poussée.*

Soit donné l'intrados AB*a* d'une voûte, et la direction des joints des voussoirs, et supposons que le joint de rupture soit placé dans un endroit quelconque, tel que KL. Il est évident que le poids de la portion KC ne peut occasioner de poussée qu'autant que son centre de gravité tombe entre les points K et C. Donc, si la ligne CL a été tracée de manière à ce que le centre de gravité de la portion KC tombe toujours en dehors du point K, quel que soit le lieu du joint KL, la partie supérieure n'exercera aucun effort qui tende à renverser les parties inférieures. PLANCHE VI *bis*. FIG. 12.

Si c'était l'extrados qui fût donné, et qu'il fallût déterminer la forme de l'intrados pour que la voûte ne produisît point de poussée, le problème se résoudrait encore de la même manière.

Ces problèmes sont peu susceptibles d'application, parce qu'il sera toujours plus convenable de s'opposer à la poussée d'une voûte en chargeant les piédroits, ou en les faisant plus épais, que de déterminer la forme de l'extrados, de manière que cette poussée soit nulle.

VIII. *Une voûte étant donnée, déterminer la valeur des pressions que supportent les voussoirs dans ses différentes parties.*

On voit par le problème Ier que la force horizontale avec laquelle les parties supérieures de la voûte repoussent les parties inférieures, a pour expression

$$\mu'' \frac{\alpha''}{y''}; \qquad \text{(H)}$$

cette force est évidemment celle avec laquelle les deux moitiés de la voûte appuient l'une contre l'autre au sommet, et représente par conséquent la pression supportée par la pierre qui s'y trouve placée.

Pour avoir la valeur de la pression qui a lieu dans les reins près les joints de rupture, il faut observer que le levier KC porte le poids $\mu''$; ce poids, décomposé dans le sens de ce levier, donne pour la pression qu'il occasione au point K,

$$\mu'' \frac{\sqrt{x''^2 + y''^2}}{y''}. \qquad \text{(I)}$$

Enfin, à l'égard de la pression qui s'exerce sur les points D, $d'$; par l'effet du poids et de la poussée de la voûte, et qui est dirigée suivant les leviers DK, $dk$, on a déjà obtenu dans le problème II son expression, qui est, en changeant les accents,

$$\left[\eta' x' + \eta'' \left(1 + \alpha'' \frac{y'}{y''}\right)\right] \frac{\sqrt{x'^2 + y'^2}}{x' y'}. \qquad \text{(K)}$$

Il est aisé de concevoir que la plus grande valeur de ces forces a lieu dans les cas où les points K et $k$ sont les joints de rupture, et que leurs expressions sont les mêmes lorsque les parties inférieures de la voûte doivent glisser, en changeant seulement les accents des lettres.

PLANCHE VI *bis*. FIG. 13. On pourrait proposer beaucoup d'autres problèmes sur les voûtes; mais je finirai par celui-ci, qui peut être très-utile dans la pratique.

IX. *Une voûte étant donnée, déterminer la pression que supporte son cintre en charpente dans les diverses époques de la construction.*

On sait que les premières assises d'une voûte se soutiennent sans le secours du cintre, de sorte qu'il n'en reçoit aucune charge jusqu'à ce que le plan de joint fasse avec l'horizon un angle tel, que sa tangente trigonométrique soit égale au rapport du frottement à la pression. Il paraît que, quand les voussoirs sont posés sur cales, et quand ils sont mis à sec les uns sur les autres, ce rapport doit être également évalué à très-peu près à 0,8 (1); d'où il résulte que le voussoir qui commence à faire porter au cintre une partie de son poids, doit avoir son plan de joint incliné à l'horizon d'environ 42 grades. Quant à la charge soutenue par le cintre, il est visible que nommant $\theta$ l'angle d'inclinaison du plan de joint inférieur, $m$ le poids du voussoir, et $f$ le rapport du frottement à la pression normale, cette charge est égale à une force qui agit perpendiculairement à la surface du cintre, et qui a pour expression

$$m\,(\sin.\,\theta - f\cos.\,\theta).$$

La charge du cintre s'évaluera en calculant la valeur de cette expression pour les différentes assises qui seront posées successivement, jusqu'à ce qu'on soit arrivé à un voussoir M tellement incliné, que la verticale passant par son centre de gravité tombe sur l'arête R du voussoir immédiatement inférieur. Alors il arrivera de deux choses l'une : si l'angle TRE formé par la surface du cintre avec une ligne horizontale DE est plus petit que 42 grades, le voussoir M se soutiendra sur le cintre sans porter sur les voussoirs inférieurs; mais si cet angle est plus grand, les voussoirs inférieurs por-

(1) Voyez le Mémoire de Peronnet sur le cintrement et le décintrement des ponts, et le Traité de la Construction des ponts, tome 1er, page 343.

teront une partie du poids du voussoir M. Il est facile de s'assurer que le dernier de ces deux cas n'arrivera presque jamais, et que le premier est le seul qu'il faille prendre en considération. A partir du voussoir M, la charge du cintre s'estimera donc par le poids entier des voussoirs posés successivement. La position du voussoir M dépend d'ailleurs de la courbure de la voûte et du rapport des dimensions des voussoirs.

Mais, si dans le premier moment le voussoir M et les suivants n'exercent aucune action sur les voussoirs inférieurs, il n'en est pas de même lorsque le tassement du cintre vient à faire des progrès sensibles. Comme ce tassement ne peut s'opérer sans que l'arc AS ne vienne à se raccourcir, cet arc résiste comme une portion de voûte à la pression qui s'exerce à son extrémité supérieure. Tant que cette pression n'est pas assez forte, il conserve sa forme et sa position, et ce sont les voussoirs situés au-dessus de M qui sont forcés de céder en se déversant un peu. Mais dès qu'on a posé au-dessus de M un assez grand nombre d'assises pour que leur stabilité soit supérieure à la résistance de la portion de voûte AS, cette dernière est forcée de se briser en deux parties qui s'écartent du cintre, et il s'établit deux points de rupture aux extrémités AD et RS, et un troisième en un certain joint tel que KL. La position de ce dernier joint se déterminera d'ailleurs évidemment par la condition que les moments de stabilité des deux parties AL et KS, pris par rapport au point B, soient égaux. PLANCHE VI *bis*. FIG. 14.

Il est visible maintenant que la partie inférieure AR du cintre se trouvera entièrement dégagée, mais que la partie RB, outre le poids des voussoirs RX, supportera encore une certaine pression résultante de la poussée de la voûte rampante AS. Il sera facile, connaissant le poids et la forme de la portion KS, d'avoir la valeur de cette pression, qu'on pourra concevoir dirigée suivant la ligne SF perpendiculaire au joint SR, laquelle rencontrera en F la verticale passant par le centre de gravité commun des voussoirs RX. Supposant ensuite la pression qui s'exerce suivant SF, et le poids des voussoirs RX, appliqués au point de rencontre F de leurs directions, on prendra la résultante de ces deux forces, qui sera dirigée suivant une ligne FH, et représentera la charge totale que supporte le cintre. Une force égale sera fournie par l'autre moitié de la voûte.

Les effets dont nous venons de parler se présentent également dans une voûte en plein cintre, en anse de panier et en arc de cercle, à moins que cette dernière ne soit formée par un arc tellement surbaissé, que le premier voussoir, à partir des naissances, commence à porter entièrement sur le cintre. Alors la charge du cintre est due au poids total des voussoirs, et le calcul de cette charge est plus simple.

### *Circonstances physiques de la Construction des voûtes.*

J'ai supposé dans les considérations précédentes, que les voûtes étaient composées de voussoirs parfaitement durs, et j'ai fait abstraction tant du degré de consistance de la pierre qui ne lui permet que de supporter une pression déterminée, que de la compressibilité des cales et des mortiers qui remplissent les joints. Je vais à présent examiner quelles modifications ces circonstances physiques peuvent apporter aux résultats ci-dessus.

Il faut distinguer en premier lieu deux manières de construire les voûtes, dont il résulte des effets très-différents. 1° Ou on emploie des pierres qui ont exactement la forme qui convient à chaque voussoir d'après l'épure de la voûte, et qui sont posées les unes sur les autres, en se touchant sur toute la surface de leurs plans de joints; 2° ou bien on emploie des pierres dont les joints n'ont pas été taillés avec beaucoup d'exactitude, et qui ne portent les unes contre les autres que par l'intermédiaire de quelques cales et d'un lit de mortier, qui sont toujours plus ou moins compressibles.

Dans le premier cas, en supposant que les conditions d'équilibre de la voûte, telles qu'elles sont données dans les problèmes précédents, aient été remplies, il ne pourra s'y manifester aucun mouvement après la construction : il n'y aura point de tassement, et auprès même des points de rupture les pierres porteront exactement l'une contre l'autre dans toute la longueur des joints. Mais il pourra arriver que les dimensions données à certaines parties de la voûte soient trop faibles pour que la pierre supporte la pression qui y a lieu. C'est ce qu'on vérifiera par le moyen des expressions (G), (I), (K), du problème VIII, en comparant la force de la pierre d'après la surface des joints à la pression qu'elle supporte, et dont ces expressions donnent les valeurs. On se convaincra facilement au surplus, par le calcul, que dans les cas ordinaires la force des pierres calcaires employées dans les constructions est toujours supérieure aux pressions auxquelles elles se trouvent exposées dans les voûtes; mais c'est d'après le rapport de ces pressions à cette force qu'on pourra déterminer les limites de l'ouverture et du surbaissement qu'il est possible de donner à une voûte (1).

Quand on emploie le second genre de construction, il arrive, à raison de la compressibilité des joints, et quoique les conditions de l'équilibre de la voûte aient été satisfaites, qu'il s'y manifeste des tassements. Le resserrement des joints dans les parties inférieures produit le même effet que si ces parties cédaient à la poussée, en sorte que les parties supérieures s'abaissent de la même manière que si la voûte se rompait, et ces mouvements ne s'arrêtent qu'après que les joints ont acquis toute leur compression. Il est aisé de juger, d'après ce qui précède, des circonstances qui accompagneront ces mouvements, et de prévoir 1° qu'il s'établira de chaque côté dans les reins un point de rupture près duquel les voussoirs ne porteront les uns contre les autres que par leur arête inférieure, et où les joints s'ouvriront à l'extrados; 2° qu'à la clé le joint s'ouvrira à l'intrados, les voussoirs ne s'appuyant l'un contre l'autre que sur leur arête supérieure; 3° que les piédroits ne porteront sur la fondation que par l'arête extérieure de leur base.

La connaissance de ces effets indique les précautions qu'on doit prendre dans l'exécution. On voit d'abord qu'il faut surhausser la voûte, afin qu'après le tassement

(1) On trouvera dans le livre suivant les notions nécessaires sur la force des pierres.

elle revienne à la forme qui lui a été assignée d'apres l'épure. Il faut aussi avoir égard aux divers resserrements ou ouvertures qui auront lieu dans les joints, et en faisant ces joints plus larges dans les endroits où ils doivent se resserrer, et plus étroits dans ceux où ils doivent s'ouvrir, les obliger à offrir par-tout la même épaisseur après que le tassement s'est opéré. On doit encore donner au derrière de la fondation des piédroits, un large empattement, pour prévenir l'effet de la poussée, dont l'effort se reporte entièrement à cet endroit.

Les résultats du tassement d'une voûte obligent non seulement à prendre dans leur exécution certaines précautions dont je viens d'indiquer les principales, mais ils peuvent encore influer sur la détermination des dimensions des parties de la voûte, et particulièrement de l'épaisseur au sommet. Pour le faire concevoir, je remarquerai que, en raison du tassement, les voussoirs auprès des joints de rupture, qui devraient porter les uns contre les autres sur toute la surface de leurs plans de joint, ne portent plus que sur une portion de cette surface, d'autant plus petite que le tassement est plus grand, et qui se réduirait même à une arête si ce tassement était très-considérable. Il résulte de cette circonstance que la pression qui a lieu près de ces points, au lieu de se répartir sur toute la surface du joint, n'étant plus portée que par une petite portion de cette surface, tend à faire éclater les voussoirs, et c'est ce qui arrive effectivement dans les grandes voûtes quand la pierre n'est pas très-bonne, et que le tassement est considérable. Il y a donc, indépendamment même de la crainte de voir la forme de la voûte altérée, et les joints présenter des largeurs irrégulières, un motif très-puissant pour rendre le tassement d'une voûte le plus faible possible. Or, il est aisé de voir que, toutes choses égales d'ailleurs, ce tassement sera d'autant moins grand que l'épaisseur de la voûte au sommet sera plus considérable. Car, soit la voûte KCK, le tassement dépendra du resserrement des joints PLANCHE VI *bis*. FIG. 4.
d'après lequel les longueurs des lignes KC, *kc*, diminuant d'une certaine quantité, leur point de jonction C s'abaissera. Mais plus l'angle KC*k* sera petit, et moins, pour une diminution donnée de la longueur de ses côtés KC, *kc*, le point C sera forcé de s'abaisser. Donc, si on augmente l'épaisseur BC, le resserrement des joints restant le même, le tassement de la voûte diminuera. On voit par cette considération que, pour empêcher que par l'effet d'un trop grand tassement la pression horizontale qui a lieu sur BC ne soit uniquement supportée par l'arête C, ce qui pourrait faire éclater la pierre, on est obligé de donner à la voûte une certaine épaisseur, laquelle peut être plus grande que celle qui lui serait nécessaire pour l'équilibre. C'est par la même raison qu'on doit augmenter dans la pratique les épaisseurs des piédroits indiquées par le calcul, afin que la poussée de la voûte ne soit pas soutenue seulement sur l'arête extérieure de la base, où la pierre s'écraserait, mais puisse se répartir sur une certaine surface. Malheureusement ces effets, qui dépendent principalement des qualités des matériaux, ne sont guère de nature à être soumis au calcul, et il faut avoir recours, pour les apprécier, aux résultats de l'expérience et aux observations faites dans la construction des grandes voûtes.

On doit appliquer aux renversements des piédroits des voûtes l'observation faite, dans la note à la fin du livre précédent, sur le renversement des murs de terrasse, en remarquant que si le piédroit AE vient à tourner sur l'arête D, il ne sera pas soulevé en entier, à moins que son épaisseur ne soit très-peu considérable et que les pierres ne fassent *parpain*, ou que l'adhésion des mortiers ne soit suffisamment grande. Ce piédroit tendra à se partager suivant le plan DT, incliné de la moitié d'un angle droit, en sorte que la partie ADT ne sera point soulevée. Donc, on ne doit point en tenir compte dans l'évaluation de la force du piédroit, ce qui est une nouvelle raison de lui donner une épaisseur plus grande que celle qui aurait été déterminée par le problème II.

On trouvera de plus grands développements sur la construction des voûtes dans le *Traité de la Construction des Ponts*, livre II, chap. III et IV, livre III, chap. Ier, et livre IV, chap. IV. (*N*).

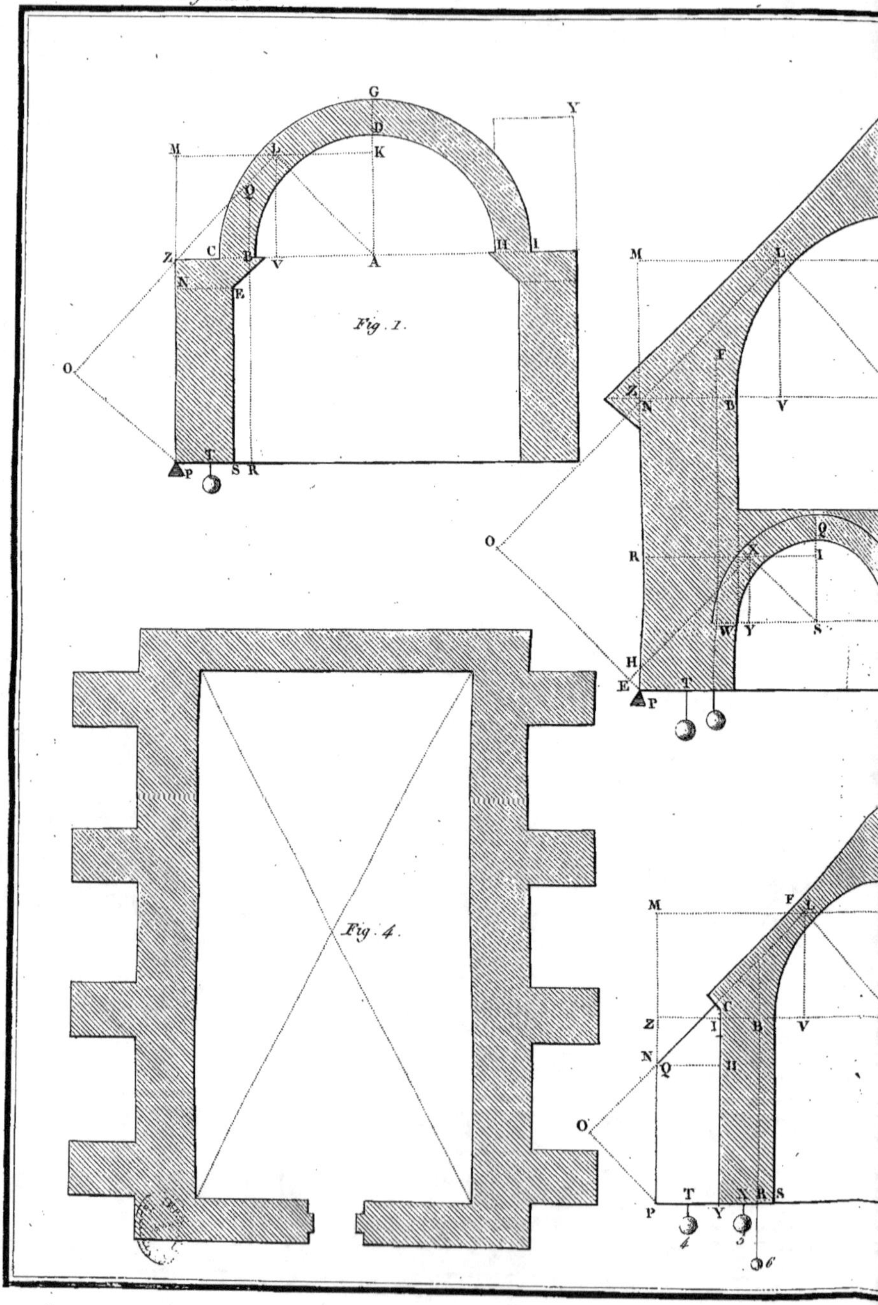

Fig. 1.

Fig. 4.

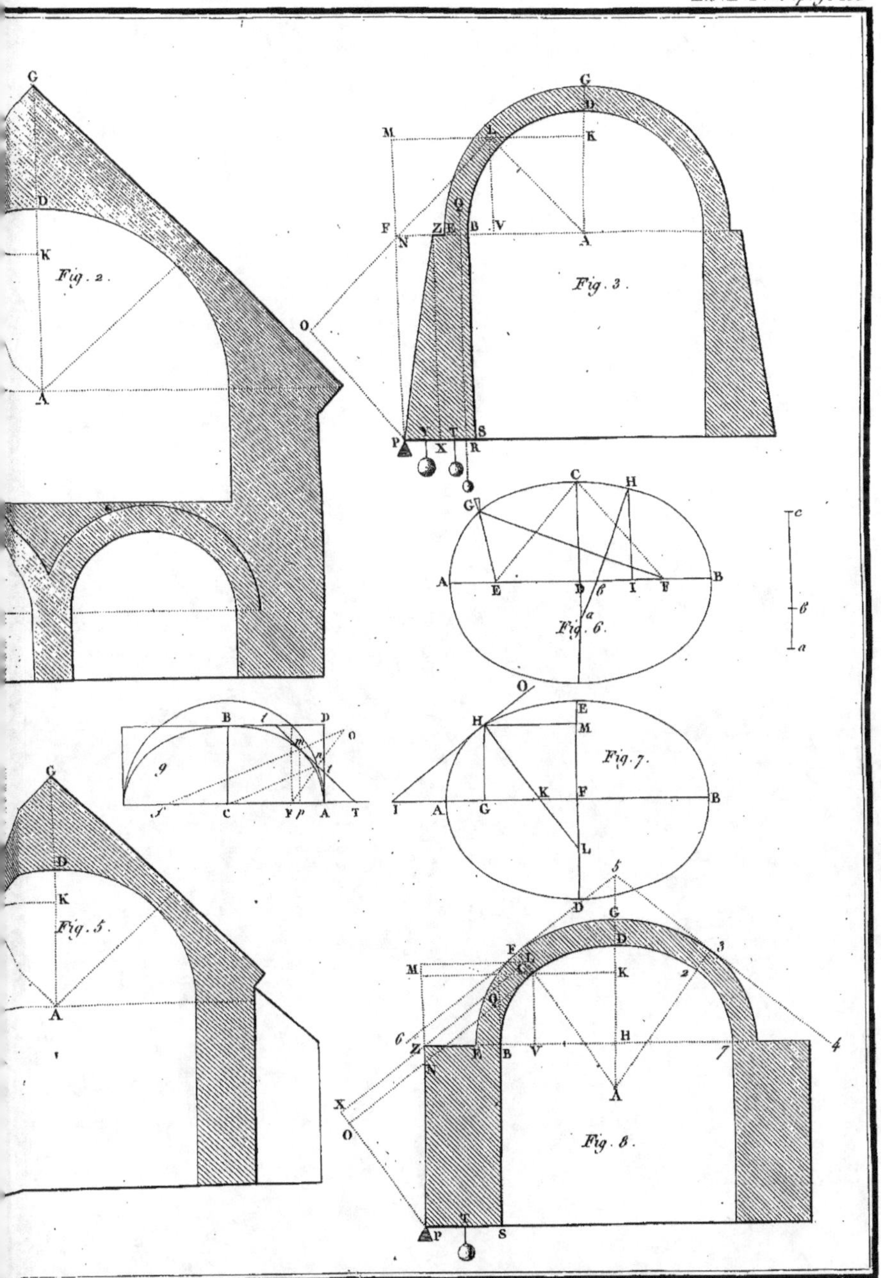
Fig. 2.
Fig. 3.
Fig. 5.
Fig. 6.
Fig. 7.
Fig. 8.

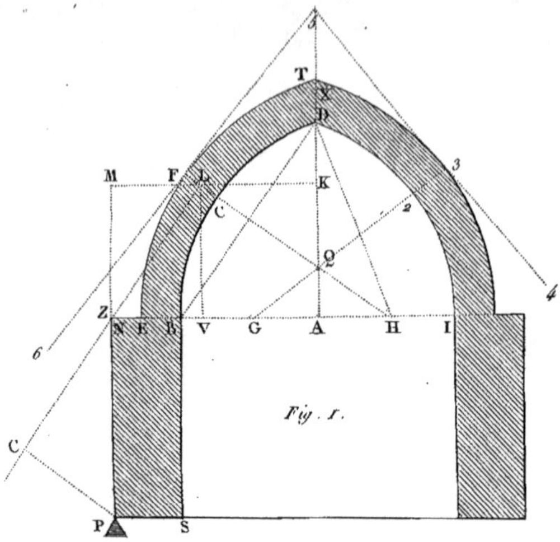

*Fig. 1.*

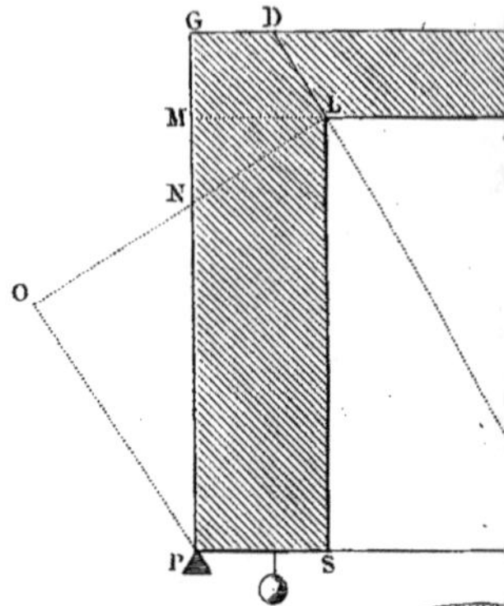


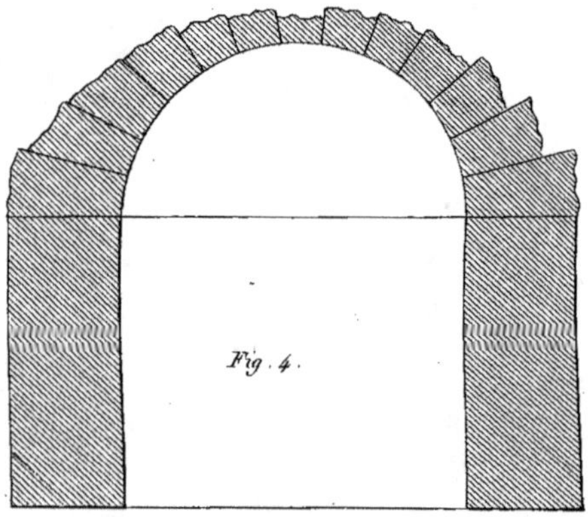
*Fig. 4.*

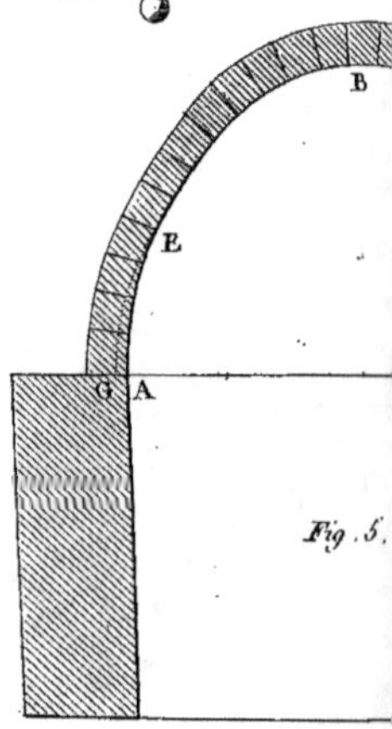

*Fig. 5.*

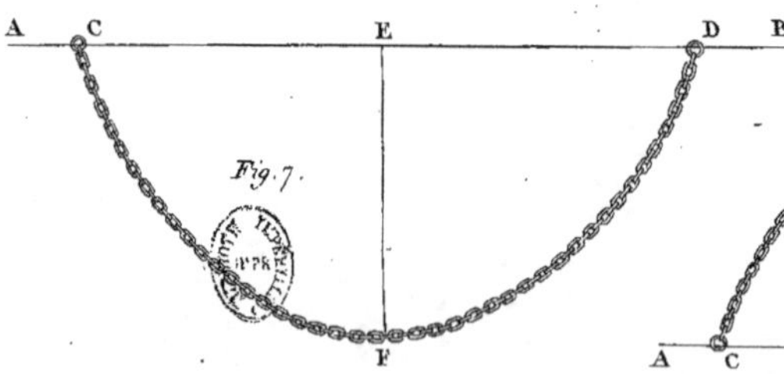

*Fig. 7.*

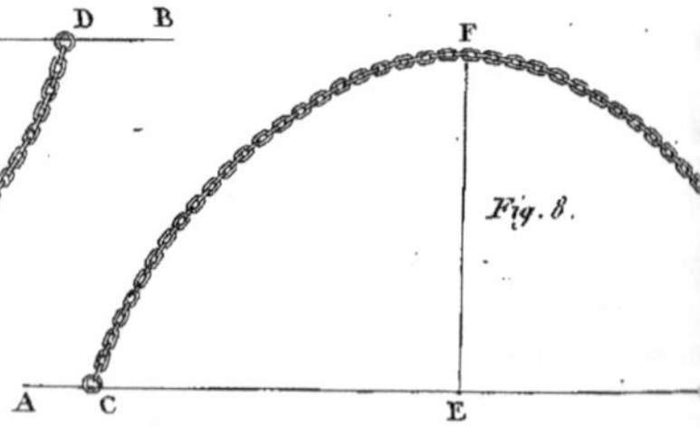

*Fig. 8.*

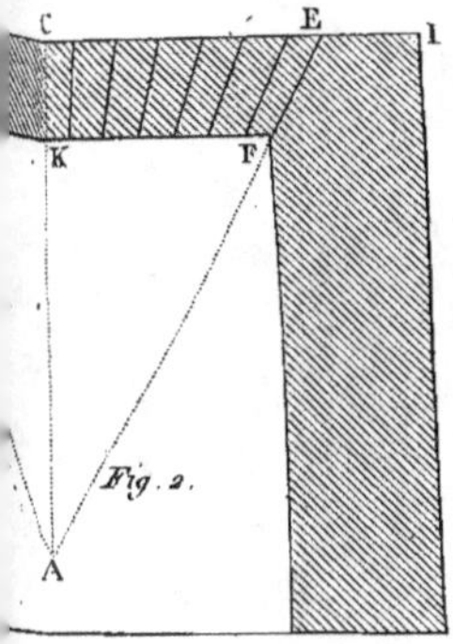

*Fig. 2.*

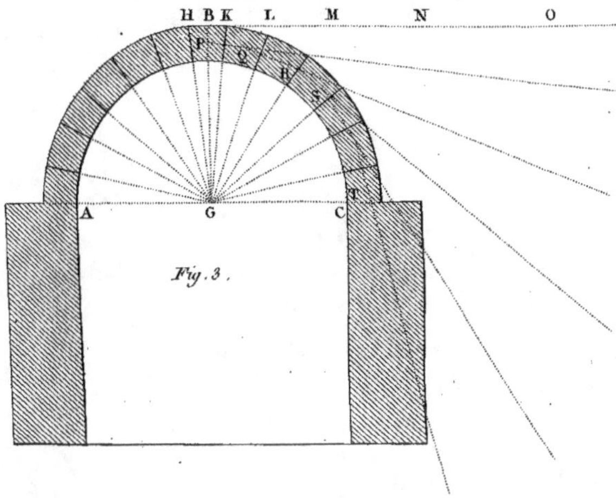

*Fig. 3.*

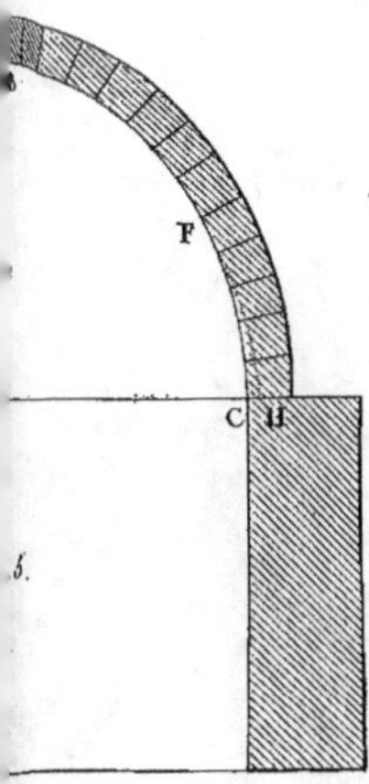

5.

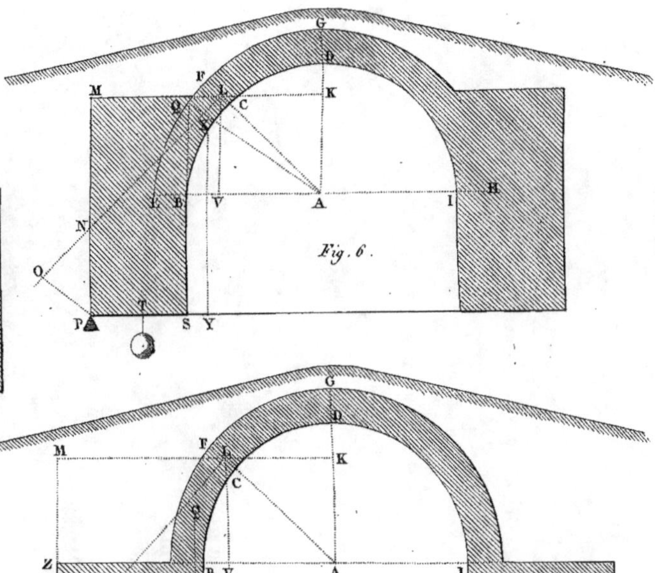

*Fig. 6.*

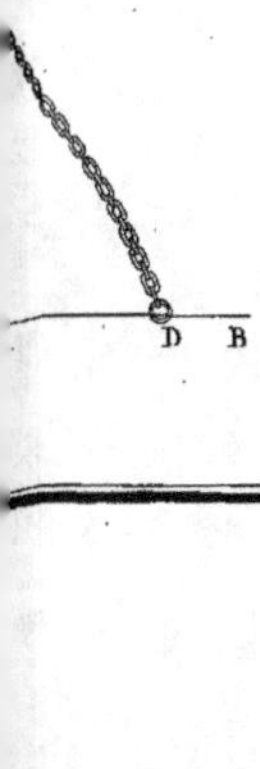


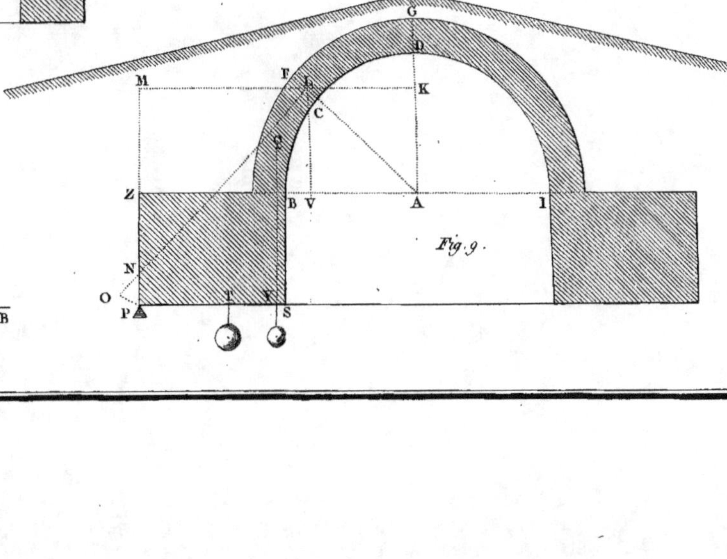

*Fig. 9.*

6

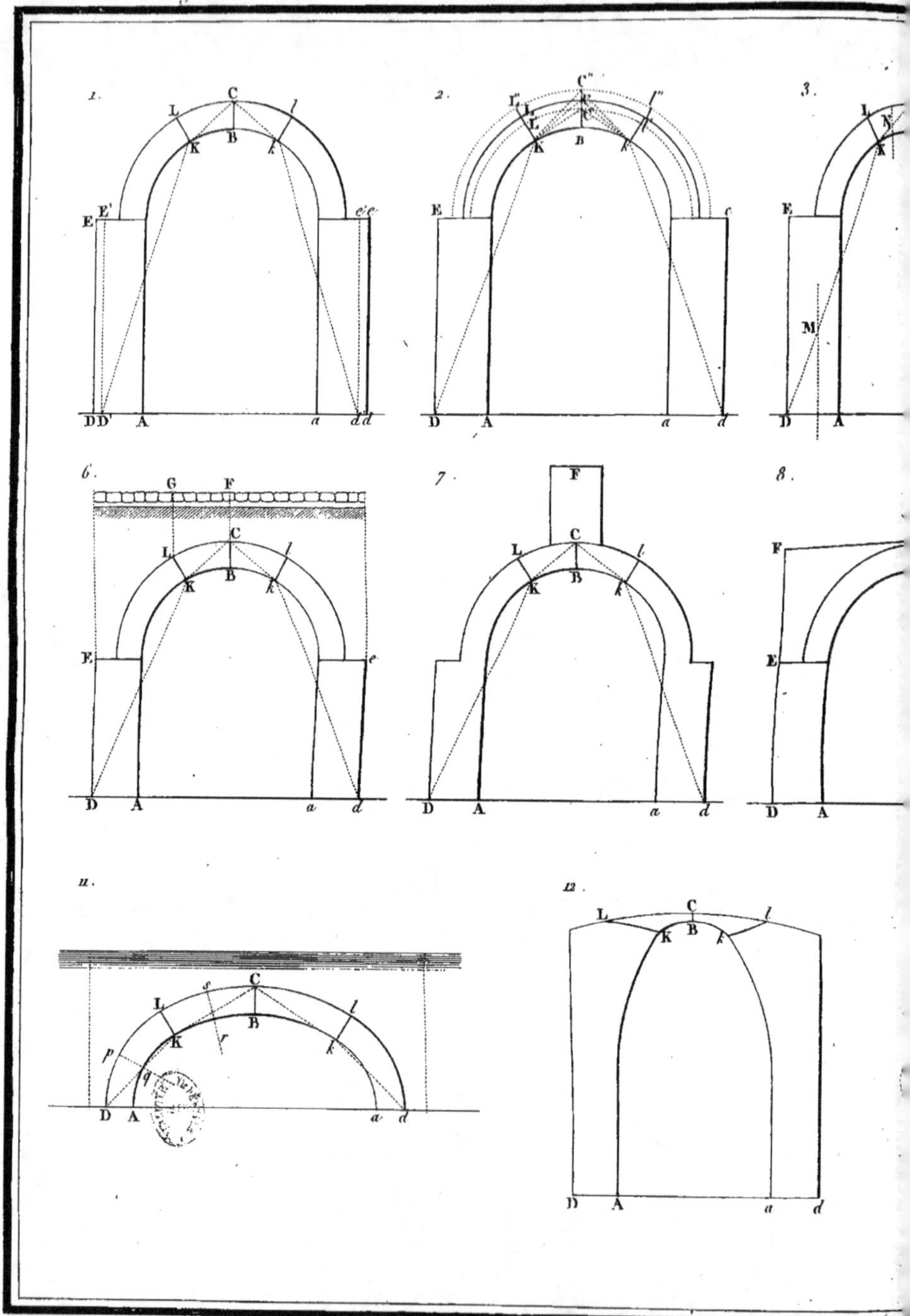


Adam Sculp.

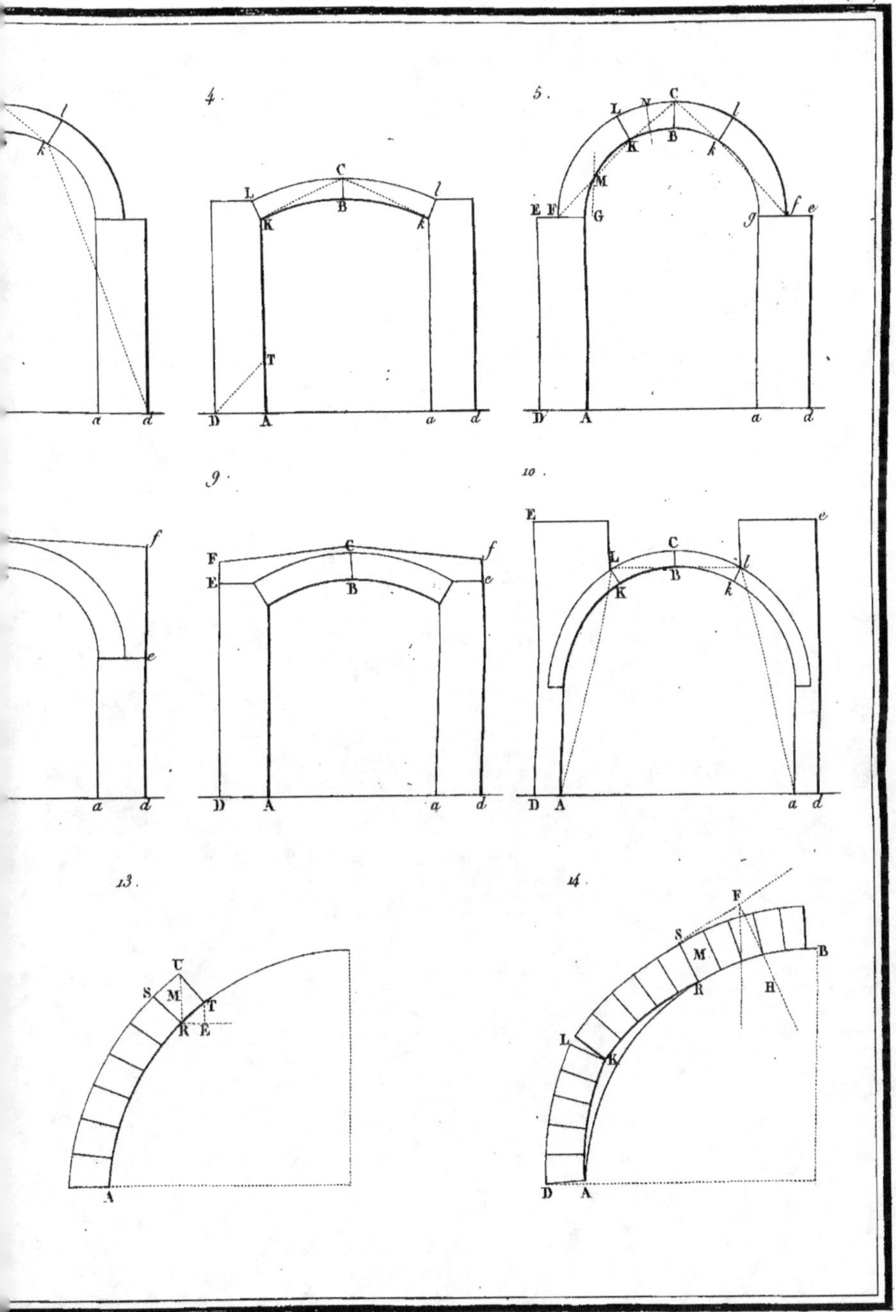
4.
L C l
K B k
T
D A a d
5.
L V C l
K B k
M
E F G g f e
D A a d
9.
F C f
E B e
D A a d
10.
E e
L C l
K B k
D A a d
13.
U
S M T
R E
A
14.
F
S
M B
R H
L
K
D A

# LIVRE TROISIÈME,

QUI COMPREND LA CONNAISSANCE DES MATÉRIAUX, LEUR PROPRIÉTÉ, LEUR DÉTAIL, ET LA MANIÈRE DE LES METTRE EN OEUVRE.

AVANT de parler de la construction des ouvrages de fortification, qui vont faire le principal objet de ce livre, il est à propos de donner la connaissance des matériaux nécessaires à leur exécution, afin qu'on en sache distinguer les bonnes et mauvaises qualités. Il y a un enchaînement de détails qui font la principale partie de l'art de bâtir, et qu'on se propose de bien développer ici. Ils paraîtront peut-être grossiers et peu importants à ceux qui n'ont jamais fait travailler : cependant, si l'on fait réflexion que pour exécuter un projet il faut dresser des devis qui expliquent les qualités des matériaux dont il faudra se servir, et la manière de les employer, on verra la nécessité d'être bien instruit des sujets qui font l'objet des chapitres suivants.

## CHAPITRE PREMIER,

*Où l'on fait voir les propriétés des différentes sortes de pierres dont on se sert pour bâtir.*

LA pierre tenant le premier rang parmi les matériaux que nous nous proposons de décrire, il convient de commencer par en expliquer la nature. On en distingue de deux qualités différentes, l'une dure et l'autre tendre : celle qui est dure est sans difficulté la meilleure ; il s'en rencontre pourtant quelquefois de tendre qui résiste mieux à la gelée que l'autre ; mais, comme cela n'est pas ordinaire, on ne doit pa compter : car, comme les parties de la pierre dure ont leurs pores pl condensés que celles de la tendre, elles doivent être capables d'une pl grande résistance, soit aux injures du temps, soit au courant des ea Mais, pour bien connaître la nature de la pierre, il est à propos rendre raison pourquoi celle qui est dure, aussi bien que la tendr est sujette à la gelée, qui la fend et la fait tomber par éclat.

Dans l'assemblage des parties qui composent la pierre, il y a d pores imperceptibles remplis d'eau et d'humidité, qui, venant à s'enf dans le temps des gelées, fait effort dans ses pores pour occuper plus grand espace que celui où elle est resserrée, et la pierre ne p vant résister à cet effort, se fend et tombe en destruction. Ainsi, pl la pierre est composée de parties argileuses et grasses, et plus doit participer de l'humidité, et par conséquent être sujette à gelée.

Ce n'est pas seulement la gelée qui détruit la pierre ; on croit la lune l'altère, ce qui peut arriver pour les pierres d'une cert espèce, dont les rayons de la lune peuvent dissoudre les parties moins compactes. En ce cas, on pourrait croire que ces rayons humides, et que venant à s'introduire dans les pores de la pierre sont cause de la séparation de ces parties, qui tombent insensiblem en parcelles, ce qui la fait paraître moulinée. Il en sera, au reste, ce que l'on voudra ; mais ce qui me réjouit, c'est que si la lune ma ou mouline les pierres, la terre, qui doit être une bien plus gra lune, a bien sa revanche, et les pierres de là haut sans doute n' pas beau jeu.

Dans les endroits où l'on se propose de bâtir, on pourra juger de l qualité de la pierre des carrières des environs, par l'examen de ce dont on aura construit quelques anciens édifices. Mais si l'on voul en employer d'une nouvelle carrière dont on n'eût pas encore fa usage, il faudra en prendre quelques quartiers, tirés de différents en droits de la carrière, qu'on exposera sur une terre humide, pour l laisser essuyer la gelée d'une partie de l'hiver ; s'ils résistent dans ce situation, on pourra s'assurer que la pierre est bonne. On peut enco avoir recours à diverses observations, pour connaître si elle est d bon usage : par exemple, on se méfiera de celles qui sont de couleur d'un jaune foncé, parce que souvent cette couleur ne vient qu'à cause que la pierre est grasse, ou n'a pas encore jeté son eau de carrière ; de celles où l'on apercevra des veines brunes ou rouges, et qui ont une grosseur considérable de *bousin*, ou dont les parties ne sont pas assez serrées pour résister aux empreintes qu'on voudrait faire dessus en les frappant avec une baguette ; de celles qui sont si grasses qu'elles paraissent mouliner, et qui s'écaillent trop facilement et se réduisent en feuille, dès qu'on les frappe avec le marteau ; de celles enfin qui sont trop fraîchement tirées des carrières, et qu'on ne peut guère employer sûrement, quand même elles n'auraient pas les défauts que nous venons de remarquer, qu'après les avoir exposées en hiver à la gelée. Si l'on est pressé, il faudra au moins les mettre en œuvre à la fin du printemps, afin que les chaleurs de l'été fassent évaporer l'humidité qu'elles renferment pour être ensuite à l'épreuve des plus rudes saisons.

On jugera que la pierre est bonne, si elle est bien pleine, d'une couleur égale, sans veine, d'un grain fin et uni, si les éclats s'y coupent net et rendent quelque son.

Quand on emploie la pierre, il faut faire en sorte de la poser sur son lit, je veux dire de la même façon qu'elle était placée dans la carrière, parce que, selon cette situation, elle est capable de résister autant qu'il lui est possible au poids des gros fardeaux dont elle sera chargée, au lieu que, posée d'un autre sens, elle s'éclate et n'a pas à beaucoup près autant de force. La plupart des bons ouvriers connaissent d'un coup-d'œil le lit de la pierre, mais à moins qu'on n'y prenne garde, ils ne s'assujétissent pas toujours à la poser comme il faut.

Quand on construit quelque édifice où l'on est obligé de se servir de pierres de différente qualité, il faut prendre garde à employer la meilleure, la plus dure, et celle qui résiste le mieux à la gelée aux endroits qui sont exposés à l'air, réservant celle qu'on soupçonnera n'être pas si bonne, pour la placer dans les fondements et aux endroits couverts.

Dans les carrières, la pierre se trouve ordinairement disposée par bancs, dont l'épaisseur change selon les lieux et la nature de la pierre. Par exemple, celle d'Arcueil proche Paris, porte depuis 12 jusqu'à 15 pouces de banc. Il y a d'autres carrières aux environs de la même ville, dont les bancs ont jusqu'à 2 pieds et demi et 3 pieds. Mais sans n arrêter davantage là-dessus, il suffit de dire que, quand on fait l dans un pays où l'on n'a point une parfaite connaissance de toutes particularités, il faudra s'en instruire sur les lieux, afin de pou circonstancier dans le devis de quelle carrière les pierres devront tirées, et pour qu'elles conviennent à l'ouvrage que l'on a de d'exécuter.

Quand la pierre que l'on veut mette en œuvre est composée d'a gros quartiers pour être taillée de telle figure que l'on veut, on la nom *pierre de taille;* à l'égard de celle dont on ne fait qu'ôter le bou et qu'on équarrit grossièrement pour être employée au remplis des gros murs et dans les fondements, on l'appelle *moellon*; on le des carrières dont les bancs n'ont point assez de hauteur pour pou être taillées et employées au parement.

Il s'emploie aux environs de Paris un moellon qu'on nomme *pi de meulière*, qui est fort dure et fort poreuse, et qui fait une ma nerie excellente, parce que le mortier s'y attache mieux qu'à toute a sorte de pierre. C'est aussi par cette raison que la brique, quand est bonne, vaut mieux pour l'union de la maçonnerie que la plu des pierres dures, parce que le mortier s'insinue dans ses pores e attache fortement.

On se sert encore, pour les fondements, d'une autre espèce de pi plus dure que le moellon, qu'on nomme *libage;* elle se tire du ciel carrières. On l'emploie brute, ne pouvant être taillée propreme parce qu'elle est toujours d'une forme irrégulière.

Le *grès*, qui est une espèce de roche, se trouve presque toujou découvert, et c'est ce qui contribue à sa dureté. Car, en général, to les pierres qu'on trouve sans creuser en terre, sont plus des que celles que l'on tire du fond des carrières : et c'est à quoi anciens s'attachaient beaucoup; puisque, pour rendre leurs édi d'une plus longue durée, ils se servaient de pierres provenant des e mures des carrières qu'on découvrait. On distingue deux sortes de g le dur et le tendre : le dur n'est bon que pour paver les rues e grands chemins; le tendre se coupe et se débite comme les pierres dinaires. On l'emploie au soubassement des gros murs, principalem pour ceux qui sont baignés des eaux. Son défaut est de ne pas faire une bonne liaison ; c'est pourquoi on fait des hachures dans les joints pour que le mortier s'y accroche mieux. Ces joints se remplissent en dehors avec du ciment, parce qu'il s'attache mieux à la pierre dure que le mortier ordinaire (1).

## CHAPITRE SECOND,

*Où l'on considère les qualités de la brique, et la manière de la fabriquer.*

La brique étant une espèce de pierre artificielle, dont l'usage est très-fréquent dans les constructions des édifices, particulièrement pour les fortifications, nous en allons faire le détail, qui, quoique grossier en apparence, ne laisse pas d'être utile à savoir pour ceux qui ont la con-

(1) On trouvera dans les *Programmes du Cours de construction* de M. Sganzin, deuxième édition, un exposé des qualités des pierres à bâtir, classées suivant leur nature, qu'il sera très-utile de consulter. J'ajouterai seulement ici quelques notions sur l'évaluation de la force de la pierre.

J'ai donné, dans la note du chapitre II, livre II, du *Traité de la Construction des ponts*, l'histoire des recherches qui ont été faites sur ce sujet, recherches dont M. Gauthey s'est occupé le premier. On y trouve aussi une table de la force d'un grand nombre de pierres employées en France, qui est extraite du premier volume du *Traité de l'Art de bâtir*, de M. Rondelet. Les expériences prouvent que la force des pierres varie, en général, comme leur pesanteur spécifique et comme leur dureté ; un simple extrait de cette table, contenant les pierres les plus connues, suffira pour offrir ici assez de termes de comparaison pour faire juger approximativement de la résistance des pierres qu'on sera dans le cas d'employer, et sur lesquelles on ne serait pas à portée de faire des expériences.

Il est très-rare que, dans la construction des édifices, les pierres soient employées en *porte-à-faux* : quoiqu'elles puissent de cette manière résister à des pressions considérales, leur fragilité ne permet pas qu'on les expose à l'effet de quelque choc qui ne pourrait manquer de les briser. Il n'est donc pas étonnant qu'on se soit très-peu occupé d'évaluer la résistance des pierres à la flexion ou à la traction. On trouvera dans la note dont j'ai parlé le peu de connaissances acquises sur ce sujet. Les expériences sur la force des pierres ont eu pour principal objet d'évaluer la pression néces-

duite des travaux, pour qui les moindres choses ne doivent pas ê[illegible] indifférentes, quand elles peuvent contribuer à la perfection de l[illegible] métier.

Pour bien choisir une terre propre à faire de la brique, il faut qu'[illegible] soit grasse et forte, de couleur blanchâtre ou grisâtre, sans qu'il [illegible]

---

saire pour les écraser en les comprimant entre deux surfaces parallèles : celles [illegible] M. Rondelet ont été faites sur de petits cubes de 5 centimètres de côté. On pe[illegible] dans la pratique, supposer la résistance des pierres proportionnelle aux aires de l[illegible] bases, mais on ne doit évaluer cette résistance que le tiers au plus des résultats [illegible] dessous, qui représentent les poids qui ont écrasé un cube dont l'aire de la base é[illegible] 25 centimetres carrés.

| | pesant. spécifique. | résistance |
|---|---|---|
| Basalte de Suède | 3,06 | [illegible] |
| Porphyre | 2,80 | [illegible] |
| Granit de Normandie | 2,66 | [illegible] |
| Marbre noir de Flandres | 2,72 | [illegible] |
| Marbre blanc statuaire | 2,69 | [illegible] |
| Marbre bleu turquin | 2,67 | [illegible] |
| Pierre de Caserte, près de Naples, dont le grain est fin, la couleur gris-blanc, et qui reçoit le poli | 2,72 | [illegible] |
| Lave du Vésuve | 2,64 | [illegible] |
| Pierre grise argileuse de Florence, qui se trouve par grandes masses, et dont le grain est fin | 2,56 | [illegible] |
| Grès | 2,52 | [illegible] |
| Liais de Bagneux, pierre calcaire des environs de Paris, d'une faible hauteur de banc, très-dure, et du grain le plus fin | 2,44 | [illegible] |
| Travertin de Rome, pierre calcaire très-dure, et d'un grand fin, mais très-persillée | 2,36 | [illegible] |
| Roche de Chatillon, pierre calcaire des environs de Paris, dure, un peu coquilleuse, et d'un beau grain | 2,29 | [illegible] |
| Pierre de la plaine d'Ivry, pierre calcaire des environs de Paris, peu dure, d'un grain égal et moyennement fin | 2,12 | [illegible] |
| Peperin de Rome, pierre volcanique grise, peu dure | 1,97 | [illegible] |
| Pierre à plâtre des environs de Paris | 1,92 | [illegible] |
| Vergelée, pierre calcaire des environs de Paris, fort tendre et d'un grain très-grossier, mais qui résiste à l'eau | 1,83 | [illegible] |
| Lambourde, pierre calcaire des environs de Paris, très-tendre, et résistant mal à l'humidité | 1,56 | [illegible] |
| Tuf volcanique de Naples | 1,26 | [illegible] |
| Scorie de Volcan des environs de Rome | 0,89 | [illegible] |
| Pierre ponce | 0,69 | [illegible] |

rencontre de petits cailloux ni aucun gravier. Il y en a aussi de la rouge qui peut servir au même usage ; mais elle n'est pas des meilleures, parce que les briques sont sujettes à se feuilleter et à se réduire en poudre à la gelée. Sans prendre garde scrupuleusement à la couleur, on jugera qu'une terre est bonne pour faire de la brique, si après une petite pluie on s'aperçoit qu'en marchant dessus elle s'attache aux souliers, s'y amasse en grosse quantité, et ne s'en détache pas aisément ; ou si, en ayant pétri dans les mains, on ne peut la diviser qu'avec peine.

Après avoir choisi une espèce de terre convenable, on la fait fouiller avec la houe ; et ayant reconnu qu'elle est également bonne par-tout, on attend le temps de la pluie, parce qu'en étant bien imbibée, on la corroie ensuite avec la houe et le rabot ; après quoi on la laisse reposer pendant quelque temps, au bout duquel on recommence la même chose, ce que l'on fait quatre ou cinq fois à diverses reprises. On commence ordinairement la préparation des terres dans le mois de mars, mais il vaudrait mieux la faire dans l'hiver, parce que les petites gelées sont excellentes pour les bien corroyer. Le véritable temps pour faire la brique est pendant les mois de mai et de juin, parce que dans cette saison elle a tout le temps de sécher, et est ensuite plus propre à être mise au four. Il faut autant qu'il se peut éviter la saison avancée, les briques faites alors n'étant pas si bonnes à beaucoup près que celles qui sont faites en été.

Ce n'est pas assez d'avoir insinué ce qui peut contribuer à faire de bonnes briques, il faut encore discerner les bonnes et mauvaises qualités de celles qui se trouvent en magasin, puisque c'est de là que dépend la durée de l'ouvrage qu'on veut exécuter. Vitruve rapporte que de son temps, dans la fameuse ville d'Utique, le magistrat, pour empêcher toute mal-façon, ne permettait pas qu'on en employât pour aucun édifice, qu'il ne les eût visitées auparavant et n'eût donné son approbation : on s'aperçoit bien que cette sage police n'est plus d'usage parmi nous, puisqu'à la confusiou de la plupart des entrepreneurs, on voit tons les jours des bâtiments menacer ruine, avant pour ainsi dire d'être achevés.

La brique qui est d'une couleur jaune approchant un peu d'un rouge pâle, est bonne, parce qu'ordinairement elle a été faite d'une terre grasse comme est celle dont nous venons de parler. On conna encore la bonne brique au son ; car celle dont il sera le plus net, se préférable aux autres dont le son est sourd. Il arrive assez souvent q des briques faites d'une bonne terre, et préparées également, son différentes couleurs, et par conséquent de différentes qualités, et se distingue surtout quand on en voit qui sont plus rouges les une que les autres, qui n'en sont pas pour cela meilleures. Elles sont au co traire d'une très-mauvaise qualité, parce qu'elles ont été placées da le four à des endroits où le feu n'a pas eu assez de force pour les cu ce qui fait qu'elles ne résistent pas à la gelée ni au poids dont elles chargées, se cassent et se réduisent en poudre facilement.

Enfin la preuve la plus sûre pour connaître la bonté de la briq quand il s'agit de quelque ouvrage d'importance dont on peut diff l'exécution d'une année, c'est de coucher celles qu'on veut employ sur la terre pendant l'hiver pour y essuyer la gelée, parce qu'alors cel qui y auront résisté sans se feuilleter, et auxquelles il ne sera aucune altération considérable, pourront être mises en œuvre en sûreté.

La grandeur ordinaire des briques est de 8 ou 9 pouces de long sur 4 ou 4 et demi de largeur et deux d'épaisseur : ces dimensions so plus en usage, parce qu'elles rendent les briques fort commodes être mises en œuvre.

Quand les murs n'ont qu'une médiocre épaisseur, on détermine épaisseur par le nombre des briques qu'elle peut contenir : telles les épaisseurs de deux briques, d'une brique et demie, et d'une bri dont on se sert pour les murs mitoyens ou pour ceux de clôture (1).

(1) On trouvera des détails curieux sur les briques crues et cuites, dans le T *de l'Art de bâtir*, de Rondelet, livre II, section première, art. 3 (*N*).

## CHAPITRE TROISIÈME,

*Où l'on fait voir les qualités de la Chaux, et la manière de l'éteindre.*

La chaux pouvant être regardée comme l'ame de la maçonnerie, il est de la dernière conséquence d'être bien instruit de tout ce qui lui appartient, afin que, dans l'usage que l'on en fera, on parvienne à la fin principale qu'on doit se proposer en construisant les bâtiments, qui est de faire en sorte que les matériaux soient si bien unis, qu'ils ne paraissent plus composer qu'une seule pierre.

La chaux est une pierre calcinée qui se détrempe avec de l'eau et du sable, pour en composer le mortier. Pour faire de la bonne chaux, il faut se servir de pierres très-dures, pesantes et blanches (1) ; et de toutes celles qu'on peut employer, il n'y en a point qui en fasse de meilleure que le marbre, quand on est à portée d'en avoir, comme dans les pays où il est commun. La pierre tirée de frais ou nouvellement est meilleure à faire la chaux que la ramassée, et particulièrement celle des carrières humides et à l'ombre, que celles qui sont plus sèches. Les cailloux qui se rencontrent sur les montagnes, ou dans les rivières et les torrents, aussi bien que certaines pierres spongieuses et dures qui se trouvent quelquefois dans les campagnes, font une très-bonne chaux, et l'ouvrage en est fort blanc et poli, ce qui fait qu'on s'en sert ordinairement au crépissage des murs : il y a une pierre jaunâtre qui se tire aux environs de Boulogne en France, qui fait aussi une chaux excellente, et qui est la plus estimée de toutes celles qu'on peut em-

(1) Une couleur foncée dans la pierre n'empêche pas toujours qu'elle ne soit propre à faire de bonne chaux. Cette couleur indique même ordinairement la présence de quelques oxides métalliques, qui donnent toujours à la chaux une qualité supérieure. Si le marbre blanc et les pierres très-blanches donnent aussi de bonne chaux, cela tient à ce que le carbonate de chaux y est pur, et ne contient que très-peu de matières argileuses (*N*).

ployer en Picardie et en Artois, où communément elle n'est pas trop bonne, parce qu'on la fait avec du moellon tendre et blanc, qui ne diffère guère de la craie, ce qui est la plus mauvaise qualité qu'une pierre puisse avoir pour faire de la chaux.

Le charbon de terre vaut beaucoup mieux pour cuire la chaux que le bois ; car non seulement la cuisson en est plus prompte, mais c'est qu'il rend la chaux plus grasse et plus onctueuse.

Quand la chaux est tirée du fourneau, il faut, pour la bien éteindre, prendre garde que les ouvriers y mettent la quantité d'eau nécessaire; car le trop peu la brûle, et la trop grande quantité la noie : le mieux est de la jeter à diverses reprises.

On connaît, selon Philibert Delorme, que la chaux est bonne, lorsqu'elle est bien cuite, blanche et grasse, qu'elle n'est pas éventée, et qu'elle sonne comme un pot de terre quand on la frappe ; qu'étant mouillée sa fumée paraît épaisse, et qu'en la détrempant elle se lie au rabot.

Selon ce même architecte, la manière de la bien détremper pour faire d'excellent mortier est d'en amasser dans une fosse telle quantité qu'on en aura besoin, puis la couvrir également par-tout de bon sable environ un pied ou deux d'épaisseur, ensuite jeter de l'eau par-dessus suffisamment pour faire que le sable en soit bien abreuvé, afin que la chaux qui est dessous se puisse fuser et dissoudre sans se brûler, ce qui arriverait si on ne lui donnait pas d'eau suffisamment. Si l'on s'aperçoit que le sable se fende en quelque endroit, et fasse passage à la fumée, il faut aussitôt recouvrir les crevasses. Moyennant cette préparation, la chaux se convertira en une masse de graisse, laquelle, étant entamée au bout de deux ou trois ans, ressemblera à un fromage de crême ; cette matière sera si grasse et si glutineuse, qu'on n'en pourra tirer le rabot qu'avec peine, et fera un mortier d'un excellent usage pour les enduits de muraille et les ouvrages de stuc.

Vitruve remarque qu'il est nécessaire que les pierres de chaux soient éteintes depuis long-temps, afin que, s'il y a quelques morceaux qui aient été moins cuits que les autres, ils puissent étant éteints à loisir, se détremper aussi aisément que les autres. Car, dans la chaux qui est employée en sortant du fourneau, et avant qu'elle soit parfaitement éteinte, il reste quantité de petites pierres moins cuites qui font sur l'ouvrage comme des pustules, parce que venant à s'éteindre plus tard que le reste de la chaux, elles rompent l'enduit et le gâtent. Il ajoute aussi que, pour savoir si la chaux est bien éteinte et suffisamment détrempée, il faut y enfoncer un couteau : s'il rencontre de petites pierres, c'est une marque qu'elle n'est pas encore bien éteinte; de même, si on le retire net, cela signifiera qu'elle n'est pas bien abreuvée; au lieu que, si la chaux s'y attache, on jugera qu'elle est grasse, gluante et bien détrempée.

Il y a cependant une excellente qualité de chaux qui ne se fuse point ; telle est celle de Metz et des environs, où il est arrivé que des gens qui n'en connaissaient pas la qualité, en ayant fusé dans des trous bien couverts de sable, l'année suivante cette chaux s'est trouvée aussi dure que la pierre. Il a fallu la casser avec des coins de fer et l'employer comme du moellon. Pour éteindre cette chaux, on la couvre de tout le sable qui doit entrer dans le mortier, et l'on jette avec la main de l'eau dessus en arrosant, et cela à plusieurs reprises. Cette chaux s'éteint sans qu'il sorte de fumée au-dehors. Elle fait un si bon mortier, qu'à Metz presque toutes les caves en sont faites, sans autre mélange que de gros gravier de rivière; il n'y entre ni pierre ni brique, et cela fait un mastic si dur, que les piques les mieux acérées n'y peuvent mordre, lorsque ce mortier a fait corps (1).

Dans toutes les observations qu'on a faites sur la chaux, on a connu que plus elle est vive, plus elle foisonne quand on l'éteint, porte une plus grande quantité de sable, et fait son mortier gras et bon; qu'étant gardée long-temps après avoir été éteinte, pourvu qu'elle soit dans des fosses bien couvertes de sable, meilleure elle est. C'est pourquoi les Romains ne voulaient pas qu'on en employât pour leurs édifices, qu'elle ne fût éteinte depuis deux ou trois ans. On a remarqué encore que la chaux en poussière ne valait rien, parce que son sel ayant changé de nature et de vertu, elle n'avait plus celle de faire corps dans la maçonnerie.

---

(1) La chaux dont parle ici Bélidor est une des espèces de chaux *maigres* les plus célèbres. On donnera plus bas une idée de la théorie de la chaux et de la composition des mortiers (*N*).

## CHAPITRE QUATRIÈME,

*Où l'on explique les qualités du sable, de la pouzzolane et du plâtre.*

Après avoir montré, dans le chapitre précédent, les qualités de chaux, nous en allons faire de même pour le sable, afin qu'étant pré- venus de tout ce qui regarde ces deux matières, on sache par le mélange composer un bon mortier. Il faut pouvoir être maçon avant de devenir architecte; et puisqu'il faut nécessairement passer par-là, je p ceux qui verront les premiers chapitres de ce livre, de ne point s'en nuyer de la stérilité des sujets qu'on y traite : ils doivent s'estimer heureux d'en être quittes pour la lecture.

On distingue principalement deux sortes de sables, dont on peut servir pour faire le mortier : l'un est le *sable de cave*, que l'on nom ainsi pour faire entendre qu'on le trouve en fouillant dans la te l'autre s'appelle *sable de rivière*, parce qu'effectivement on le p dans les lits des rivières et des fleuves. Le sable de cave se renc assez souvent sans fouiller fort avant dans la terre, où il forme pr toujours des bancs dont l'étendue et l'épaisseur changent selon la férence des lieux, et qui lui donnent aussi une couleur différente. comme sa couleur ne décide rien sur la bonne ou mauvaise qualité qu'il est seulement question du grain, il faut, pour être d'un bo usage, qu'il ne soit point gras ni terreux, c'est-à-dire qu'il ne soit poi mêlé avec de la terre, mais au contraire net, en sorte qu'en le frotta entre les doigts, il raisonne. Celui qui est blanc est ordinairement le moins chargé de terre, et peut s'employer sûrement, ayant attention que le grain en soit d'une certaine grosseur; car quand il est par trop fin et presque imperceptible, il ne fait point de corps avec la chaux, et le mortier qui en est composé se réduit par la suite en poussière.

Le sable de rivière est à préférer à celui de cave, parce qu'il est moins gras et beaucoup meilleur pour les enduits; ainsi quand on est à portée d'en avoir, il faut autant qu'il est possible ne pas le négliger.

Il est vrai qu'il arrive assez souvent qu'en fouillant pour creuser les fondements, on en rencontre de cave qu'on aurait tort de ne point employer quand il est bon, parce que se trouvant tout porté sur l'atelier, on évite la dépense de l'aller chercher ailleurs, et le transport de la vidange des terres qu'il faudrait faire sans cela. Mais ce motif, quoique puissant pour ceux qui aiment l'économie, ne doit point prévaloir sur le tort que l'on aurait d'employer dans le mortier, comme on fait assez souvent, une terre jaune au lieu de sable, parce que cette terre aura paru dure et sablonneuse.

Le sable de rivière se tire de leur lit avec des dragues faites à cet usage. Celui qui est sur le rivage n'est pas tout-à-fait si bon, étant sujet à être mêlé et couvert de vase, qui est une espèce de terre grasse qui s'y attache dans le temps des grandes eaux et des débordements. Cependant, quand il s'en rencontre qui ne participe pas de ce mélange, on peut s'éviter la peine de le pêcher, ou bien, si la superficie du rivage est chargée de vase, on en sera quitte pour enlever une espèce de croûte qui s'y rencontre ordinairement, et prendre le bon sable qui est dessous, afin de l'avoir pur. Il se trouve encore une espèce de sable appelé *gravier*, qui, étant purgé de tout ce qui peut le rendre défectueux, est aussi d'un bon usage; mais il est moins estimé que le sable, parce qu'il n'est pas si menu, étant mêlé de petits cailloux qui ne s'incorporent pas bien avec la chaux, et par conséquent il ne peut faire qu'un mortier peu propre à la liaison des pierres, à cause de l'épaisseur et inégalité des joints. On peut pourtant s'en servir dans la construction des fondements et autres gros ouvrages. Il se trouve sur le bord de la mer et dans les terres, un sable fort menu qu'on appelle *sablon*, dont on se sert quelquefois comme du sable ordinaire; mais il n'est pas si bon : cependant il s'en rencontre d'excellent dans les marais, quand on voit qu'en marchant dessus il en sort de l'eau, ce qui lui a fait donner le nom de sable *bouillant*.

Pour juger du sable dont on est incertain, il faut en jeter dans un vase plein d'eau claire, et le brouiller ensuite avec la main : si l'on voit que l'eau devienne noire et bourbeuse, c'est une marque qu'il est gras et terreux; si au contraire l'eau est presque aussi claire qu'auparavant, ou n'est devenue qu'un peu trouble, on sera convaincu que le sable est pur et net.

Il se fait encore un mortier de deux espèces de poudre. La première est la pouzzolane, dont la couleur est rougeâtre : elle se trouve en Italie et au pays de *Bayes*. Cette poudre est très-bonne pour les bâtiments, et rien au monde ne lie mieux les pierres que le mortier qui en est fait, non seulement pour la maçonnerie des édifices qui s'élèvent dans les lieux secs, mais particulièrement pour ceux qui se fabriquent au fond de la mer et dans les eaux, faisant corps peu après avoir été employée, parce qu'elle se durcit dans l'eau, comme nous l'expliquerons plus amplement ailleurs. Je crois que cette poudre n'est autre chose que la terre et le tuf qui sont brûlés par les feux souterrains qui sortent des montagnes aux environs desquelles on la tire, et voici, ce me semble, la raison de son admirable propriété.

Comme la tuile, qui est une composition de terre, n'a point de vertu avant la cuisson pour agir avec la chaux, et qu'après être cuite et réduite en poudre elle fait un mortier excellent, de même la terre bitumineuse qui se trouve au royaume de Naples étant brûlée par les feux souterrains, les petites parties qui en résultent, et qu'on peut regarder comme une cendre, composent la poudre de pouzzolane, qui doit par conséquent participer des propriétés du ciment. D'ailleurs la nature du terrain peut y avoir aussi beaucoup de part, aussi bien que l'effet que produit le feu. Il y a apparence que l'on nomme cette poudre pouzzolane, parce qu'elle se trouve dans le territoire de la ville de Pouzzole, si fameuse par ses grottes et ses eaux minérales.

L'autre espèce de poudre est faite d'une terre qui se trouve assez près du Bas-Rhin en Allemagne et aux environs de Cologne. On la cuit comme le plâtre, ensuite on l'écrase avec des meules à moulin pour la réduire en poudre. Elle est si commune aux Pays-Bas, qu'elle en a retenu le nom, étant nommée *Terrasse de Hollande*. Elle est de couleur grise, et lorsqu'elle est pure et qu'elle n'est point falsifiée, ce qui est assez rare, elle est excellente dans les ouvrages qui sont baignés des eaux, et résiste également à l'injure des saisons différentes, l'humidité et la sécheresse ne pouvant l'altérer. Elle retient les pierres et les autres matériaux ensemble avec une force et une fermeté inébranlables, ce qui fait qu'on l'employe en France et aux Pays-Bas dans la construction des ouvrages aquatiques, par la difficulté d'avoir de la pouzzolane à juste prix. La cendrée de Tournay est aussi merveilleuse, comme nous le ferons voir au chapitre suivant.

On se sert encore, au lieu de sable, de certaine poudre artificielle d'un très-bon usage pour les bâtiments. On fait piler des fragments de pots et autres vases de grès et des morceaux de *mache-fer* provenant du charbon de terre brûlé dans les forges, lesquels étant réduits en poudre, on y mêle une pareille quantité de ciment de pierre de meule de moulin et de chaux, dont on compose un mortier excellent, qui résiste parfaitement à l'eau si les ouvrages où on l'emploie en sont baignés, comme sont les écluses, ponts, citernes, réservoirs, etc. On fait aussi un amas de cailloux qui se trouvent dans les campagnes, ou de *galets* qu'on prend sur le bord des fleuves, qu'on met au fourneau; et, après les avoir fait rougir, on les retire, puis on les fait piler et réduire en poudre, ce qui en fait une d'un aussi bon usage que la terrasse de Hollande.

Il nous reste encore à parler du *plâtre*, qui est une matière qui demanderait elle seule une grande dissertation, si l'on voulait entrer dans les causes physiques de ses propriétés. Mais je me trouve malgré moi dans la nécessité de passer sous silence bien des remarques curieuses qui grossiraient cet ouvrage assez inutilement. J'ai tant de sujets différents à traiter, que j'appréhende, en voulant m'arrêter sur certains objets abondants, qu'il ne m'échappe d'ailleurs d'autres vues plus utiles à la perfection du dessein que je veux remplir.

Le plâtre se fait d'une pierre de couleur grisâtre qui ne se trouve que dans certains pays, particulièrement aux environs de Paris. On la fait cuire au feu comme la chaux, mais elle en est bien différente; car la chaux ne peut être employée sans le mélange de quelque autre matière qui la soutienne et lui donne plus de corps qu'elle n'en a naturellement, au lieu que le plâtre s'emploie tout pur: il suffit de l'abreuver avec de l'eau, et aussitôt on le met en œuvre: car il a cela de particulier, que s'il n'est pas employé sur-le-champ après l'avoir abreuvé, il se sèche et ne peut plus s'appliquer contre d'autres corps, ni recevoir les différentes impressions qu'on veut lui donner pour faire des ornements d'architecture. Comme sa principale qualité est de faire corps dans le moment qu'on le met en œuvre, il n'y a point de matière dont on puisse se servir plus utilement dans la construction des bâtiments, et sur laquelle on soit plus sujet à être trompé par ceux qui la débitent. Tantôt le plâtre sera mauvais, pour être éventé, tantôt parce que la

cuisson en aura été mal faite, ce qui arrive le plus souvent: car co
celui qui était aux extrémités du four n'a pas eu un degré de ch
suffisant pour être calciné jusqu'à un certain point, il n'y a guère
celui du milieu qui l'a été comme il faut. Cependant quand la cu
est faite les chaufourniers mêlent tout ensemble, et quand il e
poudre, celui des extrémités du four est confondu avec celui du m
Ce dernier, qui eût été excellent s'il avait été employé à part, est
par le mélange qu'on en a fait, et ne vaut pas à beaucoup près ce
était auparavant. C'est pourquoi, dans les ouvrages de conséqu
qui se font avec le plâtre, il faudrait ne se servir que de celui q
été dans le milieu du four, et avoir pour cela des gens sur le lie
le choisissent: on en sera quitte, s'il le faut, pour le payer plus
que celui qu'on vend dans les sacs. Je voudrais même plus; c'est
ne pouvant pas compter sur les chaufourniers, on suivît la cu
depuis le commencement jusqu'à la fin, pour avoir attention qu
pierres soient bien rangées dans le four, en sorte que les unes ne s
pas absolument embrasées, comme sont celles qui sont près le fo
tandis que les autres qui sont plus loin ne ressentent qu'à peine l'a
du feu, qui, faute de jour, n'aura pu s'introduire à la ronde. D'aill
la bonne cuisson consiste aussi à ménager un degré de chaleur qu
à peu desséchant l'humidité de la pierre fasse évaporer le souffre q
renferme, et la purge des parties de terre dont elle peut être m
prenant garde que la violence de la flamme ne cause un desséche
absolu. Car, comme il y a apparence que la vertu du plâtre est c
par un sel qui fait que ses parties s'accrochent les unes aux autres
que ce sel est trop desséché, il n'y a plus de liaison : et c'est ce
j'ai vu plusieurs fois remarquer à des plâtriers, qui étaient étonn
voir qu'ils ne pouvaient pas mettre en œuvre du plâtre nouveau,
ils croyaient être sûrs, parce qu'ils étaient convaincus qu'il n'y
aucun mélange.

Quand la cuisson a été bien faite, il est facile de le connaître,
que pour lors le plâtre a une certaine onctuosité et une graisse
colle aux doigts quand on le manie. Au contraire, si elle a été
faite, le plâtre a de la rudesse, et ne s'attache point comme l'a
Après cela, quelque bonne que puisse être cette cuisson, elle de
pour ainsi dire nulle, quand on veut employer du plâtre qui a été

long-temps; car cette matière ressemble aux liqueurs exquises, qui n'ont de saveur qu'autant qu'on a eu soin de ne pas laisser évaporer les esprits qui en font toute la bonté (1). Si le plâtre n'est pas bien renfermé dans des tonneaux placés dans des lieux secs, il s'évente; c'est-à-dire que le sel qui en fait toute la vertu s'évapore, et il ne reste qu'une espèce de cendre qui étant employée ne fait plus corps. Ainsi, l'état le plus convenable où l'on doit prendre le plâtre, c'est au sortir du four, quand on est à portée d'en user de la sorte. On remarquera encore que toutes les saisons ne sont pas propres pour le mettre en œuvre. Si l'on s'en sert en hiver ou à la fin de l'automne, les ouvrages qui en sont faits sont de peu de durée et sujets à tomber par éclats, parce qu'alors le froid saisit tout d'un coup le plâtre; il glace l'humidité de l'eau avec laquelle il a été gâché, et l'esprit du plâtre étant amorti, il ne peut plus y avoir d'union. Enfin, quand on n'est point à portée de prendre toutes les mesures dont je viens de parler pour s'assurer de la bonté du plâtre, on pourra au moins choisir le meilleur de celui qui se trouve en magasin, puisque pour le connaître il ne faut qu'en détremper un peu dans la main: celui qui se prendra le plus promptement, sera à préférer à l'autre qui ne fera qu'une espèce de mortier sans consistance.

## CHAPITRE CINQUIÈME.

### *De la Composition du Mortier.*

Nous avons dit, en parlant de la chaux dans le troisième chapitre, qu'après l'avoir éteinte dans des bassins creusés en terre, il était à propos de la laisser reposer long-temps avant de la mêler avec le sable pour faire le mortier, parce qu'en effet rien ne la rend meilleure que

(1) Il y aurait des remarques à faire sur chaque ligne, si on voulait rectifier toutes les petites erreurs de chimie et de physique qui se trouvent dans le texte, et qui tiennent à l'état de ces sciences au temps où Bélidor écrivait. Ce n'est point parce que

cette sage précaution. Mais comme il n'est guère possible d'en ainsi à cause de l'impatience où l'on est d'exécuter un ouvrage qu'il est projeté, je vais décrire la façon dont on prépare ordinaire la chaux, afin de pouvoir faire du mortier incontinent après.

On fait un petit bassin en terre, auprès duquel on en creu autre plus grand et plus profond; on met dans le petit une ce quantité de chaux, sur laquelle on jette de l'eau pour la broyer rabot, et après qu'elle est devenue liquide, on la fait couler dans le bassin, où elle se prend ensuite comme un fromage blanc; c'est qu'on la tire pour la mêler avec le sable. Ce mélange se fait ordi ment de deux tiers de sable sur un tiers de chaux mesurée vive, trois cinquièmes de sable sur deux cinquièmes de chaux, selon qu'el sonne plus ou moins; car, quand elle est grasse et faite de bons ca on peut mettre jusqu'à trois quarts de sable sur un quart de chau qui n'est pourtant pas ordinaire, parce qu'il est rare d'avoir chaux assez grasse pour porter tant de sable. On ne doit tirer le qu'à mesure qu'on l'emploie, sans en faire de provisions long-temp paravant : l'expérience faisant voir que le soleil l'altère, le dessèc lui ôte une certaine graisse qui en fait toute la bonté. D'un autre la pluie en dissout les sels volatils, et par la suite il se change e espèce de terre qui, étant mêlée avec la chaux, ne fait plus co liaison dans la maçonnerie (1). Cependant il est à remarquer qu est question de faire des enduits, il n'y a point de mal que le sab soit pas si gras, parce qu'autrement il se sèche fort promptement gercer le mortier, et par conséquent empêche que l'enduit ne reste

Le ciment se mêle aussi avec la chaux en plus petite ou plus gr quantité, selon qu'elle foisonne plus ou moins : les doses sont les m

---

les *esprits du plâtre s'évaporent* qu'il perd sa bonté quand on le garde en conta l'air; c'est au contraire parce qu'il puise dans l'air de l'eau, ce qui lui fait per grande affinité pour cette substance, et la propriété de se solidifier sur-le-champ on le combine avec elle (*N*).

(1) Il est peut-être inutile de remarquer que ces observations ne peuvent con que le sable nommé ci-dessus sable de cave. La pluie et le soleil font, en génér d'effet sur le sable de rivière, à moins que leur action ne s'exerce pendant un très-considérable (*N*).

dont nous venons de parler. Cependant on fait assez souvent du mortier composé de moitié sable et moitié ciment, dont l'usage est très-bon pour des ouvrages qui ne sont point de la dernière conséquence, mais qui méritent pourtant quelque attention.

Le mortier de pouzzolane se fait à-peu-près comme celui de sable. Il sert, comme nous l'avons dit ailleurs, pour la construction des ouvrages qu'on fabrique dans l'eau.

Pour faire le mortier de terrasse, on choisit la meilleure chaux non éteinte, et on en prend autant qu'on en veut employer pendant une semaine. On en étend environ un pied de hauteur sur une haire ou batterie, on l'arrose pour l'éteindre, et ensuite on couvre ce lit de chaux, d'un autre de terrasse d'environ un pied d'épaisseur. On laisse reposer cette préparation pendant deux ou trois jours, afin de donner le temps à la chaux de s'éteindre; après quoi les manœuvres viennent avec des houes brouiller et mêler ensemble la terrasse et la chaux, dont ils font un gros tas qu'on laisse reposer environ deux jours, au bout desquels on brouille de rechef une partie de cette préparation, la mouillant de temps en temps *jusqu'à ce qu'on s'aperçoive que le mortier est de bonne consistance*; et *quand on en est là, on l'emploie aussitôt aux ouvrages pour lesquels il est destiné*. Mais on prendra garde de ne donner cette dernière façon au mortier que la veille du jour qu'on se propose de l'employer, c'est-à-dire de n'en brouiller qu'autant qu'on aura besoin ce jour-là, observant la même chose pour les jours suivants tant qu'il y aura de cette composition dans le tas. Dans plusieurs provinces, on prépare le mortier ordinaire de la même façon qu'on vient de le voir pour la terrasse: cette pratique n'est pas mauvaise, et on ne peut que s'en bien trouver.

Outre la terrase de Hollande, on se sert encore en Flandres d'une poudre qu'on nomme communément cendrée de Tournay, laquelle s'emploie fort utilement pour la composition du mortier des ouvrages qui se font dans l'eau. Comme personne (à ce que je crois) n'en a bien expliqué les propriétés et la manière de l'employer, je vais rapporter en peu de mots ce que j'en sais.

Les environs de Tournay fournissent une pierre bleue très-dure, et qui fait une chaux excellente. Quand cette pierre est dans le four, il s'en détache de petites parcelles qui tombent sous la grille du fourneau, où elles se mêlent avec la cendre du charbon de terre : et comme ce cendre n'est autre chose que de petites parties de la houille calci c'est le mélange qui s'en fait qui compose la cendrée de Tournay, se débite par les marchands telle qu'on la tire des fourneaux.

L'expérience faisant voir que la pierre dure fait toujours de bo chaux et un mortier excellent pour les ouvrages aquatiques, qu elle est mêlée avec de la poudre provenant du charbon ou mâche qu'on tire des forges, comme je l'ai expliqué dans le quatrième pitre, il n'est pas étonnant que la cendrée de Tournay soit merveill pour le même usage, puisqu'elle participe à-la-fois des qualités de deux matières. Car je ne doute pas que les petites parties de char qui se trouvent mêlées avec la cendrée ne contribuent beaucoup donner la propriété de se durcir dans l'eau, comme on le verra plus

Ainsi, sans m'arrêter à des dissertations physiques, je passe à la nière de s'en servir.

La première attention qu'on doit avoir avant de la préparer, e bien balayer le terrain sur lequel on la doit jeter. On l'éteint en dans une espèce de bassin, avec une quantité d'eau suffisante seule pour la bien fondre et démêler, après quoi on la passe avec une faite de fil d'archal qu'on met au-dessus d'une batterie faite ex pavée de pierres plates et unies, et construite de même par les côtés ce qui ne passe pas au travers de la claie est rebuté. On bat ce q dans cette batterie à plusieurs reprises pendant dix ou douze consécutifs, avec une dame du poids de 30 livres ferrée par le des jusqu'à ce qu'enfin elle compose une pâte bien grasse et bien fine l'emploie sur-le-champ, sinon elle peut se conserver plusieurs mo suite sans rien perdre de sa qualité, pourvu que l'on ait soin de la vrir, car le soleil, la poussière et la pluie la gâtent. Il faut avoir a tion, quand on la rebat pour s'en servir, de n'y mêler que trè d'eau, et même point du tout s'il se peut ; car à force de bras elle de grasse et liquide, sans qu'on soit obligé de l'humecter de nou

Ainsi c'est ordinairement la paresse des ouvriers, et non pas la né cité, qui les engage à y mettre beaucoup d'eau pour la rebattre, ce la dégraisserait peu-à-peu et diminuerait sa bonté, si on n'y pr garde.

Il y en a qui pour la préparer se servent de deux bassins, l'un élevé que l'autre, tous deux bien pavés et disposés; en sorte que ce qui est dans l'un puisse couler dans l'autre par une petite grille que l'on a soin de masquer quand on éteint et démêle la cendrée. Dès qu'on juge qu'elle l'est suffisamment, on débouche la grille: tout ce qui ne peut pas passer au travers est rebuté, et ce qui coule dans l'autre bassin est destiné à être rebattu, comme on vient de le dire.

On se sert de cette cendrée pour la maçonnerie des écluses, ponts, aquéducs, batardeaux, etc., et généralement dans les maçonneries ordinaires pour asseoir les grès et les rejointoyer; ce qui se doit faire depuis le mois d'avril jusqu'à la fin de juillet, parce qu'employés dans ce temps-là elle n'éclate jamais, ce qui est une propriété remarquable de la cendrée, car la plupart des ciments sont sujets à gercer: la chaux de Boulogne, par exemple, qui est excellente quand elle est employée dans l'eau, ne vaut rien à sec.

On la mêle quelquefois pour plus de précaution, avec un sixième de tuileau passé au tamis: et je crois que si on la mêlait avec de la terrasse de Hollande, on pourrait s'en servir avec un succès merveilleux dans la construction des citernes; car je ne doute pas que ces deux matières ensemble ne composent le plus excellent ciment qu'il soit possible d'imaginer.

Dans les pays où la bonne chaux est rare, on en met quelquefois en œuvre de deux espèces sur les grands ateliers, l'une faite de bonnes pierres dures, et l'autre de pierres communes. La première, comme la meilleure, s'emploie pour faire ce qu'on appelle le bon mortier, dont on se sert pour les ouvrages qui méritent attention, et l'autre pour faire celui qu'on nomme mortier blanc, qui, n'étant pas d'une trop bonne qualité, ne s'emploie qu'aux fondations et dans le massif des gros murs. On fait encore un mortier que l'on appelle bâtard, parce qu'il est composé à-la-fois de bonne et mauvaise chaux, dont on se sert aussi pour les murs d'une épaisseur considérable; mais il faut prendre garde de ne point en employer dans les ouvrages qui sont baignés des eaux.

On peut se servir indifféremment de toute sorte d'eau pour éteindre la chaux, excepté celle des marais, et les autres bourbeuses et qui croupissent. C'est pourquoi on ne doit pas permettre aux maçons d'employer celles qui courent dans les rues et qu'ils rassemblent par le moyen d'une petite digue, parce qu'étant chargées d'ordures, elles ne peuvent faire que du mauvais mortier. Autrefois on ne voulait point se servir d'eau de la mer, parce qu'on croyait qu'à cause qu'elle est salée le mortier ne séchait qu'avec peine; on prétend aujourd'hui que c'est une erreur, et qu'elle est aussi bonne et même meilleure que celle de rivière; mais c'est ce que je ne déciderai pas, n'en ayant point fait d'expérience. Je sais seulement qu'on s'en est servi dans des endroits où elle a fait du mortier excellent, et dont on s'est parfaitement bien trouvé, et que dans d'autres provinces au contraire, le mortier qui en était abreuvé avait toutes les peines du monde à sécher (1). Ce qui me fait croire que quand la chaux est forte et grasse, on peut se servir de l'eau de la mer; mais que si elle est d'une mauvaise qualité, cette eau la rend encore plus faible : car c'est un principe de chimie, que de deux sels différents mis ensemble, il y en a toujours un qui convertit l'autre en sa substance; ainsi il y a apparence que quand les sels de la chaux sont abondants, ils attirent ceux que contient l'eau de la mer, et les dispose à concourir à la coagulation du mortier; mais si les sels de la chaux sont en petite quantité, le sel marin domine et fait un effet tout opposé.

Quand la chaux est éteinte depuis quelque temps, et qu'on la mêle avec le sable, il faut, pour en faire de bon mortier, mettre le moins d'eau qu'on pourra. A force de le corroyer avec des rabots, il devient liquide, et alors il sèche plus promptement que s'il avait été abreuvé davantage. Cependant il faut faire attention que, si le mortier doit être employé avec des pierres qui s'imbibent aisément, il faut le faire plus liquide que quand on s'en sert pour joindre des pierres fort dures.

Il y en a qui, pour faire prendre le mortier plus promptement, mêlent de l'urine avec l'eau dont on se sert pour le corroyer. Mais ce que je sais par expérience, c'est que si l'on fait dissoudre du sel ammoniac dans l'eau de rivière, et qu'on se serve ensuite de cette eau pour corroyer de la chaux qui aurait été faite avec de bons cailloux, elle compose

(1) Smeaton a éprouvé, dans des expériences qui seront citées plus bas, que l'eau de mer était au moins aussi avantageuse que l'eau douce pour la fabrication du mortier (*N*).

avec le sable un mortier qui prend aussi promptement que le plâtre; ce qui peut être d'un excellent usage dans les pays où cette matière est rare. J'ajouterai que si au lieu de sable on se servait de la pierre pulvérisée, et qui fût de la même dont on fait la chaux, le mortier qui en serait composé serait incomparablement meilleur quand on voudrait s'en servir au lieu de plâtre.

On sait que la principale qualité du mortier est d'unir les pierres les unes aux autres, et de se durcir quelque temps après avoir été employé pour ne faire plus qu'un même corps avec les autres matériaux. Comme c'est la chaux qui contribue le plus à cet effet singulier, on demande pourquoi la pierre ayant perdu dans le four à chaux sa dureté, la reprend par le moyen de l'eau et du sable. Comme ceci nous offre une dissertation assez curieuse, je vais faire en sorte d'en donner la raison.

L'opinion des chimistes est que la dureté des corps vient des sels qui s'y trouvent répandus et qui servent à lier leurs parties, de sorte que, selon leur système, la destruction qui arrive par la suite des temps aux corps les plus durs, se fait par la perte de leur sel, qui s'évapore insensiblement *par la transpiration; et que si par quelque moyen on rend à un corps les sels qu'il a perdus, il reprend sa première dureté par la réunion qui se fait de ses parties.* Comme il y a mille expériences qui favorisent cette hypothèse, je ne ferai *nulle difficulté de la recevoir* avec le plus grand nombre des physiciens.

Quand la pierre est brûlée par la violence du feu, il se fait une évacuation de la plus grande partie de ses sels volatils et sulfurés qui servaient de liens à ses parties, ce qui fait qu'elle devient poreuse et branchue: or, comme voilà l'état où se trouve la chaux en sortant du four, voyons présentement ce qui peut lui rendre la dureté qu'elle avait avant d'être calcinée.

Quand la chaux est détrempée à propos, et qu'on la mêle avec le sable, il se fait une fermentation causée par les parties sulfurées qui sont restées dans la chaux, et qui font sortir du sable une quantité de sels qui, se mêlant avec la chaux, en remplissent les pores (car le sable est plein de sel volatil ainsi que les autres corps); et ce sont ces mêmes sels qui se trouvent en plus grande abondance dans de certains sables plutôt qu'en d'autres, qui font la différence de leur bonne ou mauvaise qualité. De là vient que plus on broie la chaux et le sable, plus le mortier

est bon et durcit davantage quand il est employé, parce que le frois
ment réitéré fait sortir du sable une plus grande quantité de sel. C
aussi pour cette raison que le mortier mis en œuvre tout chaud n
pas si bon qu'au bout de quelques jours, parce qu'il faut un cert
temps pour que les sels volatils puissent passer du sable dans les po
de la chaux, afin qu'il se fasse une union intime de ces deux matiè
Cependant il est à remarquer (comme l'expérience le fait voir) q
quand on laisse le mortier long-temps sans l'employer, il se dessè
et ne fait plus de liaison quoiqu'on y mette de l'eau, parce que les
se sont évaporés, de sorte qu'il ne reste plus qu'une matière sèche, ma
et sans onctuosité, ce qui n'arrive pas quand il est employé à pro
car alors il fait sortir des pierres une grande quantité de sel qui
dans les pores de la chaux, pendant qu'elle-même s'insinue dans
de la pierre. Car, quoiqu'il semble, en se servant du mortier, qu'il
plus de chaleur, la fermentation entretenue par les parties sulfuré
la chaux subsiste encore très-long-temps après que la maçonner
formée; ce qui se remarque bien sensiblement par la dureté que le
tier acquiert de jour en jour, et qui ne cesse de croître avec le
par les nouveaux sels volatils qui passent de la pierre dans le mo
par la transpiration que la chaleur dont je viens de parler y entre
et c'est ce qu'on remarque dans la démolition des anciens édi
par la peine que l'on rencontre à séparer les pierres que le mortie
unies, jusque-là même qu'on en a moins à les rompre qu'à les sé
surtout quand ce sont des pierres un peu spongieuses dans lesq
le mortier a pénétré. Je crois même, avec Philibert Delorme,
pourrait rendre cette union de la pierre et du mortier presque in
luble, si l'on faisait la chaux avec des pierres de la même qualité
celles qu'on veut employer dans le bâtiment (1), parce que les
volatils qui en sortiraient se trouvant d'une figure propre à rempl
pores qui restent dans la chaux par la perte qu'elle a faite des s
le mortier et la pierre ne feraient plus qu'un même corps.

Selon ce raisonnement, on voit que les petites parties de charbo

(1) Il est actuellement reconnu que cette idée de Philibert Delorme est sans
fondement (*N.*).

terre qui se trouvent mêlées avec de la cendrée de Tournay, doivent faire un merveilleux effet quand cette cendrée est battue avec un peu d'eau; car, comme ce charbon est rempli de parties sulfurées et de sel volatil, il se fait un passage de ce sel dans les pores de la pierre calcinée, ce qui ensuite forme une pâte grasse et onctueuse, dans laquelle il s'entretient une fermentation qui fait sortir de la pierre qui est employée avec la cendrée, de nouveaux sels qui lient et retiennent ensemble la maçonnerie.

On croit communément que la chaux a la vertu de brûler certains corps, parce qu'elle en occasionne la destruction; mais il ne faut pas penser que ce soit la chaleur qui produise effectivement cette destruction; cela vient de ce que la chaux faisant transpirer les sels qui faisaient les liens de leurs parties, dès que ces sels sont évaporés, ou que la chaux s'en est revêtue, les parties de ces corps, n'étant plus entretenues comme auparavant, se désunissent (1).

Comme il n'y a point de doute que ce ne soit la grande abondance des sels que contiennent certaines pierres, qui les rend plus propres à faire de bonne chaux que les autres qui en sont beaucoup moins chargées, cette connaissance fournit un moyen de faire de la chaux excellente, dans les pays même où elle a coutume d'être mauvaise, comme je vais l'insinuer.

Il faut avoir deux grands bassins, l'un plus élevé que l'autre, et tous deux bien pavés et les bords revêtus de maçonnerie. On remplit de chaux le bassin supérieur, et on l'éteint pour la faire couler dans l'autre; et quand tout y est passé, il faut jeter dessus à-peu-près autant d'eau qu'on en a employé pour l'éteindre, ensuite la bien broyer avec le rabot et la laisser reposer pendant vingt-quatre heures. Comme elle aura eu le temps de se rasseoir, on la trouvera couverte d'une quantité d'eau de couleur verdâtre, parce qu'elle comprendra presque tous les

---

(1) Toute cette explication des effets de la chaux, exprimée dans le langage de la physique du temps, est un mélange de vrai et de faux, sur lequel il n'y a aucune observation à faire, si ce n'est qu'on ne saurait trop admirer comment les gens instruits pouvaient écrire de semblables choses, et comment ceux qui ne l'étaient pas pouvaient les lire, et croire les comprendre (*N*).

sels dont la chaux était remplie. Il faut prendre toute cette eau et la verser dans un tonneau, et ôter du même bassin la chaux qui s'y trouve, qu'on peut regarder alors comme une matière qui n'est propre à rien.

On met de la nouvelle chaux dans le bassin supérieur, et au lieu de l'éteindre avec de l'eau ordinaire, on se sert de celle qu'on a mise dans le tonneau, et on fait couler comme en premier lieu cette chaux dans l'autre bassin; ce qui fait que, comme elle prend deux fois plus de sel qu'elle n'en avait naturellement, elle est incomparablement meilleure qu'elle n'eût été sans cette préparation. S'il s'agissait de quelque ouvrage de conséquence fabriqué dans l'eau, on pourra, afin de rendre la chaux encore meilleure, faire à l'égard de cette seconde ce qu'on a fait pour la première; c'est-à-dire que l'on jettera encore dans le second bassin autant d'eau qu'on en a tiré d'abord, et qu'on broiera la chaux tout de nouveau pour en faire sortir les sels; de sorte que l'ayant encore laissée rasseoir pendant vingt-quatre heures, on se servira de l'eau dont elle sera submergée, pour éteindre la nouvelle chaux vive, qu'on mettra dans le premier bassin. Quant à celle qui sera restée dans le second, on pourra l'employer aux gros ouvrages où l'on n'y prend pas garde de si près; car elle ne sera pas absolument si destituée de sel, qu'elle ne puisse encore servir. Je connais d'habiles gens qui ont pratiqué plusieurs fois ce que je viens de dire, et qui s'en sont bien trouvés. Ils m'ont assuré avoir fait par ce moyen de meilleure chaux que celle de Boulogne avec la matière du monde la plus ingrate; il est vrai qu'il en coûtera beaucoup plus; mais l'économie ne doit point prévaloir sur les moyens de faire les choses le mieux qu'il est possible, quand il s'agit de certains ouvrages qui demandent absolument d'être travaillés avec précaution. Par exemple, dans les places où la chaux est fort mauvaise, et où l'on remarque que les murs de parements des ouvrages se dégradent au bout de quelques années, parce que le mortier n'a pas assez de corps pour résister à l'injure des saisons, l'on pourrait en fabriquer de deux sortes: l'un, suivant les précautions que je viens de dire, servira à la construction de tout ce qui est exposé à l'air; l'autre, fait comme à l'ordinaire, pourra être employé dans le reste de l'épaisseur des murs, et aux contreforts: car enfin la nécessité doit rendre ingénieux. Est-il dit que, parce qu'on est dans un endroit où les matériaux sont mauvais, on ne puisse faire de bonne maçonnerie? Je suis persuadé que, quand on voudra s'en donner la peine, on trouvera mille moyens de corriger la nature par le secours de l'art (1).

(1) On trouvera sur la pratique de la fabrication des mortiers des choses très-utiles à consulter dans le *Traité de l'art de bâtir*, de M. Rondelet, liv. II, section II. On peut aussi lire avec fruit l'*Art de composer les pierres factices*, de M. Fleuret, chap. III et suivants, et le *Devis instructif des travaux de construction dépendant du service du Génie*, page 11 et suiv. M. Lesage a donné, dans son *Recueil de Mémoires*, IIe partie, des expériences très-intéressantes de Sméaton, sur la composition des mortiers à employer sous l'eau (*). Cette partie des arts de construction a fait d'assez grands progrès en France dans ces derniers temps, et il me paraît que la théorie en a été pour la première fois exposée convenablement dans les *Programmes du Cours de construction*, de M. Sganzin, leçon 3 et suiv. On la trouve aussi dans le *Traité de la construction des ponts :* liv. IV, chap. III. Je vais en donner ici une idée.

La chaux se présente dans la nature à l'état de carbonate; si on la fait cuire dans des fourneaux, ce sel se décompose, l'acide carbonique et l'eau de cristallisatiou se dégagent et la chaux reste pure. On la nomme alors *chaux vive*. Ellle ne se conserve pas longtemps dans cet état, à moins qu'on ne la prive absolument du contact de l'air, ce qui dans la pratique est, rigoureusement parlant, impossible. Elle *s'éteint* en reprenant dans l'air atmosphérique l'eau et l'acide carbonique dégagés par la cuisson, et repasse à l'état de carbonate. Mais si on satisfait d'abord son avidité pour l'eau, qui est très-grande, en la détrempant et la faisant passer à l'état d'une pâte molle, et qu'ensuite on la conserve dans des fosses, en la recouvrant de terre, elle se conserve indéfiniment pure, parce que, ne se trouvant plus en contact avec l'acide carbonique, rien ne tend à la faire changer d'état.

Si on laisse de la chaux ainsi éteinte, et supposée pure, exposée à l'air, en repassant à l'état de carbonate, elle se séchera et tombera en poussière. Si on la met en contact avec de la silice, elle formera avec elle une combinaison qui, au bout d'un temps assez considérable, prendra de la dureté, si elle se trouve à l'abri des variations de l'atmosphère, et surtout de l'humidité qui, délayant la chaux, empêcherait que la combinaison ne se formât, en sorte que le mélange tomberait encore en poussière, au moins à la surface.

Si la silice, au lieu d'être présentée à la chaux dans son état naturel, a été préala-

(*) En lisant les expériences de Sméaton, où l'on voit qu'il a appris à leur occasion, d'un de ses amis, comment on analysait les pierres à chaux, et qu'ayant trouvé que la pierre à plâtre résistait à l'eau-forte, il en a conclu qu'il ne s'y trouvait rien de calcaire, on s'étonne qu'un membre de la Société royale de Londres, d'un aussi excellent esprit que Sméaton, et possédant en mécanique les connaissances les plus distinguées, ignorât les principes les plus élémentaires de la chimie. Cette circonstance fait aussi sentir combien la connaissance, au moins superficielle, de toutes les sciences naturelles, est nécessaire aux constructeurs, et apprécier l'utilité de l'éducation que les ingénieurs reçoivent à l'École Polytechnique.

# CHAPITRE SIXIÈME.

## *Des Détails qui ont rapport à la Construction de la Maçonnerie.*

Après avoir enseigné, dans les chapitres précédents, le choix que l'on devait faire des matériaux en général, je vais faire voir dans celui-ci les détails dans lesquels il faut entrer pour juger du prix des ouvrages, afin d'en passer le marché aux entrepreneurs. Nous ne parlerons d'abord

---

blement torréfiée et réduite en poudre, cette terre ayant acquis par cette opération une certaine avidité pour l'eau, son mélange avec la chaux éteinte se solidifiera plus promptement, et par conséquent aura moins à craindre des effets des variations de l'atmosphère.

En réunissant à la silice ainsi torréfiée quelques parties d'oxides métalliques, pour lesquelles la chaux a beaucoup d'affinité, la solidification du mélange sera beaucoup plus prompte; il acquerra en très-peu de temps de la dureté; et quand la proportion d'oxide métallique est suffisante, la disposition de la combinaison à devenir un corps solide est telle, que cet effet n'est point empêché par l'immersion du mélange dans l'eau quelques heures après qu'il a été effectué, et c'est à cette circonstance que les matières propres à faire le béton doivent leur qualité. Dans ce cas, les proportions du mélange sont environ $\frac{1}{6}$ d'oxides métalliques, $\frac{2}{6}$ d'argile, dans lequel la silice entre au moins pour les $\frac{2}{3}$, et $\frac{2}{3}$ de chaux. Il est aisé, d'après cela, de voir d'abord en quoi consiste la différence des pierres qui fournissent la chaux grasse et la chaux maigre. Les premières ne contiennent que du carbonate de chaux pur, ou combiné avec une très-petite quantité de silice, d'argile et de magnésie (ces deux dernières terres ne servent qu'à altérer sa qualité). Après la calcination et l'extinction, la chaux se trouve en trop grande proportion pour que le mélange puisse se solidifier seul; et en ajoutant d'autres matières, on obtient un mortier qui est d'autant meilleur qu'elles contiennent plus de silice et d'oxides, et qu'elles sont plus torréfiées; mais on ne peut jamais arriver à faire entrer à-la-fois dans le mélange les quantités de chaux et d'oxides métalliques nécessaires pour que ce mélange puisse prendre sous l'eau. Les pierres à chaux maigre, au contraire, contiennent par elles-mêmes une quantité suffisante de silice et d'oxides, en sorte que la chaux qui en provient est capable après l'extinction de se solidifier seule, et mélangée avec d'autres substances torréfiées, qui contiennent.

que de ce qui peut appartenir à la maçonnerie, nous réservant de faire mention des autres détails aux endroits qui leur conviendront le mieux, pour ne point embrasser trop d'objets à-la-fois. Nous ne dirons rien non plus des prix, parce qu'ils dépendent des temps et des lieux, selon que les matériaux sont rares ou communs, près ou éloignés, circonstances dont il sera aisé de s'instruire dans l'occasion. Ainsi je m'attacherai plutôt à insinuer l'esprit du détail, qu'à donner des exemples ennuyeux qui ne seraient pas d'une grande instruction.

Il faut, avant toute chose, prendre connaissance des différents terrains que la place doit occuper, et des matériaux qui sont à l'usage du pays; s'informer des carrières de chaux, de moellon et de pierre de taille qui sont le plus à portée, de même que des lieux d'où l'on pourra tirer le sable, les terres propres à faire les briques et les tuiles, les bois de

---

également de la silice et des oxides, de donner une combinaison qui offre les proportions indiquées ci-dessus, et qui puisse se solidifier sous l'eau.

A l'égard des matières à mélanger avec la chaux, leurs qualités varient en raison de leur état de torréfaction, et des proportions de silice et d'oxides de fer ou de manganèse qu'elles contiennent, et elles font des mortiers ou des bétons d'autant meilleurs, qu'elles sont plus torréfiées, et que les matières s'y trouvent en plus gande quantité. Parmi les substances naturelles, il n'y a guère que la pouzzolane et la terrasse de Hollande qui, ayant été exposées au feu des volcans, offrent ces qualités à un assez haut degré pour donner un mortier propre à prendre sur-le-champ sous l'eau. Mais il y a beaucoup d'autres substances dont la composition est à-peu-près la même, et qu'il suffit de faire cuire dans des fourneaux et pulvériser après la cuisson, pour obtenir des pouzzolanes égales ou supérieures à la pouzzolane d'Italie. (Voy. pour les recherches faites sur cet objet le *Traité de la Construction des ponts*, à l'endroit cité ci-dessus. On y trouvera aussi les résultats des analyses de différentes chaux et des matières qu'on combine avec elles; analyses qu'il a suffi de rapprocher pour en déduire les principes précédents).

Il y a d'autres matières susceptibles de s'unir avec la chaux, et qui forment de très-bons ciments : ce sont les huiles et les résines. Mais il est visible que la composition de ces ciments dépend d'une autre théorie, et tient à ce que ces substances sont fluides et prennent toutes les formes à volonté, quand on les emploie chaudes, se solidifient en refroidissant, et sont toujours imperméables à l'eau. La chaux qu'ils contiennent les rend d'ailleurs susceptibles de s'unir fortement à la pierre. On a aussi quelquefois employé le soufre au même usage. Introduit en fusion dans les joints d'une maçonnerie, il les remplit, et peut ainsi fermer passage à l'eau; mais il ne contracte presque point d'adhérence avec la pierre (*N*).

charpente, et tout ce qu'on prévoira devoir entrer dans la constructio
on visitera le tout soigneusement, pour faire de justes observatio
sur leur qualité et leur éloignement.

L'examen des différents terrains que la place doit occuper, fera co
naître à-peu-près quelle sera leur nature, si le fond sera bon ou do
teux; s'il faudra piloter ou non, s'il y aura des épuisements d'eau à fair
et plusieurs autres circonstances qui augmentent souvent ou dimin
le prix des ouvrages. Je sais que le jugement qu'on peut porter sur
nature du fond est sujet à erreur, et qu'il n'est pas aisé de répond
de la qualité d'un terrain qui n'est pas fouillé, et qu'on ne voit poin
Cependant, avec un peu d'expérience, on en peut juger d'abord as
sainement par le coup-d'œil et par la situation du lieu. Ainsi, pour l
parties qui se trouveront à faire sur le roc, ou qu'on présumera dev
y être fondées, on remarquera à-peu-près quel déblai de terre ou
rocaille il faudra faire pour parvenir au fond solide, quelle est
nature du roc, si les pierres des excavations pourront servir au co
de la maçonnerie, ou si elles seront propres à être employées au p
ment; méthode cependant qui n'est pas des meilleures, comme
expérimenté dans plusieurs places, à moins qu'on ne leur do
temps de se ressuyer, et de faire connaître leur bonne ou ma
qualité avant que de les employer. Pour les endroits vaseux ou ma
geux, on connaîtra par différentes sondes les précautions qu'il fau
prendre pour les fondements, pour le pilotage, et la mesure des bo

On remarquera aussi s'il y a moyen de faciliter le transport des ma
riaux par quelque rivière ou par un nouveau canal, et s'il y aura de
difficulté à se fournir des eaux nécessaires pour la composition d
mortiers, comme il arrive souvent dans les lieux élevés. Enfin on ex
minera toute chose avec attention, et on fera sur chacune les obs
vations qui seront nécessaires, pour avoir d'avance une idée de tout
ce qui pourra entrer dans la construction de la place.

Pour peu qu'on ait fait travailler dans un pays, on n'aura pas gran
difficulté à savoir à combien pourra revenir la toise cube de maço
nerie, j'entends celle qui sert aux revêtements des fortifications, parce
qu'il n'y a qu'à s'informer des prix les plus ordinaires de la chaux, de
sable, de la brique et des différentes sortes de pierres qu'il faudr
employer, le tout rendu sur l'atelier, et de ce qu'il en coûtera pour les

préparer et les mettre en œuvre; ou bien, quand un ingénieur va dans une place où il n'a pas encore servi, il lui sera aisé d'avoir ces sortes d'instructions par ceux qui y sont depuis long-temps. Mais si l'on était privé de ces connaissances, et qu'il fallût travailler dans un endroit où l'on ne serait prévenu de rien, alors il faudrait regarder les choses de plus près, afin d'en juger soi-même, pour ne point s'en rapporter aux entrepreneurs et à ceux qui ont entérêt que les ingénieurs n'entrent que légèrement dans quantité de petits détails qui paraissent d'abord ne pas mériter la peine d'être recherchés, mais qui deviennent par la suite d'une grande conséquence, surtout quand il s'agit de bâtir une place neuve, puisque, sans une extrême économie, on fait de grandes dépenses superflues. Or, pour ne point tomber dans un pareil inconvénient, voici en peu de mots à quoi on pourra avoir égard.

Pour commencer par le transport des matériaux, on saura qu'il se règle ordinairement sur la quantité qu'une voiture en peut porter, et des voyages qu'elle peut faire en un jour. C'est pourquoi il faut être prévenu qu'une voiture attelée de trois chevaux porte environ 1500 livres. Ainsi, dès qu'on saura à quelle distance elle est obligée d'aller chercher les matériaux, leur poids, et ce qu'il en coûtera pour leur charge, on pourra, en fixant ce qu'elle doit gagner par jour, savoir à quoi reviendra le transport de la toise cube, ou le quintal de chaque espèce de matériaux. Cependant il vaut beaucoup mieux ne point s'embarrasser de tous les petits détails dont cet article est susceptible, et laisser à la charge de l'entrepreneur le transport des matériaux ; l'expérience ayant fait voir en plusieurs endroits qu'il en coûtait la moitié moins que de le faire par économie, les entrepreneurs ayant à leur disposition quantité de choses qui coûteraient beaucoup plus si tout autre qu'eux s'en mêlait.

Quand il y a quelque rivière portant bateaux dans l'endroit où l'on veut bâtir, les matériaux se transportent avec bien plus de facilité et moins de dépenses. Il arrive même quelquefois, quand le terrain le permet, qu'on fait faire un canal exprès pour le transport des matériaux, comme on l'a pratiqué à la construction du neuf Brisak, et alors la dépense du canal est répandue généralement sur le prix que coûtera la maçonnerie, en y comprenant les autres frais de la navigation, aussi bien que la charge et décharge des matériaux.

Si on était dans le cas de se servir d'une rivière ou d'un canal pour le transport, il faudrait savoir la charge que les bateaux peuvent porter selon leur grandeur et leur figure ; et pour avoir quelque connaissance exacte sur ce sujet, je conseille au lecteur de voir ce que j'en ai dit dans la dixième partie de mon Cours de Mathématiques.

Puisqu'on est obligé de régler la charge des voitures selon la pesanteur des matières qu'elles ont à transporter, j'ai cru qu'il était à propos de donner ici une table qui marquât en pieds cubes le poids des principales.

# TABLE

## DE LA PESANTEUR DE PLUSIEURS MATIÈRES.

| DÉSIGNATION DES MATIÈRES. | PESANTEUR spécifique. | Poids du pied cube. | DÉSIGNATION DES MATIÈRES. | PESANTEUR spécifique. | Poids du pied cube. |
|---|---|---|---|---|---|
| Fer fondu | 7,207 | liv. 504 | Ardoise | 2,854 | 200 |
| Fer forgé | 77,88 | 545 | Plâtre | 1,286 | 90 |
| Cuivre jaune | 8,396 | 588 | Pierre de Saint-Leu | 1,659 | 116 |
| Cuivre rouge | 7,788 | 545 | Pierre de Liais | 2,390 | [illegible] |
| Plomb | 11,352 | 795 | Marbre | 2,708 | 189 |
| Sable de terre | 1,714 | 120 | Granit | 2,738 | [illegible] |
| Sable fort | 1,771 | 124 | Chaux vive | 0,843 | 59 |
| Sable de rivière | 1,886 | 132 | Bois d'osier | 0,585 | 41 |
| Argile | 1,919 | 135 | Bois d'aulne | 0,800 | 56 |
| Terre grasse | 1,643 | 115 | Bois d'orme | 0,671 | 47 |
| Terre extraordinaire | 1,357 | 95 | Bois de sapin | 0,550 | 38 |
| Mortier | 1,715 | 120 | Bois de chêne | 0,930 | 65 |
| Brique | 1,857 | 130 | Eau de mer | 1,026 | 71 |
| Tuile | 1,815 | 127 | Eau douce pure | 1,000 | 70 |

Toutes ces différentes matières peuvent peser un peu plus ou un peu moins qu'on ne l'a marqué ici, selon le pays où on les trouve ; mais on s'est conformé à la pesanteur qui leur est la plus ordinaire.

Je crois en avoir assez dit sur ce qui regarde le transport des matériaux : c'est pourquoi je passe à leur détail, en commençant par celui de la chaux et du sable.

*Détail de la Chaux et du Sable.*

On suppose que, par épreuve faite, une toise cube de pierre produit dix milliers de chaux, et comme on met ordinairement huit toises pour la charge d'un four, lesquelles doivent par conséquent produire 80 milliers, il sera aisé de juger ce qu'ils pourront coûter rendus sur l'atelier, en faisant l'estimation du tirage de la pierre, de sa voiture au four, et la voiture à l'endroit où on veut la mettre en œuvre.

A l'égard de la quantité de chaux qui peut entrer dans une toise cube de maçonnerie, tels qu'aux revêtements des fortifications, il est assez difficile de la déterminer, parce qu'elle dépend de sa bonne ou mauvaise qualité, aussi bien que de celle du sable avec lequel elle est mêlée; mais communément il en entre douze quintaux.

On pourra de même juger du prix de la toise cube de sable, en faisant l'estimation de ce qu'il en coûtera par le tirage et le transport jusqu'à pied-d'œuvre ; sur quoi il est à remarquer qu'une certaine mesure de sable pèse à-peu-près le double d'une pareille mesure de chaux, ce qui doit par conséquent doubler le prix de la voiture.

Il entre dans une toise cube de maçonnerie environ 30 pieds cubes de sable.

*Détail de la Brique.*

Pour savoir le prix du millier de brique rendu sur l'atelier, il faudra faire l'estimation de ce qu'il en coûtera pour tirer la terre, la corroyer, la mouler, la porter sur les banquettes, l'arranger et couvrir de paillassons pour la faire sécher et la rouler au four. J'oublie de dire qu'il faut aussi avoir égard au sable que l'on étend sur les plates-formes. Ce sable doit être des meilleurs ; il en faut au moins 100 barreaux pour une briquetterie de 450 mille. On verra ensuite ce qu'il en coûtera pour la cuire, la défourner, et la voiturer jusqu'à pied-d'œuvre. On prétend que le bois est meilleur pour cuire la brique que le charbon de terre, parce qu'ici il faut un feu clair qui puisse pénétrer de toute part. Mais en récompense le charbon de terre est excellent pour les fours à chaux, comme je l'ai dit ailleurs.

Dans une toise cube de maçonnerie de brique, il entre 4600 briques de 8 pouces de longueur, 4 de largeur, et 2 d'épaisseur, et 550 dans la toise carrée qui aurait une brique d'épaisseur, c'est-à-dire 8 pouces. Ainsi l'on voit que le mortier occupe à-peu-près un cinquième de la toise cube.

Une voiture attelée de trois chevaux porte 400 briques qui pèsent un peu plus de 1500 livres. Car, quand une brique est faite de bonne terre et bien cuite, elle pèse environ quatre livres, en lui supposant les dimensions dont j'ai parlé plus haut.

*Détail du Moellon.*

Pour savoir le prix de la toise cube de moellon, il faut avoir égard à ce qu'il en coûtera pour le déblai nécessaire à sa découverte, pour le tirer de la carrière, pour la charge et décharge, pour la voiture et la main-d'œuvre.

Quand le moellon doit être façonné pour être mis en œuvre, il faudra voir ce qu'il en coûtera par toise cube, pour le piquage et ajonturage, indépendamment des autres circonstances dont nous venons de faire mention. On pourra de même estimer la toise courante de pierre de taille, en la supposant, par exemple, d'un pied de hauteur sur quinze de lit ou environ.

Quand la maçonnerie est composée de briques et de moellon comme celle des revêtements des fortifications, le mortier occupe à-peu-près un sixième de la toise cube, car le moellon laissant moins de vide que la brique, il faut moins de mortier que si la maçonnerie était toute de brique.

Ayant trouvé à l'aide des calculs précédents le prix de chaque chose en particulier, il n'y aura point de difficulté à savoir la dépense de la toise cube de maçonnerie, dès qu'on saura combien il doit y entrer de chaque espèce de matériaux; ce qui sera aisé en faisant, dans les différents pays où l'on se trouve, une analyse exacte des profils les plus approuvés et les mieux dirigés.

On voit ensuite ce qu'il en pourra coûter par chaque toise cube pour le canal, si on est obligé d'en faire un. On a égard aussi aux faux frais auxquels les entrepreneurs pourront être engagés pour les épuisements des eaux, s'il s'en rencontre, et à plusieurs autres particularités qui doivent entrer dans la même estimation ; et moyennant tous ces détails, on pourra savoir, avant l'exécution des ouvrages, si les propositions des entrepreneurs sont justes ou non, et à quoi l'on peut s'en tenir ; et même après que les projets sont exécutés, ce qu'ils ont perdu ou gagné, et quel dédommagement le roi peut leur accorder s'ils avaient fait un mauvais marché, ou s'il s'était présenté dans la suite du travail quelque difficulté qu'on n'aurait pu prévoir, comme cela arrive assez souvent.

Le temps qu'on emploie pour la construction de la maçonnerie est encore une connaissance nécessaire, si on veut se mettre en état d'exécuter les ouvrages dans le temps prescrit, et répondre aux intentions de la cour : pour cela il faut savoir ce que chaque ouvrier peut faire par jour.

Dans un mur épais de 10 à 12 pieds, un bon maçon peut faire deux tiers de toise cube de maçonnerie par jour si le parement est brut, et environ une demi-toise seulement s'il est façonné. Mais, pour que cette règle ait lieu, il faut que l'ouvrier soit des meilleurs, et qu'il ne perde pas un moment de temps; ainsi l'on peut réduire le travail à cinq huitièmes dans le parement brut, et à trois huitièmes dans le parement façonné. Chaque maçon doit avoir deux manœuvres pour le servir quand les matériaux sont éloignés de 15 à 20 toises de l'ouvrage.

Dans un mur de deux pieds d'épaisseur, le même maçon peut faire aisément une toise carrée par jour, en s'assujétissant aux échafaudages (1).

Pour dire aussi quelque chose sur la manière judicieuse avec laquelle

---

(1) Il est aisé de concevoir que les détails contenus dans ce chapitre sont fort incomplets. Comme il faudrait, pour y suppléer, entrer dans de trop longs développements, je me contenterai d'indiquer les ouvrages auxquels on pourra recourir. On peut voir sur ce sujet le *Devis instructif des travaux dépendantsdu service du génie* ; les *Expériences sur la main-d'œuvre de différents travaux*, etc., par M. Boistard ; les *Expériences sur la main-d'œuvre de différents travaux*, etc., par M. Anselin ; les *Tableaux*

un ingénieur doit agir au sujet des particuliers dont les terres sont comprises dans l'étendue des ouvrages d'une place neuve, voici ce qui m'a paru le plus raisonnable :

Pour les particuliers dont les héritages doivent être occupés par les fortifications, on ne peut avoir trop d'attention pour leur rendre la justice qui leur est due, et pour les dédommager en quelque façon du chagrin de perdre leurs biens. Ainsi il ne faut point agir en toute rigueur avec eux, mais bien régler l'estimation, de manière que le roi n'y soit poit lésé, et que le particulier n'y perde rien. Pour cet effet, après avoir bien examiné et marqué tout ce qui doit être pris de ces héritages, il faut en faire un dessin distingué par des cotes qui désignent ce qui appartient à chacun, et qui soient rapportées à la marge avec le nom du particulier ; après toutefois qu'il aura été justifié par titre ou possession suffisante que cet héritage lui appartient. On procède ensuite à l'estimation de la valeur de ces biens ; ce qui se fait pardevant l'ingénieur, le commissaire des guerres, et les magistrats de la ville ou communauté, qui choisissent chacun de leur côté des experts pour évaluer sous leur serment le prix de chaque chose, dont les magistrats et les intéressés donnent acte. Après l'estimation faite, on spécifie d'abord les maisons, jardins, prés, champs et vergers, chacun suivant sa juste valeur, et on en dresse un acte dans lequel sont rapportés les noms des propriétaires, la quantité des arpents, ou journaux, et le prix auquel chaque héritage est évalué. On dresse un autre acte de la quantité des terres qui ont été ou seront rendues inutiles et mises hors de valeur par les gazons et briques que l'on en tirera, ou par le rasement ou comblement de telle et telle partie. On en fait encore un troisième, qui contient la quantité des terres qui étaient ensemencées de seigle, froment, orge et avoine, etc., avec l'estimation de chacun de ces fruits suivant le prix de l'année courante, le tout certifié par les maire et jurés du lieu, par les experts, l'ingénieur et le commissaire des guerres. Enfin tous ces états

---

*détaillés des prix des ouvrages de bâtiment*, par M. Morisot, et surtout le *Traité de la Construction des ponts*, liv. IV, chap. V, où on a tâché de présenter d'une manière complète et méthodique les éléments de l'estimation de la plus grande partie des ouvrages qui entrent dans les travaux publics (*N*).

étant réglés, on les envoie à l'intendant de la province, qui, en conséquence des ordres de la cour, les renvoie au trésorier de la place, et en ordonne le paiement, que chaque particulier signe en marge à côté de l'article qui le concerne, et déclare avoir reçu en présence du commissaire des guerres (1).

## CHAPITRE SEPTIÈME,

*Qui comprend plusieurs instructions sur l'établissement et la conduite des Travaux.*

La conduite des grands travaux embrasse tant de choses à-la-fois, qu'on peut dire qu'il n'appartient qu'aux ingénieurs du premier ordre d'entrer dans tous les détails, sans perdre de vue les sujets essentiels du projet que l'on veut exécuter. C'était une des grandes qualités de M. le maréchal de Vauban; et on ne peut voir sans étonnement qu'occupé sans cesse (comme il l'était) à tout ce qui pouvait contribuer à la sûreté de l'état et au bonheur des peuples, il ait pu descendre à l'examen d'une infinité de petits sujets qui paraissaient ne pas mériter son attention. Mais les génies supérieurs n'appréhendent jamais de se dégrader : leur conduite est toujours justifiée par le fruit que l'on tire de leurs réflexions. En effet, on ne peut rien de plus sage et de mieux entendu que les réglements que ce grand homme nous a laissés sur quantité de choses, particulièrement sur l'ordre et l'arrangement que l'on doit suivre dans la construction des fortifications; et comme je me suis proposé d'en parler dans ce chapitre, j'aurai recours à ses écrits pour répondre à l'estime que le public fait de tout ce qui vient de lui.

Les fortifications, dit-il, se font ordinairement par des entreprises générales ou particulières, ou par détail, ou par corvées imposées sur

(1) La loi du 8 mars 1810 a prescrit les formalités à suivre pour les expropriations causées par l'exécution des travaux publics (*N*).

le pays, et le plus souvent par un composé de toutes ces manières ensemble.

Quand on pourra trouver des entrepreneurs solvables et de capacité à pouvoir embrasser une entreprise générale, on fera bien de traiter avec eux. Mais il est très-rare de rencontrer des têtes assez fortes pour soutenir un fardeau aussi pesant que celui d'une entreprise générale, car la précipitation avec laquelle on fait ordinairement les ouvrages, et la durée de telles entreprises, réduisent souvent l'entrepreneur à ne savoir plus où il en est : c'est pourquoi il vaudrait mieux s'en tenir aux entreprises particulières, qui peuvent s'achever en peu de temps.

On doit aussi remarquer que, quand il s'agit de passer des marchés pour des ouvrages considérables, il est bon de le faire dans les formes, mais non pas de les donner à tous ceux qui se présenteront pour les prendre au moindre prix. Car il faut non seulement examiner si les entrepreneurs ont assez de bien pour répondre des avances qu'on sera obligé de leur faire, mais encore s'ils ont assez de lumières pour s'acquitter de l'entreprise. Il faut leur accorder des conditions raisonnables, sans pousser les mises au rabais à plus bas prix qu'elles ne doivent être; car si l'entreprise est un peu grosse, et qu'on la donne à de pauvres gens ou à des ignorants, ils la prendront inconsidérément à tel prix qu'on voudra, dans l'espérance de profiter de façon ou d'autre; mais, outre qu'on n'y trouvera pas de sûreté, quand on viendra à l'exécution, on doit s'attendre qu'ils tireront parti du profit autant qu'ils pourront, et d'un autre côté mettront tous les ouvrages en confusion; après quoi la tête leur tournant, ils donneront du nez en terre, ou abandonneront tout d'eux-mêmes si on ne les prévient. Or, si malheureusement cela arrive, les travaux languissent et ne s'avancent qu'avec une lenteur insupportable, tout est en confusion, les marchés n'ont plus de crédit ni de confiance, les nouveaux entrepreneurs qu'on serait obligé de prendre ne veulent accepter les ouvrages qu'à un prix exhorbitant; ceux qui doivent être achevés en un an, à peine le peuvent être en deux; les ouvriers étant mal payés désertent, il ne s'en présente qu'un petit nombre; tout cela occasionne des pertes infinies aux ingénieurs, qui ne peuvent, sans beaucoup de difficulé, remettre les choses sur le bon pied : d'où l'on peut conclure qu'il n'est rien de si pernicieux que ce prétendu bon marché. Ainsi on ne peut trop désabuser ceux qui mettent toute leur application à faire des marchés au plus bas prix qu'ils peuvent, sans examiner les suites, et la possibilité de pouvoir les exécuter.

Il faut toujours éviter les détails inutiles et embarrassants, surtout les ouvrages à journées, à cause de la confusion et des friponneries qui s'y commettent: car l'ouvrier qui est assuré de son gain ne se presse jamais, au lieu que celui qui ne gagne qu'autant qu'il travaille, n'a besoin d'autre chassavant que son propre intérêt. Il est également de conséquence d'éviter tous les ouvrages à corvées qui demandent quelque façon et de la promptitude, attendu que la diligence et le savoir ne se rencontrent jamais parmi des gens qui travaillent par force et qui ne cherchent qu'à couler le temps. Mais, quand on sera obligé de s'en servir au remuement des terres, il leur faudra imposer la quantité qu'on leur voudra faire remuer, et la départir par communauté, moyennant quoi ils traiteront les uns avec les autres, ou ils s'accommoderont avec l'entrepreneur pour en pouvoir venir à bout; et de quelque manière que cela se fasse, il en faudra prendre connaissance, et charitablement voir si ceux avec qui ils traiteront ne se trompent pas sur le prix ou sur le mesurage, et ne leur vendent pas trop chèrement leurs peines. Mais, tout bien considéré, cette manière de travailler ne devrait être mise en usage que pour des charrois ou des ouvrages fort grossiers, et toujours le moins qu'on pourra.

Quand on fera le département des ouvrages aux gens employés, il faudra bien prendre garde d'appliquer chacun à celui qui lui conviendra le mieux, et surtout tenir pour maxime d'avoir toujours un homme fidèle et intelligent dans la maçonnerie, qui ne perde jamais de vue la main des maçons: car la plupart manquent extrêmement de soin dans l'arrangement des matériaux, soit par négligence, ignorance ou friponnerie, ce qui n'arrive que trop quand ils ne sont pas éclairés de quelqu'un qui les tienne en crainte. C'est aussi pour cette raison qu'on ne doit jamais souffrir qu'ils travaillent aux heures indues, ni sans la présence de ceux à qui on aura commis le soin de les observer, n'y ayant rien de si pernicieux dans la conduite des travaux que ces sortes de négligences.

Tous ceux qui ont de l'expérience dans l'art de bâtir n'oublient jamais de spécifier cette condition dans les marchés qu'ils font, non plus que celle de ne point faire les mortiers sans la présence d'un commis qui les fasse doser et conditionner selon les devis, et qui prenne garde qu'on ne les emploie qu'après être refroidis; ce qu'il ne faut point négliger, puisque de la main d'œuvre et de la qualité du mortier dépendent absolument celles de la maçonnerie.

Il faut nécessairement un certain nombre d'inspecteurs et de chassavants sur les ouvrages, puisque rien n'est plus important que d'avoir des argus fidèles sur la main des ouvriers, qui observent leurs actions et les fassent diligenter. Mais il faut les connaître et les bien choisir, être aussi prompt à récompenser ceux qui font bien, qu'à renvoyer ceux qui manqueront d'application et de fidélité. Par exemple, je voudrais un pour les maçons, un autre pour les terrassiers, un autre pour les voitures, un autre pour la décharge des matériaux. S'il arrivait que le nombre des ouvriers de même espèce fût fort grand, il faut mettre un homme pour veiller à la conduite de cent autres, n'étant guère possible qu'il puisse en éclairer davantage; sur quoi l'on remarquera qu'il en faut beaucoup plus dans les ouvrages qui se font en détail, que sur ceux qui se font par entreprises, puisque pour ceux-ci il suffit d'en avoir à la maçonnerie et au remuement des terres, au lieu qu'aux autres il en faut de nécessité sur tous les différents ouvrages; car il ne faut pas penser que deux ou trois hommes puissent suffire pour conduire mille ou douze cents ouvriers, lesquels étant divisés en je ne sais combien d'ouvrages différents, il est impossible qu'il ne se commette une infinité d'abus et de négligences. Si on n'y apporte une attention continuelle, il se fait beaucoup de dépenses superflues, les ouvrages sont mal façonnés, de sorte que ce qui se fait mal à propos excède au centuple la dépense des appointements que l'on croit épargner en employant trois ou quatre hommes de moins qu'il n'en aurait fallu. Ce n'est pas ici une exagération, et je m'assure qu'il n'y a personne qui ait fait un peu travailler, qui ne demeure d'accord que quatre hommes bien observés font plus d'ouvrage que six autres qu'on abandonnerait à leur propre conduite.

Une précaution la plus nécessaire de toutes celles que l'on peut prescrire pour la bonne conduite des travaux, est de ne commencer jamais aucun ouvrage que l'on n'ait fait auparavant les amas de matériaux et de tout ce qui est nécessaire pour une prompte exécution. Ces matériaux doivent être placés près des lieux où il faut les employer, prenant garde seulement qu'ils n'embarrassent ni les voitures ni les ouvriers. Rien n'est si nécessaire aux fortifications que la diligence, et rien ne leur est si opposé que la grande précipitation avec laquelle on les commence, le plus souvent sans avoir fait provision des matériaux dont on peut avoir besoin, ni sans être assuré de la quantité d'ouvriers qu'on y voudra employer; d'autant que de cet empressement il arrive qu'avant qu'ils soient à moitié faits, on manque de je ne sais combien de choses qui causent toujours un retardement dangereux et une augmentation de dépense considérable par les secours extraordinaires qu'on est obligé d'emprunter ailleurs, et qu'on paie quelquefois bien cher, sans compter les dommages que le pays souffre de ce que l'on est contraint d'exiger des corvées et voitures dans le temps même que les paysans sont occupés à leur récolte. C'est ce qui nous fait encore répéter qu'on ne doit jamais commencer un ouvrage sans avoir bien pris des mesures pour la fourniture des matériaux, et sans en avoir fait un amas si considérable, que la quantité d'ouvriers qu'on aura résolu d'employer n'en puisse jamais manquer : ce qui doit être observé d'autant plus exactement, que rien n'est si dangereux pour une place que la lenteur de ces ouvrages, attendu que jusqu'à ce qu'ils aient acquis leur perfection, elle est toujours en péril et considérablement affaiblie par la propre imperfection de ceux que l'on a bâtis, par l'embarras des matériaux répandus à l'entour, par l'ouverture de ses chemins couverts pour faire passer les charriots, par le comblement des fossés ; accidents toujours inséparables des travaux imparfaits : d'où il s'ensuit que jusqu'à ce qu'une pièce, quelle qu'elle soit, ait acquis son entière perfection, elle est toujours contre la place, c'est-à-dire, plutôt en état de lui nuire que de servir à sa défense; situation malheureuse, et qui devrait faire trembler ceux qui ont la conduite des ouvrages qui sont mal en train, et qui languissent faute d'avoir pris des mesures assez justes pour les diligenter, principalement dans un temps de guerre, où l'ennemi peut à tout moment former des entreprises. Il n'y a rien de si commun dans l'histoire des guerres passées que la perte des places qui ont été surprises, ou que l'on a été contraint d'abandonner, avant que leurs fortifications fussent en état de défense.

Soit que l'on construise une place neuve, ou qu'on en fortifie d'autres pour les mettre plus en état de défense qu'elles ne le sont, on doit toujours commencer par les chemins couverts, ensuite par les ouvrages les plus avancés, afin d'avoir au moins une barrière pour arrêter l'ennemi.

Cette précaution est surtout nécessaire quand on est obligé de bâtir de nouveau quelque enceinte, ou de démolir des dehors pour leur donner une construction plus avantageuse que celle qu'ils avaient; l'ouverture d'une place étant toujours dangereuse dans la paix même la plus profonde. L'art de fortifier est susceptible d'une infinité d'attentions qu'on ne peut négliger, sans s'exposer aux plus graves inconvénients.

Une attention qu'on doit avoir, et qui est essentielle, continue M. le Maréchal de Vauban, est de donner les emplois suivant la nécessité des ouvrages et la capacité de chacun, afin de n'y employer que des gens utiles et nécessaires, et de ne charger personne de ce qu'il ne sait pas, ni de plus qu'il ne sait faire. Ce défaut auquel on ne prend pas garde, est ordinairement l'origine et la source de tous les désordres dans la conduite des fortifications.

Il est très-constant que ce qui nuit le plus à l'économie, et même à l'avancement des ouvrages, est le renouvellement fréquent que l'on fait de ceux qui en ont les principaux soins, spécialement des ingénieurs, vu que de ce changement il arrive que personne ne s'instruit jamais à fond, que l'on y est toujours nouveau, que l'on ne connaît qu'imparfaitement la qualité des matériaux, leur prix et la capacité des ouvriers; que l'on ne sait ni les moyens de faire les voitures, ni de quelle manière s'y prendre pour établir un bon ordre. Cependant ce sont des parties qu'il faut nécessairement savoir, et qui ne s'apprennent qu'avec du temps. De plus, j'ose bien dire, et il n'est que trop certain que, quelque soin que les gens prennent à se rendre savants dans ce métier, le souverain, aux dépens de qui on l'apprend, en paie toujours chèrement l'apprentissage. Car, s'il est vrai (comme l'on n'en peut douter) que, dans tous les commencements des grands ouvrages, il est impossible aux plus intelligents même, quelque application qu'ils y apportent, d'empêcher que la dépense n'en excède toujours le juste prix d'un cinquième ou d'un sixième, que doit-il arriver aux travaux des places où l'on change tous les ans d'ingénieurs, et où jamais personne n'a le temps d'apprendre ce qu'il doit savoir ? Certainement il n'en peut résulter que des desseins mal exécutés et des redoublements de dépenses effroyables; à quoi il n'y a d'autre remède que de bien choisir une fois pour toutes les gens qu'on y voudra employer, attendre patiemment qu'ils s'y soient bien instruits, et les perpétuer après dans l'emploi, tant qu'on aura besoin d'eux et qu'ils s'y conduiront bien.

J'ai tiré ce discours mot pour mot d'un petit ouvrage de M. de Vauban, lequel a pour titre *le Directeur général des Fortifications*.

## CHAPITRE HUITIÈME.

### *Du Remuement et du Transport des Terres.*

La fouille des terres et leur transport font un objet si considérable dans les grands travaux, qu'on peut dire qu'il n'y a point de partie qui demande plus d'attention et un détail plus recherché, pour en bien régler le prix selon leur qualité et la distance où il faut les porter. Car, pour peu que l'estimation n'en soit pas bien entendue et les relais bien ordonnés, on tombe dans des excès de dépenses; la confusion et le désordre règnent partout, les travailleurs se plaignent, les entrepreneurs murmurent, et souvent le mal devient si grand, que l'ingénieur, tout habile qu'il peut être, est fort embarrassé du parti qu'il doit prendre. M. le maréchal de Vauban, pour remédier aux inconvénients dont ce sujet peut être susceptible, s'est donné la peine d'écrire une ample instruction; et pour faire mieux sentir la solidité des moyens qu'il propose, il rapporte une copie d'un réglement qui fut fait autrefois en Alsace pour le prix que les entrepreneurs devaient payer aux soldats employés pour les travaux : il fait voir les défauts de ce réglement, et donne les moyens les plus convenables de les corriger. Sans doute qu'il en a usé ainsi pour empêcher que ceux qui auront la conduite des travaux ne tombent dans les mêmes défauts. Un pareil écrit ne pouvant être placé plus à propos que dans un ouvrage comme celui-ci, j'ai cru qu'on serait bien aise d'en avoir un extrait.

*Copie du Réglement fait en Alsace pour le prix que les entrepreneurs doivent payer aux soldats employés au remuement et au transport des terres de la fortification des Places de Sa Majesté.*

« Les terres communes et ordinaires seront payées à raison de 12 sous la toise cube dans l'atelier : pour les charger et pour les rouler, il sera augmenté de 2 sous par toise, de 10 toises en 10 toises courantes de chemin, dans toute la distance de leur transport, lorsque le terrain sera uni et plat ; et quand il y aura à monter soit par des rampes de terres ou sur des ponts, il leur sera payé 3 sous d'augmentation de dix toises en dix toises courantes par toise cube, au lieu de 2 sous dont il est parlé ci-devant : lorsque les soldats travailleront dans les fondations où ils seront gênés, il leur sera augmenté 2 sous par toise pour la charge jusqu'à 12 pieds de profondeur, et la même augmentation leur sera accordée de 6 pieds en 6 pieds sur toute la profondeur de leur travail, de manière qu'au-dessous de 12 pieds et jusqu'à la profondeur de 6 autres pieds, il leur sera payé dans l'atelier 14 sous, et à 18 pieds de profondeur, 16 au lieu de 12 sous qui est le prix des ouvrages communs, et ainsi d'un approfondissement à l'autre.

« Et si les soldats sont obligés de travailler dans l'eau et de se mouiller les pieds, soit dans les fondations ou aux approfondissements des fossés, outre le prix ci-dessus, il leur sera augmenté 5 sous par toise dans l'atelier, en sorte qu'au lieu de 16 sous qu'il leur aura été réglé pour la charge lorsqu'ils sont à 18 pieds de profondeur, il leur en sera payé 21 pendant les mois de mars, avril, mai, juin, juillet, août, septembre et octobre, et à l'égard des autres mois d'hiver, l'augmentation sera de 10 sous au lieu de 5 dans l'atelier, moyennant quoi les soldats & ouvriers seront obligés de faire des rigoles dans leurs ateliers seulement pour l'écoulement des eaux aux mêmes prix et conditions ci-dessus, et quant à la dépense des moulins, elle se fera aux frais des entrepreneurs.

« Et comme la qualité du roc est incertaine, le prix de l'excavation en sera arbitré par l'ingénieur qui aura soin des fortifications de la place dans laquelle il se trouvera du travail de cette nature, et à l'égard du transport du moellon qui en proviendra, il sera seulement payé aux soldats pour la charge 10 sous, attendu qu'il se trouve tout tiré, &

que ce travail peut se faire sans donner aucun coup de pioche; mais l'éloignement du chemin sera payé sur le même pied que les terres et les décombres, suivant le réglement qui a été fait pour le transport desdites terres. » Fait à Strasbourg, le 2 juin 1638.

*Défauts de ce Réglement.*

« Le premier défaut remarquable de ce réglement est dans le prix de la charge, que l'on taxe à douze sous. La raison est que la qualité des terres étant toujours différente entre celles de la superficie et celles qui sont 4, 5, 6 ou 7 pieds plus bas; il s'ensuit qu'il est impossible que la règle soit bonne, parce qu'en terres molles ou de prairie où l'on peut charger de la première main, un homme pourra suffire au chargement d'une file de relais, où dans d'autres deux, même trois, ne le pourront pas; cependant le prix de la toise étant égal à l'un comme à l'autre, il s'ensuit qu'il y a lésion de la part du roi, quand, le terrain étant bon, il n'y a qu'un ou deux hommes à charger, et de la part des soldats, quand, le terrain étant mauvais, il y en a plusieurs.

« Il n'en est pas de même si le prix de la charge est fixé à 12 sous par toise, et qu'un homme de moyenne force puisse lever deux toises cubes de terre en un jour. L'expérience nous apprend que cela se peut dans tous les terrains marécageux et de prairie, où l'on peut charger au louchet de la première main, sans avoir besoin de la pioche: cet homme seul, dis-je, gagnera 24 sous: si au lieu d'un on est obligé d'y en mettre deux, ils n'en gagneront que 12: s'il en faut trois, ils n'en gagneront que 8: si quatre, que 6; et ainsi, à proportion que le nombre des chargeurs augmentera, le prix de leurs journées diminuera.

« De cette manière il résulte premièrement, que, quand il n'y a eu qu'un ou deux hommes à charger, le roi est lésé, parce que les journées sont trop chères; quand il y en a trois, le soldat gagne une journée raisonnable; mais quand il n'y en a plus, la perte tombe sur lui: et l'on ne peut pas dire que les relais les tirent d'affaire, car nous ferons voir que le même défaut s'y rencontre.

« Secondement, que l'augmentation de 2 sous par toise dans les fondations gênées jusqu'à 12 pieds de profondeur, n'est pas toujours juste par tous les endroits où cela se trouve, ni l'augmentation si bien appliquée qu'on n'y puisse trouver un sujet de lésion, non plus que celle qui accorde le même prix depuis 12 pieds de profondeur jusqu'à 18, et autres 2 sous depuis 18 jusqu'à 24, et ainsi de suite de 6 pieds en 6 pieds, jusqu'à parfaite profondeur en l'une et en l'autre ; on ne remédie pas avec assez de distinction au défaut de la charge qui peut être plus ou moins difficile que ne porte l'augmentation de ce prix.

Troisièmement, que l'augmentation du prix pour ceux qui doivent travailler dans l'eau n'est pas moins défectueuse, attendu que si elle est plus ou moins abondante et inégale, il est impossible qu'un prix toujours égal leur puisse convenir, de manière qu'il n'y ait lésion de part et d'autre : je dis la même chose de ce qui suit, sans que le plus ou moins de profondeur fasse rien à cet égard, parce qu'il ne s'agit pas d'épuisement, mais seulement de la charge.

« Quatrièmement, que le réglement des relais n'est pas moins défectueux, en ce que plus il y en a, moins l'ouvrier gagne : par exemple, si la charge est payée 12 sous la toise, et le relais deux, et qu'il y ait seulement la longueur d'un relais à mener, la toise reviendra à 14 sous, auquel cas, si un homme peut charger 2 toises, et un autre les mener, ce sera deux hommes d'employés pour charger et mener deux toises de terre, dont le prix reviendra à 28 sous les deux, partant chaque homme gagnera 14 sous qui est une journée trop forte ; mais s'il faut mener les terres à 20 toises, il faudra établir deux relais, et par conséquent ajouter un homme aux deux, qui feront trois ; cependant le prix de la toise n'augmentant que de 2 sous, il arrivera que celui de 2 toises ne sera que de 32 sous, qui divisés à trois hommes feront 10 sous 8 deniers chacun ; ainsi, dès le second relais, voilà 3 sous 4 deniers de diminution : si la distance est de trois relais ou de trente toises, au lieu de trois hommes il en faudra quatre pour mener 2 toises de terre, qui à 18 sous la toise feront 36 sous les deux, et 9 sous pour la journée de chaque ouvrier : que si ledit transport est de quatre relais, il faudra cinq hommes pour charger et mener ces 2 toises de terre, qui, travaillant toujours d'égale force, ne gagneront que 8 sous chacun, parce que la toise cube ne reviendra qu'à 20 sous : finalement si ce même transport va jusqu'à 50 toises de distance du lieu d'où l'on charge, ou cinq relais, il faudra six hommes pour charger et mener ces deux toises de terre, qui reviendront à 44 sous, lesquels divisés en six feront 7 sous 4 deniers chacun, qui est une journée un peu faible, et qui la deviendra toujours de plus en plus à mesure qu'il faudra augmenter les relais; de sorte qu'à dix relais les journées ne reviendront qu'à 5 sous 9 deniers, ce qui n'est pas supportable : ainsi, quoiqu'il y ait égalité de travail, les journées diminuent à mesure que le transport s'éloigne.

« Si l'on voulait augmenter chaque relais de 6 deniers, d'un sou, ou même davantage, on ne parviendrait pas encore à mettre ce réglement dans l'égalité nécessaire à un travail bien ordonné, le roi étant toujours lésé aux deux premiers relais, et le soldat dans la plus grande partie des autres, et beaucoup d'inégalité dans les journées : ce qui n'est pas raisonnable, attendu que les ouvriers qui travaillent également et d'égale force dans un même ouvrage, doivent autant gagner les uns que les autres; à quoi il faut ajouter que dans tous les lieux où la quantité de relais surpasse le nombre de dix, la lésion y est bien plus sensible, parce qu'à mesure que le nombre de relais augmente, le prix des journées diminue: voilà donc les défauts de ce réglement prouvés de manière à n'en pouvoir douter. Je ne dis rien des autres particularités, parce que ce ne sont que des conséquences de ces deux principes et que, étant d'eux-mêmes défectueux, il s'ensuit que tout ce qui en dépend ne peut manquer de l'être.

« Comme ces défauts ne proviennent que de ce que le prix du chargeage est trop fort et celui du relais trop faible, et de ce que ni l'un ni l'autre n'ont pas été réglés sur le prix commun des journées que l'on veut faire gagner aux soldats, il sera fort aisé de les corriger en leur donnant un prix modique, non en vue de les faire travailler sur ce pied-là, mais d'en faire l'application au prix de la toise cube; laissant aux ouvriers après d'en attraper ce qu'ils pourront par la force de leurs bras.

« Il est très-possible de remédier aux inconvénients et d'ôter tout prétexte aux soldats de crier, si, au lieu de régler la charge et les relais au hasard, et sans connaissance précise du prix des terres par rapport aux différences de leur mollesse, dureté et transport, le roi a pour agréable d'ordonner ce qu'il lui plaira que le soldat gagne par jour; car si par exemple sa journée est réglée à 8 sous par jour, qui est un prix bas et modique pour des gens qui, travaillant à la tâche, vont ordinairement de toute leur force, mais qui ne l'est pas tant pour des gens qui tirant la solde du roi par d'autres services, ne sont cependant employés qu'à celui-ci, du moins un certain temps, il n'y a, dis-je, qu'à taxer le chargeage et les relais par rapport aux journées de hommes ; et il arrivera que si un homme charge 2 toises de la première main et sans pioche, la journée de cet homme montant à 8 sous partagés en deux donnera 4 sous pour la charge de chaque toise cube de terre ; mais s'il y faut deux hommes, leur deux journées montant à 16 sous donneront 8 sous pour chacun ; si trois hommes, 24 sous si partagés de rechef en deux, donneront 12 sous pour chaque toise cube, et ainsi des autres, augmentant toujours de 4 sous à chaque fois que l'on sera obligé d'augmenter d'un chargeur.

« A l'égard des relais, il n'y a pas de meilleur moyen de les régler, qu'en les établissant à 15 toises de distance les uns des autres en plain terrain, et à 10 en montant, et du surplus fixer le prix de chacun à 4 sous par toise, qui produit toujours cette journée d'hommes qui doit servir de base au réglement du prix, mais non au gain des soldats ; car tel gagnera jusqu'à 10 et 11 sous, que d'autres n'en gagneront pas plus de 6 ou 7, selon leurs forces et le mouvement qu'ils se donneront ; ce qui ne peut que bien réussir et avec beaucoup de justice : car chacun gagnera suivant son travail, et aucun d'eux n'aura lieu de se plaindre que de lui-même.

« A ce que dessus, on doit ajouter, premièrement, de fixer la distance des relais à 15 toises en plain pays ; et à 10 où il faut monter par des ponts ou des rampes, comme il a déja été dit sans changer de prix ; la raison est que d'expérience faite et plusieurs fois réitérée, une toise cube de terre peut être menée en 250 brouettées, et deux en 500, qui est la tâche commune que nous assignons à un ouvrier de moyenne force ; et pour les mener en place, il faudra qu'il fasse 15000 toises de chemin en plaine, dont la moitié chargé et 10000 en montant et d'étendue, c'est-à-dire six lieues de 2500 toises chacune en plaine, et près de quatre en montant et d'étendue : or il n'y a point d'ouvrier qui n'aime autant faire 15 toises en plaine que 10 en montant.

« Secondement, fixer le temps du travail à 10 heures par jour, et celui du repos à 3, qui font en tout 13 heures de sujétion, commençant le travail à 5 heures du matin, pour être à 5 et demie en train, le quitter à 8 heures pour déjeûner une demi-heure, le reprendre à 8 et demie, pour le quitter de rechef à 11 et aller dîner ; plus le reprendre à une heure pour le quitter à 3 et demie ; enfin le reprendre à 4 pour le quitter tout-à-fait à 7.

« J'estime qu'on peut encore régler le travail comme ci-après :

« Le commencer par exemple à 5 heures du matin et travailler jusqu'à 8, le quitter depuis 8 jusqu'à 9, et le reprendre depuis 9 jusqu'à 12, le discontinuer jusqu'à 2, et le reprendre ensuite, et le continuer jusqu'à 7 du soir, ce qui fait 10 heures de travail, et 3 heures de repos par jour.

« On pourra soutenir le travail sur ce pied huit mois de l'année, savoir : mars, avril, mai, juin, juillet, août, septembre, octobre : pour les quatre autres mois qui sont d'hiver, on en pourra retrancher les déjeûners et les goûters, et réduire le temps du travail à 7 heures, pendant lesquelles je suis persuadé que les ouvriers ne feront guère plus de demi-journée d'été à cause du froid et du mauvais temps; je tiens qu'il ne faut point imposer davantage au soldat qui a sa tâche, parce qu'il est certain que 10 heures de travail d'un homme qui a pour chassavant son intérêt, en valent du moins 15 d'un autre qui a sa journée réglée; de les pousser plus loin c'est les outrer et les exposer à devenir malades, et ne pouvoir pas tenir long-temps.

« Troisièmement, d'augmenter un homme aux chargeurs quand il y aura de l'eau dans le travail, et qu'on sera obligé à des épuisements; si c'est en été, en considération des rigoles qu'il faut pour les écouler vers les moulins qui l'épuisent et du nettoiement des rampes et de la terre qui se perd par les chemins ; et si elles sont si abondantes qu'un homme seul n'y puisse pas fournir, augmenter d'un et demi ou de deux ; ainsi du reste, suivant les difficultés qui se présenteront, si c'est en hiver et que le soldat ait le pied mouillé, on pourra, en considération du froid qu'il aura à souffrir, lui augmenter encore d'un homme de plus, ce qui doit être arbitré par l'ingénieur en chef avec beaucoup de circonspection.

« Quatrièmement, d'augmenter d'un homme à la charge où les terres seront dures, ou de deux, même de trois, selon que l'ouvrage sera difficile : de cette façon on pourra même régler l'excavation du roc et rocailles assez juste, puisque le plus ou moins d'hommes au chargeage et piochage en fera toute la différence ; et c'est sur quoi les soldats se règlent assez bien d'eux-mêmes.

« Cinquièmement, chômer tous les dimanches, mais non les fêtes; comme étant très-certain qu'on ne gagne rien au travail des dimanches, par la raison que tout homme qui a travaillé six jours tout de suite a besoin de repos le septième.

« Sixièmement, régler un peu la distance moyenne des relais du centre de l'ouvrage au centre du transport, pour éviter les contestations qui pourraient arriver à cet égard ; et parce que d'ordinaire les soldats allongent et raccourcissent leurs relais comme il leur plaît, compter toujours la distance totale du lieu où l'on charge à celui où l'on décharge, et régler après les relais comme ci-devant, donnant le plus et ôtant le moins, quand il défaudra ou surpassera le demi-relais, pour éviter tout ce qui peut faire embarras.

« Septièmement, observer dans une même file de relais, quand il s'en trouvera où il y aura à monter ou descendre, de régler ceux des montées à 10 toises, comme il a été dit ci-devant, et ceux de la plaine à 15, sans rien changer au prix des uns et des autres.

« Huitièmement, ne rien changer non plus où il s'agira de travailler dans le roc, puisque le nombre de chargeurs ou rocteurs qu'il y faudra de plus, et le moins de gens au relais suffira pour en régler le prix au juste, en y prenant garde de près. On pourra d'ailleurs ajouter quelque chose pour l'entoisage du moellon qui sera propre à bâtir.

« Du surplus, l'obligation des entrepreneurs envers les ouvriers doit être de leur fournir les outils propres au travail, de faire tous les épuisements d'eau à leurs dépens, les ponts où il en faudra fournir les planches, arranger ou faire battre les terres où il sera nécessaire, couper des rampes dans les talus qui leur seront réglés, à quoi les mêmes seront obligés; en considération de cette obligation des entrepreneurs, qui sont de plus sujets à d'autres vers le roi, comme de faire l'ouvrage bon et solide dans un certain temps, et d'en répondre suivant les conventions de leur marché, on donnera 6 sous de plus qu'aux soldats pour le prix de la toise, en considération de tous les devoirs à quoi ils sont tenus ; avec cette remarque que plus il y a de relais, plus leurs charges sont grandes, à cause de la quantité de brouettes et d'outils qu'ils doivent fournir : sur quoi il est encore à observer que pendant les hivers les frais augmentent de beaucoup, à cause de la briéveté des jours, la difficulté des voitures, l'abondance des eaux, boues et gelées ; c'est pourquoi les 6 sous n'y pourront pas toujours suffire, à moins qu'on n'ait soin de leur ménager du travail aisé, commode et en petite quantité : le mieux est de ne les obliger que le moins qu'on pourra à de grands travaux de terre dans ces temps-là; car s'ils ont quelque avantage pendant l'été, il est certain que les grands ouvrages d'hiver les consommeront : cependant c'est une chose à bien examiner, car les ouvrages d'été où il y a peu de relais et de consommation, il y a aussi bien moins de frais, et par conséquent beaucoup plus d'avantages, qui se peuvent modérer selon les lieux et la facilité des ouvrages.

« De cet ordre une fois établi résulteront plusieurs connaissances aux gens qui font travailler.

« Premièrement, que le prix de la toise augmentant à chaque relais de 4 sous, il s'en suivra que dès aussitôt qu'on aura donné prix à ce chargeage, il n'y aura qu'à compter le nombre de relais et les frais de l'entrepreneur, pour savoir au juste le prix qu'on doit donner à la toise.

« Secondement, qu'on aura toujours une connaissance parfaite du prix de la toise de terre, puisque ce prix haussera et baissera selon le nombre de chargeurs et de relais.

« Troisièmement, que quelque nombre d'ouvriers qu'il y ait, le roi ne paiera jamais que 8 sous pour la journée de chacun, et que, n'étant pas cependant distribués sur le pied de journée, mais bien sur le pied de ce qu'ils pourront faire d'ouvrage, il s'ensuivra que S. M. sera servie très-diligemment, à bon marché, sans peine, et sans violenter personne.

« Quatrièmement, que si on fait attention à l'utilité de cette proposition, on la trouvera très-avantageuse, d'autant que la journée du roi étant aujourd'hui réglée à 10 sous, il n'y a pas d'hommes de ceux qui travaillent à la tâche, qui n'en mérite mieux 15 que ceux qui sont à la journée de 10 ; cependant on n'en demande ici que 8 pour faire aller les soldats de toute leur force.

« Cinquièmement, que pour avoir plus près à mener, le soldat n'en gagne pas davantage, ni moins pour avoir plus loin, la toise revenant toujours au prix proportionné à la quantité de ses relais et à la difficulté de la charge.

« Sixièmement, que, quoiqu'on suppose 6 sous par toise à l'entrepreneur pour ses peines, fournitures de planches, ponts, brouettes, outils, épuisements d'eaux, façons de montées, etc., cela ne se doit entendre que des endroits où il y a grande consommation d'outils, comme ceux où il y a plusieurs relais, et où l'on est obligé de travailler pendant l'hiver dans le temps des grandes gelées, ou pendant que les terres sont trempées et boueuses, et, en un mot, où il y a beaucoup de peine et peu d'ouvrage, autrement on peut leur donner depuis 3, jusqu'à 4 et 5 sous, selon que les frais des épuisements et les consommations en sont plus ou moins considérables ».

Il est à remarquer que le prix des journées à 8 sous, qui était passable pour des soldats dans le temps que ce Mémoire a été fait, ne suffirait pas présentement que le rehaussement des monnaies et les mauvaises années ont tout renchéri : d'ailleurs cela dépend aussi du pays où l'on fait travailler, par rapport aux aisances ou aux difficultés que les troupes trouvent à vivre à juste prix ; c'est à l'ingénieur en chef ou au directeur à avoir toutes ces considérations pour que le roi n'y soit pas lésé, et que les soldats aussi bien que les entrepreneurs se tirent judicieusement d'affaire : ainsi, sans s'arrêter constamment à cet article, on tirera toujours beaucoup de connaissances de ce Mémoire, qui est regardé de tous les anciens ingénieurs comme la meilleure instruction qui ait été écrite sur ce sujet.

Dans de certains pays on distingue ordinairement pour le marché des ouvrages trois sortes de terres pour en régler le prix : la terre douce ou épierrée pour les parapets, la rocaille et le roc.

Toute terre où l'on n'a besoin que du louchet pour l'enlever, est regardée comme terre ordinaire ; la pierre morte qui se trouve mêlée d'un peu de terre, et où il ne faut ni masse, ni pince, et où il suffit de la pioche et du pic, est réputée rocaille. Toute pierre vive où il faut se servir de pic, de coin, de masse, d'aiguille, est appelée roc.

Dans les pays ras où l'on ne rencontre guère de roc ni de rocaille, on distingue dans les marchés deux sortes de terres : l'une est appelée terre hors d'eau, qui est celle qu'on peut travailler à sec, et l'autre terre dans l'eau, qui ne peut s'enlever sans beaucoup d'incommodité

Toutes ces terres différentes pourront s'estimer en suivant l'instruction de M. de Vauban; c'est-à-dire, en s'attachant à la quantité d'hommes qu'il faut pour en transporter une toise cube, et aux journées qu'ils doivent gagner.

Dans une terre ordinaire, un atelier de quatre soldats, composé d'un piocheur, d'un chargeur et de deux autres qui brouettent, peut transporter à 10 toises de l'atelier 2 toises et un tiers cubes dans un jour d'été, et un peu plus de la moitié dans un jour d'hiver.

La rocaille étant, comme je l'ai déja dit, une pierre morte, mêlée de terre, la difficulté de sa fouille est beaucoup plus grande que celle des terres ordinaires; c'est pourquoi le prix en est aussi plus considérable. C'est à la prudence de l'ingénieur de l'augmenter, en sorte que les soldats y trouvent leur compte: et quoiqu'il soit difficile de déterminer à quoi peut aller cette augmentation, je dirai pourtant que la toise cube de rocaille vaut à-peu-près le double des terres ordinaires.

Quant au roc, il faut aussi avoir égard à sa qualité et à sa dureté: on le tire par mine, dont l'appareil est de quatre hommes, qui s'approfondissent de 5 pieds dans un roc ordinaire; mais comme le marbre est d'une nature plus dure, ils ne peuvent guère s'y approfondir que de 4 pieds, qui produisent tout au plus une demi-toise cube, qui consume environ deux livres de poudre pour charger les pétards. Outre ces quatre hommes on ajoute encore deux manœuvres pour arracher les pierres ébranlées par la mine, et ôter les décombres. Ainsi sachant ce que les uns et les autres doivent gagner par jour, et ce qu'il en coûtera pour les outils et la poudre, on pourra savoir à combien reviendra la toise cube.

Pour approfondir dans le roc, on se sert d'une aiguille ou barre de fer de bonne trempe bien acérée, pointue par un des bouts, ayant 6 ou 7 pieds de longueur: deux hommes la mettent en mouvement pour faire un trou en manière de petit puits, capable de contenir une certaine quantité de poudre. Après avoir chargé cette petite mine, on bouche le trou avec un tampon chassé à force, afin que la poudre fasse un plus grand effet; on y met le feu par le moyen d'un morceau d'amadou, qui ne se communiquant à la poudre qu'au bout d'un certain temps laisse aux ouvriers la liberté de se retirer. La mine ayant écarté et ébranlé les pierres, on en fait le déblai, et on répète la même manœuvre autant de fois qu'on le juge nécessaire.

Avant de commencer la fouille des terres, il est de la dernière conséquence d'en bien indiquer le transport, et savoir la quantité qu'il en faudra pour la construction du projet qu'on voudra exécuter. Ceux qui font ces projets doivent en donner des mémoires, afin que les profils étant bien expliqués, on ne s'approfondisse qu'à proportion des remblais qu'on aura à faire. C'est ordinairement la nature du terrain qui détermine le parti que l'on doit prendre ; car si l'on peut creuser à sec jusqu'à 18 ou 20 pieds, on ne sera pas obligé de faire les fossés fort larges, parce qu'en les approfondissant on aura toujours des terres suffisamment, et les ouvrages en seront de meilleure défense, vu qu'ils seront moins découverts. Si au contraire le terrain est aquatique, et qu'on ne puisse s'enfoncer aussi avant qu'on le voudrait, sans être incommodé des eaux, alors on prend sur la largeur ce que l'on ne peut tirer de la profondeur. Mais, je le répète, toutes ces considérations doivent dépendre du projet : ainsi dans l'exécution il ne s'agit que de bien diriger les ateliers. Cet article demande beaucoup de circonspection, et quoique la chose ne paraisse qu'une bagatelle, je crois qu'on conviendra qu'on n'a guère exécuté de grands travaux, sans qu'il soit arrivé quelque malentendu dans le maniement des terres. Ici, faute d'en avoir fait un amas assez considérable avant d'élever les revêtements, on est obligé, pour achever l'ouvrage, d'en rapporter par de longs circuits qui augmentent les relais, par conséquent la dépense ; là, pour n'y avoir pas fait assez d'attention, il s'en trouve une trop grande quantité, qu'il faut dans la suite transporter ailleurs, peut-être même auprès de l'endroit d'où on les avait tirées, de sorte qu'une toise cube qui n'aurait dû être maniée que deux fois, l'une pour la transporter, l'autre pour la mettre en œuvre, a été promenée à différents endroits inutilement, ce qui en double ou triple la valeur. Au reste, je sais bien que cela n'arrive point à ceux qui ont une grande connaissance des travaux, parce qu'ils savent prévoir dès le commencement de l'ouvrage les suites des moindres choses.

PL. VII. Pour faire voir de quelle manière on peut estimer assez juste la quantité de terre destinée à la construction d'un ouvrage, nous supposerons qu'on a tracé sur un terrain bien uni, et dans lequel on peut approfondir à sec, un front de polygone ABCDEF, dont le fossé est terminé par la contrescarpe GHI, et que le rempart qu'on veut élever est exprimé par le profil ABDKMX. Cela posé, comme la terre qu'on doit porter du côté de la place, et qu'on voit exprimée ici par KKK, etc., dépend de l'élévation du rempart, nous ferons comme si le revêtement devait avoir 30 pieds de hauteur depuis le fond du fossé jusqu'au cordon, et le fossé 18 pieds de profondeur : en ce cas, pour que toutes les parties du profil soient bien proportionnées, il faut que la hauteur BC du rempart, du côté de la place, soit de 12 pieds et demi, la rampe AC, de 19 et demi; la largeur CE, de 30; la hauteur ED, de 14; la rampe EG de la banquette, de 3; sa largeur GL, de 4 et demi; et la hauteur FG ou HL, de 15 et demi : enfin le parapet devant avoir 4 pieds et demi de hauteur, KN sera de 20 pieds, et LN d'un et demi; et si l'on fait abstraction des contreforts, et qu'on suppose, pour abréger, que le revêtement ait 5 pieds d'épaisseur au sommet, MI sera de 18 pieds, et VI de 13. Or, si l'on cherche la superficie de toutes les parties dont nous venons de donner les dimensions, on trouvera qu'elles composent ensemble 907 pieds carrés, d'où il faut retrancher la partie des contreforts qui est au-dessus de la ligne horizontale AT, après en avoir fait la réduction ainsi qu'on l'a enseigné dans l'art. 46 du premier livre, et l'on trouvera qu'elle est équivalente à 26 pieds carrés, lesquels étant retranchés de 907, la différence sera 881 pieds carrés, quand on n'aura égard qu'au profil, mais qui deviendront des pieds cubes, en supposant que le profil a un pied d'épaisseur. Si l'on veut savoir combien il faut de toises cubes de terre par toise courante, on réduira les 881 pieds en toises carrées, pour avoir environ 24 toises et demie, qui étant multipliées par une toise donneront 24 toises cubes et demie, c'est-à-dire que si la face d'un bastion a 50 toises de longueur, il faudra à-peu-près 1225 toises cubes de terre pour former cette face.

Mais, sans s'embarrasser de ce qu'il faut pour chaque partie du front, il suffira, après avoir trouvé la superficie du profil ABDHKMI, et en avoir retranché les contreforts réduits, de diviser 881 pieds par la profondeur qu'on veut donner au fossé, c'est-à-dire par 18, et l'on trouvera environ 49 pieds pour la largeur RS de la tranchée, qui ayant 18 pieds de profondeur fournira les terres nécessaires à l'élévation du rempart.

Ainsi, traçant une ligne LMNOP, parallèle aux parties du front ABCDEF, en sorte qu'elle soit éloignée de 49 pieds du derrière de la muraille, on aura l'espace que doit occuper la tranchée dont je parle, puisqu'une toise courante de la vidange de cette tranchée fournira des terres pour une toise courante de rempart; ce qui est bien évident, puisque 6 pieds de longueur, 49 de largeur et 18 de profondeur, donnent 24 toises et demie cubes.

Selon l'estimation précédente, j'ai supposé qu'il était question des bastions vides, et dont le terre-plain serait de niveau avec le rez-de-chaussée de la place. Si on avait des raisons pour le faire autrement, soit pour y construire des souterrains, ou y élever des cavaliers, on pourra toujours, en se réglant sur les profils, savoir de combien il faudra augmenter la largeur de la tranchée pour avoir une quantité de terre suffisante, car j'entends qu'il faut toujours en faire l'amas avant de construire le revêtement.

A mesure que l'on fait le déblai des terres, on les porte à 8 ou 10 toises du côté de la place. Si le terrain est de bonne consistance et qu'on ne craigne pas les éboulements, on donne aux banquettes OP qui doivent se trouver derrière le revêtement, le plus de hauteur qu'il est possible, et une largeur suffisante seulement pour se soutenir, afin que, quand la muraille sera élevée, on n'ait que peu de remblais à faire, ce qui diminue la poussée des terres. A l'égard des banquettes ST qui se font du côté de la campagne, il faut leur donner beaucoup plus de largeur que de hauteur, afin que les travailleurs puissent les pratiquer commodément.

Quand on a creusé jusqu'à la profondeur PS que doit avoir le fossé, on fait une nouvelle tranchée PQRX pour les fondements de la muraille : les terres qui en proviennent se jettent du côté de la campagne, et se transportent aussi bien que toutes celles qui étaient restées dans le fossé aux endroits marqués pour la construction des ouvrages de dehors. On observe, à mesure qu'on en fait la vidange, de laisser des témoins de distance ou des profils, pour servir à faire les toisés (1).

(1) Quoique ce chapitre contienne d'excellentes observations sur les travaux de terrasses, il y aurait encore beaucoup à ajouter pour présenter la théorie complète de ce

## CHAPITRE NEUVIÈME.

*De la manière de faire les Fondements des Édifices dans toute sorte d'endroits, et principalement dans le mauvais terrain.*

Il semble qu'avant d'enseigner la construction des fondements j'aurais dû dire quelque chose sur les précautions qu'on prend pour se mettre en état de travailler dans les lieux aquatiques, expliquer la façon des

---

genre de travaux. Elle se compose de plusieurs éléments qui n'ont pas encore été publiés, ou qui sont dispersés dans divers ouvrages : je vais en donner ici l'idée.

La théorie des travaux de terrasses peut se diviser en trois parties, qui sont : 1° les procédés de calcul du volume des solides de déblai et de remblai ; 2° la manière de faire la distribution du déblai et du remblai, en sorte que la dépense soit la plus petite possible ; 3° la manière de faire la fouille et le transport des terres, et l'évaluation de la dépense de ces opérations.

1° On trouvera sur le calcul des terrasses les détails nécessaires dans le *Traité de topographie, d'arpentage et de nivellement* de M. Puissant, liv. IV, chap. IV. Ce calcul s'exécute par le moyen d'un petit nombre de formules très-simples.

L'évaluation du volume des déblais et des remblais se réduit toujours à la cubature des espaces compris entre la surface du terrain naturel et celle du projet. Ces surfaces peuvent être planes ou courbes : dans le premier cas, les solides qu'elles interceptent peuvent être évalués par les principes de la géométrie élémentaire : dans le second on substitue aux véritables solides des solides qui n'en diffèrent pas sensiblement, et qui, étant suceptibles d'une définition rigoureuse, peuvent se prêter au calcul. Parmi toutes les hypothèses qu'on pourrait adopter pour cet objet, on s'est arrêté à la suivante, qui conduit à des procédés commodes.

La surface du terrain est connue par des points de nivellement placés dans une suite de plans verticaux, ordinairement parallèles entre eux : on suppose ces points réunis par des lignes droites, qui sont considérées comme les sections du terrain par les plans, et qui forment ce qu'on nomme des *profils;* et d'un profil à l'autre, la surface du terrain est censée formée par une surface gauche décrite par une droite qui se mouvrait parallèlement à un plan vertical donné, en touchant constamment les lignes du terrain. Cela posé, et eu égard à ce que la surface du projet est toujours plane, ou considérée

batardeaux que l'on construit pour se garantir des eaux étrangères, ou pour faire des épuisements avec le secours des machines que l'on a imaginées à cet usage, et détailler les propriétés de ces machines, afin de donner la préférence à celles dont on peut se servir le plus utilement.

---

comme telle, il est aisé de concevoir qu'on n'a jamais à cuber que des solides dont les faces latérales sont des plans verticaux, dont la base inférieure est un triangle ou un trapèze plan, et dont la base supérieure est un triangle ou un trapèze gauche. On trouve les formules suivantes pour l'évaluation du volume de ces solides.

On a 1° pour le solide à base triangulaire

$$V = B\frac{h + h' + h''}{3}. \quad \left\{ \begin{array}{l} B, \text{ la base ;} \\ h', h', h'', \text{ les trois hauteurs;} \\ V, \text{ le volume.} \end{array} \right.$$

2° Pour le solide dont la base est un trapèze,

$$V = B'\frac{2h + 2h' + h'' + h'''}{6} + B''\frac{2h' + 2h''' + h + h'}{6}. \quad \left\{ \begin{array}{l} B', \text{ la base d'un des deux triangles} \\ \quad \text{qui forment le trapèze;} \\ B'', \text{ la base de l'autre triangle;} \\ h, h', h'', \text{ les hauteurs répondant} \\ \quad \text{à } B'; \\ h, h'', h''', \text{ les hauteurs répon-} \\ \quad \text{dant à } B''. \end{array} \right.$$

2° A l'égard de la manière de distribuer les terres du déblai dans les différentes parties du remblai, M. Monge a traité ce sujet pour la première fois dans les Mémoires de l'Académie des Sciences pour 1781. M. Dupin a ajouté quelque chose à ses résultats dans la correspondance sur l'École Polytechnique, n° 7. On trouvera, dans le Traité de la Construction des ponts, liv. IV, chap. II, le développement des préceptes que ces recherches fournissent pour la pratique, exposé d'une manière très-élémentaire. Elles sont fondées sur le principe, que la somme des éléments du déblai multipliés par les distances qu'on leur fait parcourir, doit être la plus petite possible; d'où il résulte immédiatement que les routes suivies par ces éléments doivent être les plus courtes distances entre les points de départ et d'arrivée, et que ces routes ne doivent point se croiser entre leurs extrémités. Ces principes, appliqués aux différentes circonstances que présentent les déblais, indiquent dans chacune la disposition qu'on doit donner au travail pour faire la moindre dépense possible.

3° Quant aux procédés de la fouille des terres, il y aurait peu de chose à ajouter à ce qui est dit dans le texte; il n'en est pas de même de ceux du transport, Bélidor n'ayant parlé que du transport par brouettes. Ce dernier ne peut donner lieu à beaucoup

C'est aussi ce que j'ai fait dans un chapitre assez long, que j'avais destiné à précéder immédiatement celui-ci. Mais ayant fait réflexion que sa véritable place devait être dans l'architecture hydraulique, c'est-à-dire

---

de recherches, mais on peut faire sur le transport par tombereaux des observations curieuses et utiles. Je ne crois pas que cette matière ait encore été traitée convenablement dans aucun ouvrage; on trouvera sur ce sujet quelques essais dans le Traité de la Construction des ponts, liv. IV, chap. II et V.

Lorsque le transport d'une masse de terre se fait de manière que la somme des distances parcourues est la plus petite possible, il est évident que la distance moyenne du transport est égale à la distance des centres de gravité des solides de déblai et de remblai. Il suffit donc, pour évaluer la dépense, de connaître le volume du déblai et la position respective de ces deux centres de gravité. Mais il faut observer que ces centres de gravité pouvant se trouver, ou sur un même plan horizontal, ou l'un au-dessus de l'autre, il faut avoir égard à-la-fois à leur distance horizontale et à leur distance verticale. Les relais des brouettes, comme on l'a vu dans le texte, sont fixés à 30 mèt. dans un chemin horizontal, et à 20 mèt. en montant sur une rampe dont la pente est de 8 centimèt. par mètre, ce qui est l'inclinaison que l'expérience a fait connaître pour la plus avantageuse. Comme il n'est pas toujours possible dans les travaux de régler exactement les rampes suivant cette pente, on éprouve quelquefois de l'embarras pour fixer avec justice la longueur des relais; on peut alors faire usage des formules suivantes, dont la démonstration est facile à trouver : nommant

$D$, la distance horizontale des centres de gravité du déblai et du remblai;
$H$, leur distance verticale;
$p$, la longueur des relais sur un chemin horizontal;
$p'$, la longueur des relais sur une rampe;
$I$, la pente par mètre de cette rampe;
$n$, le nombre de relais à payer.

Il faut distinguer trois cas :

1° Si $H = 0$, on a.......................... $n = \frac{D}{p}$.

2° Si $D$ est $> \frac{H}{I}$, on a.......................... $n = \frac{D}{p} + \frac{H(p - p')}{Ipp'}$.

3° Si $D$ est $< \frac{H}{I}$, on a.......................... $n = \frac{H}{Ip'}$.

D'après ce qui a été dit ci-dessus, $p = 30$ mèt. $p' = 20$ mèt., $I = 00{,}08$ mèt.

Les transports par tombereaux sont susceptibles d'observations analogues : on en estime la dépense, en évaluant le temps employé pour le chargement et le déchargement, et celui qu'il faut pour parcourir la distance du transport, d'après la vîtesse des

dans le second tome de cet ouvrage, je m'en suis tenu à ce dernier parti : c'est pourquoi j'y renvoie le lecteur.

La première connaissance dont il faut être prévenu est la nature des

---

chevaux; mais cette vîtesse étant plus ou moins grande, suivant que l'inclinaison de la pente qu'ils montent est plus faible ou plus forte, il faut encore avoir égard à la hauteur à laquelle on doit faire monter les terres. En conservant les dénominations ci-dessus, et faisant de plus

$t =$ le temps nécessaire pour parcourir un mètre sur un chemin horizontal;

$t' =$ le temps nécessaire pour parcourir un mètre sur un chemin dont la pente par mètre $= \mathrm{I}$;

T — le temps total du transport;

on aura 1° si $\mathrm{H} = 0$ .............................. $\mathrm{T} = \mathrm{D}\,t.$

2° si D est $> \frac{\mathrm{H}}{\mathrm{I}}$ ........................ $\mathrm{T} = \mathrm{D}\,t + \frac{\mathrm{H}}{\mathrm{I}}(t'-t)$

3° si D est $< \frac{\mathrm{H}}{\mathrm{I}}$ ........................ $\mathrm{T} = \frac{\mathrm{H}}{\mathrm{I}}t'.$

D'après les meilleures observations, $t = 0{,}0003$ heure, $t' = 0{,}0004$ heure, I étant toujours $= 0{,}08$ mètre. (Voyez pour le temps nécessaire au chargement et au déchargement des différentes espèces de terres, le Traité de la Construction des ponts, liv. IV, chap. V).

Un tombereau employé au transport des terres peut être attelé d'un ou plusieurs chevaux, et on peut employer pour le charger un ou plusieurs manœuvres. Il est aisé de sentir, avec un peu de réflexion, que le nombre des chevaux et des chargeurs n'est pas indifférent, et que ce nombre doit varier en raison de la distance du transport et des prix respectifs des journées des manœuvres et des chevaux. On trouvera l'analyse de cette question dans l'ouvrage que je viens de citer, et j'en rapporterai seulement ici les résultats. En nommant

$q$, le volume des matières que peut porter un cheval;

$t$, le temps du chargement d'un mètre cube de matières par un ouvrier;

T, le temps nécessaire aux tombereaux pour parcourir un mètre;

$\tau$, le temps du déchargement du tombereau;

$m$, le nombre de chargeurs;

$n$, le nombre de chevaux attelés à chaque tombereau;

D, la distance du transport;

$\mu$, le prix de la journée d'un chargeur;

$\nu$, le prix de la journée d'un cheval;

$\rho$, le prix de la journée du charretier et du tombereau;

terrains qui se rencontrent en approfondissant ; et quoique leur diversité soit très-grande, on peut cependant les réduire à trois espèces principales. La première est celle de tuf et de roc : ce dernier est facile à connaître par la résistance que les terrassiers trouvent à fouiller.

La seconde espèce de terrain est celle de sable, dont on distingue de deux sortes : l'un est le sable ferme et dur, sur lequel on n'hésite point à établir des fondements ; l'autre, le sable mouvant, dont le peu de consistance ne permet pas qu'on travaille dessus sans prendre quelque précaution pour prévenir les accidents. On distingue le sable mouvant d'avec le ferme, par le moyen d'une sonde de fer dont le bout est fait en *tarière,* afin de voir en la retirant la nature du fond qu'elle a percé. Lorsqu'elle résiste et qu'elle entre avec peine, c'est une marque que le sable est dur, au lieu qu'on doit juger du contraire si elle entre facilement. Quand on est obligé de fouiller fort avant pour rencontrer le bon fond, on allonge la sonde par le moyen de plusieurs branches de fer qui s'ajustent bout à bout avec des vis en écrou. Il se rencontre dans les lieux aquatiques un sable d'où il sort de l'eau quand on marche dessus, ce qui l'a fait nommer *sable bouillant,* qu'on ne doit point

---

et faisant, pour abréger, $qt = t'$, $\mu t' + \nu = P$ : on a pour le prix du transport d'un mètre cube de matières,

$$\frac{1}{q}\left(t' \frac{n}{m} + 2DT + \tau\right)\left(P + \frac{\rho}{n}\right).$$

On conclut de la forme de cette expression, 1° qu'en augmentant le nombre des chargeurs on diminue la dépense, et par conséquent qu'il faut en employer autant qu'il est possible, sans qu'ils se gênent mutuellement ; 2° que le nombre des chevaux attelés au tombereau doit augmenter avec la distance du transport. Et, pour déterminer jusqu'à quelle distance on doit employer un nombre donné de chevaux, on a l'équation

$$D = \frac{1}{2T}\left(\frac{P t' n (n+1)}{\rho m} - \tau\right),$$

dans laquelle faisant successivement $n = 1, = 2, = 3$, etc., on aura les valeurs de D au-delà desquelles on doit employer des tombereaux à deux chevaux, trois chevaux, quatre chevaux, etc. (*N*).

confondre avec le mouvant, puisqu'il s'en trouve souvent sur lequel on peut asseoir des fondements très-solides, comme nous le ferons voir ailleurs.

La troisième est la terre, dont on distingue de quatre sortes : la terre ordinaire, la grasse, la glaise et celle de tourbe. La terre ordinaire se trouve dans les lieux secs et élevés. La terre grasse est presque toujours composée de vase sans consistance, et ne se trouve guère que dans les lieux bas : on ne peut y fonder qu'avec de grandes précautions. Pour la glaise, elle se trouve indifféremment dans les lieux hauts et bas : quand elle est ferme et qu'elle forme un banc d'une épaisseur considérable, on peut y fonder hardiment, pourvu qu'on soit sûr qu'elle se trouve partout d'une égale consistance, sans quoi il faudrait prendre des mesures convenables aux circonstances. Pour la terre de tourbe, elle ne se trouve que dans les lieux aquatiques et marécageux : c'est une espèce de terre grasse, noire et bitumineuse, qui se consume au feu après l'avoir fait sécher, et dont l'usage est très-commun aux Pays-Bas. Il y a des gens qui prétendent que cette terre provient des différents accroissements que certains cantons ont reçus en s'élevant par la suite des temps : ce qui favorise cette opinion, est qu'ayant fouillé dans un terrain tourbeux on y a trouvé des arbres d'une grosseur considérable, et tous les autres vestiges d'un lieu qui a été autrefois découvert. Au reste, ce terrain n'est point assez solide pour y asseoir des fondements, à moins qu'on n'ait recours à ce que l'art et l'industrie peuvent fournir en pareil cas.

Indépendamment des soins qu'on doit prendre pour avoir une parfaite connaissance du fond sur lequel on veut travailler, il est bon de questionner les ouvriers du pays : il s'en rencontre toujours quelques-uns à qui le bon sens et l'usage continuel où ils sont de travailler dans un même endroit ont fait faire des remarques et des réflexions dont il est bon qu'on soit prévenu. Souvent ces gens-là donnent plus de connaissance dans un quart-d'heure, qu'on ne pourrait en acquérir par de longues et pénibles recherches.

Nous proposant de faire voir la manière de fonder sur toute sorte de terrain, les différents moyens qu'on va insinuer pourront s'appliquer à la construction des édifices en général. Cependant, comme nous avons principalement en vue les ouvrages de fortifications, on s'attachera

Bélidor. Science des Ingenieurs.

7.

plutôt à donner des exemples qui leur soient applicables, qu'à toute autre espèce de travaux : c'est pourquoi les dessins de la huitième planche représentent des profils de remparts.

Fondement sur le roc.

Les fondements qui se font à sec sont assis sur le roc, ou sur un bon fonds. Quand on fonde sur le roc, on établit les assises par ressauts s'il faut monter ou descendre, leur donnant le plus d'assiette qu'il est possible, et un pouce ou un pouce et demi de pente du devant au derrière, afin que la maçonnerie qu'on veut élever se soutienne parfaitement. Si le roc est trop uni, et qu'on appréhende que la maçonnerie ne fasse pas de bonnes harpes, on le pique à coups de marteau têtu, et après avoir bien nettoyé les décombres, on l'asseoit en bain de bon mortier, et on l'encastre de quelques pouces. Si le roc sur lequel on veut fonder est disposé de manière que sa hauteur puisse faire partie du mur, on lui adosse la maçonnerie, et on y fait des écorchements pour que l'un et l'autre puissent se bien lier ensemble. Par exemple, après avoir creusé les fossés d'une forteresse, on en revêtit son escarpe et sa contrescarpe; et, au lieu qu'on aurait donné à la base du mur 10 ou 12 pieds dans tout autre terrain, on se contente de ne lui en donner que 4 ou 5, suivant les ressauts qu'on a formés, parce qu'alors n'ayant pas de grands remblais à faire, les revêtements n'ont que peu de poussée, et même quelquefois point du tout.

Pl. VIII. fig. 8.

Ces sortes de revêtements, quoique aisés à construire en apparence, parce qu'on n'a rien à appréhender de la part du fonds, rencontrent souvent bien des difficultés dans l'exécution, quand il s'agit d'élever quelque forteresse au sommet d'un rocher escarpé, où l'on ne peut faire 4 toises d'ouvrage sans monter ou descendre, et où il faut quelquefois dix ou douze profils différents pour exécuter une seule pièce. Les ingénieurs qui font travailler dans le Roussillon et dans les autres endroits montagneux, seraient seuls capables de donner de bonnes instructions pour se conduire dans de semblables terrains : je crois même qu'il n'y a guère que sur les lieux qu'on peut s'apercevoir des différentes pratiques dont on sera obligé de se servir, la nécessité avec un peu de génie fournissant mille moyens pour surmonter les obstacles à mesure qu'ils se présentent. J'ai toujours regardé ce chapitre comme le plus difficile de ceux que j'avais à traiter, puisque, pour le rendre complet, il m'aurait fallu de bons mémoires, généralement de tous les ingénieurs en chef qui sont dans nos places : car il y a cela de fâcheux qu'on ne peut passer de l'une à l'autre, sans rencontrer quelque changement dans la manière de travailler, ce qui vient de la différence du terrain ou de la qualité des matériaux. Mais si j'avais voulu embrasser toutes les parties d'un sujet aussi vaste que celui-ci, et en faire de même pour les autres, j'aurais été obligé d'entrer dans un détail immense qui m'aurait engagé, non pas à faire un livre, mais une bibliothèque. Il a donc fallu m'en tenir aux pratiques les plus essentielles, dans l'espérance qu'on me ferait grâce de tout ce qui méritait moins d'attention.

Quand on est obligé d'établir des murs sur un roc fort inégal par sa figure et quelquefois par sa consistance, la plus grande difficulté est de raccorder à une certaine hauteur les premières assises de maçonnerie qui doivent servir de fondements, et de les bien lier avec le roc. De tous les moyens qui sont venus à ma connaissance, et dont on peut se servir en pareil cas, en voici un entre autres pour lequel je pencherais beaucoup, et dont on s'est bien trouvé dans la construction de plusieurs grands ouvrages.

Fondement de pierrée.

Après avoir établi le terrain de la manière qu'on le jugera le plus convenable, et avoir réglé l'épaisseur qu'il faudra donner aux fondements, par rapport à l'élévation de la muraille, il faut en border les alignements avec des cloisons de charpente, en sorte qu'elles composent ensemble un coffre dont le bord supérieur soit disposé le plus horizontalement qu'il se pourra ; car, pour le bas, il doit suivre la figure des ressauts et des différentes sinuosités qu'on aura été obligé de donner au roc. Ayant fait un grand amas de pierrailles, il faut les corroyer avec du mortier ; on pourra même si le roc est bon se servir des décombres qu'on en aura tirés, après avoir réduit les plus forts quartiers à une grosseur médiocre, qui ne doit pas passer celle du poing. Il faut le lendemain, ou au plus tard deux jours après qu'on aura fait plusieurs tas de mortier de pierrées, avoir un grand nombre de manœuvres, dont les uns rempliront les coffres de ce mortier, tandis que les autres le battront, à mesure que la maçonnerie s'élevera, avec des dames du poids de 30 livres, ferrées par le bout (je crois qu'il n'est pas besoin de dire qu'elle doit être assise immédiatement sur le roc dans lequel elle doit être encastrée de 7 ou 8 pouces). Lorsqu'elle

Fig. 11 et 12.

a pris consistance, et qu'elle est suffisamment sèche, on détache les cloisons pour s'en servir ailleurs. J'ajouterai que, quand on est obligé de faire quelque cascade pour monter ou descendre, on soutient la maçonnerie par les côtés avec d'autres cloisons disposées en gradins : ainsi on surmonte le roc par des fondements auxquels on donne la figure que l'on veut ; car on doit entendre que j'appelle ici fondement la maçonnerie qui sert d'empattement à celle que l'on veut élever par assise réglée, quoique cet empattement ne soit point enterré comme les fondements ordinaires. Je n'en détermine point la hauteur, qui sera si l'on veut de 3 à 4 pieds, plus ou moins, selon la nécessité.

Pour que toutes les parties des fondements soient bien liées ensemble et parfaitement unies avec le roc, il faut remplir les coffres sans interruption sur l'étendue qu'on a jugé à propos d'embrasser, observant de faire battre également partout, particulièrement dans le commencement, afin que le mortier et les pierres s'insinuent dans les écorchements qui se trouveront figurés dans le roc, soit par le hasard, ou parce qu'on aura jugé à propos de les faire exprès pour rendre la liaison plus parfaite.

Quand le roc est fort escarpé, on peut, pour ne point faire de remblais derrière les fondements, se contenter d'établir une seule cloison sur le devant pour soutenir la maçonnerie, et remplir de pierrées l'intervalle qui se trouve depuis là jusqu'à l'escarpement, ce qui rendra l'ouvrage encore plus solide.

Quand on a établi et bien arrasé à la hauteur convenable les fondements sur toute l'étendue qu'on a embrassée, on continue à répéter la même manœuvre sur le prolongement de l'ouvrage, observant de bien lier la vieille maçonnerie avec la nouvelle, c'est-à-dire, les pierrées faites depuis quelque temps avec celles qu'on voudra y ajouter. Pour cela, il faudra toujours faire en rampe les extrémités des fondements qu'on saura devoir être prolongés, jeter de l'eau dessus, et bien battre la nouvelle maçonnerie à mesure qu'elle sera appliquée sur la vieille.

De cette manière, on fera des fondements qui, venant à se durcir peu-à-peu, ne composeront partout qu'un seul corps si ferme et si inébranlable, qu'il ne faut pas appréhender qu'il se fasse par la suite aucun affaissement ni rupture, soit qu'ils se trouvent inégalement chargés par le poids de la muraille qu'on aura élevée dessus, ou que certaine partie du terrain, moins solide que l'autre, cède ou se détache, comme cela arrive quelquefois.

Quand on est dans un pays où la chaux est bonne, je suis persuadé que, de toutes les maçonneries, il n'y en a point de plus excellente que celle que je viens de décrire, et qui soit plus commode dans une infinité d'occasions. Souvent l'on creuse les fondements dans un terrain qui sera ferme en un endroit, et douteux à quelques pas plus loin, ce qui est cause que les murs s'affaissent inégalement. Si les fondements sont faits de pierrées, il ne faut pas appréhender qu'étant d'une certaine épaisseur il se fasse jamais quelque rupture, quand bien même il y aurait des parties qui porteraient à faux; ce que l'on ne peut pas attendre de la maçonnerie ordinaire, surtout quand elle est faite de grosses pierres, parce que le mortier s'y attache moins, et est sujet à tasser plus à un endroit qu'à l'autre. C'est ce qui a fait dire à Vitruve que la maçonnerie faite avec de petites pierres était plus indissoluble que les autres. M. Perrault, dans le Commentaire qu'il a fait de cet auteur, fait voir en plusieurs endroits de ses notes que les anciens faisaient souvent de la maçonnerie de pierrées, non seulement pour les fondations épineuses, mais encore dans une infinité d'occasions, comme on en peut juger par les monuments qui restent, où l'on remarque que tous les ouvrages faits dans ce goût-là se sont durcis au point de surpasser la solidité du marbre. Car il faut convenir qu'il n'y a point de pierre, si dure qu'elle puisse être, qu'on ne rompe et dont on ne tire aisément des éclats, au lieu que, d'un massif fait de mortier de pierrées, on n'en peut séparer les parties que successivement.

Quand on est dans un pays où la pierre dure est fort rare, je crois qu'on pourrait en toute sûreté faire les soubassements des gros murs avec une bonne pierrée. La difficulté est seulement d'avoir d'excellente chaux. Il est vrai que la grande quantité qu'il en faut rend cette maçonnerie fort chère, mais cela ne doit point en diminuer le mérite quand il s'agit d'un ouvrage de conséquence : on en voit périr tous les jours pour y avoir regardé de trop près en les construisant, et quand il faut les réparer, on s'aperçoit trop tard des inconvénients d'une économie mal entendue. Cependant, tout bien considéré, la maçonnerie de pierrée ne coûtera jamais autant que celle de pierre de taille. On pourrait seulement trouver à redire que, voulant l'employer pour des soubassements ou pour des fondements découverts, le coup-d'œil ne serait point satisfait de voir un parement brut, et d'une assez vilaine figure; mais il est aisé d'empêcher cela en faisant avant la construction deux espèces de mortier, l'un mêlé de pierrailles, comme celui dont nous venons de parler, et l'autre de gros graviers. Si l'on était dans un pays où il y eût deux sortes de chaux, il faudrait employer la meilleure pour la composition de ce dernier, et la moindre pour celle de l'autre, et les employer comme il suit.

Quand on travaillera sur le roc, on commencera à jeter au fond du coffre un lit de mortier fin, parce qu'il s'y attachera mieux que l'autre; ensuite, des manœuvres qui doivent remplir le coffre, on en choisira un nombre pour porter du mortier fin, lui recommandant de le jeter contre le bord intérieur du coffre (j'entends contre le bord qui soutient le parement), et le reste sera rempli de mortier de pierrée : si cela est bien conduit, le mortier fin se liant avec l'autre formera contre la cloison un parement uni, qui venant à se durcir, fera le même effet que la pierre. On pourra même si l'on veut, au bout de quelque temps, pour une plus grande imitation, y figurer des joints.

Fondement sur un terrain ordinaire et de bonne consistance.

Les fondements qui se font encore à sec sur un terrain de bonne consistance, et qui ne présente aucun obstacle considérable à surmonter, se construisent sans beaucoup de mystère. On prépare le terrain comme on l'a vu dans le chapitre précédent, et après avoir creusé la tranchée de la largeur et de la profondeur déterminées par les profils, on lui donne un talus allant du devant au derrière, proportionné à l'épaisseur que doivent avoir les fondements, afin que le revêtement soutienne mieux la poussée des terres. Par exemple, sur 12 pieds d'épaisseur, on donnera 6 pouces de talus, ainsi des autres dont le talus sera toujours à-peu-près la vingt-quatrième partie de l'épaisseur. On établit la première assise de gros libages plats, posés en bain de bon mortier (quoique bien des gens aiment mieux les poser à sec, leur entre-deux garni de mortier). Sur cette première assise, on en élève un autre dont les alignements sont composés de boutisses et de panneresses en liaison alternative, les boutisses ayant au moins

18 pouces de queues et d'une grosseur raisonnable, principalement sur le devant, car pour le derrière on se contente d'y poser les plus gros quartiers de pierre; le milieu se remplit de moellons à bain de mortier : quand il est brut, les intervalles se garnissent par le petit moellon enfoncé dans les joints, le plus avant qu'on peut, et bien arrasé. On continue de même pour les autres assises, observant tant qu'il se peut de conduire l'ouvrage de niveau sur toute sa longueur. On fait observer aux maçons des retraites du côté du fossé, de manière que le prolongement du talus de la muraille qu'on veut élever ne porte point à faux; et afin qu'ils puissent mieux se conformer au profil qui en aura été fait, il est à propos de leur en donner un dessin en grand, exactement coté, pour qu'ils sachent la hauteur et la largeur des retraites, cette partie de l'ouvrage étant de conséquence.

Quoique le bon fond se trouve ordinairement plutôt sur les terrains élevés que dans les autres bas et aquatiques, il s'en rencontre pourtant d'excellents dans ces derniers, comme sont ceux de gravier, de marne, de glaise, d'autres d'une certaine terre bleuâtre qui est le plus souvent de bonne consistance. J'y comprendrai même le sable bouillant, qui est fort bon quand on sait s'y conduire avec adresse. On établit des fondements sur tous ces terrains avec assez de confiance, c'est pourquoi je ne m'y arrêterai pas.

On est quelquefois contraint de creuser si avant pour trouver le bon fond, qu'on ne peut élever les fondements jusqu'au rez-de-chaussée sans des dépenses extraordinaires : en ce cas Philibert de Lorme, Scamozzy, et plusieurs autres architectes après eux, proposent de faire des piliers de distance en distance pour y élever des décharges, afin qu'à peu de frais l'on puisse gagner le rez-de-chaussée.

Fondement par arcades ou décharges.

Comme le terrain sur lequel on voudrait fonder les piles peut se trouver d'inégale résistance, il serait à craindre que, par la suite, le terrain de dessous quelques piles venant à s'affaisser ne causât une grande rupture aux arcades, par conséquent aux murs qui seraient élevés dessus. Pour prévenir cet inconvénient, on a cru que le meilleur moyen était de faire, entre les piles, des arcades renversées, afin que si une des piles était moins assurée que les autres, elle se trouvât arcboutée par les arcades voisines, lesquelles ne pouvant céder, parce qu'elles sont soutenues par les terres qui sont au-dessous, il n'est pas possible que la pile puisse changer de situation, quand bien même elle porterait à faux (1).

Manière de détourner les sources.

Il arrive souvent qu'en voulant établir des fondements, on rencontre des sources qui incommodent beaucoup le travail. Il y a des gens qui prétendent les éteindre en jetant dessus quantité de cendre mêlée de chaux vive; d'autres veulent remplir de vif argent les trous par où elles sortent, afin que par son poids il les contraigne à prendre leur cours d'un autre côté. Je crois que tous ces expédients ne sont bons que dans la spéculation, et qu'ils ne réussissent guère quand on veut les mettre en œuvre. Le meilleur parti est de travailler promptement; et pour ne point être inondé à un certain point, il faut diriger les eaux par petites rigoles que l'on amènera à un puits fait au-delà de la tranchée, d'où on les tirera par des machines à mesure qu'elles viendront. On leur laissera le cours libre depuis leur origine jusqu'à ce puits, bordant les petites rigoles de chaque côté avec des briques, pour former de petits canaux que l'on couvrira de pierres plates: ainsi tout le fond de la tranchée sera mis à sec. Cependant, pour prévenir que les sources ne deviennent par la suite nuisibles aux fondements, il faut pratiquer dans la maçonnerie de petits aqueducs, afin de leur laisser un cours libre du côté qui conviendra le mieux (2).

Fondements avec des grillages.

Il arrive quelquefois qu'un terrain sur lequel on veut fonder ne se trouve pas bon, et que voulant approfondir pour en chercher un meilleur, on le rencontre encore plus mauvais. En ce cas il vaut mieux ne s'enfoncer que le moins qu'on pourra, et établir sur toute la longueur des fondements un bon grillage assemblé avec des longuerines et traversines de 9 à 10 pouces de grosseur. Les vides ou cellules qu'elles forment se remplissent d'une bonne maçonnerie de brique ou de moellon. Il y en a qui couvrent le tout d'un plancher de gros madriers

(1) On a employé ces arcades renversées sous les colonnes de la nouvelle église de Sainte-Geneviève, mais je doute qu'on puisse en obtenir beaucoup d'effet (*N*).

(2) On trouve, dans le *Traité de la Construction des ponts*, livre IV, chapitre III, des détails sur les épuisements des fondations et sur les machines employées à cette opération (*N*).

bien arrêtés sur le grillage avec des chevilles de fer enfoncées à tête perdue. Comme ce plancher paraît d'une dépense assez inutile, il suffit d'élever la maçonnerie sur le grillage, observant de faire le parement immédiatement de bonne pierre de taille jusqu'au rez-de-chaussée, et même plus haut si l'ouvrage en mérite la peine. Comme ces sortes de fondations ne sauraient avoir de trop grands empattements, il est bon de faire le grillage d'un pied et demi ou deux plus large que n'eussent été les fondements, si on les avait établis dans un bon terrain. Et afin de prévenir tout accident, il convient d'attacher sur le bord du grillage, du côté du fossé, un heurtoir de 8 ou 10 pouces au moins, qui, régnant sur toute la longueur des fondements, empêchera que le pied du revêtement ne puisse glisser, surtout s'il était assis sur un plancher, ce qui n'est pas sans exemple. A Bergue-Saint-Vinoc, où le terrain est fort mauvais, il est arrivé que le revêtement de la face d'une demi-lune s'est détaché et a été glissé tout d'une pièce jusque dans le milieu du fossé: cela s'est fait avec des circonstances si singulières, à ce que j'ai appris par les ingénieurs qui étaient alors dans cette place, que cet accident semble tenir quelque chose de merveilleux.

Fondation sur pilotis.

Cette aç on de fonder n'est pas toujours bonne dans toute sorte de terrain : aussi ne l'emploie-t-on guère que dans de petites parties de fondation qui, n'étant point si bonnes que celles qui leur sont contiguës, ne laissent pas la liberté d'approfondir davantage sans de grands inconvénients. Cependant on peut la rendre excellente dans un terrain aquatique, si, après avoir posé le grillage, on enfonce dans les cellules des pilots de *remplage* ou de *compression* sur-toute l'étendue des fondements. Ces pilots doivent être plantés au nombre d'un ou deux seulement dans chaque cellule, diagonalement opposés. Et pour mieux assurer les fondements, on pourra, si on le juge nécessaire, battre tout autour du bord qui répond au fossé, des pilots de bordage ou de gardes posés près-à-près, et le long de ces pilots une file de palplanches pour empêcher le courant des eaux, s'il s'en trouve, de dégravoyer la maçonnerie. Les vides du grillage autour de la tête des pilots doivent être remplis de gros quartiers de pierre : et après les avoir bien arrasés, on asseoira la maçonnerie élevée par assise réglée, afin qu'elle porte également partout.

Quoique cette manière de fonder soit bonne, je crois pourtant qu'on ne ferait pas mal d'y changer quelque chose pour la rendre encore plus solide : c'est de commencer par enfoncer des rangées de pilots tout le long des fondements. Par exemple, pour un revêtement de rempart, après avoir tracé l'épaisseur que doivent avoir les fondements et les contreforts, on enfoncera au refus du mouton quatre rangées de pilots, une sur l'alignement extérieur, l'autre sur l'intérieur, et deux dans le milieu, en sorte que les pilots soient séparés les uns des autres d'environ deux pieds. On en plantera deux sous les angles des contreforts, et deux autres entre la queue et la racine, comme on le remarque dans le premier profil, où les têtes de ces pilots sont ponctuées. Après les avoir *récépés* de niveau, on appliquera dessus des racinaux ou longuerines, et sur ces longuerines un rang de traversines pour former un grillage, dont chaque croisée sera bien clouée et arrêtée sur la tête du pilot qui lui répond, et selon cette manière le grillage sera incomparablement plus ferme que dans la pratique précédente. Après cela on enfoncera des pilots de remplage, et l'on pourra élever la maçonnerie en toute sûreté.

Autre manière de fonder sur pilotis.

FIG. 1 et 2.

Quand on enfoncera des pilots, il faut avoir soin d'employer toujours les plus longs et les plus forts sur les bords des fondements, puisque, si l'ouvrage a quelque danger à craindre par la suite, ce sera plutôt de ce côté-là qu'il manquera que dans le milieu. Pour travailler avec précaution, il y a bien de petites attentions à faire sur la manière de piloter; et, pour ne rien omettre, voici comme on pourra s'apercevoir de quelle longueur et de quelle grosseur on doit employer les pilots selon le terrain où l'on aura à travailler.

Attention sur la manière de piloter.

Il faut enfoncer un pilot jusqu'au refus du mouton, en sorte qu'on puisse connaître à quelle profondeur le fond fait une assez grande résistance, pour s'opposer fortement à la pointe. Ainsi, sachant de combien il sera enfoncé, on verra à-peu-près la longueur qu'il faudra lui donner; je dis à-peu-près, devant les faire un peu plus longs que celui qui aura servi de sonde, puisqu'il se peut rencontrer des endroits où, le terrain résistant moins, ils pourront aller plus avant.

La longueur des pilots étant déterminée, il faut, pour y proportionner leur grosseur, qu'ils aient de diamètre environ la douzième partie de leur longueur, c'est-à-dire, que ceux qui auront 12 pieds, doivent avoir environ 12 pouces de diamètre. Mais cette règle ne doit avoir lieu que pour les petits pilots depuis 6 pieds de longueur jusqu'à 12 ; car quand ils en ont 18 ou 20, il suffit de leur donner 13 ou 14 pouces de diamètre : autrement il faudrait employer des arbres trop recherchés, ce qui augmenterait considérablement la dépense.

On sait que, pour enfoncer les pilots, on les fait en pointe de diamant : il faudra prendre garde de ne pas faire cette pointe trop longue ni trop courte, car si elle est trop courte elle ne s'enfoncera pas aisément, et si elle est trop longue elle se trouvera affaiblie, de manière que, pour peu qu'elle rencontre des parties qui lui résistent, elle s'émoussera ; le mieux est de lui donner pour longueur une fois et demie ou deux fois au plus le diamètre du pilot. Quand le terrain dans lequel on les enfonce ne résiste pas beaucoup, on se contente de brûler cette pointe pour la durcir : on en fait de même à la tête pour empêcher que les coups de mouton ne l'éclatent. Mais si l'on s'aperçoit qu'il se rencontre dans le terrain des pierres ou quelque autre chose qui résiste fortement et en émousse la pointe, on l'arme d'un *sabot* de fer, qu'on nomme aussi *lardoire*, qui est retenu par trois ou quatre branches clouées au pilot. On couronne aussi la tête du pilot d'une ceinture de fer que l'on nomme *frette*, pour la tenir serrée contre les coups de mouton, et pour lors on dit que les pilots sont *frettés*. On proportionne, comme j'en ai déja fait mention, la distance des pilots à la quantité qu'on croit avoir besoin selon la qualité du terrain. Mais, si plus près qu'on puisse les mettre, il faut au moins qu'ils soient séparés l'un de l'autre de l'intervalle d'un de leur diamètre, afin qu'ils aient assez de terre pour les entretenir.

Quand on veut garnir le devant des fondements par des pilots de bordage, on y fait quelquefois des rainures qui se répondent diamétralement, dans lesquels on introduit des palplanches. On choisit les pilots les plus droits, que l'on équarrit pour être employés plus facilement. La largeur des rainures se proportionne à l'épaisseur des palplanches ; mais on leur donne environ un pouce de plus pour qu'elles puissent s'y introduire sans difficulté : ainsi, quand les palplanches ont deux pouces d'épaisseur, les rainures doivent en avoir trois de largeur sur deux de profondeur. On observera aussi que l'épaisseur des palplanches doit être réglée sur leur longueur ; par exemple, si elles ont 6 pieds, elles doivent avoir au moins 3 pouces ; si elles en ont 12, qui est ordinairement la plus grande longueur de ces sortes de bois, leur épaisseur sera de 4 pouces.

Pour assembler les pilots avec les palpanches, on commence par enfoncer deux pilots à plomb à une distance proportionnée à la largeur des palplanches, qui est le plus souvent de 12 à 15 pouces, ensuite on enfonce une palplanche avec le mouton pour la faire entrer à force entre les deux rainures, de façon qu'elle écarte tant soit peu le pilot; après cela on plante un autre pilot et une palplanche, on continue de la même manière à battre alternativement un pilot et une palplanche. Si le terrain résiste à la pointe des palplanches, on les arme d'un sabot de fer, et on les frette ainsi que les pilots (1).

Quoique de tout temps on se soit servi de pilots pour affermir un mauvais terrain, il se rencontre néanmoins bien des occasions où il serait dangereux de les employer. Par exemple, s'il était question d'un endroit aquatique où il y eût un grand nombre de sources, il ne faut pas croire que les pilots soient fort utiles pour y établir des fondements; c'est tout le contraire, puisqu'on a remarqué qu'en les enfonçant on éventait les sources qui fournissaient de l'eau avec tant d'abondance, que le terrain devenait incomparablement plus mauvais qu'il n'était auparavant. Et, ce qu'on trouvera assez extraordinaire, c'est qu'ayant enfoncé des pilots à refus de mouton avec autant de difficulté que si ç'avait été dans un bon fond, on était étonné de voir que ces mêmes pilots étaient sortis de terre le lendemain ou quelques heures après, parce que l'eau des sources les avait repoussés en faisant effort pour sortir, de sorte qu'il fallut renoncer à s'en servir davantage, et avoir recours à quelques autres moyens beaucoup plus difficiles à exécuter que ceux dont on aurait pu se servir d'abord, si, au lieu de faire naître des difficultés, on avait cherché à les prévenir, ce qui fait voir la nécessité de raisonner mûrement sur la nature du travail que l'on a à faire, avant de mettre la main à l'œuvre.

Fondement de pierrée.

FIG. 11 et 12.

L'inconvénient que nous venons de remarquer arrive le plus souvent

---

(1) On trouvera dans le *Traité de la Construction des ponts*, liv. IV, chap. III, des observations sur l'emploi des pilots, et l'indication des divers procédés du battage, de arrachage, et du récépage des pieux et palplanches (*N*).

dans les lieux où l'on rencontre du sable bouillant, qui est une espèce de terrain qu'il importe fort bien de connaître : car, comme l'eau qui bouillonne en sortant de terre quand on passe dessus, ne vient que de l'abondance des sources qui s'y trouvent, il faut bien prendre garde de ne pas l'éventer en voulant s'y approfondir, puisque plus on voudra s'obstiner à y creuser des fondements, moins on sera en état de les exécuter. Le meilleur parti est de ne s'y enfoncer que le moins qu'on pourra, et ensuite fonder hardiment et sans autre sujétion que celle que nous allons décrire.

Fondation sur le sable bouillant.

Ayant tracé les alignements et fait les amas de matériaux nécessaires, on ne découvrira le terrain qu'à mesure qu'on fera la maçonnerie; c'est-à-dire que, si on peut faire par jour 6 toises courantes de fondements, on n'en découvrira pas davantage. Ensuite on asseoira avec le plus de diligence qu'il sera possible une première assise de gros libages plats, et sur celle-ci une autre bien arrangée à joints recouverts en bain de bon mortier, composé de terrasse ou bien de cendrée de Tournay, sur cette seconde une troisième, ainsi de suite, avec toute la promptitude possible, pour ne pas donner le temps aux sources d'inonder le travail, comme cela est assez ordinaire. Il arrive quelquefois que l'on voit flotter les premières assises, et que la maçonnerie semble ne pouvoir prendre consistance : il ne faut pas s'en alarmer, mais aller son train, et continuer toujours s'il est possible sans interruption, et quelque temps après la maçonnerie s'affermira comme si elle était établie sur le roc : c'est pourquoi l'on peut élever le reste sans appréhender que l'ouvrage manque par le pied, ni que les fondements s'enfoncent guère plus, après avoir reçu toute leur charge, qu'ils l'étaient au commencement. Il faut seulement prendre garde sur toute chose de ne pas creuser autour, pour n'y pas attirer l'eau de quelque source, qui pourrait dégravoyer la maçonnerie, et causer de grands dommages. Enfin je dirai, pour justifier cette manière de fonder, qu'on ne s'y prend pas autrement à Douai, Lille et Béthune, quand il est question de revêtir quelque ouvrage de fortification dans un terrain comme celui-ci, qui est assez ordinaire.

A Arras et à Béthune, il y a encore un terrain tourbeux qu'il est nécessaire de connaître pour pouvoir y fonder hardiment, ayant cela de particulier que, dès qu'on veut creuser un peu avant, il en sort une quantité d'eau prodigieuse. Après avoir tenté toutes sortes de voies, on a trouvé que le plus court et le plus sûr parti était d'y fonder hardiment avec de bons matériaux, ne s'enfonçant que le moins qu'il est possible, sans employer ni grillage, ni pilots, et l'ouvrage se maintient ferme et solide sans courir aucun risque.

Quand on rencontre de semblables terrains que l'on ne connaît pas parfaitement, il est bon de ne les sonder qu'à une certaine distance de l'endroit où on veut les travailler; parce que si l'on vient à creuser trop avant, et qu'il en sorte une grande quantité d'eau, on n'en sera pas incommodé. C'est ici où je crois qu'on pourrait se servir mieux que partout ailleurs de la maçonnerie de pierrées dont j'ai parlé ci-devant: car, comme elle est d'une prompte exécution, et que toutes les parties se lient bien, on pourra, en y mêlant de la terrasse de Hollande et de la cendrée de Tournay, faire un massif excellent, auquel donnant seulement deux pieds ou deux pieds et demi d'épaisseur, on formera une espèce de banc sur lequel on pourra élever la maçonnerie plus sûrement que si l'on faisait un grillage, et même que si l'on avait rencontré un sable ou un gravier bien ferme. Mais quand on prend ce parti, il faut donner beaucoup d'empattement à la fondation, afin qu'embrassant une plus grande étendue, elle soit établie plus solidement.

Il y a encore une autre manière de fonder par coffres, qui est bien différente de celle dont j'ai parlé jusqu'ici. On s'en sert dans les lieux où les terres n'ont point de cervelles, et où l'on a à se garantir des sources et des éboulements. On commence par creuser à une profondeur convenable un espace de quatre à cinq pieds de longueur, et dont la largeur est réglée sur l'épaisseur que doivent avoir les fondements. On se sert de madriers d'environ deux pouces d'épaisseur, que l'on applique le long des bords de la tranchée pour en soutenir les terres, les maintenant avec des étrésillons qui traversent la fondation d'espace en espace, et dont les bouts sont appuyés et chassés à force contre les madriers opposés. Après avoir coffré ainsi jusqu'à la profondeur où l'on peut atteindre sans être inondé, on remplit ce coffre d'une bonne maçonnerie, et quand les madriers se trouvent appuyés par la maçonnerie, on ôte les étrésillons à mesure. Quand ce coffre est bien rempli, on en creuse à côté un autre semblable, dont la longueur, ainsi bien que celle du premier, dépend de la facilité que l'on a d'embrasser un espace plus ou moins grand sans être incommodé des sources. Cependant, malgré les précautions que l'on peut prendre, il arrive souvent que l'eau pousse tout d'un coup sans qu'on puisse l'empêcher : mais il est facile de la surmonter; car, comme le terrain n'est guère découvert, un peu de célérité vous met bientôt hors d'embarras; au lieu que, si on s'y prenait autrement, on se trouverait inondé de toutes parts d'un nombre de sources qui se déclareraient en même temps, et qu'on ne pourrait éteindre sans des difficultés presque insurmontables.

Ayant fait trois ou quatre coffres de suite, et la maçonnerie des premiers étant bien affermie, on fait en sorte d'en retirer les madriers pour s'en servir ailleurs; et si on ne peut avoir ceux qui sont au fond, sans courir risque de donner une issue à une source qu'on aurait surmontée, on prend le parti de les abandonner.

Quand on veut élever quelque édifice dans une eau où l'on ne peut faire d'épuisement (comme dans la mer), on a recours à une manière de fonder qui paraîtra d'abord être peu solide, mais qui est pourtant de durée, quand on y apporte toutes les précautions nécessaires. Ces sortes de fondements s'appellent *à pierres perdues*, ou *enrochement*: voici comme on les pratique.

Fondements de pierres perdues.

On commence par remplir de pierres une grande quantité de bateaux, que l'on conduit près de l'endroit où on veut les employer. On profite du temps que la marée est basse pour établir les alignements, et égaliser autant qu'il est possible le fond sur lequel on veut travailler, qui doit être non seulement de toute la capacité que doit occuper l'édifice qu'on a en vue, mais beaucoup au-delà, afin d'avoir une berme considérable, qui, régnant autour de la muraille, en assure davantage le pied. Tous les matériaux étant prêts à être employés, et ayant choisi le temps le plus convenable, on jette un lit de pierre de moellonnage telle qu'elle sort de la carrière, ou des cailloux. Sur ce lit-ci, on en fait un autre de chaux, mêlée de pouzzolane ou de terrasse. Après cela on jette encore un autre lit de moellon ou de cailloux, qu'on couvre de rechef de chaux et de pouzzolane. On continue alternativement un lit de pierre, et un autre de chaux et de pouzzolane, et il se fait sur-le-champ un mastic qui rend cette maçonnerie dure et solide, comme celle qui serait faite avec plus de précaution, par la propriété admirable de la pouzzolane et de la terrasse. Car, quoiqu'on ne puisse pas travailler de suite, à cause des tourmentes de la mer ou de la trop grande hauteur des eaux, on peut continuer par reprise sans que cela porte aucun préjudice à la bonté de l'ouvrage. En jetant les pierres, on a soin de répandre les plus grosses vers le bord; ou l'on observe de faire un talus qui soit au moins de deux fois sa hauteur. Après que l'enrochement sera élevé aussi haut qu'on l'aura jugé nécessaire pour atteindre son rez-de-chaussée et pour n'être point submergé, il est bon de le mettre à l'épreuve, pendant plusieurs années, des tourmentes de la mer; et pendant ce temps-là il faut le surcharger de tous les matériaux nécessaires pour l'établissement de l'édifice qu'on veut élever, et même au-delà s'il se peut, pour lui donner tout le poids qu'il pourra jamais porter, afin qu'il s'affaisse dans tous les endroits où le sable peut être moins assuré. Quand au bout d'un certain temps on voit qu'il ne lui est arrivé aucun accident considérable, on établit dessus de bons grillages couverts d'un plancher de gros madriers, sur lequel on asseoit l'édifice. FIG. 6 et 7.

Quand on peut battre des pilots tout autour de l'espace que doit occuper l'enrochement, on pourra y faire un bon empattement qui garantira le pied des dégravoiements qui pourraient arriver dans la suite, et par ce moyen l'ouvrage en sera bien plus assuré, et n'aura en quelque façon rien à craindre. On a aussi soin de faire au pied de la muraille une risberme composée de fascinages et de grillages, comme on le pratique aux jetées, pour empêcher que dans un gros temps il ne survienne des vagues qui pourraient saper le mur : malgré toutes les précautions qu'on peut prendre, il est toujours bien dangereux de bâtir dans la mer. Cependant nous avons en France plusieurs édifices de la nature de ceux dont je viens de parler, qui subsistent depuis long-temps, sans qu'il leur soit arrivé aucun accident.

Je viens de supposer un enrochement fait dans la mer, pour montrer comme on peut surmonter les plus grands obstacles qui se rencontrent en fondant; mais il y a une infinité d'autres endroits où on peut s'en servir utilement et avec bien plus de succès, comme dans les rivières, les lacs, les étangs, et tous les lieux où on ne peut parvenir à établir de fondements à sec. Vitruve, dans le 12e chapitre de son Ve livre, parlant des jetées qui se font aux ports de mer, détaille assez bien la maçonnerie à pierre perdue; ce qui étant joint à d'autres recherches que j'ai faites sur ce sujet, j'en aurais pu parler plus à fond que je ne viens de faire. Mais, comme ces sortes d'ouvrages appartiennent à l'architecture hydraulique, on trouvera dans le second volume de quoi se dédommager de ce qui manque ici : je n'en aurais fait aucune mention présentement, si je n'avais cru qu'il est à propos de donner dans ce chapitre une idée générale de toutes les différentes manières de fonder.

Il y a encore un autre moyen de fonder dans les endroits que nous venons de supposer, qui est de se servir de caissons dans lesquels on maçonne à chaux et à sable. Ces caissons ne sont autre chose qu'un assemblage de charpente bien calfaté. On commence par les conduire et les arranger tous d'alignement à l'endroit où l'on veut fonder : on les arrête par des cables qui passent dans des anneaux de fer qui sont attachés aux caissons. Après les avoir bien disposés, on y met des maçons qui les remplissent de bonne maçonnerie. A mesure que l'ouvrage avance, le poids des pierres fait enfoncer les caissons dans l'eau, jusqu'à ce qu'ils aient atteint le fond ; c'est pourquoi l'on proportionne la hauteur des caissons à la profondeur de l'eau qu'il y a dans le lieu où l'on travaille, et l'on observe même de les faire deux ou trois pieds plus haut, afin que les ouvriers n'en soient point incommodés. Mais quand la profondeur de l'eau est considérable, et qu'on ne peut pas atteindre le fond sans donner aux caissons une hauteur extraordinaire, on prend le parti d'en augmenter la hauteur avec des hausses, à mesure qu'on approche du fond.

FIG. 4 et 5. Quelquefois on établit les caissons sur un enrochement quand le lit sur lequel on veut fonder n'est pas uni, soit à cause des trous ou des petits bancs de sable, ou bien quand les eaux sont par trop hautes.

Si je voulais rapporter toutes les différentes manières de fonder selon les occasions qui peuvent se présenter, je ne finirais jamais : c'est pourquoi je me tiendrai à l'idée que je viens d'en donner, me réservant pourtant d'entrer encore dans quelque détail sur ce sujet quand la chose en méritera la peine, comme par exemple pour les fondements des ponts de maçonnerie, des écluses et autres ouvrages qui demandent beaucoup d'attention pour les établir solidement, et que j'ai traités à fond dans le second volume. Cependant le peu que je viens d'insinuer pourra donner assez de connaissance à ceux qui ont dessein de s'appliquer à l'architecture, pour que d'eux-mêmes ayant un peu de pratique

Bélidor. *Science des Ingénieurs.*

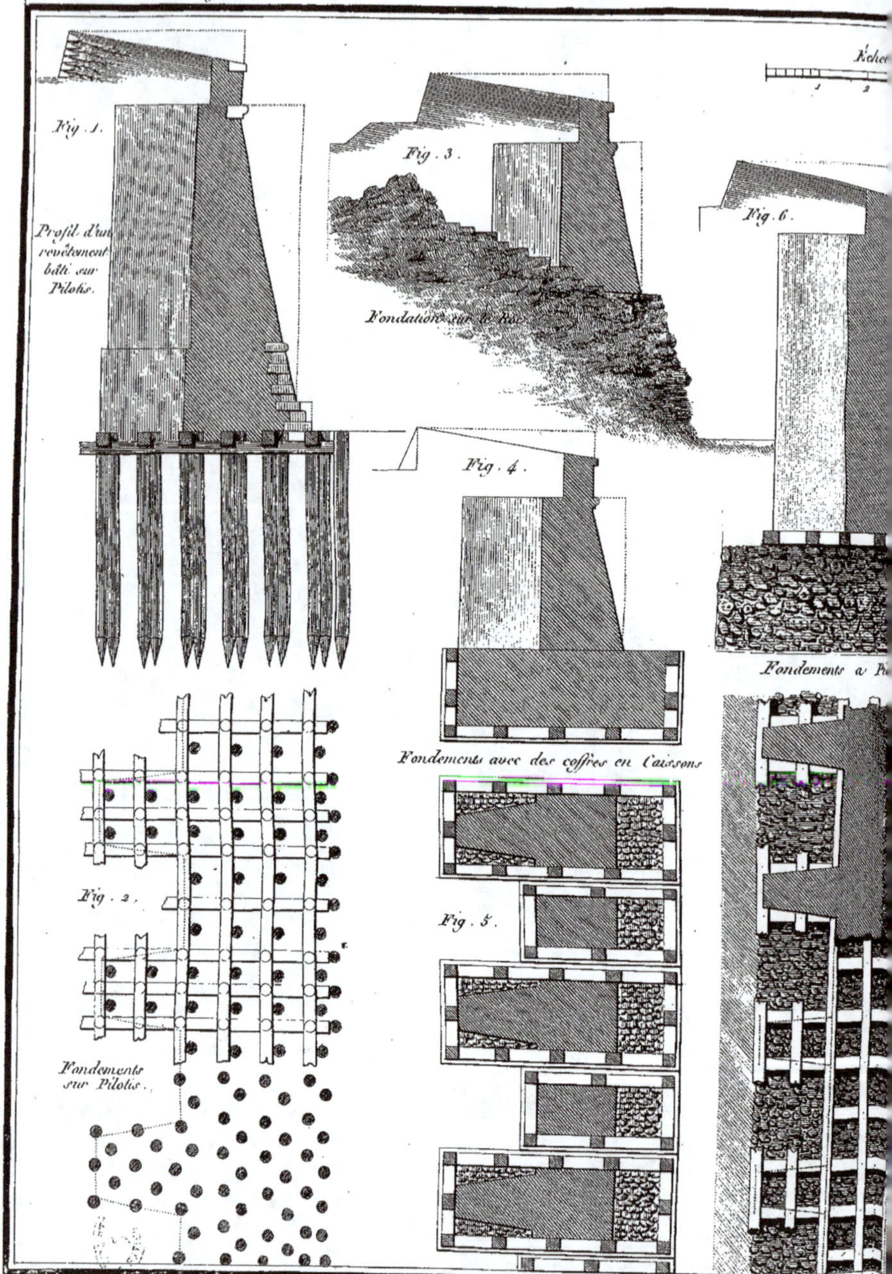

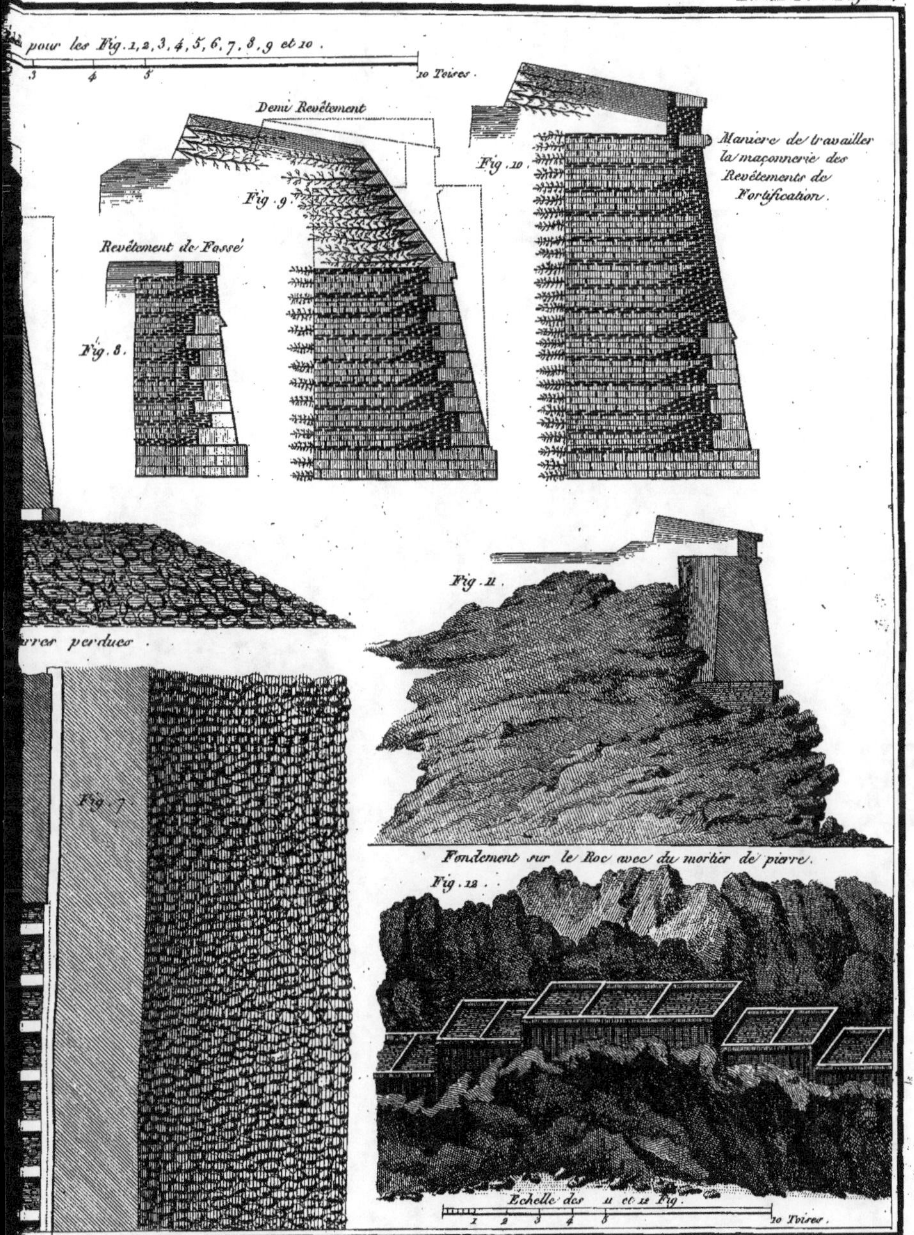
pour les Fig. 1, 2, 3, 4, 5, 6, 7, 8, 9 et 10.
3 4 5 10 Toises.
Demi Revêtement
Fig. 9.
Fig. 10.
Maniere de travailler la maçonnerie des Revêtements de Fortification.
Revêtement de Fossé
Fig. 8.
Fig. 11.
rres perdues.
Fig. 7
Fondement sur le Roc avec du mortier de pierre.
Fig. 12.
Echelle des 11 et 12 Fig.
1 2 3 4 5 10 Toises.

et d'intelligence, ils puissent faire le choix qui conviendra le mieux entre les différents moyens que je propose.

Je n'ai point parlé jusqu'ici de la profondeur qu'il fallait donner aux fondements, parce qu'il est assez difficile de la déterminer, dépendant en quelque sorte de la nature du terrain où l'on travaille; mais je ferai au moins remarquer que la plupart des architectes font des dépenses fort inutiles, leur donnant une grande profondeur qui ne contribue en rien à la solidité de l'édifice : car de deux choses l'une; le terrain sera bon, ou il sera mauvais: s'il est bon, on peut bâtir en toute assurance ; s'il ne l'est pas, on en sera quitte en faisant un bon plancher de madriers ou de grillage, sans creuser plus avant pour chercher un autre fond, qu'on ne trouverait peut-être pas meilleur ; et si le terrain est mouvant ou marécageux, il y a encore moins de raison d'approfondir, puisqu'on sera toujours contraint de piloter. Or, dans tous ces cas, la profondeur des fondements ne fera rien pour la solidité des murs qu'on veut élever; le tout est de les établir sur une base ferme et bien assurée : si on ne la rencontre point telle qu'on peut la souhaiter, il faut avoir recours aux expédients que nous venons de dire. On n'en a pas usé autrement pour tous les grands édifices qui subsistent depuis tant de siècles: les fondements de l'église de Notre-Dame de Paris, qui est un vaisseau des plus considérables, quoique bâti dans un fort mauvais terrain, n'ont presque pas de profondeur. Tous ceux des ponts de la même ville n'en ont que fort peu non plus, et ne se soutiennent pas moins, tandis qu'on voit donner à de simples maisons des fondements de sept à huit pieds de profondeur, sans faire attention que leurs quatre faces, formant un parallélipipède, doivent se soutenir par leur propre poids. Que si on en voit quelquefois manquer par le pied, il ne faut pas penser que cela vienne de ce que leurs fondements n'ont pas eu assez de profondeur, mais parce qu'on ne les a bâtis que peu-à-peu, c'est-à-dire qu'il y aura des reprises d'ouvrages où la vieille maçonnerie ne se sera pas liée avec la nouvelle. De-là il arrive que si un mur est affermi parce qu'il aura été bâti le premier, l'autre ne l'est pas pour avoir été fait plus tard, et tous ces murs venant à être chargés ensemble, le fardeau étant inégalement porté, la partie la plus faible fléchit, tandis que l'autre résiste. Ajoutons à cela qu'un côté peut avoir été travaillé avec de bons matériaux, et l'autre fait avec moins de précautions. Ainsi, ce qu'on attribue au défaut des fondements, provient presque toujours de la mauvaise façon.

Mais, si dans un bâtiment on commence par creuser les tranchées de tous les murs, et qu'après les avoir mises de niveau on y établisse une bonne maçonnerie, toujours conduite à même hauteur, et dont toutes les parties différentes soient bien liées, et qu'ensuite on élève dessus dans le même temps les pignons et les réfends, on peut s'assurer que quand les fondements n'auraient pas deux ou trois pieds au plus de profondeur, l'ouvrage ne court aucun danger; au lieu que s'il n'est conduit que par parties, et qu'on tombe dans les défauts que je viens de remarquer, quand ces fondements auraient 15 à 20 pieds, le bâtiment ne serait pas moins sujet à tous les inconvénients que la mauvaise façon peut causer.

S'il était question de quelque gros mur d'enceinte ou de quai, il faudra non seulement avoir toutes les attentions dont on vient de parler, mais être plus attentif à leur faire des empattements larges et bien assis, qu'à les faire profonds; et cette largeur, qui excédera celle du mur, doit particulièrement régner du côté opposé où le mur aura quelque effort considérable à soutenir, soit de la part de la poussée des terres, ou de celle d'une voûte. On en doit sentir la nécessité par ce qui a été dit dans le premier livre. On est pourtant quelquefois obligé de donner de la profondeur aux fondements, quoique le terrain soit bon; ce qui se fait lorsqu'on travaille sur le bord d'une rivière, afin de se mettre au-dessous de son lit, dans la crainte que les eaux ne viennent par la suite à dégravoyer le terrain, et à miner les fondements; ce qui est fort à craindre quand on est dans le voisinage d'une écluse où il y a une grande chûte d'eau.

Puisque nous en sommes sur l'épaisseur des fondements, il est à propos d'en dire quelque chose, paraissant y avoir encore ici des difficultés qui ont besoin d'être examinées.

Les fondements d'un mur étant la base sur laquelle il est établi, il semble que la largeur de cette base doit être proportionnée, non seulement à l'épaisseur du mur, mais plus encore à sa hauteur, et qu'on doit suivre une certaine règle pour déterminer la largeur des retraites du rez-de-chaussée; mais c'est ce que les architectes n'ont point fait, que je sache. Il est bien vrai qu'ils ont parlé de l'épaisseur qu'il fallait donner aux fondements, par rapport à celle du mur qu'ils devaient porter; mais ils n'ont pas eu égard à la hauteur de ces murs. Par exemple, Scamozzi veut que l'on donne pour retraite de chaque côté la huitième partie de l'épaisseur du mur, c'est-à-dire que, s'il a quatre pieds d'épaisseur, il faudra en donner cinq aux fondements. Philibert de Lorme fait ses fondements plus épais, donnant pour retraite de chaque côté un quart de l'épaisseur du mur : ainsi, pour un mur de quatre pieds d'épaisseur, il en donne six aux fondements. Palladio les fait encore plus épais, voulant qu'ils aient le double de l'épaisseur du mur; et ce qu'il y a de surprenant, comme je viens de le dire, c'est que ni les uns ni les autres ne font aucune mention de la hauteur des murs. Cependant il n'y a pas de raison de donner autant d'épaisseur aux fondements d'un mur de clôture d'une hauteur médiocre qui ne porte rien, qu'à ceux des piédroits d'une voûte fort élevée et massive, ou d'un autre mur qui doit porter plusieurs grands planchers chargés de fardeaux considérables, comme aux arsenaux et aux magasins pour les vivres; car il n'y a point d'édifice dont les murs n'aient quelque poussée à soutenir, et c'est ce qui fait qu'ils surplombent plutôt en dehors qu'en dedans. D'ailleurs, quand un mur est fort élevé, et qu'il n'a qu'une épaisseur médiocre, si l'empattement n'est pas proportionné à l'élévation, pour peu que le mur vienne à s'incliner, la longueur du bras de levier a un si grand avantage sur la résistance que les fondements peuvent rencontrer de la part du terrain, qu'il faut que ce terrain soit d'une solidité extrême pour ne pas fléchir (car il est bon de faire attention ici qu'un mur et ses fondements doivent être considérés comme ne faisant qu'un seul corps, quoique j'aie supposé le contraire dans le premier et le second livre); par conséquent, si le point d'appui au lieu de répondre au rez-de-chaussée, se trouve sur le bord de la première assise des fondements, il faut nécessairement, pour qu'un mur fort élevé soit aussi bien assis qu'un autre plus bas, qu'il y ait une proportion entre l'épaisseur de leur fondement, et cette proportion est surtout essentielle, quand le mur qui a le plus d'élévation n'a qu'une médiocre épaisseur, comme sont par exemple la plupart des pignons. Or, pour savoir à quoi nous en tenir, sans adopter aucune des règles des architectes que je viens de citer, nous supposerons qu'un mur de 20 pieds de hauteur sera parfaitement assuré sur sa base, quand on donnera à ses fondements 4 pouces d'épaisseur de plus de chac côté que n'en a le mur, c'est-à-dire, que s'il avait 2 pieds d'épaisse ses fondements auraient 2 pieds 8 pouces. Présentement, voulant sav quelle épaisseur il faut donner aux fondements d'un mur qui au 50 pieds de hauteur, je fais abstraction pour un moment de l'épaiss de ce mur pour n'avoir égard qu'aux retraites qu'on doit donner chaque côté pour faire cette proportion : si à un mur de 20 pieds hauteur il faut donner 4 pouces de retraite de chaque côté, combi en faudra-t-il donner à un mur de 50 pieds? faisant la règle on tro vera que chaque retraite doit être de 10 pouces. Par conséquent, si mur avait 3 pieds d'épaisseur, il faudrait donner à ses fondemen 4 pieds 8 pouces; de même, s'il était question d'un mur de 80 pied on suivrait toujours la même proportion, en prenant 20 pieds po premier terme, et 4 pouces pour le second.

Quand on voudra élever des murs qui ont quelque poussée à sou tenir, il n'est pas nécessaire de les asseoir sur le milieu des fondement il vaut beaucoup mieux, après en avoir trouvé l'épaisseur, donner plu de largeur à la retraite qui répond au point d'appui, qu'à l'autre. J voudrais même la faire double; c'est-à-dire qu'ayant trouvé par l règle précédente qu'il faut donner 10 pouces de retraite de chaque côté aux fondements d'un mur de 50 pieds de hauteur, et qui est charg d'un grand comble et de plusieurs planchers; qu'ayant ajouté ensembl les deux retraites qui font 20 pouces, on en donnera 13 ou 14 à la retraite du dehors, et 6 ou 7 à celle du dedans. Ainsi le bras de levier qui répond à la puissance résistante se trouvant allongé par rapport au centre de gravité de la muraille, le tout sera beaucoup plus assuré, et il n'arrivera pas les défauts que l'on remarque dans la plupart des bâtiments.

## CHAPITRE DIXIÈME,

*Où l'on enseigne comment l'on doit employer les matériaux qui composent la Maçonnerie.*

La meilleure de toutes les maçonneries est sans contredit celle qui est faite de pierres de taille; mais comme cette pierre est assez rare, il n'est pas ordinaire de faire des bâtiments qui en soient tout composés. On se contente seulement de l'employer pour les soubassements des gros murs, aux encoignures des édifices, et aux angles des revêtements des ouvrages de fortifications. Pour la mettre en œuvre, on en prépare de deux espèces : la première, que l'on nomme *carreau* ou *panneresse*, est celle dont la largeur excède la longueur; la seconde, que l'on nomme *boutisse*, est celle dont la longueur excède la largeur. Les panneresses font parement de toute leur largeur, et les boutisses de leur tête seulement, leur queue faisant partie de l'épaisseur du mur. C'est ainsi qu'on les distribue dans chaque assise, observant de placer une boutisse, ensuite une panneresse, successivement une boutisse, et une panneresse posées plain sur joint; c'est-à-dire que les joints perpendiculaires de la seconde assise répondent au milieu des pierres de la première, ainsi des autres qui sont au-dessus. Pour cela l'on fait les assises bien réglées, en sorte que les carreaux et les boutisses aient la même hauteur, afin que les joints horizontaux qui règnent sur toute la longueur du mur, fassent des lignes parallèles et de niveau. A mesure que l'on pose une de ces assises, on garnit le reste de l'épaisseur du mur de briques ou de moellon maçonné avec de bon mortier; et quand il n'est que d'une médiocre épaisseur, on tâche d'avoir des boutisses assez longues pour qu'elles puissent le traverser et faire parement des deux côtés, ce qui rend la maçonnerie beaucoup plus solide par la liaison qui se fait du parement avec le reste du mur; et quand cela se pratique ainsi, les boutisses qui font parement des deux côtés se nomment pierres de *parpain* ou *parpaigne*.

Quand on construit quelque édifice militaire dont les murs doivent être d'une épaisseur considérable, comme de 5 ou 6 pieds, on emploie de la graisserie au parement jusqu'à une certaine hauteur, de la brique pour le parement intérieur, et le reste de l'épaisseur se fait de moellon. Or, pour que le tout soit en bonne liaison, on emploie la graisserie comme on vient de le dire. A l'égard de la brique on commence par poser une première assise de deux briques et demie d'épaisseur, une seconde de deux briques, et une troisième d'une et demie, chaque assise bien arrasée avec du moellon, après quoi on recommence tout de nouveau une assise de deux briques et demie, une seconde de deux briques, et une troisième d'une brique et demie, toujours bien liées et arrasées avec le moellon et la graisserie. Quand on est parvenu à la dernière assise de graisserie, et qu'on veut faire de brique le reste de la hauteur du parement, on la pose par assise réglée comme on vient de le voir pour l'intérieur ; et afin de rendre la liaison plus parfaite, on peut, de trois en trois assises, faire une chaîne de deux briques d'épaisseur sur toute l'étendue de l'ouvrage, posées plain sur joint.

Les soubassements d'un mur étant faits, si on élève le reste du parement avec du moellon, on a soin de le bien ébousiner et de le tailler jusqu'au vif. On se sert encore de boutisses et de panneresses, en observant toujours de ne les poser que plain sur joint ; car ce serait un défaut grossier de voir deux ou plusieurs joints perpendiculaires sur un même alignement, parce que le mur n'en serait pas si solide, et choquerait le coup-d'œil. Dans les ouvrages qu'on veut faire proprement, on a égard non seulement de donner la même hauteur à toutes les pierres qui doivent composer les assises, mais encore de les tailler de façon que la largeur des panneresses soit double de celles de la tête des boutisses, afin d'observer une bonne liaison et un certain ordre de symétrie qui fait un fort bel effet.

Les anciens étaient extrêmement attentifs à travailler les parements des édifices considérables : ils en rendaient les joints presque imperceptibles ; ce qui a fait croire, comme il y a toute apparence, qu'il leur arrivait quelquefois de bâtir sans mortier, aimant mieux tailler les pierres si juste, que leur situation et leur poids pussent suffire pour donner à l'ouvrage toute la fermeté possible. Ils avaient encore recours à une pratique assez ingénieuse pour rendre les parements polis : ils taillaient bien proprement les faces des pierres qui devaient être unies les unes contre les autres, et laissaient un pouce de velu à celles qui devaient composer le parement ; quand l'ouvrage était entièrement achevé, on recoupait ces pierres en ravalant. Ainsi, quand ils se servaient de mortier, il ne paraissait presque point, et le tout ne semblait être composé que d'une seule pierre.

Outre les pierres de parement dont on vient de parler, et que l'on nomme *grand appareil*, on en distingue encore de deux espèces : la première est le *libage*, qu'on emploie pour les fondements ; la seconde est le *moellonage* ou *le petit moellon*, dont on se sert pour garnir le milieu des gros murs. C'est ici où les entrepreneurs n'oublient pas leurs intérêts quand on n'y prend pas garde : ils ont grand soin de faire le parement bien conditionné pour surprendre le coup-d'œil, tandis que le reste n'est composé que de boue et de plâtras. Il est vrai que cela n'arrive guère dans les ouvrages de fortifications, parce que MM. les ingénieurs y apportent tant d'exactitude et de soin, qu'il est assez difficile de leur en imposer, ceux qui sont accoutumés à faire travailler sachant combien il est dangereux de s'en rapporter à la bonne foi des ouvriers. Mais comme j'écris principalement pour ceux qui commencent, et qui n'ont pas une grande connaissance des travaux, voici en peu de mots ce qu'on doit observer pour faire faire un bon ouvrage :

Il faut prendre garde de ne jamais laisser travailler les maçons qu'aux heures marquées, et qu'ils aient toujours des cordeaux d'alignements devant et derrière la muraille, ne permettant pas qu'ils fassent leurs plombées plus hautes que d'un pied ou d'un pied et demi, de ne point laisser employer de mortier qui ne soit tiercé et vieux de deux jours, sans souffrir qu'on maçonne à sec, comme cela arrive assez souvent, ou que, tombant dans une autre extrémité, on ne remplisse les trous de poignées de mortier au lieu de tuileaux ou d'éclats de pierre ;

De faire laisser des amorces qui aient au moins un demi-pied aux endroits où il y aura reprise d'ouvrage ; et quand on viendra à y travailler, ne pas laisser recommencer sur les arrases sèches sans y jeter de l'eau ;

De ne souffrir jamais qu'on mette des cales de bois sur les carteaux, cordons, tablettes, et autres pierres de parement, ni qu'on emploie ces pierres sans qu'elles aient un lit suffisant pour être bien assises ; ne pas laisser mettre en œuvre des pierres trop fraîchement tirées de la carrière, et qui ne soient déchargées de leur bousin, parce que le mortier ne s'y attache pas ; de faire en sorte qu'en les posant elles ne fassent point de bosses qui excèdent le niveau de l'ouvrage ; mais, sur toute chose, de ne pas souffrir qu'on emploie des pierres de grès, parce que le mortier ne s'y attache pas, soit à cause que leurs pores sont trop serrés, ou qu'elles ne fournissent point de sel comme les autres pour durcir et faire sécher le mortier, la meilleure manière de garnir les murs étant d'y employer de la brique et du moellon plat, bien arrangé et entrelacé de manière que le milieu des uns réponde aux joints des autres, observant toujours de conduire, autant qu'il est possible, l'ouvrage de niveau sur toute la longueur et l'épaisseur.

Quand on manque à toutes ces précautions, il arrive que le parement n'étant pas bien lié avec le reste de l'épaisseur, est proprement un mur appliqué contre un autre, qui, venant à se dégrader par la suite, se détache en peu de temps; toute la chemise tombe, et il ne reste plus qu'un massif informe, qu'on a bien de la peine à réparer solidement. Pour remédier à cet inconvénient, on pratique aux revêtements des fortifications une construction de maçonnerie qui est la meilleure (à ce que je crois) qu'on puisse imaginer: elle se fait ordinairement de brique et de moellonage, et comme il y a de l'art à bien lier ensemble ces deux matériaux, voici comment on les met en œuvre.

Après avoir tracé les fondements de la muraille et ceux des contreforts relativement aux dimensions des plans et profils, soit pour une face de bastion, flanc ou courtine, et bâti ces fondements avec les précautions dont il est parlé dans le chapitre précédent, en un mot, après avoir élevé l'ouvrage jusqu'au niveau du fond du fossé, on commencera par faire faire trois mortiers différents: le premier sera de ciment composé de bons tuileaux bien battus et d'un tiers de la meilleure chaux, pour remplir et garnir les joints des parements de grais-serie; le second sera aussi composé d'un tiers de bonne chaux, et le reste de sable fin pour la maçonnerie du parement. Si l'on a deux sortes de chaux, on prendra la moindre pour le troisième mortier, qui sera composé de petit gravier, s'il y en a sur les lieux, pour la grosse maçonnerie.

On préparera aussi trois sortes de pierres: la première, pour les soubassements et les angles, doit être taillée dans ses lits et joints, ciselée et piquée proprement à la petite pointe du marteau, ses faces dressées à la règle, et les joints démaigris pour recevoir le mortier; la seconde sera la brique, dont on se servira pour le parement; et la troisième, le moellon pour la garniture du milieu et des contreforts.

On posera la première assise du parement, composée de boutisses et de carreaux: si les boutisses sont rares, on en mettra un tiers sur deux tiers de panneresses, les unes et les autres ayant leurs faces taillées suivant le talus du revêtement, et derrière cette première assise on couvrira toute la maçonnerie des fondements, tant du revêtement que des contreforts, d'un lit de trois briques d'épaisseur posées à plat bien garnies de mortier. Le commencement de cet ouvrage demande beaucoup de soins et de précautions. Ce premier lit étant posé, on en fera un autre derrière les pierres du soubassement, qui aura trois briques et demie de largeur seulement ; sur celui-ci on en fera un second, qui ira encore en diminuant d'une demi-brique, et on continuera de même jusqu'au cinquième rang, qui se terminera à une brique et demie. En élevant ces rangs de briques, on a grand soin de bien garnir tout le reste de l'épaisseur du mur et des contreforts, de moellon à bain de mortier arrasé sur toute l'étendue de l'ouvrage, que l'on conduit toujours de niveau de même que les contreforts, aux angles desquels on met les plus gros moellons, observant que la racine soit bien liée avec le revêtement pour que le tout ne fasse qu'un corps. Quand la maçonnerie a été élevée de niveau au dernier rang de briques dont nous venons de parler, pour lors on dit avoir fait une *levée*, que l'on couvre de rechef d'un rang de trois briques d'épaisseur qui règne généralement sur tout l'ouvrage, et ce rang est nommé *chaîne*, parce qu'effectivement il enchaîne pour ainsi dire toutes les parties de l'ouvrage les unes avec les autres. Après cela, on recommence tout de nouveau à faire une levée de briques de cinq rangs de hauteur, allant en diminuant d'une demi-brique au premier rang, et se terminant à une et demie au cinquième, le derrière garni de moellon, comme on a fait pour la première levée, et ainsi de suite.

D'un autre côté on continue à conduire le parement par assise de boutisses et de parneresses, les boutisses bien enclavées dans l'épaisseur du mur, et les parneresses serrées et maçonnées entre les boutisses, faisant toujours suivre à leurs faces le talus de la muraille, tant que le soubassement soit parvenu à la hauteur qu'on jugera à propos de lui donner, laquelle est ordinairement de 5 ou 6 pieds, plus ou moins selon la hauteur de l'ouvrage. Le sommet de la dernière assise du soubassement doit être taillé en *chanfrein* de deux pouces. Cette partie du parement se fabrique comme nous l'avons dit avec le mortier de ciment, de terrasse, ou de cendrée de Tournay, selon les pays où l'on fait travailler. On en use de même pour tous les autres murs qui sont sujets à être environnés d'eau.

Quand le soubassement est achevé, on continue à élever le reste parement qui se fait de briques ou de moellon piqué, mais plus or nairement de briques. C'est pourquoi j'ai supposé que le profil rep Pl. VIII. senté par la Fig. 10 était dans ce goût-là. Il imprime assez bien disposition des assises qui composent le soubassement, les chaînes briques qui se font après chaque levée et les cinq rangs dont no avons parlé, qui vont toujours en diminuant d'une demi-brique. Ain comme ce dessin aide beaucoup à faire entendre la construction q je me suis proposé de décrire, cela me dispensera d'entrer dans bi des petites circonstances qui se présenteront d'elles-mêmes à l'espr pour peu qu'on y fasse attention.

Si le reste du parement au-dessus du soubassement se fait de brique on commence par en asseoir un rang que l'on met à plat, et qui fo face de leur tête : sur celui-ci on en met un autre à plat, qui font fa de leur longueur, et alternativement une assise en boutisse, et u autre en parneresse à joint recouvert, observant de suivre le talus q a été réglé par le profil, et toujours de même jusqu'au cordon, a contraire du derrière de la muraille qui doit être à plomb, aussi bie que les contreforts.

En conduisant le parement, on arme les angles saillants de pierre d taille en petit bossage d'un pouce et demi de relief posé par assis réglée, et les deux faces de chaque pierre qui font parement sont tail lées de façon qu'elles forment précisément un angle égal à celui qu doit avoir l'ouvrage, ayant attention de donner aussi à ces mêmes faces le talus que doit avoir le revêtement, comme on le voit représenté dans la Fig. 9 ; et quand on est parvenu à la hauteur qu'on veut donner au revêtement, on le termine par un cordon de la même pierre, d'un pied de hauteur, taillée en demi-rond, et posée en saillie d'environ 5 ou 6 pouces. Ce cordon est aussi composé de parneresses et de bou tisses : les parneresses doivent avoir au moins 24 pouces de lit, non compris la saillie, et les boutisses 3 pieds de queue, le derrière bien garni et conduit à même hauteur. Ensuite on élève quelquefois sur le sommet de la muraille, un petit mur à plomb devant et derrière, auquel on donne 4 pieds de haut et 3 d'épaisseur, pour servir de revêtement au parapet. Quand la pierre de taille est commune, on le couronne par une tablette qui a un lamier dont la saillie est de 3 ou 4 pouces, ou bien on couvre toute la maçonnerie par une assise de briques posées en liaison alternative, moitié de champ, et moitié debout, avec lesquelles on fait aussi un lamier qui déborde seulement d'un pouce ou d'un pouce et demi, observant de donner au couronnement une pente de 4 pouces allant du derrière au devant, le tout construit à petit joint, en bonne liaison, et bien reciré.

Quand on fait des demi-revêtements, on suit les mêmes choses qu'on vient de voir, c'est-à-dire que l'on conduit la maçonnerie depuis la dernière retraite des fondements jusqu'à la hauteur de la ligne de niveau ou du rez-de-chaussée, le reste de la hauteur se revêt de gazons ou de placage, et on se conforme au cinquième article du profil général de M. de Vauban.

A l'égard du revêtement de la contrescarpe, et des deux gorges des ouvrages, la maçonnerie s'en fait avec les mêmes précautions qu'aux remparts. Ainsi, on en peut juger par la figure huitième.

Comme on se trouve souvent dans la nécessité de lier de la nouvelle maçonnerie avec la vieille, je m'arrêterai un moment pour enseigner une pratique qu'on ne fera pas mal de suivre en pareil cas, les maçons y faisant ordinairement si peu d'attention, qu'il arrive toujours que leur ouvrage est défectueux en cet endroit-là.

Après avoir détaché une partie de la vieille maçonnerie pour se donner des amorces, il faut gratter le mortier qui se trouve sur la pierre, jusqu'à ce qu'il n'en paraisse plus que dans le fond des joints, ensuite nettoyer proprement toutes les ordures, de sorte qu'il n'y reste pas de poussière. Pour cela il faut, après s'être servi du balai, avoir de grosses brosses, afin que les soies s'introduisant, dans les pores les plus imperceptibles, en fassent sortir tout ce qui s'y trouve; car c'est ordinairement la poudre répandue sur la pierre, qui empêche le mortier de s'insinuer dans ses pores pour faire une bonne liaison. Après cette préparation, il faudra jeter sur cette vieille maçonnerie une grande quantité d'eau à diverses reprises, afin qu'elle s'y imbibe, et qu'elle acquière, pour ainsi dire, une vertu attractive. Il faut avoir dans un baquet de la bonne chaux détrempée, de sorte qu'elle soit grasse et glutineuse; plusieurs manœuvres prendront des brosses, les tremperont dans la chaux pour l'imprimer sur la maçonnerie, en frappant à petits coups, afin qu'elle pénètre dans les joints et les pores de la pierre jusqu'à ce qu'elle en soit bien imbibée, et qu'on en ait mis une quantité suffisante pour que cette colle de chaux surmonte de 3 à 4 lignes la surface de la maçonnerie, après quoi on appliquera dessus du bon mortier pour maçonner comme à l'ordinaire, observant que la pierre ou la brique soient bien entrelacées avec les amorces, et fassent une bonne liaison. Alors la chaux qui se trouve entre la vieille et la nouvelle maçonnerie, les unit si bien ensemble, en s'incorporant dans l'une et dans l'autre, qu'il se fait peu de temps après une liaison qui rend l'ouvrage plus indissoluble à l'endroit de la jonction que par-tout ailleurs, comme l'expérience l'a fait voir toutes les fois qu'on en a usé ainsi.

Voilà ce que je m'étais proposé de dire sur la maçonnerie en général. Je me suis un peu étendu sur celle des revêtements de fortifications, parce-qu'elle appartient particulièrement à mon sujet, mais si je voulais entrer dans un semblable détail pour tout ce qui pourrait demander une construction particulière, selon les différents cas qui peuvent se présenter, je n'aurais jamais fini. C'est pourquoi je m'en tiendrai à l'idée que je viens de donner, me proposant pourtant de ne pas négliger dans la suite les occasions où je pourrai insinuer les connaissances que je croirai encore nécessaires : quand il sera question, par exemple, des ponts, des voûtes, des écluses, et autres ouvrages considérables, qui ont une manière d'être fabriqués qui leur appartient essentiellement.

*Explication de plusieurs tables servant à déterminer les dimentions de toute sorte de revêtements de maçonnerie.*

Pl. IX et X. Depuis que j'ai composé le premier livre, il m'est venu plusieurs fois en pensée que des gens ne feraient pas grand usage des règles que j'y ai enseignées pour trouver l'épaisseur des revêtements, à cause de la longueur des calculs et des opérations abstraites qu'il fallait faire, et que le sûr moyen de contenter tout le monde était de donner des tables dans lesquelles on pût trouver les dimentions de tous les profils qui peuvent s'exécuter, selon les différents talus que l'on voudra donner aux revêtements, soit pour ceux qui soutiendraient des remparts accompagnés de leurs parapets, ou pour les autres qui, n'ayant point de parapet à soutenir, serviraient aux terrasses, aux quais, aux chaussées, aux contrescarpes, aux gorges des ouvrages, etc. Mais ces

*TABLE pour régler l'épaisseur qu'il faut donner au sommet et à la base des revêtements des remparts de fortifications, pour ceux qui auraient depuis 10 pieds jusqu'à 100 de hauteur relativement aux différents talus qu'on voudrait leur donner, avec des dimensions de leurs contreforts, observant que la distance de ces contreforts doit être de 18 pieds de milieu en milieu.* (Pl. IX.)

| Hauteur des revêtements (pieds) | Épaisseur au sommet pour un 5e de talus (pieds, pouces, lignes) | Épaisseur sur la base pour un 5e de talus (pieds, pouces, lignes) | Épaisseur au sommet pour un 6e de talus (pieds, pouces, lignes) | Épaisseur sur la base pour un 6e de talus (pieds, pouces, lignes) | Épaisseur au sommet pour un 7e de talus (pieds, pouces, lignes) | Épaisseur sur la base pour un 7e de talus (pieds, pouces, lignes) | Épaisseur au sommet pour un 8e de talus (pieds, pouces, lignes) | Épaisseur sur la base pour un 8e de talus (pieds, pouces, lignes) | Épaisseur au sommet pour un 9e de talus (pieds, pouces, lignes) | Épaisseur sur la base pour un 9e de talus (pieds, pouces, lignes) | Épaisseur au sommet pour un 10e de talus (pieds, pouces, lignes) | Épaisseur sur la base pour un 10e de talus (pieds, pouces, lignes) | Longueur des contreforts (pieds) | Épaisseur des contreforts en racine (pieds, pouces) | Épaisseur des contreforts à la queue (pieds, pouces) | Hauteur des revêtements (pieds) |
|---|---|---|---|---|---|---|---|---|---|---|---|---|---|---|---|---|
| 10 | 3 5 4 | 5 5 4 | 3 8 11 | 5 4 11 | 3 11 5 | 5 4 6 | 4 1 3 | 5 4 3 | 4 2 9 | 5 4 1 | 4 4 3 | 5 4 0 | 4 | 3 0 | 2 0 | 10 |
| 15 | 4 1 4 | 7 1 4 | 4 6 9 | 7 0 9 | 4 10 8 | 7 0 4 | 5 1 8 | 7 0 2 | 5 3 1 | 6 11 1 | 5 3 1 | 6 9 1 | 5 | 3 6 | 2 4 | 15 |
| 20 | 4 8 8 | 8 8 8 | 5 3 9 | 8 7 9 | 5 9 4 | 8 7 7 | 6 0 8 | 8 6 8 | 6 3 11 | 8 6 7 | 6 6 5 | 8 5 5 | 6 | 4 0 | 2 8 | 20 |
| 25 | 5 2 0 | 10 2 0 | 5 10 7 | 10 0 7 | 6 1 11 | 9 8 9 | 6 9 11 | 9 11 5 | 7 1 7 | 9 10 11 | 7 4 8 | 9 10 8 | 7 | 4 6 | 3 0 | 25 |
| 30 | 5 5 9 | 11 5 9 | 6 5 3 | 11 5 3 | 6 9 11 | 11 1 4 | 7 6 4 | 11 3 4 | 7 8 9 | 11 0 9 | 8 0 6 | 11 0 6 | 8 | 5 0 | 3 4 | 30 |
| 35 | 5 8 3 | 12 8 3 | 6 8 4 | 12 6 4 | 7 4 11 | 12 4 11 | 7 11 9 | 12 4 3 | 8 5 0 | 12 3 8 | 8 9 4 | 12 3 4 | 9 | 5 6 | 3 8 | 35 |
| 40 | 5 10 7 | 13 10 7 | 7 0 9 | 13 8 9 | 7 8 4 | 13 4 10 | 8 2 9 | 13 2 9 | 8 11 10 | 13 5 2 | 9 4 8 | 13 4 8 | 10 | 6 0 | 4 0 | 40 |
| 45 | 6 0 6 | 15 0 6 | 7 3 0 | 14 9 0 | 8 3 0 | 14 6 1 | 8 11 7 | 14 7 1 | 9 6 3 | 14 6 3 | 9 11 3 | 14 5 9 | 11 | 6 6 | 4 4 | 45 |
| 50 | 6 1 8 | 16 1 8 | 7 6 9 | 15 10 9 | 8 7 5 | 15 9 1 | 9 4 8 | 15 7 8 | 10 0 5 | 15 7 1 | 10 6 3 | 15 6 3 | 12 | 7 0 | 4 8 | 50 |
| 55 | 6 2 9 | 17 2 9 | 7 10 2 | 17 0 2 | 8 11 0 | 16 9 3 | 9 9 5 | 16 7 11 | 10 5 8 | 16 7 0 | 11 0 3 | 16 6 3 | 13 | 7 6 | 5 0 | 55 |
| 60 | 6 3 4 | 18 3 4 | 8 0 3 | 18 0 3 | 9 2 6 | 17 9 4 | 10 1 10 | 17 7 10 | 10 10 10 | 17 6 10 | 11 6 1 | 17 6 1 | 14 | 8 0 | 5 4 | 60 |
| 65 | 6 4 6 | 19 4 6 | 8 3 9 | 19 1 9 | 9 6 4 | 18 9 7 | 10 7 7 | 18 9 1 | 11 3 4 | 18 6 0 | 12 1 2 | 18 7 2 | 15 | 8 6 | 5 8 | 65 |
| 70 | 6 5 7 | 20 5 7 | 8 6 0 | 20 2 0 | 9 9 3 | 19 9 3 | 10 9 3 | 19 6 3 | 11 6 6 | 19 3 10 | 12 5 2 | 19 5 2 | 16 | 9 0 | 6 0 | 70 |
| 75 | 6 6 6 | 21 6 6 | 8 7 9 | 21 1 9 | 9 10 9 | 20 7 3 | 11 1 6 | 20 6 0 | 11 10 8 | 20 2 8 | 12 8 8 | 20 2 8 | 17 | 9 6 | 6 4 | 75 |
| 80 | 6 7 4 | 22 7 4 | 8 8 3 | 22 0 3 | 10 0 3 | 21 5 4 | 11 3 3 | 21 3 3 | 12 1 5 | 21 0 1 | 13 0 9 | 21 0 9 | 18 | 10 0 | 6 8 | 80 |
| 85 | 6 8 2 | 23 8 2 | 8 9 6 | 22 11 0 | 10 2 5 | 22 4 1 | 11 5 3 | 22 0 9 | 12 3 7 | 21 8 11 | 13 4 11 | 22 10 11 | 19 | 10 6 | 7 0 | 85 |
| 90 | 6 9 6 | 24 9 6 | 8 10 3 | 23 10 4 | 10 3 11 | 23 2 2 | 11 7 9 | 22 10 9 | 12 5 4 | 22 5 4 | 13 7 9 | 22 7 9 | 20 | 11 0 | 7 4 | 90 |
| 95 | 6 11 6 | 25 11 6 | 8 11 0 | 24 9 0 | 10 4 9 | 23 11 7 | 11 8 4 | 23 6 11 | 12 7 4 | 23 2 0 | 13 9 7 | 23 3 7 | 21 | 11 6 | 7 8 | 95 |
| 100 | 7 0 0 | 27 0 0 | 9 0 0 | 25 8 0 | 10 6 0 | 24 9 5 | 11 9 2 | 24 3 2 | 12 9 0 | 23 10 4 | 14 0 6 | 24 0 6 | 22 | 12 0 | 8 0 | 100 |

*TABLE pour régler l'épaisseur qu'il faut donner au sommet et à la base des revêtements qui ne soutiennent point de parapets, tels que sont ceux des terrasses, des quais, des contrescarpes et gorges des ouvrages qui auraient depuis 10 pieds jusqu'à 100 de hauteur relativement aux différents talus qu'on voudrait leur donner, avec les dimensions des contreforts, observant que la distance de ces contreforts doit être de 18 pieds de milieu en milieu.* (Pl. X.)

| Hauteur des revêtements (pieds) | Épaisseur au sommet pour un 5e de talus (pieds, pouces, lignes) | Épaisseur sur la base pour un 5e de talus (pieds, pouces, lignes) | Épaisseur au sommet pour un 6e de talus (pieds, pouces, lignes) | Épaisseur sur la base pour un 6e de talus (pieds, pouces, lignes) | Épaisseur au sommet pour un 7e de talus (pieds, pouces, lignes) | Épaisseur sur la base pour un 7e de talus (pieds, pouces, lignes) | Épaisseur au sommet pour un 8e de talus (pieds, pouces, lignes) | Épaisseur sur la base pour un 8e de talus (pieds, pouces, lignes) | Épaisseur au sommet pour un 9e de talus (pieds, pouces, lignes) | Épaisseur sur la base pour un 9e de talus (pieds, pouces, lignes) | Épaisseur au sommet pour un 10e de talus (pieds, pouces, lignes) | Épaisseur sur la base pour un 10e de talus (pieds, pouces, lignes) | Longueur des contreforts (pieds) | Épaisseur des contreforts en racine (pieds, pouces) | Épaisseur des contreforts à la queue (pieds, pouces) | Hauteur des revêtements (pieds) |
|---|---|---|---|---|---|---|---|---|---|---|---|---|---|---|---|---|
| 10 | 1 3 0 | 3 3 0 | 1 6 6 | 3 2 5 | 1 8 11 | 3 2 0 | 1 10 8 | 3 1 8 | 2 0 1 | 3 1 5 | 2 1 4 | 3 1 4 | 4 | 3 0 | 2 0 | 10 |
| 15 | 1 10 2 | 4 10 2 | 2 3 2 | 4 9 2 | 2 7 0 | 4 8 8 | 2 9 10 | 4 8 4 | 3 0 0 | 4 8 8 | 3 1 8 | 4 7 8 | 5 | 3 6 | 2 4 | 15 |
| 20 | 2 4 5 | 6 4 5 | 2 11 2 | 6 3 2 | 3 4 10 | 6 3 1 | 3 7 10 | 6 1 10 | 3 10 10 | 6 1 6 | 4 1 8 | 6 0 8 | 6 | 4 0 | 2 8 | 20 |
| 25 | 2 10 8 | 7 10 8 | 3 6 2 | 7 8 2 | 4 0 3 | 7 7 1 | 4 5 1 | 7 6 7 | 4 8 9 | 7 6 1 | 4 11 7 | 7 5 7 | 7 | 4 6 | 3 0 | 25 |
| 30 | 3 3 6 | 9 3 6 | 4 3 5 | 9 3 5 | 4 8 3 | 8 11 8 | 5 3 7 | 8 11 7 | 5 6 9 | 8 10 9 | 5 10 7 | 8 10 7 | 8 | 5 0 | 3 4 | 30 |
| 35 | 3 8 0 | 10 8 0 | 4 4 7 | 10 5 7 | 5 4 2 | 10 4 2 | 5 10 10 | 10 [illegible] 4 | 6 3 11 | 10 2 7 | 6 8 8 | 10 1 6 | 9 | 5 6 | 3 8 | 35 |
| 40 | 4 0 0 | 12 0 0 | 5 1 3 | 11 9 3 | 5 11 3 | 11 7 0 | 6 6 7 | 11 6 7 | 7 0 5 | 11 5 11 | 7 5 3 | 11 5 3 | 10 | 6 0 | 4 0 | 40 |
| 45 | 4 3 3 | 13 3 3 | 5 6 6 | 13 0 6 | 6 5 4 | 12 10 5 | 7 1 9 | 12 9 3 | 7 8 5 | 12 8 5 | 8 1 11 | 12 7 11 | 11 | 6 6 | 4 4 | 45 |
| 50 | 4 6 1 | 14 6 1 | 5 10 9 | 14 2 9 | 6 11 3 | 14 0 11 | 7 8 4 | 13 11 4 | 8 4 1 | 13 10 9 | 8 9 6 | 13 9 6 | 12 | 7 0 | 4 8 | 50 |
| 55 | 4 8 4 | 15 8 4 | 6 2 9 | 15 4 9 | 7 4 2 | 15 2 5 | 8 2 4 | 15 0 10 | 8 11 7 | 14 11 11 | 9 5 2 | 14 11 2 | 13 | 7 6 | 5 0 | 55 |
| 60 | 4 10 2 | 16 10 2 | 6 6 11 | 16 9 11 | 7 9 1 | 16 3 11 | 8 8 1 | 16 2 1 | 9 5 0 | 16 1 0 | 10 0 4 | 16 0 4 | 14 | 8 0 | 5 4 | 60 |
| 65 | 4 11 9 | 17 11 9 | 6 9 11 | 17 7 11 | 8 1 9 | 17 4 2 | 9 1 10 | 17 3 4 | 9 10 8 | 17 1 4 | 10 6 5 | 17 0 5 | 15 | 8 6 | 5 8 | 65 |
| 70 | 5 1 9 | 19 1 9 | 7 9 6 | 18 9 6 | 8 4 5 | 18 4 5 | 9 5 6 | 18 2 6 | 10 4 8 | 18 2 0 | 11 0 4 | 17 11 4 | 16 | 9 0 | 6 0 | 70 |
| 75 | 5 2 2 | 20 2 2 | 7 3 9 | 19 9 9 | 8 7 6 | 19 4 0 | 9 8 7 | 19 1 1 | 10 8 0 | 19 0 0 | 11 6 0 | 18 11 11 | 17 | 9 6 | 6 4 | 75 |
| 80 | 5 3 4 | 21 3 4 | 7 5 5 | 20 9 5 | 8 10 1 | 20 3 2 | 9 11 0 | 19 11 6 | 10 11 6 | 19 10 2 | 11 11 4 | 19 10 0 | 18 | 10 0 | 6 8 | 80 |
| 85 | 5 4 7 | 22 4 7 | 7 6 9 | 21 8 9 | 8 11 6 | 21 0 2 | 10 1 6 | 20 9 0 | 11 2 0 | 20 7 4 | 12 4 0 | 20 5 0 | 19 | 10 6 | 7 0 | 85 |
| 90 | 5 5 6 | 23 5 6 | 7 7 4 | 22 7 4 | 9 1 8 | 21 11 11 | 10 3 8 | 21 8 8 | 11 4 10 | 21 4 10 | 12 7 6 | 21 4 6 | 20 | 11 0 | 7 4 | 90 |
| 95 | 5 5 9 | 24 5 9 | 7 8 6 | 23 6 6 | 9 3 6 | 22 10 4 | 10 5 4 | 22 3 10 | 11 6 4 | 22 1 0 | 12 10 2 | 22 0 2 | 21 | 11 6 | 7 8 | 95 |
| 100 | 5 6 6 | 25 6 6 | 7 9 7 | 24 5 7 | 9 4 9 | 23 8 2 | 10 7 0 | 23 1 0 | 11 8 0 | 22 9 4 | 13 0 9 | 22 8 9 | 22 | 12 0 | 8 0 | 100 |

La Sce. des Ing.rs, liv. III, pl. 9 et 10, pag. 277.

tables, telles que je les conçus d'abord, me parurent d'un si grand travail, que j'hésitai long-temps à les entreprendre. J'en exposai le dessin à quelques personnes de mes amis, qui me firent entendre que, de tout ce que je pouvais rapporter dans mon livre, rien ne serait plus utile et plus intéressant. Cela suffit pour me déterminer, et vaincre la répugnance que j'avais à m'appliquer pendant un temps considérable à un ouvrage aussi ingrat. Car il faut convenir que le public n'est pas toujours judicieux : souvent il ne juge du prix des choses que par ce qui peut plaire à l'imagination, et tient fort peu de compte de la peine dont un auteur veut bien se charger, quoiqu'il pourrait être en droit de la partager avec lui. Il me permettra de lui faire ce petit reproche, et trouvera assez dans mon ouvrage de quoi avoir sa revanche.

Ayant déja rapporté sur la fin de l'art. 37 du premier livre des tables pour l'épaisseur des revêtements, on pensera peut-être que celles dont je parle sont à-peu-près de même. Cependant elles sont bien différentes, car, dans les premières, tous les profils sont assujétis à un talus, qui est toujours la cinquième partie de la hauteur, et on n'y suppose point de contreforts, au lieu que dans celle-ci on a une suite de revêtements depuis 10 pieds jusqu'à 100, qui ont pour talus non-seulement le $\frac{1}{5}$ de la hauteur, mais le $\frac{1}{6}$, le $\frac{1}{7}$, le $\frac{1}{8}$, le $\frac{1}{9}$, ou le $\frac{1}{10}$, selon que l'on voudrait choisir un profil plutôt que l'autre. D'ailleurs tous les revêtements sont accompagnés de contreforts dont les dimensions sont rapportées pour telle hauteur de rempart que l'on voudra, comme on va en juger par l'explication des planches IX et X.

La neuvième planche comprend les dimensions de tous les revêtements, qui soutiendraient des remparts accompagnés de leurs parapets, mais comme on peut donner à ces revêtements un talus plus ou moins considérable, cette planche contient sept tables. Les six premières sont composées chacune de deux colonnes, dont l'une détermine l'épaisseur qu'il faut donner au sommet des revêtements, et l'autre celle de la base des mêmes revêtements pour tous ceux qui auraient depuis 10 pieds de hauteur jusqu'à 100 : par exemple, la première table comprend les épaisseurs des revêtements qui auraient un $\frac{1}{5}$ de talus, la seconde celles de revêtements qui n'auraient pour talus que la $\frac{1}{6}$ partie de leur hauteur, enfin les troisième, quatrième, cinquième et sixième tables comprennent de suite les mêmes épaisseurs pour les revêtements qui auraient pour talus $\frac{1}{7}$, $\frac{1}{8}$, $\frac{1}{9}$, ou $\frac{1}{10}$ de leur hauteur.

A l'égard de la septième table, elle comprend trois colonnes, qui expriment les dimensions des contreforts qui doivent accompagner tous les revêtements dont il est fait mention dans les six premières tables. Car il est bon de remarquer que tous les revêtements de même hauteur, soit qu'ils aient pour talus $\frac{1}{5}$, $\frac{1}{7}$, $\frac{1}{10}$, doivent toujours avoir des contreforts, dont les dimensions soient les mêmes que celles qui sont marquées dans la septième table, à l'alignement qui répond à la hauteur dont il s'agit ; d'ailleurs, que ces contreforts sont toujours espacés de 8 pieds de milieu en milieu, sans que cela change jamais pour quelque revêtement que ce soit, grand ou petit. En cela je me suis conformé à la maxime de M. de Vauban dans son profil général, dont j'ai retenu les contreforts, parce qu'ils m'ont paru dans une proportion fort raisonnable. Cependant je n'ignore pas que bien des ingénieurs aiment mieux les espacer de 15 pieds de milieu en milieu, que de 18 : je ne vois pas bien la raison de cette préférence, puisque, quand le revêtement a une épaisseur suffisante, et qui met la résistance au-dessus de la poussée des terres, il n'y a point de raison de multiplier les contreforts sans nécessité. Si je les ai éloignés de 18 pieds plutôt que de 15, c'a été pour empêcher qu'en augmentant les dimensions de leurs bases, à mesure que les revêtements devenaient plus élevés, ils ne se trouvassent trop serrés. Cela n'empêche pourtant pas, dans l'usage que l'on fera de ces tables, qu'on ne puisse, si l'on veut, rapprocher les contreforts les mettant à 15 pieds, et suivre exactement toutes les autres dimensions. Si l'on prend ce parti, qui me paraît assez utile, le revêtement sera encore beaucoup au-dessus de l'équilibre, malgré les égards que j'ai eus.

Pour donner l'usage de ces tables, nous supposerons qu'on veut revêtir les faces d'une demi-lune, que le revêtement doit avoir 25 pieds de hauteur depuis la dernière retraite, ou si l'on veut depuis le fond du fossé jusqu'au cordon, et qu'on ne veut pour talus qu'un septième de hauteur. On demande quelles doivent être les dimensions des plans et profils, pour que le revêtement soit capable, par sa résistance, de soutenir un effort plus grand que celui de la poussée des terres du rempart et du parapet. Je cherche dans la petite colonne qui marque là hauteur des revêtements, le nombre 25, et en suivant le même alignement, je passe à la troisième table, qui montre qu'il faut donner 6 pieds 1 pouce 11 lignes d'épaisseur, au sommet du revêtement en question, et 9 pieds 8 pouces 9 lignes à la base. De-là, en suivant toujours le même alignement, je passe à la septième table pour voir quelles doivent être les dimensions des contreforts : je trouve qu'il faut leur donner 7 pieds de longueur, 4 pieds 6 pouces à la racine, et 3 pieds à la queue, observant de les espacer de 18 pieds de milieu en milieu. Si au lieu d'un septième de talus on ne voulait donner qu'un neuvième de la hauteur, en suivant toujours l'alignement de 25 pieds, il faudrait prendre les dimensions du sommet et de la base dans la cinquième colonne, et l'on trouverait 7 pieds 1 pouce 7 lignes pour l'un, et 9 pieds 10 pouces 11 lignes pour l'autre, et les contreforts comme ci-devant.

A l'égard des tables contenues dans la dixième planche, elles sont entièrement semblables aux précédentes : la seule différence est que les unes répondent à des revêtements qui auraient un parapet à soutenir, au lieu que les autres servent pour les revêtements dont le sommet serait de niveau avec la surface de l'ouvrage dont il s'agit. Par exemple, si l'on voulait savoir quelles doivent être les dimensions du revêtement d'une contrescarpe, qui aurait 15 *pieds de hauteur*, et auquel on voudrait donner un huitième de talus, je cherche dans la colonne des hauteurs le nombre 15, et en suivant le même alignement, je passe à la quatrième table, où je trouve qu'il faut donner 2 pieds 9 pouces 10 lignes au sommet; et 4 pieds 8 pouces 4 lignes à la base; de-là à la septième, où je remarque que les contreforts du même revêtement doivent avoir 5 pieds de longueur, 3 pieds 6 pouces en racine, et 2 pieds 4 pouces à la queue, toujours espacés de 18 pieds de milieu en milieu.

On a supposé généralement, dans toutes ces tables, que les contreforts étaient aussi élevés que le sommet des revêtements auquels ils répondaient, ce qui se pratique toujours quand il s'agit de soutenir un rempart qui est accompagné d'un parapet, et lorsque ce parapet est revêtu d'une muraille de 4 pieds de hauteur qu'on élève au-dessus du cordon. Mais quand il s'agit de demi-revêtement, ou de soutenir une contrescarpe ou la gorge d'un ouvrage, alors le sommet des contreforts se termine à un pied ou un pied et démi plus bas que celui du revêtement, afin qu'il n'y ait que cette partie de la maçonnerie qui paraisse dehors. Ainsi on pourra toujours avoir égard à ce que je viens de dire, sans appréhender que le revêtement en soit moins solide, quoique la hauteur des contreforts diminue de quelque chose.

Pour calculer ces tables, j'ai suivi exactement ce qui a été enseigné à la fin de l'article 51 du premier livre, au sujet du profil général de M. de Vauban : c'est-à-dire que j'ai regardé l'équation $y = 2 - n + \sqrt{[2bf + n^2 - \frac{1}{3}d^2 - \frac{2ph}{q}(g - d)]}$ comme une formule générale qui pouvait s'appliquer à toute sorte de revêtement dont les dimensions des contreforts étaient données aussi bien que la hauteur des revêtements et leur talus, et qu'il n'était plus question que de trouver l'épaisseur du sommet relativement à la poussée des terres qu'il fallait soutenir. Ainsi je me suis servi des tables des puissances équivalentes à la poussée des terres, comme on l'a rapporté dans l'art. 37 ; et c'est dans cette occasion que je me suis aperçu combien il était commode d'avoir des expressions qui fussent équivalentes à ces puissances, puisque si j'avais été obligé de les chercher à mesure que j'en ai eu besoin, les planches IX et X m'auraient coûté plus de quatre mois de travail continuel, comme on en peut juger par l'exemple qui est rapporté à la fin de l'art. 51. J'ajouterai que j'ai toujours supposé les puissances équivalentes à la poussée des terres plus fortes d'un sixième qu'elles ne l'étaient effectivement, afin que les revêtements fussent au-dessus de l'équilibre, et que je crois qu'il n'est pas possible d'apporter plus d'exactitude que j'en ai eu pour rendre ces tables aussi correctes qu'on le peut désirer. C'est pourquoi, quand on trouvera l'occasion d'en faire usage, on peut s'en servir en toute sûreté, sans qu'il soit besoin de rien augmenter ni diminuer des dimensions qu'on y rapporte, à moins que ce ne soit pour éviter l'embarras des petites parties : par exemple, on pourra supprimer les lignes, quoique je les aie rapportées scrupuleusement de même que le calcul les a données ; car 4 ou 5 lignes de plus ou de moins, et même 2 ou 3 pouces, quand il s'agit de grands revêtements, font un trop petit objet dans la pratique pour que l'on s'en mette en peine : cependant il vaut mieux mettre plus que moins.

Comme la hauteur des revêtements de toutes ces tables augmente toujours de 5 pieds depuis 10 jusqu'à 100, il n'y a point de hauteur de rempart qu'on ne rencontre à-peu-près semblable à celles qui sont rapportées : car s'il s'agissait d'un revêtement de 31 ou 32 pieds, qui sont deux nombres qui ne se trouvent pas dans la colonne des hauteurs, on pourrait prendre les dimensions qui répondent aux revêtements de 30 pieds, sans qu'on ait lieu d'appréhender qu'elles soient trop faibles, puisqu'elles mettront toujours le revêtement au-dessus de l'équilibre, à cause de l'augmentation que nous avons faite à la puissance agissante ; de même, s'il s'agissait d'un revêtement de 33 ou 34 pieds, on pourrait prendre les dimensions qui appartiennent à celui de 35, quoique un peu plus fortes qu'elles ne devraient être : en un mot, on prendra toujours les dimensions du revêtement dont la hauteur approchera le plus de celui qu'on a dessein de construire.

Il est bon de remarquer que les dimensions des contreforts augmentant en progression arithmétique, leurs bases doivent augmenter en superficie dans la raison des carrés de leurs côtés homologues ; et prenant pour côté homologue la longueur de chaque contrefort, c'est-à-dire 4, 5, 6, 7, 8, 9, 10, 11, 12, 13, 14, 15, 16, 17, 18, 19, 20 21, 22, leurs bases augmenteront dans le rapport de 16, 25, 36, 49, 64, 81, 100, 121, 144, 169, 196, 225, 256, 289, 324, 361, 400, 441, 484. Or, comme les derniers carrés sont bien plus grands à proportion que les premiers, il s'ensuit que les bases des contreforts, et par conséquent les contreforts eux-mêmes, augmentent beaucoup plus à proportion que ne font les revêtements. Mais comme les contreforts ne peuvent augmenter plus qu'ils ne devraient naturellement, sans que les épaisseurs du sommet et de la base des revêtements diminuent, il s'ensuit que les différences des épaisseurs marquées dans les tables, au lieu d'augmenter, doivent plutôt diminuer à mesure que les revêtements sont plus élevés : c'est aussi ce qu'on voit dans toutes les colonnes, puisque les derniers nombres sont plus petits à proportion que les premiers, ce qui m'avait d'abord intrigué. Mais après en avoir aperçu la raison, j'ai regardé ce changement comme une preuve de la justesse du principe, plutôt que de la part des fautes qui auraient pu se glisser dans les calculs : voilà l'avantage des mathématiques, qui est de voir toujours clair à ce que l'on fait (1).

---

(1) Ce qui a été dit dans la note placée à la fin du Ier livre, suffira pour mettre le

# CHAPITRE ONZIÈME.

*De la construction des souterrains, et comment on applique sur leurs voûtes les chappes de ciment.*

On entend par souterrains tous les lieux voûtés qui se pratiquent sous les remparts d'une place, comme les poternes qui servent à communiquer dans les ouvrages détachés, les magasins que l'on peut placer dans les tours, les lieux que l'on fait à l'épreuve de la bombe, pour servir de refuge en temps de siége.

Les souterrains sont d'un grand secours dans les petites forteresses, citadelles, forts et châteaux, où il n'y a pas d'endroit qui ne soit exposé à être détruit en très peu de temps, au lieu que dans les grandes places, on a toujours quelque quartier éloigné des attaques, où l'on peut mettre les munitions de guerre, de bouche, et même les malades et blessés.

Mais avant de parler de la distribution des souterrains, il est à propos de dire quelque chose sur la manière de les construire; car il ne suffit pas de les rendre à l'épreuve de la bombe, il faut les mettre aussi à l'abri des injures du temps, et le plus qu'il est possible de l'humidité : pour cela on applique sur les voûtes des chappes de ciment, dont voici la fabrique.

Le ciment à cet usage se fait ordinairement avec de la cendrée de Tournai, battue et préparée tous les quatre ou cinq jours une fois pendant six semaines, observant de n'y mettre de l'eau que la première fois. Ou bien on prend un tiers de bonne chaux vive sur deux tiers de terrasse de Hollande, qu'on bat et prépare de même; et au lieu de terrasse de Hollande, on met si l'on veut les deux tiers de pouzzolane

lecteur à même de juger du degré de confiance qu'il peut accorder aux tables calculées par Bélidor (*N*).

ou de vieux tuileaux bien cuits, réduits en farine, repassée au tamis de boulanger. Mais soit qu'on se serve de l'un ou de l'autre de ces ciments, il faut les bien réduire en farine avec un moulin à bras, ensuite battre ensemble les deux matières qui le composent, et les mêler un long espace de temps dans des petits baquets de planches faits exprès : ce mélange doit se faire à plusieurs reprises, sans y mettre de l'eau que la première fois.

Avant d'appliquer le ciment sur les voûtes, il est nécessaire que la maçonnerie soit bien achevée, et qu'elle ait eu au moins cinq ou six mois de temps pour sécher et prendre ses affaissements. L'on en gratte et fouille les joints avec un petit crochet de fer, après quoi on nettoie bien le dessus, que l'on arrose en y jetant de l'eau avec un arrosoir, puis on applique le ciment tout fraichement démêlé, de l'épaisseur d'un pouce et demi, qu'on étend bien également. On le bat de long et de large avec de petites battes de deux pouces de largeur seulement, pour mieux presser le ciment dans les joints ; ensuite, avec des fers polis, comme ceux dont on se sert pour repasser le linge ; et retroussés par les bouts en adoucissant, on rend la première couche unie jusqu'à ce qu'elle commence à s'affermir. On brouille tous les jours pendant un temps sa superficie avec un torchon de drap gros comme la tête, emmanché au bout d'un bâton, et trempé dans un seau de ciment délayé. On passe aussitôt le lissoir dessus, après cela on couvre tout le couchis avec des paillassons jusqu'au lendemain, afin que les chaleurs ne les fassent point gercer. On répète cette manœuvre, c'est-à-dire on brouille, on lisse, et on recouvre, tant qu'on s'aperçoive qu'il n'y a plus de gerçure dans la superficie. Cela fait, on brouille encore pendant cinq ou six jours de suite, sans lisser ni paillassonner.

En appliquant les chappes de ciment, on aura soin sur toute chose de les rendre bien unies, et de terminer le sommet des voûtes en dos d'âne, avec des pentes dirigées comme celle des toits. En construisant la voûte, on fera en sorte qu'elle soit également cintrée et bandée sur le cintre, ne se servant que de mortier choisi ; et que la pierre qu'on mettra en œuvre soit bien appareillée. Si au lieu de pierre, on emploie de la brique, on choisira la mieux cuite, dont on fera quatre ou cinq voûtes répétées l'une sur l'autre, et chacune d'elles bandée, et bien fichée de coins sous les clefs séparément ; et lorsqu'on appliquera les chappes de ciment, on prendra bien garde qu'elles couvrent toutes les parties de la maçonnerie, de façon qu'aucune pierre ne se montre au travers. On couvre ensuite la chappe de ciment d'un lit de gros sable ou gravier, de 4 ou 5 pouces d'épaisseur, qu'on étend également partout. Sur celui-ci on en met un autre de terre, d'un pied et demi, bien battu, et on continue de même de lit en lit, jusqu'au parfait terrassement. C'est ainsi qu'on en a usé pour couvrir les voûtes des tours bastionnées du Neuf-Brissac, comme on le verra dans le livre VI (1).

Autrefois, quand on faisait des voûtes de briques, on les composait comme je viens de le dire de plusieurs voûtes l'une sur l'autre, qui avaient chacune une brique d'épaisseur, sans faire ensemble aucune liaison. Mais on a reconnu depuis que cette pratique ne valait rien, qu'il convenait beaucoup mieux de les faire en liaison alternative, depuis l'intrados jusqu'à l'extrados, sans aucune interruption, ayant beaucoup plus de force pour résiter au choc des bombes. L'inconvénient des voûtes répétées l'une sur l'autre, c'est que s'il se fait quelque écorchement à la première, aussitôt qu'il vient à se détacher deux ou trois briques, toutes les autres se séparent de suite, ce qui rend les réparations très-difficiles, parce qu'on ne trouve point d'amorce pour lier la nouvelle maçonnerie avec la vieille. On a même vu plusieurs fois la première voûte souffler, et se détacher entièrement de la seconde, peu de temps après la construction de l'ouvrage.

A l'occasion des souterrains, je rapporterai ici ce qui a été observé dans la construction de la fameuse orangerie de Versailles, afin qu'en pareil cas on puisse, si on le juge à propos, suivre ce que l'on a fait pour mettre cet édifice à l'abri des injures du temps.

Aussitôt que la voûte fut formée, on nettoya proprement le dessus des reins, au bas desquels on commença un lit de pierre ou de moellon à sec, de 18 pouces de hauteur, avec de la poussière de chaux entre leurs joints. Ensuite on mit au-dessus un lit, aussi de poussière de chaux, de 4 pouces d'épaisseur, et sur celui-ci on en fit un troisième de cailloux de vignes, et de galets bien lavés, de 12 pouces d'épaisseur,

(1) On trouve dans le *Traité de l'art de bâtir*, de M. Rondelet, liv. II, section III, art. 9, des détails curieux sur la construction des aires et enduits (*N*).

sur lequel on en mit de rechef un quatrième de poussière de chaux, toujours de 4 pouces, et par-dessus un cinquième de galets, et ainsi jusqu'au niveau du sommet de la voûte, sur laquelle on a posé un dernier lit de galets de 12 pouces, recouvert d'une couche de mortier qui occupe tout l'espace de dessus, jusqu'au-delà même des piédroits. On s'est si bien trouvé de cette fabrique, que quoique le dessus de cette orangerie ne soit qu'une terrasse, il n'est arrivé aucun dommage à la voûte.

On suit encore une pratique qui diffère un peu de la précédente : c'est qu'après avoir mis sur la voûte un lit de pierre sèche, dont les joints sont remplis de poussière de chaux, et en avoir répandu par-dessus environ 4 pouces d'épaisseur, on met un lit de terre glaise de 12 pouces, bien battue, qu'on couvre d'un autre lit de galets aussi de 12 pouces, entremêlés de poussière de chaux, sur lequel on met un dernier de mortier, de 3 à 4 pouces d'épaisseur, pour recevoir les terres.

Les voûtes des souterrains, pour être à l'épreuve de la bombe, doivent avoir au moins 3 pieds d'épaisseur, recouvertes par 5 ou 6 pieds de terre. Quant à la figure qu'elles doivent avoir, celle de plein cintre est la meilleure, pour les raisons rapportées dans le livre II.

Les souterrains se placent ordinairement sous le terre-plain des bastions, parce que là on peut leur donner plus d'étendue que sous la courtine, qui n'a point tant de largeur. Mais en quelque endroit qu'on veuille les placer, il faut faire en sorte d'en tirer toutes les commodités possibles, afin qu'ils puissent servir à plusieurs usages. Par exemple, on peut y faire des fours, des citernes et des cheminées, pour s'en servir au besoin.

Si l'on jette les yeux sur la figure 6 de la planche XI, on verra des souterrains qui sont pratiqués sous un cavalier, qui occupent le terre-plain d'un bastion. On remarquera que leur distribution est disposée de manière qu'on peut y faire des boulangeries, pour cuire le pain de la garnison, des cuisines, des celliers, enfin tous autres lieux propres à mettre à couvert des munitions.

La figure 5 est un profil coupé sur la largeur des souterrains, qui fait voir la disposition des chappes de ciment sur les voûtes, et comment les tuyaux des cheminées passent dans le parapet du cavalier, pour ne point incommoder le service du canon. Par la figure 4, on verra le profil des mêmes souterrains, coupé sur la capitale du bastion, où l'on remarquera qu'on a ménagé des portes au souterrain du milieu, pour communiquer dans les deux autres voisins.

Quand les chappes de ciment sont appliquées sur les voûtes au-dessus desquelles il y a des plate-formes, il faut, au lieu de terminer la chappe à l'extrémité des pentes, la retrousser contre la muraille, afin que les eaux de pluie ne puissent point s'introduire sur la voûte. Pour leur donner un écoulement, on fera une rigole qui, régnant tout autour de la plate-forme, conduira les eaux dans les gargouilles qui les porteront dans le fossé.

Pour garantir les piédroits des voûtes des souterrains des eaux qui filtrent dans les terres, il faut leur adosser un petit mur de pierres sèches, de deux pieds d'épaisseur, c'est-à-dire arrangées à la main sans mortier, les joints remplis de graviers; ces murs doivent être élevés jusqu'à deux pieds au-dessous des pentes de la voûte, afin de remplir cet intervalle de bonne maçonnerie à chaux et à sable, bien recouverte par le prolongement de la chappe de cimeut, qui, régnant sur toute l'épaisseur de ces petits murs, mettra les piédroits à l'abri de la transpiration et de l'humidité. Pour bien faire, il faut fonder ces pierres deux pieds plus bas que l'aire des souterrains, afin d'y pratiquer des conduits dans le milieu de la fondation, pour l'égoût des eaux.

Il me reste à parler des poternes, sur lesquelles il n'y a pas grand chose à dire, parce que leur construction est la même que celle des autres souterrains. On les place dans le milieu des courtines, quelquefois derrière les orillons, pour communiquer dans la tenaille ou dans le fossé quand il est à sec; mais plus ordinairement dans le milieu des courtines, pour aller droit à la demi-lune. Si l'on considère les figures première, seconde et troisième, on verra qu'elles représentent les plans et profils d'une poterne, que je ne m'arrêterai point à détailler, parce qu'il en sera fait mention dans le livre VI. On remarquera seulement que, dans le temps qu'on les construit, il est à propos de faire au-dessous de leur rez-de-chaussée un petit aqueduc pour servir d'égoût aux eaux des rues, et les conduire dans les fossés.

J'ai pensé plusieurs fois, à l'occasion des poternes, qu'on pouvait, à droite et à gauche du passage, pratiquer sous la courtine deux petits

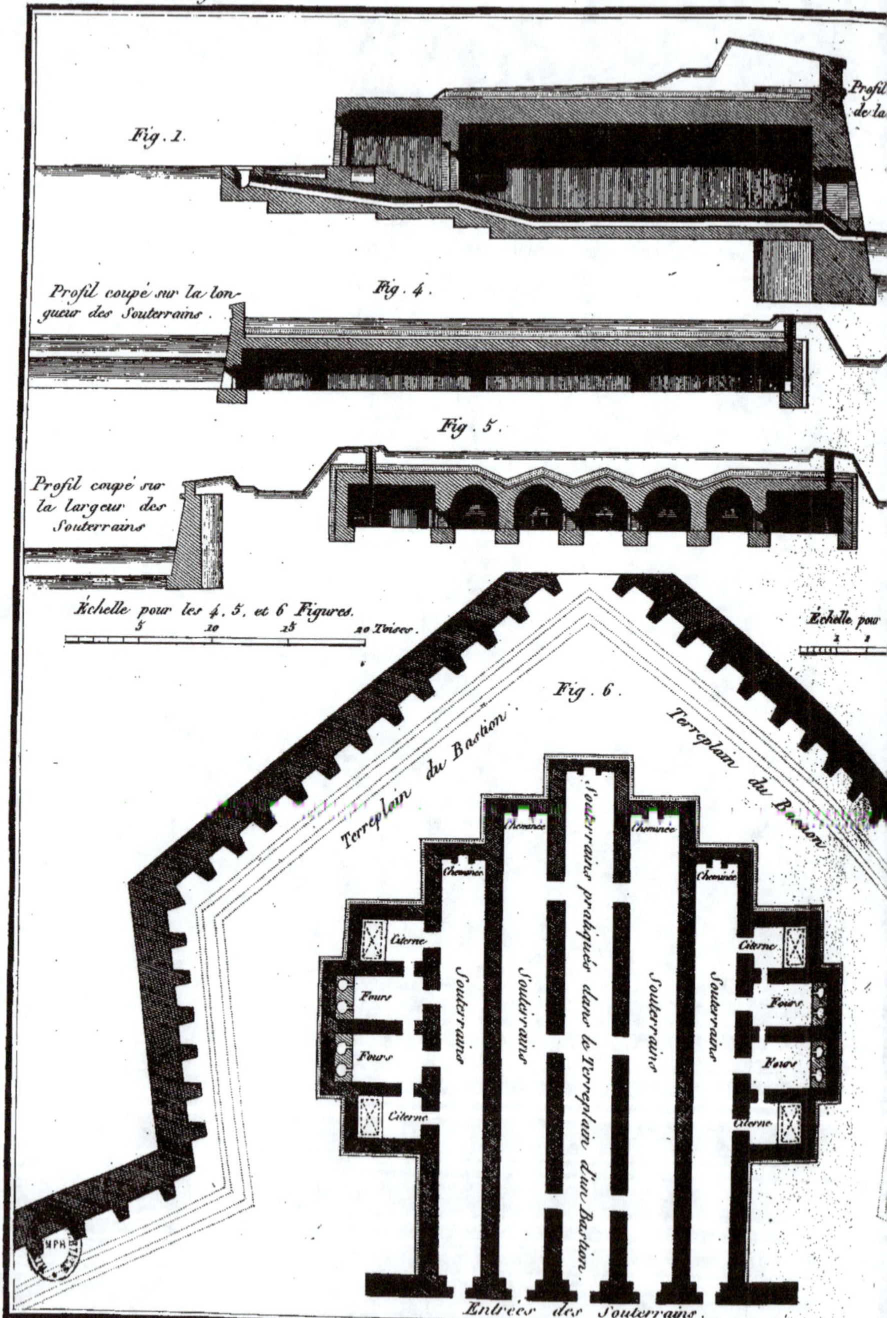
Fig. 1.
Profil de la
Fig. 4.
Profil coupé sur la longueur des Souterrains.
Fig. 5.
Profil coupé sur la largeur des Souterrains
Échelle pour les 4. 5. et 6 Figures.
5 10 15 20 Toises.
Échelle pour
Fig. 6.
Terreplain du Bastion
Terreplain du Bastion
Cheminée
Cheminée
Cheminée
Cheminée
Citerne
Fours
Fours
Citerne
Citerne
Fours
Fours
Citerne
Souterrains
Souterrains
Souterrains pratiqués dans le Terreplain d'un Bastion.
Souterrains
Souterrains
Entrées des Souterrains.

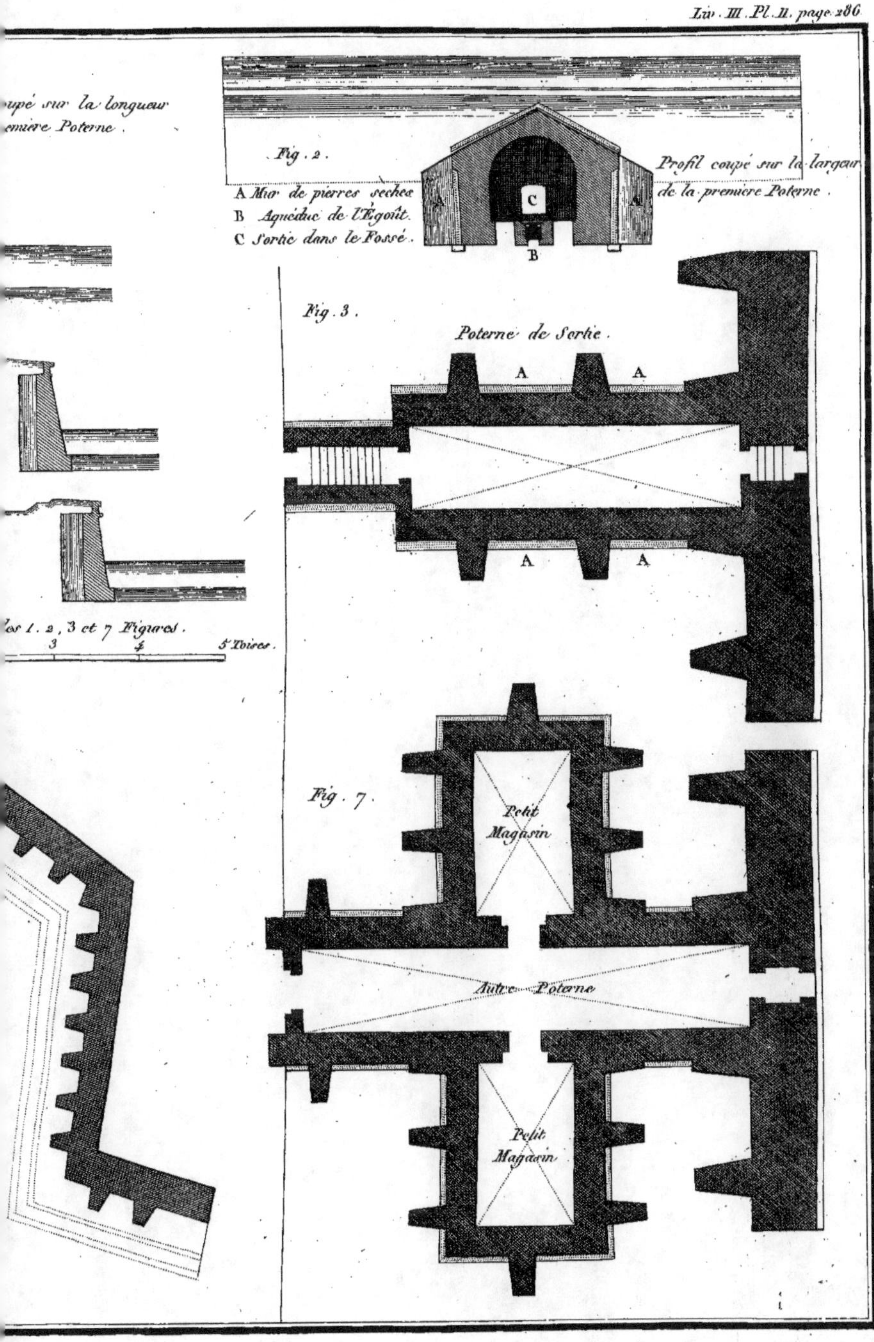
upé sur la longueur
emière Poterne .
Fig. 2.
A Mur de pierres seches
B Aquéduc de l'Egoût.
C Sortie dans le Fossé.
Profil coupé sur la largeur
de la premiere Poterne .
Fig. 3.
Poterne de Sortie.
A A A A
Fig. 7.
Petit Magasin
Autre Poterne
Petit Magasin
les 1. 2, 3 et 7 Figures.
3 4 5 Toises.

magasins qui seraient d'une grande utilité en temps de siége, pour servir d'entrepôts aux munitions qu'on voudrait avoir à portée des ouvrages détachés, et à plusieurs autres usages dont ceux qui se sont trouvés dans les places assiégées sentiront assez la conséquence. Si l'on jette les yeux sur la fig. 7 on verra assez clairement quel est mon dessein, sans qu'il soit besoin d'une plus longue explication. Je dirai seulement que la poterne qu'elle représente est supposée en rampe, sans aucun degré.

J'aurais pu rapporter encore plusieurs autres distributions de souterrains, car la plupart de nos places nous en fournissent d'assez magnifiques pour ne pas manquer de bons modèles. Mais comme l'application qu'on en fait dépend des lieux, de la disposition des ouvrages, et de quantité de circonstances que la seule nécessité fait bien diriger, j'ai cru devoir m'en tenir à l'idée que je viens de donner, qui suffira à de jeunes ingénieurs pour les mettre en état d'exécuter les projets de ces sortes d'ouvrages, pour peu qu'ils soient aidés par les devis, plans, profils et instructions particulières, que les chefs ont coutume de leur donner en pareil cas.

## CHAPITRE DOUZIÈME.

*De la manière de construire les ouvrages de Terrasses.*

A MESURE qu'on élève le revêtement d'un ouvrage, on fait le remblai des terres pour former le rempart. On commence par égaliser le fond du terrain qui répond à la dernière retraite du côté de la place, en lui donnant une pente d'environ 3 pouces par toise du devant au derrière, afin de soulager le revêtement (car nous supposons que cet espace est bien déblayé, et n'est pas occupé par les terres qu'on a retirées du fossé pour former les remparts : c'est ce qui nous a fait dire dans le chapitre VIII qu'il fallait les porter à 8 ou 10 toises au-delà de l'alignement intérieur de la muraille, afin qu'on ne soit pas obligé de les rejeter plus loin, et les placer de façon que les travailleurs les aient sous la main pour faire les remblais). On pose un lit de fascinage, dont le gros bout est du côté de la muraille, les brins espacés de 4 à 5 pouces les uns des autres : les fascines doivent avoir au moins 12 pieds de longueur et 3 ou 4 pouces de circonférence par le gros bout; on les recouvre d'un lit de terre d'environ 8 pouces de hauteur, que l'on bat à la dame, jusqu'à ce qu'il soit réduit à 6. On répète un second et un troisième lit de terre toujours de 8 pouces, bien battus, et chacun réduit à 6 pouces. S'il se rencontre des pierres qui empêchent qu'on ne puisse battre également par-tout, on les ôte pour les mettre de côté. Ensuite on étend sur ce troisième tas un second lit de fascinage, disposé comme le premier, que l'on couvre encore de trois autres tas de terre de 8 pouces, chacun battu séparément et réduit à 6, que l'on recouvre encore d'un lit de fascinage : ainsi de suite, alternativement trois tas de terre et un lit de fascinage, jusqu'à la hauteur du terre-plain du rempart, auquel on donne une pente d'un pied et demi depuis la banquette jusqu'au talus intérieur, en observant d'en faire la surface d'une terre bien épierrée et battue si uniment, que les eaux de pluie coulent sans difficulté. Après quoi on élève le parapet qui se construit de même que le rempart, mais avec un peu plus de précaution; car si les terres dont on veut se servir sont pierreuses, on les passe à la claie, ou bien on en choisit de douces et de celle qui convient le mieux.

C'est ainsi qu'on a coutume de travailler les ouvrages de terrasse en les mêlant avec des lits de fascinage, que je ne voudrais pourtant employer qu'à la dernière extrémité quand on a des terres boueuses ou sablonneuses, qui n'ont point de cervelle. Encore ne devrait-on s'en servir que lorsqu'on fait des ouvrages qui ne sont revêtus que de gazons; car pour ceux qui sont soutenus par une bonne muraille, je crois qu'avec un peu de précaution on pourrait s'en passer. Leur défaut est qu'étant nouvellement posées, elles empêchent par leur ressort qu'on puisse battre les terres aussi solidement qu'on le ferait s'il n'y en avait point, et que venant à se pourrir au bout d'un certain temps, elles laisse beaucoup de vide; ce qui fait que les terres s'affaissent tout de nouveau, et se réduisent à une hauteur beaucoup au-dessous de celle qui avait été réglée par les profils.

Pour se passer des fascines dans la construction des ouvrages revêtus, je voudrais que les remblais suivissent exactement le progrès de la maçonnerie. S'il s'agit d'un ouvrage qui ait plusieurs côtés, après avoir élevé la maçonnerie d'une face de bastion, par exemple, à une certaine hauteur, qui sera si l'on veut de deux pieds, les maçons la quitteront pour aller faire une pareille levée à l'autre face ou au flanc voisin, et les terrassiers viendront s'emparer de celle qui est vacante pour faire les remblais à la hauteur où se trouve la maçonnerie, observant de bien battre les terres lit par lit, de 8 pouces en 8 pouces, toujours réduits à 6 ; ensuite les maçons reviendront à la partie qu'ils avaient abandonnée, pour y faire une deuxième levée de 2 pieds, tandis que les terrassiers occuperont celle que viennent de quitter les maçons, de sorte que pour bien faire il faudrait que les maçons et les terrassiers se succédassent alternativement. De cette conduite il arrivera deux choses également avantageuses : la première, c'est que les maçons auront toujours un emplacement commode pour y travailler à leur aise, et par conséquent feront un meilleur ouvrage ; la seconde, c'est qu'en jetant sur les terres nouvellement battues les matériaux qu'ils doivent employer à leur nouvelle levée, et les piétinements continuels de tous ceux qui seront employés à la maçonnerie, battront les terres incomparablement mieux qu'elles ne l'avaient été d'abord, ce qui leur fera prendre tout l'affaissement auquel elles ne seraient arrivées que long-temps après l'ouvrage achevé.

Ce qui demande encore beaucoup d'attention dans la construction des ouvrages de terrasse, ce sont les revêtements de placage ou de gazon. Le placage se fait avec de la terre noire non pierreuse, qui ne doit être ni trop grasse, ni trop maigre, mais participant des deux, afin qu'elle ne se fende ni ne se renfle après qu'elle aura été employée. On commence par creuser une petite tranchée au pied du parapet pour servir comme de fondement au reste de l'ouvrage, on la remplit de la terre servant au placage, et on a soin de la mouiller et de la lier avec celle qui compose le parapet. Après l'avoir bien battue, on étend dessus un lit de chiendent fraîchement tiré, pour reprendre plus aisément ; ensuite on applique le premier tas, c'est-à-dire un premier lit de terre noire auquel on donne 12 pouces dépaisseur sur 6 de hauteur, que l'on bat bien en long et en large, jusqu'à ce qu'il soit réduit à n'en avoir plus que 4. On recouvre ce lit d'un autre de chiendent, mêlé avec de la petite fascine. Sur ce tas-ci, on en applique un autre battu et bien lié avec les terres du parapet, que l'on bat et garnit de lits de grands fascinages, dont le gros bout est éloigné d'environ 4 pouces du placage, auquel on fait suivre le talus que doit avoir le parapet, après en avoir recoupé le parement ; et comme sa hauteur au-dessus de la banquette est toujours de 4 pieds et demi, son talus est de 18 pouces, qui est le sixième de la hauteur. Quant au talus extérieur, on lui donne les deux tiers de la hauteur, c'est-à-dire que quand un ouvrage est revêtu de gazon ou de placage, s'il a extérieurement 18 pieds de hauteur, on lui en donne 12 de talus.

Les revêtements de gazonnage se font à-peu-près comme le précédent, car on commence par poser une première assise de gazon au-dessous du niveau de la dernière banquette pour servir de base ou de mérande aux autres qu'on doit élever dessus ; tous les gazons dont on se sert doivent avoir 15 à 16 pouces de queue sur 6 de largeur et autant de hauteur, taillés en coin de mire. Cette hauteur de 6 pouces est réduite après que le gazon est mis en œuvre. Sur cette première assise on en pose une seconde, et sur celle-ci une troisième bien disposée à joints recouverts et conduits de niveau sur toute la longueur de l'ouvrage. Ces assises sont entrelacées avec des brins de saule et quelques brins de chiendent, de même qu'au placage ; et de trois assises en trois assises on étend un lit de fascinage qu'on recouvre de terre bien battue, pour former le parapet, et à mesure que l'ouvrage avance, on recoupe le parement pour qu'il soit bien uni, et fasse le même effet que s'il était de maçonnerie. Tous les angles saillants d'un parapet intérieur ou extérieur se font en arrondissant, parce qu'autrement il serait bientôt émoussé ; c'est même dans ces endroits où la main du gazonneur montre son adresse.

Le gazon, pour être bon, doit être coupé dans un pré bien herbu et racineux, un peu humide. Les prés qui sont tourbeux ou sablonneux ne valent rien pour cela. Toutes les saisons ne sont pas propres non plus pour le gazonnage, le temps le plus convenable est le printemps et l'automne.

Il faut environ 250 gazons et 12 fascines pour une toise quarrée de gazonnage. Il semble que 216 gazons devraient suffire, mais on en compte 40 de plus pour remplacer ceux de rebut. Un bon gazon pèse ordinairement 15 livres, et un charriot en voiture 100.

Un bon coupeur de gazon peut en couper jusqu'à 1500 dans un jour d'été, et la moitié seulement dans un jour d'hiver. Le gazonneur en peut poser et raser 10 toises quarrées dans un jour, et même davantage, s'il est bien servi pour la terre et pour la fascine.

Je ne dis rien ici du tunage et du clayonage, parce que je me propose d'en parler dans l'Architecture hydraulique. Je passe aussi sous silence quantité de petits détails au sujet de la manière de travailler les terres, qui ne sont point assez de conséquence pour mériter une attention particulière.

A l'égard des fossés qui environnent les ouvrages, leur excavation ne doit point être plus profonde que le niveau de la dernière retraite des fondements. Mais, quand ils sont à sec, on observe pourtant de leur donner un peu de talus en venant du pied du rempart dans le milieu, et du pied de la contrescarpe dans le même milieu, afin de faciliter l'écoulement des eaux de pluie.

Quand la contrescarpe n'est point revêtue, on donne aux bords du fossé un talus égal à sa profondeur; à mesure qu'on approfondit, on fait d'abord des banquettes au lieu de talus pour faciliter les allées et venues des travailleurs, et après que la vidange est faite, ces banquettes sont coupées pour former le talus dont je viens de parler. On donne aussi un semblable talus au pied des ouvrages de terrasse qui ont une berme.

Je ne parle point de la largeur ni de la hauteur que l'on donne au terre-plain des remparts, parce que cela doit être réglé par les profils. Je dirai cependant que les talus intérieurs de tous les remparts ont une fois et demie leur hauteur; c'est-à-dire que si un rempart a 12 pieds de haut, on lui en donnera 18 de talus.

Je ne dois point oublier de dire ici que quand on forme les faces des bastions, demi-lunes, contre-gardes, etc., on observe de leur donner plus d'élévation aux angles saillants qu'aux extrémités (1). Je veux dire que ces faces ont une petite pente en venant de l'angle saillant aux extrémités, qui est réglée suivant la longueur que doivent avoir ces faces. Cela contribue à donner plus de grace à un ouvrage, et à le cou-

(1) Voyez la planche XIV, qui comprend l'élévation d'un front de fortification.

vrir contre les enfilades. Mais quand on a seulement ce dernier mot en vue, il y en a qui aiment mieux faire des surtouts aux angles saillants. J'ajouterai aussi qu'on donne aux remparts et parapets des ouvrages un peu plus d'élévation que celle qui a été réglée par les profils, pour prévenir les réductions que causent les affaissements.

Quand on fait des demi-revêtements aux ouvrages, on y liaisse quelquefois une berme de 10 pieds de largeur pour une haie vive, qui se fait d'épines blanches provenant de jeunes plantes pépinières. Elle se plante sur deux lignes, dont la première est à 5 pieds du parapet, et la seconde à 12 pieds de la première. On la laboure de temps en temps et au bout de trois ans on la récèpe tout près de terre. Trois autres années après, la haie s'étant élevée à une certaine hauteur, on entrelace tous ses brins les uns dans les autres, de manière qu'ils fassent un tissu de 4 à 5 pieds, ce qui se doit répéter tous les ans, jusqu'à ce qu'elle soit parvenue à la hauteur de 6 pieds. On la taille proprement devant et derrière, afin qu'elle épaississe mieux, et on la laisse anticiper jusqu'à la moitié de l'épaisseur du revêtement au sommet, afin qu'il ne reste d'autre espace que celui qui sera nécessaire pour le passage du jardinier qui la cultivera.

On plante ordinairement des arbres sur le parapet de la place trois ou quatre ans après qu'on l'a élevé, afin que les terres aient eu le temps de s'affaisser. On en met trois rangées : la première se fait au pied de la banquette, la seconde à 3 ou 4 pieds du bord intérieur du terre-plain, et la troisième au pied du talus du rempart. On choisit des ormes d'une belle tige, bien garnis de leurs racines, qui ne doivent être ni altérées ni offensées. Quant à leur grosseur, il suffit qu'ils aient 6 à 7 pouces de pourtour, parce qu'ils en reprennent mieux que s'ils étaient plus forts. On les plante à 15 pieds de distance les uns des autres, faisant des trous de 3 pieds en quarré, sur autant de profondeur. Il est à propos de faire ces trous trois ou quatre mois avant de planter les arbres, afin que le fonds puisse s'engraisser. On a encore beaucoup d'autres petites attentions qui sont essentielles pour les faire profiter, mais qui sont assez connues des jardiniers pour que je me dispense d'en faire le détail.

Je n'ai pas encore parlé du chemin couvert, parce que sa construction n'a rien qui ne soit renfermé dans ce qu'on a vu au sujet de la manière de construire les ouvrages de terrasse. Je dirai pourtant qu'on lui donne ordinairement six toises de largeur, formée par un parapet de 4 pieds et demi de haut, élevé sur deux ou trois banquettes, selon qu'on est obligé de se couvrir contre la campagne. Quelquefois l'on soutient ce parapet d'un petit revêtement de maçonnerie, qu'on ne construit qu'après que les terres se sont bien affermies. On l'établit sur une fondation de trois ou quatre tas de briques de hauteur sur deux briques et demie d'épaisseur, et on lui donne deux briques sur la base et une brique et demie au sommet, sur trois pieds de hauteur. Le reste du parapet, qui est d'un pied et demi, se revêt de gazon ou de placage.

Les angles saillants des places d'armes en rase campagne doivent être élevés d'un pied plus que l'extrémité de leur face pour se couvrir contre les enfilades. Dans le milieu de chaque face, on pratique une sortie coupée à niveau du terre-plain : on lui donne 9 à 10 pieds de largeur sur 15 de longueur, prise du sommet du parapet, et pour défiler le passage, on le détourne en arrondissant vers l'angle rentrant. Aux deux côtés de chaque sortie, on plante un poteau aiguisé et contre-fiché sur un seuil, pour porter deux manteaux de barrière que l'on fait de barreaux à claire voie, dont le sommet finit en pointe, façonnée comme celle des palissades, et élevée à la même hauteur et sur le même alignement.

Les places d'armes rentrantes et saillantes se forment ordinairement par des traverses de terre auxquelles on donne 10 pieds d'épaisseur au sommet. Leur parapet est élevé à la même hauteur que celui du chemin couvert, avec le même nombre de banquettes. Quand la contrescarpe est revêtue de maçonnerie, les profils de traverses le sont aussi, ce qui les rend capables d'un plus grand feu, à cause que l'on n'est pas obligé de leur donner un aussi grand talus de ce côté-là.

A un demi-pied du parapet, tant du chemin couvert que des traverses, on plante sur la banquette un rang de palissades de bois de chêne, de brin ou de quartier, de 8 pieds et demi de longueur sur 18 à 20 pouces de tour mesuré au milieu. Elles sont appointées de 12 à 13 pouces de longueur, la pointe droite sur le milieu un peu tronquée pour éviter la pourriture. On les espace également à 2 pouces de distance l'une de l'autre mesurée sur le liteau, auquel elles sont attachées avec des chevilles de bois de chêne bien sec, chassées de force par le gros bout, et fendues par le petit, pour être contre-chevillées. Le linteau se fait aussi de bois de chêne, d'une pièce de 4 pouces sur 5 d'équarrissage, laquelle est refendue diagonalement à un pouce près des angles opposés, ce qui donne deux cours de linteaux. M. le maréchal de Vauban faisait surmonter la pointe des palissades de 9 pouces au-dessus de la crête du parapet; mais l'usage a fait connaître que 6 pouces suffisaient et mettaient les palissades moins en prise au canon. On doit les incliner de 6 pouces du côté du parapet, pour mieux résister à la poussée des terres, et que le soldat soit bien commodément placé pour faire feu.

Il entre ordinairement huit ou neuf palissades dans la toise courante, dont chacune pèse environ soixante-dix liv. Un charriot en voiture cent, et un ouvrier avec son manœuvre peut en planter et cheviller trois toises courantes par jour.

Quand un rempart n'est revêtu que de gazon, on le fraise à la hauteur du terre-plain, c'est-à-dire qu'on le hérisse de palissades posées horizontalement, ayant trois pieds de saillie sur trois pouces de pente. Elles sont couchées et chevillées sur un chevet ou linteau. Il y a des personnes qui ajoutent un second linteau sur l'extrémité qui est enterrée, afin qu'on trouve plus de difficulté à les arracher; mais cela paraît assez inutile. Ces palissades sont espacées les unes des autres de 4 à 5 pouces, il en faut environ six à sept par toise courante.

Comme les ouvrages revêtus de gazons ont ordinairement une berme, on y plante aussi au bord du fossé un autre rang de palissades qui présentent la pointe du côté de la campagne. On leur fait faire un angle de 45 degrés avec l'horizon, et leur saillie est à-peu-près de 4 pieds 10 pouces.

Je crois ne pouvoir mieux finir ce troisième livre qu'en rapportant quelques réglements de M. le maréchal de Vauban, au sujet des travaux, lesquels conviendront parfaitement ici pour donner aux jeunes ingénieurs une idée générale de la façon dont se doivent faire les toisés des ouvrages, et ce qu'il faut suivre pour avoir de l'ordre et de l'arrangement quand on est chargé du détail.

*Réglement de M. le maréchal de Vauban, pour la conduite des Travaux.*

« L'ingénieur qui sera chargé en chef des travaux d'une place, fera tous les ans un registre où chaque article de l'état des ouvrages ordonnés pour la même année aura sa feuille particulière, dans laquelle tous les paiements de la dépense seront rapportés en gros et en détail, depuis le commencement de son exécution jusqu'à la fin, conformément aux marchés qui auront été faits, et aux comptes et toisés qui seront arrêtés de temps en temps avec les entrepreneurs ; moyennant quoi il lui sera aisé, en quelque temps que ce soit, de faire voir l'état des ouvrages dont on pourra tirer des connaissances nécessaires pour le temps de leur durée, et les moyens de les pouvoir achever.

« Les entrepreneurs n'en commenceront aucun en gros ni en détail, qu'on ne leur ait donné la figure et l'étendue au juste, marqué toutes les hauteurs et profondeurs, et fait un toisé général, du contenu duquel on leur donnera copie, qu'ils signeront. Après qu'ils les auront achevés, ils seront mesurés pour la seconde fois, et si la quantité qu'on aura trouvée à la fin diffère du commencement, on prendra toujours le moindre nombre pour le compte du roi : ce qui se doit entendre pour le remuement des terres seulement, car pour la maçonnerie il pourrait y avoir des changements dans la fondation, qui seraient si éloignés du toisé estimatif, qu'on ne pourrait pas s'y tenir sans tomber volontairement dans une erreur considérable.

« Tous les ouvrages de terre seront mesurés par l'excavation des fossés d'où on les aura tirés, à moins qu'il ne fût expressément spécifié par le marché de le faire autrement.

« Tous les témoins de terre seront faits en profils et non en pyramide, à cause des abus et tromperies qui s'y commettent : et ils se feront toujours de concert avec l'ingénieur et l'entrepreneur.

« L'ingénieur ne fera payer personne à bon compte, sur les ouvrages, qu'il ne soit certain, par un bon mesurage, de la possibilité de le faire ou non, sans rien hasarder pour le roi.

« A l'égard des ouvrages de maçonnerie, on tiendra des attachements ou des mémoires exacts, signés réciproquement de l'ingénieur et de l'entrepreneur, et même des principaux conducteurs des ouvrages, où toutes les épaisseurs, longueurs et hauteurs de chaque partie seront nettement expliquées, spécifiant bien l'endroit de chacune, afin d'éviter toute sorte d'embrouillement et de supercherie dans les toisés généraux.

« Pour la charpenterie, on tiendra de même des attachements de tous les bois qui seront attachés, et de ceux qui ne le seront pas, spécifiant bien le nom de chaque espèce, et même figurant à la marge, le mieux qu'il sera possible, la partie dont il est question, afin d'éviter toute obscurité.

« La même chose sera aussi observée pour la maçonnerie, tout autant de fois qu'on croira en avoir besoin, pour plus grand éclaircissement.

« Tous les ouvrages de fer seront pesés à la livre de seize onces, en présence de l'ingénieur, après qu'ils auront été forgés, avant que d'être employés.

« Ceux de maçonnerie, à la toise cube si c'est de gros mur, ou à la toise quarrée si c'est de simple mur, comme des casernes, magasins, corps-de-gardes, et autres.

« Le mesurage de terre se fera à la toise cube de France; celui des gazons à queue, gazons plats et placages, à la toise quarrée; celui de la charpenterie, au cent de solives.

« Sur la fin de chaque année, au temps où les ouvrages finissent, l'ingénieur arrêtera sur son registre toutes les dépenses qui auront été faites, et rapportera sur son projet de l'année courante l'état où seront les ouvrages de la place, et ce que chacun aura coûté, en marge, vis-à-vis de son article; comptant après les revenant bon, ou les dettes qui s'y trouveront, pour faire état des premiers comme fonds déja reçus, et des seconds comme premiers fonds à demander sur le projet de l'an prochain; ensuite de quoi il y travaillera, y rapportant tous les ouvrages qui auront été réglés, avec l'estimation de chacun en particulier, le plus juste qu'il sera possible, afin que l'on puisse choisir ceux que l'on jugera les plus nécessaires : il faudra aussi rapporter après cela le prix des matériaux en provision, qui tiendront lieu de fonds, et à la fin, le nom de tous les gens employés à la fortification, et les appointements de chacun; et pourvu que cet ordre soit exactement observé, l'on ne tombera pas dans aucune erreur, et l'on verra toujours clair dans toutes les dépenses faites et à faire.

« Quand on fera des toisés, soit généraux, soit particuliers, il faudra bien spécifier le lieu et l'endroit, la qualité des ouvrages, le nom de la pièce et de l'entrepreneur, et même les marquer sur le plan par un renvoi chifré, afin que l'on n'ait point de peine à le trouver quand il s'agira de quelque vérification.

« Secondement, d'en donner les longueurs, largeurs et profondeurs, par toises, pieds et pouces, dans l'ordre marqué ci-après, avec le produit.

« Troisièmement, d'en distinguer les portions, quand il s'en trouvera plusieurs dans la même pièce, par première, seconde, et troisième, etc.

« Quatrièmement, d'en faire toujours la supputation par toises, pieds et pouces, parce que cette façon s'explique plus clairement et est plus en usage, et moins sujette aux embrouillements des fractions que les autres.

« S'il était question, par exemple, de mesurer la vidange du fossé vis-à-vis la face d'un bastion, et que ce mesurage fût divisé en plusieurs parties, voici comme l'on en dressera le toisé.

*Toisé du transport des terres qui a été fait devant la face droite du bastion N, pour l'approfondissement de son fossé et l'élévation de son rempart, entrepris par.... et ses associés, à raison de 50 s. pour la toise cube, marché fait le....du mois de.... de l'année.... achevé le.... du mois de.... de la même année.*

### PREMIÈRE PARTIE,

*A commencer de la pointe du bastion en tirant vers l'épaule.*

| | tois. | pi. | po. | tois. | pi. | po. |
|---|---|---|---|---|---|---|
| Longueur.................... | 32 | 3 | 6 | | | |
| Largeur réduite.................... | 12 | 4 | 8 | ......1249 | 0 | 0 |
| Profondeur.................... | 3 | 0 | 0 | | | |

### SECONDE PARTIE.

| | tois. | pi. | po. | | | |
|---|---|---|---|---|---|---|
| Longueur.................... | 8 | 3 | 0 | | | |
| Largeur.................... | 12 | 4 | 8 | ...... 325 | 5 | 0 |
| Profondeur.................... | 3 | 0 | 0 | | | |
| | | | | 1574 | 5 | 0 |

| | | tois. | pi. | po. |
|---|---|---|---|---|
| *De l'autre part* | | 1574 | 5 | 0 |

## TROISIÈME PARTIE,

*Joignant l'épaule du même coté attenant à la précédente.*

| | tois. | pi. | po. | | | | |
|---|---|---|---|---|---|---|---|
| Longueur | 12 | 0 | 0 | | | | |
| Largeur | 12 | 4 | 8 | | 460 | 0 | 0 |
| Profondeur | 3 | 0 | 0 | | | | |
| TOTAL | | | | | 2034 | 5 | 0 |

Ces 2034 toises 5 pieds, à raison de 50 s. la toise cube, font la somme d 5087 liv. 1 s. 8 deniers.

« Quand il s'agit de mesurer de la maçonnerie, si c'est à la toise cube, on tiendra le même ordre, expliquant toujours les trois dimensions; et si c'était à la toise carrée, on n'en expliquera que deux, longueur et largeur, ce qui se fait particulièrement pour le gazonnage, placage, etc.

« Du surplus, il faudra que les toisés soient purs et nets, c'est-à-dire, qu'on ne les doit pas augmenter pour y comprendre la dépense d'autres ouvrages qui n'auraient pas été résolus, quelque petits qu'ils soient : il ne faut pas non plus faire aucune diversion des fonds qui auront été ordonnés pour la dépense des ouvrages, pour les employer à d'autres, tels que pourraient être les défections, réparations des bâtiments, comme corps-de-gardes, arsenaux, magasins, etc.

« Quand ils ont besoin de réparations, il les faut comprendre dans le projet, et en représenter la nécessité au ministre, attendu que tout toisé augmenté est fort suspect et de mauvais exemple, bien que la fin pour laquelle on l'aurait fait fût la plus juste du monde; car il est à supposer que les ouvrages dont la dépense a été ordonnée par le ministre, sont toujours les plus pressés, et sur cela on ne la doit point employer à d'autres. Tenir pour maxime indubitable que toutes celles des fortifications qui contribuent le plus à mettre une place en sûreté, sont toujours préférables aux autres, de quelque nature qu'elles puissent être.

Que si pendant le cours d'une année il vient à tomber quelque chose dans un ouvrage qu'on n'ait pas prévu, comme cela arrive fort souvent, il faut en faire une estimation particulière, et en donner promptement avis au ministre, à qui on en fera connaître la conséquence, afin qu'il ordonne de nouveaux fonds pour cela.

« A l'égard des estimations, supposé qu'il s'agisse de faire celle d'une demi-lune que l'on veut gazonner, fraiser et palissader sur la berme ou dans le fossé; voici comme on procédera, après avoir expliqué le lieu et la situation.

*Estimation d'une demi-lune située entre les bastions* N *et* O, *etc.*

| | tois. | pi. | tois. | pi. |
|---|---|---|---|---|
| Circuit du fossé | 10 | 4 | 3200 | 0 |
| Largeur réduite du fossé | 120 | 0 | | |
| Profondeur | 2 | 3 | | |

| | liv. | s. | d. |
|---|---|---|---|
| Estimés à raison de 45 s. la toise cube, font la somme de | 7200 | 0 | 0 |

*Gazonnage à queue pour l'extérieur de la demi-lune.*

| | tois. | pi. | tois. | pi. |
|---|---|---|---|---|
| Longueur | 118 | 0 | 354 | 0 |
| Hauteur | 3 | 0 | | |

*Gazonnage intérieur du parapet et banquette.*

| | tois. | pi. | tois. | pi. |
|---|---|---|---|---|
| Longueur | 100 | 0 | 116 | 4 |
| Hauteur réduite | 1 | 1 | | |
| Total | | | 470 | 4 |

| | | | |
|---|---|---|---|
| Ces 470 toises carrées, estimées à raison de 40 s. chaque toise, font | 940 | 0 | 0 |

*Gazons plats sur le parapet et sur les banquettes.*

| | tois. | pi. | tois. | pi. |
|---|---|---|---|---|
| Longueur | 100 | 0 | 433 | 2 |
| Largeur réduite | 4 | 2 | | |

| | | | |
|---|---|---|---|
| Ces 433 toises, estimées à raison de 8 s. la toise carrée, font la somme de | 173 | 6 | 8 |
| Pour 958 toises carrées de fascinage de 10 pieds de long, à raison de 10 s. pour chaque toise carrée | 479 | 0 | 0 |
| Pour 205 toises circuit réduit de la fraise et de la palissade, à raison de 6 liv. par toise courante à tout fournir | 1230 | 0 | 0 |
| Total du contenu de cette estimation | 10022 | 6 | 8 |

« Quand il y aura quelques autres parties, il faudra aussi les spécifier, comme les ponts de communication, épuisements d'eau, le revêtement des profils, corps-de-garde et réduits : cette manière doit être pratiquée dans les estimations générales, desquelles il faudra tirer des abrégés, dont un article comprendra la dépense d'une pièce entière en cette manière :

Pour la façon de la demi-lune ordonnée entre les bastions N et O, toute dépense payée, la somme de 10022 liv. 6 s. 8 den.

« Il ne sera pas nécessaire d'en faire d'autre détail, puisqu'il aura été fait dans l'estimation générale, à laquelle il faudra avoir recours pour plus grand éclaircissement; et c'est de cet extrait ou abrégé qu'il faudra tous les ans tirer les projets de dépenses. Voilà à-peu-près quel en sera le formulaire.

*Abrégé de dépense restant à faire pour mettre les fortifications de la ville en leur entière perfection.*

| | |
|---|---|
| Pour la façon d'une demi-lune de terre ordonnée entre les bastions de France et de Bourgogne, toute dépense payée, la somme de | 12000 liv. |
| Pour celle du réduit du corps-de-garde de ladite demi-lune, la somme de | 2500 |
| Pour achever le nétoiement des fossés de la place | 6000 |
| Pour la façon d'une écluse au bas du chemin couvert, la somme de | 8400 |
| Pour six milliers de palissades | 3000 |
| Aplanissements des monticules, cavins et comblements de fossés | 4500 |
| Réparations des chemins couverts | 4200 |
| La façon et fourniture de six plates-formes sur les batteries à barbettes du bastion G | 1200 |
| Il est dû à l'entrepreneur, sur les ouvrages de l'année passée, la somme de | 1500 |
| Frais imprévus, journées et accidents survenus dans le cours du travail | 2400 |
| Total du contenu de cet abrégé | 45700 |

« C'est ainsi qu'il faudra faire les abrégés, lesquels ne différeront des états arrêtés des dépenses annuelles que du titre seulement; c'est dans cet abrégé que le ministre choisira les articles pour lesquels on veut faire fonds, ensuite de quoi on les sépare de l'estimation pour en faire un autre à part, qui sera l'état de la dépense. »

Depuis que M. le maréchal de Vauban a donné les règlements qu'on vient de voir, les ingénieurs s'y sont conformés à peu de chose près. Il y a pourtant des directions où l'on ne suit pas tout-à-fait le même arrangement; et c'est pour ne point adopter ce qui se fait dans l'une plutôt que dans l'autre, que j'ai rapporté à la lettre les instructions de M. de Vauban, préférablement à celles que j'aurais pu prendre ailleurs. Au reste, il n'y a personne qui ne se mette en très-peu de temps au fait de toutes ces minuties, puisqu'il suffira de lire ou de copier les états et mémoires qui se font dans les places pendant le cours d'une année. Je les aurais même supprimés, si les moindres choses ne méritaient toujours attention quand on ne les sait pas. Il est vrai que de petits détails trop répétés ennuient les habiles gens, qui n'y trouvent rien que d'insipide; mais je les prie de considérer qu'un livre comme celui-ci n'est pas fait pour eux.

# LIVRE QUATRIÈME,

## QUI TRAITE DE LA CONSTRUCTION DES ÉDIFICES MILITAIRES ET CIVILS.

On vient d'enseigner dans le livre précédent la construction des gros ouvrages de fortification, avec tous les détails auxquels il fallait avoir égard : on trouvera dans celui-ci les édifices qui se font aux places de guerre, leur propriété, la manière de les bâtir solidement, et une suite de nouveaux détails qui plairont peut-être à ceux qui ont intérêt de se les rendre familiers. Et comme l'expérience dans l'art de bâtir est la règle que l'on peut suivre avec le plus d'assurance, principalement quand on n'a qu'à imiter les ouvrages qui ont déja été exécutés avec succès, j'ai cru que le parti le plus sûr était de rapporter exactement les plans, profils et élévations des édifices les plus approuvés qui ont été faits dans les places neuves. Car, comme ceux qui en ont donné les projets peuvent passer avec raison pour les maîtres de l'art, il est à présumer qu'ils ont fait ce qui se pouvait de mieux, et qu'on ne peut se tromper en suivant leur exemple, laissant à la prudence de ceux qui les feront construire, de faire les changements qu'ils jugeront à propos.

Comme la maçonnerie a été expliquée assez amplement dans le troisième livre, je ne m'y arrêterai guère dans celui-ci, parce que l'on trouvera dans le sixième des devis qui ne laisseront rien à desirer pour la construction des ouvrages qui demandent d'être travaillés avec soin: et je ferai en sorte que toutes les matières soient si bien liées, que, sans faire des répétitions inutiles, on puisse trouver dans une partie ce qui semble manquer à l'autre. N'ayant pas fait mention jusqu'ici des qualités du bois qui s'emploie dans la charpente, des précautions qu'il faut prendre pour le mettre en œuvre, et comment on peut en estimer la force ou la résistance, je commencerai d'abord par examiner toutes ces choses. Ensuite j'en userai de même pour le fer, puisque ces deux matières, après la maçonnerie, sont ce qu'il y a de plus essentiel dans la construction des édifices. Enfin je finirai ce quatrième livre par les maximes générales que l'on doit suivre dans l'architecture civile, pour de là passer au cinquième, où l'on trouvera tout ce qui peut appartenir à la décoration des mêmes édifices, afin d'être également instruit du solide et de l'agréable.

## CHAPITRE PREMIER.

### *Des Qualités du Bois qui entre dans la charpente.*

Le meilleur bois qu'on puisse employer dans les édifices est celui de chêne, parce qu'étant fort dur il résiste mieux que tout autre au fardeau, et se conserve plus long-temps en bon état, n'étant pas si sujet à se pourrir par l'humidité. Il se conserve même dans l'eau des temps infinis, où il acquiert une si grande dureté, qu'il n'est presque pas possible de le travailler avec les outils. C'est ce que l'on a remarqué plusieurs fois aux pilots que l'on a trouvés sous de vieilles démolitions des ouvrages bâtis par les Romains.

Autrefois on se servait de châtaignier dans les édifices considérables, parce que l'on ignorait la bonté du chêne : mais on est revenu de cette erreur depuis environ 150 ans, parce que le châtaignier est sujet à se fendre et à se pourrir, quand il est assis dans la maçonnerie, comme il arrive aux extrémités des poutres, qui sont dans les pignons, ce qui oblige par la suite à en mettre de nouvelles; au lieu que celles de chêne se conservent en bon état des 7 ou 800 ans, quand on a pris, avant de les couper dans les forêts, toutes les précautions dont nous parlerons dans la suite.

L'orme est aussi un bon bois; mais on s'en sert rarement pour la charpente, parce que n'étant pas commun on aime mieux le garder pour d'autres usages. On en fait des verrins, des moyeux, des jantes de roues, soit de moulin ou de voiture, parce qu'il se travaille bien, étant liant et point sujet à éclater, ce qui fait qu'on l'emploie préférablement à tout autre dans l'artillerie pour la construction des affûts.

Le sapin est aussi d'usage dans les édifices, quand on est à portée d'en avoir à juste prix, pour des soliveaux et des planchers. On en distingue de deux sortes, le sapin ordinaire et le sapin rouge : ce dernier est le meilleur, parce qu'il ne se casse pas si aisément que l'autre. Comme il se conserve bien dans l'eau, on s'en sert assez souvent pour des palplanches, dans la construction des écluses, et pour les petits grillages qui sont au-dessus des fascinages des jetées. Cependant il n'est pas trop bon pour les bâtiments, parce qu'il est sujet à s'échauffer, et à engendrer des vers qui le gâtent.

Je passe sous silence plusieurs autres espèces de bois dont on ne se sert point ordinairement pour la charpente, soit que les uns n'y conviennent point à cause de leurs mauvaises qualités, ou que les autres soient rares, et d'un prix qui les fait réserver pour des meubles ou d'autres emplois qui n'ont point de rapport à mon sujet.

Les arbres, de quelque espèce qu'ils soient, participent toujours de la nature du terrain où ils ont crû. Ceux qui viennent dans un lieu aride, pierreux ou sablonneux, sont ordinairement durs et d'un fort bon emploi. Au contraire, s'ils sont venus dans un lieu bas ou aquatique, ils ne sont pas d'une aussi bonne qualité, étant plus tendres, et moins propres à soutenir de grands fardeaux : mais en récompense ils se travaillent mieux pour les ouvrages de menuiserie, au lieu que les autres par leur dureté sont rebelles aux outils. Ceux qui viennent du côté du midi sont meilleurs que ceux du côté du couchant, le soleil contribuant beaucoup à les rendre plus durs, plus hauts et plus gros : d'ailleurs ils n'ont que très-peu d'aubier, qui est une partie de l'arbre immédiatement sous l'écorce, plus tendre que le reste, qu'on peut regarder comme la matière dont l'arbre s'est augmenté depuis peu de temps, parce que tous les ans la sève commence au printemps à former un nouvel aubier, qui va toujours en croissant jusqu'à la chûte des feuilles, et se durcit ensuite pendant l'hiver pour se joindre au corps de l'arbre, le froid faisant alors resserrer les pores de l'arbre, qui, ne recevant plus le suc qui s'y introduisait, reste comme s'il était mort. Mais, quand la terre vient à s'échauffer au printemps, la nature forme encore un nouvel aubier, et tous les ans il arrive la même chose, jusqu'à ce qu'il commence à dépérir par la vieillesse.

Il est encore à remarquer que les arbres qui croissent éloignés les uns des autres, et qui sont battus par les vents, comme ceux qui viennent sur la rive ou le bord des forêts, sont ordinairement plus durs et plus forts que les autres qui viennent dans des lieux serrés, où les vents ne pénètrent point, les premiers ressemblant aux hommes qui se fortifient par l'exercice et le travail. Quant à la qualité des arbres en général, les meilleurs sont ceux qui sont bien sains, qui ont un droit fil, qui ne sont point roulés, rabougris, ni gelifs, et qui n'ont ni fentes ni gerçures.

On peut abattre le chêne depuis 60 jusqu'à 200 ans, parce qu'avant qu'il ait 60 ans, il est trop jeune, et n'a point assez de force, et qu'après 200 ans il dépérit et ne se conserve pas si long-temps étant employé : l'âge le plus convenable pour le couper dans toute sa force, est autour de cent ans.

On dit communément que le bois croît pendant 100 ans, s'entretient 100 ans, et ensuite est 100 ans à dépérir. Il est vrai qu'au bout de 200 ans un arbre dépérit : mais c'est une erreur de croire qu'après 100 ans il reste 100 autres années dans une espèce d'inaction ; puisque, tandis qu'on s'imagine qu'il ne fait que s'entretenir, il augmente en grosseur jusqu'à 160 et 180 ans, comme il est aisé de s'en apercevoir quand il est abattu. Il est bien vrai qu'après 100 ans un arbre n'augmente plus guère en hauteur, mais cela ne l'empêche pas de grossir, puisqu'il prend encore de la nourriture : car tout bois qui porte des feuilles a de la sève, et tout ce qui a de la sève doit profiter ; au lieu que si la croissance d'un arbre ne durait que pendant un siècle, il ne marquerait plus après ce temps aucune nouvelle augmentation, ce qui est contraire à l'expérience.

Si l'on veut savoir quel âge a un bois taillis ou futaie, on n'a qu'à le couper par le pied, et on apercevra un nombre de circonférences presque concentriques, qui vont comme en progression depuis le centre de l'arbre jusqu'à l'écorce, et qui marquent assez distinctement le nombre des croissances, et par conséquent celui des années.

Le temps le plus propre pour abattre les arbres est depuis le mois d'octobre jusqu'au commencement de mars ; parce qu'alors la sève n'est guère en action, et les pores sont plus resserrés. On observe aussi d'en faire la coupe dans le dernier quartier de la lune, parce qu'on prétend qu'il y a plus ou moins d'humidité dans les pores, selon que la lune croît ou décline. La manière de les couper, quand on veut prendre toutes les mesures nécessaires, est de les cerner par le pied jusqu'à la moitié du cœur, et les laisser ainsi quelque temps, afin que la sève, coulant par cette entaille au travers de l'aubier, ne se corrompe point dans le bois.

Comme tous les jours on achète des bois abattus, il faut, pour ne pas y être trompé, les sonder auparavant, afin que s'ils pèchent en quelque chose, on puisse au moins en faire l'usage qui leur est le plus naturel. Pour cela, on répand dans un des bouts de l'arbre un peu d'huile d'olive bien chaude, pour connaître ce qu'il est; car s'il est venu dans un fond marécageux, le sel de l'arbre étant âcre, l'huile gresillera en la jetant; s'il est venu dans un terrain doux, et qu'il ait été coupé en temps de sève, l'huile ne s'imbibera pas entièrement partout, il en restera vers les bords; au contraire, s'il a crû dans un lieu sec, et qu'il ait été coupé dans le temps que la sève est amortie, l'huile s'y imbibera tout entière, et se séchera sur-le-champ. Prévenu de cela, il faudra prendre garde de ne point employer celui qui sera crû dans un lieu marécageux, aux endroits humides ou exposés à la pluie, parce qu'il s'y pourrirait en peu de temps : il est également dangereux de le mettre où il règne un grand soleil, car la chaleur surprenant l'humidité dont il est rempli, l'ouvre et le fait fendre, comme on le remarque tous les jours, non seulement aux ouvrages de charpente qui sont exposés à l'air, mais même à ceux qui sont couverts. Quand on en veut témoigner quelque mécontentement aux entrepreneurs ou aux charpentiers, ils répondent que c'est un effet de a force du bois; et, soit par ignorance ou par malice, ils se tirent d'affaire avec ce sot raisonnement. Cependant, comme on est souvent contraint d'employer des bois de bonne ou mauvaise qualité, il faudra choisir le meilleur, c'est-à-dire le moins humide, pour le placer dans les lieux les plus considérables de l'édifice, et l'autre aux endroits de peu de conséquence; faisant attention que les gros bois, étant vieux, sont plus sujets à se fendre et à éclater que les plus menus. Il est à-propos de ne faire les poûtres qu'avec ce qu'on aura de meilleur, afin que par la suite si on est contraint de renouveler quelque pièce de charpente, on ne soit pas obligé à une grande dépense et à un travail considérable.

Il arrive souvent qu'une pièce de bois, après avoir été équarrie, paraît bien saine, tandis que le cœur en est gâté ; pour ne pas y être trompé, il faut faire donner des coups de marteau à l'un des bouts, et prêter l'oreille à l'autre : si on entend un bruit sourd et cassé, c'est une marque que la pièce est gâtée ; au contraire, si le son est clair, c'est une preuve qu'elle est bonne.

J'ai encore à faire remarquer, que, quand on peut garder à couvert quelque temps les bois avant de les débiter, ils en sont d'un bien meilleur usage, parce que s'ils ont crû dans un endroit humide, ils sont moins sujets à se déjeter et à se fendre. Ainsi je voudrais qu'on les gardât au moins 2 ans, pour qu'ils aient le temps de s'affermir et de se consolider. S'il s'agit des ouvrages de menuiserie, il faudra les garder bien davantage : puisque, quand on ne les emploierait qu'au bout de 5 ou 6 ans, l'ouvrage n'en serait que meilleur.

Une précaution encore très-nécessaire dans l'usage journalier des bois, est de ne les employer qu'après en avoir détaché l'aubier ; car pour peu qu'il en reste dans les flâches, après même qu'ils ont été équarris, il est certain qu'il en occasionnera la pourriture, ou qu'il s'y engendrera des vers.

D'habiles gens prétendent que les vers qui s'engendrent dans le bois ne viennent point de la substance du bois même, mais que ce sont des œufs que les vers déposent dans la terre que la sève introduit dans les pores, où venant à éclore après un certain temps, ils produisent les vers que l'on y voit, quand il est sec. Le rapport qu'il y a de cette hypothèse avec celle qu'on observe tous les jours, la rend assez plausible ; car les bois qui sont sujets à être vermoulus commencent à se gâter par l'aubier, quand on y en a laissé en les équarrissant ; et plus l'aubier est considérable, plus les vers y croissent en abondance : et comme les bois qui ont beaucoup d'aubier viennent ordinairement dans des lieux humides, où les vers sont en plus grand nombre que dans le terrain sec, il n'est donc pas surprenant qu'ils soient plus sujets à cet inconvénient que les autres.

D'autres attribuent cette croissance des vers dans le bois à une cause différente : les mouches, disent-ils, font des œufs ; ces œufs produisent des vers, qui se nourrissent et croissent. Or les mouches piquent le fruit qui leur convient, et y déposent un œuf qui forme le ver dont le fruit est mangé : ainsi, ne peut-il pas arriver qu'elles fassent la même chose dans les arbres dont le bois est tendre, comme est celui qui croît dans les lieux humides, et dont l'aubier est aisé à pénétrer ?

Le bois, quoique bon, se gâte quelquefois, lorsqu'étant roulé il a été mis en œuvre : ce qui se connaît par les rognes ou mousses qu'il jette en dehors, et qui resemblent assez à des champignons ou à des mousserons.

Quand il est échauffé, il est encore sujet à un autre défaut, qui est de se couvrir par la suite de petites taches blanches, noires et rousses, ce qui le fait paraître pourri : mais ce qu'il y a de surprenant, c'est qu'un bois, quelque sain qu'il soit, appliqué contre un autre qui a les défauts dont nous venons de parler, participe lui-même de ces défauts au bout d'un certain temps ; c'est pouquoi il faut prendre garde, dans l'emploi qu'on en fera, qu'il ne touche rien qui puisse l'endommager, faire même en sorte que les pièces considérables, comme les poûtres, ne touchent jamais le mortier ni le plâtre, parce que ces matières les échauffent : il serait même à-propos de laisser quelques petits trous dans les murs, à l'extrémité des poûtres, afin que l'air du dehors puisse les rafraîchir (1).

## CHAPITRE SECOND,

*Où l'on fait voir la manière de calculer ou d'estimer la force des principales pièces de charpente qui s'emploient dans les bâtimens.*

Depuis que j'ai commencé à m'appliquer à l'architecture, la maçonnerie et la charpente m'ont toujours paru dignes d'une étude particu-

(1) Les personnes qui voudraient avoir de plus grands détails sur les qualités du bois, et sur la meilleure manière de l'exploiter et de le conserver, pourront lire avec beaucoup de fruit les ouvrages de Duhamel, intitulés *Transport et force des bois*, et *Exploitation des bois*, ainsi que différents Mémoires qui font partie des OEuvres de Buffon (*N*).

lière : et après m'être satisfait sur la mécanique de la maçonnerie, j'ai considéré qu'on n'avait aucune règle pour déterminer la résistance des pièces de charpente, qui sont sujettes à être chargées par des fardeaux considérables, et que par conséquent on ignorait le poids que pouvaient porter les planchers des arsenaux, ceux des magasins pour les vivres, etc., pour ne pas appréhender de les rompre ; puisqu'excepté M. Parent, qui a parlé de la résistance des bois, dans les Mémoires de l'Académie Royale des Sciences (mais d'une manière un peu trop élégante pour être entendu de tout le monde), je ne sache personne qui en ait écrit. Car je compte pour rien les proportions que quelques architectes ont données pour les poûtres et solives, selon leur portée, ayant pour maxime de ne rien admettre, qui ne soit démontré, ou au moins expliqué par un raisonnement qui fasse valoir ce qu'on propose. Il serait bien à souhaiter qu'on eût toujours eu cette délicatesse dans l'architecture, elle serait aujourd'hui à un point de perfection auquel, selon toute apparence, elle n'arrivera pas si tôt, si on ne s'y prend pas autrement que l'on n'a fait jusqu'ici, je veux dire, tant qu'elle sera abandonnée au caprice de quiconque veut s'en mêler.

Comme il était nécessaire de joindre à la théorie des expériences sur la force des bois qui sont le plus en usage dans les bâtiments, j'en ai fait un grand nombre dont je rapporterai le détail, parce qu'ensuite elles nous serviront à établir des règles générales, qu'il sera aisé d'appliquer dans toute sorte de cas : mais avant d'en venir là, il est à-propos d'insinuer quelques principes dont il est nécessaire qu'on soit prévenu.

### *Principes sur la résistance du bois en général.*

On suppose qu'on a une planche EDFG, posée de champ sur un point d'appui K, qui répond au milieu A de la longueur ; que cette planche est extrêmement mince, afin de faire abstraction de son épaisseur, et qu'à chacune des extrémités DE et FG il y a une puissance qui agit du haut en bas pour la rompre. Cela posé, il est constant que dès que les deux puissances appuieront également, la planche commencera un peu à se courber, parce que les fibres du milieu s'alongeront, les unes plus, les autres moins, et seront tendues dans la proportion de PL. XII. FIG. I.

leur distance du point d'appui. Or, si l'on conçoit la ligne BA ou CA divisée en un grand nombre de parties égales, et que chaque point de division réponde à une fibre, toutes ces fibres seront en progression arithmétique, puisqu'elles composent ensemble les élémens du triangle. D'un autre côté, nous avons deux leviers recourbés CAG et BAE, qui ont le même point d'appui K; et s'il y a une puissance appliquée à chaque extrémité des bras AE el AG, comme nous l'avons supposé, on pourra dire alors que les bras AB et AC répondent à la fibre ou premier lien BC, de même que les bras AH et AI répondent à la fibre HI; et ainsi de toutes les autres qui auront les bras de leviers plus ou moins grands, selon qu'elles seront éloignées du point d'appui; d'où il suit que les bras de leviers sont en progression arithmétique de même que les fibres qui leur répondent, et que les progressions de part et d'autre vont se terminer à zéro au point A. On peut donc dire, à cause des triangles semblables, que le produit du bras de levier AB par la fibre BC sera à celui du bras de levier AH par la fibre HI, comme le quarré de AB est au quarré de AH, et que par conséquent l'effort de toutes les fibres, relativememt à leurs bras de leviers, diminue en venant vers le point d'appui dans la raison des quarrés des termes d'une progression arithmétique. Ainsi l'effort de toutes les fibres étant distribué dans le triangle ABC, ne sera que le tiers de ce qu'il serait s'il était réuni aux extrémités B et C des bras de leviers AB et AC, puisque la somme de tous les quarrés de la progression ne vaut que le tiers du produit du plus grand quarré par la grandeur qui exprime la quantité des mêmes quarrés; c'est pourquoi, dans la suite, on pourra sans diffiiculté supposer que la force de toutes les fibres est réunie à l'extrémité du bras de levier qui répond à la puissance résistante, quand, au lieu d'admettre cette puissance telle qu'elle est effectivement, on n'en prendra que le tiers.

Fig. 2. Présentement, pour juger de la force du bois, commençons par examiner ce qui lui arrive quand il vient à se rompre : ainsi imaginons que l'on a posé une poûtre ou solive AC sur deux appuis. Il est constant que si on la charge dans son milieu d'un poids considérable, la face supérieure sortira de l'alignement horizontal, pour former un angle qui sera d'abord un peu curviligne, et qui deviendra toujours plus sensible, à mesure que le poids exercera plus long-temps son action, jusqu'à ce que les deux moitiés BA et BC se sépareront dans le moment que la solive se rompra. Or, remarquez qu'au commencement les fibres qui sont le long de la ligne EF dans la face supérieure paraîtront se serrer, pendant que celles qui sont opposées dans la face inférieure s'alongeront et commenceront à se séparer. Ainsi, quand la force qui les unissait devient inférieure à la puissance qui agit, elles rompent toutes presque dans le même instant, mais avant cela elles se sont trouvées d'autant plus tendues les unes que les autres, qu'elles étaient plus éloignées de la ligne EF, que l'on peut regarder comme le point d'appui commun aux deux leviers recourbés HEA et GEC : car tout ce que nous avons vu ci-devant se trouve dans la deuxième figure ; la différence est seulement, que la solive ayant une épaisseur déterminée EF, toutes les fibres que le poids aura à vaincre seront exprimées ensemble par la superficie du plan GEFI, ou si l'on veut par la base de la poûtre, et alors toutes ces fibres pourront être regardées comme une quantité de plans extrêmement minces posés les uns sur les autres, dont la largeur est toujours égale à EF ; et comme la résistance de chacun dépend encore de l'éloignement où il sera du point d'appui par rapport au bras de levier qui lui répond, il s'ensuit que pour réduire tous ces plans ou fibres à n'avoir qu'un bras de levier commun, il faudra que ce bras de levier ne soit que le tiers de la ligne EG ; ou bien, si l'on veut les réunir le long de la ligne GI, ou seulement au point G, extrémité du bras de levier EG, il faudra ne prendre que le tiers du plan GBFI. On peut donc dire que la résistance de cette solive peut être exprimée par le produit de la ligne EG, et du tiers de la base GEFI.

Pour rapporter cette théorie à quelque notion connue, remarquez que plus une pièce de bois a de longueur, plus la puissance a de facilité à la rompre. La raison est sans doute qu'ayant un plus grand bras de levier, cette puissance doit avoir nécessairement plus d'avantage, si on n'a rien changé aux dimensions de la base. Car, si le plan CEFI demeure le même, la résistance ou la force de la solive sera toujours exprimée par le même produit, au lieu que si on double la longueur de la solive, il ne faudra à la puissance que la moitié de la force dont elle avait besoin auparavant pour la rompre.

Si, sans toucher à la longueur de la solive ni à l'épaisseur hori-

zontale GI, on doublait la hauteur EG, sa résistance serait quadruple de ce qu'elle était auparavant, puisque le bras de levier EG se trouverait doublé aussi bien que le nombre de fibres, c'est-à-dire le plan GEFI: d'où il suit que, de deux solives ou deux poûtres d'un même bois, d'égale longueur et épaisseur, la première aura quatre fois plus de force que la seconde, si la hauteur verticale de la première est double de celle de la seconde, et qu'en général les résistances des poûtres d'une même longueur sont dans la raison des produits du tiers de leur base par leur hauteur verticale. Mais comme ces deux produits auront toujours le même rapport, soit qu'on les laisse tels qu'ils sont, ou qu'on les multiplie l'un et l'autre par trois, il est bien plus commode de dire qu'ayant deux poûtres de même longueur AB et EF, leur résistance
Fig. 3 et 4. sera dans la raison du produit de leurs plans CD et GH par leur épaisseur verticale CB et GF, ou ce qui vaut mieux encore, *comme le produit du quarré de la hauteur verticale CB de l'une multipliée par son épaisseur BD, est au produit du quarré de la hauteur verticale GF de l'autre par son épaisseur horizontale FH.* Il faut s'attacher à bien entendre cette dernière manière de considérer le rapport de la résistance des poûtres ou solives, parce que c'est la seule dont nous ferons mention par la suite, comme la plus simple et la plus claire.

Fig. 5 et 6. Mais si l'on avait deux poûtres comme IK et NO, dont les longueurs fussent inégales, aussi bien que les dimensions de leurs bases, et qu'on voulût savoir la force de ces poûtres posées sur les côtes LM et PQ, il faudrait multiplier le quarré de la hauteur KL de la première par la largeur LM de sa base, et diviser le produit par la longueur IK; de même, on multiplierait le quarré de la hauteur verticale OP de la seconde poûtre par l'épaisseur PQ de sa base, et l'on diviserait le produit par la longueur NO; si l'on compare ensuite ces deux quotients, leur rapport sera égal à celui de la force ou de la résistance des deux poûtres, de sorte que si, par exemple, la hauteur KL était de 12 pouces, la largeur LM de 8, et la longueur LK de 36 pieds, multipliant le quarré de 12 qui est 144 par 8, le produit sera 1152, qui étant divisé par 36, donne 32; de même, supposons OP de 14 pouces, PQ de 10, et la longueur NO de 24 pieds, le quarré de OP sera de 196, et son produit par PQ 1960, qui, divisés par 24, donnent 81 $\frac{1}{3}$ : ainsi la force de la poûtre IK sera à celle de la poûtre NO, comme 32 est à 81 $\frac{1}{3}$. La raison de cette règle se fait assez sentir, sans qu'il soit besoin que je l'explique, puisqu'il saute aux yeux que plus une poûtre est longue, moins elle a de force, et que, si l'on prend la longueur pour diviser la quantité qui exprime sa résistance, c'est-à-dire le produit du quarré de sa hauteur par sa longueur de base, le quotient sera d'autant plus petit que le diviseur sera grand.

Étant prévenu que l'épaisseur verticale d'une poûtre exprime le bras de levier qui répond à la puissance résistante, on voit que plus cette hauteur sera grande, plus la poûtre aura de force, et par conséquent une même poûtre posée de champ, je veux dire sur le plus petit côté de sa base, résistera mieux que posée sur le plat, dans la raison que la première situation lui donnera une plus grande hauteur que la seconde ; par exemple, une poûtre qui aurait 8 pieds sur 16, aura deux fois plus de force posée de champ, que si elle était posée de plat. Ainsi deux poûtres d'une longueur égale et dont les bases seraient aussi égales, peuvent avoir des résistances différentes à l'infini, puisque si l'on suppose la hauteur de la base de l'une infiniment grande, et sa largeur infiniment petite, tandis que les dimensions de la base de l'autre poûtre demeureraient les mêmes, la résistance de la première, posée de champ, serait infiniment plus grande que celle de la seconde, quoique leur solidité ou leur masse fût égale. Mais comme ces sortes de suppositions ne peuvent avoir lieu dans la pratique, parce qu'il faut, pour la liaison d'un bâtiment, que les poûtres aient une certaine assiette et une hauteur renfermée dans un juste milieu, il suffit de savoir qu'après avoir donné à une poûtre une assiette convenable, on ne saurait lui donner trop d'épaisseur verticale pour la rendre capable de porter de grands fardeaux.

Dans ce que nous venons de dire, on a supposé que les poûtres avaient des bases rectangulaires ; mais si ces bases étaient circulaires, les mêmes choses n'en subsisteraient pas moins : les diamètres des cercles représenteront toujours les bras de leviers qui répondent aux puissances résistantes, et leur superficie le plan des fibres que les puissances agissantes auront à vaincre.

Les entrepreneurs et les marchands de bois, étant payés au cent de solives, font en sorte d'en multiplier le nombre le plus qu'il leur est possible, c'est pourquoi ils débitent les poûtres et les autres grosses pièces quarrément, parce que le quarré est le plus grand de tous les rectangles qu'on peut inscrire dans le cercle d'un arbre. Cependant, selon ce qu'on vient de voir, une poûtre qui aurait 10 sur 14, est préférable à une autre d'une même longueur qui aurait 12 sur 12 : la première contient moins de solives que la seconde, et est en même temps plus forte ; le rapport de leur prix est comme 140 à 144, tandis que celui de leur force est comme 245 à 216, qui sont deux avantages considérables : et l'expérience, qui prévient assez souvent la théorie, a fait apercevoir depuis long-temps que les dimensions qu'il convenait de donner à la base d'une poûtre, devaient être dans le rapport de 5 à 7, ou, ce qui revient à-peu-près au même, qu'on devait faire en sorte que le quarré de la hauteur verticale fût double du quarré de l'épaisseur horizontale, puisque le quarré de 7, qui est 49, est à une unité près double du quarré de 5, qui est 25. Aussi M. Parent a démontré que la base de la plus forte poûtre qu'on pouvait tirer du cercle d'un arbre, était effectivement celle dont le quarré du plus grand côté serait double du quarré du plus petit (1), et en suivant son principe, voici une manière bien aisée de tracer dans le cercle d'un arbre la base qu'il faut donner à la plus forte poûtre qu'on peut tirer du même arbre.

FIG. 9. Il faut diviser le diamètre AB de l'arbre en trois parties égales aux points C et D, abaisser la perpendiculaire DE au-dessous du diamètre, élever la perpendiculaire CF au-dessus, et tracer le rectangle AEBF, qui sera celui que l'on demande, puisqu'il est aisé de prouver que le

---

(1) Cette démonstration se trouve dans les Mémoires de l'Académie pour 1708. Voici en quoi elle consiste : concevons un rectangle inscrit dans un cercle, dont le centre se confonde avec celui de ce cercle ; en nommant $r$ le rayon du cercle et $x$ la demi-largeur du rectangle, sa demi-hauteur sera $\sqrt{[r^2 - x^2]}$ ; en sorte que, si on suppose la force de la pièce proportionnelle à sa largeur et au quarré de sa hauteur, cette force se trouvera exprimée par $8x(r^2 - x^2)$, ou $8(r^2x - x^3)$, formule dans laquelle $x$ doit être déterminée par la condition que la valeur en soit un *maximum*. En égalant à zéro sa différentielle, on a $r^2 - 3x^2 = 0$, d'où $x^2 = \frac{r^2}{3}$, ce qui donne, pour le quarré de la demi-hauteur de la base, $\frac{2r^2}{3}$. Donc, la hauteur du rectangle est à sa base comme $\sqrt{2} : 1$ (*N*).

quarré du côté FB est double du quarré de l'autre côté FA, comme on le va voir. Si l'on nomme $a$ chaque partie égale du diamètre, CB sera $2a$; et comme le rectangle de AC par CB est égal au quarré de CF, ce quarré vaudra donc $2a^2$, par conséquent l'on aura $\overline{AC}^2 + \overline{CF}^2 = a^2 + 2a^2 = \overline{AF}^2 = 3a^2$. De même, on aura encore $\overline{CB}^2 + \overline{CF}^2 = 4a^2 + 2a^2 = \overline{FB}^2 = 6a^2$, qui montre que le quarré FB est double du quarré de FA.

Les poûtres étant les pièces les plus essentielles de la charpente, je m'y arrêterai préférablement aux autres; et comme il arrive presque toujours que leurs extrémités sont engagées dans l'épaisseur des murs, et non pas simplement posées sur des appuis, comme on l'a vu ci-devant, il est nécessaire de s'attacher à ce qui est le plus d'usage, et par conséquent à ce qui peut arriver aux poûtres, lorsqu'étant employées dans des bâtiments, on les charge de quelque poids considérable. Mais afin de rendre ce que j'ai à dire plus intelligible, je commencerai à considérer une solive ou une poûtre posée horizontalement, de façon qu'une de ses extrémités soit engagée dans un mur, et que l'autre porte à faux, FIG. 11 c'est-à-dire reste en l'air sans être soutenue : ainsi, voyez la muraille AB, dont l'épaisseur sera par exemple de deux pieds et demi ; on suppose que l'extrémité d'une poûtre est engagée dans cette muraille et bien serrée de tous côtés, en sorte que la partie EK qui est en dehors se soutiendrait d'elle-même horizontalement si aucune force étrangère n'y touchait (parce que l'on fait abstraction de son propre poids). Cependant, si à l'extrémité K on suspendait un poids M assez considérable pour faire plier la poûtre, d'abord elle commencerait à se courber et ferait effort à l'autre extrémité pour sortir du mur; mais comme elle y est si bien arrêtée, que le bout enfermé ne peut absolument bouger, toute la violence que l'on fera à cette poûtre se terminera à l'endroit DCHF de sa surface; les fibres qui touchent la ligne HC s'alongeront à mesure que l'on augmentera la pesanteur du poids M, et il y aura un instant où celles qui sont hors du mur se détacheront d'avec celles qui sont dedans, et alors l'équilibre étant rompu, le poids M emportera la poûtre, et pendant que cet effort se fera, la ligne FD, qui représente le bord du trou de la muraille, soutiendra toute l'action du poids, et sera par conséquent le point d'appui, lequel répond à un levier recourbé EDL, qui sera, si l'on veut, formé par deux plans GEDF et FDLN. Or, comme le plan DEGF comprend toutes les fibres qui doivent être rompues, si l'on suppose comme ci-devant que leur résistance soit réunie le long de la ligne EG, et même au point E, on pourra concevoir que la puissance résistante, c'est-à-dire la force du bois, est appliquée à l'extrémité du bras DE du levier EDL, tandis que la puissance agissante est à l'extrémité L du bras DL; et que par conséquent ceci retombe dans tout ce que nous avons dit au sujet d'une poûtre qui ayant ses extrémités posées sur deux appuis, tend à être rompue dans le milieu par l'action d'un poids qui serait posé dessus ou suspendu.

FIG. 7. Si l'on imagine présentement une poûtre engagée par ses extrémités dans deux murs AB et CD qu'on suppose parallèles, je dis que si l'on charge le milieu de cette poûtre d'un poids considérable, elle se cassera en trois endroits, dans le milieu et aux deux extrémités; ce qui ne peut arriver autrement, si l'on fait attention que quand la poûtre commence à faire un angle dans le milieu, elle ne peut quitter la ligne horizontale EF, sans que chaque extrémité fasse effort pour se rompre; car tout ce que nous avons aperçu dans la 2ᵉ et la 11ᵉ figures se trouve réuni ici, puisque, pour la rupture qui doit se faire dans le milieu, nous avons les deux leviers recourbés IGM et HCP, et pour celle des extrémités l'on a aussi les deux autres leviers PQH et MNI; par conséquent le poids qui serait dans le milieu exercera l'action de sa pesanteur en trois endroits à-la-fois; puisque d'abord les fibres qui unissaient les points H et I, étaient tendues aussi fortement que celles qui unissaient d'une part les points M et F, et de l'autre les points E et P; ainsi, quand ceux du milieu commencent à se rompre, il s'en détache à chaque extrémité un même nombre et dans le même temps. On peut donc conclure qu'une poûtre dont les extrémités sont bien engagées et serrées dans des murs, étant chargée d'un poids considérable dans son milieu, ce poids exerce un tiers de sa pesanteur à chaque endroit qui tend à se casser, et que par conséquent on ne saurait trop prendre de précautions dans la construction des bâtiments pour bien engager et serrer les extrémités des poûtres, parce qu'elles en sont beaucoup plus fortes, et qu'on prévient par-là les accidents qui arrivent souvent, faute de bien connaître la conséquence des suites dans lesquelles on ne manque pas de tomber quand on travaille sans raisonner (1).

On dira peut-être qu'on a peine à s'imaginer qu'une poûtre qui est retenue par les deux bouts, comme elles le sont ordinairement, puisse se rompre à l'endroit des appuis, puisque cela est contraire à l'expérience, qui montre que cette rupture se fait toujours dans le milieu. Il est vrai que cela arrive souvent, mais c'est par une cause qui n'a rien de commun avec ce que l'on vient d'insinuer, puisque si l'on y fait attention, on verra que quand les poûtres se courbent dans le milieu, ou sont prêtes à se rompre, leurs extrémités sont sorties de leur situation naturelle, c'est-à-dire qu'elles ont un peu charrié : ce qui provient d'ordinaire de ce que la maçonnerie qui est au-dessus s'est dégradée, ne serre pas la poûtre, et leur laisse assez de jeu pour n'être pas contre-pesée par le poids qui la maintenait fixe ; ou bien on emploie des poûtres trop courtes, lesquelles n'étant engagées dans le mur que de 5 ou 6 pouces, il n'y en a point une assez grande partie d'embrassée pour qu'elle puisse être serrée comme il faut ; et c'est en quelque manière pour ce sujet qu'on les retient toujours par des ancres, mais qui sont faibles ou mal accrochées, et qui ne peuvent jamais faire le même effet que si la poûtre reposait sur toute l'épaisseur du mur, parce que ces ancres se plient et suivent la poûtre dans la situation qu'elle est contrainte de prendre.

Les principes que je viens d'établir, quoique très-évidents, seront sans doute reçus encore avec plus de confiance, si je montre que les expériences que j'ai faites sur la force du bois, sont parfaitement d'accord avec notre théorie ; et ce qui m'a le plus satisfait dans ces expériences, c'est de voir qu'elles se rencontraient assez bien avec celles de M. Parent, mais sur lesquelles je n'ai pas voulu compter, que je ne

(1) Bélidor ne dit pas ici précisément de combien il estime qu'une poûtre dont les deux extrémités sont encastrées est plus forte qu'une poûtre semblable qui est posée librement sur ses extrémités ; mais on verra plus bas que ses expériences l'ont conduit à estimer sa force dans le premier cas plus grande de moitié en sus que dans le second. Cette estimation est erronée, théoriquement parlant, et la résistance à la rupture d'un solide encastré à ses extrémités est double de celle d'un solide posé sur deux appuis. Voyez la note à la fin du chapitre suivant *(N)*.

visse par moi-même ce qui en était ? Or, pour qu'on puisse en tirer toute l'utilité qu'on a lieu d'en espérer, on en va voir le détail dans le chapitre suivant, qui pourrait être justifié par vingt ou vingt-cinq officiers d'artillerie de l'Ecole de la Fère, qui se sont rendus à l'arsenal de la même place, pour se convaincre de ce qu'ils m'avaient entendu dire sur la force du bois dans l'Ecole de Mathématiques.

## CHAPITRE TROISIÈME,

*Où l'on rapporte plusieurs expériences faites sur la force du bois, et où l'on expose ensuite l'usage qu'on en peut faire dans la construction des édifices.*

POUR exécuter les mêmes expériences de différentes manières, j'ai fait faire un nombre de petites solives bien équarries et toutes de bois de chêne passablement bon, plus sec que vert, à-peu-près de même qualité, et coupées de façon que le fil du bois se trouvât toujours dans le même sens, par rapport à la situation où il devait être posé.

On s'est servi de deux chevalets pour tenir lieu d'appui, et l'on en a percé la tête afin d'y passer les valets de fer pour serrer les solives par les deux bouts quand on le jugerait à-propos ; et comme dans un arsenal tel que celui de la Fère, il y a un grand nombre de poids de toute sorte de pesanteur, et des machines pour les élever, j'ai été à portée de faire plusieurs de mes expériences en assez grand volume pour pouvoir servir de base aux conséquences que j'en tirerai à la fin de ce chapitre. Comme il est difficile de rencontrer du bois dont les morceaux, quoique tirés d'une même pièce, soient assez égaux en toutes choses pour qu'il ne se rencontre pas des différences qui rendraient la plupart des expériences équivoques si on n'y prenait garde, j'ai répété chaque expérience trois fois avec des pièces de mêmes dimensions, ensuite j'ai ajouté ensemble les poids que chacune a portés, et le tiers de la somme m'a donné un nombre qui peut exprimer la force moyenne, et c'est ce nombre que l'on trouve à côté de l'accolade de chaque expérience.

Il est bon que j'avertisse que quand je dirai qu'une solive a tant de longueur, on doit entendre que cette longueur est comprise entre les deux appuis, puisqu'il n'est pas nécessaire de faire mention des 3 ou 4 pouces qu'on a donnés de plus à leurs bouts pour reposer sur les appuis. J'ajouterai aussi qu'on n'a point eu égard à la pesanteur des solives, et que dans l'application que nous ferons de ces expériences aux poûtres, on fera aussi abstraction de leur poids, pour rendre les calculs moins composés.

*Première expérience.*

Une solive de 18 pouces de longueur et d'un pouce en quarré, posée sur deux appuis sans être serrée par ses extrémités, a porté dans son milieu, un moment avant de se casser. . . . . . . . . . . . . . . . 400 } 406 liv.
Une seconde, semblablement posée. . . . . . . . . . . . . . . . . 415
Une troisième, semblable en tout aux précédentes. . . . . 405

Cette expérience s'accorde assez bien avec la douzième rapportée par M. Parent dans les Mémoires de l'Académie Royale des Sciences de l'année 1707, où il dit qu'une pièce de bois de chêne de 24 pouces de longueur sur un pouce en quarré a porté 300 livres dans son milieu un moment avant de se rompre; et comme la nôtre, de 18 pouces, avait pour longueur les trois quarts de celle de M. Parent, elle devait porter 100 livres de plus : aussi ne s'est-elle rompue que par l'action d'un poids d'environ 400 livres.

*Seconde expérience.*

Une solive de 18 pouces de longueur sur un pouce en quarré, serrée par ses deux extrémités, a porté avant de se rompre. . . . . 600 } 608 liv.
Une seconde, de même serrée par ses extrémités. . . . . . 600
Une troisième, telle que les précédentes, et posée de mêm. 624

Comme, dans cette seconde expérience, chaque solive a été arrêtée par les deux bouts, la question était de savoir si effectivement elles rompraient en trois endroits. J'ai été surpris de voir que la première qui a cassé avec le poids de 600 liv., n'était rompue que dans le milieu, les deux bouts ne s'étant qu'un peu courbés; mais ayant aperçu que les valets qui serraient cette solive avaient tant soit peu obéi, ne pouvant soutenir un si grand poids, j'ai fait retenir celle que l'on a mise en second lieu, par deux valets à chaque extrémité au lieu d'un, et après avoir été chargée jusqu'à la pesanteur de 600 liv., elle s'est rompue net dans le milieu et aux extrémités, les deux morceaux du milieu étant tombés à terre dans le même temps que le poids. La troisième solive s'est aussi cassée de même, et plusieurs autres ensuite, qu'on a seulement rompues par curiosité.

Cette expérience prouve évidemment qu'une poûtre arrêtée et bien serrée par les deux bouts est capable de porter un poids beaucoup plus grand que celle qui n'est posée que sur deux appuis ; la différence étant comme 3 est à 2, c'est-à-dire, que la poûtre serrée par les deux bouts est plus forte d'un tiers que celle qui ne l'est pas.

Ces deux expériences se rapportent aussi à la seconde et à la troisième de M. Parent, qui dit qu'une pièce de bois de chêne longue de 11 pouces sur 5 à 6 lignes de base, posée de champ sur deux appuis sans être serrée par les extrémités, a porté 34 liv. et demie avant l'instant de sa rupture, et qu'une autre pièce toute semblable à celle-ci, mais serrée par les deux bouts, a porté 51, ce qui donne aussi le rapport de 3 à 2 dont je viens de parler. La septième et la huitième expériences de cet auteur prouvent encore la même chose.

### *Troisième expérience.*

Une solive de 18 pouces de longueur et de 2 pouces sur un pouce d'équarrissage, posée à plat sans être arrêtée par ses extrémités, a porté.......................................... 810

Une semblable, posée de même.................. 795 } 805 liv.

Une troisième, posée encore de même.............. 812

Ayant vu dans la première expérience qu'une solive de 18 pouces de longueur sur un pouce en quarré, posée sur deux appuis sans être serrée, a porté 400 liv., la raison veut qu'une autre solive de même longueur et de même hauteur, posée aussi de même, mais qui aurait le double en largeur, porte un poids double ; aussi avons-nous 805 liv. pour la force moyenne au lieu de 800 : différence qui ne mérite pas d'attention.

*Quatrième Expérience.*

Une solive de même dimension que dans la troisième expérience, mais posée de champ sans être arrêtée par les deux bouts, a porté.......................................1570
Une seconde semblable, et posée de même.......1580 } 1580 liv.
Une troisième.......................................1590

Cette expérience prouve que deux poutres de même longueur, et dont la largeur des bases est égale, ont leur force dans la raison des carrés de leur hauteur, puisque la force moyenne d'une solive qui a une hauteur double de celle de la première expérience, et dont tout le reste est égal, est de 1580, qui est un nombre à-peu-près quadruple de 400. Elle montre aussi que la force d'une poutre posée de plat est à celle qu'elle aurait posée de champ, comme le plus petit côté de la base est au plus grand.

*Cinquième Expérience.*

Une solive de 3 pieds de longueur et d'un pouce en carré, n'étant point serrée par ses deux extrémités, a porté........185
Une seconde semblable, et posée de même.........195 } 187 liv.
Une troisième.......................................180

Cette expérience montre sensiblement que de deux poutres qui ont leurs bases égales et posées sur le même côté, la plus longue a moins de force que la plus courte dans la raison qu'elle a plus de longueur : car dans la première expérience une poutre de 18 pouces de longueur et d'un pouce en carré a porté 400 liv., tandis que la force moyenne d'une autre solive de 36 pouces de longueur et de même base n'a été qu'à 187 au lieu de 200 qu'elle aurait dû porter. Cette différence vient apparemment de ce que le bois n'était pas tout-à-fait si bon que celui de la première expérience.

*Sixième Expérience.*

Une solive de 3 pieds de longueur et d'un pouce en carré, arrêtée par les deux bouts, a porté.......................285
Une seconde, posée de même.......................280 } 283 liv.
Une troisième.......................................285

Les solives de cette expérience se sont rompues en trois endroits comme dans la seconde, et leur force moyenne n'a été qu'à 283 au lieu de 300 pour être dans le même rapport avec la seconde expérience. Mais il n'est presque pas possible que les expériences puissent donner juste ce que l'on devrait en attendre par rapport à celles qui ont été faites les premières. Cependant l'on peut encore remarquer ici que la force moyenne des solives de la sixième expérience est à celle des solives de la cinquième, à-peu-près comme 3 à 2, puisqu'il ne s'en faut que de trois unités que ce rapport soit exact : par conséquent, c'est un surcroît de preuve que les poutres qui ne sont posées seulement que sur deux appuis, ont moins de force d'un tiers que celles qui sont serrées par les bouts.

*Septième Expérience.*

| | | |
|---|---|---|
| Une solive de 3 pieds de long sur 2 pouces en carré, non arrêtée par les deux bouts, a porté | 1550 | |
| Une seconde semblable, et posée de même | 1620 | 1585 liv. |
| Une troisième | 1250 | |

La première et la seconde solive de cette expérience ont porté à-peu-près le poids qui devait exprimer leur force par rapport à la première et à la cinquième expérience; cependant la premiere solive a porté 50 liv. de moins, et la seconde 20 liv. de plus, puisque le poids devait être de 1600 liv. Quant à la troisième solive, il s'en faut beaucoup qu'elle ait eu toute sa force, puisqu'elle n'a porté que 1250 liv.; il est vrai qu'elle a paru défectueuse, avant même d'en avoir fait usage, et on n'a pas été surpris de ce qui est arrivé. Cependant, comme il ne restait point de bois débité selon ces dimensions-là, j'ai supposé, pour trouver la force moyenne, que la troisième solive avait porté la moitié de la somme des poids de la première et de la seconde.

*Huitième Expérience.*

| | | |
|---|---|---|
| Une solive de 3 pieds de long sur 20 à 28 lignes de base, posée de champ, a porté | 1665 | |
| Une seconde semblable, posée de même | 1675 | 1660 liv. |
| Une troisième | 1640 | |

J'ai eu dessein, par cette expérience, de voir de combien à-peu-près une solive qui aurait les dimensions de sa base dans le rapport de 5 à 7, aurait plus de force qu'une autre dont la base serait carrée, comme dans la septième expérience, et j'ai été convaincu de ce que nous avons insinué ci-devant, puisque la force moyenne des solives de la septième expérience n'est que de 1585 livres, tandis que celle des solives de la dernière est de 1660, qui est une différence de 75. Cela ne donne pas au juste le rapport de 245 à 216, dont nous avons fait mention dans le chapitre précédent, mais suffit pour la justification de la théorie.

Je n'ai point fait d'expériences sur les solives arrêtées par un bout seulement, parce qu'il m'a paru qu'elles auraient été inutiles, celles que je viens de rapporter étant suffisantes pour établir les règles dont il va être question. Je n'en ai pas fait non plus avec d'autres bois que celui de chêne; mais comme M. Parent en a fait non seulement sur le chêne, mais aussi sur le sapin, il ne sera pas inutile que je dise qu'il s'est aperçu que la force moyenne du sapin était à celle du chêne comme 119 est à 100, ou environ comme 6 est à 5. D'où l'on peut conclure que, quand une certaine solive de chêne portera 500 livres avant l'instant de se rompre, une autre de sapin toute semblable à celle-ci en portera 600, c'est-à-dire un cinquième en sus de plus que le chêne. Par conséquent, quand il s'agira du bois de sapin, il sera aisé de calculer sa force par la connaissance que les expériences précédentes nous ont donnée de celles du chêne (1).

---

(1) Les expériences faites sur la force du sapin, comparée à celle du chêne, offrent des contradictions remarquables. Les plus anciennes sont celles de Parent, citées ici par Bélidor (Mémoires de l'Académie, 1707), d'où il conclut que la résistance à la rupture d'une pièce de sapin chargée horizontalement surpasse de $\frac{1}{5}$ celle d'une pièce de chêne. D'après les expériences de Mussembroëk (Cours de physique expérimentale et mathématique, tome 1er, page 174), la force du sapin employé comme étaie, c'est-à-dire posé debout et chargé verticalement, serait près de trois fois plus grande que celle du chêne. Ces expériences, ainsi que celles de Parent, étaient faites fort en petit. M. Aubry n'a rien donné, dans ses Mémoires imprimés, sur la force du sapin; mais dans un Mémoire manuscrit fait en 1742 il rapporte deux expériences comparatives, faites sur des pièces de 3 pouces d'écarrissage sur 12 pieds de longueur, chargées horizontalement; d'où il conclut que la force du sapin n'est que les $\frac{2}{3}$ de celle du chêne. M. Perronet, dans son Mémoire sur les pieux et pilotis, donne un tableau des rapports de forces de diverses espèces de bois chargés verticalement, d'après lequel la force du

Etant prévenu par la seconde expérience qu'une solive de 18 pouces de longueur et d'un pouce en carré, serrée par les deux bouts, peut porter 600 livres avant l'instant de sa rupture, il s'ensuit qu'une autre aussi d'un pouce en carré, et qui aurait 3 pieds ou 36 pouces de longueur, et serrée par ses deux extrémités, ne portera que 300, ce qui est confirmé par la sixième expérience : or, puisque la force de deux solives de même longueur est dans le rapport du carré de la hauteur de chacune multiplié par la largeur de la base, si de ces deux solives la base de l'une a un pouce en carré, et la base de l'autre 6 pouces aussi en carré, leur force sera dans le rapport des cubes des côtés de leurs bases, par conséquent comme un est à 216. Ainsi la solive d'un pouce en carré et de 3 pieds de longueur portant 300 livres, arrêtée par les deux bouts, celle qui aurait 3 pieds en longueur et 6 pouces en carré portera donc 64800 livres. Mais, comme cette dernière solive est très commode pour servir de modèle dans la manière de connaître la force du bois, nous nous en servirons préférablement à tout autre pour les opérations suivantes ; c'est-à-dire que nous regarderons comme indubitable qu'une solive de 3 pieds de longueur et de 6 pouces en carré porte dans son milieu 64800 livres avant l'instant de se rompre, lorsqu'elle est parfaitement serrée par les deux bouts.

Présentement, si l'on avait une poutre de 30 pieds de longueur entre ses deux appuis et de 12 pouces en carré, dont les extrémités seraient bien engagées et serrées dans deux murs, et qu'on voulût savoir quelle est la charge que peut porter cette poutre dans son milieu avant l'instant de se rompre, on commencera par diviser 216 par 3, c'est-à-dire, le cube de la hauteur de la solive qui doit servir de modèle, par sa

---

sapin serait, à très-peu de chose près, les $\frac{3}{4}$ de celle du chêne. D'après les expériences et les calculs rapportés dans le Traité de l'art de bâtir de M. Rondelet, tome IV, la force du sapin chargé horizontalement serait d'environ $\frac{1}{16}$ moins grande, et celle du sapin chargé verticalement d'environ $\frac{1}{16}$ plus grande que celle du chêne.

Je pense, en attendant des résultats plus précis, que dans les constructions on peut charger une poutre de sapin exposée à un effort agissant perpendiculairement à sa longueur autant qu'une pièce de chêne ; mais que, quand cette pièce fait la fonction d'une étaie, et qu'elle n'est pas contenue par des moises qui l'empêchent de plier, sa force ne doit être estimée que les $\frac{2}{3}$ ou les $\frac{3}{4}$ de celle du chêne (*N*).

longueur, et le quotient sera 72, qui doit servir de premier terme à une règle de proportion, dont le second sera le poids que peut porter cette solive, c'est-à-dire 64800 livres : pour avoir le troisième terme, il faut carrer la hauteur de la poutre dont il est question, multiplier ce carré par la largeur de la base, diviser ensuite le produit, qui est ici 1728, par la longueur de la poutre, qu'on suppose être de 30 pieds, et en prendre le quotient. Faisant la règle comme à l'ordinaire, le quatrième terme donnera le poids que doit porter la poutre, qui se trouvera de 5184o. On aura de même la force de toute autre poutre, dont les dimensions seraient telles qu'on voudra.

Si la poutre dont on demande la force n'était point serrée par ses deux bouts, mais seulement posée sur deux appuis, on pourra faire la même règle que ci-dessus, et prendre les deux tiers du poids que le calcul aura donnés, puisque l'on sait qu'une poutre dans cette situation porte un tiers moins que la précédente (1).

Nous avons supposé jusqu'ici que le poids était toujours posé dans le milieu : cependant, comme il peut se rencontrer dans d'autres endroits, voici une manière de connaître la charge que portera une poutre, à tel point qu'on voudra de sa longueur, pour qu'elle résiste autant qu'elle le ferait si elle était chargée dans le milieu.

Supposant une poutre AB de 24 pieds de longueur et de 10 pouces sur 14 d'écarrissage, posée de champ et serrée par ses deux bouts, on demande quel poids elle peut porter aux deux tiers de sa longueur avant l'instant de se rompre. Pour cela il faut commencer par chercher la valeur du poids E qu'elle portera dans son milieu, et on trouvera qu'il est de 73500 livres. Or, si on se rappelle que l'action de ce poids est partagée en trois, dont un tiers agit à l'extrémité A, une autre à l'extrémité B, et le troisième dans le milieu D, on verra qu'afin que la poutre soit chargée aux deux tiers C, comme elle le serait dans le milieu avec le poids de 73500, il faut que chaque bout soit tiré de la même façon : c'est pourquoi je multiplie 24500, qui est le tiers du poids E, par 12, qui est la longueur du bras de levier AD ou BD qui répond aux extrémités, et je divise le produit par les deux tiers de la longueur FIG. 12.

(1) On a déja remarqué que cette règle était fautive (*N*).

de la poutre, qui expriment alors le bras de levier CB qui répond au bout B, et le quotient 18375 est la partie du poids qui doit agir à l'extrémité C de ce levier, pour faire le même effet que le tiers du poids E fait en D. Pour avoir la partie du poids qui doit tirer l'autre bout A de la même façon que l'est le précédent, je multiplie encore 24500 par 12, et divise le produit par l'autre tiers AC de la longueur de la poutre, c'est-à-dire par 8 pour avoir 36750, qui est ce que l'on demande. Enfin, comme les deux bouts ne pouvaient être rompus ci-devant que par l'action du tiers qui agit dans le milieu, il faut donc supposer que la poutre est encore chargée au point C du poids de 24500; ainsi, ajoutant ce nombre avec les deux précédents, c'est-à-dire, avec 18375 et 36750, on aura 79625 pour la valeur du poids G que la poutre peut porter à l'endroit C, pour être chargée de la même façon qu'elle le serait, si elle avait porté dans son milieu le poids E de 73500, qui n'est ici qu'imaginaire, puisqu'il en faut faire abstraction, et ne considérer la poutre chargée que du seul poids G.

Si on voulait charger une poutre de plusieurs poids posés à différents endroits de sa longueur, et qu'on désirât savoir quel rapport il y a de cette charge avec celle que la poutre peut porter avant l'instant de se rompre, il faudra commencer par chercher quel est le poids que cette poutre peut porter dans le milieu, ensuite supposer qu'on a réuni tous les poids dont il est question dans le même milieu : alors on pourra comparer ce poids avec celui que la poutre est capable de soutenir, et l'on verra s'il est plus grand ou plus petit, pour juger du parti qu'il faudra prendre (1).

Comme il ne conviendrait pas de charger les poutres de tout le poids qu'elles peuvent porter avant l'instant de se rompre, puisqu'elles se rompraient effectivement, et ne pourraient plus être d'usage, je crois que, pour agir en toute sûreté et ne les point forcer, on ne doit les charger au plus dans le milieu, qui est l'endroit le plus faible, qu'environ de la moitié du poids sous lequel elles pourraient être rompues. Ainsi, ayant trouvé par le calcul précédent qu'une poutre qui aurait

---

(1) Les considérations employées dans ces deux alinéas sont inexactes. Voyez la note à la fin du chapitre (*N*).

24 pieds de long sur 10 à 14 pouces d'écarrissage, et posée de champ, peut soutenir dans le milieu de sa longueur un poids de 73500 livres, on ne doit charger cette poutre au plus que de 36750 livres. On peut d'autant mieux compter sur cette règle, qu'il n'arrive jamais que le poids dont on charge les planchers que soutiennent les poutres, soit parfaitement réuni dans le milieu, comme s'il y était suspendu à l'aide de quelque cordage, puisque les corps pesants ont toujours un certain volume qui occupe une partie de la longueur de la poutre, et diminue par conséquent le bras de levier, ce qui fait qu'elles résistent avec plus d'avantage, et se ressentent moins du fardeau qu'elles portent.

Nous supposons ici que les poutres portent tout le poids dont les planchers peuvent être chargés : car, quand même le poids serait sur les solives entre deux poutres, ces solives étant appuyées sur les poutres c'est toujours sur elles que se reporte toute la charge. Aussi, quand les planchers viennent à manquer, ce n'est jamais que par là et rarement par les solives, parce qu'elles n'ont pas beaucoup de portée. Mais s'il fallait avoir égard à leur force, on pourra connaître la résistance dont elles seront capables, comme on a fait pour les poutres, avec cette attention cependant qu'on doit les regarder comme des pièces posées sur deux appuis sans y être serrées par les extrémités, et que par conséquent elles ont un tiers moins de force à proportion que les poutres.

N'ayant parlé jusqu'ici que des poutres dont les dimensions étaient connues, il nous reste à examiner comment on peut trouver quelle doit être la grosseur d'un arbre dont on voudrait tirer une poutre qui fût la plus forte de toutes celles que peut fournir le même arbre, et qui soit en même temps capable de porter dans son milieu un point donné. Il est constant qu'ayant deux arbres dont les diamètres AB et GH sont inégaux, et voulant en tirer les deux plus fortes poutres qu'ils peuvent donner, ces poutres auront des bases semblables, puisque les rectangles FE et KI auront été tracés de la même manière. Or, si les poutres ont des longueurs égales, leurs forces seront comme le parallélipipède compris sous le carré du côté FB et le côté FA, est au parallélipipède compris sous le carré du côté KH et la ligne KG : mais GI étant à GK comme AE est à AF, il s'ensuit que ces parallélipipèdes seront semblables, et dans la raison des cubes de leurs côtés homologues FB et KH, ou bien dans la raison des cubes des diamètres ou diagonales AB et GH, à

FIG. 9 et 10.

cause des triangles semblables AFB et GKH. Par conséquent on pourra prendre les cubes des diamètres, au lieu des parallélipipèdes, pour exprimer la force des deux poutres, en supposant toujours que leurs longueurs sont égales. Si elles étaient différentes, on connaîtrait encore le rapport de leur force, en divisant le cube de chaque diamètre par la longueur de la poutre qui lui répond.

Si l'on suppose présentement qu'on a tiré du cercle FE une poutre dont on connaît la longueur, la base FE, et le poids que cette poutre peut porter avant l'instant de se rompre, et qu'on veuille savoir quel doit être le diamètre de l'arbre d'où l'on veut tirer une autre poutre dont la base soit semblable à la précédente, en sorte que cette poutre soit capable de porter un poids donné, il faut chercher par l'algèbre une formule qui nous enseigne la manière dont il faudra s'y prendre.

Fig. 6

Prenant la poutre NP pour celle qui doit servir de modèle, nous nommerons la diagonale OQ, $a$; la longueur NO, $b$; et le poids qu'elle peut porter, $m$. De même nous nommerons $x$ la diagonale de la base que l'on cherche; $d$, la longueur de la poutre qui appartient à cette base, et $n$, le poids donné. Alors on aura $m : n :: \frac{a^3}{b} : \frac{x^3}{d}$; c'est-à-dire que le poids que peut porter la poutre NP est au poids que doit porter la poutre dont on demande la base, comme le cube de la diagonale NQ, divisé par la longueur NO, est au cube du diamètre du cercle que l'on demande, divisé par la longueur de la poutre qui répond à ce diamètre. Or, si de cette proposition on en forme une équation, on aura $\frac{na^3}{b} = \frac{mx^3}{d}$, laquelle étant divisée par $m$ et multipliée par $d$, afin de dégager l'inconnue, il vient $\frac{dna^3}{bm} = x^3$, dont extrayant la racine cube on a $x = \sqrt[3]{\frac{dna^3}{bm}}$, qui donne la valeur de l'inconnue, qu'on trouvera en suivant ce qu'enseignent les lettres qui composent le second membre, comme nous allons le détailler.

Supposons que la poutre NP, qui doit servir de modèle, soit de 24 pieds de longueur, sa hauteur OP de 14 pouces, et la largeur PQ de 10; le carré de 14 étant à-peu-près double de celui de 10, le rectangle RP pourra être considéré comme semblable à celui que nous cherchons : et comme on a le rectangle OPQ, il sera aisé d'avoir la diagonale OQ, qu'on trouvera d'environ 17 pouces 3 lignes, qui est la valeur de $a$. Ainsi, cubant ce nombre, on aura $5132 = a^3$, $24 = b$; et comme nous avons vu ci-devant qu'une poutre telle que celle-ci pouvait porter dans son milieu 73,500 livres avant l'instant de se rompre, lorsqu'elle était bien serrée par ses extrémités, on aura donc $73500 = m$, et par conséquent la valeur des trois quantités qui appartiennent à la poutre qui doit servir de modèle; et si la poutre dont on cherche la base a 30 pieds de longueur, on aura $30 = d$, et il ne restera plus qu'à savoir quel est le poids qu'on veut faire porter à cette poutre et de quelle façon l'on veut qu'elle le porte : car ou l'action de ce poids sera en équilibre avec la résistance de la poutre et même un peu plus fort que cette résistance pour causer la rupture, ou bien la résistance de la poutre sera tellement au-dessus du poids, qu'on n'aura pas lieu d'appréhender qu'elle casse, ce qui est le cas qui convient à l'usage, puisqu'on ne fait pas des poutres pour les rompre; et comme j'ai dit ailleurs qu'il ne fallait les charger que de la moitié du poids qu'elles pouvaient porter avant l'instant de se rompre, il faut donc, pour suivre ce principe, faire comme si la poutre dont on cherche la base devait porter un poids double de celui qu'elle portera en effet, parce qu'alors sa résistance sera double de l'effort qu'elle aura à soutenir : c'est pourquoi, voulant qu'elle puisse porter 100000 livres, nous supposerons qu'elle peut en porter $200000 \pm n$, qui est la valeur de la dernière lettre qui nous restait à connaître.

Pour suivre ce qu'enseigne la formule $x = \sqrt[3]{\frac{dna^3}{bm}}$, on commencera par multiplier la valeur de $d$ et de $n$ l'une par l'autre, ce qui donnera 6000000, qu'il faut multiplier par la valeur de $a^3$; on aura $30792000000 = dna^3$, qu'il faut diviser par la valeur de $bm$, c'est-à-dire par le produit de 24 et de 73500 qui est 1764000; et le quotient donnera $17455 = \frac{dna^3}{bm}$ dont il faut extraire la racine cube, qui sera à-peu-près de 25 pouces 6 lignes pour la valeur de $x$, c'est-à-dire pour le diamètre de l'arbre d'où l'on veut tirer la poutre que l'on demande.

Si l'on voulait savoir en nombres quelle est la valeur des deux côtés GI et IH de la base de la poutre qu'on doit tirer du cercle KI, dont le diamètre GH est de 25 pouces et demi, on remarquera que le carré du côté GI étant double de celui du côté IH, le premier sera les deux tiers du carré du diamètre GH, et le second le tiers même : ainsi, carrant 25 et demi, prenant à part le tiers et les deux tiers du produit, et extrayant la racine carrée de chacune de ces quantités, elles donneront à-peu-près 14 pouces 8 lignes, et 20 pouces 8 lignes pour la valeur des côtés GI et IH, c'est-à-dire pour les dimensions de l'écarrissage.

Il est bon de dire que toutes les fois que nous avons parlé du cercle d'un arbre, nous avons toujours entendu la partie intérieure de l'arbre qui n'a ni aubier ni écorce, mais qui est dure et de bonne consistance; et que, quand il était question d'en tirer une poutre, on commençait à tracer avec le compas un cercle dont le centre était celui de l'arbre même, et dont le rayon allait se terminer un peu au-dessous de l'écorce, et que c'était le diamètre de ce cercle-là qu'il fallait diviser en trois parties égales, pour tracer la base de la poutre que l'on demande. De même, après avoir trouvé le diamètre d'un arbre duquel on veut tirer une poutre, comme dans l'opération précédente, il faut toujours supposer que l'arbre doit avoir un diamètre de 3 pouces au moins plus grand que celui qu'on aura trouvé, afin d'avoir égard au déchet.

Voici encore un cas que je ne passerai pas sous silence, espérant qu'il servira dans les occasions qui peuvent se présenter.

La longueur d'une poutre étant donnée, ainsi que le côté sur lequel elle doit être posée, on demande quelle doit être son épaisseur verticale, pour être capable de porter dans son milieu un poids donné.

Pour cela nous supposerons que la poutre qui doit servir de modèle a pour base un carré dont le côté sera nommé $a$; que sa longueur est nommée $b$; et le poids qu'elle peut porter avant l'instant de se rompre, $m$; que la longueur de la poutre qui fait le sujet de la question, est nommée $d$; le côté de la base que l'on connaît, $c$; celui que l'on cherche, $x$; et le poids que cette poutre doit porter, $n$. Cela posé, si l'on multiplie le carré de la hauteur verticale de chaque poutre par son épaisseur, et que l'on divise chaque produit par la longueur des poutres auxquelles elles appartiennent, on pourra avec les deux quotients et les poids que ces poutres peuvent porter avant l'instant de se rompre, former cette proportion $m : n :: \frac{a^3}{b} : \frac{cx^2}{d}$, qui donne $\frac{na^3}{b} = \frac{mcx^2}{d}$; et multipliant cette équation par $d$ et la divisant ensuite par $mc$, on aura, après avoir extrait la racine carrée de chaque membre, $x = \sqrt{\frac{dna^3}{bcm}}$, formule dont voici l'application.

Prenant pour modèle la solive de 3 pieds de longueur sur 6 pouces en carré, qui porte un poids de 64500 livres, on aura $a^3 = 216$, $b = 3$, $m = 64500$. Si présentement la poutre dont il est question a 24 pieds de longueur, que le côté sur lequel elle doit être posée soit de 12 pouces, et que le poids qu'elle doit porter pour n'être pas en danger de se rompre, soit de 700000 livres, il faut doubler ce poids pour les raisons que j'ai dites ci-devant, et alors il sera considéré comme étant de 140000 : ainsi nous aurons $d = 24$, $c = 12$, et $n = 140000$. Il n'est donc plus question que de suivre ce qu'enseigne la formule, c'est-à-dire multiplier les valeurs de $d$ et de $n$ l'une par l'autre, et le produit 3360000 par la valeur de $a^3$, c'est-à-dire par 216 pour avoir $725760000 = dna^3$, qu'il faut diviser par le produit des trois nombres qui expriment la valeur de $b$, $c$, $m$, lequel sera $2322000 = bcm$ : le quotient sera 312, dont il faut extraire la racine carrée, qu'on trouvera de 17 pouces 7 lignes 11 points pour la hauteur verticale de la poutre.

Si la hauteur verticale était donnée, et qu'on voulût trouver l'épaisseur horizontale, nommant cette épaisseur $x$, l'autre $c$, et tout le reste avec les mêmes lettres, la formule se changerait en celle-ci $x = \frac{dna^3}{bc^2m}$.

Enfin, si les deux dimensions de l'écarrissage étaient données, et qu'on voulût savoir quelle doit être la longueur d'une poutre pour casser sous l'effort du poids $n$, nommant $c$ la hauteur verticale, $f$ l'épaisseur horizontale, et nous servant toujours du même modèle nous aurons encore $m : n :: \frac{a^3}{b} : \frac{c^2f}{x}$, d'où l'on tire, après avoir dégagé l'inconnue, la formule $x = \frac{bc^2fm}{na^3}$.

Comme de toutes les situations qu'on peut donner à une pièce de bois par rapport à sa longueur, il n'y en a point où elle ait moins de force que quand elle est posée horizontalement, il est à propos d'examiner ce qui arrive quand elle est posée obliquement.

Si l'on considère la poutre AB posée sur deux appuis dont l'un est beaucoup plus élevé que l'autre, il est constant que le poids D qui serait suspendu dans le milieu de sa longueur, n'agissant point selon FIG. 8.

une direction perpendiculaire au bras de levier, fera d'autant moins d'effort pour rompre cette poutre, que l'angle CFG formé par l'obliquité de la poutre et la ligne horizontale FG approchera davantage de valoir un droit jusque-là que, si la poutre était perpendiculaire à l'horizon, c'est-à-dire que l'angle CFG fût effectivement droit, le poids D ne ferait plus aucun effet, parce que sa direction et celle du levier se trouveraient dans une même ligne. Mais si la poutre est seulement inclinée, comme nous la supposons ici, alors on n'a qu'à faire le parallélogramme rectangle EFCH, et l'action du poids sur la poutre posée horizontalement sera à celle du même poids quand cette poutre est oblique, comme la diagonale EC est au côté EF, ou, ce qui revient au même, comme le sinus de l'angle CFE est au sinus de l'angle FCE; de sorte que, si l'on voulait que cette poutre fût chargée dans la situation oblique comme il faudrait qu'elle le fût dans la situation horizontale, en supposant qu'elle dût être rompue dans l'un et l'autre cas, on voit que s'il fallait dans la situation horizontale un poids exprimé par le côté FE, ou par le sinus de l'angle FCE, celui pour la situation oblique devrait être exprimé par la diagonale EC. Par conséquent, lorsque l'angle FCE devient si petit que les deux lignes CE et CA se trouvent confondues, ce qui arrive quand la poutre est perpendiculaire à l'horizon, la ligne CE n'étant plus déterminée, le poids que peut porter la poutre devient inexprimable (1).

Bullet, en parlant de la charpente dans son Architecture pratique, dit que la force d'une pièce de bois qui est inclinée, augmente dans la raison de l'ouverture des angles que cette pièce forme avec la ligne horizontale : et comme des gens ajoutent foi à tout ce que rapporte un

(1) Lorsque Bélidor écrivait ceci, il ne pouvait avoir eu connaissance des expériences de Mussembroëck sur la résistance des solides soumis à l'action d'une force qui agit dans le sens de leur longueur. Elles ont paru pour la première fois dans une dissertation latine imprimée en 1729, c'est-à-dire, l'année même de la publication de la Science des Ingénieurs. On les retrouve dans ses Leçons de Physique expérimentale. Ce n'est que long-temps après (en 1744) qu'Euler a donné les premières recherches théoriques qu'on connaisse sur ce sujet. L'erreur dans laquelle Bélidor tombe ici, et l'espèce d'exclusion qu'il fait du cas où une poutre est chargée verticalement, sont donc en quelque sorte excusables (*N*).

auteur qui a quelque réputation, je crois qu'il est à propos d'exposer ici mot pour mot le sentiment de celui que je viens de citer, afin de faire ensuite quelques remarques qui ne seront peut-être pas inutiles.

« A l'égard de la grosseur des bois, dit-il, on peut savoir que ceux qu'on emploie aux combles n'ont pas besoin d'être si gros par rapport à leur longueur, que ceux qu'on emploie aux planchers; car ceux-ci sont posés de niveau, et souffrent beaucoup plus que ceux des combles qui sont inclinés; et l'on ne doit pas douter qu'une pièce de bois posée de bout ne porte sans comparaison plus dans une même grosseur et longueur que si elle était posée de niveau; en sorte que, supposant qu'une pièce de bois puisse porter, par exemple, 1000 étant posée de niveau, et qu'étant posée de bout elle porte 3000, si on l'incline d'un demi-angle droit, elle doit porter 2000, et ainsi des autres angles plus ou moins inclinés à proportion. »

Tout le monde pense avec Bullet qu'il ne faut pas donner tant de grosseur aux chevrons d'un comble qu'aux solives d'un plancher, non seulement par rapport à la situation avantageuse des premiers, mais aussi parce que les chevrons ne portent jamais d'autre poids que celui de la couverture; au lieu que les solives, indépendamment des planchers qu'elles soutiennent, doivent être aussi capables de porter la pesanteur de tous les corps étrangers dont on voudrait les charger, selon l'usage des lieux où elles sont employées. Mais à l'égard du bois posé obliquement, je ne vois point sur quel fondement il dit qu'une pièce qui serait inclinée sous un angle de 45 degrés, portera un poids moyen arithmétique entre celui qu'elle porterait si elle était horizontale, et entre l'autre qu'elle soutiendrait si elle était debout : car on peut bien connaître ce que peut porter cette pièce quand elle sera horizontale, en suivant les règles précédentes; mais il n'est pas possible de déterminer ce qu'elle portera étant debout, le poids dans cette dernière situation ne pouvant être exprimé; par conséquent il n'est pas possible de trouver des termes moyens. Ce n'est pas que je veuille dire qu'une pièce de bois posée debout soit capable de porter un fardeau immense : je sais bien que, quand elle aura une certaine hauteur, elle pourra plier et même se rompre. Mais, quand cela arrive, ce n'est pas l'effet d'une cause susceptible d'aucune règle; c'est que le poids ne porte pas à plomb et pousse obliquement, ou que le bois lui-même n'est pas bien perpendiculaire, ou, ce qui paraît le plus vraisemblabl encore, c'est que le fil peut en être oblique, et par conséquent tendr à se casser du côté le plus faible. Mais, comme il suffit de savoir c qu'une pièce de charpente peut porter étant horizontale pour juger d ce qu'elle portera quand elle sera mise dans une situation oblique, on voit, selon ce que j'ai dit ci-devant, que cette force n'augmente poin dans la raison de l'ouverture des angles, mais selon que le sinus tot se trouve plus grand que les sinus des compléments des angles formé par la ligne horizontale et la pièce.

Un peu après cet auteur continue en ces termes : « Il y aurait beau coup de choses à dire sur la grosseur que les bois doivent avoir pa rapport à leur longueur et à leur usage, quand même on les suppo serait généralement tous de même qualité, ce qui arrive rarement; cett question ne peut pas être résolue par les règles de géométrie, parc que la connaissance de la bonne et mauvaise qualité des bois appartien à la physique; ainsi il faut se contenter de l'expérience, avec laquelle on peut donner quelques règles, pour les différentes grosseurs de poutres par rapport à leur longueur, supposant néanmoins que l charge n'en soit pas excessive, comme quand on fait porter plusieur cloisons et planchers l'un sur l'autre à une même poutre, ce que j'ai v en plusieurs endroits, et ce qu'il faut absolument éviter. Voici une table pour avoir la grosseur des poutres suivant leur longueur donnée de 3 pieds en 3 pieds, depuis 12 jusqu'à 42 pieds, laquelle table a été faite par une règle fondée sur l'expérience, dont chacun pourra se servir comme il jugera à propos pour son utilité.

| | Longueur des poutres. | Largeur. | Hauteur. |
|---|---|---|---|
| Une poutre de | 12 pieds aura...... | 10 pouces sur...... | 12 pouces. |
| | 15.............. | 11.............. | 13. |
| | 18.............. | 12.............. | 15. |
| | 21.............. | 13.............. | 16. |
| | 24.............. | 13 ½.............. | 18. |
| | 27.............. | 15.............. | 19. |
| | 30.............. | 16.............. | 21. |
| | 33.............. | 17.............. | 22. |
| | 36.............. | 18.............. | 23. |
| | 39.............. | 19.............. | 24. |
| | 42.............. | 20.............. | 25. |

Il a raison de dire qu'il arrive rarement qu'on rencontre des bois de même qualité : mais c'est à tort qu'il croit que les règles de la géométrie ne peuvent être d'aucune utilité pour proportionner leur grosseur à leur longueur, quand on fera abstraction de la différence de leur force naturelle, puisque je ne crois pas qu'on puisse y arriver par d'autres voies. Car, indépendamment des expériences qu'on a rapportées ci-devant, il suffira que l'usage nous ait appris que des poutres, des solives, des chevrons, etc. d'une certaine longueur et d'une grosseur déterminée, aient toujours bien réussi, pour qu'on puisse après cela trouver les bases qu'il convient de donner à ces mêmes pièces, si l'on était dans la nécessité de les employer beaucoup plus longues, et alors la pratique seule ne suffit pas pour juger exactement de la grosseur des bois; c'est pourquoi je ne vois pas qu'on puisse se servir sûrement de la table qu'il donne, ne rendant aucune raison de la manière dont elle a été calculée; j'ai même voulu voir si les poutres qui y sont rapportées répondaient tant soit peu aux règles qui devaient leur convenir, mais je n'ai rien aperçu qui en approchât. Si j'ai fait mention du livre de Bullet, ce n'a été que pour faire sentir aux personnes qui veulent s'appliquer à l'art de bâtir, combien il est important qu'ils aient quelques principes de théorie qui puissent les guider dans la pratique.

Voilà ce que je m'étais proposé de dire sur la manière de connaître la force des bois qui sont en usage dans les bâtiments : j'avais fort envie de ne pas m'en tenir là, et de faire d'autres applications des principes de la mécanique à la charpente, pour montrer quelle est la disposition la plus avantageuse qu'il convient de donner à l'assemblage des pièces de toutes sortes d'ouvrages en général, pour être capables de résister le plus qu'il est possible aux poussées qu'ils auraient à soutenir, avec un certain nombre de solives déterminé, nécessaire seulement pour l'exécution de ce que l'on a en vue; car on ne peut douter que dans les fermes qui soutiennent les combles, celles qui sont employées pour les jetées qui se font dans la mer, les chevalets des ponts, les portes des écluses, etc., il n'y ait des puissances qui agissent et qui résistent selon certaine direction, et par conséquent des leviers de différente espèce, et que tout cela ne fasse un mécanisme dont la connaissance ne peut être que très-utile, et que j'aurais volontiers développé, si je m'étais trouvé plus de loisir que je n'en ai présentement. Car, ayant commencé à écrire quelques chapitres sur ce sujet, je me suis aperçu que, pour les traiter comme il faut, je serais obligé d'embrasser un ouvrage qui deviendrait fort étendu, mais que je me propose pourtant de reprendre dans le second volume (1).

---

(1) Quoique la théorie de la résistance du bois soit encore loin d'offrir toutes les ressources dont la pratique des constructions peut avoir besoin, elle a cependant fait, depuis la publication de la Science des Ingénieurs, d'assez grands progrès, soit dans la partie analytique, soit dans la partie expérimentale, pour qu'on ne puisse se dispenser de les mettre sous les yeux des lecteurs. Je n'entrerai point dans le détail historique des recherches auxquelles cette partie de la mécanique appliquée a donné lieu : on pourra consulter sur ce sujet l'Introduction du Traité analytique de la résistance des solides, par M. Girard, et le Traité de la construction des ponts, livre III, chap. I$^{er}$. Je vais tâcher seulement de donner ici le plus succinctement possible l'esprit de ces recherches, et le parti qu'on peut en tirer pour les applications.

Les divers corps qu'on emploie dans les constructions offrent deux genres de résistance différents, quand ils sont soumis à l'action d'une force qui tend à les faire plier : 1° ou ils rompent avant d'avoir pris une flexion sensible, comme le font la pierre et le fondu ; 2° ou ils prennent une flexion plus ou moins considérable avant de rompre, comme on l'observe dans le bois et le fer forgé. Ces deux genres de résistance ne dépendent pas seulement de la nature des corps ; elles dépendent aussi de la forme des pièces et du rapport de leur longueur à leur épaisseur, car une pièce de fer forgé, par exemple, très-flexible quand sa longueur est égale à 40 ou 50 fois son épaisseur, ne l'est plus quand cette longueur est seulement égale à 12 ou 15 fois l'épaisseur, et dans ce dernier cas la pièce ne pourrait plus plier sensiblement sans rompre aussitôt. Il en est de même des pièces de bois qui, quand leur longueur n'est égale qu'à 6 ou 7 fois leur épaisseur, ont perdu presque toute leur flexibilité.

La première chose à faire, quand on veut examiner la force d'une pièce, est donc de connaître la nature de la résistance qu'elle est susceptible d'offrir, et si les efforts auxquels elle est soumise doivent la faire rompre ou la faire plier. Sa résistance dans les deux cas se calcule d'après des considérations différentes, que je vais exposer successivement.

*De la Résistance à la Rupture.*

Pl. XII. Fig. 1. Considérons la pièce DG, qu'un certain effort tend à faire plier et rompre sur l'appui A, et supposons cette pièce composée de fibres dirigées dans le sens de sa longueur. L'effort auquel elle est soumise produit sur ces fibres deux effets : l'un de la faire plier autour du point A, l'autre de faire étendre les fibres situées du côté de la face supérieure en BC, et raccourcir les fibres situées du côté de la face inférieure en A. La

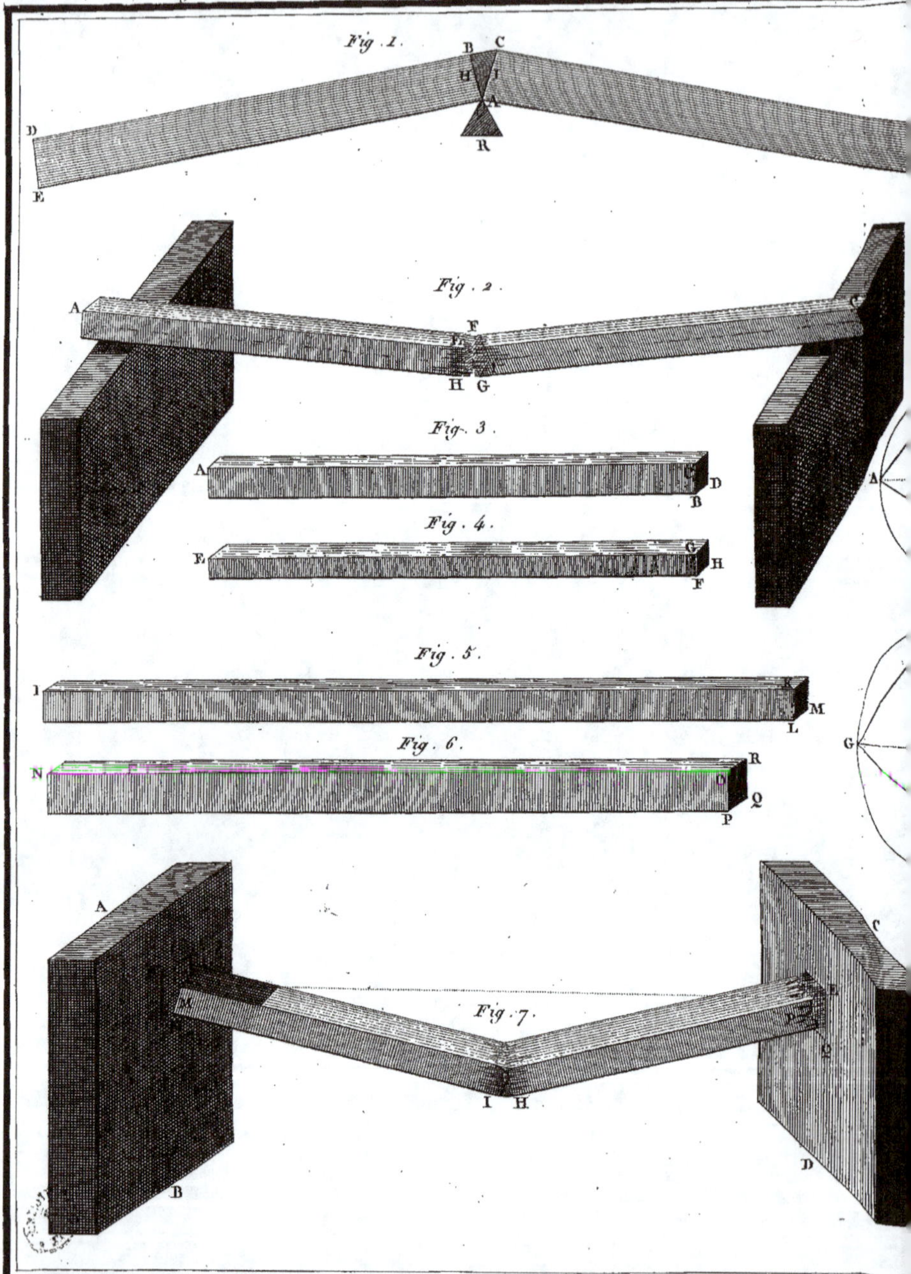
Fig. 1.
B
C
H
I
A
D
R
E
Fig. 2.
A
F
E
H
G
C
Fig. 3.
A
D
B
Fig. 4.
E
G
H
F
A
Fig. 5.
I
K
M
L
Fig. 6.
N
R
O
Q
P
G
A
M
Fig. 7.
E
P
C
I
H
D
B

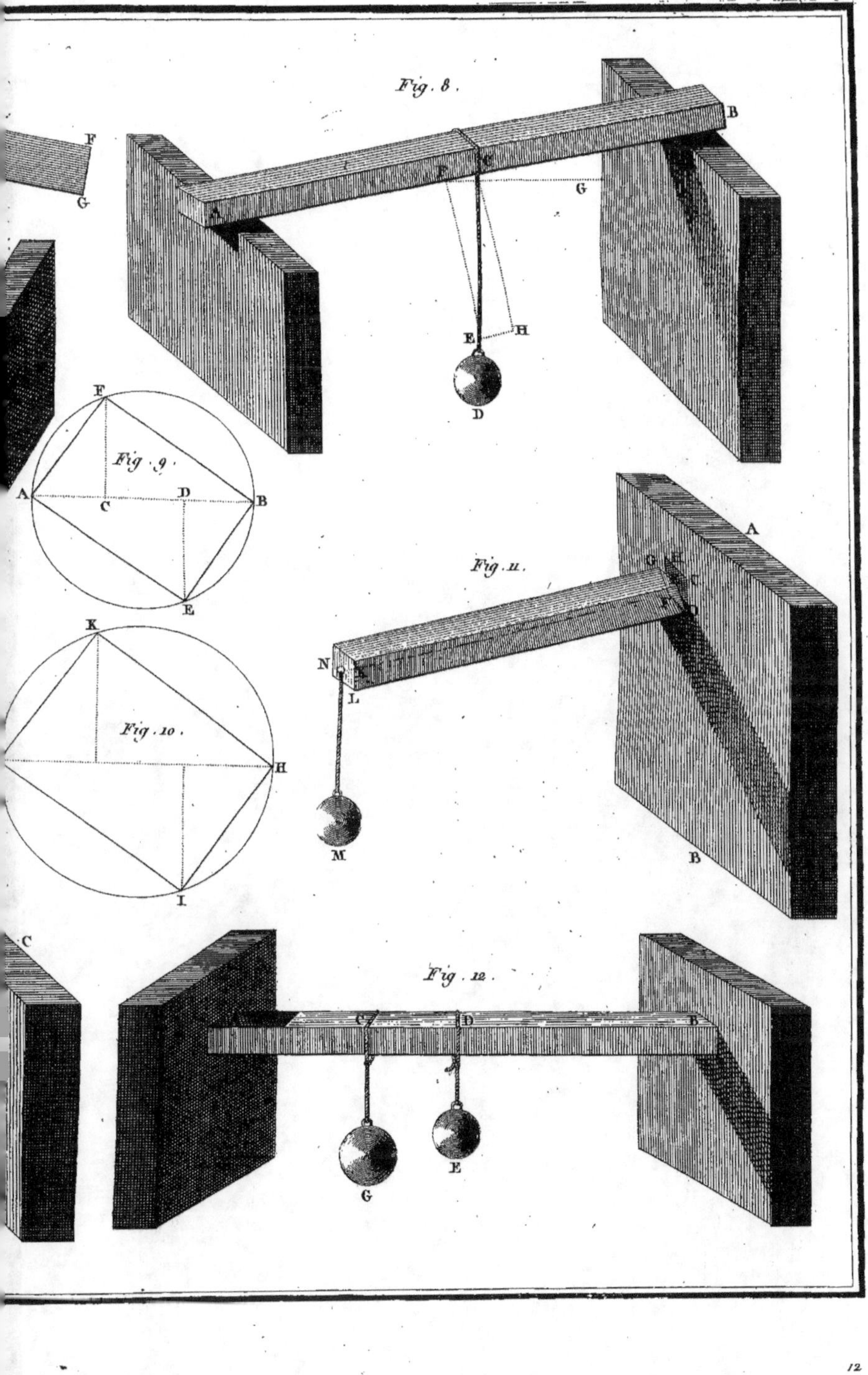
Fig. 8.
A
B
C
F
G
E
H
D
Fig. 9.
F
A
C
D
B
E
Fig. 10.
K
H
I
Fig. 11.
A
G
H
C
F
D
N
L
M
B
Fig. 12.
C
D
B
G
E

# CHAPITRE QUATRIÈME.

## *Des bonnes et mauvaises qualités du Fer.*

Le grand usage que l'on fait du fer dans les travaux du génie et de l'artillerie en rend la connaissance si nécessaire, que j'ai cru ne pouvoir me dispenser de rapporter ici toutes les observations qui pouvaient

---

rupture peut donc provenir de deux causes, dont l'une est la rigidité des fibres, qui ne leur permet pas de se prêter à la flexion qu'on leur fait subir, et dont l'autre est l'impossibilité où elles peuvent se trouver de s'étendre à la face supérieure sans se déchirer. On peut reconnaître dans les corps à laquelle de ces deux causes la rupture est due; car dans le premier cas la séparation des fibres se fait à-la-fois dans toute la hauteur de la pièce, tandis que dans le second elle commence à la face extérieure et ne se propage que peu-à-peu vers la face inférieure, à mesure que la pièce perd sa force. C'est, par exemple, ce dernier effet qu'on remarque dans le bois, et Buffon a observé qu'il fallait plus de deux heures pour rompre entièrement une pièce de 22 centimètres d'écarrissage.

Supposons que la rupture provienne de ce que les fibres ne peuvent se prêter à la flexion, et soit la pièce GL encastrée à une extrémité, et soumise à l'autre à l'effort du poids M, qui tend à la faire rompre à l'endroit où elle est encastrée, en fléchissant les fibres autour de la ligne DF. En représentant par $f$ la résistance de chaque fibre, la résistance totale de la base de fracture DFGE sera $fab$, $a$ étant la largeur, et $b$ la hauteur de cette base, et pour que cette résistance fasse équilibre au poids M, il faudra que le moment de ce poids, pris par rapport à l'axe fixe DF, qui est MC, en représentant par $c$ la longueur DL, soit égal au moment de la résistance de la base DFGE, qui est égal à la somme des résistances des fibres multipliées par la distance de leur centre de gravité à la ligne DF, et représenté par $\frac{1}{2}fab^2$, on a donc l'équation $Mc = \frac{1}{2}fab^2$, d'où $M = \frac{1}{2}f\frac{ab^2}{c}$. On en déduira facilement que, si la même pièce était posée sur deux appuis, et chargée au milieu du poids M, on aurait, pour que sa résistance à la fracture fît équilibre à l'effort de ce poids, $M = 2f\frac{ab^2}{c}$, $c$ étant la distance des appuis. Pl. XII. Fig. 11.

Si la pièce était encastrée à ses deux extrémités et chargée au milieu, il faudrait qu'elle rompît en même temps dans ces trois points. Le poids capable de la faire

contribuer à en faire un bon choix. Pour cela, j'ai eu recours à ce
l'expérience a appris à ceux qui travaillent continuellement dans
forges des arsenaux du roi; et comme je ne connais point d'auteur

---

rompre au milieu serait $2f\frac{ab^2}{c}$; ceux qui feraient rompre les extrémités seraient chacun à $f\frac{ab^2}{c}$; en sorte qu'on aurait pour la charge totale portée par $4f\frac{ab^2}{c}$, c'est-à-dire un poids double de celui qu'elle aurait porté, si les extr n'eussent pas été encastrées.

Supposons la pièce posée librement sur ses extrémités, et chargée dans tout point que le milieu d'un poids M : soit $\gamma$ la distance de ce point à une des ex La pièce est dans le même cas que si, étant appuyée sur ce point, elle ét à une extrémité d'un poids $= M\frac{c-\gamma}{c}$, et à l'autre d'un poids $= M\frac{\gamma}{c}$; il faud qu'on eût pour l'équilibre $M\frac{c-\gamma}{c}\cdot\gamma = M\frac{\gamma}{c}(c-\gamma) = \frac{1}{2}fab^2$; d'où M =

Si dans la même supposition la pièce était encastrée à chaque extrémité, ajouter à la charge précédente celle qui serait capable de causer la rupture deux points, et qui serait pour l'un $\frac{1}{2}f\frac{ab^2}{\gamma}$, et pour l'autre $\frac{1}{2}f\frac{ab^2}{c-\gamma}$, en sorte charge totale serait comme ci-dessus double de la précédente et égale à $f$

Si la pièce était chargée en plusieurs points, il serait aisé d'étendre ces tions, en observant qu'une pièce posée sur deux appuis tend toujours à se rompre le point correspondant au centre de gravité des poids dont elle est chargée.

Si la pièce était chargée verticalement, il faudrait, pour pouvoir appliquer à la question, supposer qu'elle a un commencement de flexion sur une de ses alors il est évident qu'on trouverait, comme dans les cas précédents, pour le poids qu'elle peut porter une expression de la forme $\varphi\frac{ab^2}{c}$, $\varphi$ étant un cert cient numérique, dont la valeur ne serait déterminée que par expérience.

Ces considérations s'appliquent également au cas où on admet que la rupture vient de ce que les fibres ne peuvent se prêter à l'extension, et les formules obtient alors ne diffèrent des précédentes que par la valeur du coefficient numé dont elles sont affectées. En effet, soit $e$ la résistance des fibres situées sur la ligne au moment où elle se rompt après avoir acquis l'extension EC, et admettons toutes les autres fibres de la base DEGF, qui sont étendues proportionnellement

traite mieux cette matière que M. Félibien dans ses mémoires d'architecture, j'ai profité aussi des instructions qu'il donne.

Pour juger de la qualité du fer, il faut savoir de quelle forge il vient,

---

leurs distances à l'axe d'équilibre DF, offrent des résistances proportionnelles à leurs extensions. La somme des résistances sera représentée par la surface du triangle DEC, multipliée par la largeur de la pièce $= \frac{1}{2} eab$, et pour avoir son moment par rapport à la ligne DF, il faudra multiplier cette résistance par $\frac{2}{3} b$ qui est la distance du centre de gravité du triangle DEC à cette ligne; ce moment sera donc $\frac{1}{3} eab^2$, et on aura, pour exprimer qu'il fait équilibre au poids M, $Mc = \frac{1}{3} eab^2$, d'où $M = \frac{1}{3} e \frac{ab^2}{c}$. On retrouverait donc ici les mêmes expressions que ci-dessus, dans lesquelles on aurait écrit seulement $\frac{1}{3} e$ à la place de $\frac{1}{2} f$.

Telles sont les règles analytiques auxquelles on se trouve conduit, quand on a seulement en vue la résistance des corps à la rupture. Il est aisé de les étendre à des pièces dont les bases de fracture auraient d'autres formes que le rectangle, et on peut voir à ce sujet les deux ouvrages cités au commencement de la note. Les expériences de Parent, celles de Bélidor et celles de Buffon ont été faites pour mettre à même de tirer parti de ces règles dans la pratique, et donner les moyens de déterminer la valeur du coefficient qui entre dans les formules; et effectivement au moyen de ces expériences, et surtout des dernières, on connaît maintenant assez exactement la force nécessaire pour rompre une pièce de bois de chêne.

Mais il est très-rare que, dans les constructions, les poutres soient exposées à rompre sans avoir pris une flexion très-sensible. Cette flexion commence sous un poids beaucoup moins grand que celui qui occasionerait la rupture de la pièce, qui s'affaiblit, et qui avec le temps peut finir par céder entièrement. Il serait donc principalement utile de savoir quel est le poids capable de faire prendre à une pièce un commencement de flexion qui pourrait devenir dangereux par la suite, et entraîner sa rupture.

*De la Résistance à la Flexion.*

L'analyse des circonstances de la flexion des corps comporte des considérations d'un ordre plus élevé que celles que je viens d'exposer, et dans le détail desquelles il serait trop long d'entrer : je vais donner seulement les résultats auxquels cette analyse a conduit.

Quand un solide est soumis à l'action d'une certaine force qui le fait fléchir, il s'établit dans chacun de ces points un équilibre entre l'action de cette force et la résistance de la section du solide faite dans ce point, en sorte que le moment de la force et le moment de cette résistance, pris par rapport à l'axe d'équilibre situé à la face

si la mine dont il est tiré est douce ou cassante ; et pour connaître ces mines, voici ce que l'on a remarqué sur celles qui fournissent du fer en France.

---

concave du solide, doivent être égaux. Le dernier de ces moments a toujours été supposé être dans chaque point du solide en raison inverse du rayon de sa courbure en ce point ; et en introduisant cette hypothèse dans l'équation de l'équilibre, on obtient celle de la courbure du corps, et les relations qui doivent exister entre la grandeur des efforts auxquels il est soumis, et les divers degrés de flexion qu'il peut prendre. Mais les équations sont différentielles, et il faut, pour les intégrer, supposer la flexion très-petite, ce qui répond d'ailleurs suffisamment aux cas de pratique. On parvient alors aux résultats suivants (voyez le Traité de la construction des ponts, à l'endroit cité ci-dessus).

1°. Quand le solide est encastré à une extrémité et chargé à l'autre, on a

$$P = 3\varepsilon \frac{f}{c^3} \quad \left\{ \begin{array}{l} P = \text{le poids supporté par le corps ;} \\ c = \text{la longueur du corps ;} \\ f = \text{la flèche de la courbure que le poids P lui fait prendre ;} \\ \varepsilon = \text{la valeur du moment d'élasticité quand le rayon de courbure} = 1. \end{array} \right.$$

2° Quand le solide est posé librement sur ses deux extrémités,

$$P = 48\varepsilon \frac{f}{c^3}.$$

3° Enfin quand le solide est chargé verticalement,

$$Q = \frac{\pi^2 \varepsilon}{4c^2} \quad \left\{ \begin{array}{l} Q = \text{le poids dont le solide est chargé ;} \\ \pi = 3{,}14159. \end{array} \right.$$

Pour faire usage de ces équations, il faut d'abord déterminer la valeur du moment d'élasticité $\varepsilon$ en fonction des dimensions du corps, dont je supposerai toujours la base rectangulaire. On a fait quelquefois $\varepsilon$ proportionnel à $ab^2$, en assimilant la résistance à la flexion, à la résistance à la rupture. En supposant que la résistance des fibres provenait de l'extension qu'elles éprouvent lors de la flexion, on a trouvé que ce moment devait être proportionnel à $ab^3$. On a aussi remarqué que la longueur du corps devait influer sur l'expression de sa force, et on a représenté $\varepsilon$ par une fonction de la forme $(\alpha + \beta c)\, ab^2$, $\alpha$ et $\beta$ étant des coefficients numériques. J'ai été conduit, par des considérations qu'on trouvera dans l'ouvrage cité plus haut, à représenter $\varepsilon$ par la quantité $\left(\frac{\varepsilon'}{2} + \frac{\varepsilon'' bc}{3}\right) ab^2$, $\varepsilon'$ et $\varepsilon''$ étant des constantes dont les valeurs doivent être déterminées par l'expérience, et cette détermination ayant été faite par les méthodes les plus exactes, d'après diverses expériences faites tant sur les bois chargés horizontalement que sur les bois chargés verticalement, j'ai trouvé pour le bois de

Le meilleur fer que nous ayons est celui qui se tire des mines de Berry. Il y a quelques années que l'on en a travaillé une grande quantité à l'arsenal de la Fère : les ouvriers l'ont trouvé si excellent, qu'ils ne pouvaient lui donner assez d'éloge. Le fer de Bourgogne est aussi

---

chêne $\varepsilon' = 16484345$, $\varepsilon'' = 25554012$; valeurs qui, introduites dans la formule précédente et dans les équations ci-dessus, ont donné :

1° Pour le cas où une pièce posée sur deux appuis est chargée horizontalement,

$$P = (395624288 + 408864200 \cdot bc)\,\frac{ab^2 f}{c^3}.$$

2° Pour celui où une pièce est chargée verticalement,

$$Q = (20336845 + 21017476 \cdot bc)\,\frac{ab^2}{c^2}.$$

La seconde de ces équations peut être employée immédiatement dans les applications, parce qu'elle donne le plus petit poids dont une pièce posée debout puisse être chargée sans plier; mais la première, qui établit seulement une relation entre le poids dont une pièce posée horizontalement est chargée et la flèche de courbure que ce poids lui fait prendre, n'offre pas le même avantage. Il faudrait, pour en tirer parti dans la pratique, connaître quelle flèche on peut faire prendre à une pièce sans altérer sensiblement son élasticité, et sans que l'action du poids qui aurait causé cette flèche fût capable de l'augmenter avec le temps. Malheureusement l'expérience ne peut encore donner presque aucune lumière à cet égard, et fournit seulement quelques aperçus d'après lesquels il paraît qu'on peut représenter la flèche dont on vient de parler par l'expression $f = 0{,}0004 . \frac{c^2}{b}$, qui, substituée dans la valeur ci-dessus de P, donne

$$P = (158250 + 163546 \cdot bc)\,\frac{ab}{c},$$

pour l'expression du poids dont on peut charger au milieu une pièce posée sur ses deux appuis.

Je pense que ces valeurs de P et Q, au moyen desquelles on peut calculer dans tous les cas la force dont une pièce donnée est susceptible, sont, quant à présent, ce qu'on peut offrir de plus exact et de plus simple sur la résistance du bois de chêne.

*De la Résistance à la Pression et à la Traction.*

Quand une pièce de bois est chargée debout, et que sa longueur ou l'intervalle des points d'appui entre lesquels elle peut être contenue ne surpasse pas six à sept fois son épaisseur, cette pièce ne peut plier, et ne céderait qu'en s'écrasant à l'effort qu'elle supporte. On suppose alors que sa résistance est proportionnelle à l'aire de la

fort bon : cette province en fournit pour la construction des vaisseaux et galères qui se font à Toulon et à Marseille ; on le tire particulièrement des forges de Pesmes et de Morambert, parce qu'il est fort doux et aisé à employer.

Le fer de Senonge et celui de Vibray, proche Monmiral au Mans, est assez estimé, parce qu'il se forge bien, étant doux et pliant.

On ne fait pas grand cas du fer de Normandie, non plus que de celui de Champagne et de Thiérache, parce qu'il est fort cassant et d'une très-mauvaise qualité.

Le fer de roche est bon, s'employant bien en toute sorte d'ouvrage, de même que celui qui vient des mines du Nivernois : ce dernier est fort doux, et propre à faire des épées et des canons de fusils ; il est même d'une qualité qui approche fort de l'acier.

Celui qu'on tire de Signy-le-Petit est dur et cassant, mal aisé à forger, le grain en est gros et clair, par conséquent d'une mauvaise qualité : aussi ne l'emploie-t-on guère que pour les bombes et les boulets.

Le fer d'Espagne est très-doux, de manière qu'on le forge à froid comme l'argent. Il y a des forges entre Saint-Sébastien et le Passage, dont le fer a cette qualité.

J'ai vu d'habiles gens partagés sur le fer de Suède et d'Allemagne, les uns en faisant beaucoup de cas, et les autres ne l'estimant guère. Au reste, il est fort bon quand il est corroyé avec d'autre fer pour des outils tranchants.

---

base, et on l'évalue à 500 kilogrammes par centimètre carré pour le chêne, et pour le sapin à un tiers de moins.

On fait la même supposition dans le cas où une pièce serait tirée dans le sens de sa longueur : la force de traction du chêne est estimée de 950 kilogrammes par centimètre carré.

Bélidor annonce à la fin de ce chapitre qu'il avait commencé un travail sur le mécanisme des systèmes de charpente, et promet de reprendre cette matière dans un second volume, qui n'a pas été publié. Il n'a donné dans son Architecture hydraulique que peu de choses relatives à ce sujet, sur lequel on trouvera quelques recherches dans le Traité de la construction des ponts, liv. III, chap. I et II.

*Nota.* Le lecteur observera que dans les formules contenues dans cette note le mètre est l'unité de mesure, et le kilogramme l'unité de poids (*N*).

J'ai dit que le fer de Berry était de très-bonne qualité ; mais il est à propos d'observer qu'il s'en trouve de deux espèces : l'une et l'autre se débitent en barre ; toute la différence est que l'un est du fer battu, et l'autre se tire comme le vitrier tire le plomb, et par là on le fait aussi mince et aussi large que l'on veut. Mais ce qu'il y a de particulier, c'est que celui qui est ainsi tiré est d'une qualité incomparablement meilleure que l'autre qui est battu, étant plus nerveux. On n'y voit presque point de grain, et on a de la peine à le casser à froid : apparemment que le rouleau contribue beaucoup à lui donner cette qualité.

Comme il se rencontre du fer bon et mauvais, quoiqu'il vienne de la même forge, et quelquefois de la même gueuse, il faut, pour en être plus sûr, en prendre une barre : si l'on voit qu'il y ait de petites veines noires qui s'étendent au long, et qu'on n'y aperçoive point de gerçures, ou de coupures qui aillent en travers, et que cette barre soit pliante sous le marteau, c'est une marque que le fer est bon ; au lieu que s'il y avait des gerçures, et que la barre fût roide, c'est une preuve évidente que le fer est rouverain, c'est-à-dire cassant à chaud, et qu'il est difficile à forger.

On connaîtra encore si le fer est doux à la couleur qu'il aura en-dedans après l'avoir cassé ; car s'il est noir, c'est signe qu'il est bon, et malléable à froid et à la lime : mais aussi il est sujet à être cendreux, c'est-à-dire qu'il ne devient pas plus clair après qu'il est poli, principalement s'il s'y rencontre des taches grises comme de la cendre, car c'est ce qui le rend difficile à polir et à mettre en bon lustre, ce qui n'arrive pas à toutes les barres, mais à la plupart. Cette sorte de fer est moins sujette à se rouiller, parce qu'elle tient un peu de la nature du plomb.

Il y a d'autres barres dont le fer à la casse paraît gris, noir et tirant sur le blanc : il est beaucoup plus dur et plus roide que le précédent lorsqu'on le plie. Il est très-propre à être employé aux gros ouvrages dans les bâtiments ; mais pour la lime il est mal aisé à cause qu'il s'y rencontre des grains qu'on ne peut emporter facilement.

Celui qui étant cassé a le grain mêlé de blanc, de gris ou de noir, est souvent le meilleur, soit pour la forge ou la lime, et pour se bien polir.

Il y a d'autres barres qui ont le grain petit comme de l'acier, et dont le fer est pliant à froid. Il est mal aisé à limer, et grésille lorsqu'il commence à être chaud, de sorte qu'il est difficile à employer à la forge et à la lime, attendu qu'il ne se soude pas facilement, et qu'à la lime il y a des grains. Il est bon pour ceux qui font de gros ouvrages.

Il y en a encore d'autres, dont le grain est gros et clair à la casse comme de l'étain de glace. Ce fer est de mauvaise qualité, car il est cassant à froid et tendre au feu, ne pouvant souffrir une grande chaleur sans se brûler, parce qu'il est fort poreux, aisé à se rouiller et à se manger.

Le fer qu'on appelle rouverain, se connaît comme je viens de dire, lorsqu'il y a des gerçures ou des coupures qui vont au travers des barres. Il est d'ordinaire pliant et malléable à froid. Si en le forgeant il sent le soufre, et qu'en le frappant il en sorte de petites étincelles, c'est une marque qu'il est cassant à chaud. Aussi, lorsqu'il vient en sa mauvaise couleur, qui est d'ordinaire un peu plus blanche que couleur de cerise, il casse quelquefois tout au travers de la pièce. Si on le frappe et qu'on le ploie, il deviendra tout pailleux.

Les ouvriers, et ceux qui ont accoutumé de faire travailler, connaissent bien la qualité du fer en le forgeant : car s'il est doux sous le marteau, il sera cassant à froid ; au lieu que s'il est ferme, c'est signe qu'il sera ployant à froid.

Comme il se rencontre des occasions où il est nécessaire de savoir les différentes espèces de fers qu'on tire des forges, voici les dimensions de celui qui se débite le plus communément chez les marchands. Il ne s'en rencontre guère d'autres, à moins qu'il ne soit de commande (1).

Le fer plat a 9 à 10 pieds de long, et quelquefois plus, sur 2 pouces et demi de large, et 4 lignes ou environ d'épaisseur; il s'en trouve même de 12 et 13 pieds de long sur 3 pouces et demi et 4 pouces de large.

Le fer qu'on nomme carré est en barres de diverses longueurs, et a depuis un jusqu'à 2 pouces ou environ en carré.

---

(1) On peut voir le détail des noms et des dimensions des fers forgés qui se trouvent actuellement dans le commerce, dans le tome III de la Sidérotechnie de M. Hassenfratz, pages 231 pour les *fers marchands*, 233 pour les *fers martinets*, 242 pour les *fers de fonderie*, 261 pour la *tôle*. On y trouvera aussi, page 326, un tableau par numéros des dimensions des *fils de fer*, et du poids d'un mètre de longueur de ces fils (*N*).

Le quarré bâtard a 9 pieds de long, et 16 à 18 lignes en quarré.

Le fer cornette a 8 ou 9 pieds de long, 3 pouces de large, et 4 à 5 lignes d'épaisseur.

Le fer rond a 7 à 8 pieds de long sur 9 lignes de diamètre.

Le fer de carillon est un petit fer qui n'a que 8 à 9 lignes de grosseur.

Celui de courçon est par gros morceaux de 2, 3 et 4 pieds de long.

La tôle est en feuilles, et de plusieurs largeurs et hauteurs.

Il y a outre cela le petit fer en botte, qui sert pour faire les vergettes des vitres et autres ouvrages.

Je ne dis rien du fer coulé, ou qu'il faut forger exprès pour des machines, parce que les applications qu'on en ferait ici seraient hors de propos (1).

---

(1) Il y aurait beaucoup de choses à ajouter à ce chapitre pour compléter les connaissances sur le fer qui sont nécessaires au constructeur; mais il est impossible d'entrer ici dans les détails que comporte ce sujet. On trouvera sur le travail des fers forgés des observations de pratique très-utiles dans les œuvres de Buffon, et particulièrement dans la Partie expérimentale, IVe mémoire. Quant au procédé de la fabrication du fer, à la théorie de ces procédés, aux causes auxquelles il faut attribuer les différences de qualité qu'il présente, et aux moyens de reconnaître les différences, la Sidérotechnie de M. Hassenfrats renferme sur ces divers objets tous les développements qu'on peut désirer. J'indiquerai seulement ici les résultats qu'on a obtenus sur la résistance du fer, sujet qui a été traité en détail dans le Traité de la construction des ponts, liv. III, chapitre III.

*Du fer fondu.*

Le fer fondu est une matière très-cassante, et qui, sur-tout dans les dimensions sous lesquelles on l'emploie dans les constructions, ne peut prendre de flexion sensible sans rompre aussitôt : c'est donc sa résistance à la rupture qu'il faut considérer. En conservant les significations des lettres employées dans la note placée à la fin du chapitre précédent, on a trouvé qu'en supposant un barreau de fonte posé librement sur ses deux extrémités, et chargé dans son milieu, on avait

$$P = 14\frac{ab^2}{c}.$$

On suppose ici que le millimètre est l'unité de mesure, le kilogramme étant toujours l'unité de poids.

On n'a pas fait d'expériences sur le fer fondu chargé verticalement.

44

# CHAPITRE CINQUIÈME.

## *Des portes que l'on fait aux villes de guerre.*

AVANT que l'on fortifiât les places comme on le fait depuis un siècle, on avait recours à mille inventions pour garantir les portes des surprises. On pratiquait à droite et à gauche du passage des espèces de corridors ou places d'armes garnis de créneaux, qui servaient à passer

---

Il paraît que le fer fondu tiré dans le sens de sa longueur peut porter 7 à 8 kilogrammes par millimètre quarré.

Il faut observer, en faisant usage de l'équation précédente, que le coëfficient 14 est une moyenne déduite de plusieurs expériences ; que la fonte offre de grandes différences dans la résistance dont elle est susceptible, et que, quand sa qualité est inférieure, la valeur de ce coëfficient doit être réduite au nombre 9.

*Du fer forgé.*

Le fer forgé est une substance très-flexible, quand la longueur des pièces est considérable par rapport à leur épaisseur. On a cherché à déterminer dans ce cas la valeur de son moment d'élasticité (voyez le Traité de la construction des ponts, à l'endroit cité) : je passerai sous silence les résultats qu'on a obtenus, parce que, quand le fer est employé à porter dans les constructions, on est obligé, pour en obtenir quelque résistance, de mettre entre sa longueur et sa largeur un rapport tel qu'il perd sa flexibilité, et qu'il devient une matière constante, dont on doit seulement, comme pour la fonte, considérer la résistance à la rupture. Le fer doit être regardé sous ce dernier point de vue quand sa longueur est seulement égale à environ vingt fois son épaisseur.

On n'a pas fait d'expériences sur la résistance à la rupture du fer forgé chargé horizontalement.

On en a fait quelques-unes sur sa résistance quand il est chargé verticalement. Elles ont conduit à exprimer le poids nécessaire dans ce cas, pour rompre un barreau, par les formules.

$$Q = 438 \frac{ab^2}{c}, \text{ pour le fer à base rectangulaire,}$$

$$Q = 2572 \frac{r^3}{c}, \text{ pour le fer rond, } r \text{ étant rayon de la base.}$$

Quant au cas où le fer forgé est tiré dans le sens de sa longueur, diverses expériences

par les armes ceux qui, après avoir enfoncé la première porte avec le pétard ou le canon, se trouvaient arrêtés par la herse ou autre barrière ; et afin d'enfiler et voir de revers, on faisait quelquefois le passage de biais, ce qui le rendait si obscur, à cause que l'entree et la sortie n'étaient point directement opposées, qu'il ressemblait à un coupe-gorge. Aujourd'hui que la force des places consiste dans les ouvrages détachés, on fait les portes beaucoup plus simples. On se contente de les ouvrir par une demi-lune lorsqu'elles sont construites dans le milieu des courtines, et d'en défendre l'entrée par les flancs des bastions voisins : et pour en juger d'un coup-d'œil, il suffira de considérer les planches XIII et XIV, qui comprennent les plans, profils et élévation d'une porte, avec toutes les dimensions de ses parties que l'on a cottées, exprès pour n'avoir pas recours à l'échelle. Ainsi, sans entrer dans un grand détail, je dirai seulement que les ouvertures des portes entre les piédroits doivent avoir 9 à 10 pieds sur 13 à 14 de hauteur, que le passage est accompagné de pilastres de distance en distance pour porter les arcs-doubleaux de la voûte, que ces pilastres ont 2 pieds et demi de largeur sur 4 ou 5 pouces de saillie, qu'on pratique entre deux des niches ménagées dans l'épaisseur des piédroits qui servent à retirer les gens de pied quand le passage est embarrassé par quelque voiture. A l'égard de l'épaisseur des piédroits, je crois qu'il est inutile d'en parler, puisque si l'on est bien prévenu de ce qui a été enseigné sur la poussée des terres et celle des voûtes, on pourra sans difficulté trouver l'épaisseur qu'il faut leur donner, selon la grandeur et la figure de la voûte. Et ayant dit aussi, dans le troisième livre les précautions qu'il fallait prendre pour garantir les voûtes des injures du temps, on ne doit point ignorer non plus ce qu'il faudra faire si une partie du passage n'était point couverte par un bâtiment qui régnât d'un bout à l'autre, comme cela se rencontre ordinairement, ainsi qu'on le peut voir dans le profil de la porte dont nous parlons, où l'on remarque que le passage du rempart

Pl. XIII et XIV.

faites sur des fers de différentes natures, lui attribuent une résistance de 35 à 40 kilogrammes par millimètre quarré. Mais elles ont été faites sur des fers dont l'épaisseur ne surpassait point 10 à 12 millimètres, et il paraîtrait par d'autres expériences que les gros fers ont une force beaucoup moins considérable. On n'a rien encore de bien positif sur ce sujet *(N)*.

au-dessus de la voûte n'est pas entièrement couvert, n'y ayant que deux petits bâtiments, dont l'un fait face à la campagne, et l'autre à la ville. Le premier sert pour loger l'orgue, qui est une porte à coulisse qui se lève et s'abaisse perpendiculairement, par le moyen d'une tour qu'on lâche de façon que l'orgue peut tomber tout d'un coup. Cette porte sert à couper le passage aux ennemis en cas de quelque surprise en temps de siège, si le pont-levis venait à être rompu par le canon. L'autre bâtiment, qui est du côté de la ville, est destiné à loger un capitaine des portes ou aide-major de la place.

Pour veiller à la sûreté des portes, on fait deux corps-de-garde, l'un pour l'officier et l'autre pour les soldats, et l'on pratique entre deux un vestibule au-dessus duquel est le bâtiment dont nous venons de parler. A côté de ces corps-de-garde, on fait deux escaliers en pierre de taille pour monter au rempart.

Le corps-de-garde de l'officier ne devant pas être à beaucoup près si grand que celui des soldats, on construit à côté une prison, et alors la façade des deux corps-de-garde se trouve de même grandeur, ce qui offre avec celle du bâtiment supérieur une décoration assez belle, comme on le peut voir sur la Pl. XIV, et même sur la XV, qui comprend encore une autre porte de ville à-peu-près semblable à la précédente. J'ai rapporté ces deux portes exprès, afin de donner quelque exemple de la manière dont il faut détailler les dessins qui représentent les plans, profils et élévations des projets ou des réparations des édifices dont les ingénieurs sont chargés, puisque c'est en copiant de semblables morceaux que les jeunes gens peuvent se mettre dans l'habitude d'en faire d'autres. Pour avoir une plus grande intelligence de la construction de la première porte, il faut lire dans le VI^e^ livre le modèle d'un devis pour une place neuve, à l'article intitulé *Grandes portes, passage, etc.*

Comme dans les places considérables il y a plusieurs portes depuis la porte jusqu'à la dernière barrière, on y fait des corps-de-garde qui sont à-peu-près semblables à celui qui est sur la Pl. XV, dont il suffit de considérer le plan et l'élévation pour juger de la distribution. On remarquera seulement qu'on a pratiqué un poêle à la façon d'Allemagne, qui, se trouvant entre le corps-de-garde de l'officier et celui des soldats, peut les échauffer tous deux.

On fait des façades d'architecture en dehors des portes pour les

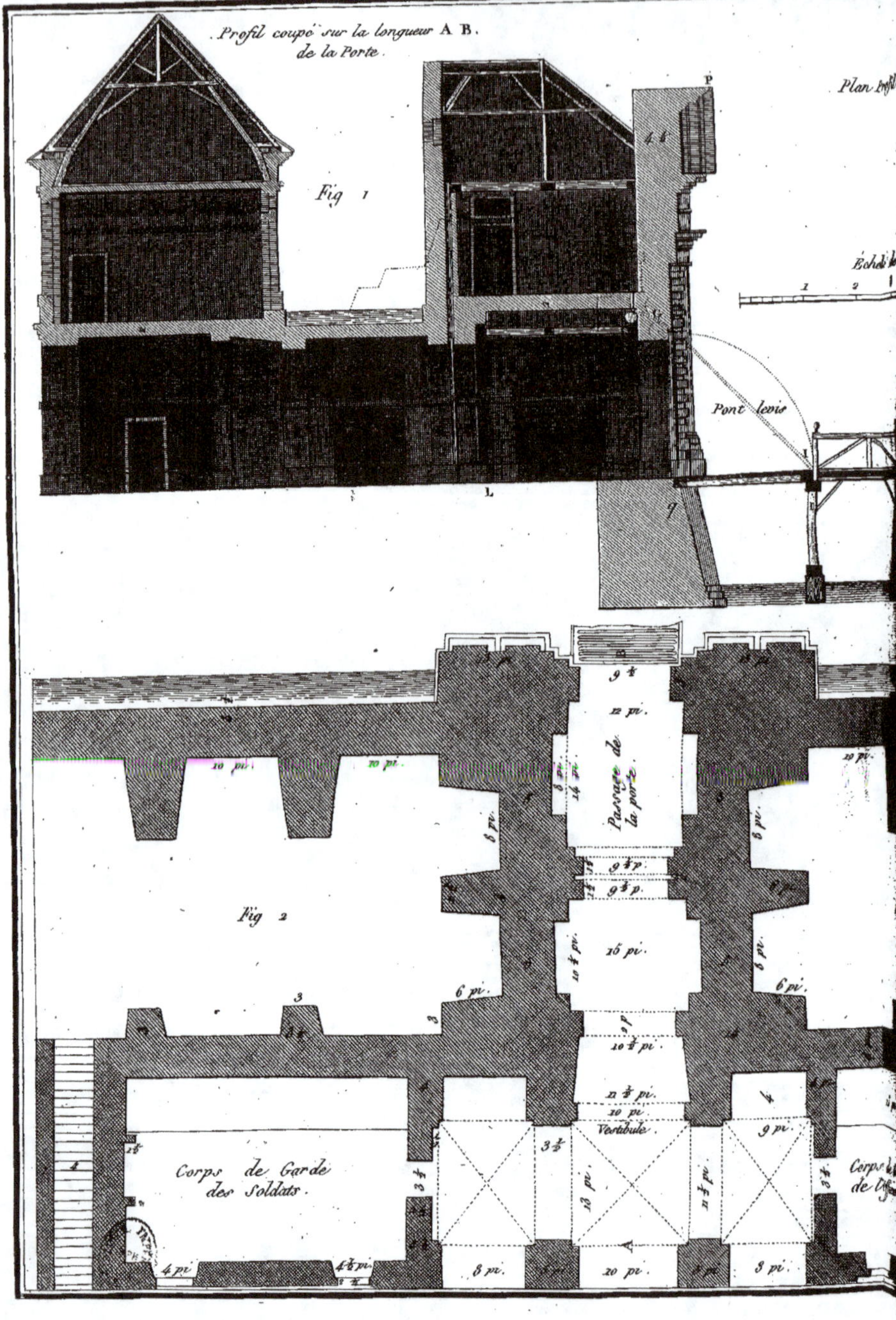
Profil coupé sur la longueur A B. de la Porte.
Fig 1
Pont levis
Plan Profil
Échelle
Fig 2
Passage de la porte
Vestibule
Corps de Garde des Soldats.
Corps de Garde des Officiers

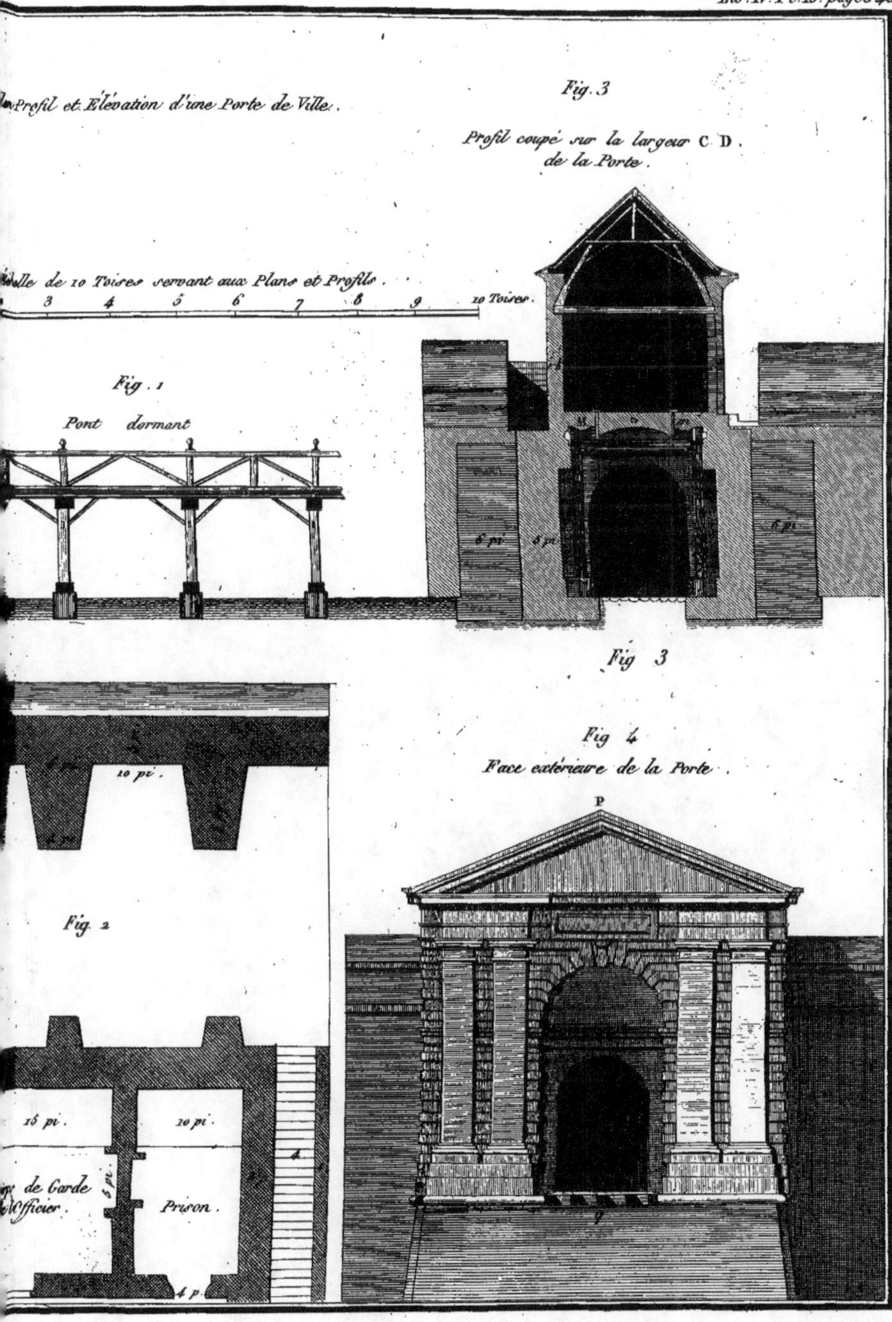
Profil et Élévation d'une Porte de Ville.
Fig. 3
Profil coupé sur la largeur C D. de la Porte.
lle de 10 Toises servant aux Plans et Profils.
10 Toises.
Fig. 1
Port dormant
6 pi
Fig 3
Fig 4
Face extérieure de la Porte.
P
10 pi.
Fig. 2
15 pi.
10 pi.
de Garde
Officier.
Prison.
4 p.

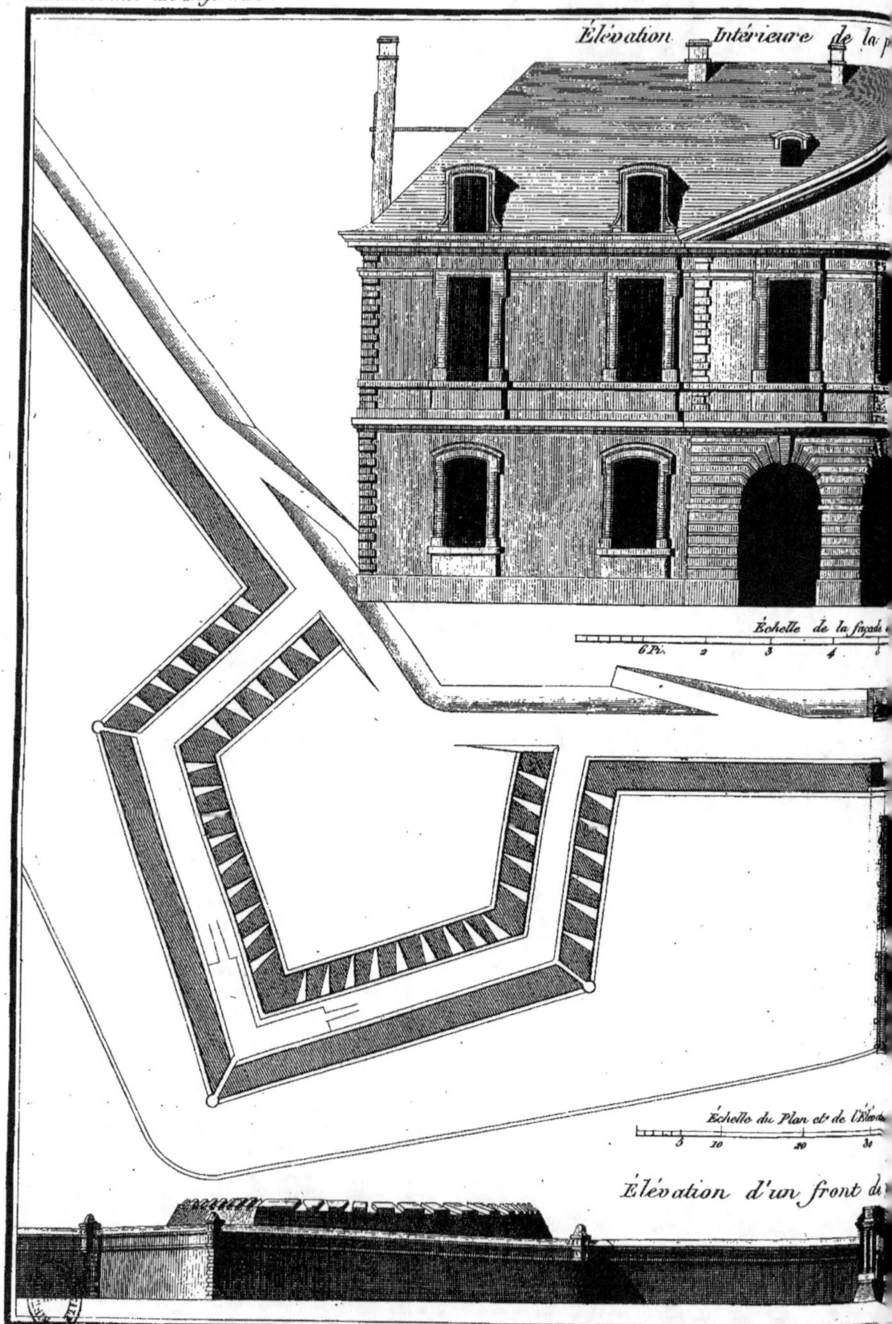

Élévation Intérieure de la
Échelle de la façade
6 Pi. 2 3 4
Échelle du Plan et de l'Élév
5 10 20 30
Élévation d'un front d

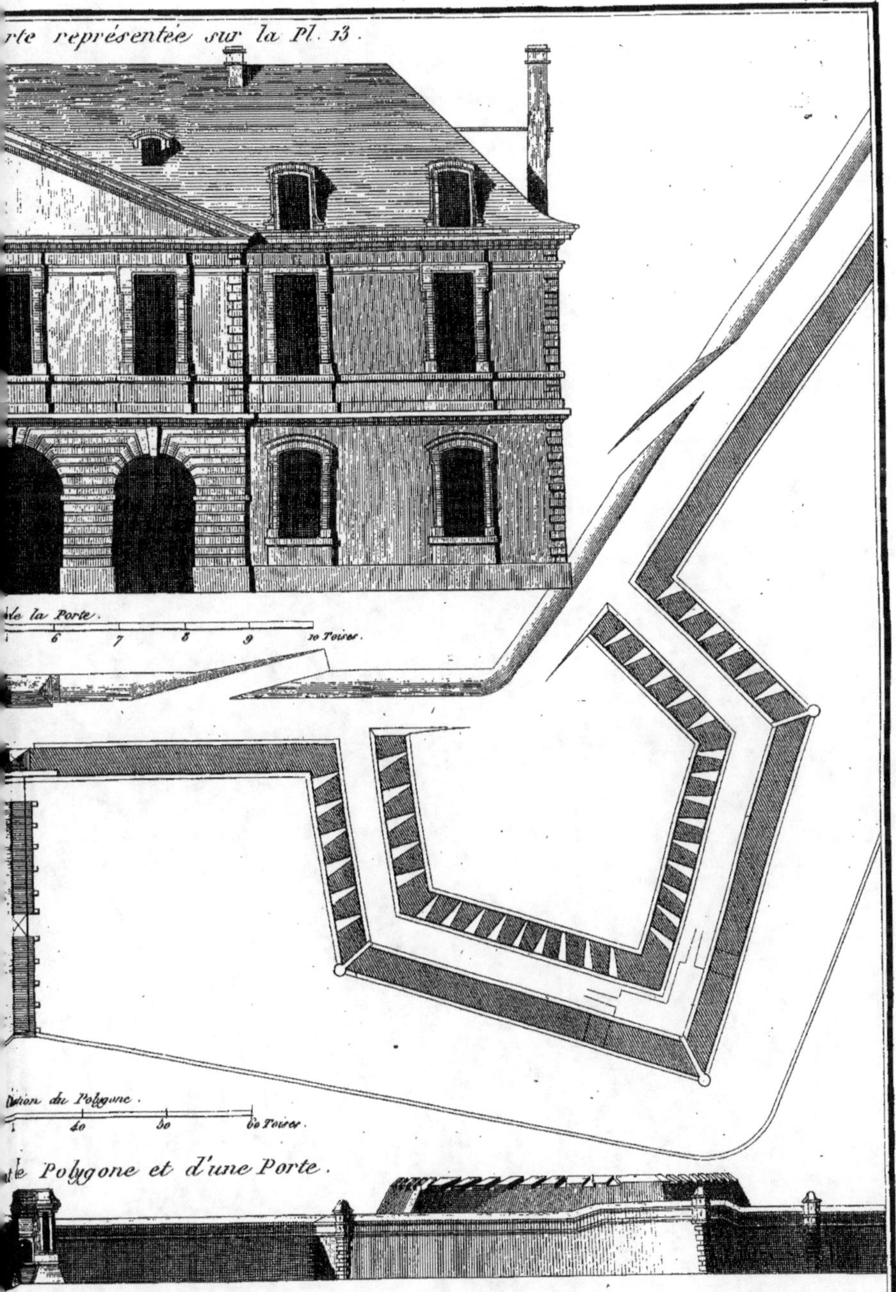
rte représentée sur la Pl. 13.
de la Porte.
6 7 8 9 10 Toises.
ation du Polygone.
40 50 60 Toises.
le Polygone et d'une Porte.

orner, au sujet desquelles je ne dirai pas grand chose présentement, parce que les proportions de leurs ornements dépendent des règles que l'on trouvera dans le Ve livre. Celle qui est sur la Pl. XIII me plairait assez : elle a quelque chose de grand, quoique simple et rustique, et n'est que d'une dépense médiocre. Celle de la Pl. XV n'est pas si belle, aussi la suppose-t-on faite pour un endroit où on ne jugerait pas à propos de donner dans le magnifique. On en peut voir encore quatre autres beaucoup plus élégantes sur les planches XVI et XVII, que je donne à dessein de montrer que la belle décoration n'est pas incompatible avec les fortifications : elles ont eu l'approbation des plus habiles architectes. On les trouvera peut-être trop riches pour être employées à des villes de guerre ; mais je pourrais dire que la dépense n'a jamais effrayé nos rois, puisqu'à Lille, Maubeuge, et à plusieurs autres places, on voit des portes qui sont au moins aussi magnifiques que celles-ci. PL. XVI et XVII.

Les portes se ferment ordinairement par un pont qu'on peut lever et baisser de plusieurs manières. La plus ancienne, qui est encore en usage en bien des endroits, est celle qui se fait avec une bascule composée de plusieurs pièces de charpente, et principalement de deux flèches, aux extrémités desquelles il y a des chaînes qui sont attachées au tablier du pont pour lui donner le mouvement, comme on le peut voir dans la deuxième figure de la Pl. XVIII. On n'en fait plus ainsi aux places neuves, parce que les flèches font voir de loin quand le pont est levé ou baissé, et que le canon de l'ennemi peut facilement les rompre, par conséquent faire baisser le pont sans que ceux de la place puissent l'empêcher : un autre défaut, c'est qu'on est obligé de couper les plus beaux ornements du frontispice de la porte pour loger les flèches, comme on le peut remarquer à la façade dont nous parlons. PLANCHE XVIII. FIG. 2.

On s'est servi dans quelque endroit d'une autre sorte de pont-levis dont les flèches ne paraissent point en dehors de la place : tel est celui qui est représenté dans le premier profil, qui montre que la flèche BD tourne sur ses tourillons à l'endroit C, de manière que la chaîne AB étant d'un côté bien arrêtée au tablier A du pont, et de l'autre à l'extrémité B de la flèche, on tire la chaîne DE pour baisser la bascule, tandis que l'extrémité B décrit l'arc BC, l'extrémité A du pont décrit l'arc AF. Ce pont aurait son mérite, si, pour loger les flèches, il ne fallait un trop grand espace qui rétrécit beaucoup le passage du rempart au-dessus de PLANCHE XVIII. FIG. 1.

la porte, ce qui peut gêner le charroi du canon et les autres services du rempart. D'ailleurs on ne peut voûter le dessus de la porte, à moins qu'on ne fasse une voûte extrêmement élevée qui ne conviendrait point, parce que le bâtiment de dessus serait trop en vue, aussi bien que la façade. Cependant c'est une nécessité que le passage des portes soit couvert à l'épreuve de la bombe, pour prévenir les accidents qui pourraient arriver en temps de siège, puisqu'il n'en faudrait qu'une pour y causer un grand désordre.

Pl. XIII. Le profil qui est sur la Pl. XIII représente une fermeture de porte meilleure que la précédente ; à l'extrémité I du tablier et de chaque côté une chaîne IG, qui y est attachée par l'un de ses bouts, l'autre va passer sur deux poulies G et F, et est arrêté ensuite à l'endroit K de la porte HK, qui est suspendue en l'air quand le pont est baissé, et se ferme quand le pont est levé, en tournant sur des tourilons H. Car tandis que le pont en se levant décrit l'arc IG, la porte décrit l'arc KL, ce qui se fait en tirant la chaîne KE vers L. Et pour juger encore mieux comment se ferme cette porte, il n'y a qu'à jeter les yeux sur le profil qui est coupé sur la largeur CD, on y verra les poulies *Mm*, et la disposition de leurs crapaudines. J'ajouterai qu'on pratique un guichet dans la porte, afin que lorsqu'elle est baissée on puisse aller fermer les verrous de la bascule.

Comme il y a long-temps qu'on s'est aperçu que les ponts-levis à flèches étaient sujets à plusieurs inconvénients, on les fait à bascule, comme on le voit dans le profil qui est sur la Pl. XV. Ce pont est composé de plusieurs poutrelles, comme IF, qui ont environ 28 pieds de longueur. Une partie de ces poutrelles étant recouvertes de madriers, composent par leur assemblage le tablier HF, et le reste comme HI (qui est ce que l'on nomme *bascule*), sert de contre-poids pour donner le mouvement au pont par le moyen des tourillons qui sont à l'extrémité d'une barre de fer, qui étant entretenue avec les poutrelles, traverse toute la largeur de la porte à l'endroit du seuil. Cette bascule est logée dans une cave que l'on nomme aussi *cage de la bascule*, qui est couverte par un pont dormant composé de poutrelles et de madriers. Quand on met le pont-levis en mouvement, la bascule décrit l'arc IK, tandis que le tablier décrit l'autre FG. Pour descendre dans la cave, on fait un escalier pratiqué dans l'un des piédroits, comme il est figuré au plan de la porte qui répond au profil dont nous parlons.

On ne fait plus présentement de ces sortes de ponts, parce qu'à le bien prendre ils sont encore plus défectueux que les autres à flèches : car la cage est d'une grande dépense, et affaiblit beaucoup le mur de face ; et ils sont sujets à des réparations continuelles, et difficiles à manœuvrer. Un autre inconvénient est que la cage qu'il faut faire pour loger la bascule ne peut avoir lieu qu'aux places dont les fossés sont à sec ; car s'ils étaient inondés, il faudrait que le rez-de-chaussée de la porte fût au moins de 15 pieds au-dessus du niveau des plus hautes eaux, autrement elle pénétrerait dans la cave, en dégraderait la maçonnerie, causerait une grande difficulté de hausser et baisser le pont, sur-tout en hiver, où, venant à se geler, la bascule pourrait se trouver prise.

On présenta en 1708 à M. Pelletier de Sousy, pour lors directeur-général des fortifications de France, un modèle de pont-levis fort ingénieux qui a été exécuté à Givet en 1716. PLANCHE XVIII. FIG. 3.

Si l'on jette les yeux sur le troisième dessin de la Pl. XVIII, on verra que le tablier B se lève par le moyen de deux flèches qui ont 12 ou 13 pieds de longueur sur 10 à 11 pouces de grosseur au milieu, revenant à 8 et 9 par les bouts. Elles sont traversées par le milieu d'un axe de fer d'environ deux pouces quarrés et de 16 à 18 pouces de longueur. Les deux bouts qui excèdent la flèche sont arrondis sur 3 à 4 pouces de longueur et tournent sur deux crapaudines, dont l'une est posée au milieu du tableau de la porte au point G, et l'autre, fait en S, passe au-devant de la flèche, comme le marque le profil au même point G, et est attachée par un goujon de fer à chacune de ses extrémités et scellée en plomb dans la partie du tableau la plus avancée. Ces goujons sont faits en vis par leur extrémité, pour recevoir un écrou semblable à ceux que l'on met aux essieux de carrosse, afin de pouvoir démonter les flèches lorsqu'il faut les renouveler.

Les deux flèches sont liées au tablier du pont B, et à la bascule H, par deux barreaux de fer arrondis ou à pans, qui ont leur mouvement à chaque extrémité dans des œillets, ou par des doubles charnières, de sorte que tirant la chaîne I, à mesure que la bascule descend et tourne sur les tourillons K, le pont monte jusqu'à ce que tout ait pris une situation verticale. Quoique ce mouvement soit plus composé q celui des bascules ordinaires, il n'a pas laissé de fort bien réussi Givet et à Toul, où on l'a mis en œuvre. Mais ce pont, que l'on nom Zigzag, n'est pas d'une invention nouvelle, comme on l'a voulu in nuer à M. Pelletier : il s'en trouve de semblables en plusieurs vil d'Allemagne, qui y ont été construits depuis long-temps, entre aut à Hambourg et à Lubec (1).

*Nouvelle manière de pont-levis.*

Pl. XX. Après avoir examiné les différentes sortes de ponts qu'on a invent pour former les portes des villes, j'ai cherché si je ne trouverais p quelque moyen plus simple que ceux que je viens de rapporter : car mon sens ce n'est point assez de faire la description des choses qui so en usage. Ceux qui se mêlent de décrire sont dans une espèce d'obligatio de travailler à les perfectionner : autrement les arts ne font point d progrès, et les livres se multiplient sans que ceux qui les lisent d deviennent plus éclairés. Pour entendre parfaitement le pont que j imaginé, il est à propos que j'expose le raisonnement que je me sui fait à moi-même : le voici.

On suppose que AB est un levier sans pesanteur, dans le milie duquel on a suspendu un poids D qu'on regardera comme réuni au point C ; qu'une des extrémités B peut tourner autour d'un poids fixe qu'à l'autre extrémité A, l'on a attaché une corde qui va passer sur deux poulies E et F, pour soutenir un poids G, qui est en équilibre avec celui du levier ; enfin que la verticale BE est égale à la longueur BA.

Pour que le poids G soit en équilibre avec celui qui répond au point C, il faut, selon les principes de la mécanique, que la pesanteur de l'un soit à celle de l'autre dans la raison réciproque des perpendiculaires tirées du point d'appui B sur les lignes de directions AE et CD. Ainsi le poids G doit être au poids D comme BC est à BI, c'est-à-dire comme

(1) On a imaginé depuis la publication de la Science es Ingénieurs plusieurs espèces de ponts mobiles, suceptibles d'être employés aux portes des villes de guerre. On peut voir à ce sujet le Traité de charpenterie de M. Krafft, et le Traité de la construction des ponts, liv. III. chap. IV *(N)*.

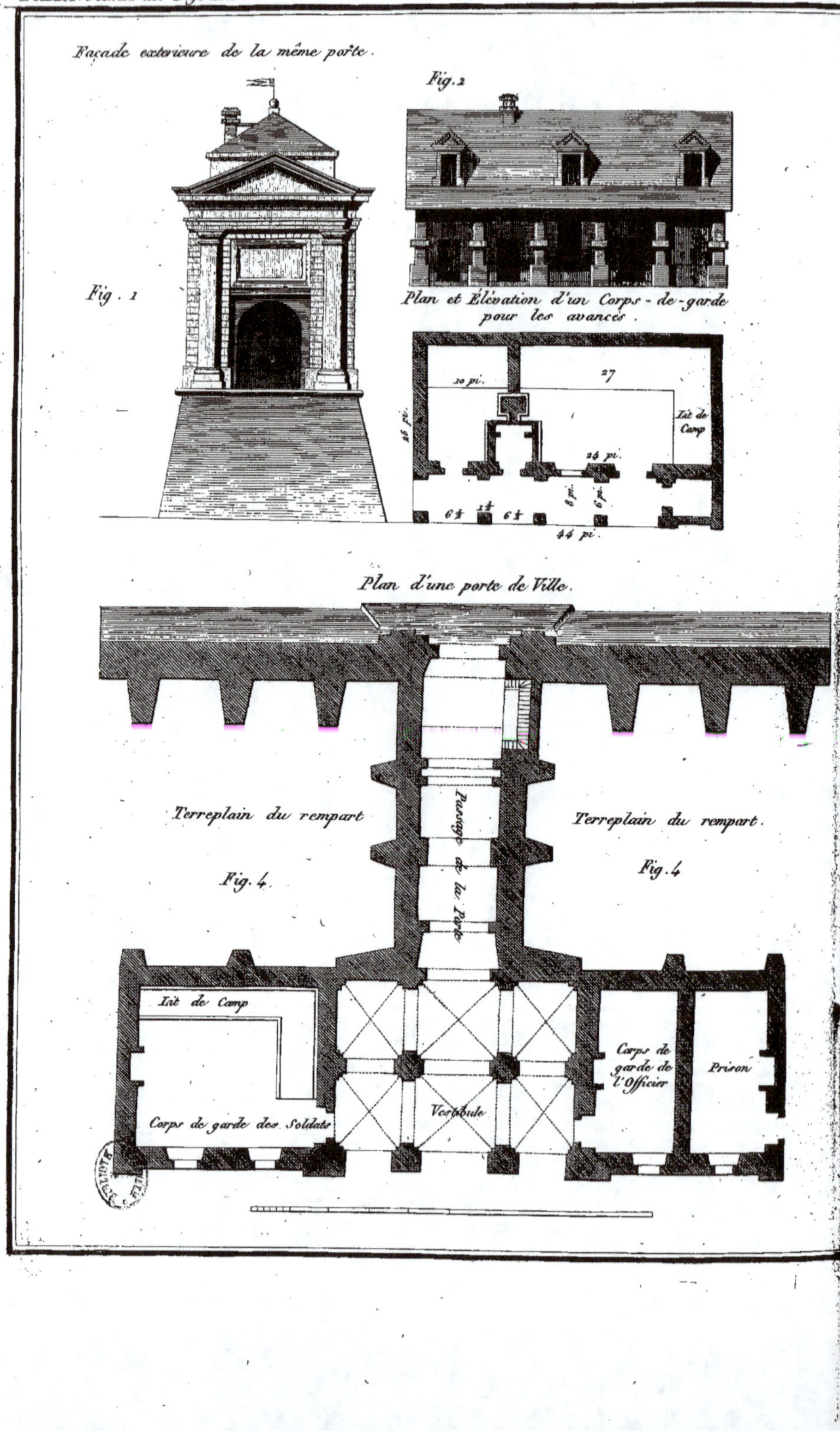
Façade exterieure de la même porte.
Fig. 1
Fig. 2
Plan et Élévation d'un Corps-de-garde pour les avancés.
20 pi.
27
26 pi.
Lit de Camp
24 pi.
8 pi.
6 pi.
6½
2¼
6½
44 pi.
Plan d'une porte de Ville.
Terreplain du rempart
Terreplain du rempart.
Passage de la Porte
Fig. 4.
Fig. 4
Lit de Camp
Corps de garde des Soldats
Vestibule
Corps de garde de l'Officier
Prison

*Profil coupé sur la longueur de la Porte.*

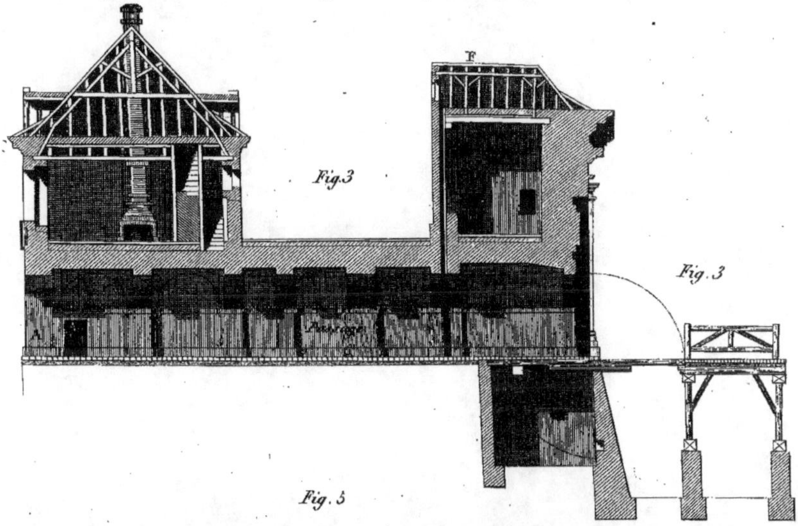


*Fig. 5*

*Plan du Rempart au dessus de la Porte.*

*Élévation Intérieure de la Porte. Fig. 6*

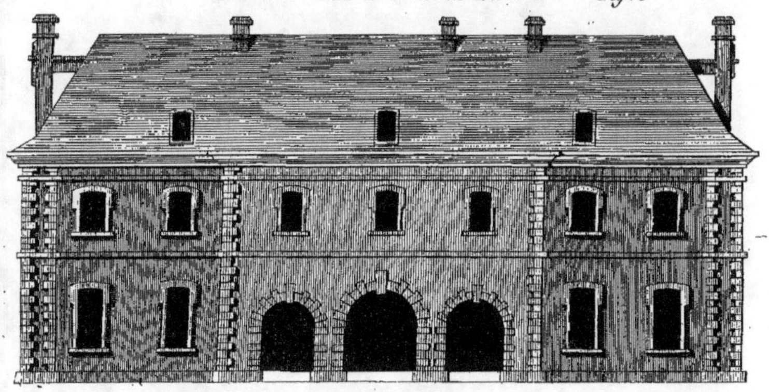

3 [illegible]

...es deux Portes.
2
3
4 Toises.

Échelle de la 1ère Porte
1
2
3
4
5

Échelle de la 2.e Porte.
10 Toises.
1
2
3
4
5
6
7
8 Toises.

Bélidor. Science des Ingénieurs.

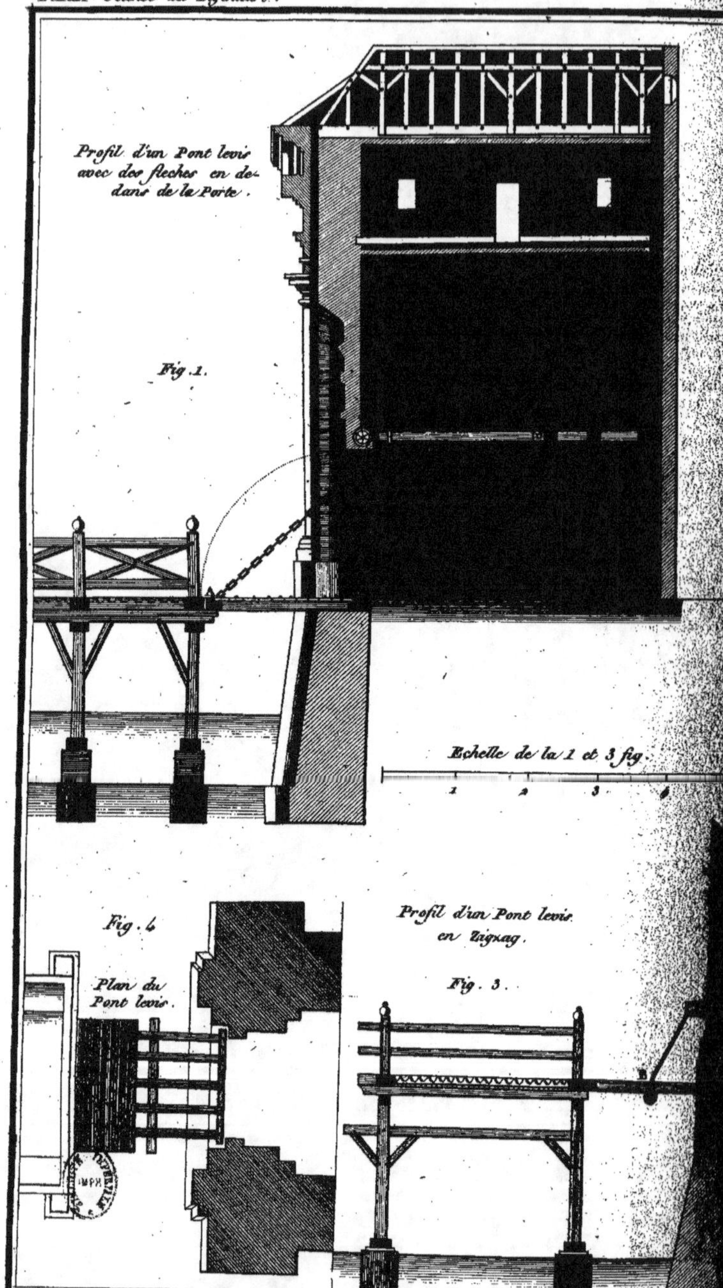

Echelle de la Seconde figure.
1. 2 3 4 5
10 Toises.
l d'une Porte et d'un
Pont levis à fleche.
Fig. 2
Fig. 2.
C
D
D
Fig. 6
Dessin de la Bascule.
Fig. 5

le côté d'un quarré est à sa diagonale. Par conséquent l'on pourra, quand on le jugera à propos, à la place des poids G et D, prendre les lignes B C et B I, puisqu'elles sont dans le même rapport. Or, si l'on donnait au levier AB une situation oblique KB, il est constant que l'équilibre serait rompu, puisque le poids D n'agissant plus selon une direction perpendiculaire au levier KB, ne fera pas tant d'effort qu'auparavant pour contrebalancer l'action du poids G. Ce dernier descendra donc le long de la verticale FH avec précipitation, jusqu'à ce que le point K soit parvenu en E; ce qui ne peut arriver autrement, à moins que le poids G en descendant ne rencontre des obstacles qui diminuent l'action de sa pesanteur absolue. Si ces obstacles étaient causés par des plans inclinés, dont les différentes inclinaisons fussent proportionnées aux sinus des angles tels que MLB, qui deviennent toujours plus petits à mesure que le levier approche de la verticale, il est certain que ces plans inclinés causeraient l'équilibre du poids D avec le poids G, dans quelque situation que fût le levier. Mais, pour que cela arrive, il faut que les plans changent à tout moment, et que chacun en particulier comprenne un espace infiniment petit: d'où il s'ensuit qu'ils formeront tous ensemble une courbe YSVX, et qu'ainsi la question se réduit à savoir comment il faut construire cette courbe pour que les deux poids soient toujours en équilibre, dans toutes les situations où se peut trouver le levier en venant de A en E.

Remarquez que quand l'extrémité A du levier BA décrira le quart de cercle ANE en venant joindre le point E l'extrémité de la ligne BC décrira le quart de cercle CQ. Or, quand le point A sera parvenu en K et en N, le poids C sera parvenu en L et en O, et aura monté une hauteur exprimée par les perpendiculaires LM et OP, qui sont les sinus des angles formés par le levier et le rayon AB. On peut donc dire que tous les sinus du quart de cercle CQ, en commençant depuis le plus petit, exprimeront de suite le chemin que le poids C fera dans le temps que l'extrémité A du levier parcourra les points du quart de cercle ANE. Mais il suffit pour que les deux poids L et G soient en équilibre, dans la situation où est le levier KB, que l'élévation ML du premier soit à la descente verticale YR du second en raison réciproque de la pesanteur absolue de ces deux poids; et comme la même chose doit arriver dans toutes les autres situations du levier et du poids G puisque leur mouvement dépend toujours l'un de l'autre, quand le poids C sera en O le poids G en V, on aura encore : le poids G est au poids O, comme l'é vation O P est à la descente verticale Y T ; et si, à la place des poids et G, on prend les lignes B I et B C, qui sont en même raison, l' pourra connaître le rapport de tous les sinus, comme LM et OP, a les verticales Y R et Y T. D'un autre côté, il sera aisé de déterminer perpendiculaires R S et T V pour avoir les points S et V de la courb puisque la distance du centre de la poulie F à chaque point S et V se toujours égale à la différence de la longueur de la corde comprise d puis A jusqu'en G, aux parties K E F et N E F, qui diminuent toujours mesure que le levier approche de la verticale. Nous avons donc to ce qu'il faut pour construire la courbe, qui sera géométrique, puisqu nous n'employons dans sa construction que des grandeurs dont l relation est connue. Et comme ce sont les sinus qui désignent le rappo de ces grandeurs, il m'a paru que pour donner un nom à la courb qui fût tiré de sa génération même, il était naturel de l'appeler l *Sinusoïde* (1).

---

Voyez la fig. au bas de la pl. XX.

(1) On peut trouver comme il suit l'équation de la courbe que Bélidor nomme *sinusoïde*. Soit la hauteur BE = AB = $a$, et la longueur de la corde SFEA = $l$. Concevons, pour plus de simplicité, que le poids C du tablier ayant été partagé en deux parties en raison inverse des distances CA et CB de son centre de gravité à chacune de ses extrémités, la partie portée en A, et qui occasionne la tension de la corde AE, soit nommée $m'$. Appelons $m''$ le contrepoids G ; le poids $m'$ étant supposé parvenu en K, soient $x'$ et $y'$ les distances de ce point aux lignes BE et BA, considérées comme axes, et nommons également $x''$ et $y''$, les distances du point correspondant S aux lignes HF et HX.

La condition de l'équilibre entre les poids $m'$ et $m''$ suppose d'abord que leur centre de gravité commun reste constamment situé sur une même ligne horizontale, ce qui donne l'équation.

$$m'y' + m''y'' = (m'm'')b,$$

$b$ étant une constante arbitraire. De plus, en nommant $z'$ la ligne EK, $z''$ la ligne FS, et observant que la longueur du fil est constante, on aura

$$z' + z'' = l.$$

Enfin, le point $m'$ étant assujéti à décrire un cercle autour du point A avec un rayon = AB = $a$, on a

$$z'^2 = 2a^2 - 2ay'.$$

*Construction de la Sinusoïde.*

Il faut d'abord diviser le quart de cercle CQ en un grand nombre de parties égales : par chaque point de division, comme L et O, abaisser les perpendiculaires LM, OP, etc. sur le demi-diamètre CB; tirer les rayons BK, BN, etc., aussi bien que les lignes KE, NE, etc.; ensuite chercher aux lignes BC, BI, et au sinus LM (que nous regarderons comme le plus petit de tous), une quatrième proportionnelle que l'on portera sur la verticale FH, en commençant du point Y, qui répond immédiatement au-dessous du poids G; et supposant que YR soit égale à la quatrième proportionnelle qu'on vient de trouver, on élevera au point R la perpendiculaire RS indéfinie; on cherchera de même aux lignes BC, BI et au sinus OP (que nous supposons suivre immédiatement le plus petit LM), une quatrième proportionnelle qu'on portera depuis Y jusqu'en T, et l'on élevera encore la perpendiculaire TV.

Le triangle CBI étant rectangle et isoscèle, il sera bien aisé de trouver toutes les quatrièmes proportionnelles dont nous avons besoin : car si l'on prend chaque sinus comme LM ou OP pour le côté d'un quarré, la diagonale de ce quarré sera quatrième proportionnelle aux lignes BC, BI, et au sinus qu'on aura pris pour côté du quarré; ce qui est bien évident à cause des triangles semblables.

---

Éliminant $z'$ et $y'$ entre ces trois équations, qui renferment les conditions du problême, on trouvera

$$2lz'' - z''^2 = \frac{2am''}{m'}y'' + l^2 - 2a^2 + \frac{2ab(m'+m'')}{m'}.$$

En observant que la constante $b$ étant arbitraire, on peut la déterminer de manière à faire disparaître les trois derniers termes du second membre, et posant

$$l^2 - 2a^2 + \frac{2ab(m'+m'')}{m'} = 0,$$

cette équation se réduira à

$$2lz'' - z''^2 = \frac{2am''}{m'}y'',$$

qui, comme on l'a remarqué depuis long-temps, appartient à une épicycloïde dont les cercles générateurs sont égaux. Voyez le Traité de la mécanique de l'abbé Marie, page 189 (*N*).

Quand on aura toutes les perpendiculaires, comme RS, TV, etc., on tirera une ligne *d e*, égale à la longueur de la corde AEFG : on prendra dans cette ligne (en commençant de l'extrémité *d*) de la partie *df* égale à la distance du centre de la poulie F au poids G, c'est-à-dire, égale à cette partie de la corde qui est parallèle à la verticale FH, quand le levier AB est horizontal ; on prendra la différence de la ligne KE qui répond au rayon de la première division, à la ligne AE, et on portera cette différence depuis *f* jusqu'en *h* ; alors on prendra la longueur *dh* avec un compas, pour décrire un arc qui aura pour centre celui de la poulie F, et cet arc venant couper la perpendiculaire RS, donnera le point S, qui est un de ceux de la courbe, par le moyen duquel on aura l'ordonnée S*a* et son abscisse Y*a*. De même, prenant la différence des lignes NE et AE pour la porter de *f* en *j*, si l'on ouvre le compas de l'intervalle *dj*, et que du centre F de la poulie on décrive un arc qui vienne couper la perpendiculaire TV, on aura un autre point V de la courbe qui donnera l'ordonnée V*b* et l'abscisse Y*b*. Enfin le point F étant parvenu en E, toute la ligne AE pourra être prise pour sa différence avec zéro, et la portant depuis F jusqu'en K, puis ouvrant le compas de l'intervalle *d*K, on décrira du centre ordinaire un arc qui, venant rencontrer la dernière perpendiculaire HX, donnera le point X, qui sera celui de la courbe où va s'arrêter le poids G quand le levier AB est vertical.

Je crois qu'il n'est pas besoin de dire que pour tracer la courbe avec beaucoup de justesse, il faut prendre les sinus bien près les uns des autres, afin d'avoir un grand nombre de points comme S, V, etc. Il est à propos de remarquer que la plus grande ordonnée ZX ou YH de la courbe est égale à la perpendiculaire BI, c'est-à-dire au côté du quarré dont la diagonale serait de même longueur que le levier AB ; car comme la ligne YH sera la plus grande de toutes les quatrièmes proportionnelles qu'on aura été obligé de chercher pour tracer la courbe, on ne l'aura trouvée que lorsque le levier AB sera vertical, et comme alors il formera un angle droit avec l'horizon, le sinus de cet angle sera égal au rayon BQ ; par conséquent on aura BC : BI : : BQ : YH ; mais comme dans cette proportion les deux antécédents BC et BQ sont égaux, étant rayons d'un même cercle, les deux conséquents BI et YH le seront aussi.

Par cette remarque on pourra toujours, connaissant la longueur du levier AB, savoir à quel point de la verticale FH ira se terminer la base HX de la sinusoïde, quand on aura déterminé la position du point Y, où cette courbe doit prendre son origine.

On remarquera encore que tout ce qu'on vient de dire peut s'appliquer aux ponts-levis, car le levier AB peut être pris pour le profil du tablier qui tourne autour de ses tourillons B, et dont la pesanteur est réunie au centre de gravité C : ainsi il ne s'agit plus que d'exécuter tout ce qui doit en faciliter le mouvement, et c'est ce que l'on va voir dans l'application suivante.

*Application de la Sinusoïde aux ponts-levis qui servent à fermer l'entrée des villes.*

Ayant déterminé la largeur IK de la porte, qui est, comme nous l'avons dit, de 9 pieds ou 9 pieds et demi, il faut à droite et à gauche reculer les piédroits de la voûte d'environ 4 pieds au-delà des tableaux IG et KG, afin de pratiquer deux niches pour y loger les coulisses BF, le long desquelles doivent rouler les poids qui serviront à donner le mouvement au pont, et que nous nommerons par la suite *poids de bascule*. L'élévation d'une des coulisses est représentée au profil de la porte, où l'on voit que la courbe STE n'est autre chose que la *sinusoïde* exécutée en maçonnerie. Ce profil montre aussi que le poids de bascule D est attaché à une chaîne qui passe sur deux poulies B et A pour aller joindre le chevet C du pont. Car on doit concevoir que derrière les tableaux de la porte on a ménagé des fentes dans la maçonnerie pour y placer les poulies, afin que la chaîne qui doit donner le mouvement au pont puisse aller et venir librement : on suppose à cet effet que cette chaîne est ronde. On remarquera aussi que le chevet doit être plus long que le pont n'est large, afin que les chaînes qui sont à ses extrémités se trouvent vis-à-vis des poulies.

Si les poids de bascule sont en équilibre avec le pont, il est certain que, par la propriété de la sinusoïde, à quelque point qu'on voudra du quart de cercle CR le pont restera toujours immobile en allant de C en R, sans que les poids l'entraînent, puisqu'ils demeureront eux-mêmes en repos aux endroits des coulisses où ils se trouveront : par conséquent, il suffira que l'on aide tant soit peu les poids à vaincre le frottement, pour que le pont se lève, sans être obligé d'employer une force considérable pour lui faire décrire le quart de cercle CR, ce qu'il fera d'un mouvement uniforme, sans ébranlement ni secousse. De même, quand on voudra le baisser, on n'aura qu'à pousser le tablier pour le faire descendre, ensuite passer dessus pour l'aller arrêter sur le dernier chevalet du pont dormant avec les verrous.

Comme mon dessein n'est pas que l'on touche aux poids de bascule, par la difficulté qu'on aurait d'y atteindre, il n'y a pas de moyen plus simple, pour obliger ces poids de descendre, que d'accrocher deux chaînes au pont environ à 3 pieds en-deçà du chevet, dont chacune ira passer sur une poulie située au milieu des tableaux de la porte, et élevé de 9 pieds au-dessus du rez-de-chaussée : de sorte que, quand on voudra fermer la porte, il suffira qu'il y ait un homme qui tire chaque chaîne pour lever le pont, dont le mouvement est si naturel, qu'il serait inutile d'en parler davantage. Ainsi je passe à plusieurs détails qu'il est nécessaire d'expliquer, afin de savoir comment on pourra connaître la pesanteur des poids de la bascule, leur grosseur, la grandeur des coulisses, et les autres circonstances essentielles à l'intelligence de ce pont.

La première chose qu'il faut savoir, est qu'un pied cube de bois de chêne pèse 60 livres et qu'un pied cube de fer en pèse 580 : ainsi, examinant quelles sont les dimensions des pièces qui doivent composer la charpente du pont, il sera aisé de connaître combien il y entre de pieds cubes de bois, et par conséquent combien cette charpente doit peser. Si l'on fait le chevet plus long qu'à l'ordinaire, afin que les chaînes qui doivent être attachées à ses extrémités se trouvent directement vis-à-vis des poulies, il faudra lui donner 14 pieds de longueur et 10 pouces d'équarrissage, pour que cette pièce, qui a un grand effort à soutenir quand on met le pont en mouvement, ne soit point en danger de se rompre par la suite.

La pièce des tourillons se fait toujours de 10 pieds de longueur sur 10 à 10 pouces de grosseur. Il y a six soliveaux de douze pieds de long sur 5 à 6 pouces de grosseur servant à porter le plancher du pont, qui est composé de madriers de deux pouces d'épaisseur, et qui couvre un espace de 12 pieds de longueur sur 10 de largeur. Tout cela ensemble compose la charpente du tablier, qui monte à 51 pieds 8 pouces 4 lignes cubes, qui étant multipliés par 60, donnent 3102 livres pour la pesanteur de la charpente; sur quoi il est à remarquer que le chevet ayant plus de pesanteur que la pièce des tourillons, les extrémités du pont ne sont point égales. Ainsi l'on ne peut pas regarder 3102 livres comme le poids qui doit être censé porté au milieu de sa longueur. Il faut donc voir à quoi peut aller la différence, qui sera facile à connaître : car le chevet contient 9 pieds 8 pouces 8 lignes cubes, et la pièce des tourillons ne contient que 6 pieds 11 pouces 8 lignes, par conséquent la différence est de 2 pieds 9 pouces, dont la pesanteur monte à 165 livres. Or ces 165 étant à l'extrémité du levier, font deux fois plus d'effet par rapport au point d'appui, que s'ils étaient dans le milieu du même levier. Il faut donc augmenter 3102 livres de 165; et alors la pesanteur de la charpente, réunie au centre de gravité, sera de 3267 livres.

Pour conserver le plancher des pont-levis, on le recouvre de barres de fer de 7 pieds de longueur posées tant plein que vide : elles ont un peu plus de deux pouces de largeur, et il y en entre ordinairement 32; et comme chacune est attachée avec 4 crampons, au lieu de 7 pieds de longueur, nous leur en supposerons 7 et demi, afin d'y comprendre les crampons. Ces 32 barres feront donc ensemble 240 pieds de long; à quoi il faut encore en ajouter 6 autres, chacune de 6 pieds de long, qui se mettent au-dessous du tablier pour lier le chevet et la pièce des tourillons avec les poutrelles, ce qui fait en tout 276 pieds. Le poids d'un pied de ces sortes de barres étant de 3 livres, elles pèseront ensemble 828 livres, qui, étant ajoutées avec le poids de la charpente, donneront 4095 livres pour la pesanteur totale du point réunie au centre de gravité.

Présentement il sera aisé de connaître la pesanteur des poids de bascule: on sait que la pesanteur du pont est à celle des poids de bascule, dans l'état d'équilibre, comme la diagonale d'un quarré est au côté du même quarré, ou, ce qui revient au même, comme le sinus de l'angle droit est à celui de 45 degrés. On dira donc: si 100000 donnent 70710, que donneront 4095 livres, pesanteur du pont pour celle des poids, que l'on trouvera 2895 livres, dont la moitié qui est 1447 sera la pesanteur que doit avoir chaque poids. Mais comme, pour avoir égard au frottement, il vaut mieux les faire plus pesants que trop légers, à cause qu'on ne peut pas les augmenter, au lieu qu'il n'y a point d'inconvénient de surcharger le pont s'il se trouvait au-dessous de l'équilibre, il est à propos, en faveur de toutes ces considérations, d'augmenter chaque poids de 100 livres, c'est-à-dire de les faire de 1547 livres au lieu de 1447. Je n'ai pas dit que les poids de bascule devaient être cylindriques car on imagine bien qu'on ne peut leur donner une figure qui convienne mieux pour rouler facilement le long des coulisses. Il s'agit donc de savoir quelle sera la valeur de l'axe de ces cylindres, ou celle du diamètre de leur base, qui est la même chose; car je suppose ces deux lignes égales, afin que les poids aient moins de volume.

Sachant qu'un pied cube de fer pèse 580 livres, commençons par chercher quelle est la pesanteur du cylindre qui serait inscrit dans un pied cube. Pour cela, il faut remarquer que ces deux solides ayant la même hauteur, seront en même raison que leur base, par conséquent comme le quarré du diamètre d'un cercle est à la superficie du même cercle, ou si l'on veut comme 14 est à 11. Il faut donc dire comme 14 est à 11, ainsi 580, pesanteur d'un pied cube de fer, est à celle du cylindre inscrit, qu'on trouvera d'environ 456 livres.

Les cylindres semblables étant dans la raison des cubes de leur axe on pourra dire : si un cylindre de 456 livres dont le diamètre de la base et l'axe sont chacun d'un pied, donne 1728 pouces pour le cube de son axe, combien donnera 1547 livres, pesanteur d'un autre cylindre semblable au précédent pour le cube de son axe. On trouvera 5862 pouces, dont extrayant la racine cube, elle sera de 18 pouces, qui est la valeur de l'axe que l'on demande. Il n'y a donc pas de difficulté à avoir les poids de bascule dans la juste proportion qui leur convient, puisqu'on n'a qu'à demander aux forges où l'on coule le fer, deux poids pesant chacun 1547 livres, dès qu'on leur donnera pour base un cercle de 18 pouces de diamètre, et pour axe une ligne égale à ce diamètre.

J'ajouterai que ces poids doivent être percés dans le milieu par un trou d'un pouce en quarré, afin qu'on puisse y passer un essieu qui serve à entretenir la chappe qui doit en faciliter le mouvement le long des coulisses. Cette chappe est figurée sur la planche, où elle accompagne le poids qui est désigné par la lettre V. Si je dis qu'il faut faire cet essieu quarré plutôt que rond, c'est qu'il me semble que pour diminuer le frottement, il vaut mieux que les extrémités de l'essieu étant arrondies, tournent avec le poids dans la chappe, que si le poids tournait autour de l'essieu.

Les coulisses seront construites de pierres de taille les plus dures que l'on pourra trouver: leur longueur doit être de 4 pieds et demi ou 5 pieds, et leur largeur de 18 pouces sur autant d'épaisseur: les coulisses y seront creusées d'environ 6 ou 7 pouces de profondeur, terminées par 2 bordures de 8 pouces d'épaisseur, pour entretenir le poids et les obliger à faire toujours le même chemin.

Dans le fond de chaque coulisse, on mettra deux barres de fer plates qui feront la même courbure que la sinusoïde; c'est sur ces barres que rouleront les poids afin de diminuer le frottement, qui sera bien moins considérable que si la surface des cylindres touchait par-tout en roulant; d'ailleurs ces barres serviront encore à empêcher que le frottement n'use la pierre; et pour que les poids ne la touchent en aucun endroit, il est également nécessaire d'appliquer des bandes de fer contre les bords des coulisses, le long desquelles les deux cercles ou bases de chaque cylindre puissent glisser sans jamais s'accrocher, et il suffira qu'entre l'un et l'autre il y ait 2 ou 3 lignes de jeu, afin que le poids roule toujours dans le même espace sans qu'il puisse s'écarter d'aucun côté. Supposant donc que les barres qui seront appliquées contre les bordures aient chacune 3 lignes d'épaisseur, cela fera 6 lignes pour les deux, lesquelles étant ajoutées avec l'axe du poids de bascule, c'est-à-dire avec 18 pouces, ou si l'on veut avec 18 pouces 4 lignes, en y comprenant 4 lignes qu'il faudra donner pour le jeu des poids, on aura 18 pouces 10 lignes, ce qui est exactement la largeur que les coulisses doivent avoir: ainsi, de quelque pesanteur que soient les poids, dès qu'on en connaîtra l'axe, on saura au juste (en prenant garde à toutes ces petites circonstances) la largeur dans œuvre qu'il faudra donner aux coulisses.

Donnant 18 pouces 10 lignes de largeur aux coulisses et 8 pouces d'épaisseur à chaque bordure, cela fait environ 3 pieds en tout, qui étant pris sur la longueur de 4 pieds et demi ou 5 pieds que doivent avoir les pierres qui serviront à la construction des coulisses, il restera un bout d'un pied et demi ou deux pieds, qui doit être engagé avec la maçonnerie des piédroits contre lesquels les coulisses seront adossées, cette précaution étant nécessaire pour rendre l'ouvrage plus solide. Il conviendrait même d'avoir des pierres de deux sortes de longueur, les unes de 5 pieds, les autres de 5 et demi, afin de les engager alternativement de 2 pieds et de 2 pieds et demi. A l'égard des autres bouts qui paraîtront en dehors, il faut qu'ils soient bien maçonnés les uns contre les autres et cramponnés avec des crampons de fer coulés en plomb; observant de poser des crochets de 2 pieds en 2 pieds dans les joints des pierres au-dessus des bordures de chaque coulisse, en sorte que ces crochets se répondent, afin que quand il y aura quelque réparation à faire aux coulisses, aux poids de bascule, aux chaînes, ou aux poulies, on puisse en posant des planches, sur ces crochets, donner la facilité aux ouvriers de monter et de descendre le long des coulisses.

Pour construire les coulisses de manière qu'elles forment une courbure qui soit exactement celle de la sinusoïde, j'ajouterai qu'il faut tracer cette courbe en grand et en faire deux épures ou patron, avec des planches, dont l'un représente la convexité de la sinusoïde, et l'autre sa concavité: ce dernier est absolument nécessaire aux ouvriers pour les conduire dans la coupe des pierres, et pour les aider à les mettre en œuvre dans leur véritable situation.

Il est nécessaire que les niches soient fermées par des cloisons de madriers afin que personne n'y touche; il suffira seulement d'y pratiquer une petite porte pour y entrer quand on le jugera à propos: ainsi le passage de la porte sera comme à l'ordinaire sans qu'on voie rien de tout ce qui contribuera à donner le mouvement au pont.

Je crois en avoir dit assez pour rendre sensible l'exécution du pont que je viens de décrire. Je laisse aux habiles gens qui voudront le mettre en usage, d'y faire les changements qu'ils jugeront à propos; mais comme tout ce qui a un air de nouveauté, ne manque pas de rencontrer des censeurs qui se font un plaisir de trouver des difficultés partout dans les choses même les plus naturelles, on saura que peu de temps après avoir imaginé ce pont, je l'ai fait exécuter à un château dans le voisinage de la Fère, et que j'y ai suivi, à peu de chose près, tout ce qui vient d'être détaillé.

Pl. XIX. On fait ensuite des ponts-levis aux ouvrages de dehors, comme demi-lunes, ouvrages à cornes, etc., pour en fermer l'entrée. On les lève par le moyen des bascules à flèches; parce que, n'étant pas nécessaire de couvrir avec des frontons les portes de ces sortes de passages, on n'ap-

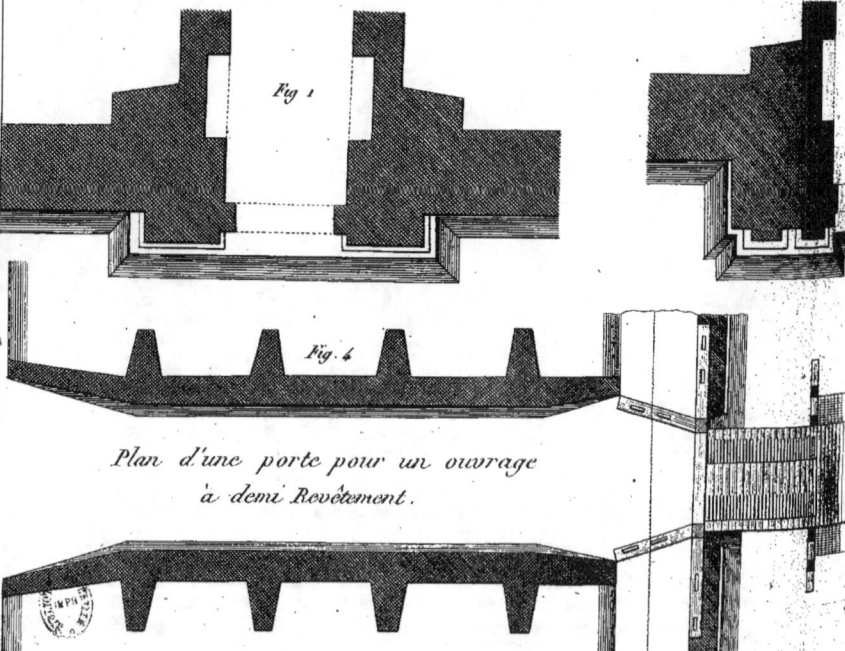

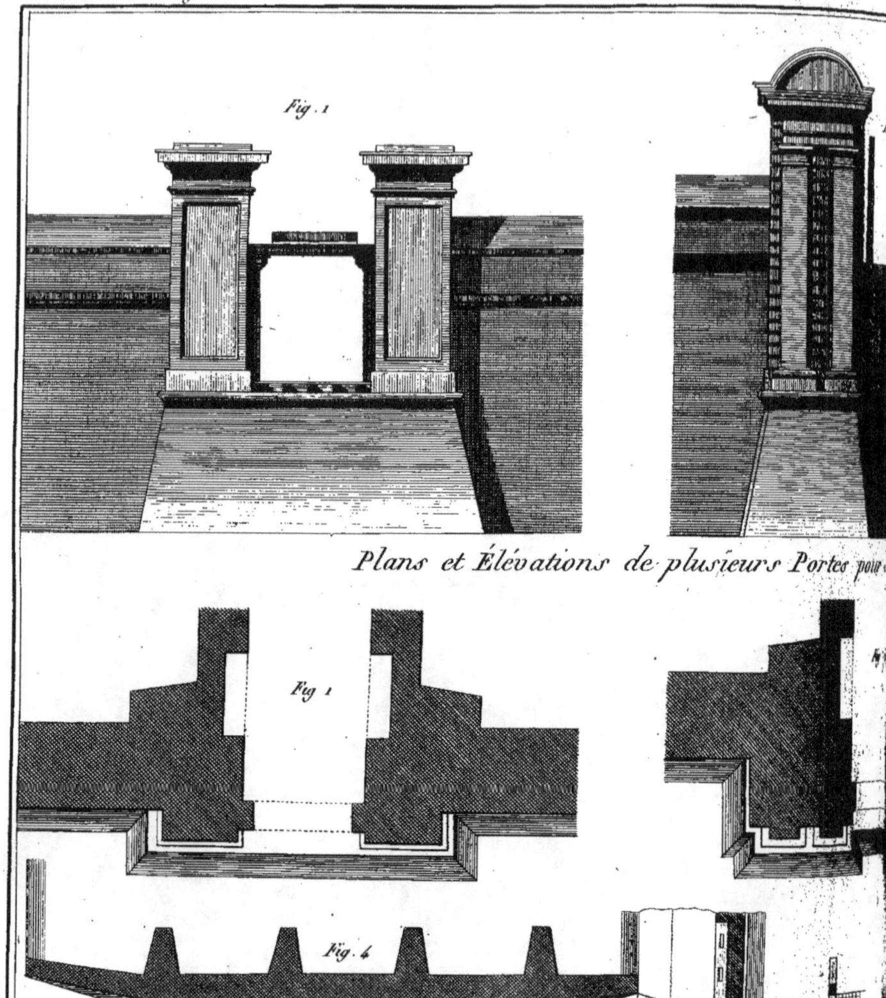
Fig. 1
Plans et Élévations de plusieurs Portes
Fig 1
Fig. 4
Plan d'une porte pour un ouvrage
à demi Revêtement.

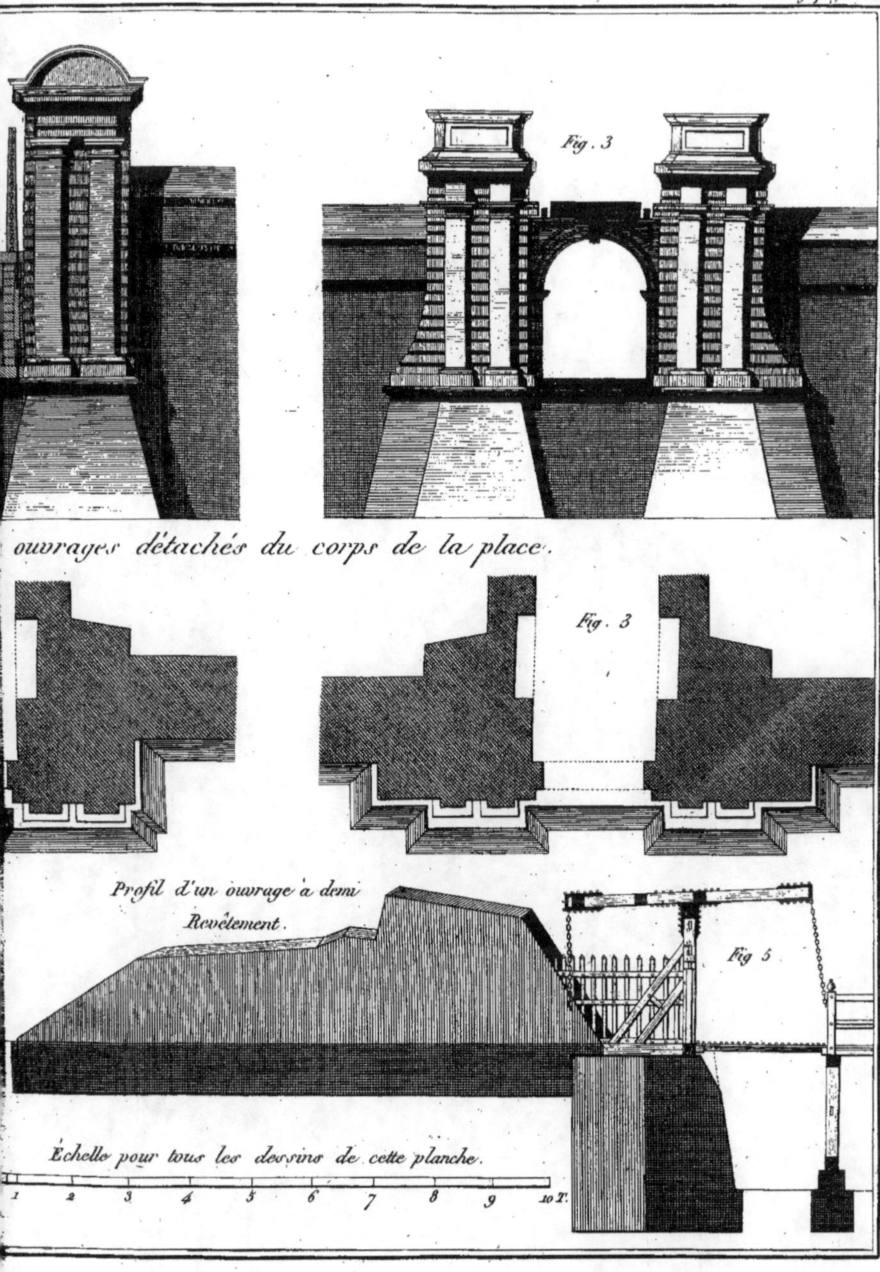
Fig. 3
ouvrages détachés du corps de la place.
Fig. 3
Profil d'un ouvrage à demi Revêtement.
Fig 5
Échelle pour tous les dessins de cette planche.
1 2 3 4 5 6 7 8 9 10 T.

préhende point d'en couper l'architecture, il suffit que l'entrée soit décorée par des pilastres couronnés d'un entablement, comme on le peut voir dans les 3 premières figures de la Pl. XIX, qui conviennent fort quand les ouvrages détachés sont revêtus de maçonnerie jusqu'au parapet. Mais quand ils ne le sont qu'à demi, alors il est assez inutile d'y faire aucune décoration, on peut se contenter de faire porter la bascule par un châssis qui doit être situé sur la berme, comme je l'ai exprimé dans les quatrième et cinquième figures de la même planche, que je ne m'amuserai point à expliquer, parce qu'elle ne contient rien qui ne soit facile à concevoir.

## CHAPITRE SIXIÈME.

*Des ponts dormants qui servent à faciliter l'entrée des villes de guerre.*

Les ponts dormants que l'on fait pour passer les fossés des fortifications sont toujours en charpente, et élevés sur plusieurs chevalets qui sont posés sur des piles de maçonnerie A, dont la hauteur se règle sur la profondeur du fossé. Quelquefois, dans les lieux marécageux où l'on ne peut fonder des piles de maçonnerie sans beaucoup de difficulté et de grandes dépenses, on se contente de planter des files de pieux d'une longueur suffisante, pour qu'une partie étant enfoncée à refus de mouton, l'autre qui reste en dehors soit assez élevée pour recevoir les chapeaux, qui doivent être à-peu-près au niveau du rez-de-chaussée.

Quand on n'a point de bois d'une assez belle longueur, on enfonce autant de files de pilots qu'on le juge nécessaire, par rapport au nombre de travées que doit avoir le pont. Ces pilots sont arrasés au niveau du fond du fossé par des tenons qui s'emmanchent dans la sole des chevalets. C'est ainsi que j'ai vu construire à Saint-Venant, en 1709, celui qui est sur le grand fossé de la porte d'Aire.

Le pont dont il est question présentement est composé de plusieurs travées et chevalets, dont on ne détermine point ici la quantité, parce que cela dépend de la longueur du fossé où il doit être exécuté. Chaque Pl. XX.

sole B qui ne porte point de bascule a 22 pieds de longueur sur 10 à 12 de grosseur, celle C, qui porte le châssis de la bascule, a 25 pieds de longueur sur 11 à 12 pouces de grosseur. Sur chacune des soles qui ne portent point de bascule, sont assemblés à tenons et mortaises 5 poteaux D, avec deux liens boutants H, terminés d'un chapeau E. Les poteaux ont 11 à 12 pouces de grosseur sur différentes longueurs, suivant les endroits où ils sont employés.

Le chevalet qui porte la bascule du pont-levis est construit de même, avec cette différence qu'il y a deux poteaux de plus, et que les chapeaux ont 25 pieds de longueur sur 13 à 14 pouces de grosseur.

Sur tous les chapeaux E, il y a d'un chevalet à l'autre cinq cours de longerons F de 11 à 12 pouces de grosseur, espacés entre eux à distances égales, et formant en tout une largeur de 14 pieds : ils sont recouverts d'un plancher de madriers I, de 4 pouces d'épaisseur, chevillés sur chaque longeron d'une broche de fer de 8 à 9 pouces de longueur, ébarbelée par les angles.

Sur ce premier plancher, on en pose un second de 8 pieds de largeur seulement et de 3 pouces d'épaisseur, qu'on appelle *redoublement*, sur lequel on attache quelquefois des barres de fer plates, autant plein que vide, et de même longueur que les madriers.

On n'emploie plus guère de redoublement ni de barres de fer pour conserver les ponts dormants. On les couvre d'un pavé plus élevé dans le milieu qu'aux extrémités pour l'écoulement des eaux, et alors on pose le long des poteaux montants des garde-pavés de 9 à 11 pouces d'équarrissage. Il est certain que ce pavé rend le pont d'une bien plus longue durée, les réparations n'en étant pas si fréquentes qu'aux autres.

A l'extrémité de la largeur du premier plancher, et sur les chapeaux E, on assemble à tenons et mortaises les poteaux montants G des garde-fous, de 7 pieds et demi de longueur compris les tenons sur 7 à 8 pouces de grosseur, terminés par une tête arrondie ou à pans, avec une gorge et un quart de rond au-dessous, comme il est figuré au dessin. Ces poteaux sont affermis chacun d'un lien pendant M, de 6 pieds de longueur sur 12 à 6 pouces d'épaisseur, chanfreiné à un pied au-dessus du chapeau par un talon renversé, qui réduit la partie supérieure à 8 pouces de largeur pour affleurer le poteau des garde-fous. Ces poteaux sont liés ensemble par deux cours de lisses L et K, dont la première L est appelée *lisse d'appui*.

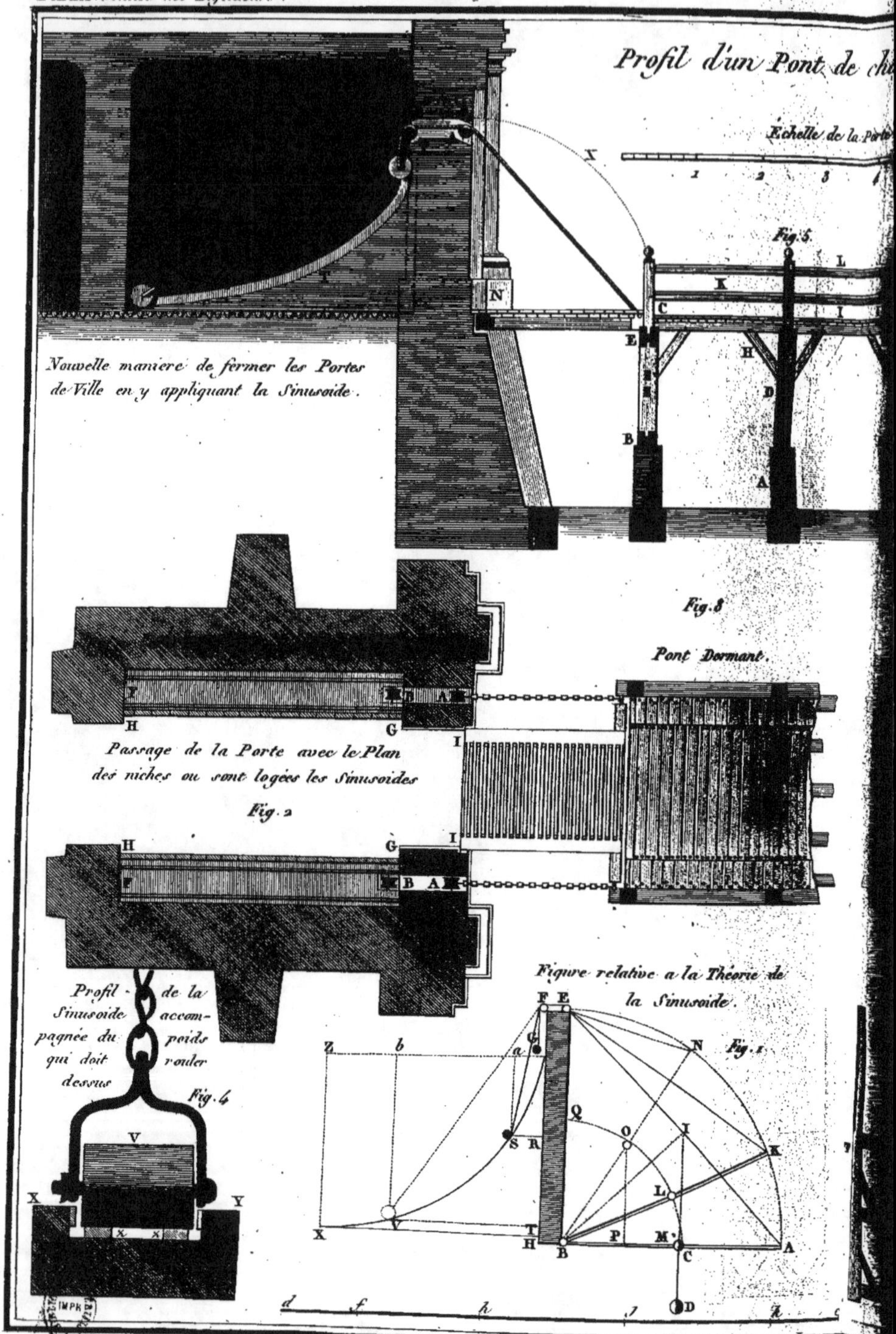
Profil d'un Pont de ch
Échelle de la Porte
Fig.5.
Nouvelle maniere de fermer les Portes de Ville en y appliquant la Sinusoide.
Fig.8
Pont Dormant.
Passage de la Porte avec le Plan des niches ou sont logées les Sinusoides
Fig. 2
Profil de la Sinusoide accompagnée du poids qui doit rouler dessus
Fig. 4
Figure relative a la Théorie de la Sinusoide.
Fig. 1

rpente pour faciliter le passage du grand Fossé d'une Place.

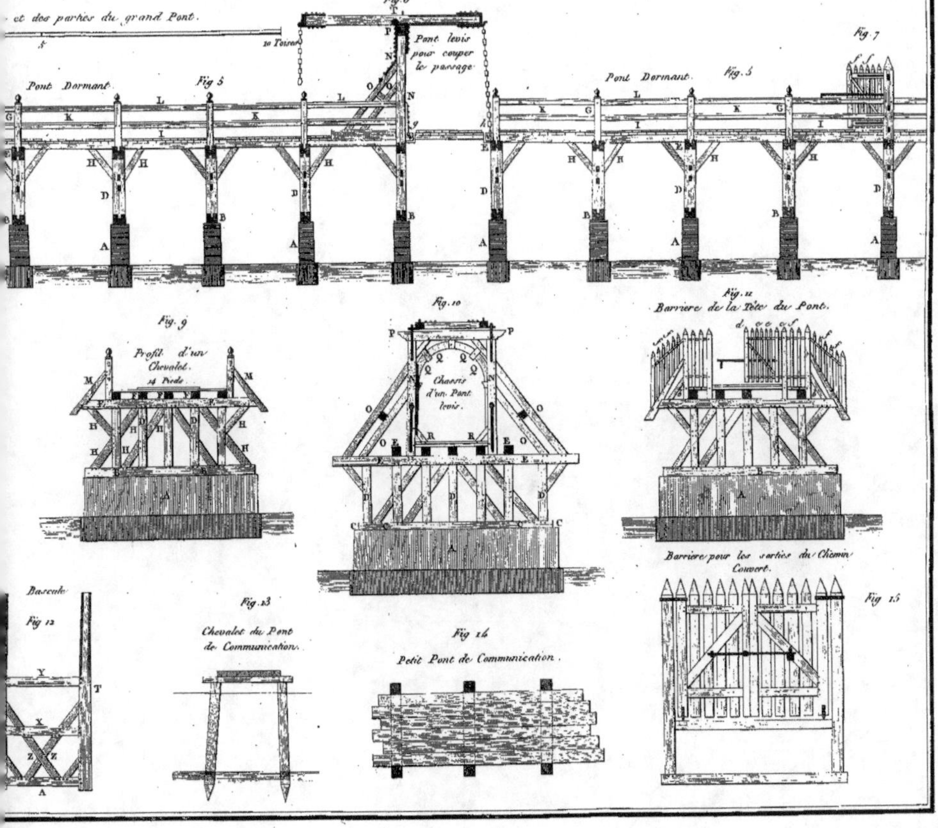

Le châssis de la bascule est composé de deux poteaux montants N, de 8 liens en guettes O, d'un chapeau P, de quatre liens cintrés Q, de deux liens heurtoirs R, et de deux semelles S. Les poteaux montants N ont 14 pieds de longueur sur 13 à 14 pouces de grosseur, sont élevés à plomb et emmortaisés dans le chapeau E, sur lequel ils sont assemblés par 4 liens O, et arcboutés par les 4 autres, qui sont assemblés dans les semelles S. Ces 8 liens en guettes ont 10 sur 12 pouces d'épaisseur et différentes longueurs, suivant les endroits où ils sont employés. Il faut seulement remarquer qu'ils doivent faire avec le chapeau et la semelle où ils sont assemblés, un angle d'environ 60 degrés.

La bascule est composée de deux flèches T, d'une culasse V, de deux entre-toises X et Y, dont la dernière Y s'appelle *entre-toise des tourillons*, et qui doit être comme la culasse assemblée dans les flèches par un double tenon. On fortifie cette assemblage ordinairement par des croix de Saint-André Z et par d'autres liens, tant pour la solidité de l'ouvrage, que pour donner du poids à la bascule, et faire un équilibre à-peu-près égal au pont-levis: je dis à-peu-près, parce qu'il faut que la bascule soit au moins de 200 livres plus légère que le tablier.

Les flèches ont 14 à 16 pouces de grosseur à la culasse revenant à 10 à 12 aux extrémités. La partie qui excède l'entre-toise des tourillons Y, est presque toujours taillée à 8 pans. La culasse a aussi 14 à 16 pouces de grosseur, et les deux autres entre-toises X et Y un peu moins, c'est-à-dire qu'elles affleurent toujours la grosseur des flèches. A l'égard des croix de Saint-André et des autres liens, ils sont d'un ou même de 2 pouces plus petits, suivant que l'on a besoin de poids pour l'équilibre.

Le tablier des ponts-levis est ordinairement composé d'une pièce qui porte les tourillons, de 10 pieds de longueur sur 10 à 11 pouces de grosseur; d'un autre *h* appelé *chevet*, et de six soliveaux *j*, de 12 pieds de longueur sur 5 à 6 pouces de grosseur, recouverts de madriers de 2 pouces et redoublés de barres de fer posées autant plein que vide.

Il y a des ingénieurs qui donnent quelques pouces moins en quarré au chevet qu'à la pièce des tourillons, et ne donnent pas tant de grosseur non plus au bout des soliveaux qui répondent au chevet, afin que le centre de gravité du tablier n'étant point dans le milieu de sa longueur, mais plus près de la pièce des tourillons que du chevet, la bascule soit moins chargée et rende le mouvement du pont plus doux. C'est en effet ce qui arrive quand on en use ainsi.

On fait à la tête des ponts dormants une barrière sur le pénultième chevalet, dont les poteaux sont, comme ceux du châssis de la bascule des ponts-levis, assemblés sur le chapeau du chevalet et affermis par deux liens pendants *a*, et deux autres liens *b*, plus quatre autres liens en guette sur l'intérieur des poteaux, semblables à ceux des bascules O, et qui ne sont pas figurés sur le dessin.

La barrière est assemblée à claire voie à deux ventaux, chacun composé d'un tournant *c*, d'un battant *d*, et de cinq à six épées ou barreaux *e*, avec une barre et deux traverses, le tout de même hauteur. Les tournants et battants *c* et *d* ont 7 pieds de hauteur sur 5 à 7 pouces de grosseur; les barres et traverses ont les mêmes grosseurs, et les barreaux *f*, tant de la barrière que des ailes, ont 3 à 4 pouces de grosseur, et sont posés tant plein que vide et entaillés moitié par moitié dans les barres et traverses, qui sont assemblées à tenons et mortaises dans les tournants et battants de la barrière.

Il se fait aussi des barrières pour fermer la sortie du chemin couvert aussi bien que les places d'armes qui sont répandues dans les dehors on en peut voir ici l'élévation. Cette barrière a deux ventaux qui tournent sur des pivots, et sont arrêtés par le haut avec des collets de fer aux poteaux qui servent à l'entretenir. Ces poteaux ont 9 pieds et demi de longueur et 8 sur 6 pouces de grosseur; ils sont maintenus par un patin de 7 pieds de long et de 7 à 8 pouces de gros, et assemblés par deux soles de 8 à 9 pouces de grosseur, dont l'une doit être enterrée de 2 ou 3 pieds, et l'autre posée au niveau des passages. Les deux ventaux de la barrière sont entretenus par des traverses et contrefiches de 6 ou 7 pouces de grosseur, assemblées par entailles avec les barreaux par une profondeur de moitié par moitié. Ces barreaux doivent avoir 5 ou 6 pouces de grosseur, et sont appointés comme les palissades.

Quand l'eau du fossé est dormante, ou qu'elle n'a qu'un cours paisible, les ponts se peuvent faire à-peu-près semblables aux précédents. Mais s'il se rencontrait une rivière à l'entrée de la place dont le courant fût rapide, il faudrait s'y prendre d'une façon toute différente, comme on le va voir.

Les ponts dormants de charpente qui servent au passage des rivières, sont ordinairement construits comme celui qui est représenté sur la Pl. XXI. Mais de quelque façon que soit disposé l'assemblage de la charpente, on les élève aussi haut que la navigation le demande. Quant à leur largeur, elle doit être proportionnée à la grandeur des routes. On les élève sur plusieurs palées, composées d'une ou deux files de pieux, et l'on a soin de faire une de leurs travées assez large, pour que les plus grands bateaux puissent y passer librement. PL. XXI.

Le nombre des pieux qui compose chaque palée est réglé par la largeur du pont, et l'on observe qu'ils aient environ 3 pieds de distance par en bas, qu'on réduit en haut à un pied et demi, ou à 2 pieds pour chaque vide d'entrevous, parce qu'ainsi on forme une manière d'empattement qui résiste mieux aux efforts de l'eau, que si tous les pieux étaient perpendiculaires.

Quand on ne fait les travées que d'une file de pieux seulement, cela ne doit se pratiquer qu'aux ponts qui servent à traverser de petites rivières; car, pour ceux qui sont sur des rivières fort larges, et dont le courant est rapide, les palées doivent être faites de deux ou trois rangs de files de pieux bien coeffés, liernés et moisés, avec des contre-fiches à deux rangs, pour les entretenir comme dans la planche XXII. PL. XXII.

La plupart de ces palées sont pour l'ordinaire contregardées du côté d'amont par un avant-bec de pilotage en forme de brise-glace, qu'on revêt de planches par-dehors, depuis les plus basses eaux de la rivière jusqu'aux plus hautes des inondations, afin que lorsque le courant charrie des glaces et des arbres, les uns et les autres aient moins de prise sur le corps des palées, et qu'ils ne fassent que glisser.

Il peut arriver qu'en voulant planter des pieux pour former une palée, on rencontre du roc dans le lit de la rivière, positivement dans l'endroit où l'on en veut enfoncer. Si l'on n'a pu faire des bâtardeaux et des épuisements, en sorte qu'il reste 5 ou 6 pieds d'eau, on sera sans doute embarrassé dans un pareil cas, puisqu'il n'est pas possible que des hommes tout couverts d'eau puissent faire un trou de 3 ou 4 pieds dans le roc. Pour surmonter une pareille difficulté, il faut faire deux tonneaux ouverts par les deux bouts, dont l'un ait 9 pieds de diamètre, et l'autre 5, et que ces deux tonneaux soient de 2 pieds plus élevés que la profondeur de l'eau. On placera le plus grand dans la rivière à l'endroit où l'on veut percer, de manière que le roc se trouve dans le milieu du tonneau; ensuite on enfoncera les douves de quel- ques pouces dans le lit de la rivière, et l'on chargera le dessus du tonneau de façon que le courant ne l'ébranle point. Après l'on mettra le petit tonneau dans le milieu du grand, et l'on remplira de terre glaise l'espace qui est entre deux, que l'on battra avec la demoiselle pour qu'elle fasse un bon massif. Enfin on videra l'eau qui sera dans le petit tonneau, et l'on y introduira un ouvrier, qui fera le trou qu'on s'était proposé (1).

Mais pour revenir à notre pont de charpente de la planche XXI, je crois qu'il est inutile de m'étendre sur l'assemblage des pièces dont il est composé. Je rapporterai seulement les dimensions de chacune, les plans, profils et élévations, donneront l'intelligence du reste.

Les moises sont de différentes longueurs, et de 8 à 9 pouces de grosseur.

Les chapeaux sont de 6 toises de longueur chacun, et de 18 à 20 pouces de grosseur.

Les semelles au-dessus des chapeaux ont chacune 16 pieds de longeur et 15 pouces de grosseur.

Les liens sous les semelles ont chacun 6 pieds de long sur 10 à 12 pouces de grosseur.

Les poutrelles des travées du pont qui ne sont pas dans le grand courant, ont 6 toises 4 pieds de longueur sur 14 à 15 pouces de grosseur, et celles du grand courant ont 7 toises 4 pieds et demi sur 15 à 16 pouces de grosseur.

Le plancher du pont a 5 toises 5 pieds de largeur sur 3 pouces d'épaisseur.

Le redoublement du plancher entre les deux banquettes a 3 toises de largeur sur 2 pouces d'épaisseur.

Les seuilles des banquettes sont de toute la longueur du pont et de 10 pouces de grosseur.

Les soliveaux des banquettes ont 6 pieds de long sur 8 pouces de grosseur.

---

(1) On trouvera dans le Traité de la construction, liv. III et IV, tous les détails qu'on peut désirer sur la disposition des ponts de charpente, et sur leurs procédés d'exécution (N).

Bélidor. *Science des Ingénieurs.*

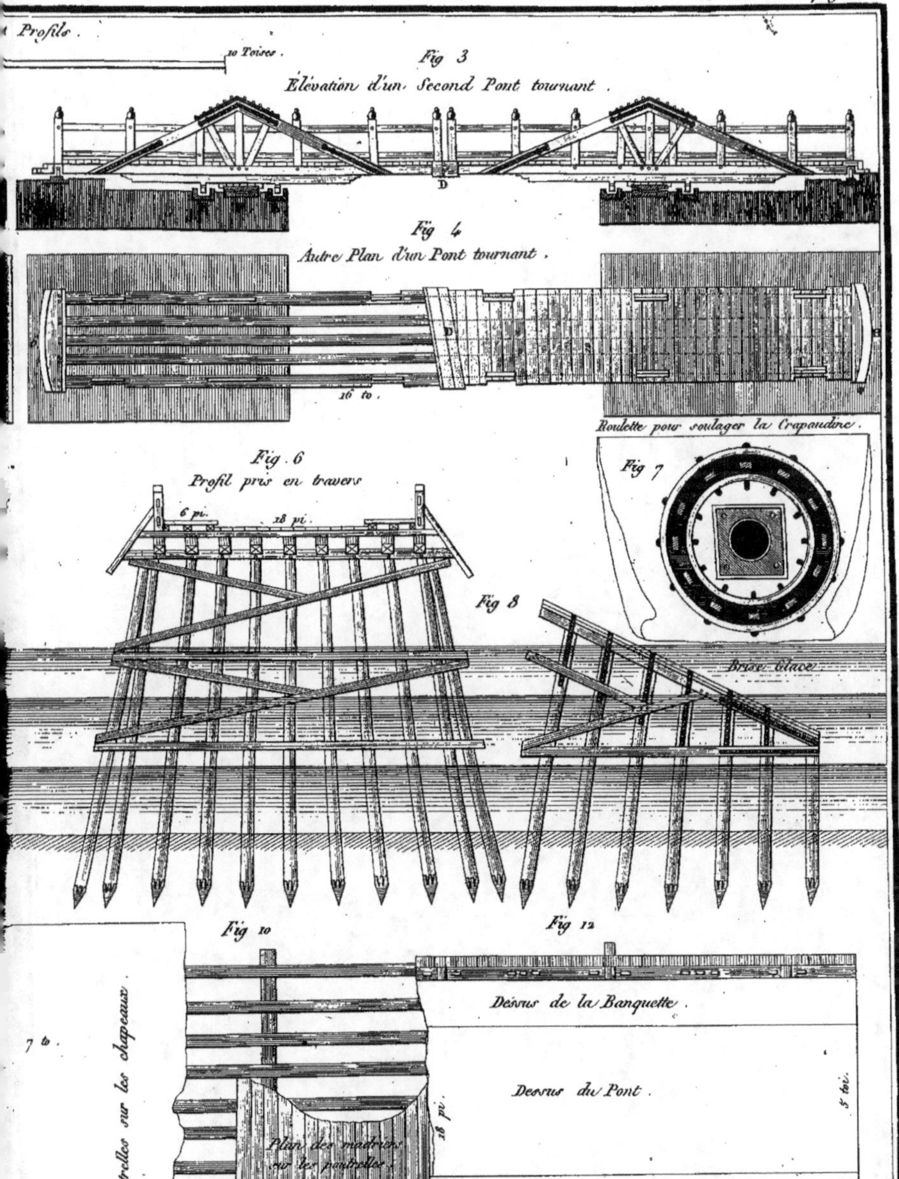
Profils.
10 Toises.
Fig 3
Élévation d'un Second Pont tournant.
D
Fig 4
Autre Plan d'un Pont tournant.
D
16 to.
Roulette pour soulager la Crapaudine.
Fig 7
Fig. 6
Profil pris en travers
6 pi.
18 pi.
Fig 8
Brise Glace
Fig 10
Fig 12
7 to.
Poutrelles sur les chapeaux
Dessus de la Banquette.
Dessus du Pont.
5 toi.
18 pi.
Plan des madriers sur les poutrelles.
6 pi.
Dessus de la Banquette.
Fig 11

367

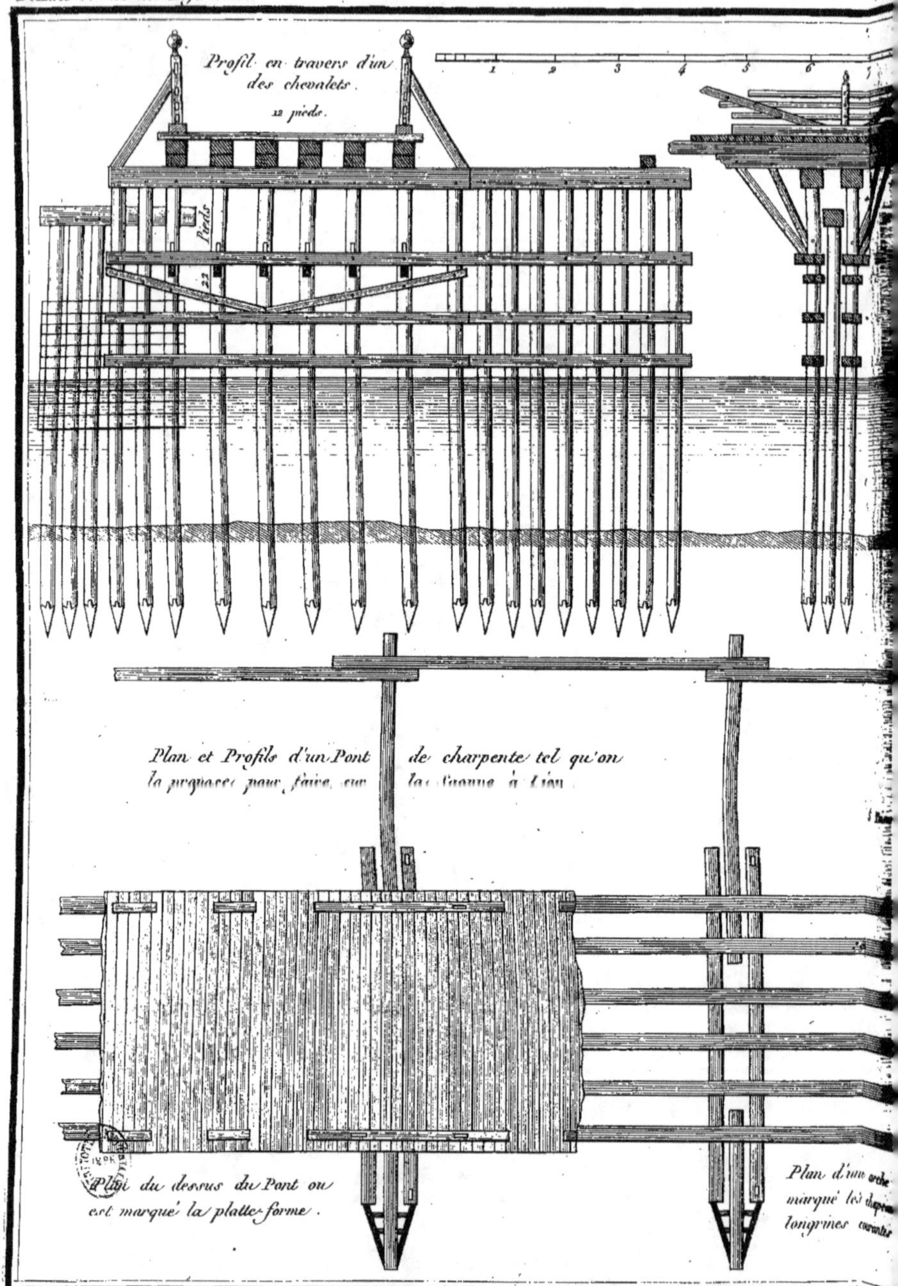
Profil en travers d'un des chevalets.
12 pieds.
1 2 3 4 5 6 7
Pieds
22
Plan et Profils d'un Pont de charpente tel qu'on la propose pour faire sur la Saonne à Lion
Plan du dessus du Pont ou est marqué la platte-forme.
Plan d'un arche
marqué les
longrines

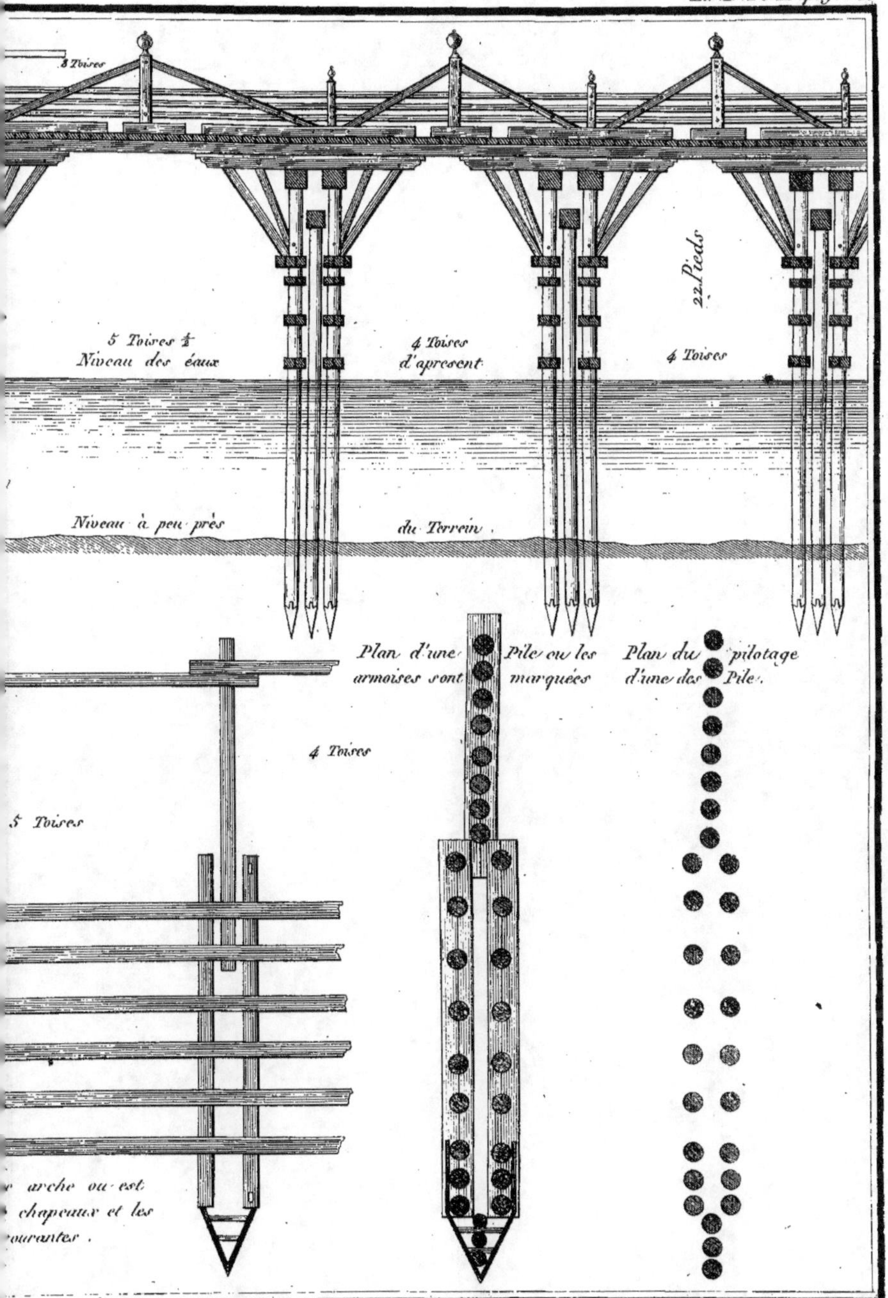

8 Toises
22 Pieds
5 Toises ½
Niveau des eaux
4 Toises
d'apresent
4 Toises
Niveau à peu près
du Terrein
Plan d'une Pile ou les armoises sont marquées
Plan du pilotage d'une des Pile.
4 Toises
5 Toises
e arche ou est
chapeaux et les
ourantes.

Le plancher des banquettes a 6 pieds de largeur sur 2 pouces d'épaisseur.

Les poteaux des garde-fous ont 6 pieds de long sur 8 et 10 pouces de grosseur.

Les liens pendants ont 10 pieds de longueur sur 10 pouces par le bout, et 20 sur le bout du chapeau.

Les décharges ou jetées ont chacune 20 pieds de longueur sur 8 à 9 pouces de grosseur.

Les garde-fous ont 7 à 8 pouces de grosseur.

Quant aux brise-glaces, les pilots sont de différentes longueurs sur 13 à 19 pouces de grosseur.

Les moises sont aussi de différentes longueurs, et ont 8 à 10 pouces de grosseur.

Il se fait des ponts tournants qui sont très-commodes pour faciliter le passage au-dessus des écluses, ou aux autres endroits d'une rivière ou canal où il doit passer des bateaux. Je ne m'étais pas proposé de parler ici de ces sortes de ponts, parce qu'étant relatifs aux écluses, ils appartiennent plutôt à l'architecture hydraulique qu'à la matière que je traite présentement. Mais comme, sans y faire attention, on en a rapporté deux dessins sur la pl. XXI, je me trouve dans la nécessité d'en donner l'explication, quoique assez hors de propos, par rapport au plan que je me suis fait de ne parler de chaque chose que dans l'endroit qui lui convient naturellement.

Le plan CI du premier pont fait voir qu'il est coupé en deux également, afin que chaque moitié puisse se séparer et se rejoindre en tournant comme sur un pivot. Une de ces moitiés est représentée à jour pour montrer l'assemblage de sa charpente, et l'autre est recouverte de madriers. On observera que la jonction des deux moitiés se fait en portion de cercle à l'endroit A A, afin qu'étant arrêtée par des verrous, l'union en soit plus ferme: à l'égard de l'élévation, elle n'a rien de particulier, sinon que les garde-fous sont de fer, pour que le pont en paraisse plus léger. Pl. XXI.

L'autre dessin représente encore un pont tournant dont la jonction se fait obliquement à l'endroit D. Le plan est à-peu-près semblable au précédent: il n'y a de différence que dans l'élévation, où les garde-fous, au lieu d'être de fer, sont de bois, et d'un assemblage particulier, qu'il suffit d'examiner pour voir que l'on a eu en vue de rendre pont beaucoup plus solide que l'autre. Et comme une pareille co truction chargerait beaucoup la crapaudine, on a cru que, pour soulager, il fallait faire des roulettes à l'entour, afin de faire t le pont aisément, et qu'il demeure toujours en équilibre, sans penc plus d'un côté que de l'autre. A l'égard des dimensions du pont de XXe planche, je n'en parlerai pas, parce qu'il sera aisé de les déte miner sur ce que je viens de dire au sujet de l'autre.

Comme tout ce qui peut faciliter la communication des ouvrag appartient à ce chapitre, je crois devoir ajouter que quand les fos d'une place sont inondés, on fait de petits ponts à fleur d'eau, qui vo des poternes du corps de la place à la demi-lune ou à quelque aut ouvrage. On en fait aussi de semblables le long des gorges, pour all de la demi-lune dans le chemin couvert, ou dans les contre-gardes ainsi qu'on le peut voir dans la XXVe planche. On pratique pourtan quelquefois des poternes dans les faces, et en ce cas le pont qui com munique aux autres ouvrages voisins répond à la poterne, et n'est pl à la gorge de la demi-lune. C'est ainsi, par exemple, qu'au Neuf-Brisac l'on communique des contre-gardes dans les tenailles, en passant p les poternes qui sont aux flancs.

PLANCHE XXV.

Quand les fossés sont à sec, on fait des caponnières qui assurent couvrent parfaitement les communications. Ces caponnières ne so autre chose qu'un parapet fait en glacis, à droite et à gauche du pa sage que l'on pratique dans le fond des fossés, comme on le peut v sur la planche que viens de citer.

# CHAPITRE SEPTIÈME.

*Des corps-de-gardes en général, des guérites et des latrines.*

INDÉPENDAMMENT des corps-de-gardes dont nous avons parlé, pour veiller à la sûreté des portes, il s'en fait encore d'autres dedans et dehors les places. Par exemple, quand les portes sont trop éloignées les unes des autres pour que les corps-de-gardes qui y sont puissent

340

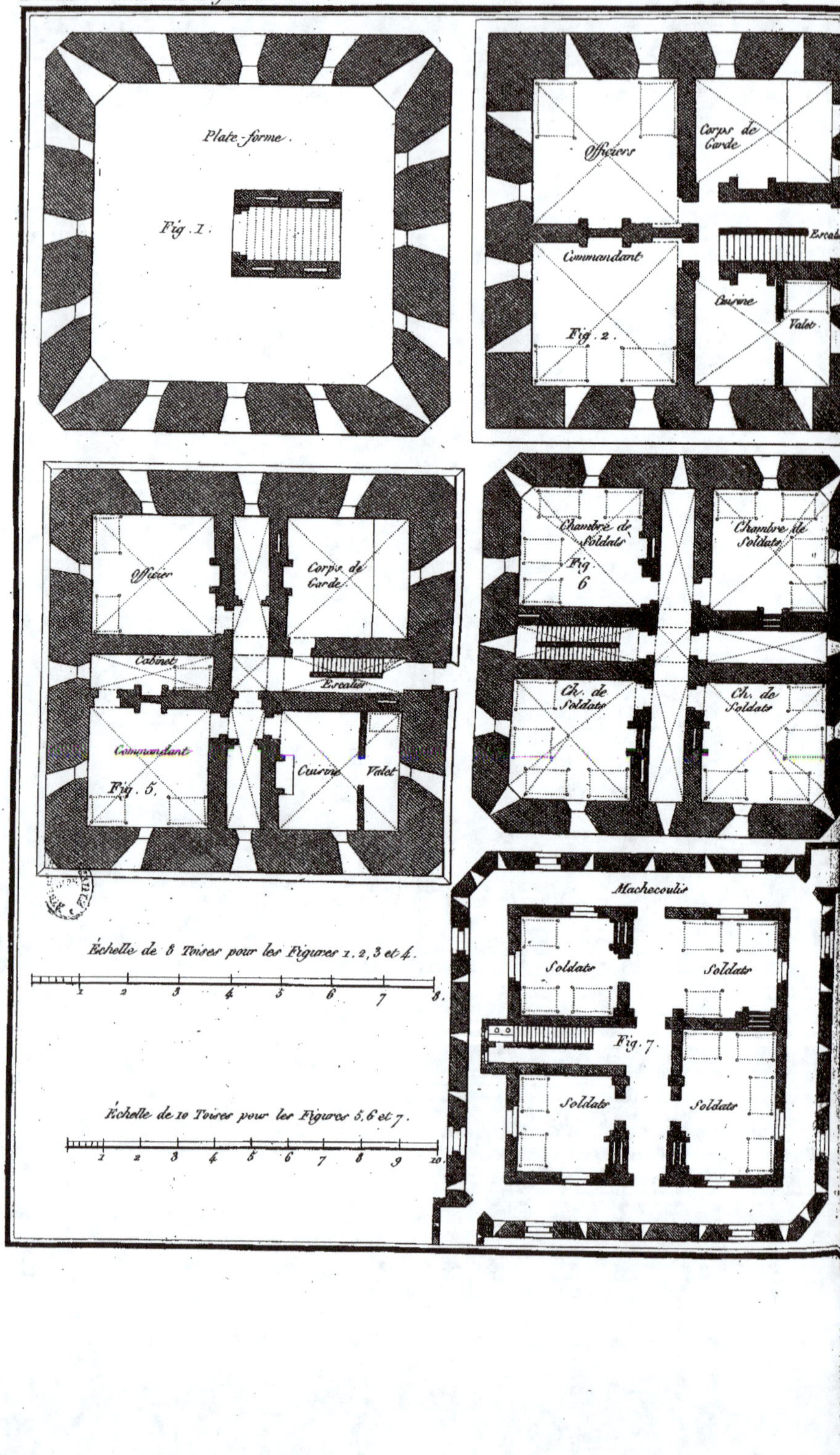
Plate-forme.
Fig. 1.
Officiers
Corps de Garde
Escalier
Commandant
Cuisine
Valet
Fig. 2.
Officier
Corps de Garde
Cabinet
Escalier
Commandant
Cuisine
Valet
Fig. 5.
Chambre de Soldats
Chambre de Soldats
Fig. 6
Ch. de Soldats
Ch. de Soldats
Machecoulis
Soldats
Soldats
Fig. 7.
Soldats
Soldats
Échelle de 6 Toises pour les Figures 1. 2, 3 et 4.
1 2 3 4 5 6 7 8.
Échelle de 10 Toises pour les Figures 5, 6 et 7.
1 2 3 4 5 6 7 8 9 10.

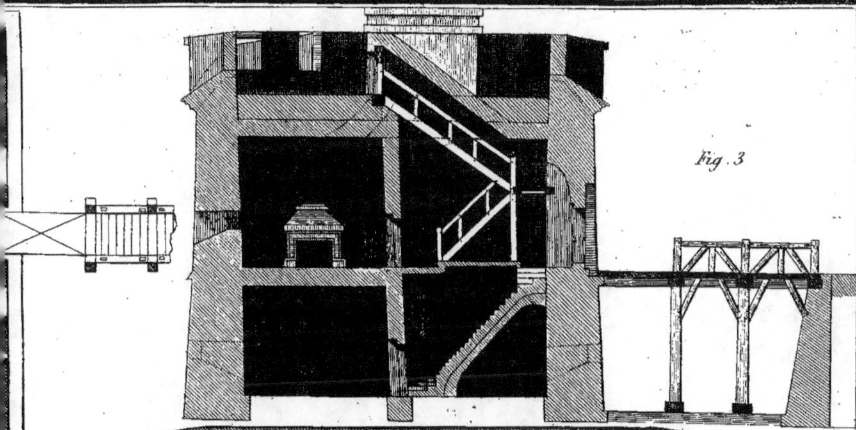

Fig. 3

Cette Planche contient les Plans de deux Redoutes. la premiere la 2e. et la 3e. Figures appartiennent à une Redoute dont la 4e. Figure est l'étage Souterrain. la Ire. Figure est le Plan de la plate-forme, la 2e. est celui du rez-de-chaussée au niveau du Pont, et la 3e. est le Profil de la Redoute. quant aux 5e. 6 et 7e. Figures ce sont des Plans des differens étages d'une autre Redoute où il peut contenir plus de monde que dâns celle-ci.

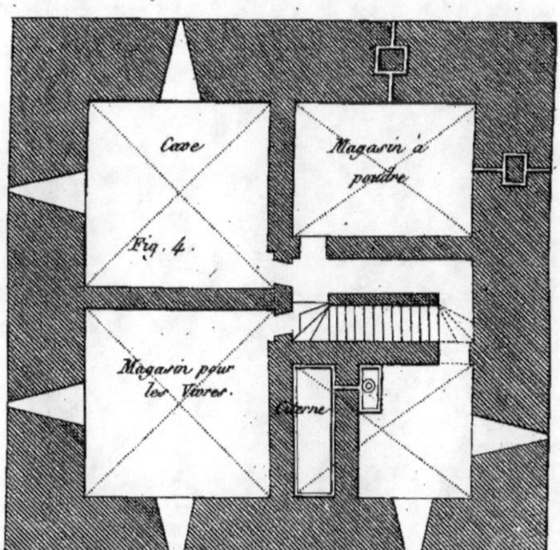


Fossé de la Redoute.

poster des sentinelles à tous les endroits du rempart où l'on juge à propos d'en poser, l'on en construit d'autres pour être à portée de faire les rondes et de veiller à ce qui se passe. Si la ville est traversée par quelque rivière, et qu'il y ait par conséquent des portes d'eau, l'on ne manque pas d'y en faire un; en un mot, à tous les endroits où l'on a quelque raison d'y en établir: tel est celui de la place d'armes et les autres répandus dans les grandes villes pour maintenir le bon ordre et poser des sentinelles aux portes de ceux qui ont droit d'en avoir. Or, comme ces corps-de-gardes ne comprennent rien de particulier dans leur construction, je ne m'arrêterai point à en rapporter d'autres que celui qui est sur la planche XV, qui pourra servir de modèle, en y Pl. XV.
faisant les changements que l'on croira nécessaires; j'ajouterai seulement qu'en construisant ceux des remparts, on fera bien d'y ménager de petits entrepôts pour renfermer des munitions, afin de les avoir à portée d'être distribuées aux détachements qui sortent de la place pour les escortes ou quelque expédition, et n'être point dans la peine d'ouvrir les magasins, souvent pour peu de chose. Ces entrepôts sont fort commodes en temps de siège pour le service du rempart et celui des dehors. Il est vrai que dans la plupart des grandes villes où l'enceinte est accompagnée de tours ou réduits, on y rencontre des endroits propres pour des entrepôts; mais je suppose une place neuve où l'on serait privé de ces sortes de commodités.

Je crois que l'on peut aussi comprendre sous le nom de corps-de-gardes les redoutes de maçonnerie qui se font dans les dehors des places aux endroits où il est de conséquence d'avoir des postes pour garder une écluse, un bâtardeau, un pont, etc., puisque ces redoutes ne sont, à le bien prendre, que des corps-de-gardes retranchés. Quand elles sont près de la place, on relève la garde tous les jours par de nouvelles troupes; mais quand elles en sont fort éloignées, on y établit une petite garnison, et alors il faut qu'elles soient composées de plusieurs étages, pour y distribuer les logements nécessaires aux officiers et aux soldats; et ne pouvant être que fort serrés dans un aussi petit endroit, il faut faire en sorte, en les construisant, de ménager si bien la grandeur des pièces, qu'on y puisse avoir les commodités essentielles: par exemple, si on peut faire un étage souterrain, il faudra y pratiquer un magasin à poudre, un autre pour les vivres, une cave et une citerne qui recevra les eaux de pluie, qui tomberont sur la plate-forme ou sur le toit, par le moyen des gouttières; ensuite, au-dessus de l'étage souterrain, on en pourra faire deux ou trois autres pour loger les troupes, de la manière qu'on les voit représentés sur la planche XXIII, qui comprend les plans de deux redoutes différentes: les premier, second et quatrième dessins sont des étages dont la troisième figure représente le profil; les cinquième, sixième et septième sont supposés appartenir à une autre redoute qui serait à machicoulis, c'est-à-dire, qui serait faite de façon que le dernier étage, faisant saillie en dehors sur les deux autres inférieurs, puisse voir le pied du revêtement de la redoute, pour en défendre l'accès. Je n'en ai point rapporté le profil, parce qu'il ne restait pas de place sur la planche pour l'y tracer, mais on jugera sans peine de quoi il est question; ces redoutes sont presque toujours entourées d'un rempart qui a son fossé, comme on l'a supposé ici, pour éviter les dessins qu'il aurait fallu encore rapporter si on avait voulu détailler quelque chose de plus que le corps de la redoute.

Planche XXIII.

Les guérites qui se font sur le rempart sont ordinairement placées aux angles des bastions, demi-lune et autres ouvrages détachés: elles doivent être de plain-pied au rempart, et quand elles sont de maçonnerie, elles peuvent être rondes, pentagonales ou hexagonales; leur diamètre doit être en dedans d'environ 4 pieds et leur hauteur de 6 à la naissance de la calotte; il faut qu'elles soient percées de quatre ou cinq petites fenêtres ouvertes, de manière que la sentinelle puisse aisément découvrir le fond du fossé, le chemin couvert et les autres dehors. Les trois premières figures de guérites pourront servir de modèles, selon qu'on les voudra plus ou moins orner; les trois autres dessins sont des guérites de charpente à faire aux angles des ouvrages qui ne sont point revêtus; l'on y voit l'assemblage des pièces qui les composent, selon l'ouverture des angles droits, obtus ou aigus: quant aux autres guérites que l'on place indifféremment, on les fait toujours de figure quarrée, comme aux septième et huitième dessins, qui s'expliquent assez d'eux-mêmes.

Planche XXIV.

On fait quelquefois des latrines de charpente sur le rempart, au milieu des courtines, quand il n'y a point de poternes au-dessous, parce que s'il s'y en trouvait, il faudrait prendre garde de ne point en salir la sortie: ainsi, supposant que le corps de la place soit revêtu, il

Voyez les latrines qui sont sur la pl. XXXIII.

1

*Plan et Élévation d'une Gueritte de Maçonnerie en forme de Cilindre*

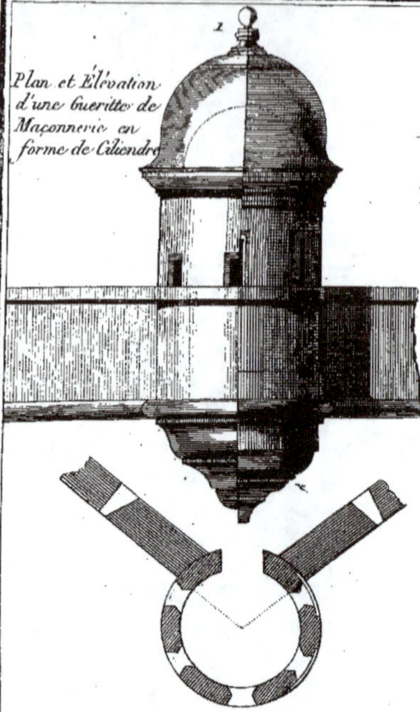

2

*Plan et Élévation d'une Gueritte de Maçonnerie en forme de prisme qui a pour baze un Pentagone.*

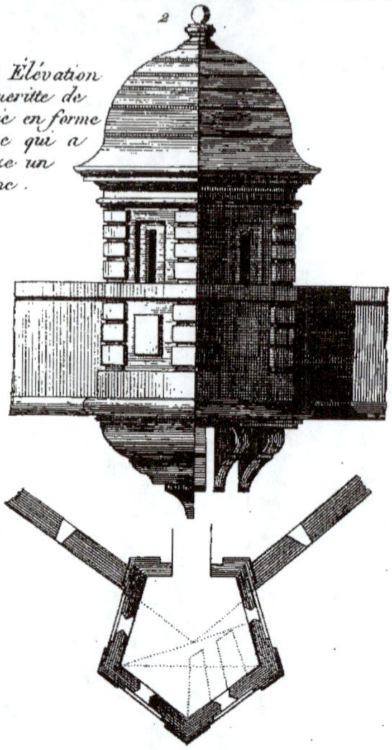

5

*Autre Gueritte de Charpente pour faire les angles obtus.*

6

*Cette Sixieme Gueritte represente la forme qu'on leur doit donner quand on les fait sur les angles aigues.*

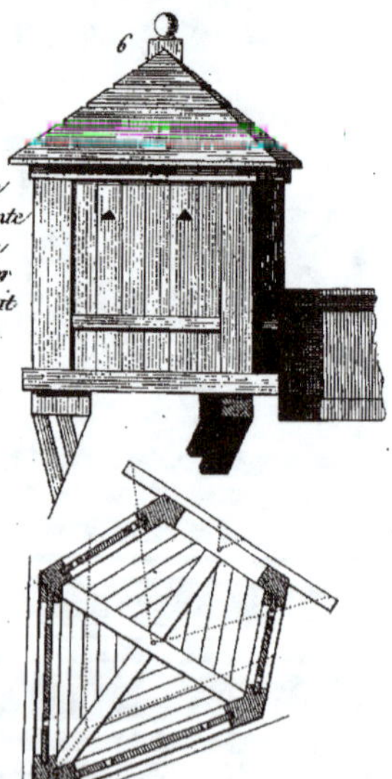

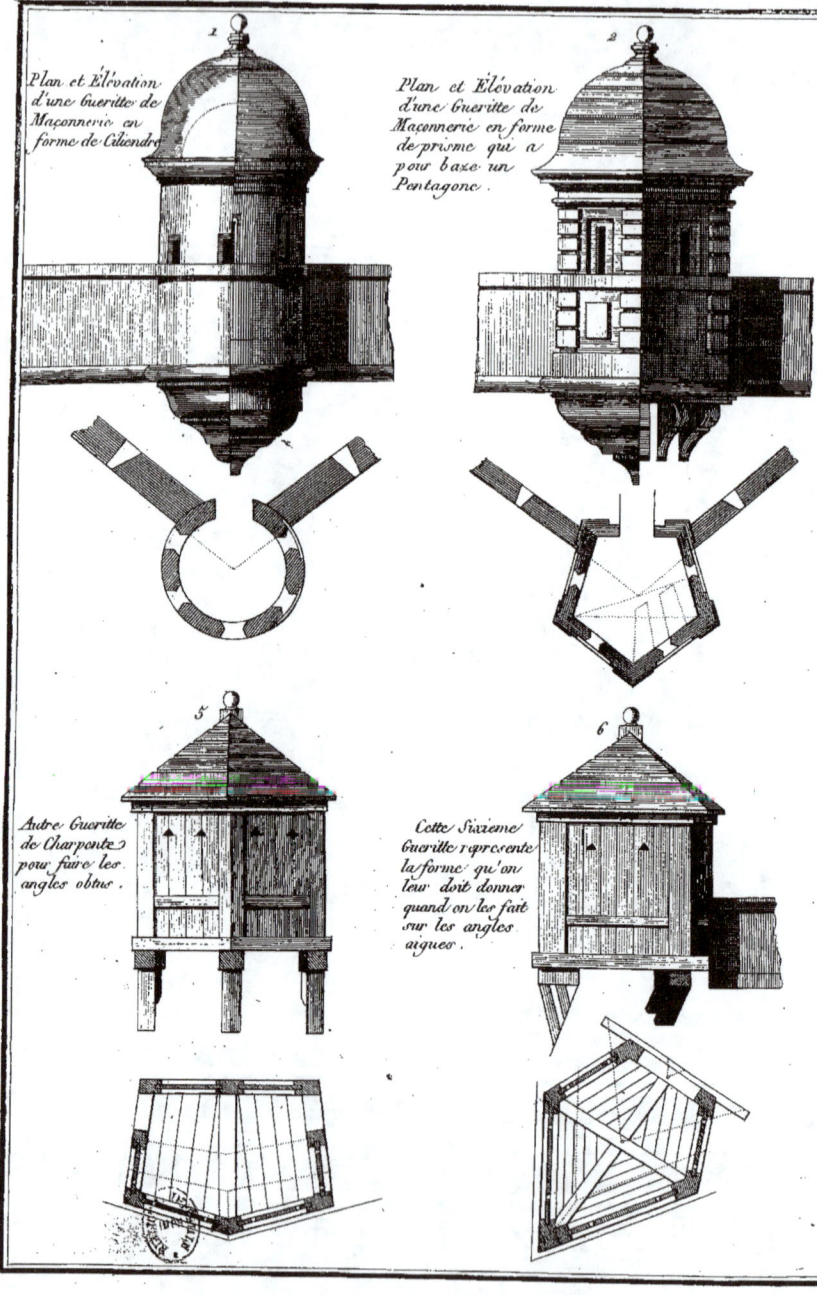

3.

lan et Élevation
une autre Gueritte
rme de prisme
nt la baze est
Exagone .

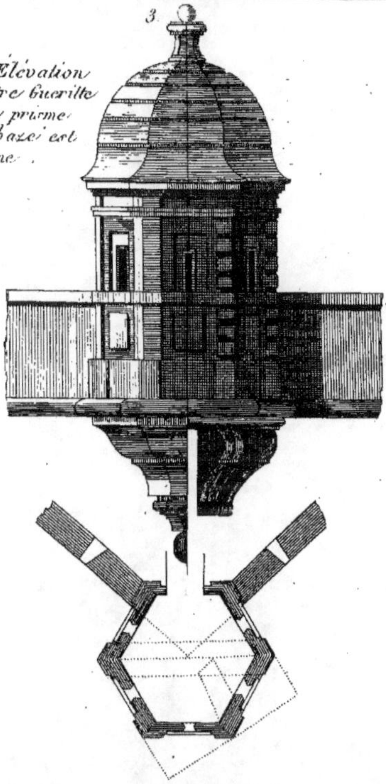

4

Plan et Élevation
d'une Gueritte de
charpente telle
qu'on les doit
faire sur angles
saillans des ouvrages.

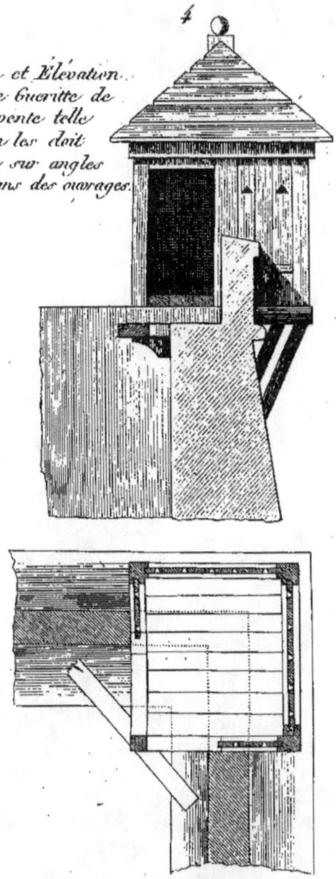

7

eritte de Charpente
on fait aux portes
édifices Militaires .

8

Autre Gueritte qu'on fait
sur les ramparts, qui sont
retenües en terre par un
chassis qui fait qu'elle
resistent a la poussée du
vent

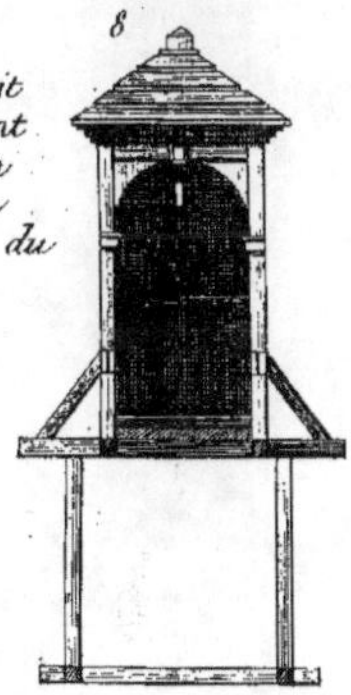

Échelle pour les Figures de cette Planche.

1 2 3 4 5 6 12 18 Pi.

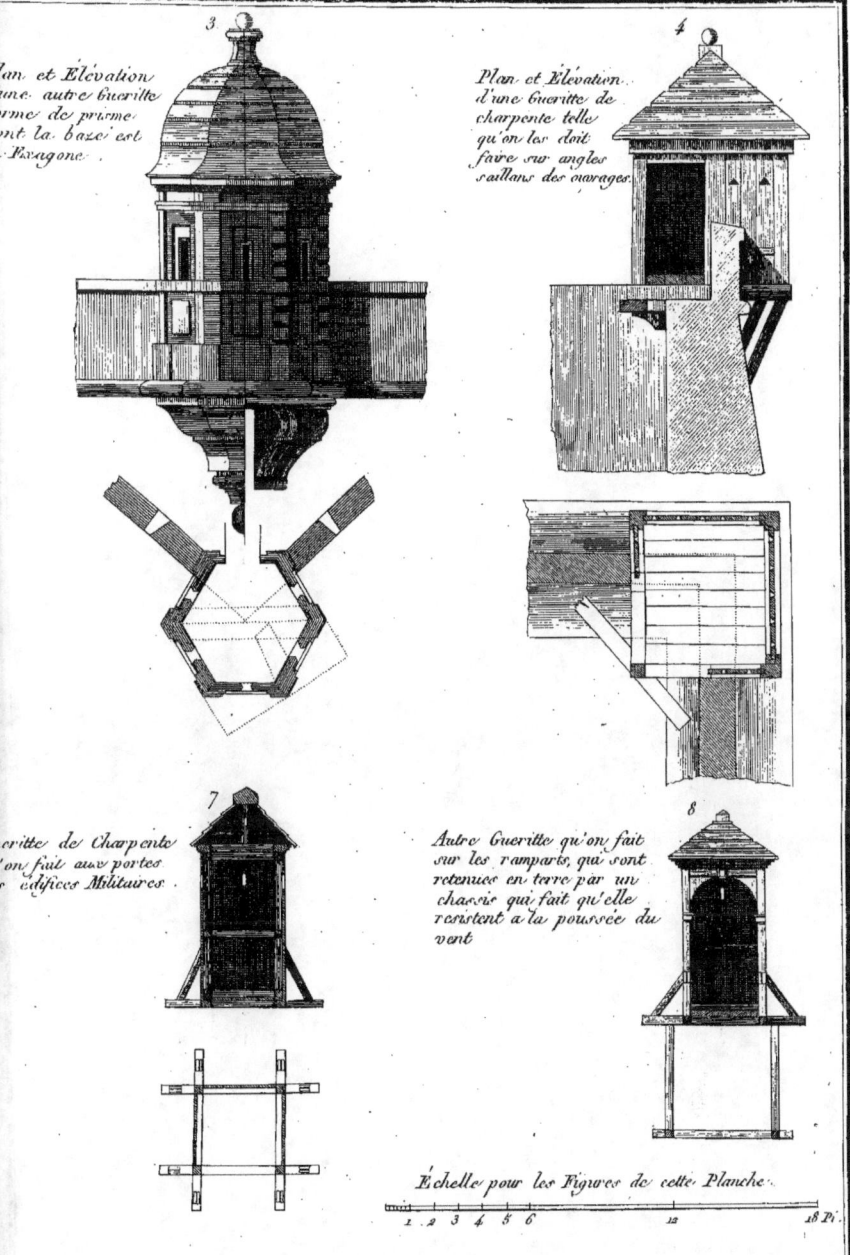

faut commencer par poser, au niveau du terre-plain du rempart, des poutrelles à 2 pieds et demi l'une de l'autre, qui aient environ 20 pieds de long sur 10 à 12 pouces; ces poutrelles doivent saillir de 4 pieds au-delà du talus du revêtement; ainsi leur longueur étant de 20 pieds, et le revêtement en ayant 6 de talus, la moitié portera sur le rempart, et l'autre moitié sera en saillie, afin de faire les latrines de manière que les ordures ne tombent point sur la muraille: pour les maintenir on y attachera, avec des liens de fer, des poteaux pendants, qui seront retenus entre la muraille et les terres du rempart; et pour rendre le plancher plus solide, on peut, au-dessous du cordon, encastrer dans la muraille d'autres poteaux pendants, sous chaque poutrelle, afin de soutenir le poids des latrines; ou bien l'on pourra, en construisant le revêtement, placer au-dessous des endroits où l'on doit poser les poutrelles, des corbeaux ou consoles de pierre de taille, pour appuyer les liens, ce qui rendra l'ouvrage plus solide. Quant à l'assemblage du reste de la charpente, il n'est pas besoin de l'expliquer, puisque les plans et profils qui sont sur la XXXIII$^{e}$ planche, en facilitent assez l'intelligence: d'ailleurs ce sujet n'est pas assez intéressant pour mériter une plus longue explication; je l'aurais même supprimée, si dans un ouvrage comme celui-ci il ne fallait parler de tout.

Quand il se rencontre dans le voisinage des casernes une rivière ou un ruisseau, il vaut beaucoup mieux en profiter pour y faire des latrines, que de les placer sur le rempart, puisque, tout bien considéré, elles présentent un coup-d'œil fort désagréable; mais, quand on n'a point cette commodité, je voudrais qu'on les fît sous le terre-plain du rempart, ou sous les escaliers par lesquels on y monte; en ce cas, il faut que l'égout où se rassemblent les eaux des rues reçoive les ordures pour les conduire dans le fossé.

## CHAPITRE HUITIÈME.

*De la distribution des rues dans les villes de guerre.*

QUAND l'espace que l'on veut fortifier n'est point occupé par quelque ancienne habitation, on ne doit rien négliger pour faire régner dans l'intérieur de la place le plus de régularité qu'il est possible, soit pour la distribution des rues, celle des maisons de bourgeois, l'emplacement des corps-de-gardes, casernes, mgasins à poudre, arsenaux, cantines, boulangeries et logements d'état-major, afin que tous ces édifices répondent au reste de la place, de façon que chacun puisse être à portée de remplir son objet principal; et pour mieux juger de cette disposition, je donnerai pour modèle le plan des rues du Neuf-Brisach, comme le plus parfait que je connaisse.

PLANCHE XXV.

Quand on peut disposer d'un grand terrain, il est à propos, pour la commodité du public, de faire plusieurs places. Mais si l'on en était empêché par une raison contraire, il faudrait au moins en faire une au centre, et lui donner une figure quarrée. Sa grandeur doit être proportionnée à celle de l'enceinte, par conséquent à la quantité de troupes qui veilleront à sa conservation. Car cette place devant servir à assembler la garnison pour le service journalier, il faut qu'elle ait une capacité raisonnable. J'estime donc qu'à une fortification de six bastions, sur la base de 180 toises, on pourra donner à la place d'armes qui 45 toises en quarré; à celle de sept bastions, 55 à 60; pour une à huit, 70 à 75; pour celle qui en aurait neuf ou dix, 80 à 85; enfin à celle qui en aurait onze ou douze, 90 à 95. Au reste, il vaut mieux s'en rapporter à la discrétion des ingénieurs qui exécutent de pareils desseins, qu'à aucune règle particulière.

On fait ordinairement une petite place d'armes devant chaque porte de la ville, afin que les corps-de-gardes qui y sont aient devant eux une espèce d'esplanade pour se garantir des surprises du dedans; d'ailleurs ces petites places font un bel effet, et sont fort commodes pour dégager le passage, quand les voitures qui veulent sortir de la ville sont obligées d'attendre que celles qui sont sur les ponts soient entrées.

Quant aux rues, il faut que les principales partent de la place d'armes, pour aller sur un même alignement aux portes de la ville, aux remparts, et principalement à la citadelle ou au réduit, s'il y en a, afin qu'elles puissent être enfilées. On observera qu'elles soient perpendiculaires les unes aux autres autant qu'il est possible, pour que les encoignures des maisons soient à angle droit. On leur donne ordinairement six toises de large, afin que trois chariots puissent passer de front et que s'il s'en rencontrait un d'arrêté de chaque côté de la rue, un troisième pût passer entre deux, de sorte qu'il reste assez d'espace pour les gens de pied et de cheval: pour les petites rues, on se contente de leur donner 3 à 4 toises de largeur.

La distance d'une rue à celle qui lui est parallèle, doit être telle, qu'entre l'une et l'autre il y reste un espace pour deux maisons de bourgeois, dont l'une regarde dans une rue, et l'autre dans celle opposée: chacune de ces maisons doit avoir environ 5 à 6 toises de face sur 7 à 8 d'enfoncement, avec une cour de pareille grandeur, pour que l'intervalle d'une rue à l'autre soit d'environ 32 ou 33 toises; dans cette largeur on peut aisément trouver l'étendue qu'il faut pour les grandes maisons, qui auraient écuries et jardins.

Dans les villes où il y a des rues anciennes, on les laisse telles qu'elles sont, on se contente seulement de redresser ou d'élargir les plus essentielles, comme celles des entrées et sorties, on en fait de même à l'égard de la place d'armes, quand il ne s'en trouve point d'assez grande pour faire le service ordinaire.

Indépendamment du corps-de-garde de la place d'armes et de ceux des portes, on en fait encore sur le rempart, pour avoir des postes qui soient à portée de veiller à la sûreté du corps de la place: ils se font quelquefois au centre ou aux gorges des bastions, quand il n'y a point de cavaliers ou de magasins à poudre, ou bien on les place dans le milieu des courtines, principalement quand il y a quelque porte d'eau occasionnée par les rivières.

Les magasins à poudre devant être éloignés le plus qu'il est possible des maisons des habitants, on ne peut guère mieux les placer que dans le milieu des bastions.

Comme l'arsenal est un des édifices militaires qui doit occuper le plus d'espace, il est assez difficile d'en déterminer l'emplacement, parce que cela dépend de mille circonstances qu'on ne peut apercevoir que sur les lieux; mais on aura au moins attention de le détacher de tout autre bâtiment, tant pour la sûreté des munitions que pour ne point participer aux incendies qui pourraient arriver dans son voisinage. Quand il passe une rivière dans la ville, il est essentiel pour le bien du service que l'arsenal n'en soit point éloigné, afin d'être plus à portée de former les convois qui pourront se faire par la navigation. Nous reprendrons cet article dans le chapitre neuvième.

Les casernes se placent ordinairement proche le rempart, le long des courtines, et c'est en effet la situation qui leur convient le mieux; parce qu'on y peut ménager un espace pour faire faire l'exercice, le soldat est plus détaché de la bourgeoisie, on peut faire plus secrètement les détachements qui doivent marcher pour quelque entreprise, au lieu que partout ailleurs les mêmes avantages ne se rencontreraient peut-être pas sans difficulté.

Comme la cantine et la boulangerie regardent la subsistance de la garnison, on doit les placer dans le voisinage des casernes, et même dans l'endroit où il se rencontre près de là un corps-de-garde qui soit en état d'en imposer en cas de désordre.

Pour l'hôpital, il est presque inutile de dire qu'il est à propos de le placer dans un endroit écarté, mais sur toute chose proche une rivière ou ruisseau, s'il en passe dans la ville.

A l'égard des logements de l'état-major, il est naturel qu'ils répondent à la place d'armes: ceux des capitaines des portes se font ordinairement au-dessus des portes mêmes; ces logements peuvent aussi servir pour les aides-majors de la place.

Pour dire aussi un mot de l'emplacement de l'église, il convient que, quand il n'y a qu'une paroisse, comme cela est assez ordinaire dans les villes neuves, qu'elle soit située sur la place, afin qu'étant au centre de la ville, les habitants en soient également à portée.

A l'égard de la décoration, on ne doit rien négliger de ce qui peut flatter le coup-d'œil, afin qu'il règne partout un air de symétrie qui répande autant de grace dans l'intérieur, que la force et la solidité de fortifications donnera de majesté à l'extérieur.

Voilà en gros ce que je m'étais proposé d'insinuer dans ce chapitre: tout ce qui en fait l'objet est d'une si petite importance, que je ne crois pas devoir l'étendre davantage, puisqu'il ne faut que le sens commun pour voir la nécessité de semblables distributions; mais ce qui demande plus de capacité et d'intelligence, c'est l'exécution tant des édifices dont je viens de parler, que de ceux dont on va voir les détails dans les chapitres suivants.

246

A Place d'Armes.
B L'Eglise et le Cimetière.
C Logement des Curé et Vicaires.
D Logement du Gouverneur.
E Logement du Lieutenant de Roi.
F Logement du Major.
G Intendant.
H Commissaire.
I Aide Major et Capit.ne des Portes.
K Maison de Ville et Prison.
L Arsenal.

Plan de la ...
des Rües du ...

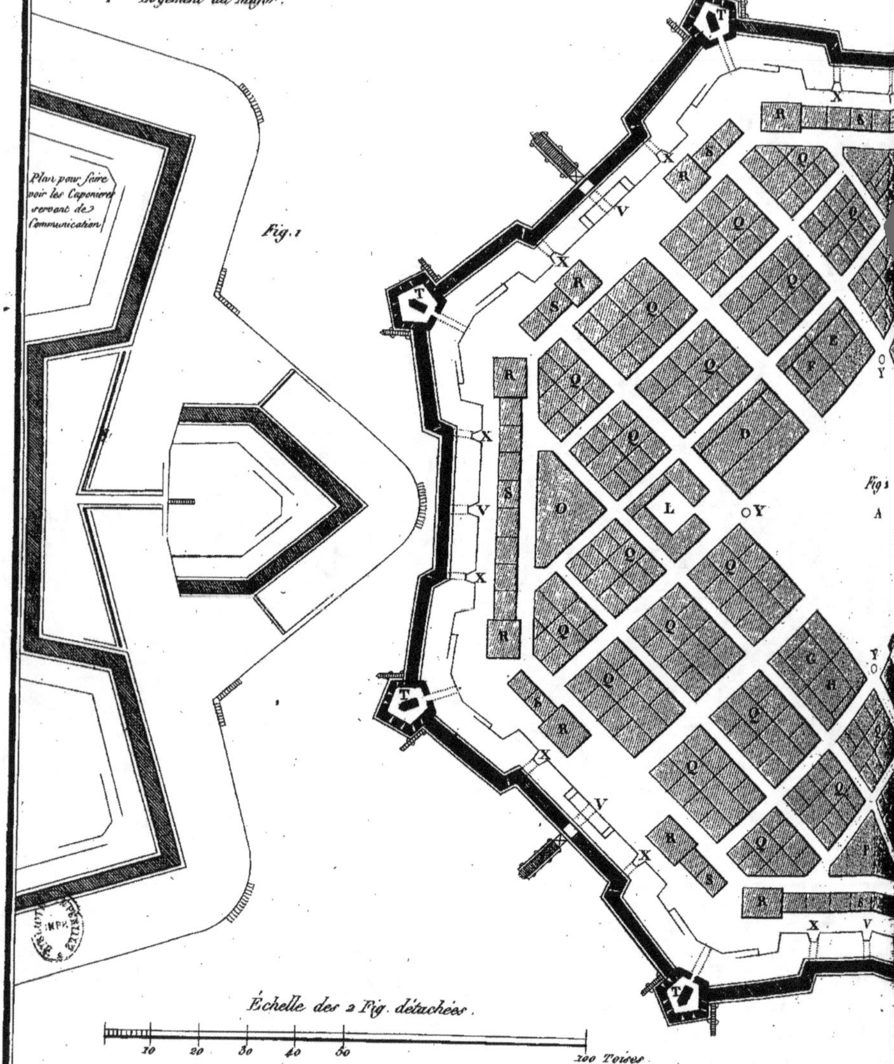

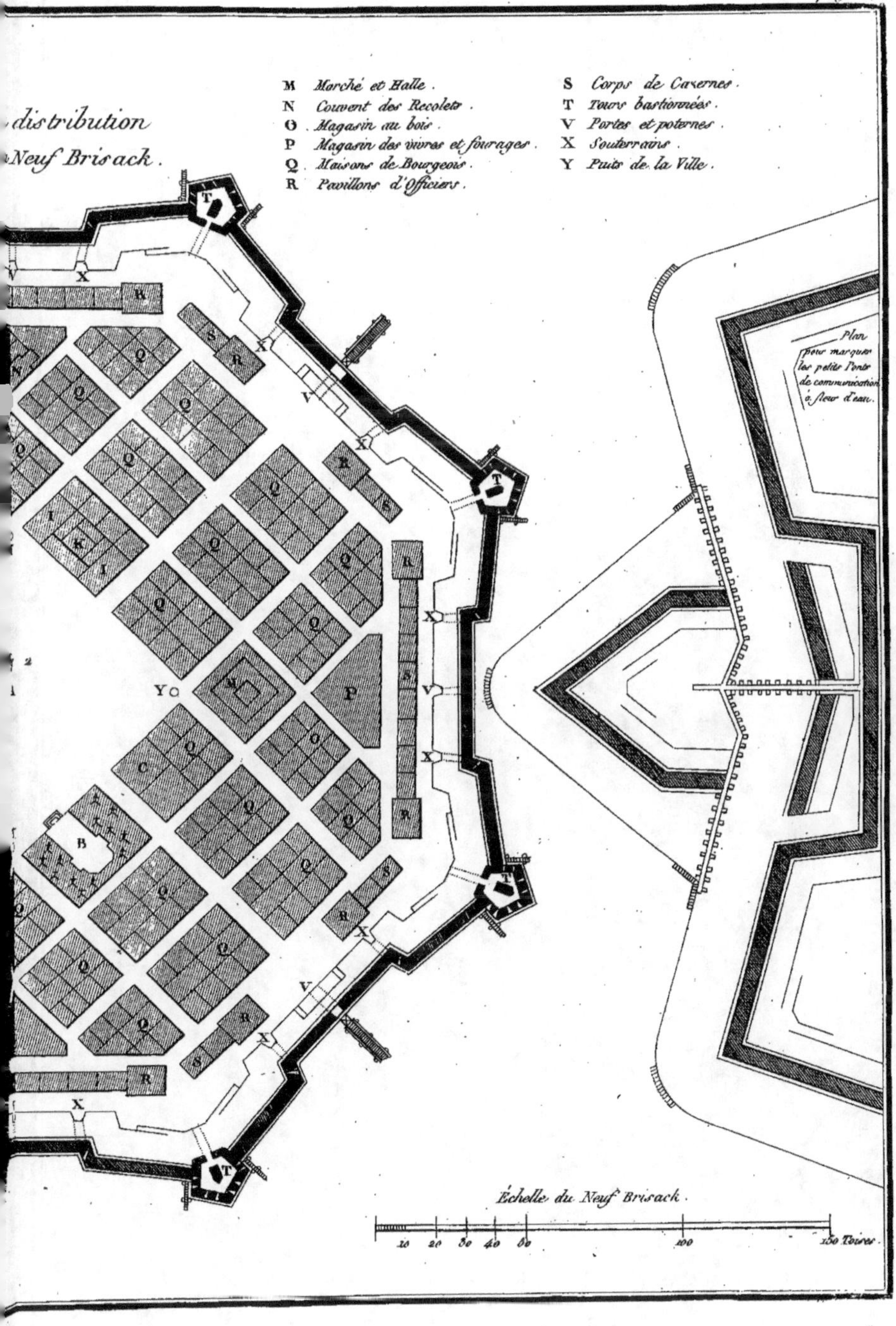
distribution
Neuf Brisack.
M Marché et Halle.
N Couvent des Recolets.
O Magasin au bois.
P Magasin des vivres et fourages.
Q Maisons de Bourgeois.
R Pavillons d'Officiers.
S Corps de Casernes.
T Tours bastionnées.
V Portes et poternes.
X Souterrains.
Y Puits de la Ville.
Plan pour marquer les petits Ponts de communication à fleur d'eau.
Échelle du Neuf Brisack.
10 20 30 40 50 100 150 Toises.

# CHAPITRE NEUVIÈME.

*Des magasins à poudre et arsenaux pour les munitions de guerre.*

On ne faisait pas autrefois de magasins comme on l'a pratiqué dans ces derniers temps. On resserrait la poudre dans des tours attachées au corps de la place, ce qui était sujet à de grands accidents; car, quand le feu venait à y prendre, soit par hasard ou par le dessein concerté de quelque trahison, il se formait une brèche dont l'ennemi pouvait se prévaloir, comme cela est arrivé à Aire du temps que cette place appartenait à l'Espagne. Les Français qui en faisaient le siége, d'intelligence avec un habitant, trouvèrent moyen de mettre le feu aux poudres qui étaient dans le souterrain d'un bastion. Elles firent un si grand effet, qu'une partie du rempart fut renversée dans le fossé, et un cavalier qui occupait le terre-plain, partagé en deux monticules que l'on voit encore; les assiégeants s'étant présentés sur la contrescarpe pour monter à l'assaut, la garnison fut obligée de se rendre plus tôt qu'elle ne l'eût fait.

Quand on vit de quelle conséquence il était de séparer les magasins de l'enceinte, on en bâtit de différente figure; mais on fut long-temps avant de rencontrer les justes proportions qu'il fallait leur donner. Les plus ordinaires se faisaient comme celui qui est représenté par le premier et le deuxième dessin de la Pl. XXVI, où l'on voit qu'on les couvrait par plusieurs voûtes d'arêtes appuyées dans le milieu sur deux ou trois piliers; mais comme, pour réunir ces voûtes sous les mêmes pentes du toit, il fallait faire un massif considérable de maçonnerie qui les chargeait extraordinairement, on convint qu'il valait beaucoup mieux les couvrir d'une seule voûte, que l'on fit d'abord en tiers-point, comme on le peut voir dans le cinquième et le sixième dessins de la même planche. On pratiquait à la naissance de la voûte un plancher pour faire une espèce de grenier, afin d'y resserrer les poudres qui ne pouvaient pas êtres contenues au rez-de-chaussée.

Planche XXVI. Fig. 1 et 2.

M. de Vauban ayant remarqué dans plusieurs siéges que les voûtes en tiers-point étaient trop faibles, et que le grenier ne faisait que charger les piédroits fort mal à propos, puisque la prudence ne voulait pas qu'on aventurât tant de poudre dans un même magasin, étant plus convenable de la partager dans différents endroits, rejeta absolument toutes les constructions qui auraient été en usage jusqu'alors, et en proposa une nouvelle beaucoup plus parfaite, qui est celle qu'on voit représentée par le premier et le second dessins de la Pl. XXVII, qui a toujours été exécutée avec succès, quoiqu'on puisse la rendre encore plus parfaite en y changeant quelque chose, comme je le ferai voir dans la suite.

Planche XXVII. Fig. 1 et 2.

Je n'ai jamais considéré sérieusement ce dessin sans avoir été ravi d'admiration, en remarquant que ce grand homme avait rencontré à peu de chose près, par la justesse de son esprit et sa grande expérience, des proportions aussi exactes que celles qu'auraient pu donner une parfaite connaissance de la mécanique des voûtes. Voilà l'avantage des génies supérieurs : s'ils ne frappent pas directement au but, du moins ils ne s'en écartent guère. Tous les magasins qui ont été construits dans ce goût là se sont soutenus jusqu'à présent sans qu'il leur soit arrivé aucun accident, même dans les places assiégées qui ont le plus souffert des bombes; il en est tombé à Landaw plus de 80 sur un semblable magasin sans que la voûte en ait été aucunement endommagée, la même chose est arrivée à Ath, et à plusieurs autres endroits. M. Demus, directeur des fortifications, auquel on peut bien s'en rapporter, m'a dit qu'au dernier siége de Tournay, où il était, les ennemis jetèrent plus de 45000 bombes dans la citadelle, dont le plus grand nombre tomba sur deux magasins qui n'en furent point ébranlés, parce que les voûtes étaient en plein cintre, de même que celui de Landaw; au lieu que deux souterrains voûtés en tiers-point furent enfoncés à la troisième ou quatrième bombe, quoique couverts de 5 à 6 pieds de terre depuis plus de 40 ans.

Si l'on joint à de pareilles expériences tout ce que la raison peut inspirer, on n'hésitera point à donner la préférence à la voûte en plein cintre sur celle en tiers-point, et à se conformer au dessin de M. de Vauban. Ceux qui ont été d'un sentiment opposé ne s'en sont pas mieux trouvés, mais il est nécessaire qu'il arrive des accidents qui fassent sentir la conséquence de ne point s'écarter des bonnes maximes pour ne suivre que le hasard ou le caprice. Le droit de réformer ne s'acquiert point impunément, il n'y a qu'une longue pratique accompagnée d'une certaine théorie qui puisse en donner la possession.

Les magasins suivant le modèle de M. le maréchal de Vauban se font ordinairement de 10 toises de longueur dans œuvre sur 25 pieds de largeur.

Pour les fondements des longs côtés, on leur donne 9 ou 10 pieds d'épaisseur, et la profondeur se détermine selon la nature du fond sur lequel on veut bâtir; car je ne saurais croire que cette profondeur ait été réglée à 15 pieds, comme je l'ai vu dans un dessin signé de M. de Vauban, puisqu'il semble que 7 pieds sont plus que suffisants; mais il se peut que ce dessin ait été projeté pour être exécuté dans un endroit qui exigeait qu'on en usât ainsi. PLANCHE XXVI. FIG. 1 et 2.

Sur ces fondements, on élève les piedroits de 9 pieds d'épaisseur lorsque la maçonnerie n'est pas des meilleures, et de 8 pieds seulement lorsqu'elle se trouve composée de bon matériaux; et en ne faisant point de grenier, il suffit de leur donner 8 pieds de hauteur au-dessus de la retraite, de sorte que quand le plancher du magasin est élevé au-dessus du rez-de-chaussée autant qu'il est nécessaire pour le mettre à l'abri de l'humidité, il reste à-peu-près 6 pieds depuis l'aire du plancher jusqu'à la naissance de la voûte.

La voûte se fait de 3 pieds d'épaisseur au milieu des reins, et composée de quatre voûtes de briques répétées l'une sur l'autre; l'extradlos de la dernière terminée en pente, dont la direction se détermine en donnant 8 pieds d'épaisseur au-dessus de la clef, ce qui rend l'angle du faîte un peu plus ouvert qu'un droit.

Les deux pignons se font chacun de 4 pieds d'épaisseur; ils sont élevés jusqu'aux pentes du toit et même un peu au-dessus, comme cela se pratique à tous les édifices. A l'égard des fondements de ces pignons, on leur donne 5 pieds d'épaisseur et autant de profondeur qu'à ceux des longs côtés.

Les piédroits ou longs côtés se soutiennent par quatre contreforts de 6 pieds d'épaisseur et de 4 de longueur, espacés de 12 pieds les uns des autres.

Dans le milieu de l'intervalle d'un contrefort à l'autre, on pratique des évents pour donner de l'air aux magasins. Les dés de ces évents ont ordinairement un pied et demi en tous sens, et l'espace vide pra-

48.

tiqué autour se fait de 3 pouces de largeur, et est contourné de manière qu'il aboutit au parement extérieur et intérieur en forme de créneaux. Ces dés servent à empêcher que des gens mal-intentionnés ne puissent jeter quelque feu d'artifice pour faire sauter le magasin : et pour prévenir un semblable malheur, il est à propos de fermer encore les fentes des évents par plusieurs plaques de fer percées, parce qu'autrement on pourrait attacher à la queue d'un animal la machine qu'on voudrait y introduire, ce qui ne serait pas difficile, puisqu'on a trouvé plusieurs fois dans des magasins, des coquilles d'œufs, et des volailles que les fouines y avaient portées.

Après que l'aire du magasin est bien arrasé, on fait un couchis de lambourdes de bois de chêne de 8 à 9 pouces de grosseur, espacées à un pied et demi les unes des autres, dont l'intervalle se remplit de charbon ou de recoupes de pierres, puis on recouvre le tout de deux planchers de madriers de 2 pouces d'épaisseur chacun posés l'un sur l'autre.

Pour éclairer le magasin, on fait une fenêtre dans chaque pignon, que l'on ferme avec deux ventaux de madriers de 2 à 3 pouces d'épaisseur, dont l'un est en dehors et l'autre en dedans : celui de dehors est couvert de tôle, et se ferme, aussi bien que l'autre, avec deux bons verrous. Ces fenêtres se font fort élevées, crainte des accidents : on les ouvre avec le secours d'une échelle, pour donner de l'air au magasin pendant les beaux jours.

On ferme aussi les magasins par deux portes de bons madriers qui s'ouvrent en dehors et en dedans : celle de dehors est recouverte de tôle et n'a qu'une serrure, celle de dedans en a deux qui ont chacune leur clef différente : le gouverneur ou le commandant de la place en a une, le lieutenant d'artillerie l'autre, et le garde-magasin celle de la première porte. Il est à propos, autant qu'on le peut, que l'entrée regarde le midi, ou au moins le levant, afin que le magasin soit orienté avantageusement, pour être éclairé du soleil quand on veut lui donner de l'air.

Pour empêcher qu'on n'approche des magasins, on fait, à 12 pieds de distance, un mur de clôture d'un pied et demi d'épaisseur, et de 9 ou 10 de hauteur.

Un magasin tel que celui-ci peut contenir 94,800 livres de poudre.

Fig. 1.

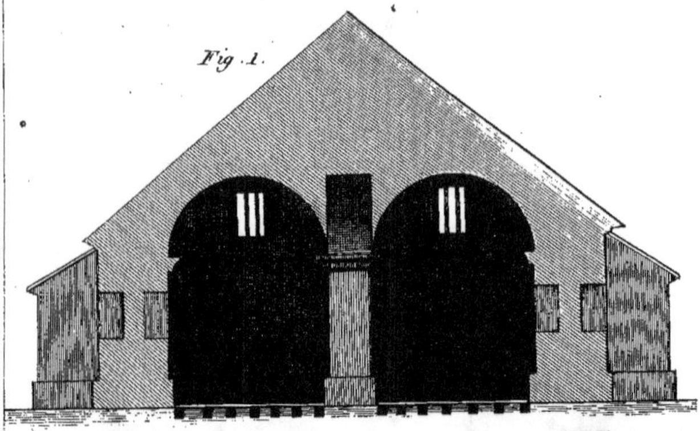

Fig. 2.

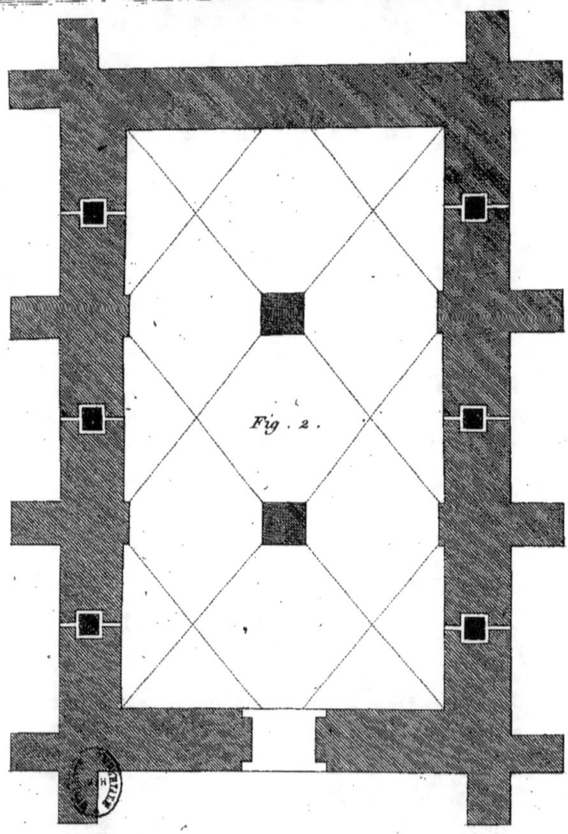

Fig. 3

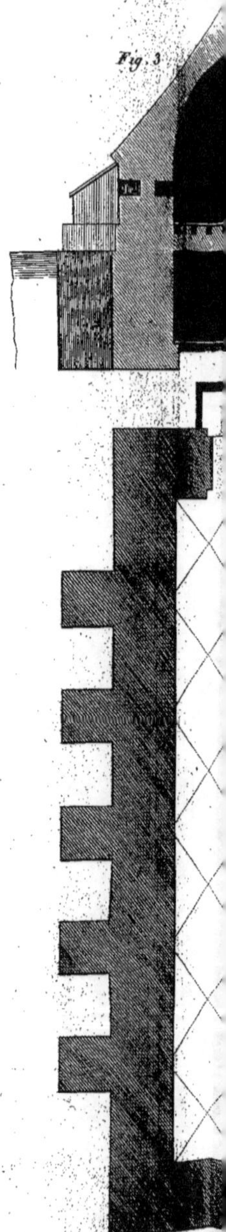

Échelle de la 1.$^{re}$ et de la 2.$^{e}$ Fig.

1 2 3 4 5 6 Toises.

Échelle de la 3. 4, 5 et 6 Fig.

1 2 3 4 5 6 Toises.

Fig. 5.

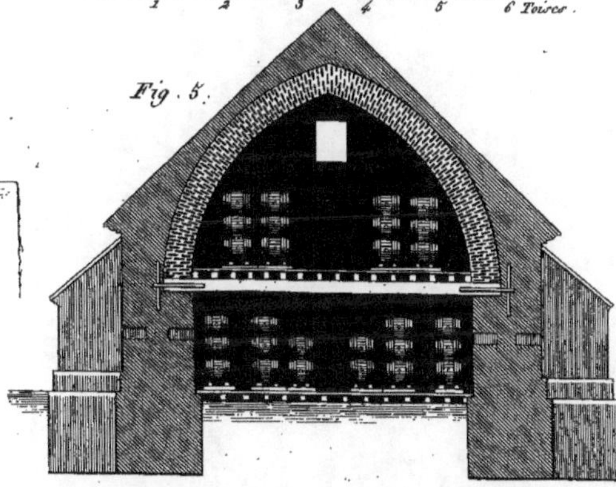

Fig. 4.

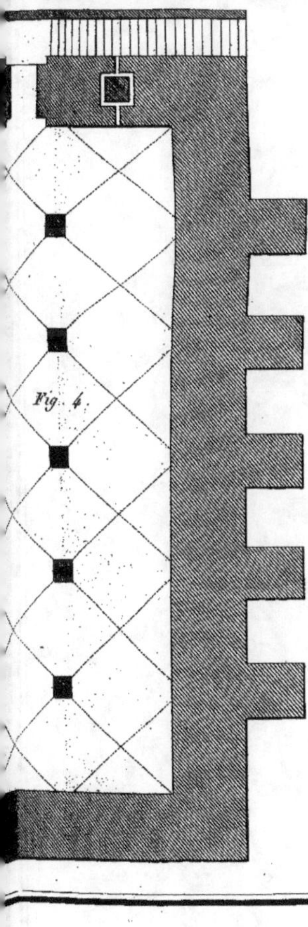

Fig. 6.

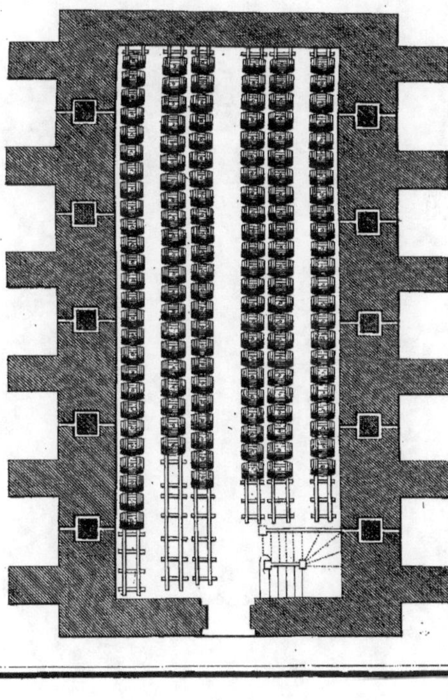

engerbée de trois barils seulement; car lorsqu'il y en a quatre ou cinq, les premiers se trouvant trop chargés, les cercles et les douves se désunissent, et la poudre tamise, ce qui peut entraîner de grands accidents.

Les dimensions précédentes paraissent si bien réglées, que je ne crois pas qu'on puisse en suivre de meilleures; car on est sûr que la voûte est absolument à l'épreuve de la bombe, et que l'épaisseur des longs côtés est parfaitement bien déterminée en la faisant de 8 pieds. Ayant cherché de combien elle devrait être pour soutenir en équilibre la poussée de la voûte, j'ai trouvé 7 pieds et environ 8 pouces : voilà une occasion où la pratique semble avoir prévenu la théorie, et l'on voit bien que M. de Vauban n'a pas eu recours à la règle des architectes dont j'ai fait mention au commencement du second livre; et ce qui me ravit d'admiration encore une fois, c'est que dans presque tous les cas essentiels où j'ai fait un parallèle de ses maximes avec les lois de la mécanique, j'ai remarqué que l'un et l'autre étaient presque toujours d'accord. Un succès si heureux doit être attribué (comme je l'ai ouï dire à M. le comte de Vauban son neveu) aux connaissances qu'il tirait de l'examen des anciens édifices, et au plaisir qu'il prenait de se communiquer souvent avec les plus habiles géomètres, et même avec les ouvriers, dès qu'il leur apercevait quelque mérite. Il proposait des problèmes aux uns, et des difficultés aux autres, souvent après les avoir résolus lui-même. Sa grande capacité lui faisait développer les ressorts de la théorie la plus abstraite : il suffisait qu'on s'énonçât clairement, et qu'on le conduisît sur les voies, pour qu'il arrivât souvent le premier au dernier terme de la solution.

Les choses qui paraissent les plus parfaites n'étant point exemptes de quelques petites corrections, je voudrais, pour plus de solidité, changer la disposition des contreforts du magasin de M. de Vauban : par exemple, au lieu de les faire de 6 pieds d'épaisseur et de 4 de longueur, leur donner 6 pieds de queue et 4 d'épaisseur, parce qu'alors le bras de levier devenant plus long, la puissance résistante soutiendrait beaucoup mieux la poussée de la voûte. Et comme on ne saurait avoir un trop grand nombre de points d'appui, il serait à propos, au lieu de quatre contreforts, d'en faire cinq de chaque côté, et en ce cas il suffirait de donner 6 pieds ou 6 pieds et demi d'épaisseur aux piédroits, puisque ces contreforts ainsi distribués causeraient une résistance d'environ un tiers au-dessus de celle qu'il faudrait pour soutenir l'effort de la voûte.

Les piédroits et les contreforts n'ayant que peu d'élévation, et étant bien liés avec leurs fondements, on peut regarder les points d'appui comme placés sous l'extrémité des fondements de la queue des contreforts, et non pas au rez-de-chaussée, comme nous l'avons supposé dans le deuxième livre. C'est pourquoi, afin d'alonger encore plus le bras du levier, je voudrais qu'on donnât beaucoup d'empattement aux fondements, les faisant déborder de 2 pieds ou 2 pieds et demi au-delà du nu du mur, et les ramenant au rez-de-chaussée par plusieurs retraites, comme on le voit par le cinquième dessin de la Pl. XXVII, où l'on remarquera que pour assurer les points d'appuis, on les a établis sur deux rangs de madriers. On ne ferait pas mal d'en mettre aussi sous les fondements des longs côtés, afin de prévenir l'inégalité des affaissements; cette construction serait excellente, sur-tout dans un mauvais terrain, parce qu'il suffirait de s'y approfondir de 5 à 6 pieds; et je puis bien assurer que la dépense ne serait pas si considérable à beaucoup près, que si l'on donnait 8 à 9 pieds d'épaisseur aux longs côtés comme à l'ordinaire.

PLANCHE XXVII. FIG. 5.

La principale cause qui rend les planchers des magasins fort humides, et qui fait qu'ils se pourrissent au bout d'un certain temps, c'est que l'on a coutume de poser les lambourdes sur la terre, et de remplir leur intervalle de recoupes de pierre ou de charbon. L'air ne pouvant circuler par le dessous du plancher, les madriers se pourrissent. Or, pour prévenir cet inconvénient, je voudrais que l'on fît la dernière retraite intérieure des fondements d'environ un pied plus élevée que le rez-de-chaussée du pourtour extérieur du magasin, et qu'on lui donnât 5 ou 6 pouces de largeur, et traverser ensuite toute la longueur du magasin, par trois dés de maçonnerie, également espacés les uns des autres, ayant un pied de hauteur sur autant d'épaisseur, et étant fondés sur 3 ou 4 rangs de briques posées à plat.

Après que cette maçonnerie sera bien arrasée à la hauteur de la retraite intérieure, et qu'elle aura eu le temps de sécher, il faut la traverser par des lambourdes, qui iront se terminer sur les retraites des longs côtés, observant de les placer à 2 pieds de distance de milieu en milieu; et pour que la maçonnerie ne les endommage pas, il est bon de mettre entre deux des coussinets ou bouts de madriers d'un pouce et demi ou 2 pouces d'épaisseur.

Toutes les lambourdes étant bien arrasées, on posera le premier et le second plancher comme à l'ordinaire, bien chevillés; et comme l'entrevous des poutrelles, aussi bien que l'intervalle des dés sur lesquels elles seront posées, ne sera rempli par aucune matière, il faudra, afin que l'air puisse y circuler et rafraîchisse le dessous du plancher, pratiquer dans le plancher même, le long de chaque pignon, des trous ou évents d'un pied en quarré, en sorte qu'il s'en trouve deux aux extrémités de chaque espace vide qui règne.

Pour avoir une parfaite intelligence de ce que je viens de dire, il suffira de considérer avec un peu d'attention le plan et le profil représentés par les figures 5 et 6 de la planche XXVII, où l'on verra que le plancher du magasin est partagé en deux parties: l'une fait voir la disposition des dés de maçonnerie et des lambourdes, et l'autre en quel sens ces lambourdes sont recouvertes par les madriers; ainsi je ne m'y arrêterai pas davantage.

PLANCHE XXVII. FIG. 5 et 2.

En composant ce chapitre, j'ai cherché à résoudre une difficulté qui s'est présentée plusieurs fois à mon esprit: savoir, comment il fallait déterminer l'épaisseur des voûtes des magasins; celle des souterrains et de tous autres édifices militaires, selon leur différente grandeur, pour qu'elle résiste également au choc des bombes. Il est vrai que nous sommes prévenus qu'une voûte en plein cintre de 25 pieds de largeur, et de 3 pieds d'épaisseur dans le milieu des reins, est parfaitement à l'épreuve; mais nous ignorons quelle dimension il faut donner à celle qui aurait plus ou moins de largeur; car il n'y a point de doute qu'il ne faille régler l'épaisseur à proportion, et c'est ce que l'on pourra faire en suivant la règle que voici.

Voulant construire un magasin de 36 pieds de largeur, couvert par une voûte en plein cintre, on demande quelle épaisseur il faut lui donner dans le milieu des reins pour qu'elle soit à l'épreuve; il faut dire: *si le diamètre de* 25 *pieds donne* 9 *pour le quarré de l'épaisseur de la voûte qui est à l'épreuve, que donnera* 36 *pieds diamètre d'une autre voûte pour le quarré de son épaisseur, afin qu'elle soit aussi à l'épreuve?* On trouvera environ 13 pieds, dont la racine quarrée, qui est 3 pieds 7 pouces 2 lignes, sera au juste l'épaisseur que l'on demande: ainsi des autres.

Si l'on fait attention que le principe que nous avons insinué, au sujet de la résistance des bois, dans le deuxième chapitre de ce quatrième livre, peut s'appliquer à celle des voûtes, on apercevra sans peine la démonstration de cette règle; c'est pourquoi je ne m'y arrêterai pas, pour ne point faire une trop longue digression. Je dirai seulement qu'on pourra trouver de la même manière la longueur des voussoirs pour les arches des ponts, de telle grandeur que l'on voudra, comme j'en ferai mention dans le second volume.

Quand on construit des magasins sur des lieux élevés, et qu'on peut pratiquer au-dessous de leur rez-de-chaussée des souterrains pour renfermer des munitions de guerre ou de bouche, on leur donne la disposition que l'on voit représentée par le troisième et le quatrième dessins de la planche XXVI, où l'on observera que le souterrain est couvert par plusieurs voûtes d'arête, pour éviter l'élévation qu'il aurait fallu lui donner, si on avait voulu le faire autrement: on remarquera aussi que les contreforts se trouvent placés vis-à-vis les piliers qui soutiennent les voûtes dans le milieu des souterrains, parce qu'ainsi ils buttent toute l'action de la poussée, qui, dans ces sortes de voûtes, aboutit au point où se rencontrent les arêtes ou diagonales. Comme ces voûtes sont garanties du principal effort de la bombe par celle qui couvre le magasin qui est au-dessus, il suffit de leur donner deux pieds d'épaisseur à l'endroit de la clef pour être parfaitement à l'épreuve.

On descend dans le souterrain par un escalier que l'on voit marqué sur le plan, et c'est dans le pignon qui répond à la rampe que l'on pratique un évent ou petite fenêtre pour lui donner de l'air. On pourrait même faire des soupiraux entre les contreforts pour le rendre moins humide; mais il faudrait qu'ils fussent tournés de façon à ne causer aucun préjudice.

Comme l'étage de rez-de-chaussée n'est autre chose qu'un magasin ordinaire, qui ne comprend rien de particulier, je ne m'y arrêterai pas, non plus qu'aux dimensions qu'il convient de donner aux piédroits, en ayant dit assez sur ce sujet dans le second livre.

Dans plusieurs de nos places, on voit des édifices exécutés comme le précédent; il s'en trouve même de plus considérables, comme on en peut juger par le profil représenté par la fig. 3 de la planche XXVII, qui appartient à un arsenal composé de quatre étages: le premier est

PLANCHE XXVII. FIG. 3

Bélidor. Science des Ingénieurs.

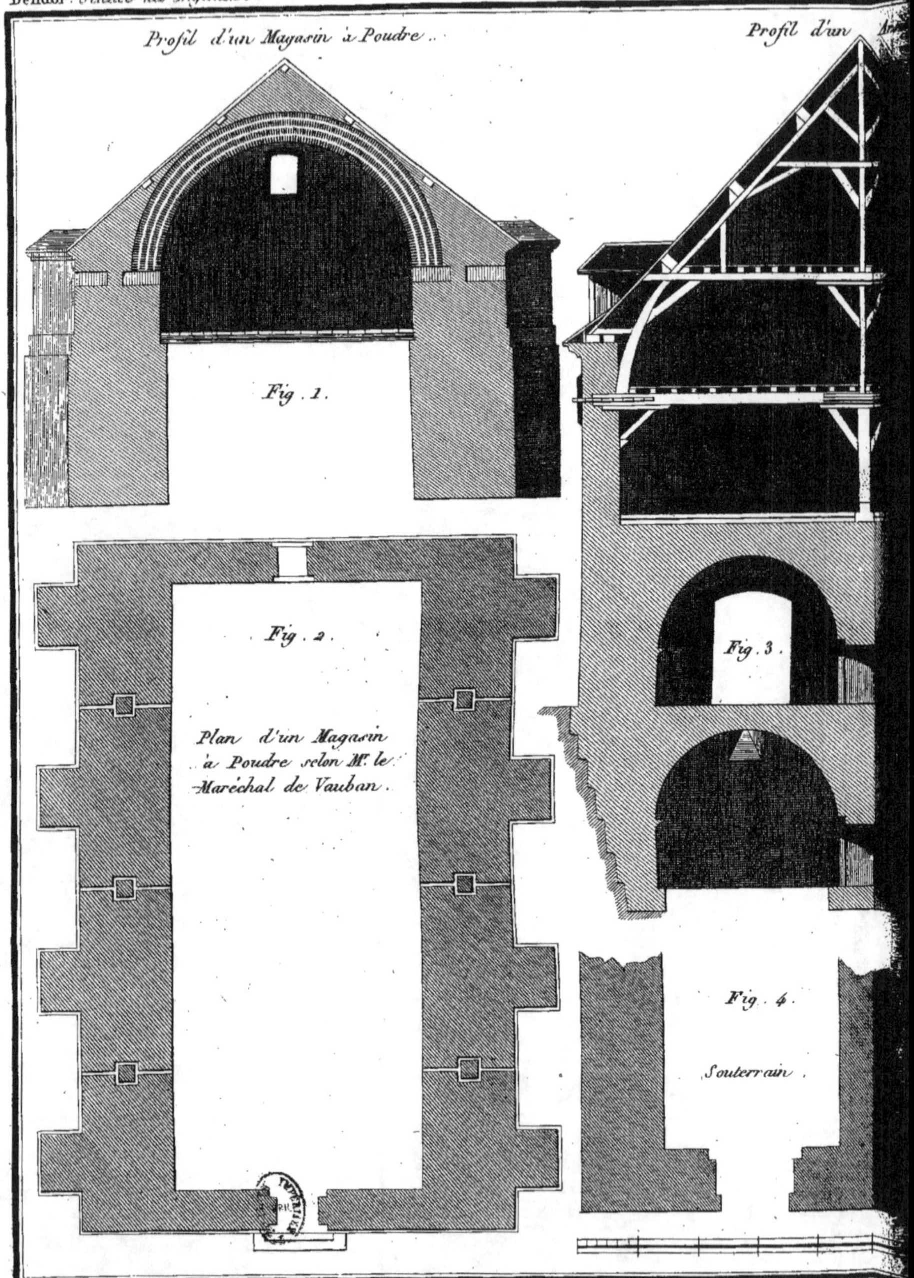

Arsenal.

Fig. 4.

Profil d'un autre Magasin.

Fig. 5.

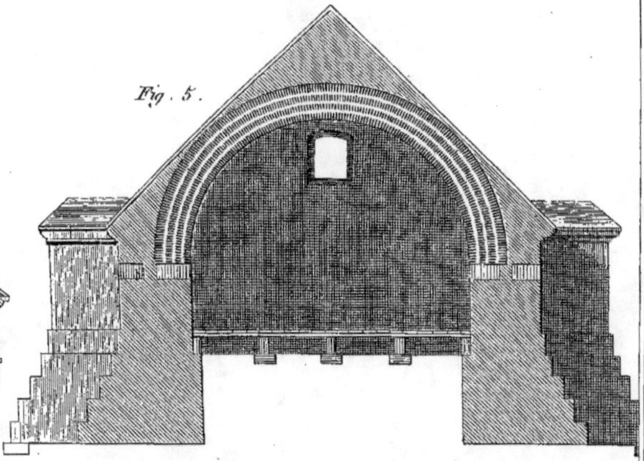

Plan d'un Magasin à Poudre d'une Construction Nouvelle.

Fig. 6.

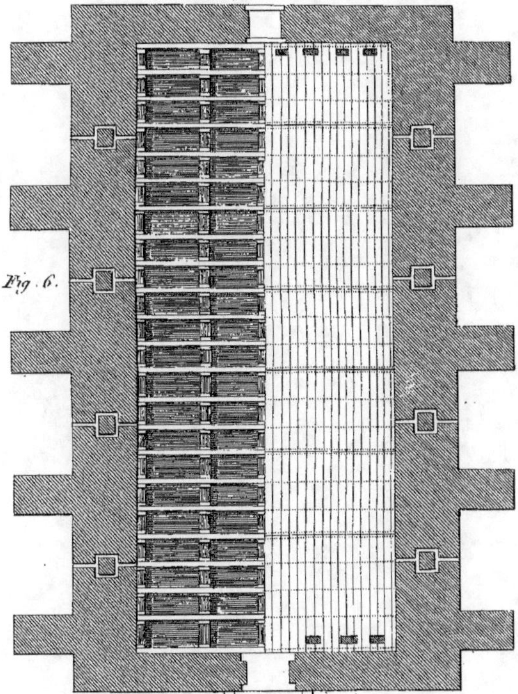

un souterrain couvert par deux voûtes en plein cintre, qui s'appuient mutuellement sur le mur de refend, qui partage le souterrain en deux dans toute sa longueur : on y a percé des portes de distance en distance, pour passer d'un souterrain à l'autre; ce que je n'ai pu exprimer sur le plan, n'en ayant rapporté qu'un bout représenté par la fig. 4, parce qu'il aurait fallu trop d'espace pour le faire voir tout entier; mais un pareil plan est si simple, qu'on s'imaginera aisément de quoi il est question. D'ailleurs la longueur est en quelque façon indéterminée, puisqu'elle dépend de la place où l'on voudrait construire un édifice comme celui-là, de la dépense qu'on y veut faire, ou du besoin de l'avoir plus ou moins étendu. J'ajouterai seulement qu'il convient de descendre dans ces sortes de souterrains par une rampe large et commode, ainsi qu'on le fait aux écuries qui sont pratiquées dans les caves, plutôt que par un escalier, afin de pouvoir manœuvrer plus aisément, quand il s'agit d'y introduire des munitions de guerre ou de bouche.

Ce souterrain étant supposé creusé dans le roc, on a pris occasion de montrer comment en pareil cas on peut se dispenser de faire les murs aussi épais en bas qu'en haut, en les appuyant contre le roc qui doit faire partie de l'épaisseur qu'il aurait fallu donner dans tout autre terrain, puisqu'il suffit de le couper par ressaut, et de suivre ce qui a été enseigné dans le troisième livre, en faisant mention des fondements établis dans ce goût-là.

Le second étage, qui est celui du rez-de-chaussée, est à-peu-près semblable au précédent, étant ainsi voûté en plein cintre à l'épreuve de la bombe, ce qui peut être d'un grand avantage dans les petites forteresses escarpées, et qui sont plus sujettes à être inquiétées des bombes que du canon.

Le troisième étage peut servir pour les farines ou des munitions de guerre, et le quatrième de salle d'arme. Je crois même que l'arsenal de Charlemont a été bâti à-peu-près selon le dessin que je viens d'expliquer. Puisque nous en sommes sur les arsenaux, il est à propos de traiter ce sujet un peu plus amplement, par rapport à la conséquence des places où on les construit, et à plusieurs circonstances qu'il est nécessaire de détailler.

Il n'y a pas de place de guerre où il ne faille un arsenal : sa grandeur et sa distribution doivent être assujéties à l'importance du lieu et aux travaux qu'on pourra y faire. Par exemple, aux citadelles et autres petites forteresses, il suffit d'en avoir un d'une grandeur médiocre, pour contenir les munitions destinées à la défense; au lieu que dans une ville frontière considérable, il en faut un grand pour y former des équipages de campagne, qui comprenne tous les endroits nécessaires à exécuter les ouvrages propres à l'artillerie.

Il faut qu'un arsenal considérable soit bâti, si cela se peut, dans le voisinage d'une rivière capable de porter bateau, et qu'un bras de cette rivière réponde à un bassin dans l'enceinte de l'arsenal même, pour qu'on puisse y charger trois ou quatre bateaux à-la-fois; de manière que les habitants ne puissent être instruits de la quantité de munitions dont le convoi est composé, non plus que de leur qualité.

Le corps propre de l'arsenal servant à garder les principales munitions doit être construit dans l'étendue d'une grande cour entourée de bâtiments. Ce corps doit avoir aussi sa cour particulière, environnée de couverts, séparés par autant de cloisons qu'il sera nécessaire, pour les différentes espèces de munitions. Par exemple, s'il y a une fonderie dans la place, on prendra une salle pour les métaux, une autre pour le fer, une pour le charbon, une autre pour les plombs, grenades, petits boulets, cartouches, pierres à fusil et autres munitions pesantes. On réservera un espace près de l'une des portes pour la balance, où on mettra des rateliers pour les armes, des pièces dont on peut avoir besoin, quelques cordages, les outils dont l'usage est fréquent; et il est bon que les métaux, le fer et le charbon ne soient pas éloignés de cette balance.

Le premier étage du grand corps de l'arsenal doit avoir son plancher voûté sur poutrelles, et servira pour les salles d'armes, dans lesquelles il serait à propos d'avoir des armoires, pour enfermer plusieurs petites munitions sujettes à êtres prises.

Le second servira à mettre les armes des pièces de réserve, sacs à terre, mesures, cordages, leviers, coins de mire, chapiteaux, fusées à bombes et à grenades, manche d'outils, et quantité d'autres choses, dont le poids n'est pas considérable.

Le grenier au-dessus pourra servir de décharge à ce qu'il y aura de trop dans l'étage au-dessous. On y placera les munitions légères, comme les harnois des chevaux d'artillerie, les hottes et paniers, etc.

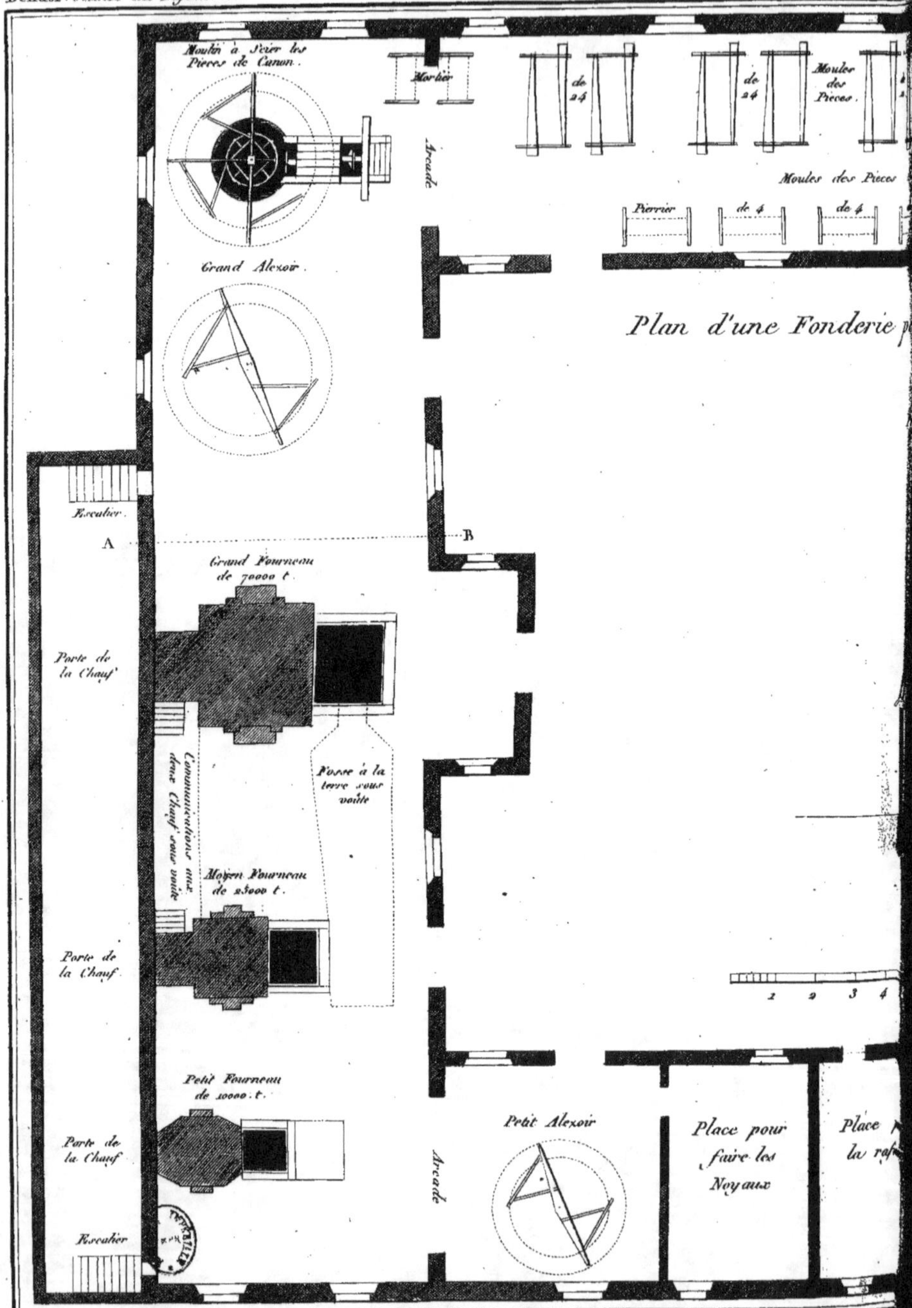
Moulin à Scier les Pieces de Canon.
Mortier
de 24
de 24
Moules des Pieces.
Arcade
Moules des Pieces
Pierrier
de 4
de 4
Grand Alexoir.
Plan d'une Fonderie
Escalier.
A
B
Grand Fourneau de 70000 t.
Porte de la Chauf.
Communications aux deux Chauf. sous voûte
Fosse à la terre sous voûte
Moyen Fourneau de 25000 t.
Porte de la Chauf.
Petit Fourneau de 10000 t.
Porte de la Chauf.
Escalier
Arcade
Petit Alexoir
Place pour faire les Noyaux
Place
1 2 3 4

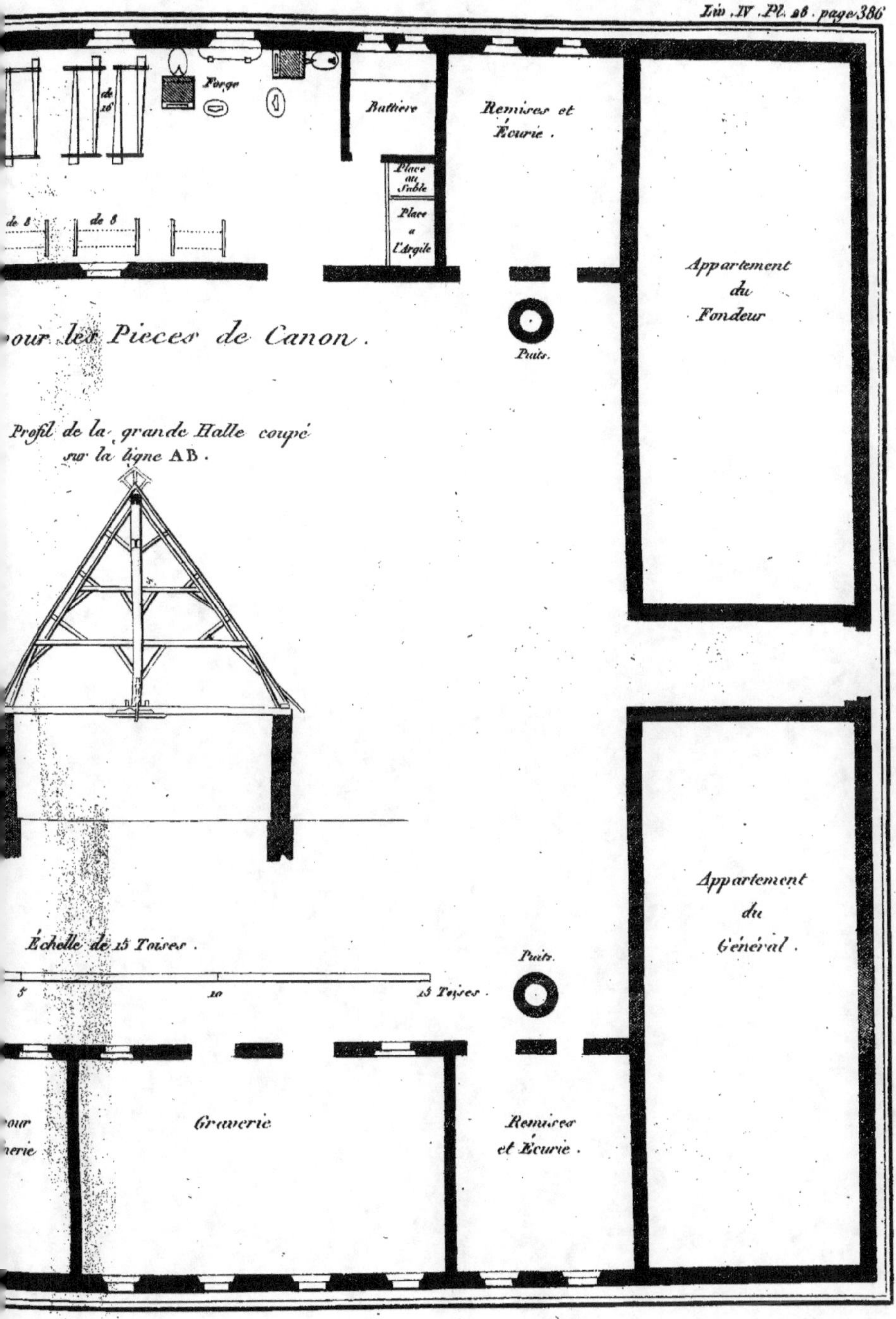
Forge
de 26
Battiere
Remises et Écurie.
Place au Sable
Place a l'Argile
de 8
de 8
pour les Pieces de Canon.
Puits.
Appartement du Fondeur
Profil de la grande Halle coupé sur la ligne AB.
Échelle de 15 Toises.
5
10
15 Toises.
Puits.
Appartement du Général.
Graverie
Remises et Écurie.

28

L'avant-cour comprendra les logements des officiers d'artillerie, aussi bien que ceux des ouvriers : ces logements doivent être de deux étages, distribués suivant les commodités qu'on y pourra pratiquer, prenant garde qu'il n'y ait point de fenêtres qui donnent sur les rues voisines de l'arsenal. Pour les couverts, il faut les distribuer de façon qu'on puisse y pratiquer des forges, des boutiques d'armuriers, des ateliers pour les charpentiers et les charrons, enfin pour tous les charrois, parce qu'on suppose que dans l'étage du rez-de-chaussée du grand corps de l'arsenal, on y mettra tous les bois.

Mais pour avoir une idée des différentes choses qui conviennent à un arsenal, il n'y a qu'à considérer celui du Mont-Royal, que j'ai rapporté sur la planche XXXI, comme un des plus magnifiques de tous ceux qu'on a bâtis dans les places du roi : c'est pourquoi j'ai mieux aimé le donner pour exemple que d'en faire un selon mon idée, c'est-à-dire qui eût rapport à ce que je viens d'insinuer. PLANCHE XXXI.

Il se fait encore des arsenaux composés d'une grande cour, à l'entour de laquelle il y a des arcades pour mettre à couvert tous les bois propres à l'artillerie, les affuts et les autres charrois nécessaires au canon, et au-dessus de ces arcades sont les salles d'armes, et les autres où l'on renferme les munitions : tel est par exemple l'arsenal de la Fère.

Il me reste, pour finir ce chapitre, à faire mention des fonderies pour le canon dont je ne donnerai qu'une idée seulement, parce que je me propose d'en parler avec plus de détail dans un ouvrage qui regardera particulièrement l'artillerie. Ainsi il suffira de jeter les yeux sur la planche XXVIII, pour y voir marqués tous les lieux nécessaires à une fonderie. Celle que je rapporte a été projetée pour la Fère, mais elle n'a pas eu lieu, à cause des obstacles qu'on a rencontrés de la part du terrain : car, ce qu'il y a de plus considérable dans un pareil édifice, ce sont les fourneaux et les fosses dans lesquelles on coule la fonte pour la fabrique du canon; et comme il faut que les fosses soient d'une certaine profondeur, on a trouvé que la Fère était un lieu trop aquatique : cela n'empêche pas que ce projet ne soit parfaitement bien entendu, et ne puisse être quelque jour exécuté ailleurs.

# CHAPITRE DIXIÈME.

*Des casernes, de l'hopital, de la prison et des maisons des bourgeois.*

Pour maintenir l'ordre et la discipline dans la garnison des places, on y fait des casernes pour loger les troupes, et on s'en est si bien trouvé, qu'il y a peu d'endroits où l'on n'en ait construit. En effet, l'expérience fait voir que les garnisons qui sont casernées sont beaucoup plus tranquilles, à cause de la commodité que les bas officiers ont de faire l'appel tous les soirs; ce qui ne peut se pratiquer exactement quand le soldat est dispersé chez le bourgeois, où il a la liberté de sortir à toute heure de la nuit; autre inconvénient, c'est qu'un gouverneur ou un commandant de place ne peut, en temps de guerre, faire sortir un corps de troupes ou le moindre parti sans que toute la ville en soit informée. S'il arrive quelque alarme, on n'assemble la garnison qu'avec beaucoup de peine et de temps, au lieu que dans les casernes on fait faire sur-le-champ toutes les dispositions que le service du roi peut demander.

Les casernes se construisent de plusieurs façons selon la situation de l'endroit qui leur est destiné. Quand on a un espace assez étendu pour faire une grande cour entourée de bâtiments, elles sont fort commodes, parce qu'elles se ferment d'elles-mêmes, et que les chambres étant plus ramassées, on peut en moins de temps faire exécuter les ordres que le gouverneur ou le commandant de la troupe juge à propos de donner.

Cette disposition de caserne convient sur-tout à la cavalerie, parce qu'elle a besoin d'une cour pour le service journalier des chevaux; alors on fait les chambres au-dessus des écuries, et un corridor pour communiquer de l'une à l'autre, on pratique des escaliers de distance en distance; mais ils occupent beaucoup de place mal à propos, au lieu qu'ayant un corridor, deux ou trois escaliers suffisent: il est vrai qu'il rend les chambres du premier étage un peu obscures, comme on le remarque aux quartiers de cavalerie qui sont dans la plupart des villes

Élévation du même Canton de Cinq Maisons vues du côté de la Place.

Élévation du Côté de la Rue.

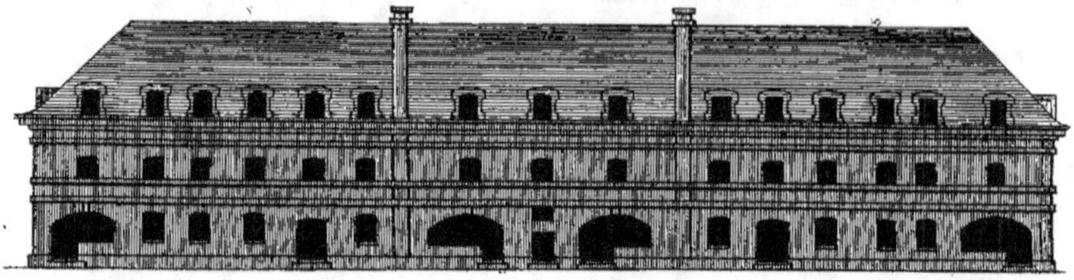

Profil des Casernes.

Plan Profil et Élévation de deux Corps de Casernes

Profil du Pavillon d'Officiers.

Échelle des trois premieres Figures.

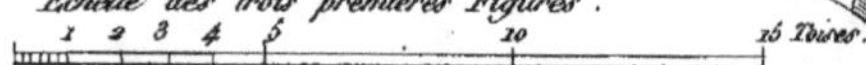


Plan des Casernes

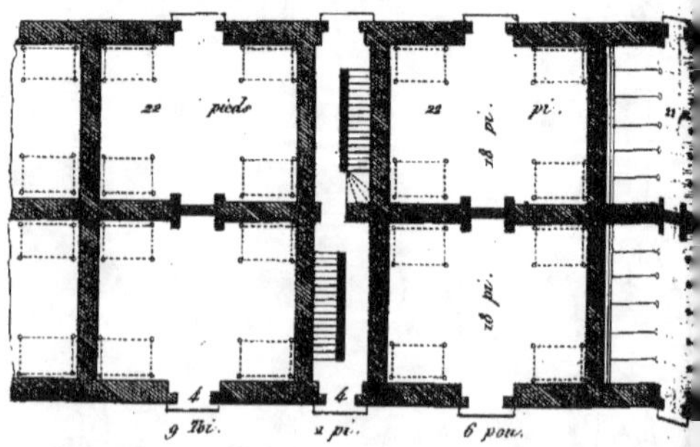

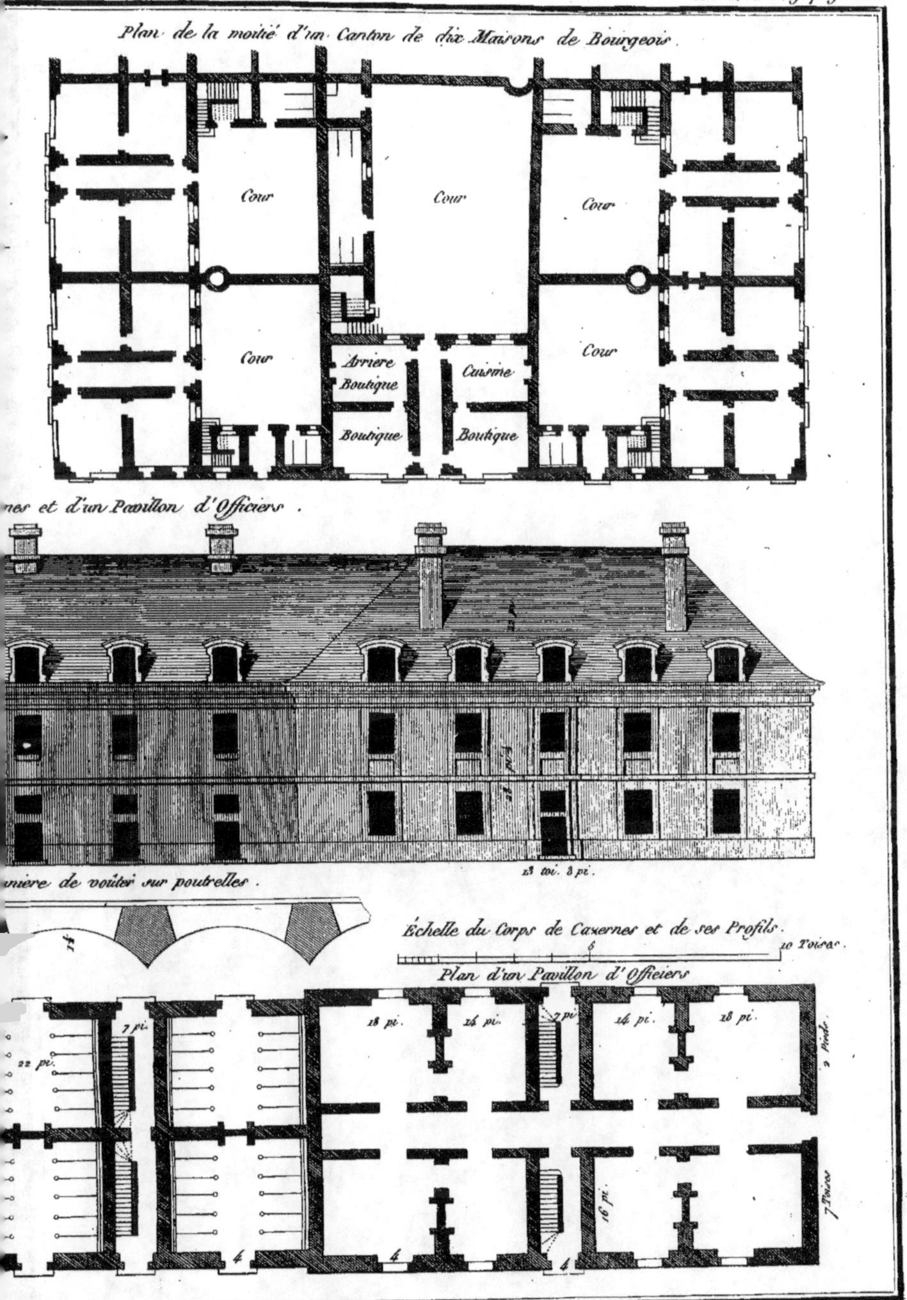
Plan de la moitié d'un Canton de dix Maisons de Bourgeois.
Cour
Cour
Cour
Cour
Cour
Arriere Boutique
Cuisine
Boutique
Boutique
...nes et d'un Pavillon d'Officiers.
23 toi. 3 pi.
...niere de voûter sur poutrelles.
Échelle du Corps de Casernes et de ses Profils.
10 Toises
Plan d'un Pavillon d'Officiers
18 pi.
14 pi.
7 pi.
14 pi.
18 pi.
7 pi.
22 pi.
16 pi.
7 Toises
4
4
4

305

Profil des Casernes coupé sur la ligne A B.

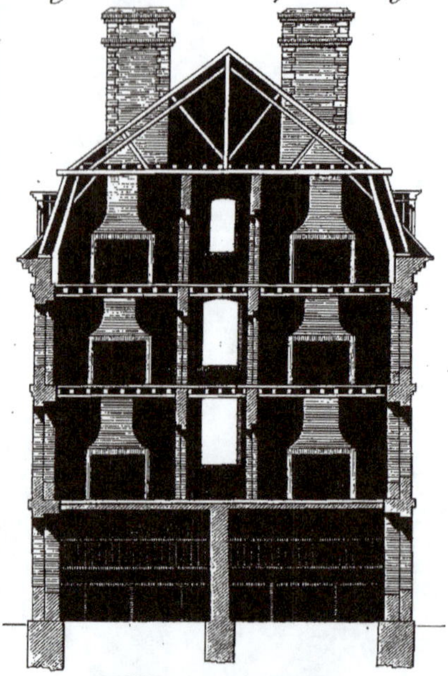

Plan d'un Pavillon et d...

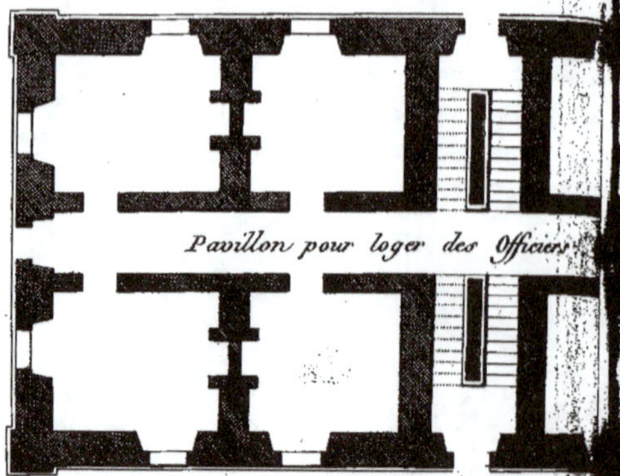


Echelle pour tous les dessins de ...

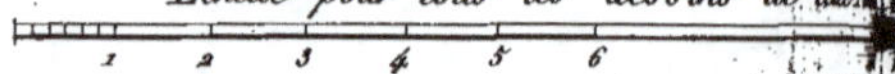


Façade du Pavillon

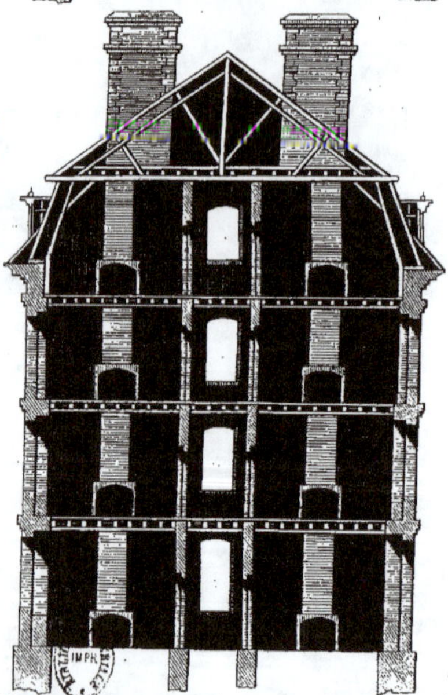

Profil du Pavillon coupé sur la ligne C D.

Caserne pour la Cavalerie.

Plan du 1er étage des Casernes.

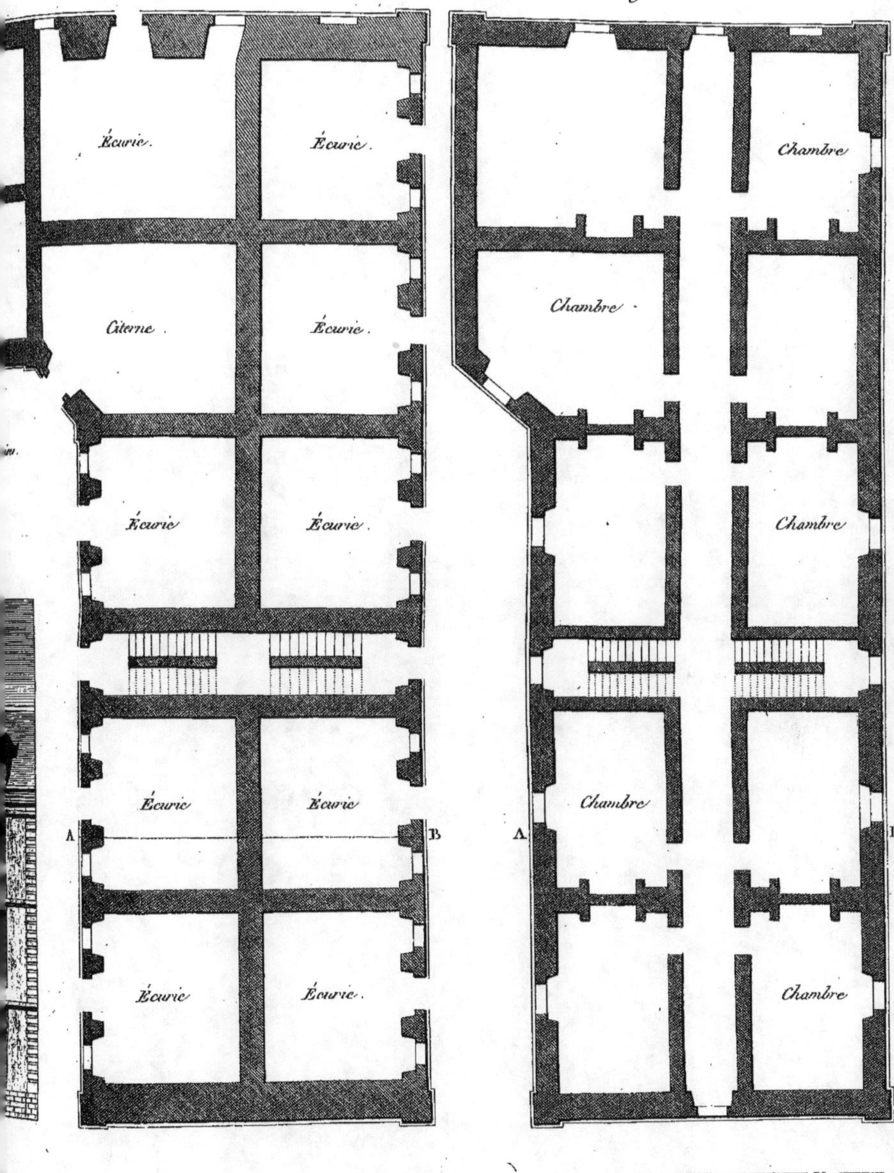

de Flandres; mais on peut remédier à cet inconvénient en faisant le bâtiment moins écrasé que ceux dont je parle.

Quand les casernes se bâtissent le long du rempart vers les courtines (comme M. de Vauban l'a pratiqué en beaucoup d'endroits), elles sont composées d'un grand corps de bâtiment pour loger les soldats, aux extrémités duquel il y a des pavillons pour les officiers : ces logements sont presque toujours à deux ou trois étages, sans y comprendre le rez-de-chaussée.

Dans chaque corps de caserne double, on fait quatre chambres à chaque étage, dont deux répondront à l'escalier qui est de leur côté, et les deux autres aux leurs, chaque chambre doit avoir 22 pieds de long dans œuvre sur 18 de profondeur pour placer 4 lits; celles du rez-de-chaussée doivent être élevées de 12 pieds, celles du premier étage de 10, et celles en galetas de 8, leurs portes larges de 3 pieds sur 6 de hauteur, et les murs de face 2 pieds d'épaisseur au moins, avec un cordon à l'endroit du premier plancher et une tablette ornée de moulure pour servir de couronnement au-dessus du second plancher, de la manière qu'on le voit marqué sur la planche XXIX, qu'il ne faut qu'apercevoir pour entendre les dessins qu'elle représente. PLANCHE XXXI.

Quand on veut faire les planchers des casernes voûtés sur poutrelles, on taille ces poutrelles à cinq pans de 12 pouces de face chacune, et espacés de 18 à 20 pouces les unes des autres, elles doivent être posées sur des sablières de 4 à 8 pouces d'épaisseur, encastrées dans les gros murs où elles doivent entrer d'environ 12 à 15 pouces; on les revêt d'un petit madrier de chêne ou de sapin de 2 à 3 pouces d'épaisseur, posées en mortier de terre grasse, pour empêcher que la chaux ne consomme le bois.

L'entrevous de ces poutrelles se voûte de briques mises de champ, en bonne liaison et en mortier de chaux et sable; on pose en mortier de terre grasse le premier rang de briques qui touche le flanc de ces poutrelles; on arrase bien le dessus de la voûte, et on recire seulement les joints sans y faire aucun enduit, après quoi sur l'étendue de chaque chambre on fait un pavé de briques posées de plat à mortier fin.

On ne voûte plus guère sur poutrelles, parce que cela charge trop le bâtiment, on aime mieux faire les planchers comme à l'ordinaire, en ce cas on se sert de poutres proprement équarries à vives-arêtes, de même que les solives qui doivent être de bois de brin de 5 à 7 pouces de gros, posées sur leur fort et espacées à un pied de distance les unes des autres, de milieu en milieu. Si on ne fait point un plancher double, on recouvre les soliveaux de planches sèches d'un pouce et demi d'épaisseur, assemblées à languettes et rainures, blanchies des deux côtés, et clouées chacune de trois clous à l'endroit de toutes les solives, dont l'un sera mis au milieu de la planche, et les deux autres à 2 pouces près des joints, en observant que ces planches soient posées de manière que leur extrémité ne se rencontre point de suite sur une même solive, et que le tout soit bien mis de niveau, non seulement avec le seuil des portes, mais en tout autre sens, et proprement exécuté.

On pourra aussi faire des rainures dans le flanc de chaque solive pour y couler ensuite des bosses ou petits racinaux que l'on enveloppe de terre pétrie et préparée avec de la paille qu'on serrera à mesure les uns contre les autres, ce qui formera un plafond plus sourd et plus sûr contre les accidents du feu; on le crépira et blanchira ensuite par-dessous, et le dessus sera recouvert de planches, de carreaux ou de briques.

Les cheminées doivent avoir 5 pieds de largeur sur 4 de hauteur, et leurs tuyaux 3 pieds sur 8 pouces : quant à leur hauteur, il faut qu'elle surmonte le faîte du comble de 3 ou 4 pieds, pour éviter la fumée. Quoiqu'il soit d'usage de ne point faire de cheminées sans jambages, cependant, comme l'expérience fait voir la facilité avec laquelle elles se détruisent tous les jours, il vaut mieux soutenir leur manteau par de doubles consoles de pierres de taille sans piédroits.

Les portes seront suspendues avec des gonds qui auront été placés en bâtissant, et la queue de ces gonds sera gravée dans le dessus des pierres de taille où elle devra être mise. Les gonds à repos et les pivots de ceux des portes auront 15 lignes de diamètre, ceux des fenêtres 7 à 8, et seront tous parfaitement ronds et à plomb sur leur queue; les œils de pentures seront également ronds, et précisément de la grandeur convenable.

La cage d'escalier doit être de 7 à 8 pieds de largeur, partagée en deux par un mur d'échiffre qui soutienne les rampes; les degrés se fond d'un pied de giron sur 5 à 6 pouces de hauteur, et l'on fait deux paliers, l'un au retour du milieu de la rampe et l'autre à chaque étage, pour communiquer d'une chambre à l'autre.

Supposant qu'en chaque chambre il y ait quatre lits, on pourra y loger douze soldats, savoir, huit dans la chambre et quatre de garde : ainsi, dans les quatre chambres, de plain-pied, on logera quarante-huit hommes, et dans un corps qui compose les douze chambres qui accompagnent les escaliers, on pourra en loger cent quarante-quatre.

Le rez-de-chaussée des casernes dont nous parlons est principalement destiné pour servir d'écurie, lorsque ces casernes seraient occupées par la cavalarie, c'est pourquoi on n'y a point percé de fenêtres, n'étant éclairées que par le jour qu'elles peuvent tirer du dessus des portes, ainsi qu'on le voit dans l'élévation, ce qui fait que ces chambres ne seraient pas fort commodes pour l'infanterie; mais je n'ai rien voulu y changer, parce qu'on en va voir d'autres qui n'ont pas le même défaut.

Pour distribuer le logement des officiers qui sont dans les pavillons, il faut faire deux escaliers qui passent par le milieu, avec un corridor de 6 pieds de large, qui traverse de l'autre sens, en sorte que chaque étage d'un pavillon se trouve divisé en quatre appartements, qui doivent être composés d'une chambre pour deux officiers, de 18 pieds de long sur 16 de large, et d'une cuisine ou garde-robe pour les valets, de 16 pieds de long sur 14 de large; et l'on fera ensorte de placer des latrines au bout de chaque corridor, contre le mur des casernes. PLANCHE XXIX.

Chaque appartement pourra être occupé par un officier en temps de paix, et par deux ou davantage en temps de guerre, quand la garnison est renforcée, de sorte que douze officiers peuvent loger dans un pavillon en temps de paix, et vingt-quatre en temps de guerre; mais pour fixer la quantité des logements nécessaires pour la garnison, dans le temps où elle sera la plus forte, on pourra suivre à-peu-près la maxime de M. de Vauban, qui est de supposer 500 hommes de pied par bastion, ou autres ouvrages de la place équivalents, et 200 chevaux, ce qui fait dix compagnies d'infanterie et quatre de cavalerie : chaque compagnie d'infanterie ayant trois officiers, et celles de cavalerie deux, on jugera par là du nombre des pavillons qu'il faudra pour leur logement, aussi bien que de celui des quartiers de casernes pour les soldats.

Les casernes qu'on voit représentées sur la planche XXX, ont été faites à Béthune en 1728, et sont des plus belles que je connaisse: PLANCHE XXX.

comme elles sont destinées pour la cavalerie, on voit que le plan du rez-de-chaussée comprend des écuries d'une fort belle grandeur, et bien éclairées chacune par deux croisées; ces écuries sont voûtées par des voûtes surbaissées, au-dessus desquelles il y a trois étages doubles pour les cavaliers. Attenant au même corps de casernes est un pavillon pour les officiers dont la distribution est suffisamment détaillée par les plans, profils et élévations, pour en avoir une parfaite intelligence, sans qu'il soit besoin que je m'y arrête davantage: d'ailleurs, comme j'en rapporte le devis dans le sixième livre, tel qu'il m'a été donné par M. Dartezé, qui en a eu la conduite, étant alors ingénieur en chef de cette place, on pourra, si l'on veut, y avoir recours.

PLANCHE XXXI. Un édifice encore fort nécessaire dans une ville de guerre, est un hôpital pour les malades de la garnison, particulièrement pour les blessés en temps de siége; sa grandeur doit être réglée sur la quantité de malades que l'on aura dans la plus forte garnison: et comme nous supposons une ville neuve, on pourra en estimer le nombre sur ceux des villes voisines, ce qui se fera encore sur l'expérience, qui montre que de vingt-cinq hommes ou environ il y en a un de malade: cependant il faut faire attention que dans les lieux aquatiques, les maladies sont plus générales que dans les endroits où l'air est pur, et sur-tout quand on fait des remuements de terres considérables.

Prévenu de ceci, on saura à-peu-près le nombre de lits dont on pourra avoir besoin, et par conséquent la grandeur des bâtiments qu'il faudra faire, qui consistent dans les salles des malades, infirmeries, cuisines, pharmacie, celliers, blancheries, angars pour mettre le bois, enfin tous les logements nécessaires pour les officiers de l'hôpital. Les salles des malades doivent être au rez-de-chaussée et au premier étage; on fera leur largeur de 42 pieds, pour mettre deux rangs de lits de 6 pieds de chaque côté, et deux autres dans le milieu, avec deux allées de 9 pieds de large chacune. Quant à la longueur des salles, on doit la régler par le nombre de lits, en comptant 4 pieds de largeur pour chacun, et autant pour la distance de l'un à l'autre: au bout de la salle du rez-de-chaussée, on fait une chapelle, qui doit être découverte de la salle d'en haut par une tribune.

Quand il passe une rivière dans la ville, il faut, autant qu'il est possible, faire en sorte de construire l'hôpital dans son voisinage, ou au

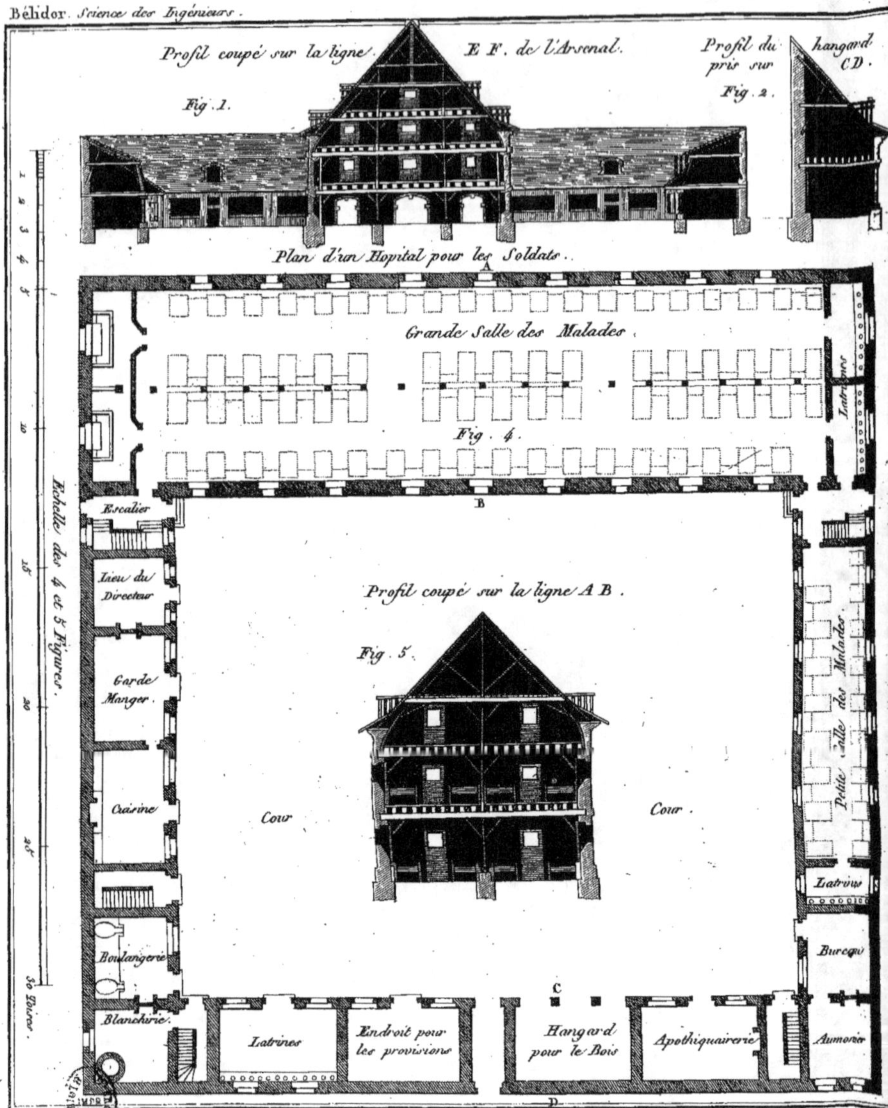
Profil coupé sur la ligne E F. de l'Arsenal.
Fig. 1.
Profil du hangard pris sur CD.
Fig. 2.
Plan d'un Hopital pour les Soldats.
A
Grande Salle des Malades
Fig. 4.
Latrines
B
Escalier
Lieu du Directeur
Garde Manger.
Cuisine
Boulangerie
Blanchirie.
Profil coupé sur la ligne A B.
Fig. 5.
Cour
Cour.
Petite Salle des Malades
Latrines
Bureau
C
Latrines
Endroit pour les provisions
Hangard pour le Bois
Apothiquairerie
Aumonier
D
Echelle des 4 et 5 Figures.
30 Toises.

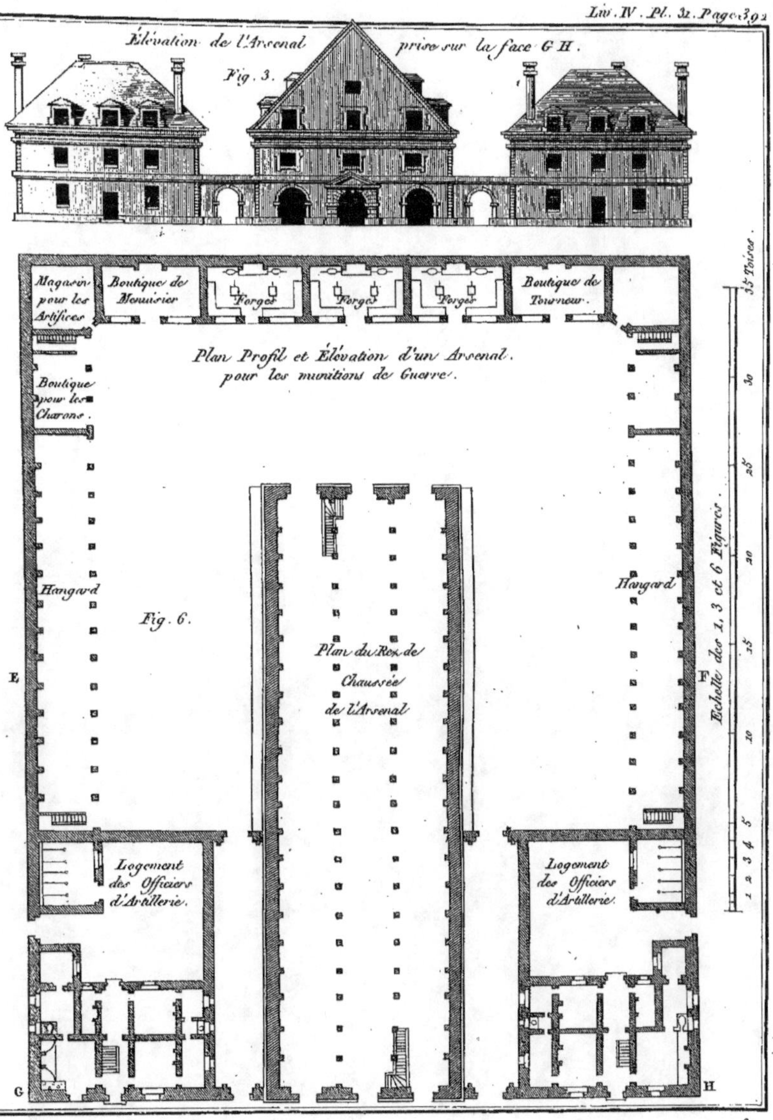
Élévation de l'Arsenal prise sur la face G H.
Fig. 3.
Magasin pour les Artifices
Boutique de Menuisier
Forges
Forges
Forges
Boutique de Tourneur.
Plan Profil et Élévation d'un Arsenal pour les munitions de Guerre.
Boutique pour les Charons.
Hangard
Hangard
Fig. 6.
Plan du Rez de Chaussée de l'Arsenal
E
F
Logement des Officiers d'Artillerie.
Logement des Officiers d'Artillerie.
G
H
Echelle des 1, 3 et 6 Figures.
35 Toises.
30
25
20
15
10
5
1 2 3 4 5

moins faire passer un ruisseau près de la cour ou du jardin, afin d'avoir l'eau en abondance; mais, sans m'arrêter à tout ce qui peut convenir à un hôpital, on n'a qu'à voir celui que je rapporte sur la planche XXXI. Si l'on se trouvait dans le cas d'en faire construire un, on ne ferait pas mal d'en communiquer le projet au chirurgien major de la place, afin que de concert avec lui on ne négligeât rien d'essentiel. PLANCHE XXXI.

Pour remplir le titre de ce chapitre, il nous reste à parler de la prison; on sait bien qu'il est assez rare d'en construire de neuves, à moins que ce ne soit dans des places nouvellement bâties, parce que dans les anciennes il s'en trouve ordinairement dans les réduits, châteaux ou tours; mais si l'on était dans le cas d'en faire une, il faudrait qu'elle fût composée d'une cour entourée de bâtiments, en sorte que le logement du geolier fût sur le devant, et n'eût aucune communication avec les prisonniers: à droite de la cour on pourra faire les cachots au rez-de-chaussée, et au-dessus les prisons qui seraient destinées à de simples châtiments pour le soldat et le commun du peuple, en sorte qu'elles ne tirent leur jour que du côté de la cour, ne devant point avoir de fenêtres sur la rue: à gauche, on pourra faire deux ou trois petites chambres pour loger les personnes qui mériteraient quelque considération, et le fond sera occupé par d'autres prisons plus détachées du reste du bâtiment, pour resserrer les prisonniers qu'on voudrait empêcher d'avoir communication avec les gens du dehors qui vont et viennent: au-dessus de ce bâtiment on pourra faire la chapelle, afin que tous les prisonniers soient plus à portée d'entendre la messe; j'ajouterai que quand il est question d'un édifice comme celui-ci, il faut faire les murs fort épais, et toutes les fenêtres bien grillées, de même que les tuyaux de cheminées.

Pour dire aussi un mot des maisons de bourgeois, qui sont représentées sur la planche XXIX, il est bon qu'on sache que le plan des cinq maisons qu'on y voit exprime la moitié d'un des cantons de la planche XXV, dont il a été fait mention dans le chapitre huitième; ainsi, par cette moitié, on jugera aisément du reste: à l'égard de la décoration des façades, comme elles accompagnent le plan dont je viens de parler, il ne faut qu'un coup-d'œil pour en juger, sans qu'il soit besoin d'un plus grand éclaircissement; je vais rapporter seulement ici le réglement qui a été fait au sujet des maisons qui ont été bâties au

Neuf-Brisach; il prescrit ce qu'il faut observer pour empêcher les contestations entre les voisins, et à quoi chaque particulier doit s'assujétir en bâtissant dans une place de guerre.

« Art. I^er^. Tous ceux qui bâtissent doivent se conformer pour les faces de leurs bâtiments à celles qui sont déja construites sur la grande place, tant pour la décoration de ces faces et hauteur des corniches, que pour la grandeur des boutiques, portes et croisées, qui doivent toutes être semblables, ainsi que la hauteur des combles.

« II. Chaque particulier sera obligé de faire un pignon de maçonnerie ayant 2 pieds d'épaisseur dans ses fondements jusqu'au rez-de-chaussée, 18 pouces du rez-de-chaussée jusqu'au plancher du grenier, et 16 pouces de là au faîte du comble, et ceux qui en ont bâti de charpente seront tenus de les démonter pour les faire solidement; et comme il peut arriver quelque difficulté à l'occasion de la construction de ces pignons, les particuliers ne bâtissant pas tous à-la-fois, celui qui commencera le premier sera indemnisé par son voisin de la moitié de la dépense à mesure que le pignon s'élèvera, sans qu'il soit obligé d'attendre que son voisin bâtisse sur le devant.

« III. Ils observeront de mettre les auvents de même hauteur, observant la même chose aux enseignes, qui seront de pareille grandeur le plus que faire se pourra.

« IV. Dans la construction des caves, il est ordonné d'en voûter au moins une dans chaque maison.

« V. Les combles dans un même quarré seront de même hauteur, afin de se raccorder parfaitement avec le dessin.

« VI. Ils éloigneront le plus qu'ils pourront les lieux communs ou latrines des puits, non-seulement des leurs, mais aussi de ceux que leurs voisins feront construire chez eux.

« VII. Et comme les transpirations de ces latrines pourraient à la fin gâter et corrompre les eaux des puits, il est très-expressément enjoint à tous les particuliers de faire citerner la fosse de leurs latrines avec de bonne maçonnerie, et un enduit de ciment, observant de laisser un trou à la voûte pour les vider quand il sera temps.

« VIII. Il est encore enjoint à tous ceux qui ont obtenu des places, de les bâtir incessamment, afin qu'elles soient achevées dans le terme qu'on leur a donné, sous peine de perdre lesdites places, que l'on donnera à d'autres, et même les légers bâtiments qui sont dessus, lorsque le temps de leur soumission sera expiré.

« IX. Il est très-expressément ordonné à tous maçons et charpentiers de se conformer à ce réglement, sous peine de prison, et d'en répondre en leur propre et privé nom. »

## CHAPITRE ONZIÈME.

*De la cantine, de la glacière, de la boulangerie et des moulins.*

Dans toutes les villes de guerre où la maltote est établie, le roi veut bien accorder à la garnison une cantine; c'est-à-dire un lieu où elle ait le privilège d'avoir de l'eau-de-vie, du vin ou de la bierre à un certain prix beaucoup au-dessous de celui des cabarets. Quand cette cantine se trouve dans une grande ville, c'est à celui qui en est l'entrepreneur de se pourvoir d'une maison qui lui convienne; mais dans une citadelle ou une autre forteresse qui n'est habitée que par des gens de guerre, la cantine est presque le seul endroit d'où la garnison peut tirer des rafraîchissements, et alors ce sont les ingénieurs qui sont chargés de la construction et des réparations de cet édifice, ce qui m'engage à en faire mention.

Une cantine doit être composée de plusieurs caves, et au rez-de-chaussée d'une cuisine, d'un garde-manger, de trois ou quatre chambres pour donner à boire aux soldats, d'une salle pour l'auberge des officiers, d'une écurie pour douze ou quinze chevaux, et d'un couvert pour mettre le bois: au-dessus du corps-de-logis, on distribuera aussi un nombre de chambres qui répondront si l'on veut à celles du rez-de-chaussée, elles serviront pour loger les étrangers. La cantine qui est rapportée sur la Pl. XXXII est à-peu-près dans ce goût-là. PLANCHE XXXII.

Pour procurer aux officiers d'une garnison le plaisir de boire frais en été, on fait assez souvent une glacière dont la construction et l'entretien regardent aussi les fortifications, mais c'est l'état-major de la place qui prend le soin de la faire remplir. Pour la bien placer il faut choisir un lieu élevé, comme par exemple un bastion plein : on fait une fosse en forme d'entonnoir, on lui donne environ 20 pieds de diamètre, et 10 ou 12 de profondeur plus ou moins; si l'on rencontrait pour faire cette fosse une terre glaise qui n'eût point été remuée, l'on pourrait se dispenser de la revêtir de maçonnerie; mais quand cela ne se trouve point, on y fait un revêtement de briques de deux pieds d'épaisseur ou davantage, selon qu'on aura lieu de craindre la poussée des terres, qui n'a guère lieu dans cette occasion, parce que donnant pour profondeur à-peu-près le rayon du grand cercle, les terres se trouvent avoir leur pente naturelle, et par conséquent se soutiendront sous l'angle de 45 degrés. Au fond de la glacière on fait un petit puits de 3 pieds de diamètre sur 5 ou 6 de profondeur, qui doit être aussi revêtu; il sert à recevoir l'eau de la glace, qui ne manquerait pas de fondre celle du fond si elle n'avait un écoulement; ainsi l'on sent bien que c'est par le puits qu'il faut commencer la maçonnerie; et quand on sera parvenu au bord, il faudra faire un rouet composé de bon bois de chêne pour servir d'empattement aux premières assises du revêtement de l'entonnoir: quand on l'a rempli de glace on ferme le puits par un plancher à calire-voie; la maçonnerie étant achevée et ayant eu tout le temps de sécher, on fait pour couvrir la glacière une charpente en figure de cône, dont la base repose sur le bord de la maçonnerie, et cette charpente est garnie de chaume depuis la pointe du cône jusqu'à terre, d'une épaisseur suffisante pour empêcher le soleil de pénétrer à travers; c'est pourquoi, afin de tenir cet endroit plus à l'ombre, on plante à l'entour des arbres assez près les uns des autres pour qu'ils forment par la suite un berceau : pour entrer dans la glacière, on fait une petite allée de 10 à 12 pieds de longueur et 4 de largeur, voûtée et tournée du côté du nord; on la ferme par deux portes, dont il y en a une à chaque extrémité.

Planche XXXI. Comme en temps de guerre on donne le pain aux troupes, on fait une boulangerie qui en fournit non-seulement à la garnison, mais encore à une armée qui serait dans le voisinage de la place : c'est pourquoi il faut qu'elle soit composée au moins de seize fours accompagnés de leur chaudière, pour que les munitionnaires puissent livrer dans un besoin au moins huit mille rations par jour. Ces fours auront chacun 9 pieds de diamètre, et 2 pieds sous voûte dans le plus élevé, la gueule

Profil pris en travers passant par A et B.

Profil pris sur la longueur de la Boulangerie passant par C et D.

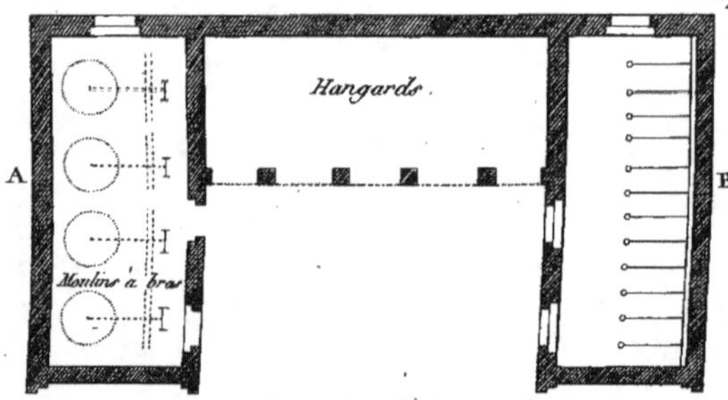


Plan des moulins à bras et à cheval.

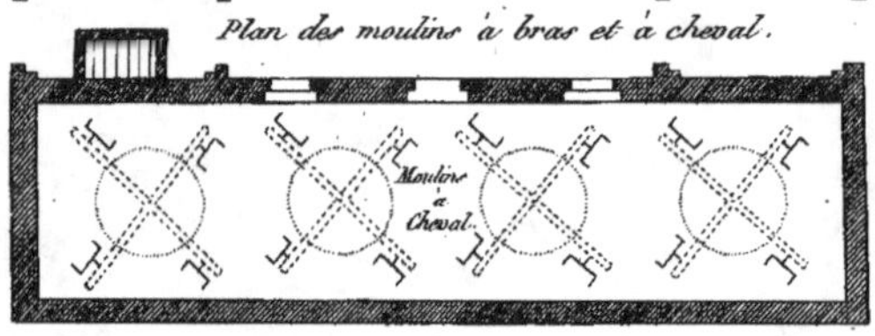


Profil pris en travers passant par A et B.

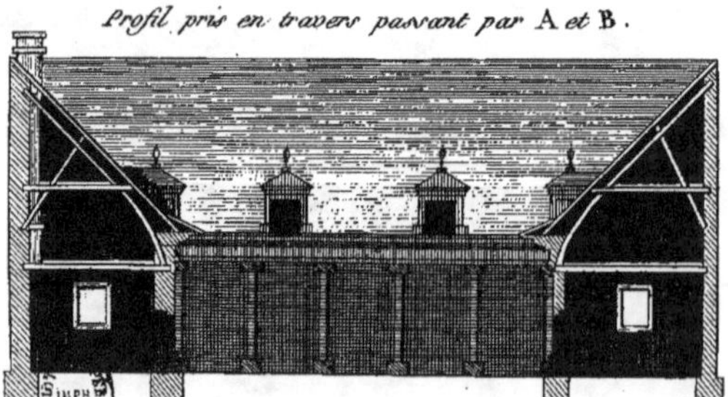

Échelle pour le Plan de la C

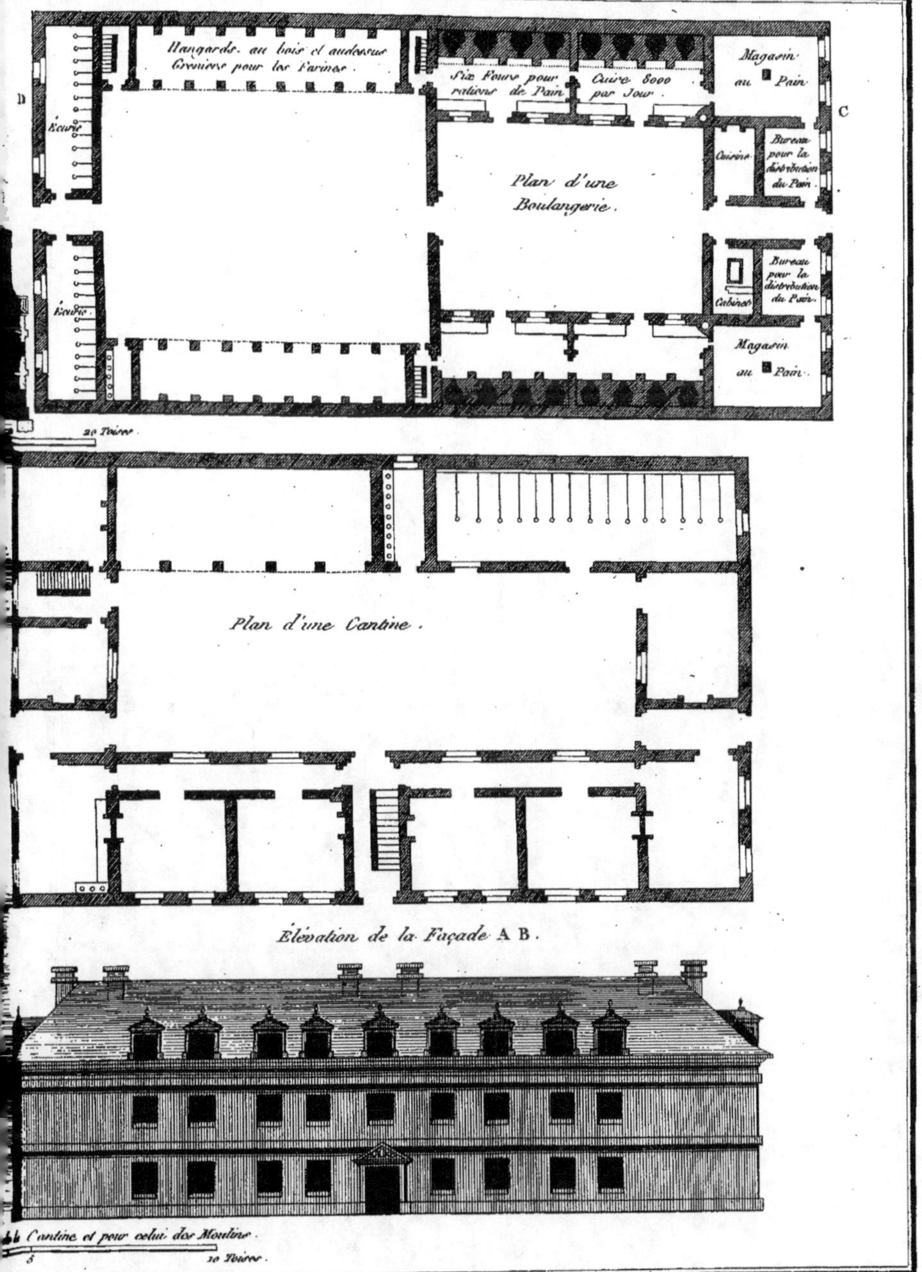
Hangards au bois et audessus Greniers pour les Farines.
Six Fours pour Cuire 8000 rations de Pain par Jour.
Magasin au Pain
D
C
Ecurie
Cuisine
Bureau pour la distribution du Pain.
Plan d'une Boulangerie.
Bureau pour la distribution du Pain.
Cabinet
Ecurie
Magasin au Pain.
20 Toises.
Plan d'une Cantine.
Élévation de la Façade A B.
.. Cantine et pour celui des Moulins.
5
10 Toises.

aura 2 pieds de largeur sur un et demi de hauteur; ils seront élevés de 3 pieds au-dessus du rez-de-chaussée, ainsi qu'on le peut voir par le plan et le profil du four que j'ai rapporté en grand sur la Pl. XXXIV, parce que ceux de la boulangerie étaient dessinés trop en petit pour être aperçus distinctement. PLANCHE XXXIV.

La construction des fours n'a rien de particulier que les moindres maçons ne sachent, je dirai seulement que les voûtes doivent être faites avec des briques d'une bonne terre bien préparée et bien cuite, posées de bout comme des voussoirs avec du mortier fin : à l'égard du carrelage dont l'étendue du four doit être couverte, il faut pour poser les carreaux se servir de mortier de terre glaise, et non de celui fait de chaux et de sable, parce que la chaleur le ferait enfler, et détacherait les carreaux en peu de temps.

L'édifice doit être composé de deux cours, la première pour la commodité des mitrons, la seconde pour les charrois et les écuries; dans le bâtiment il doit y avoir deux magasins pour renfermer le pain, deux bureaux pour le distribuer; au-dessus l'on fera des logements pour les commis des vivres, et les farines pourront êtres mises dans les greniers au-dessus des angars : mais pour donner une idée plus sensible de tout ceci, on peut voir la boulangerie représentée sur la planche XXXII. PLANCHE XXXII.

Quand il n'y a point de moulins à vent ni à eau dans une place, ou que l'ennemi, s'il y en a, peut les rendre inutiles, il faut faire un bâtiment pour en mettre à bras et à cheval en quantité suffisante pour entretenir la garnison de farine : ce bâtiment doit être seulement composé de deux grandes places au rez-de-chaussée pour renfermer les moulins, d'un angar assez grand pour mettre à couvert le bois que l'on donne aux troupes, et d'une écurie capable de contenir quatorze ou quinze chevaux, avec de bons greniers pour renfermer les farines, comme on le peut voir sur la même planche.

Je ne dis rien présentement de la mécanique de ces sortes de moulins, devant en faire mention dans le second volume, en parlant des machines.

# CHAPITRE DOUZIÈME.

*De la construction des puits et citernes.*

L'ON connaît assez la nécessité d'avoir dans une ville un nombre de puits publics, sans qu'il soit besoin que j'en fasse voir la conséquence, sur-tout quand il n'y a point de rivière qui serpente dans les principaux quartiers. Comme les puits ordinaires n'ont rien de particulier, il me suffira de dire qu'on les approfondit jusqu'à ce qu'ils aient 5 à 6 pieds d'eau vive, après quoi l'on place dans le fond un rouet de bois de chêne de 4 pieds de diamètre dans œuvre et de 4 à 12 pouces de grosseur, sur lequel on pose cinq ou six assises de pierre de taille maçonnées avec mortier de ciment et bien cramponnées par des crampons de fer coulés en plomb. Le reste de la hauteur du puits jusqu'à 3 pouces au-dessous du rez-de-chaussée s'élève en maçonnerie de briques ou de moellons, ensuite on surmonte le rez-de-chaussée de trois assises de pierre de taille, faisant ensemble 2 pieds et demi, maçonnés en mortier de ciment et cramponnées comme celle du fond, après quoi l'on équipe le puits de tout ce qui est nécessaire pour en tirer l'eau.

Il se fait une autre sorte de puits qu'on appelle *puits forés*, qui ont cela de particulier, que l'eau monte d'elle-même jusqu'à une certaine hauteur, de sorte qu'il ne se faut donner aucun mouvement pour l'avoir que la peine de la puiser dans le bassin qui la reçoit. Il serait à souhaiter que l'on en pût faire de semblables en toutes sortes d'endroits, ce qui ne paraît pas possible, puisqu'il faut des circonstances du côté du terrain qu'on ne rencontre pas toujours; car, comme ces puits sont occasionnés par les eaux qui partant de quelques montagnes voisines, se sont fait un chemin souterrain pour aller jusqu'à une certaine distance où elles sont ensuite retenues par des bancs de terre glaise ou de pierre qui les empêchent de se perdre, il faut que ces bancs puissent être percés avec les tarières ordinaires, et que l'eau qui est dessous soit capable de monter d'elle-même dans un tuyau vertical jusqu'au rez-de-chaussée, ce qui est la principale circonstance : or, supposant que tout cela se rencontre, voici comme ces sortes de puits se font.

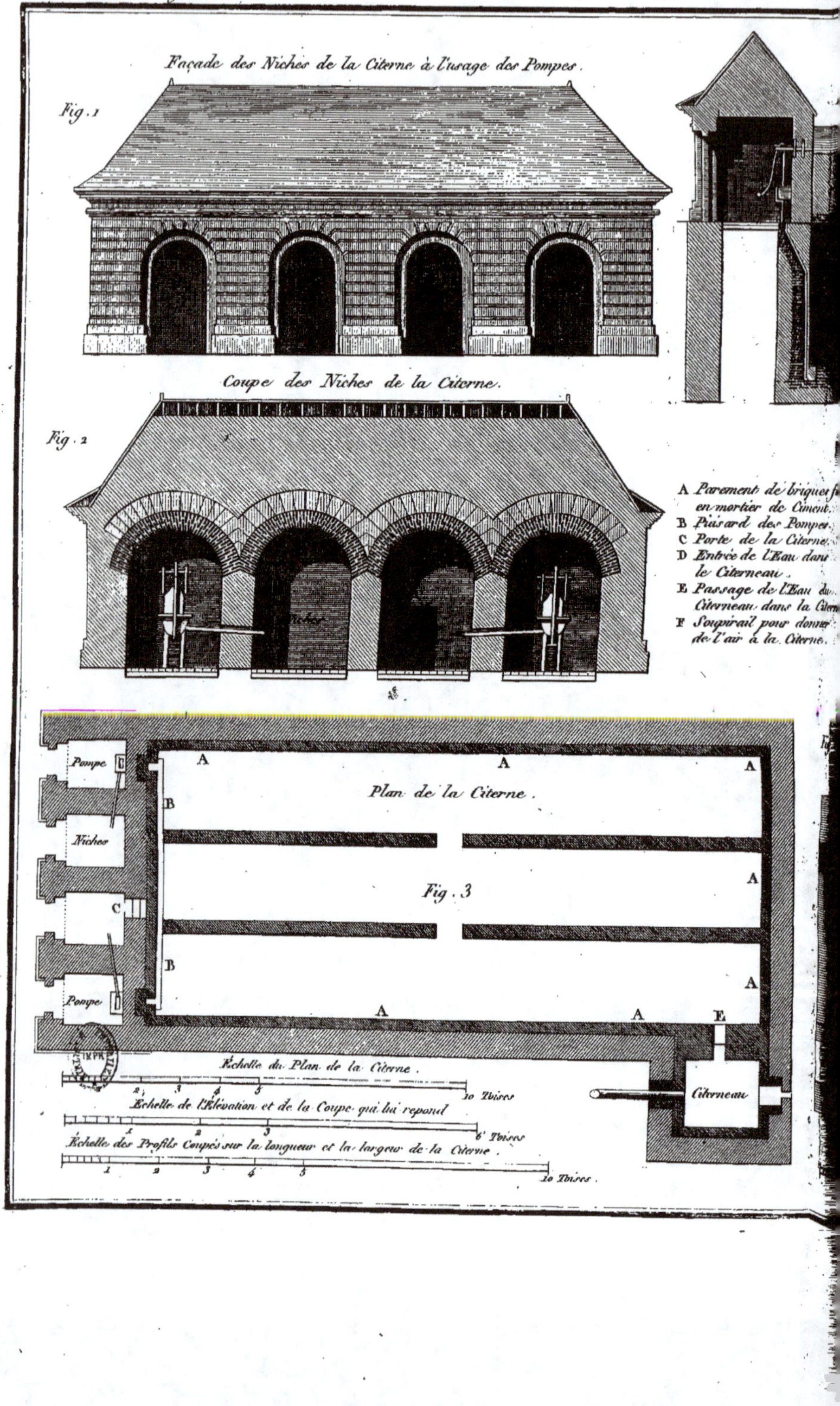
Façade des Niches de la Citerne à l'usage des Pompes.
Fig. 1
Coupe des Niches de la Citerne.
Fig. 2
Niches
A Parement de briques f
en mortier de Ciment.
B Puisard des Pompes.
C Porte de la Citerne.
D Entrée de l'Eau dans
le Citerneau.
E Passage de l'Eau du
Citerneau dans la Citern
F Soupirail pour donner
de l'air à la Citerne.
Pompe
Niches
Pompe
Plan de la Citerne.
Fig. 3
Citerneau
Échelle du Plan de la Citerne.
10 Toises
Échelle de l'Élévation et de la Coupe qui lui repond
6 Toises
Échelle des Profils Coupés sur la longueur et la largeur de la Citerne.
10 Toises

*Fig. 4*

*Profil Coupé sur la Longueur de la Citerne et qui passe en travers des Niches.*

*Profil Coupé sur la Largeur de la Citerne et du Citerneau.*

*Fig. 5*

*Fig. 6*

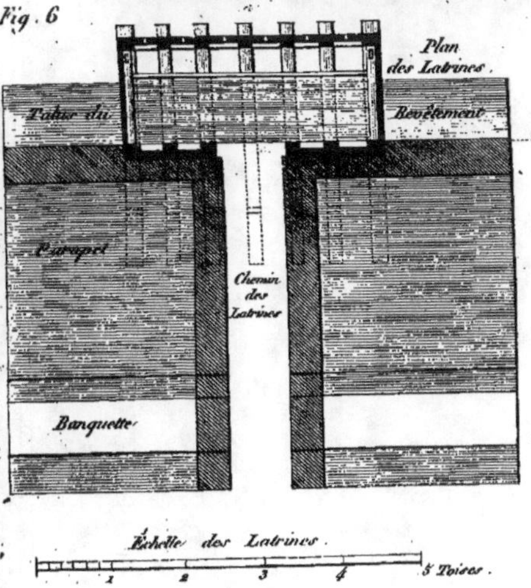


*Profil des Latrines.*

*Fig. 7*

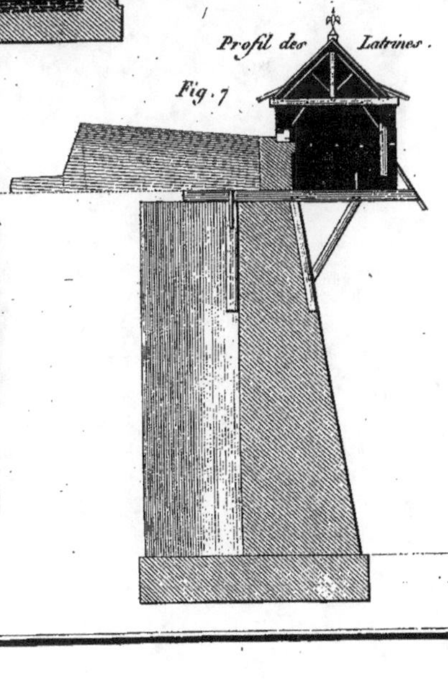

On creuse d'abord un bassin de grandeur arbitraire, dont le fond doit être plus bas que le niveau auquel l'eau peut monter d'elle-même afin de la recevoir; on prend ensuite un pilot d'une longueur et d'une grosseur convenables, on perce dans toute sa longueur, avec les tarières ordinaires, un trou de 3 pouces de diamètre, et on le garnit de fer par les deux bouts, dont celui qui doit entrer en terre doit être le plus aigu qu'on pourra; on enfonce ce pilot avec le mouton autant qu'il est possible, et lorsqu'il n'y a plus moyen de le faire entrer plus avant, on emploie la tarière qui doit achever de percer le puits : or, ces tarières ont 3 pouces de diamètre, et environ un pied de gouje, le reste du corps étant d'un pouce de gros plus ou moins, et de 12 pieds de longueur; on enfonce cette tarière dans le canal du pilot, et on perce à l'ordinaire tous les bancs qui se rencontrent, ayant soin de la vider de temps en temps de la terre dont elle se remplit : lorsque la longueur de cette première tarière ne suffit pas pour arriver jusqu'à l'eau, on y ente une seconde-branche, une troisième, etc., tant que la profondeur le demande, et l'on continue de forer et vider le trou successivement, jusqu'à ce qu'enfin on ait trouvé de l'eau en abondance, ce que l'on reconnaît lorsqu'elle monte le long du pilot jusque par-dessus; alors on se sert d'un tuyau de plomb pour la conduire dans le bassin.

Quand on a une fois trouvé l'eau vive, et qu'on voit qu'elle vient en abondance, il faut bien se garder de percer plus avant, crainte d'ouvrir les bancs de pierre ou de terre glaise qui seraient au-dessous de l'eau, parce qu'il pourrait arriver que trouvant une issue plus aisée à parcourir que le chemin du canal, elle cessât sur-le-champ, ou au bout de quelque temps, de monter.

On fait de ces sortes de puits en Flandres, en Allemagne et en Italie; j'en ai vu un au monastère de Saint-André, à une demi-lieue d'Aire en Artois: l'eau en est si abondante, qu'elle donne plus de cent tonneaux par heure; elle s'élève à 10 ou 12 pieds au-dessus du rez-de-chaussée, et retombe dans un grand bassin par plusieurs fontaines qui font un un fort bel effet.

Feu M. de Cassini rapporte dans les Mémoires de l'Académie royale des Sciences, qu'en plusieurs endroits du territoire de Mutine et de Bologne on en voit de semblables, mais qui se font différemment: on creuse jusqu'à l'eau, après quoi l'on construit un double revêtement, dont on remplit l'entre-deux d'un conroi, fait d'une glaise bien pétrie, après quoi on continue à creuser plus avant, et de revêtir comme en premier lieu, jusqu'à ce qu'on trouve des sources qui viennent avec abondance, alors on perce le fond avec une longue tarière, et le trou étant achevé, l'eau monte et remplit non-seulement le puits, mais encore se répand sur toute la campagne, qu'elle arrose continuellement: il ajoute qu'il a fait faire au fort Urbain une fontaine, dont l'eau s'élevait naturellement à 15 pieds de hauteur au-dessus du rez-de-chaussée, d'où elle retombait dans un bassin de marbre, destiné pour l'usage du public, et que l'ayant soutenue par des tuyaux, elle s'élevait jusqu'au sommet des maisons.

Dans la Basse-Autriche, qui est environnée des montagnes de Styrie, les habitants se donnent de l'eau à-peu-près de la même manière; ils creusent d'abord jusqu'à ce qu'ils trouvent la glaise, alors ils prennent une grande pierre épaisse de 6 pouces percée dans le milieu, et percent le lit de glaise au travers de ce trou, tant que l'eau monte avec impétuosité et remplisse le puits.

Il y a des situations où, sans avoir des montagnes dans le voisinage, on peut encore faire des puits dans le même goût; car s'il y a des rivières ou lacs qui soient plus élevés que le rez-de-chaussée de l'endroit où l'on est, il est évident que si ces eaux communiquent jusque-là, elles pourront remplir le puits et même déborder, comme cela arrive en plusieurs endroits, lorsque les rivières viennent à grossir.

L'on peut ajouter que dans les endroits où l'eau ne pourra pas monter assez près du rez-de-chaussée pour être reçue dans un bassin, ces puits ne laisseraient pas d'être utiles, si faisant tomber l'eau dans quelque réservoir aussi haut qu'elle pourra monter, on peut lui donner de là un écoulement dans quelque autre lieu voisin plus bas que le réservoir, ce qui pourra se faire par un acqueduc souterrain, ou même par un syphon qui passe à fleur de terre, et alors on fera tomber l'eau qui sortirait du canal ou du syphon, dans un bassin, comme on le pratique ordinairement dans tous les lieux où il y a des fontaines voisines; ou bien, sans faire tout cela, on élèvera l'eau au-dessus du rez-de-chaussée par le moyen d'une pompe, pourvu que cette hauteur ne passe point 29 ou 30 pieds, ne pouvant la faire monter plus haut, par les raisons que j'ai données dans le discours sur les effets de l'air, qui est à la fin de mon Cours de mathématiques.

Dans les lieux qui sont fort élevés, on ne rencontre guère toutes les conditions qu'il faut pour faire des puits forés, pas même des puits ordinaires, à moins qu'ils ne soient d'une profondeur excessive comme celui de Charlemont ; et encore quelquefois ne parvient-on pas à rencontrer la bonne eau, ce qui rendrait ces lieux inhabitables, si on n'avait imaginé les citernes, c'est-à-dire, la manière de purifier et de conserver dans une espèce de cave l'eau qui tombe du ciel. Or, comme la construction des citernes demande beaucoup d'application pour les faire bonnes, nous allons détailler tout ce qui peut appartenir à ce sujet ; et pour ne rien dire qui n'ait été déja exécuté avec succès, je prendrai pour exemple la citerne qui a été faite en 1722 à Charlemont par M. de Breval : elle est au moins aussi belle que celle de Dunkerque, dont on fait tant de cas. Cette citerne a, comme on le peut voir par le plan, 15 toises de longueur sur 6 toises 4 pieds de largeur, y compris les deux murs de refend qu'on a faits pour porter les voûtes, parce que pour ces sortes d'ouvrages, qui doivent être à l'épreuve de la bombe, crainte des accidents qui peuvent arriver en temps de siége, il vaut mieux faire trois voûtes chacune d'une grandeur médiocre, que de n'en faire qu'une seule qui serait trop élevée et trop faible.

PLANCHE XXXIII.

Le plan fait voir aussi qu'on avait pratiqué une porte dans le milieu de chaque mur de refend pour la communication de l'eau, et que l'on a fait un citerneau de 9 pieds en quarré, pour que l'eau puisse filtrer avant d'entrer dans la citerne : c'est pourquoi le fond de ce citerneau est de 8 pieds plus haut que celui de la citerne.

Pour tirer de l'eau, on a construit au rez-de-chaussée de la place quatre niches quarrées de 7 pieds et demi dans œuvre, dont deux servent à loger les pompes, et les deux autres pour recevoir l'eau ; et afin qu'on en puisse tirer jusqu'à la dernière goutte, les tuyaux des pompes vont répondre dans un puisart, qui est une espèce de rigole qui règne sur toute la largeur ; dans l'une de ces niches on a pratiqué une porte pour descendre avec une échelle dans la citerne, lorsque l'on veut y faire quelque réparation : ces niches ont été voûtées à l'épreuve de la bombe, et sont décorées extérieurement par une façade de pierre de taille à joints refendus, et couronnées d'une corniche ; elles sont fermées par des portes de madriers, aussi bien que l'entrée de la citerne. Je crois que cette explication suffit, aidée des plans et profils, pour en donner une connaissance parfaite : ainsi je ne parlerai que de ce qu'on a observé en la construisant.

Après avoir déblayé les terres jusqu'à une profondeur convenable, on a fait un massif de maçonnerie d'environ 3 pieds d'épaisseur, dirigé en pente de 6 pouces vers le puisart des pompes, et ce massif occupant tout le fond de la citerne, a servi en même temps de fondements aux piédroits des voûtes et aux murs de refend. Après l'avoir bien arrasé, on l'a couvert d'un rang de briques posées de plat en mortier de ciment; sur ce premier rang on en a fait un second, et sur celui-ci un troisième, toujours avec du mortier de ciment et plein sur joints : le fond du citerneau a été aussi construit de la même manière.

La superficie du fond de la citerne étant achevée, on a élevé les murs de refend et les piédroits des voûtes, auxquels on a donné 3 pieds d'épaisseur : les murs du pourtour tant de la citerne que du citerneau ont été parementés de briques posées en mortier de ciment, sur l'épaisseur de deux briques et d'une demie alternativement, et le reste de cette épaisseur de moellon; ensuite on a posé les cintres sur lesquels on a établi la première voûte d'une brique d'épaisseur faite en mortier de ciment; sur cette voûte on en a fait une seconde, et sur celle-ci une troisième de moellon plat, après quoi l'on a rempli de maçonnerie les reins de la voûte du berceau du milieu, jusqu'à la hauteur qu'on voit déterminée par le profil; après avoir bien arrasé les pentes, on y a appliqué une chappe de ciment qui couvre les trois voûtes, et cette chappe a été faite à-peu-près de la même façon qu'il est enseigné dans le chapitre onzième du livre III.

On a fait un enduit sur le pavé de la citerne, et sur l'intérieur du mur du pourtour, de la même épaisseur qu'on fait ordinairement les chappes de ciment, et fabriqué avec les mêmes précautions, excepté seulement qu'au lieu de poussière de tuileaux, on s'est servi de terrasse de Hollande, comme étant beaucoup meilleure.

Quand on fait des citernes dans des lieux aquatiques, on enveloppe extérieurement toute la maçonnerie par un bon conroi de terre glaise bien pétrie et bien battue, crainte que les eaux qui proviendraient des sources ou de quelque autre cause ne l'endommagent, ou ne se mêlent avec celle de la citerne, si à la longue elles parvenaient à s'y faire une entrée; car on entend bien que ces eaux ne pourraient être que de

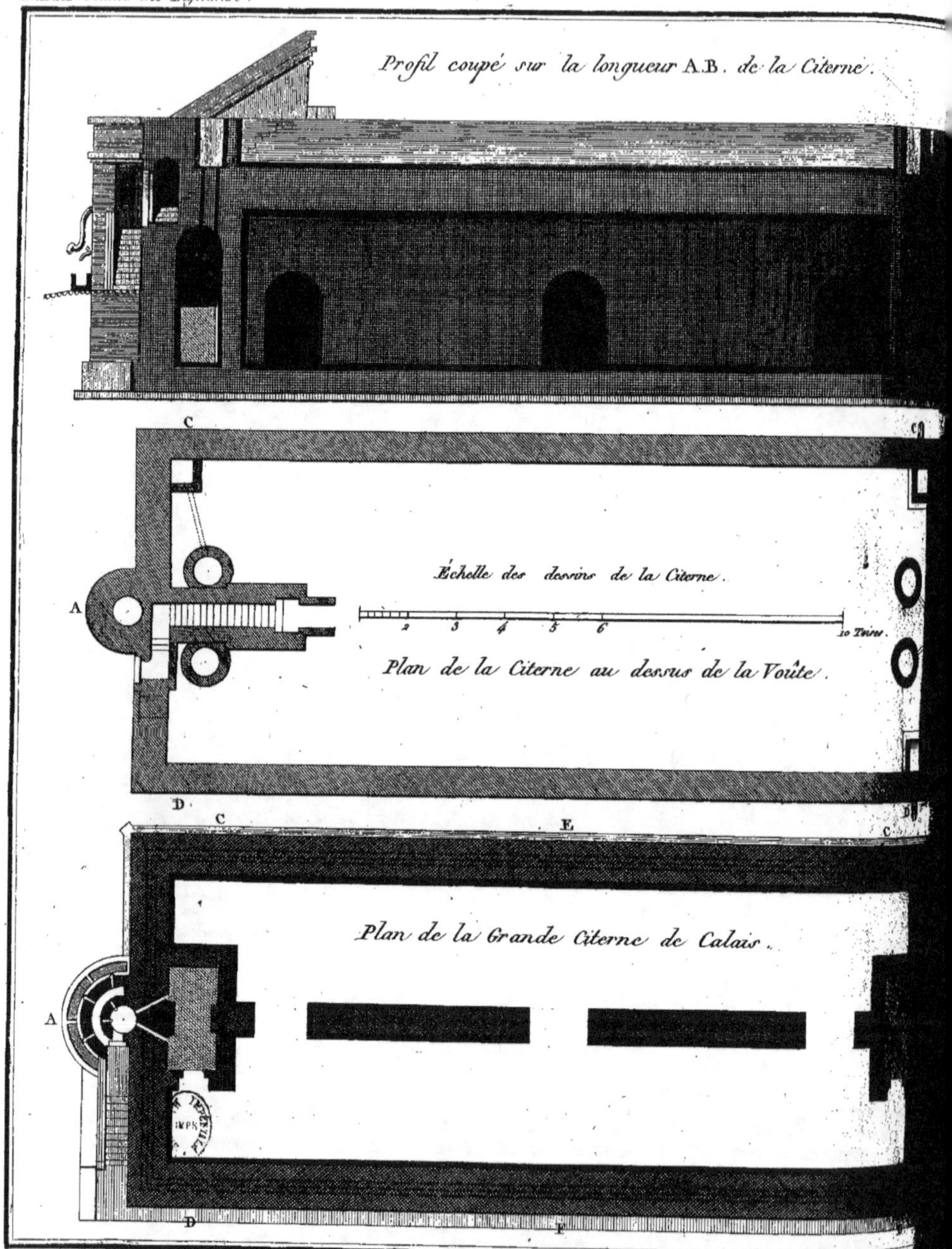
Profil coupé sur la longueur A.B. de la Citerne.
C
Échelle des dessins de la Citerne.
2 3 4 5 6 10 Toises.
A
Plan de la Citerne au dessus de la Voûte.
D
C
E
Plan de la Grande Citerne de Calais.
A
D
F

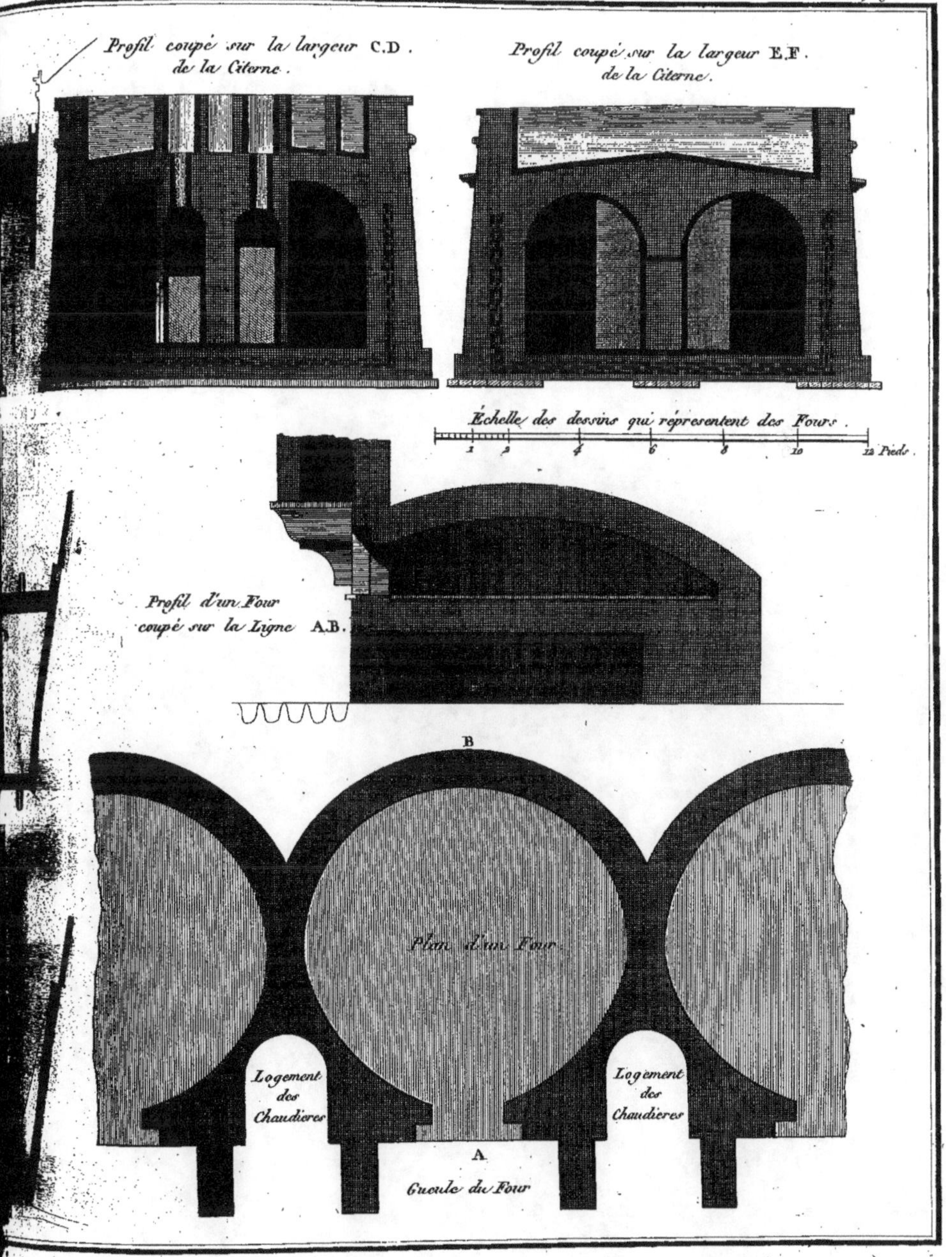
Profil coupé sur la largeur C.D. de la Citerne.
Profil coupé sur la largeur E.F. de la Citerne.
Échelle des dessins qui représentent des Fours.
4
6
8
10
12 Pieds.
Profil d'un Four coupé sur la Ligne A.B.
B
Plan d'un Four
Logement des Chaudieres
Logement des Chaudieres
A
Gueule du Four

mauvaise qualité, puisque si elles étaient bonnes, on ne serait point dans la nécessité de faire une citerne.

J'en rapporterai encore ici une fort belle qui s'est faite à Calais, à-peu-près dans le même temps que celle de Charlemont, dont les développements sont suffisamment détaillés sur la planche XXXIV, que je ne m'arrêterai point à expliquer, parce qu'on en trouvera le devis dans le sixième livre, qui en facilitera parfaitement l'intelligence, et que je donne d'ailleurs pour servir de modèle, quand on sera dans le cas de projeter de pareils ouvrages. PLANCHE XXXIV.

La grandeur des citernes devant être réglée sur la quantité d'eau que les toits des bâtiments les plus à portée peuvent fournir, il faut, afin de savoir combien on pourra en recueillir, faire des expériences sur les lieux, pour voir ce qu'il tombe de pouces d'eau chaque année, c'est-à-dire, de combien de hauteur d'eau les pluies couvriraient la surface de la terre, si elles s'y conservaient sans s'écouler, s'imbiber, ni s'évaporer; et supposant qu'il en tombe 20 pouces, il faut mesurer l'étendue qu'occupent les bâtiments dont on veut ramasser l'eau des toits, sans s'embarrasser de leur figure, ni de la grandeur de leur surface, puisque l'eau qu'ils recevront sera toujours équivalente à celle qui serait tombée sur le terrain qu'occupe le bâtiment, si l'espace avait été découvert comme en pleine campagne : or, si cet espace se trouvait par exemple de 1200 toises quarrées, il faudrait multiplier cette quantité par 20 pouces, et le produit donnera 332 toises 4 pieds cubes pour la quantité d'eau que la citerne recevra dans le courant d'une année; sur quoi il faut prendre garde de la faire toujours plus grande, afin que dans le temps des plus grandes eaux, elle ne monte jamais jusqu'à la naissance de la voûte (1).

Pour savoir la manière dont on pourra faire ces expériences, je rap-

(1) Il peut être nécessaire de rassembler de l'eau dans des citernes dans des localités où le terrain sablonneux laisse filtrer l'eau de pluie, et où on n'a point de bâtiments assez considérables pour que l'eau qui tombe sur les toits offre une assez grande ressource. M. Ferregeau a proposé alors d'enlever aux environs de l'emplacement où la citerne doit être établie, et sur une étendue suffisante, les premières couches de sable, de former un ban de terre franche et de glaise, couvert de pierrailles, sur

porterai ce qui se pratique à l'Observatoire royal de Paris, que j'accompagnerai de quelque exemple dont on pourra se servir dans l'occasion.

Pour connaître la quantité d'eau de pluie qui tombe à l'Observatoire, on place dans une tour découverte un vaisseau de fer-blanc de 4 pieds de superficie, avec des rebords de 6 pouces de hauteur : ce vaisseau est fait en pente vers l'un de ses angles où il y a un bout de tuyau pour conduire l'eau dans une cruche, on a grand soin de mesurer exactement toute l'eau qui s'est amassée dans cette cruche, avec un vase de figure cubique qui a son côté de 3 pouces, en sorte que 32 lignes de hauteur d'eau dans ce petit vase valent une demi-ligne sur la superficie du grand vaisseau; car il est bon de remarquer qu'on ne remplit point entièrement la mesure, et qu'on se contente d'y mettre de l'eau jusqu'à une ligne qui est tracée en dedans à 4 lignes au-dessous du bord, pour avoir les 32 lignes d'eau dont on vient de faire mention. On écrit sur un registre toutes les mesures qu'on a ramassées pendant le courant de chaque mois, pour en faire une somme au bout de l'année, dont on prend la moitié pour avoir en ligne la quantité d'eau qui est tombée.

M. de Vauban ayant envoyé à l'académie royale des sciences un mémoire de la quantité d'eau de pluie qui est tombée dans la citadelle de Lille pendant dix années, depuis 1685 jusqu'en 1694, M. de la Hire a comparé les six dernières années de l'observation de Lille, avec les mêmes années qu'il a observées très-exactement à Paris, et en voici le parallèle.

| Année. | A Lille. | | A Paris. | |
|---|---|---|---|---|
| 1689 | 18 pouc. | 9 lig. | 18 pouc. | 11 $\frac{1}{2}$ lig. |
| 1690 | 24 | 8 $\frac{1}{2}$ | 23 | 3 $\frac{1}{2}$ |
| 1691 | 15 | 2 | 14 | 5 $\frac{1}{4}$ |
| 1692 | 25 | 4 $\frac{1}{2}$ | 22 | 7 $\frac{1}{2}$ |
| 1693 | 30 | 3 $\frac{1}{2}$ | 22 | 8 |
| 1694 | 19 | 3 | 19 | 9 |
| 6 années. | 133' | 6 $\frac{1}{2}$ | 121 | 9 |

Par la comparaison de ces six années, on voit en général qu'il pleut

---

lequel on rapporterait le sable enlevé, et dont les pentes seraient disposées de manière à conduire dans la citerne les eaux de pluie qui, ne pouvant pénétrer au travers de la glaise, cesseraient alors de se perdre *(N)*.

un peu plus à Lille qu'à Paris, et que la moyenne année à Lille donne 22 pouces 3 lignes, et à Paris 20 pouces 3 lignes. Cependant on n'en compte ordinairement que 19.

## CHAPITRE TREIZIÈME,

*Où l'on donne les règles générales que l'on doit observer dans la construction des bâtiments.*

Après avoir expliqué dans les chapitres précédents les propriétés et la distribution des principaux édifices militaires, il me reste à faire le détail de beaucoup de choses qui appartiennent à leur construction et à celle des bâtiments pour les particuliers, dont je ne traiterai qu'en général, parce qu'ils ne font partie de mon ouvrage qu'autant qu'un ingénieur, sans vouloir être architecte du premier ordre, ne peut ignorer les proportions qu'il faut donner aux parties d'un bâtiment pour être commode et gracieux. Ce sont ces choses, dis-je, qu'il faut savoir, parce qu'elles se rencontrent souvent dans les édifices militaires, qui, quoique très-simples par eux-mêmes, ont pourtant besoin d'être dirigés selon certaines règles, desquelles on ne peut s'écarter sans tomber dans quelque défaut. Quant aux détails que j'ai dessein d'insinuer, ils sont de la dernière conséquence, puisque ce n'est que par eux qu'on peut dresser les devis qui doivent précéder la construction des bâtiments.

Ces détails sont une intelligence parfaite de la charpente, de la menuiserie, de la serrurerie, des couvertures de tuile et d'ardoise, de la vitrerie, de la peinture, du carrelage, du pavé, en un mot tout ce qui peut tomber sous la direction d'un ingénieur ; et pour peu qu'on en fasse ensuite l'application aux ouvrages dont il est parlé dans les chapitres précédents, je crois qu'en peu de temps un jeune ingénieur se rendra capable de se bien acquitter des différents travaux dont les chefs jugeront à propos de le charger, car je suppose qu'il s'est mis au fait du premier, du second et du troisième livre, où il a dû apprendre ce qui appartient aux gros ouvrages, et qu'il n'est plus question pour lui que de s'instruire des autres plus légers.

Quand on construit un édifice, il faut donner aux murs des épaisseurs convenables à la hauteur et à la charge qu'ils doivent porter faisant attention que cette épaisseur dépend aussi de la qualité des pierres dont ils seront composés ; ces murs doivent avoir une retraite d'un demi-pied au-dessus des fondements, 3 pouces d'un côté et 3 pouces de l'autre, et chaque étage sera aussi recoupé d'environ 3 pouces en dehors et 3 pouces en dedans, parce qu'ainsi la charge du mur portera à plomb sans qu'on soit obligé de lui donner de talus ; on fait une plinthe en dehors à chaque étage pour ne pas rendre ce recoupement sensible.

Pour rendre l'ouvrage plus solide, les encoignures doivent être de pierre de taille autant qu'il est possible, prenant garde d'en éloigner le plus qu'on pourra les fenêtres et les portes, crainte de les trop affaiblir ; quant aux murs de refend, on leur donnera la moitié de l'épaisseur de ceux des faces.

On observera de ne jamais asseoir les poûtres sur des vides, comme sur des fenêtres ou portes, et qu'elles ne passent pas dans les cheminées ; le vide doit être assis sur le vide, comme le plein sur le plein.

Pour la commodité d'un bâtiment, il faut que les appartements soient voisins les uns des autres, bien arrangés ; que les principaux, comme les salles et les chambres, soient accompagnés d'une garde-robe et d'un cabinet, le tout de plein-pied : ces appartements doivent être proportionnés au service auquel ils sont destinés, et quand on est libre de suivre de justes proportions, on se réglera sur celle-ci.

Les salles auront depuis 22 jusqu'à 24 pieds de largeur, et depuis 34 jusqu'à 36 de longueur ; aux grands bâtiments, la longueur des salles doit être double de leur largeur : les chambres seront quarrées, comme étant la figure qui leur convient le mieux, et l'on pourra leur donner depuis 22 jusqu'à 24 pieds : quant à la grandeur des cabinets et des garde-robes, elle dépend des personnes à qui ces sortes d'endroits conviennent plus ou moins.

Les appartements au rez-de-chaussée pourront avoir depuis 13 jusqu'à 14 pieds de hauteur, ceux du premier étage depuis 12 jusqu'à 13, et ceux du second depuis 11 jusqu'à 12, ainsi en diminuant d'un pied ou d'un pied et demi pour les étages les plus élevés.

Les proportions qui conviennent le mieux aux grandes et petites portes, est de leur donner pour hauteur le double de leur largeur; les portes par où doivent passer les voitures auront depuis 8 jusqu'à 9 pieds de large; celles des appartements ordinaires en auront 3, ou au moins 2 et demi, et celles des grands appartements et des vestibules pourront avoir depuis 4 jusqu'à 5 pieds.

Dans la face d'un bâtiment, il faut toujours observer que la porte soit dans le milieu, autant que cela se peut faire; les portes des appartements doivent être de suite, et opposées à une fenêtre lorsque le bâtiment retourne d'équerre; et dans les étages qui sont les uns sur les autres, on aura soin que les portes se répondent à plomb, afin que le vide repose sur le vide.

Les grandes fenêtres doivent être proportionnées au lieu qu'elles éclairent; car si elles sont trop éloignées et trop petites, elles rendent le lieu obscur, si elles sont trop grandes et trop proches les unes des autres, elles affaiblissent le mur dans lequel elles sont percées: la meilleure règle est de les espasser tant plein que vide, c'est-à-dire, que la largeur du trumeau soit égale à celle de la croisée, observant que vers les encoignures (pour ne point affaiblir le mur), il y ait de distance, de l'angle du bâtiment au tableau de la croisée, un tiers ou un quart plus que la largeur de la croisée même.

Les proportions des grandes fenêtres, ou autrement des croisées, dépendent de leurs situations, si elles sont au rez-de-chaussée, au premier, au second ou au troisième étage, et de la hauteur de l'étage, qui est différent, selon la grandeur des édifices.

Toutes les fenêtres des bâtiments particuliers, et des autres destinés aux usages ordinaires, doivent avoir depuis 4 jusqu'à 5 pieds de largeur.

Pour régler généralement leur hauteur, il suffira de dire qu'après avoir pris dans la hauteur de l'étage 3 pieds au plus qu'il faut donner au mur d'appui, l'on pourra donner le reste de la hauteur sous solives aux croisées: par exemple, si l'étage a 13 pieds de hauteur sous solives, en ayant pris 3 pour l'appui, il en restera 10 pour la hauteur des croisées; ainsi à proportion des autres étages qui sont moins élevés.

On fera en sorte que toutes les fenêtres répondent à plomb les unes sur les autres: s'il y avait des endroits au second étage ou au troisième où l'on n'aurait pu en faire, à cause de la distribution du dedans, qui répondissent à celles des étages au-dessous, il faudrait en feindre, afin que la façade du bâtiment fût régulière.

Pour les lucarnes des étages en galetas, elles doivent avoir un cinquième moins de largeur, que les croisées de dessous, et leur hauteur doit être environ une fois et demie leur largeur.

La grandeur des cheminées doit être proportionnée à celle des places où elles sont situées : les grandes pour les salles et salons, auront 6 ou 7 pieds d'ouverture entre leurs jambages, et 4 à 5 depuis le dessous de leur plate-bande, et environ 2 pieds de profondeur d'âtre : les moyennes pour les chambres seront environ de 4 pieds de largeur sur 3 de hauteur, et de 18 à 20 pouces de profondeur ; les petites pour les cabinets peuvent avoir depuis 2 pieds jusqu'à 4 de largeur, et le reste à proportion.

Dans les grands bâtiments où les murs ont une épaisseur considérable, on peut y faire passer les tuyaux de cheminées ; mais quand cette épaisseur est médiocre, il ne convient pas d'y rien anticiper, parce qu'on affaiblirait trop les murs de refend ou les pignons. Autrefois les cheminées étaient adossées les unes devant les autres, mais comme elles chargeaient les planchers, et saillaient trop dans les chambres, on a corrigé ce défaut en les rangeant le long du mur, et en dévoyant les tuyaux ; mais comme ce dévoiement est désagréable à voir, on pratique des armoires dans les vides, ce qui rend la chambre régulière.

PLANCHE XXXV.

Les tuyaux peuvent avoir 3 ou 4 pieds de longueur, sur 10, 12 à 15 pouces de largeur, et leur épaisseur doit être de languette de pierre ou de briques de 4 pouces : quant à la situation des cheminées, je crois qu'il n'est pas besoin de dire qu'il ne faut jamais les adosser contre les murs de face, entre les fenêtres, pour des raisons qui se font assez sentir, ainsi leur véritable place est dans le milieu des murs de refend, de sorte qu'elles se présentent en entrant, sans pourtant se trouver vis-à-vis la porte qui doit, comme on l'a déja dit, être de côté, pour être d'enfilade avec les autres.

Il faut que les souches des cheminées ne causent aucune difformité au dehors d'un bâtiment, et celles qui sont sur le courant du comble et isolées doivent être les plus égales en grosseur, avec le plus de symétrie qu'il est possible, toutes de pareille hauteur, observant qu'elles surmontent le faîte de 3 pieds : leur fermeture doit être d'environ 4 à 6 pouces de jour, pour l'échappée de la fumée, sur la longueur proportionnée à celle du tuyau, avec un petit adoucissement au-dessus.

Les escaliers faisant une des principales parties des bâtiments, il y aurait beaucoup de choses à dire sur le choix de leur place, leur grandeur et leur figure, sur-tout dans un temps où il semble qu'on ne peut rien ajouter à ce que l'on a fait de merveilleux dans ce genre-là ; est-il rien de plus beau que de voir des escaliers qui se soutiennent d'eux-mêmes en l'air par l'admirable invention que l'on a trouvée de les évider dans le milieu ? J'avoue que j'aurais eu un extrême plaisir à traiter ce sujet, pour examiner avec autant de précision qu'on le peut, le mécanisme qui doit régner dans la coupe des pierres, pour y trouver les limons et les appuis en courbe rampante, afin que tout puisse s'assembler et se soutenir, sans y employer d'autre matière que la pierre même ; mais comme cela m'aurait mené trop loin, je me contenterai de rapporter quelques règles générales, qu'on doit observer dans la construction des escaliers ordinaires, d'autant que ceux qui se pratiquent pour la commodité des édifices militaires, n'ont rien de commun avec la magnificence de ceux qui peuvent avoir lieu dans les grands édifices.

Pour ne rien interrompre dans la suite des appartements du dedans du corps de logis, on faisait autrefois des escaliers au milieu de la face en dehors, dans des tours séparées ; mais comme ces tours défiguraient la symétrie extérieure, on a jugé plus à propos par la suite de les placer en dedans au milieu du corps de logis, pour donner la communication à deux appartements séparés à droite et à gauche ; là ils étaient bien en vue et bien éclairés, ne gâtaient rien à la décoration, et lorsqu'ils s'agissait d'un bâtiment simple et de peu de profondeur, il suffisait d'avancer de part et d'autre un avant-corps de la largeur de l'escalier sur chacune des faces, pour trouver assez de longueur aux rampes, que l'on faisait ordinairement doubles, afin que pratiquant un passage sous le premier palier à l'endroit de la seconde rampe, on pût communiquer de la cour au jardin : cette avance que l'on faisait dans le milieu du corps de logis pour placer l'escalier, donnait tant de grace au bâtiment et rendait l'escalier si commode, que je ne crois pas que l'on puisse mieux faire que de suivre cet usage ; quoique dans ces derniers temps on se soit plutôt attaché à les placer dans les coins, à l'imitation de ce qui se pratique en Italie, où l'on affecte de faire passer ceux qui vont à l'escalier par plusieurs membres engagés l'un dans l'autre ; cependant comme un escalier placé dans le milieu occupe la plus belle place du bâtiment, dont on peut se servir plus avantageusement pour un salon, il vaut mieux, quand on le peut, le mettre de côté.

Quant à la figure que l'on peut donner aux escaliers, ceux qui sont dans des cages quarrées ou quarrés longs conviennent mieux aux bâtiments considérables que les autres qui seraient disposés en rond, en ovale ou à pans, à moins qu'on n'y soit contraint par quelque raison indispensable.

La grandeur des escaliers doit être proportionnée à celle des édifices à l'usage desquels ils sont destinés, et par conséquent doit dépendre de cette partie d'architecture qui fait distribuer l'espace que les appartements doivent occuper, en sorte que chaque membre soit proportionné à tout le reste : la seule chose qui peut être commune aux grands et aux petits escaliers, est la hauteur des marches par rapport à leur grandeur, celle des balustres et des appuis, parce que ce sont des choses qui servent à des usages qui sont les mêmes partout.

La moindre largeur qu'on puisse donner à la rampe d'un escalier principal est de 4 pieds, pour que deux personnes puissent monter et descendre de front sans s'incommoder : la hauteur des appuis et des balustres doit être au plus de 3 pieds, et au moins de deux pieds et demi : quant à la hauteur des marches par rapport à leur largeur ; voici une règle que M. Blondel donne dans son cours d'architecture, que j'ai cru à propos de rapporter ici.

La longueur du pas aisé d'un homme qui marche de niveau, est de 2 pieds ; c'est-à-dire de 24 pouces, et la hauteur de celui qui monte à une échelle dressée à plomb n'est que d'un pied ou de 12 pouces, d'où il paraît que la longueur naturelle du même pas à plomd est la moitié de la hauteur naturelle du pas étendu de niveau, ainsi pour les joindre l'une avec l'autre, comme il se fait dans toutes les rampes, il faut que chaque partie en hauteur soit par compensation prise pour deux parties de niveau, et que l'une et l'autre, pour composer un pas naturel, fassent ensemble la longueur de 2 pieds ou de 24 pouces : pour cet effet, si dans une rampe vous ne donnez qu'un pouce de hauteur à la marche, il faudra lui donner 22 pouces de largeur, parce que 22 pouces de niveau avec le pouce de hauteur, qui vaut deux pouces de niveau, font ensemble la longueur du pas naturel de 24 pouces : si la marche a

[illegible]

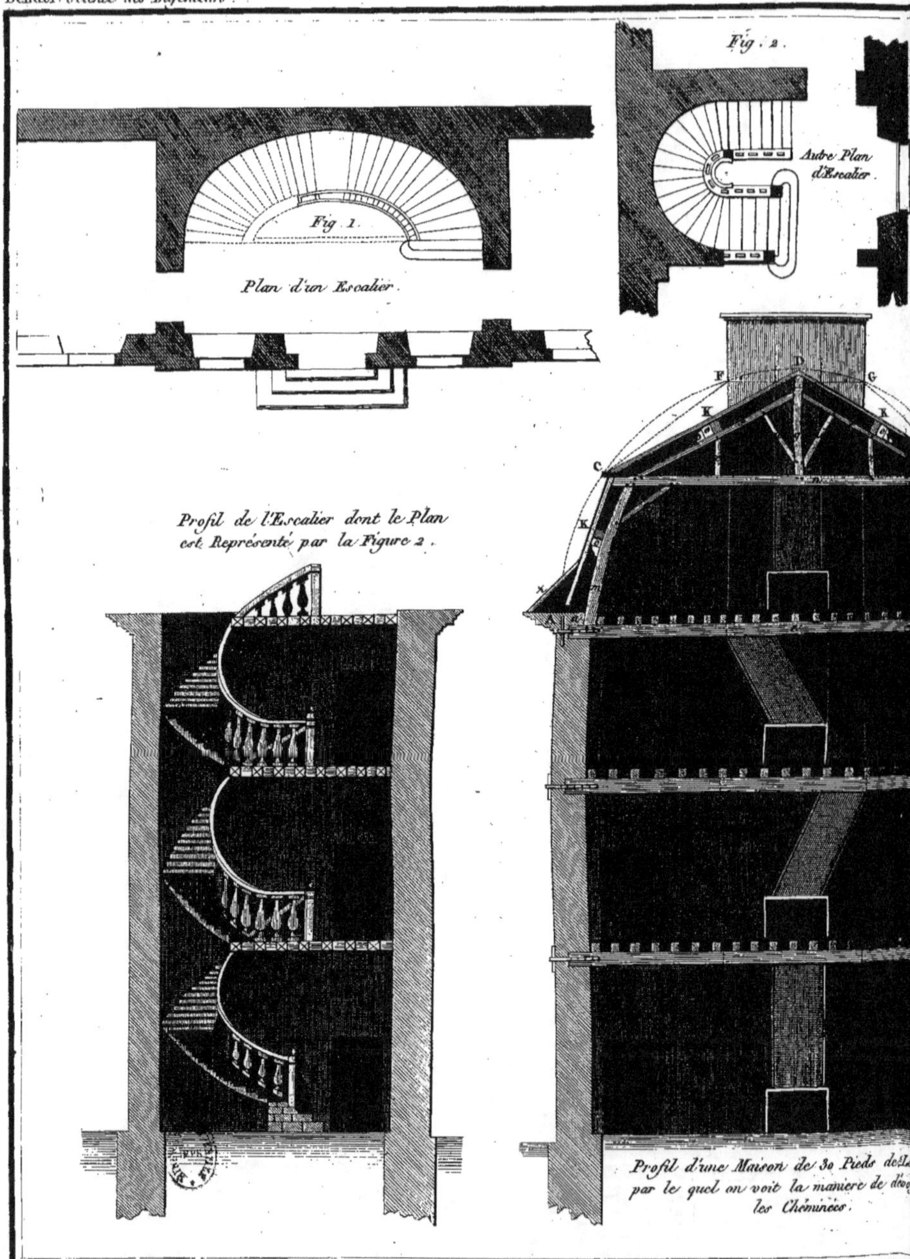


Plan d'un Escalier.

Autre Plan d'Escalier.

Profil de l'Escalier dont le Plan est Représenté par la Figure 2.

Profil d'une Maison de 30 Pieds de Lar
par le quel on voit la maniere de dévoy
les Chéminées.

a Plates formes. b Entretoises. c Blochets. d Pas de Chevron. e Tirants. f Arêtiers. g Poinçons
h Goussets. j Empanons. k Chevron. l Faites. m Jambes de force. n Entrail. o Tasseau. p Chantignole. q Pannes de brises. r Cours de pannes. s Arbalêtriers. t Fillieres. u Contrefiches
x Jambetes. y Esseliers ou liens. ⅹ Coyaux. o Moises pour entretenir ensemble le faite et le sous faite.

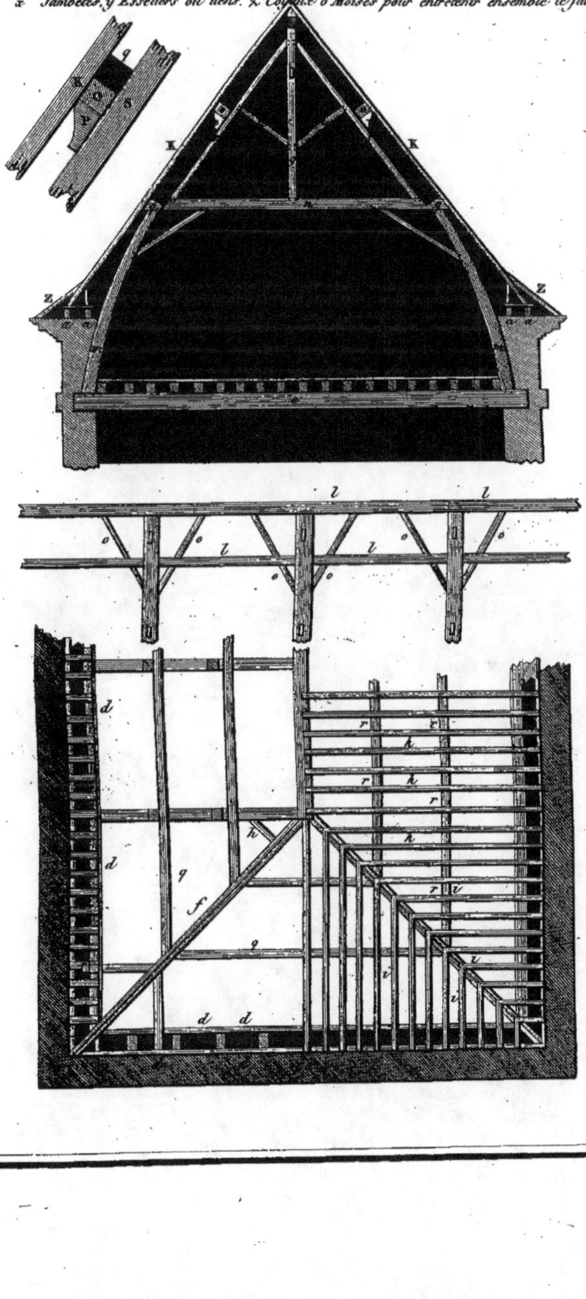

2 pouces de hauteur qui valent autant que 4 pouces de niveau, elle n'aura que 20 pouces de large, qui font ensemble 24 pouces à 3 pouces de hauteur, qui en valent 6 de niveau; il n'en faudra que 18 de large à 4 pouces de hauteur, qui valent 8 pouces de niveau; il faut 16 pouces de large à 5 pouces de hauteur, 14 pouces de giron à 6 pouces de haut, 12 pouces de large à 7 de haut, 10 de large à 8 de haut, 8 de large, à 9 de haut 6 de large; et ainsi du reste : ce qui se trouve faire un parfaitement bon effet, comme l'expérience le montre.

Pour rendre un escalier commode, il faut prendre garde de ne point faire les marches trop élevées; pour cela il ne faut jamais leur donner plus de 6 pouces de hauteur, et moins encore si on le peut, et régler la largeur du giron selon la règle précédente : quand on ne peut pas leur donner autant de largeur qu'on le désire, il faut les faire saillir d'un pouce, et tailler cette partie en quart de rond.

Il y a des architectes qui veulent qu'on fasse les marches un peu inclinées sur le devant pour les rendre plus faciles et plus commodes, quand on est tellement contraint par l'espace qu'on ne peut leur donner une largeur convenable; mais quand cela arrive, il vaut beaucoup mieux faire cette pente du sens opposé; c'est-à-dire qu'en montant la pointe du pied soit un peu plus basse que le talon, cette pente aidant tellement à monter, qu'il semble que l'on marche de niveau; on a voulu aussi faire le giron des marches un peu creux dans le milieu pour rendre la montée plus douce; mais cette pratique est très-dangereuse, l'expérience faisant voir que ces sortes d'escaliers sont difficiles à descendre, le pied n'y étant jamais assuré.

La principale chose que l'on doit observer en construisant un escalier, est de faire en sorte qu'il soit bien éclairé; et comme on ne peut tirer du jour que des ouvertures qui sont assujéties au reste du bâtiment, il faut bien prendre garde au choix du lieu et à la disposition des rampes, pour qu'il n'y ait aucun endroit qui ne soit bien éclairé, par des fenêtres qui répondent au milieu de chaque rampe, sur les paliers, ou par les flancs; mais il faut éviter que les fenêtres soient coupées par les rampes, comme cela se fait assez communément, rien n'étant plus disgracieux à la vue. Mais ce qu'on vient de dire doit suffire pour ce sujet, passons à ce qui regarde les combles.

Les architectes sont assez partagés sur la hauteur qu'il faut donner aux combles : les uns veulent qu'ils fassent un triangle équilatéral, l autres un triangle rectangle et isoscèle, d'autres enfin prennent i milieu entre ces deux-ci, et leur donnent pour hauteur les trois quai de la largeur du bâtiment (1). Cette proportion est fort bonne, ne re dant point les toits trop plats ni trop élevés, je l'aimerais mieux qu'a cune autre ; il faut avouer qu'autrefois on les faisait d'une hauteur exc sive, comme on le voit encore aujourd'hui à une quantité de bâtimen dont les combles sont plus élevés que les murs de face, défaut q choque le bon sens et qui n'est pas pardonnable ; car à quoi bon en ployer une forêt de bois pour charger inutilement des murs qui semble plier sous le poids dont ils sont accablés ? il est vrai qu'on avait alo dessein de donner plus d'écoulement à la neige et aux eaux pluviale mais quand les toits ont une pente d'environ 50 degrés, l'expérien montre que les étages les plus élevés, comme les greniers, n'en so pas moins secs.

Les combles à la mansarde, que l'on nomme aussi *combles brisé* ont fort bonne grace (2), et c'est ce que l'on a imaginé de mieux po la couverture des maisons qui n'ont guère d'élévation et qui sont is lées, comme la plupart de celles que l'on fait à la campagne : un ava tage encore de ces sortes de combles, est de rendre l'étage en galet fort habitable, presque quarré, et les joues des lucarnes fort petite

Bullet, pour faire le comble à le mansarde, décrit un demi-cerc dont le diamètre est supposé égal à la largeur du bâtiment ; il divi ensuite ce demi-cercle en quatre parties égales, pour tracer la moit d'un octogone, dont deux des côtés représentent le vrai comble, et le deux autres ce qu'on appelle faux comble.

M. Daviller, dans son cours d'architecture, n'approuve point cett construction, parce qu'en effet elle rend le toit trop plat, il en propos une autre en termes assez obscurs, qui me paraît aussi sujette à plu

(1) Il est rare qu'on donne actuellement aux combles une hauteur plus grande que le tiers de leur ouverture. Cette hauteur ne peut être moindre que le sixième de cette ouverture *(N)*.

(2) Le goût a changé à l'égard des combles à mansarde, et ils ne nous semblen plus avoir aussi bonne grace que le trouvait Bélidor *(N)*.

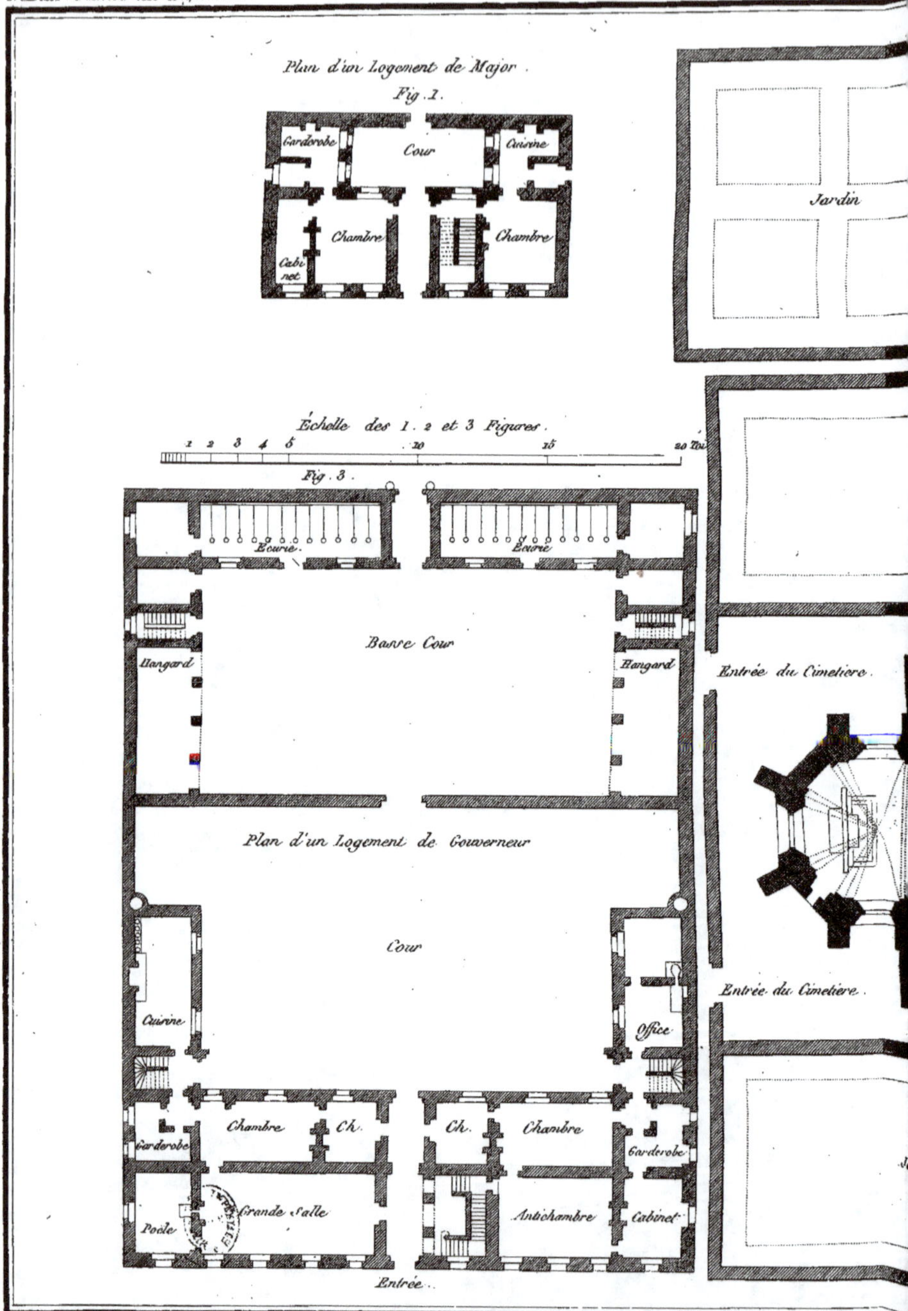
Plan d'un Logement de Major.
Fig. 1.
Garderobe
Cour
Cuisine
Chambre
Chambre
Cabinet
Jardin
Échelle des 1. 2 et 3 Figures.
1 2 3 4 5 10 15 20 Toi.
Fig. 3.
Écurie.
Écurie.
Basse Cour
Hangard
Hangard
Entrée du Cimetiere.
Plan d'un Logement de Gouverneur
Cour
Entrée du Cimetiere.
Cuisine
Office
Chambre
Ch.
Ch.
Chambre
Garderobe
Garderobe
Grande Salle
Poele
Antichambre
Cabinet
Entrée.

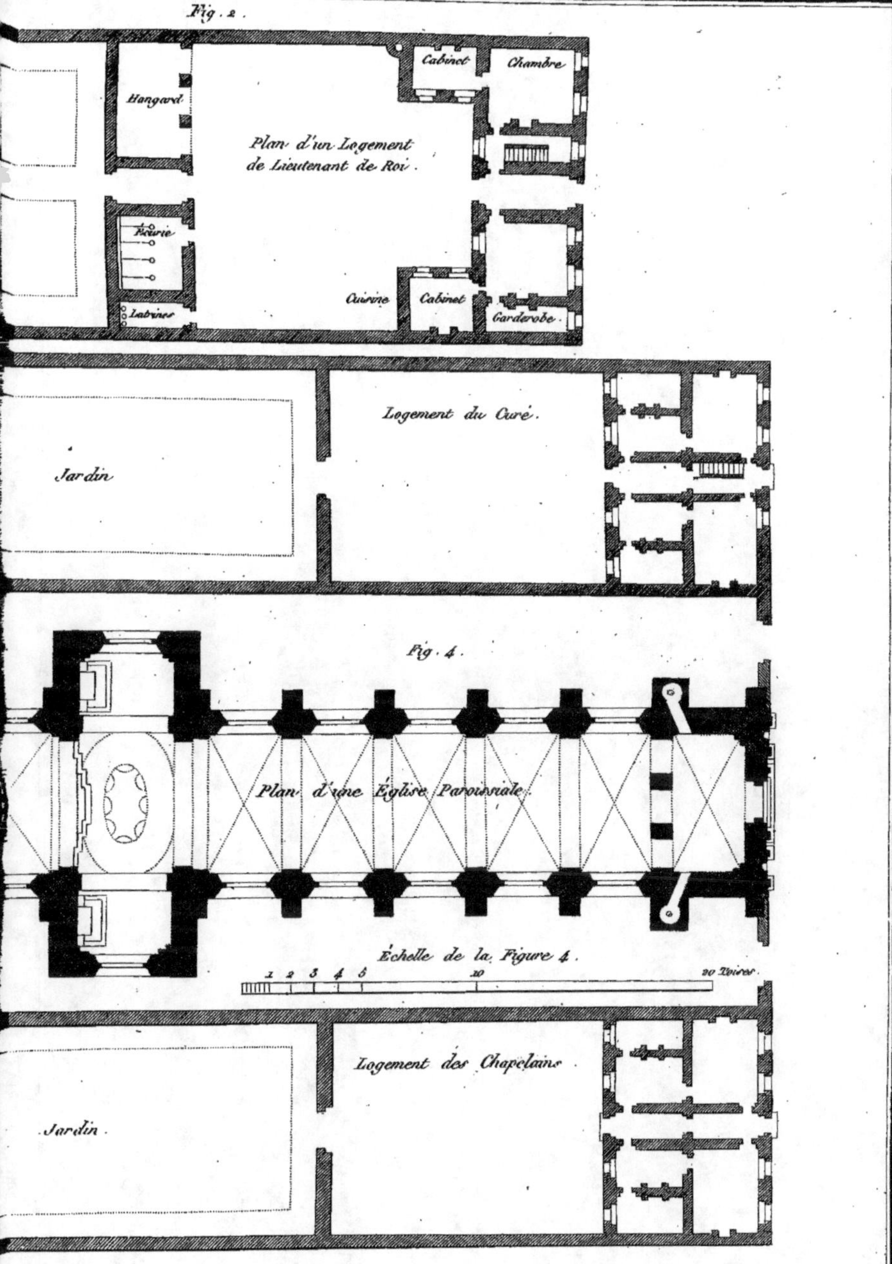
Fig. 2.
Cabinet
Chambre
Hangard
Plan d'un Logement de Lieutenant de Roi.
Ecurie
Cuisine
Cabinet
Latrines
Garderobe.
Logement du Curé.
Jardin
Fig. 4.
Plan d'une Église Paroissiale.
Échelle de la Figure 4.
1 2 3 4 5
10
20 Toises.
Logement des Chapelains.
Jardin.

sieurs inconvénients : ainsi n'ayant rien vu dans les auteurs de satisfaisant sur ce sujet, j'ai pris le parti de chercher moi-même si je ne trouverais pas une méthode de tracer le comble à la mansarde qui fût plus régulière que celles qui sont venues à ma connaissance ; la voici :

Il faut décrire un demi-cercle ADB, dont le diamètre sera égal à la largeur du bâtiment hors d'œuvre, tracer dans ce demi-cercle la moitié d'un décagone régulier ACFGEB, ce qui se fait en divisant le rayon en moyenne et extrême raison pour avoir la moyenne qui sera le côté du décagone, ensuite tirer les deux lignes CA et EB, qui exprimeront les côtés du faux comble ; et si l'on divise l'arc CDE en deux également au point D, et qu'on tire les cordes DC et DE, elles achèveront la figure ACDEB de la mansarde, qui aura fort bonne grace, n'étant ni trop élevée ni trop écrasée. PLANCHE XXXV.

Après avoir donné les règles générales qu'on doit suivre dans la construction des bâtiments, il sera aisé d'en faire l'application à ceux que l'on construit pour l'état-major, dans les citadelles, forts, etc. C'est pourquoi je passerai légèrement sur cet article, et je dirai seulement un mot de la distribution qui peut convenir pour ces sortes de logements.

Il faut que le logement du gouverneur soit composé de trois parties principales, savoir, du corps de logis avec sa cour, de la basse-cour et du jardin : son appartement doit être au premier étage, et consistera en une anti-chambre, une chambre, un cabinet et une garde-robe ; et supposant que l'escalier soit dans le milieu du corps de logis, on doit régler de l'autre côté un second appartement semblable à celui-ci pour des gens de considération que le gouverneur serait obligé de recevoir ; le second étage sera distribué pour les principaux domestiques, et le troisième pour les laquais et les fournitures de la maison ; dans le rez-de-chaussée on ménagera une salle à manger, une cuisine, un garde-manger, une office, une chambre et un cabinet pour les officiers de la garnison, quand le gouverneur veut délibérer avec eux de quelque chose qui regarde le service.

Dans la basse-cour, on doit mettre les angars pour le bois de la maison ; les écuries et les greniers au-dessus de ces bâtiments serviront pour les fourrages : à l'égard de la disposition du jardin, je n'en parlerai point, puisqu'elle dépend du lieu, je rapporterai seulement le plan de la maison que je viens de décrire, que l'on trouvera sur la pl. XXXVI.

aussi bien que ceux des logements du lieutenant de roi et du major.

Dans les villes fortifiées qui sont habitées depuis long-temps, il y a ordinairement assez d'églises pour faire le service divin ; mais s'il s'agissait d'une place neuve, il faudrait au moins une paroisse dont la grandeur fût proportionnée au nombre des habitants : par exemple, dans les villes à six bastions royaux, l'église doit avoir 35 toises de longueur dans œuvre sur 6 toises de largeur, avec deux chapelles de 20 pieds de large sur 24 de longueur. A droite et à gauche de l'église, il faudra faire des logements pour le curé et pour le chapelain, dont la distribution, aussi bien que celle de l'église, doit être à-peu-près comme on le voit marqué sur la même planche.

## CHAPITRE QUATORZIÈME,

*Qui comprend plusieurs détails nécessaires à l'exécution des bâtiments.*

Après avoir donné dans le chapitre précédent les règles générales qu'on doit observer dans la construction des bâtiments, il me reste à parler dans celui-ci de tout ce qui appartient à leur exécution : car ne considérer les choses qu'en gros, c'est n'en donner qu'une connaissance superficielle ; il faut entrer dans les détails, et il n'y en a pas qui ne soient d'une utilité indispensable, comme on le va voir.

### *Détail de la charpente, des combles, des planchers, de la menuiserie, des portes et fenêtres.*

Les combles se font toujours par travées, et l'on appelle *travée* la distance d'une ferme à l'autre, qui est ordinairement de 10 ou 12 pieds : chaque ferme est posée sur une poûtre dont la grosseur dépend de sa longueur, par conséquent de la largeur du bâtimemt ; et comme les dimensions de toutes les autres pièces doivent être aussi proportionnées à cette largeur, afin qu'elles ne soient ni trop fortes ni trop faibles par rapport à la portée qu'elles auront, nous supposerons qu'il est question d'un bâtiment de 30 pieds de largeur, qui est un milieu entre 24 et

PLANCHE XXXV.

36 pieds, qu'on peut regarder comme la moindre et la plus grande largeur des bâtiments ordinaires.

Les pièces qui composent une ferme sont les jambes de force, qui ont 8 à 9 pouces de gros ; l'entrait, qui sert à soutenir les arbalétriers et à assembler les jambes de force, en a 8 à 9, et est posé de champ ; les aisselières qui servent à lier les jambes de force avec l'entrait, en ont 7 à 8 ; le poinçon, 8 en quarré ; les contrefiches qui servent à soutenir les arbalétriers, 6 à 7, et les arbalétriers, 8 à 9.

Les autres pièces d'un comble sont le faîte, le sousfaîte, les pannes et les chevrons. L'un et l'autre faîte a 6 à 8 pouces en quarré, et les chevrons, ordinairement 4 aussi en quarré, posés de quatre à la latte ; c'est-à-dire environ à un pied de distance. Quand on met des plates-formes sur l'entablement pour recevoir le pied des chevrons, elles doivent avoir 4 à 8 pouces ; et lorsque l'entablement a beaucoup de saillie, l'on emploie des coyaux pour l'égoût du comble, afin de conduire les eaux de pluie à quelques pieds au-delà du mur de face : ces coyaux ne sont autre chose que des bouts de chevrons, dont l'une des extrémités est coupée en bizeau pour être appliquée sur les chevrons même ; les pannes reposent sur des tasseaux, et ces tasseaux sur l'échantignole, l'un et l'autre arrêté sur les arbalétriers avec des chevilles de bois.

Pour les planchers, je crois qu'il n'est pas nécessaire d'insinuer combien il est de conséquence que les poûtres et les solives soient de bon bois coupé depuis plusieurs années, puisqu'on n'ignore point le danger qu'il y aurait à en employer de mauvaise qualité. A l'égard des dimensions des poûtres, j'en ai assez dit dans le second et le troisième chapitre de ce livre, pour qu'on soit en état de juger de la grosseur qu'il conviendra de leur donner.

Les principales pièces de charpente d'un escalier, sont les patins sur lesquels les marches sont posées, les limons par lesquels on les assemble, les poteaux qui servent à porter les limons, les planchers des paliers, les appuis, les balustres et les marches.

Les patins ont 8 à 9 pouces de gros, les poteaux 4 à 6 ; la grosseur des limons doit se régler par rapport à leur longueur, qui dépend de la grandeur de l'escalier, mais communément on leur donne 6 à 8 pouces en la posant de champ ; les balustres ont 3 ou 4 pouces de grosseur, et les appuis qui sont posés dessus, 4 à 6 ; les marches ont 5 à 7 pouces, et sont posées de champ pour les grands escaliers ; pour les petits on ne leur en donne que 4 à 6 : à l'égard des pièces qui portent les paliers, il faut qu'elles soit de bon bois, parce qu'elles soutiennent les rampes, dont elles facilitent la communication ; c'est pourquoi on ne peut guère leur donner moins de 6 à 8 pouces de grosseur, et même 8 à 10 quand elles ont une certaine longueur.

Les principaux ouvrages de menuiserie qui ont lieu dans les bâtiments militaires, sont les portes et les croisées. On donne ordinairement aux petites portes d'un appartement un pouce d'épaisseur ; le bois est collé et emboîté par en haut et par en bas. Les portes ordinaires ont environ 15 lignes d'épaisseur, quand on veut les faire d'assemblage, on leur en donne jusqu'à 18, parce qu'alors on fait une moulure en forme de cadres des deux côtés ; les panneaux ont un pouce d'épaisseur ; les chambranles ont 5 à 6 pouces de largeur sur 2 pouces d'épaisseur ; on les orne de moulures, et l'on fait des embrasements assemblés à panneaux.

Pour les portes cochères, on donne à leur battant 8 à 9 pouces de largeur sur 4 d'épaisseur ; les bâtis qui sont en dedans ont 3 pouces, les cadres 4, et les panneaux un pouce et demi.

Les croisées sont ordinairement à panneaux ou à carreaux : on ne se sert plus guère aujourd'hui de celles à panneaux, les autres étant beaucoup plus belles et d'un meilleur usage ; aux croisées ordinaires de 4 pieds de largeur, on donne un pouce et demi sur 2 et demi aux châssis dormants ; quand on y fait entrer les châssis de verre, on leur donne 8 pouces ; on donne aux maneaux 3 pouces en quarré, un pouce et demi sur 2 pouces et demi, aux battants des châssis à verre, et aux petits bois ou croisillons, environ un pouce en quarré. Aux grandes croisées, les châssis dormants doivent avoir 3 pouces sur 4, les maneaux de même, les battants des châssis à verre 2 pouces d'épaisseur sur 3 ou 4 pouces de large, et les croisillons un pouce et demi.

Pour empêcher que la pluie qui tombe vers les appuis n'entre dans les appartements, il faut faire la traverse d'en bas du châssis à verre assez épaisse pour y faire des renverseaux, et pour cela on fait cette pièce par-dessus en quart-de-rond, et le dessous en mouchette pendante pour jeter l'eau à une certaine distance.

La traverse du maneau se place plus haut que la moitié de la hauteur de la croisée d'environ un sixième de cette même hauteur, afin que la vue ne soit point barrée par cette traverse, et que la croisée en ait plus de grace : à l'égard de la hauteur des carreaux, il faut leur donner environ un sixième de plus que leur largeur.

*Détail des couvertures de tuiles et d'ardoises.*

On distingue ordinairement trois sortes de tuile : la première est celle du grand moule, qui a trois pouces de long et 8 de large ; on lui donne 4 pouces de pureau ou d'échantillon : la seconde est le moule bâtard dont nous ne dirons rien, parce qu'il n'est plus d'usage : la troisième, celle du petit moule, qui a environ 10 pouces de long sur 6 de large, on lui donne 3 pouces de pureau ; il faut environ 150 tuiles du grand moule pour faire une toise quarrée de couverture, et près du double, c'est-à-dire 300 tuiles du petit.

La latte dont on se sert pour les couvertures de tuile, s'appelle *latte quarrée* ; elle doit être de bon bois de chêne de droit fil, sans nœuds ni aubier : elle se vend en botte, et la botte contient 50 lattes de 4 pieds de long chacune. Quand les chevrons sont à un pied de distance les uns des autres, chaque latte est clouée sur quatre chevrons, avec cinq ou six clous ; et comme il reste trois espaces de chevrons entre les deux extrémités d'une latte, on met une contre-latte clouée de deux en deux contre-lattes, et la distance d'une latte du dessus à celle du dessous, qui est ce qu'on appelle pureau, est ordinairement d'un tiers de la hauteur de la tuile prise au-dessous du crochet.

Quand on emploie des tuiles du grand moule, il faut environ trente lattes par toise quarrée de couverture, et 36 quand on se sert de celles du petit moule ; ce qui demande l'un portant l'autre 190 clous.

Pour que la tuile soit bonne, elle doit être faite d'une argile bien grasse, qui ne soit ni trop rouge ni trop blanche, et si bien cuite, que lorsqu'on la suspend avec un fil pour la frapper, elle rende un son clair et net ; ce qui n'arrive pas quand elle est mal cuite, alors elle s'écaille et tombe par morceaux : on observera aussi que la plus vieille cuite est la meilleure.

Nous avons en France deux sortes d'ardoise, dont l'une se tire de Mézières et de Charleville, et l'autre vient d'Angers : cette dernière est beaucoup plus estimée que celle de Mézières et de Charleville, mais en général la meilleure est celle qui est la plus noire, la plus luisante et la plus ferme.

Il y a à Angers de trois sortes de grandeur d'ardoise : la première s'appelle la grande quarrée forte, il en faut environ 200 pour faire une toise quarrée ; la seconde s'appelle grande quarrée fine, il en faut 180 par toise ; la troisième s'appelle petite fine, il en faut 340 par toise.

On donne pour pureau à l'ardoise, aussi bien qu'à la tuile, le tiers de sa hauteur, et les lattes sur lesquelles elles sont attachées, s'appellent *lattes volisses*, et ces lattes, qui sont beaucoup plus larges que celles qui servent aux couvertures de tuile, se touchent presque l'une l'autre : elles se vendent aussi par bottes, et chaque botte contient vingt-cinq lattes ; une botte fait environ une toise et demie de couverture, la contre-latte est de bois de sciage.

Pour employer un millier d'ardoise, supposant qu'elle ait un pied de long et 5 à 6 pouces de large, qui est la plus en usage, il faut cent cinquante lattes, et 10 ou 12 toises de contre-lattes ; il faut environ 12 clous pour attacher chaque latte sur les chevrons, et au moins trois clous pour chaque ardoise.

On se sert ordinairement de tuile pour faire les égouts des couvertures d'ardoise ; et afin de les rendre de la même couleur, on les peint à l'huile.

Le plomb dont on couvre les enfaîtements des combles d'ardoise et des arrestières, doit avoir une ligne d'épaisseur, et environ 20 pouces de large : on le maintient avec des crochets posés le long de l'enfaîtement, dont il y en a un sur chaque chevron : l'enfaîtement des lucarnes se couvre aussi de plomb de même épaisseur, mais pas tout-à-fait si large, puisqu'il suffit qu'il ait 15 pouces ; celui que l'on emploie pour couvrir les œils de beuf et les noues est aussi de même espèce.

Le plomb pour les cheneaux que l'on met sur les enfaîtements doit avoir une ligne et demie d'épaisseur et 18 pouces de largeur, et celui des bavettes au-dessus des mêmes cheneaux est aussi de même qualité : il faut donner aux cheneaux environ un pouce de pente par toise pour l'écoulement de l'eau, que l'on soutient par des crochets posés aussi sur chaque chevron.

Le plomb du tuyau de descente doit avoir deux lignes d'épaisseur, et le tuyau 3 pouces de diamètre, et leurs entonnoirs ou hottes pèsent ordinairement 50 ou 55 livres : on soutient cet entonnoir et son tuyau par des crochets posés de distance en distance.

Quand on ne veut point faire la dépense d'un tuyau pour conduire les eaux jusqu'en bas, on fait une gouttière qui porte l'eau environ cinq pieds hors de l'égout, afin que le pied du mur ne s'en ressente point; cette gouttière doit être soutenue par une bande de fer.

Comme le plomb se vent à la livre, on saura qu'un pied quarré sur une ligne d'épaisseur pèse environ cinq livres et demie : d'après ce principe il sera aisé de connaître le poids des tables de plomb quand on en saura l'épaisseur.

*Détail de la vitrerie.*

Le plus beau verre qui s'emploie en France se fait dans la forêt de Léonce, près de Cherbourg en Normandie : il se vend à la somme ou au panier, qui comprend vingt-quatre plats de verre, qui ont 30 ou 32 pouces de diamètre ; le premier se vend présentement sur les lieux 25 livres, après en avoir valu 50 et 55 il y a quelques années ; mais le roi en a réglé le prix par un arrêt rendu en 1724, et l'a taxé comme je viens de dire à 25 livres.

Quand les plats sont entiers sans aucun accident, et qu'ils ont 30 ou 32 pouces de diamètre, on peut en tirer environ 5 pieds quarrés ; ainsi un panier où il n'y a point de plat rompu peut fournir 120 pieds.

Ce sont ordinairement les marchands verriers qui se chargent de faire voiturer les paniers de verre aux différents endroits où les vitriers en demandent, et il y a une convention généralement reçue entre eux, qui est que les marchands verriers n'indemniseront les vitriers des plats de verre qui pourront se casser en chemin, que lorsqu'il y en aura plus de sept d'endommagés ; c'est-à-dire, que s'il n'y en avait que cinq ou six, le vitrier doit recevoir le panier comme si tous les plats étaient entiers, mais si au contraire il s'en trouvait plus de sept de rompus, alors les vitriers ont une indemnité de 20 sols par plat, de sorte que s'il y en a neuf ou dix de rompus, c'est 9 ou 10 livres que le marchand doit diminuer.

Il y a encore une autre sorte de verre pour la vitrerie que l'on tire de Lorraine, qui n'est pas à beaucoup près si beau que celui de Normandie, parce qu'il est plein de pustules et très-rude ; mais il est plus épais que le précédent ; c'est pourquoi on ne laisse pas de s'en servir dans les endroits qui ont beaucoup à souffrir du vent, et qui ne sont pas de conséquence. Ce verre se vend au ballot, et dans chaque ballot il y a 20 liens ; chaque lien contient six tables ou plats de verre, dont on ne peut guère tirer de chacun plus de 2 pieds et demi de verre en quarré : ainsi le ballot ne fournit qu'environ 360 pieds quarrés.

Moyennant toutes ces petites connaissances, il sera aisé de juger du prix que doit valoir le pied quarré de verre ; en quelque endroit du royaume que l'on soit, puisqu'étant prévenu de ce qu'il se vend sur les lieux, de ce qu'il en peut coûter pour la voiture, et de ce que chaque plat peut donner, il n'en faut pas davantage pour savoir si le marché que l'on veut faire est raisonnable ou non ; il est bon de prendre garde que tous les vitriers du royaume, excepté ceux de Paris, ont en usage parmi eux un pied qui n'a que 10 pouces de roi, et que par conséquent on doit avoir égard à cette différence dans les marchés que l'on fait, afin de n'avoir pas de difficulté pour le toisé ; mais il faut remarquer que la valeur du pied quarré de verre doit dépendre aussi de la grandeur des carreaux ; que quand ils sont d'une belle grandeur, comme par exemple de 10 pouces sur 8, on n'en peut tirer qu'un petit nombre du même plat, et que par conséquent il faut entrer dans le déchet, qui sera alors plus considérable que si les carreaux n'étaient pas si grands; car je suppose toujours qu'il n'est point question des panneaux, et qu'il s'agit des croisées comme on les fait aujourd'hui : enfin j'ajouterai que quand on toise une ou plusieurs croisées, on ne s'amuse point à compter les carreaux, mais que l'on mesure la largeur et la hauteur des fenêtres, sans y comprendre les châssis, et qu'on toise tant plein que vide, sans diminuer la différence que causent les croisillons ou petis bois.

Pour empêcher que l'air ne passe entre les carreaux et les croisillons, l'on a coutume d'entourer de plomb les carreaux, ou de les coller avec du papier, dont on se sert plus volontiers, parce que les carreaux en sont plus clos ; cependant, comme le papier se détache à la pluie, ce qui oblige de les renouveler de temps en temps, on se sert depuis peu d'un mastic excellent pour cela, et qui y étant une fois appliqué, se conserverait des siècles entiers sans être renouvelé, ayant la propriété de se durcir à l'air ; et comme l'usage de ce mastic n'est connu que de peu de vitriers, en voici la composition qui est fort simple :

On prend du blanc d'Espagne que l'on réduit en poudre, avec laquelle on fait une pâte qui se pétrit avec de l'huile de noix ou de lin ; et quand cette pâte est molle à-peu-près comme de la terre glaise, on l'applique avec un couteau dans la feuillure, où l'on fait un cadre d'environ 2 ou 3 lignes de largeur, et comme ce mastic fait un talus, il contribue à conserver le châssis contre la pourriture, parce que l'eau qui tombe sur les feuillures d'en bas coule et ne séjourne point : il est surprenant de voir que quand ce mastic est sec, il devient si dur et tient les carreaux si fermes, qu'il est impossible de pouvoir les détacher sans les casser par morceaux, ce qui cause une difficulté quand on veut renouveler ceux qui se trouvent rompus ; mais on peut empêcher que ce mastic ne devienne si dur, en se servant de l'huile de navette préférablement à toute autre ; expérience faisant voir qu'il se détache plus aisément quand on est contraint de le faire.

*Détail du pavé de grès, de celui de briques et de carreaux.*

On se sert ordinairement de deux sortes de pavés de grès, dont l'un s'appelle gros pavé, et l'autre pavé d'échantillon : le premier, qui peut avoir 7 à 8 pouces en quarré, sert pour paver les rues et les grands chemins, il s'emploie à sec avec du sable, on le bat et on le dresse à la demoiselle ; il y a si peu de façon à le mettre en usage, que ce n'est presque point la peine d'en parler.

Le pavé d'échantillon se distingue aussi en gros et en petit : le gros n'est autre chose que des grès de 7 à 8 pouces fendus en deux, on l'emploie avec du mortier composé de chaux et de ciment, pour paver les cours et autres lieux qui demandent quelque attention ; le pavé de petit échantillon est le plus souvent composé de cailloux de couleur bleuâtre, comme il s'en trouve dans certaines provinces : il sert dans les fortifications pour paver les plates-formes des tours, le dessus des voûtes des portes de ville, à l'endroit du rempart où ces voûtes ne sont point couvertes par un bâtiment ; alors on le met en œuvre avec beaucoup de précaution, se servant de mortier de ciment, afin que les cailloux soient bien unis les uns contre les autres, et qu'après en avoir dirigé les pentes qui doivent être au moins d'un pouce par toise, les eaux de pluie coulent dessus sans qu'elles puissent s'y arrêter ni s'introduire dans leurs intervalles.

Il est assez facile d'estimer au juste la quantité de cailloux qu'il faut par toise quarrée, parce que cela dépend de leur grosseur, qui est sujette à une grande variété ; cependant l'expérience montre qu'avec une toise cube on peut faire dix toises quarrées de pavé, et qu'il faut environ cent gros pavés de 7 à 8 pouces en quarré l'un portant l'autre pour faire une toise quarrée, et deux tombereaux de sable.

Les planchers des casernes se pavent le plus souvent avec de la brique, parce que les carreaux n'y resteraient pas long-temps entiers ; il est vrai que cela charge beaucoup les poûtres et les solives, c'est pourquoi il faut y avoir égard, pour ne pas faire les planchers trop faibles.

Quand on se sert de briques de 10 pouces de longueur, sur 5 de large et 2 et demi d'épaisseur, il en faut quatre-vingt-dix posées de plat pour faire une toise quarrée, et environ deux tiers d'un sac de chaux et le sable à proportion.

Si l'on veut poser les briques de champ pour rendre le pavé d'un meilleur usage, il en faut deux fois plus que quand elles sont posées de plat, c'est-à-dire cent-quatre-vingts pour une toise quarrée, un sac de chaux, et le sable à proportion.

Pour paver les chambres des pavillons, on se sert ordinairement de carreaux, qui peuvent être de différente grandeur et figure : les plus communs sont quarrés et ont 6 pouces de côté, d'autres en ont 8 à 9; de ceux-ci il en faut soixante-quatre pour faire une toise quarrée, deux tiers d'un sac de chaux, et le sable à proportion : il y en a d'autres à six pans, et qui étant employés font un meilleur effet que les quarrés ; les échantillons les plus ordinaires de ces derniers sont de 8, de 6 et de 4 pouces de diamètre ; quand on les emploie dans les bâtiments qui ont plusieurs étages, il est bon de se servir des plus grands au rez-de-chaussée, et des autres plus petits aux étages supérieurs, parce qu'ayant moins d'épaisseur, ils ne chargent pas tant les planchers (1).

(1) On trouvera tout ce qui peut avoir été omis dans les deux chapitres précédents, quant aux détails de construction, dans le Traité de l'art de bâtir de M. Rondelet ; et quant aux détails des matériaux, et à la manière dont ils se livrent dans le commerce, dans les Tableaux détaillés des prix de tous les ouvrages des bâtiments, de M. Morisot *(N)*.

# LIVRE CINQUIÈME,

## OÙ L'ON ENSEIGNE TOUT CE QUI PEUT APPARTENIR A LA DÉCORATION DES ÉDIFICES.

L'ART de décorer les édifices renferme tant de choses intéressantes et utiles, que j'ai cru ne pouvoir me dispenser d'en donner un petit traité qui contînt succinctement les maximes les plus approuvées des meilleurs architectes. Je sais bien que la plupart des ingénieurs s'y attachent peu, les autres parties de leur métier étant assez étendues pour les occuper entièrement. Cependant, si l'on fait réflexion que ce n'est que par la connaissance des ordres d'architecture qu'on peut acquérir le bon goût et cette grace qui sied si bien dans les ouvrages même les plus rustiques, on conviendra qu'il se rencontre mille occasions d'en faire usage, comme pour orner les portes de villes, les guérites de maçonnerie et les édifices militaires en général, puisqu'il faut nécessairement certains principes pour profiler selon les règles les parties d'un entablement et même celles de la moindre corniche. D'ailleurs, quelle satisfaction n'est-ce pas pour ceux qui se piquent d'avoir quelque connaissance au-dessus des autres, de pouvoir juger du mérite des superbes monuments qui marquent de toute part la magnificence de nos rois! et que pourrait-on penser, si on les voyait au milieu du château de Versailles y admirer comme le peuple les beautés qu'on y trouve, sans en avoir un sentiment plus éclairé! Il est des choses que l'on ne peut ignorer sans se faire tort : on n'excuse point aisément un galant homme qui n'a nulle connaissance de la fable ni de l'histoire; à plus forte raison serait-on en droit de trouver à redire, si un ingénieur ne savait pas faire la différence d'un ordre Toscan d'avec un Corinthien. Ce n'est pas que je pense qu'il y en ait beaucoup dans ce cas : je suis fort éloigné d'un préjugé si injuste, et les entretiens que j'ai eus avec plusieurs sur cette matière, m'ont fait voir qu'il s'en trouvait d'aussi capables de construire un palais qu'une demi-lune ou une contre-garde. Je veux seulement désabuser ceux qui veulent s'attacher aux fortifications, de l'opinion que Vitruve, Palladio, Vignole et Scamozzy, sont des auteurs qui ne les intéressent pas, s'imaginant qu'il leur suffit de savoir tracer sur le papier un front de polygone pour être d'habiles gens, et que tout ce qui ne tend pas directement à la manière de fortifier les places, regarde le ministère des architectes plutôt que le leur. Il y en a même qui croiraient déroger s'ils s'y appliquaient, comme s'il y avait plus de gloire à faire bâtir un corps de casernes qu'un portique.

Malgré tout ce que je pourrais dire pour justifier les raisons que j'ai eues de parler de la décoration, ce n'a pas été sans peine que je me suis déterminé à écrire sur un sujet si délicat, les bibliothèques étant remplies d'une grande quantité de livres qui semblent avoir épuisé la matière. Car il faut avouer que cette science, après avoir été long-temps ensevelie sous les ruines des édifices antiques, est parvenue aujourd'hui à un degré de perfection qui la met au-dessus de son ancienne splendeur, et qu'il faut être bien habile ou bien téméraire pour ajouter quelque chose aux préceptes que tant de grands hommes nous ont laissés : aussi n'est-ce pas mon dessein, n'ayant eu en vue que de rendre mon ouvrage complet, en évitant aux lecteurs la peine d'étudier un grand nombre de traités, où il n'est pas aisé de faire un bon choix des règles. Ainsi, à le bien prendre, ce n'est pas moi qui vais parler, mais plutôt Vitruve, Palladio, Vignole, Scamozzy, Chambray, Perrault, Blondel, Daviler, et tous les autres architectes dont les ouvrages ont de la réputation. Souvent même je me sers de leurs propres termes, n'ayant pas voulu imiter ceux qui changent les expressions d'un auteur pour s'en approprier les pensées. Cependant, comme la plupart des architectes ont leur méthode particulière de déterminer les proportions des ordres, j'ai suivi celui qui m'a paru le moins confus et le plus goûté du public, je veux dire Vignole, qui peut passer avec raison pour le plus célèbre d'entre les modernes. Sa méthode est aisée, ses règles sont générales, et ce qui en augmente le prix, c'est qu'il les a tirées de ces grands originaux qu'on ne peut se dispenser de prendre pour modèles, sans tomber dans des défauts grossiers, comme cela n'est que trop arrivé, à la confusion de l'architecture gothique, qui sans avoir eu d'autre fondement que l'ignorance et un caprice ridicule, a rempli le monde d'une quantité prodigieuse d'édifices qui n'étaient ornés que par des colifichets, dont le mauvais goût fait tort à la mémoire de nos pères, qui ont pu admirer des choses si bizarres, tandis qu'ils rencontraient par-tout des vestiges de ces beaux monuments qui font tant d'honneur aux Grecs et aux Romains. Et peut-être serions-nous encore dans le même aveuglement, si le roi François I$^{er}$, en rappelant en France les sciences et les belles-lettres, n'avait occasionné le rétablissement de l'ancienne architecture. Mais ce ne fut point d'abord sans peine que les yeux accoutumés aux ouvrages gothiques purent se faire à de nouveaux objets; et, comme dit M. Blondel, « c'est alors que l'on vit qu'il est « bien plus facile de corriger les défauts de l'ignorance sans présomp« tion, que d'apporter du remède à ceux qui viennent d'une fausse « capacité. » Les nouveaux architectes méprisèrent tout ce que l'usage avait introduit de défectueux et d'impertinent, et ne songèrent plus qu'à s'instruire dans l'examen des anciens édifices qui restaient en Italie, et particulièrement à Rome. Ils en mesurèrent exactement les parties, et enchantés de l'harmonie qui régnait entre elles, ils mirent toute leur application à recouvrer les règles que les Romains avaient apprises des Grecs, et heureusement ils trouvèrent dans Vitruve de quoi leur abréger beaucoup le chemin. Cet auteur, qui est le seul qui nous reste des anciens, après avoir été bien négligé, fut enfin lu par les gens du métier; et comme si la nature avait voulu dédommager l'architecture de l'injustice qu'on lui avait faite pendant tant de siècles, les rois successeurs de François I$^{er}$ la reçurent avec tant d'accueil, et donnèrent tant de marques de leurs bienfaits à ceux qui la cultivaient, qu'on vit en peu de temps des morceaux dignes des plus grands maîtres; et les choses en sont venues à ce point, que si les Romains du temps d'Auguste pouvaient renaître, ils viendraient en France pour y admirer ce qu'on ne trouvait autrefois que chez eux.

Quoique j'aie suivi Vignole par préférence, à cause de l'extrême facilité de ses mesures, je n'ai pas laissé, sans vouloir m'écarter de ses sentiments, de tirer des autres ce qui pouvait corriger ou perfectionner certaines parties que cet auteur avait négligées ou rendues équivoques par le peu d'étendue qu'il donne à l'explication de ses principes. Je n'ai pas voulu non plus comme lui me borner aux cinq ordres : j'ai cru qu'il était à propos de les accompagner de toutes les règles particulières qui pouvaient y avoir rapport, pour rendre ce sujet aussi instructif qu'on peut le souhaiter dans un ouvrage comme celui-ci, dont le principal objet n'est point de faire des architectes, mais des ingénieurs instruits de tout ce qui concerne leur métier.

Quoique le mot d'*ordre* en général puisse s'appliquer à une infinité de choses différentes, pour signifier qu'elles sont dans l'arrangement qui leur convient, les anciens l'ont affecté particulièrement à l'architecture, pour exprimer l'harmonie de plusieurs parties, qui par leurs dispositions font un tout qui plaît, et surprend agréablement le coup-d'œil : comme les moulures et les ornements dont on se sert peuvent s'employer de diverses manières et en plus ou moins grande quantité, les ordres ont été réduits à cinq, savoir : le Toscan, le Dorique, l'Ionique, le Corinthien, et le Composite.

Les Grecs, qui ont inventé les ordres, n'en ont jamais eu que trois ; le Dorique, l'Ionique et le Corinthien. Les deux autres, c'est-à-dire le Toscan et le Composite, ont été imaginés par les Romains, qui n'en ont pas fait eux-mêmes grand cas, puisqu'au rapport de plusieurs auteurs célèbres, il reste peu de vestiges de l'ordre Toscan, parce qu'ils l'ont trouvé trop grossier, et qu'ils n'ont point employé séparément le Composite, ayant toujours donné la préférence au Corinthien. En effet, il est bien mieux proportionné ; car, comme le remarque Scamozzi, le chapiteau de l'ordre Composite est trop massif, et ne s'accorde point avec la délicatesse des autres parties. M. de Chambray, dans son Parallèle de l'architecture antique avec la moderne, sépare absolument les trois ordres grecs des deux romains, et fait voir avec beaucoup de discernement combien ces ordres sont inférieurs à la beauté des autres, car le Toscan ne peut être employé seul que dans les ouvrages massifs et grossiers, quoiqu'on puisse s'en servir sans répugnance aux portes des villes, ou à quelque endroit qui demande du rustique. Le Composite étant pris des autres ordres, et n'ayant rien de particulier, n'en devrait point faire un à part. On prétend même que la licence que les Romains ont prise en imaginant cet ordre, a été en partie cause de la confusion qui s'est introduite dans l'architecture gothique ; car l'amour de la nouveauté a fait qu'on ne s'en est pas tenu là, les ouvriers les plus ignorants s'étant crus en droit de faire tous les changements dont ils ont pu s'aviser.

Pour dire un mot de l'origine des ordres, on prétend que le Dorique fut inventé par un nommé Dorus, qui l'employa le premier dans Argos à la construction du superbe temple qui fut érigé à la déesse Junon, et qu'ensuite on en bâtit un autre dans Délos à Apollon, à l'occasion duquel on imagina les trigryphes pour représenter la lyre, dont ce dieu était l'inventeur.

L'histoire ne nous apprend pas positivement quel est l'auteur de l'ordre Ionique : on sait seulement qu'un nommé Ion, athénien, fut choisi par ceux de sa nation pour être chef de treize colonies qui furent envoyées dans l'Asie Mineure, où ils s'établirent dans la Carie, nommée ensuite Ionie pour faire honneur à Ion qui en avait fait la conquête, et qui y fit bâtir treize grandes villes, dont la plus considérable était Éphèse, où l'on éleva un temple à Diane, dont l'ordre était différent du Dorique. Et comme ce temple eut ensuite beaucoup de réputation, y ayant toute apparence que c'est celui qui a été brulé par Érostrate, on nomma le dessin selon lequel il avait été construit, l'ordre Ionique, pour marquer la province où il avait pris naissance.

Vitruve, en parlant de l'ordre Corinthien, dit qu'il fut inventé par Callimachus, sculpteur athénien, qui demeurait alors proche la ville de Corinthe, une des plus considérables de la Grèce. Et comme il y a apparence que c'est là que cet ordre fut mis en usage pour la première fois, c'est sans doute ce qui lui en a fait conserver le nom. D'autres prétendent que le chapiteau corinthien tire son origine du temple de Salomon. Au reste il en sera tout ce qu'on voudra ; mais il faut convenir que l'ordre Corinthien est le chef-d'œuvre de l'architecture, et que tout ce qu'on a pu faire de mieux jusqu'ici, a été seulement d'atteindre à la beauté que lui ont donnée ses premiers inventeurs.

Les Romains, après s'être rendus maîtres de l'Univers, enrichirent Rome, non-seulement de tous les trésors que leur procurèrent leurs conquêtes, mais introduisirent encore tout ce qu'ils trouvèrent d'admirable chez les étrangers, particulièrement leur manière de bâtir, que des ouvriers leurs esclaves leur enseignaient. Et bientôt, surpassant en magnificence toutes les autres nations, leurs édifices devinrent dans la suite les plus excellents modèles qu'on pût imiter. Pour enchérir sur ce qu'ils tenaient des Grecs, ils voulurent se faire un ordre plus riche que tous les autres ; et comme dès ce temps-là la matière était déja épuisée, ils prirent des autres ordres ce qui leur parut le plus beau, et en firent celui qu'on a nommé depuis *Composite*. La province de Toscane seule, ne voulant rien devoir aux Grecs ses plus cruels ennemis, inventa l'ordre qui a depuis conservé son nom : et pour se passer absolument des autres, il fallut le destituer d'ornements, se contentant de décorer les temples et les autres édifices qui devaient avoir quelque relief, de colonnes sans piédestaux, et d'un simple chapiteau, surmonté par un entablement dont la corniche et les autres parties sont des plus unies (1).

Je viens de placer les ordres dans le rang qui leur convient le mieux, quoique cela ne tire ici à aucune conséquence ; mais quand il sera question de les décrire et de les expliquer en détail, je me conformerai à l'arrangement de Vignole, puisque c'est l'auteur que je me suis proposé de suivre : c'est-à-dire que je commencerai par l'ordre Toscan, comme le plus simple, qu'ensuite je rapporterai le Dorique, l'Ionique, le Corinthien, et enfin le Composite.

### *Explication des termes propres aux ordres d'architecture.*

Quoique je donne à la fin du second volume un dictionnaire fort ample pour expliquer les termes d'architecture, aussi bien que les autres qui auront lieu dans les différents traités que l'on verra par la suite, j'ai cru qu'il était à propos de définir présentement ceux qui sont employés aux ordres, afin qu'aidé de ce qu'on trouvera écrit sur les trois premières planches, on puisse se former une idée juste des propriétés de chaque moulure, et que ces termes se trouvant expliqués de suite, sans être interrompus par d'autres termes, comme cela arrive dans un dictionnaire, on ait plus de facilité à les retenir.

---

(1) Les expressions de Bélidor induiraient à penser que l'ordre Toscan n'a été employé par les Étrusques qu'à l'imitation des ordres inventés par les Grecs. Il paraît au contraire, d'après les meilleures autorités, que les Étrusques avaient d'eux-mêmes imaginé cet ordre, dans le même temps que les Grecs inventaient les leurs. *(N).*

Doucine, cimaise ou gueule droite, est une moulure dont le contour a une sinuosité, ce qui fait que cette moulure change de nom suivant la situation où elle se trouve : quand la partie d'en haut est concave, elle se nomme *gueule droite* ou *doucine*, et quand elle est convexe, on la nomme *gueule renversée* ou *talon*.

Liste, filet ou ourlet, est une petite bande qu'on met entre les moulures pour les séparer, et empêcher qu'elles ne se confondent.

Ove, quart-de-rond ou échine, est une moulure dont le contour est un quart-de-cercle, et qui fait une partie essentielle des ornements.

Couronne, lamier ou gouttière, est un membre de la corniche, qui sert à faire écouler l'eau loin du mur, et on appelle *mouchette* le petit rebord qui pend en bas.

Modillons, sont des pièces qui s'avancent sous le plafond des corniches pour en soutenir la saillie, et font un des plus beaux ornements de cette partie de l'entablement : les anciens s'en sont servis pour représenter des bouts de chevrons.

Astragale, est un petit membre rond, dont le contour a ordinairement la figure d'un demi-cercle : on l'appelle communément *chapelet*, quand il est taillé en forme de petites boules qui ressemblent à des grains de chapelet enfilée.

Denticule, est un membre quarré, recoupé par plusieurs entailles qui semblent vouloir représenter des dents : elles s'emploient ordinairement dans la corniche ionique et corinthienne; Vitruve appelle *métoche* l'espace vide qui est entre chaque denticule.

Triglyphe, est un ornement composé de trois litels ou jambes, qui sont séparés par deux cannelures ; cet ornement ne s'emploie que dans la frise de l'ordre Dorique.

Métope, est l'espace entre deux triglyphes ; cet espace est ordinairement quarré, ayant autant de hauteur qu'il y a de distance d'un triglyphe à l'autre.

Soffite ou plafond, est le dessous de ce qui est suspendu ; ainsi l'on dit, le soffite d'un architrave ou d'un lamier.

Frise, est une des principales parties de l'entablement, dont elle occupe le milieu, étant toujours entre la corniche et l'architrave, cette partie a été nommée *frise*, à cause que les ornements qu'on y fait ressemblent à de la broderie.

Architrave, est la première partie de l'entablement, posée sur les colonnes ou pilastres, ou simplement sur un mur de face, quand on veut le terminer par un entablement : l'architrave à le bien prendre représente les poutres, dont les extrémités étant bien appuyées portent dans leur longueur les parties d'une façade, ou tout autre corps élevé verticalement ; ainsi l'architrave n'est autre chose que ce qu'on appelle communément *sablière* ou *poitrail*.

Abaque, est une partie qui sert dans l'ordre Corinthien, à représenter la tuile qui couvrait le panier, autour duquel s'élevaient les feuilles d'acanthe qui ont donné lieu à l'invention du chapiteau de cet ordre : les ouvriers l'appellent *tailloir*.

Volute, est un ornement qui fait la partie essentielle du chapiteau ionique ; cette volute est contournée en ligne spirale, et a été imaginée par les anciens pour représenter les boucles de cheveux qui pendaient aux côtés du visage des femmes.

Cathète de la volute, n'est autre chose qu'une ligne perpendiculaire qui passe par l'œil de la volute, et sert à la décrire et à en déterminer la hauteur : on met aussi de petites volutes aux chapiteaux corinthiens, mais celles-ci s'appellent *hélices*.

Galbe : on dit qu'un membre ou morceau d'architecture se termine en forme de galbe, lorsqu'il s'élargit doucement par en haut, comme font les feuilles d'une fleur.

Fût ou tige d'une colonne, doit se prendre pour le corps de la colonne depuis sa base jusqu'au chapiteau.

Cannelures, sont des espèces de côtes ou listeaux exprimés sur une colonne, par le moyen des creux qu'on y pratique : ces cannelures se font à vive-arête dans l'ordre Dorique ; mais elles ne sont guère approuvées, étant trop faibles, par conséquent trop sujettes à être rompues.

Escape, congé ou retraite, est un trait concave qui joint le nu de la colonne avec sa base ou son chapiteau : ce trait s'appelle aussi fruit, quand il s'agit de l'espace d'en bas, pour signifier que la colonne sort de sa base, commence à monter et à s'échapper en haut.

Base d'une colonne, est la partie sur laquelle elle est posée.

Tore, est une espèce de gros anneau dans la base d'une colonne, qui semble représenter les cercles de fer dont on fortifie les extrémités des troncs d'arbres, qui servent à soutenir quelques corps fort pesants.

Scotie, est la partie creuse qui est entre deux tores, que les ouvriers appellent *nacelle* à cause de sa cavité : on nomme *cavet* la moitié de la scotie.

Plinthe, est un membre quarré et plat, que quelques-uns nomment *orle* ou *ourlet* ; elle se trouve toujours dans les bases des colonnes.

Plinthe, dans le chapiteau toscan, est la partie qu'on nomme *tailloirs* dans ceux des autres ordres.

Piédestal, est un corps quarré de figure parallélipipède, qui sert à élever une colonne ou une statue au-dessus du rez-de-chaussée : le piédestal a sa base et sa corniche, et le corps parallélipipède qui est entre ces deux parties est nommé *tronc* ou *dé* du piédestal.

# CHAPITRE PREMIER.

*Où l'on explique les propriétés des moulures et de leurs ornements.*

Il y a deux sortes de moulures, savoir, les quarrées et les rondes. PLANCHE XXXVII.
Les quarrées sont faites avec des lignes droites, les rondes avec des portions de cercle ou autres lignes courbes. De ces moulures il y en a de grandes et de petites : les grandes sont les doucines, oves, gorges, talons, tores et scoties ; les petites sont les filets, astragales et congés. Les petites moulures servent à séparer et à couronner les grandes, pour leur donner aussi plus de relief et de distinction. Les unes et les autres se tracent différemment, selon la distance d'où elles doivent être vues, puisque c'est de cette distance que dépendent les saillies ou retraites qu'on leur donne.

Les plus belles moulures sont celles dont le contour est parfait, comme le quart-de-rond et le cavet, qui se tracent par le moyen d'un quart-de-cercle, ainsi qu'on le peut voir dans les fignres 6, 7 et 8. Le talon et la doucine marqués par les figures 9, 10, 11 et 12, ont aussi fort bonne grace : pour les tracer, il faut être prévenu qu'on donne à ces quatre moulures autant de saillie que de hauteur, c'est-à-dire que AB est égal à BC, et qu'ensuite on tire la ligne AC, qu'on divise en deux également au point F : sur chaque partie égale CF et FA, comme base, on fait un triangle équilatéral, l'un en dehors, l'autre en dedans, afin d'avoir les points D et E qui servent de centre pour décrire deux portions de cercles, qui composent ensemble la sinuosité de cette moulure, qui est la même dans les figures 9 et 10, l'une étant droite et l'autre renversée : les cimaises ou talon que l'on voit exprimés par les figures 11 et 12, se tracent aussi par le moyen du triangle équilatéral, avec cette différence cependant, que la portion de cercle GH qui répond à la partie saillante G est convexe, et que l'autre qui répond à la partie rentrante I est concave, au lieu que dans les deux autres figures, c'est tout le contraire.

Le contour des astragales se fait ordinairement avec les trois quarts, ou les deux tiers de la circonférence d'un cercle, au lieu que le gros et le petit tore sont formés par une demi-circonférence entière, ainsi qu'on le voit marqué aux figures 3 et 4. A l'égard de la scotie et du tore corrompu marqués par les figures 5 et 13, on n'a, je crois, aucune règle géométrique pour tracer la concavité de l'une et la convexité de l'autre: c'est à ceux qui font des modèles de profils, de contourner les moulures de façon qu'elles ne fassent point un effet désagréable.

Pour faire de beaux profils, il faut prendre garde de ne les point trop charger de moulures, et de n'en point répéter de semblables immédiatement l'une après l'autre : pour cela il faut les mêler alternativement de quarrées et de rondes, de manière que les grandes soient séparées des autres par des petites qui les fassent valoir à l'aide de leur comparaison réciproque. De ces grandes moulures, il faut qu'il y en ait qui dominent, comme le larmier dans la corniche, qui est la moulure la plus essentielle, évitant sur-tout l'égalité des moulures dans les profils; c'est pourquoi on les fait de différente hauteur : et pour donner là-dessus quelques règles générales, on aura attention qu'une moulure qui en couronne une autre, doit avoir au plus pour hauteur la moitié de celle qui est au dessous, et au moins le tiers. De même le filet sur l'astragale, et l'astragale sous l'ove, ne doivent point être moindres que le quart, ni surpasser le tiers de l'ove. Mais on jugera mieux de toutes ces proportions par celles qui accompagnent les profils, que nous expliquerons par la suite (1).

(1) Le moyen de composer de bons profils est, suivant M. Durand ( *Précis des*

Quant aux ornements, il faut savoir les placer avec choix et avec goût; car, comme il y a des parties qui sont ornées naturellement, à cause du beau mélange de leurs moulures, il serait à craindre que si l'on voulait y ajouter quelque chose, on ne fît naître la confusion plutôt que la bonne grace. Il faut prendre garde aussi que les ornements conviennent au genre de l'édifice, et faire en sorte qu'ils soient naturels, sans en faire d'imaginaires, de grotesques et de bizarres. La nature fournit assez d'objets, sans qu'il soit nécessaire de faire travailler l'imagination. Les fleurs, les animaux et les fruits sont en assez grande abondance pour varier les sujets : le tout est de placer aux endroits qui leur conviennent le mieux, et c'est en ceci comme dans le reste, que l'architecture ancienne est toujours admirable.

Pour éviter la confusion, il faut que les ornements soient interrompus, c'est-à-dire, qu'entre deux moulures ornées, il y en ait une lissée ou tout unie; et lorsqu'il se rencontre deux moulures d'un même profil, les orner différemment pour donner de la variété, faisant en sorte que chaque partie qui sert à la décoration soit ornée avec proportion, évitant qu'il y en ait d'entièrement nues, tandis que les autres seraient enrichies avec profusion. Les ornements doivent aussi convenir aux ordres; les plus riches ne doivent être employés qu'au Corinthien et au Composite, et les moins recherchés à l'Ionique. A l'égard du Toscan et du Dorique, il faut que les moulures en soient unies, afin que tout réponde à la simplicité qui convient à ces deux ordres. Quant au relief des ornements, il dépend de la grandeur des moulures, et de l'éloignement d'où elles seront vues, prenant garde que ceux des profils du dedans de l'édifice aient moins de relief que ceux du dehors. Il faut aussi remarquer que les ornements doivent être comme appliqués sur les moulures saillantes, sans qu'ils en diminuent la grosseur, lorsque ces moulures sont petites, comme les astragales ou baguettes. Au lieu qu'aux quarts de rond et aux gros tores, qui sont de grosses moulures, les ornements doivent être fouillés en dedans, autrement l'ouvrage serait massif

---

Leçons d'architecture données à l'École polytechnique), de leur donner des mouvements très-prononcés, de marier les moulures droites avec les courbes, et d'en opposer d'extrêmement fines à de très-fortes *(N)*.

et pesant s'ils étaient par-dessus. On fait tout le contraire pour les moulures creuses, comme pour les cavets et les scoties, dont les ornements doivent être comme appliqués sur le nu de leur contour, et non pas creusés dedans, parce qu'ainsi on les voit distinctement.

Les ornements en général peuvent se diviser en deux espèces : ceux de la première, que l'on nomme *significatifs*, servent de symbole pour faire connaître l'édifice. Par exemple, si c'est un monument élevé à la gloire d'un héros, il est naturel d'y figurer quelques traits de son histoire, et d'y rapporter des marques de son triomphe ; ce qui ne peut guère se pratiquer que sur la frise, ces sortes de choses ayant besoin d'un certain espace pour être exprimées distinctement.

Les ornements de la seconde espèce sont ceux qui sont indifférents, et qui s'appliquent sur les moulures sans aucune conséquence ; tels sont les oves, que l'on fait de plusieurs manières, les rais de cœur, les fleurs, les feuilles et les fruits de diverses espèces, et une infinité d'autres choses qui dépendent du goût et du choix : cependant, si ces ornements ne sont ménagés avec beaucoup de circonspection, les profils en deviennent plutôt confus et grossiers, que riches et agréables. Le tout est de faire en sorte que le coup-d'œil soit satisfait, et qu'on aperçoive sans étude le dessin que l'on a eu en vue ; et pour tout dire en un mot, il faut que les moins connaisseurs trouvent de quoi admirer, et soient ravis d'un certain étonnement qu'a coutume de produire ce qui est effectivement beau. Pour donner quelques exemples des ornements qui ont été mis en usage avec le plus de succès aux différentes moulures dont nous venons de parler, on a rapporté sur les planches XXXVIII et XXXIX plusieurs dessins auxquels on pourra avoir recours dans l'occasion.

PLANCHE XXXVIII et XXXIX.

## CHAPITRE SECOND.

*De la connaissance des cinq ordres en général.*

Pour donner une idée des ordres aux personnes qui ne les connaissent point, et leur faciliter la manière de les distinguer, il semble qu'avant toute chose il faut faire voir en quoi ces ordres diffèrent, et à quel signe on peut les reconnaître.

Si l'on considère les planches XXXVII, XXXVIII et XXXIX, on y verra les cinq ordres rapportés de suite, et l'on y remarquera que le Toscan se distingue des autres par sa simplicité, n'étant accompagné d'aucun ornement. PLANCHE XXXVII, XXXVIII et XXXIX.

Que le Dorique se connaît par les triglyphes qui servent à enrichir la frise, étant l'ordre seul où cet ornement se rencontre.

L'Ionique se fait connaître entre les autres par les volutes qui accompagnent le chapiteau des colonnes.

Le Corinthien se connaît aussi par son chapiteau, qui est orné de certaines feuilles qui imitent celles de la plante nommée *acanthe*. D'ailleurs, comme cet ordre est toujours enrichi de plusieurs ornements qu'on n'aperçoit point dans les trois précédents, il est aisé de ne pas s'y méprendre.

Enfin l'on connaît le Composite, en remarquant que son chapiteau participe des deux ordres précédents, ayant les volutes de l'Ionique et les feuilles du Corinthien.

Il y a beaucoup de bâtiments qui, sans avoir de colonnes ni même de pilastres, ne laissent pas de prendre le nom de quelqu'un des ordres, parce qu'il suffit qu'ils aient des parties qui en marquent le caractère. Ces parties sont les entablements, les couronnements de façades, les grandes portes, etc. Par exemple, quand on voit des triglyphes dans l'entablement d'une façade, on peut dire que cette façade est décorée selon l'ordre Dorique; et ainsi des autres.

Pour donner une idée moins superficielle des ordres, j'ajouterai que chacun est ordinairement composé de trois parties, qui sont le piédestal, la colonne et l'entablement, et que chacune de ces parties en comprend trois autres. Par exemple, celles du piédestal sont la base, le dé ou le tronc, et la corniche; celle de la colonne, la base, le fût ou la tige, et le chapiteau; et celles de l'entablement, l'architrave, la frise et la corniche.

Comme les hauteurs du piédestal et de l'entablement doivent dépendre de celle de la colonne, Vignole, pour établir une règle générale qui puisse s'appliquer indifféremment à tel ordre que l'on voudra, donne pour hauteur au piédestal le tiers de celle de la colonne, et à l'entablement le quart. Ainsi ayant divisé la hauteur de la colonne en douze parties, il en prend quatre pour le piédestal et trois pour l'entablement, et de cette règle il tire un moyen fort aisé pour déterminer l'ordonnance d'une façade : car toutes les fois qu'une hauteur est donnée, on n'a qu'à la diviser en dix-neuf parties égales, et alors les quatre parties d'en bas servent pour le piédestal, les trois de dessus pour l'entablement, et les douze d'entre deux pour la hauteur de la colonne.

Cependant il arrive quelquefois que, dans la décoration des façades, on ne fait point de piédestal aux colonnes : dans ce cas, Vignole divise la hauteur donnée en cinq parties égales, dont quatre servent pour la hauteur de la colonne, et la cinquième détermine celle de l'entablement, qui par ce moyen sera encore le quart de la hauteur de la colonne.

Comme, dans tous les ordres, la proportion des petites parties doit dépendre de celle des plus grandes, tous les architectes, tant anciens que modernes, ont pris pour mesure commune le demi-diamètre de la colonne, qu'ils ont appelé *module* : de sorte que, quand on dit qu'une certaine partie d'architecture a, par exemple, pour hauteur cinq modules, on doit entendre que cette hauteur est égale à cinq demi-diamètres de la colonne qui est employée dans l'ordre dont il s'agit. Cependant, comme pour rendre les colonnes plus agréables à la vue, on leur a donné moins de grosseur vers les extrémités que dans le milieu, ce qui fait que n'étant point cylindriques, elles peuvent avoir plusieurs diamètres, il est bon de savoir, pour ne pas s'y méprendre, que le demi-diamètre qui sert de module, est celui du cercle qui répond à la base de la colonne.

Les cinq ordres augmentent de l'un à l'autre en beauté et en ornement, on les a fait aussi monter par degrés en légèreté et en délicatesse. Par exemple, les colonnes doriques ont moins de grosseur par rapport à leur hauteur que les toscanes, et les ioniques moins de grosseur à proportion de leur hauteur que les doriques ; et ainsi des autres. C'est pourquoi Vignole donne aux colonnes toscanes sept de leur diamètre ou quatorze modules, aux doriques huit de leur diamètre ou seize modules, aux ioniques neuf de leur diamètre ou dix-huit modules, aux corinthiennes et aux composites dix de leur diamètre ou vingt modules, donnant la même élévation à ces deux ordres, quoiqu'il y ait des auteurs qui en donnent davantage au Composite. Prévenu de ce que je viens de dire, quand on a trouvé de quelle hauteur doit être la colonne par rapport à la façade où elle doit être placée, en suivant la règle de

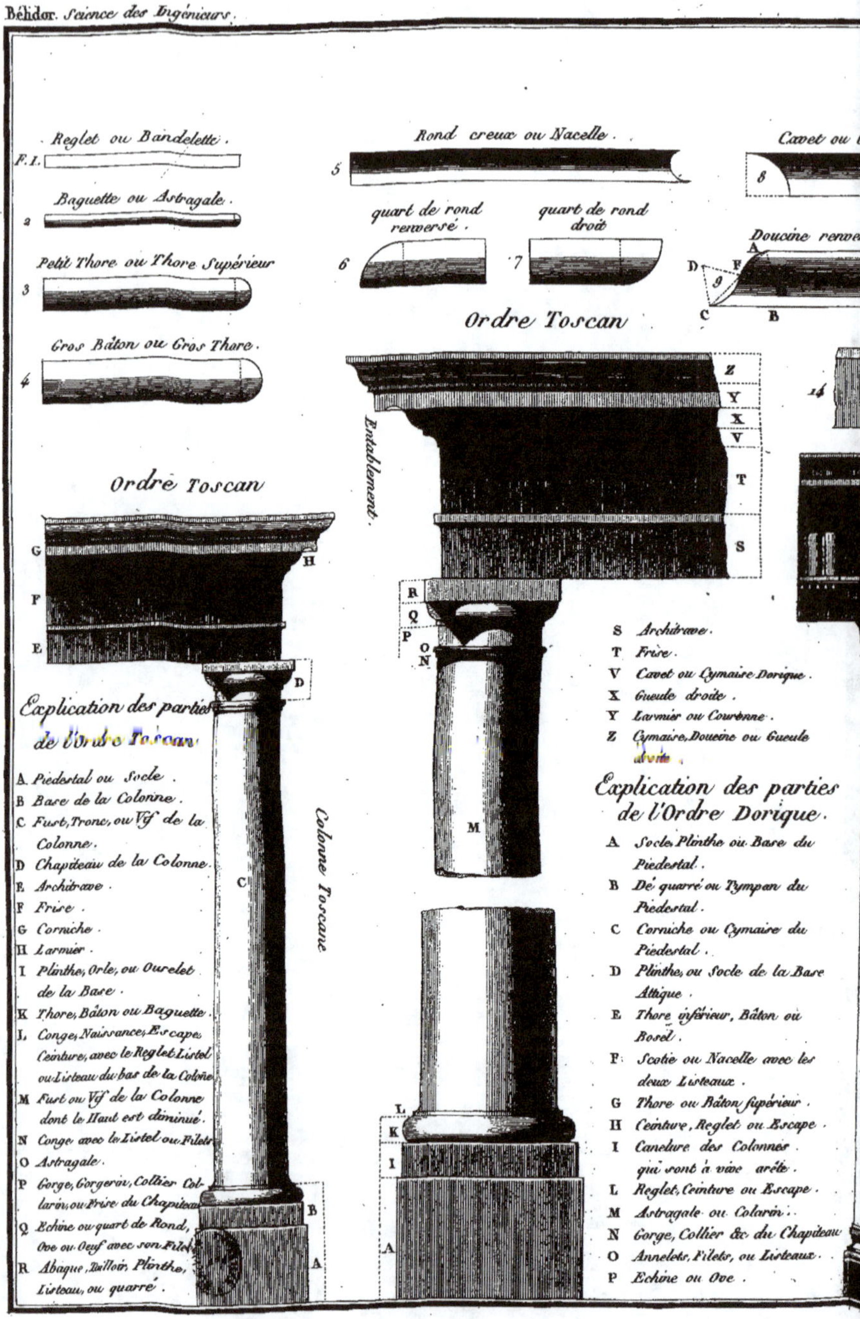
Reglet ou Bandelette.
F. 1.
Baguette ou Astragale.
2
Petit Thore ou Thore Supérieur
3
Gros Bâton ou Gros Thore.
4
Rond creux ou Nacelle.
5
quart de rond renversé.
6
quart de rond droit
7
Cavet ou
8
Doucine renver
9
Ordre Toscan
Entablement.
14
Ordre Toscan
Colonne Toscane
Explication des parties de l'Ordre Toscan.
A. Piedestal ou Socle.
B. Base de la Colonne.
C. Fust, Tronc, ou Vif de la Colonne.
D. Chapiteau de la Colonne.
E. Architrave.
F. Frise.
G. Corniche.
H. Larmier.
I. Plinthe, Orle, ou Ourelet de la Base.
K. Thore, Bâton ou Baguette.
L. Congé, Naissance, Escape, Ceinture, avec le Reglet, Listel ou Listeau du bas de la Coloñe.
M. Fust ou Vif de la Colonne dont le Haut est diminué.
N. Congé avec le Listel ou Filets.
O. Astragale.
P. Gorge, Gorgerin, Collier Colarin, ou Frise du Chapiteau.
Q. Echine ou quart de Rond, Ove ou Oeuf avec son Filet.
R. Abaque, Tailloir, Plinthe, Listeau, ou quarré.
S. Architrave.
T. Frise.
V. Cavet ou Cymaise Dorique.
X. Gueule droite.
Y. Larmier ou Couronne.
Z. Cymaise, Doucine ou Gueule droite.
Explication des parties de l'Ordre Dorique.
A. Socle, Plinthe ou Base du Piedestal.
B. Dé quarré ou Tympan du Piedestal.
C. Corniche ou Cymaise du Piedestal.
D. Plinthe, ou Socle de la Base Attique.
E. Thore inférieur, Bâton ou Bosel.
F. Scotie ou Nacelle avec les deux Listeaux.
G. Thore ou Bâton supérieur.
H. Ceinture, Reglet ou Escape.
I. Canelure des Colonnes qui sont à vive arête.
L. Reglet, Ceinture ou Escape.
M. Astragale ou Colarin.
N. Gorge, Collier &c. du Chapiteau.
O. Annelets, Filets, ou Listeaux.
P. Echine ou Ove.

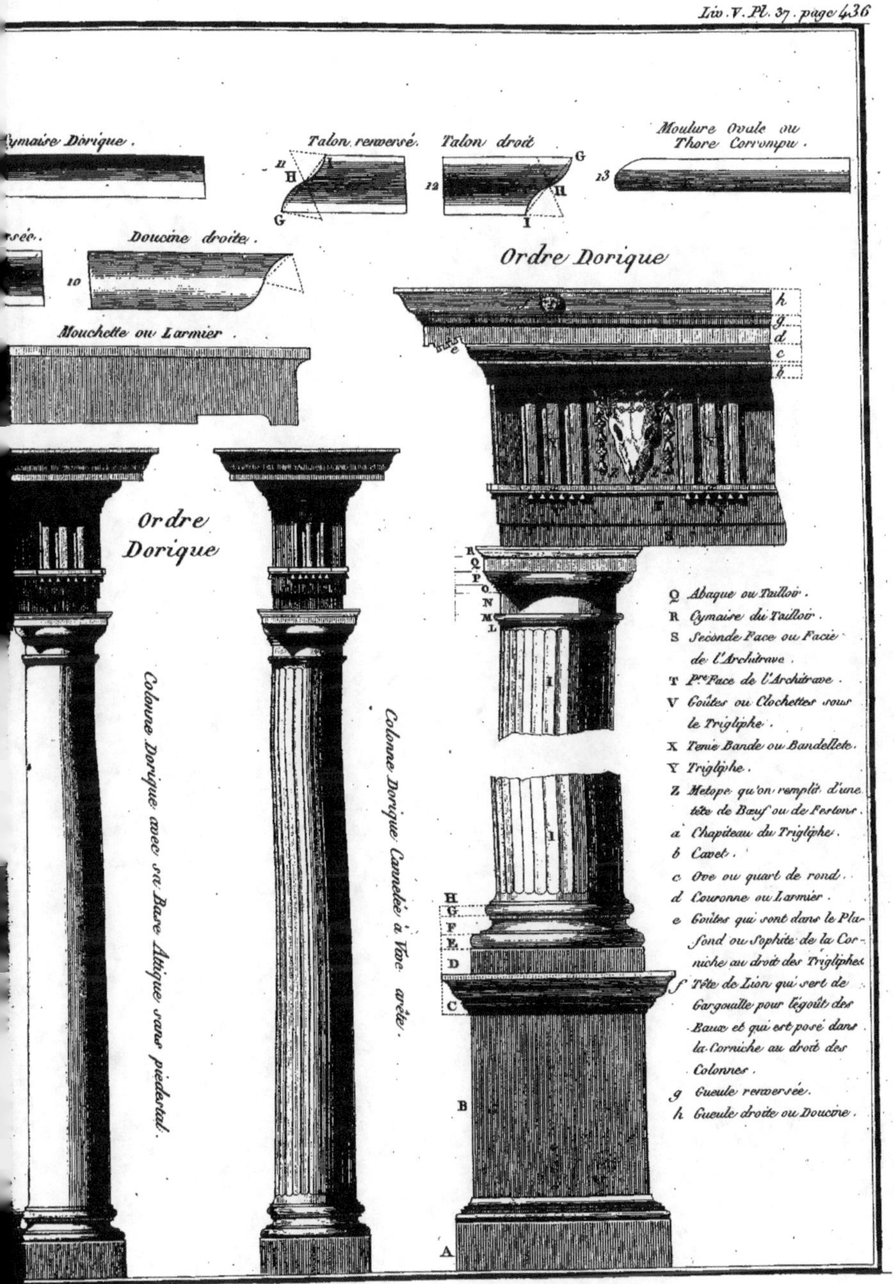
Cymaise Dorique.
Talon renversé.
Talon droit
Moulure Ovale ou Thore Corrompu.
Doucine droite.
Ordre Dorique
Mouchette ou Larmier.
Ordre Dorique
Colonne Dorique avec sa Base Attique sans piedestal.
Colonne Dorique Cannelée à Vive arête.
Q Abaque ou Tailloir.
R Cymaise du Tailloir.
S Seconde Face ou Facie de l'Architrave.
T Pre Face de l'Architrave.
V Goûtes ou Clochettes sous le Triglyphe.
X Tenie Bande ou Bandellete.
Y Triglyphe.
Z Metope qu'on remplit d'une tête de Bœuf ou de Festons.
a Chapiteau du Triglyphe.
b Cavet.
c Ove ou quart de rond.
d Couronne ou Larmier.
e Goûtes qui sont dans le Plafond ou Sophite de la Corniche au droit des Triglyphes.
f Tête de Lion qui sert de Gargouille pour l'égoût des Eaux et qui est posé dans la Corniche au droit des Colonnes.
g Gueule renversée.
h Gueule droite ou Doucine.

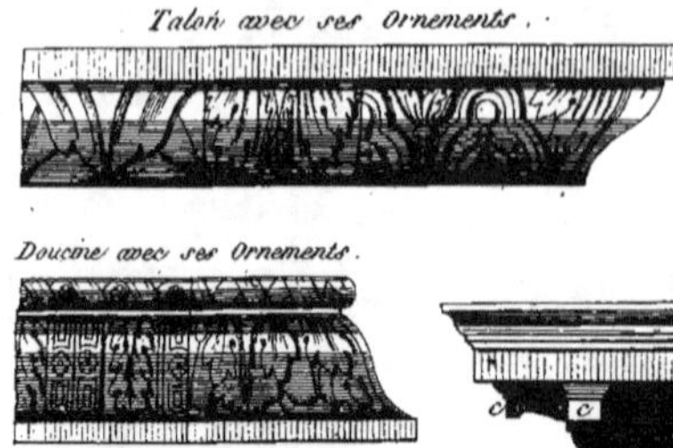


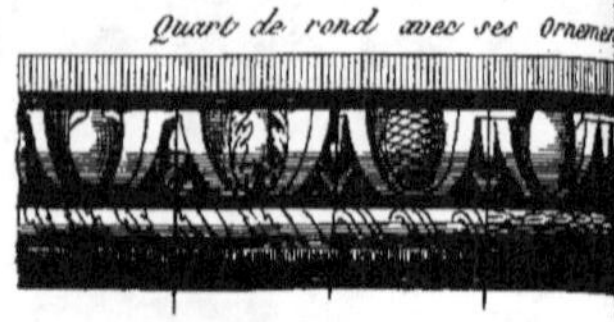


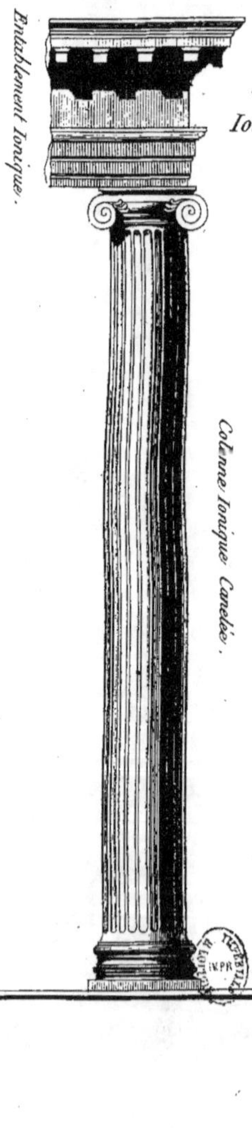


*Ordre Ionique*

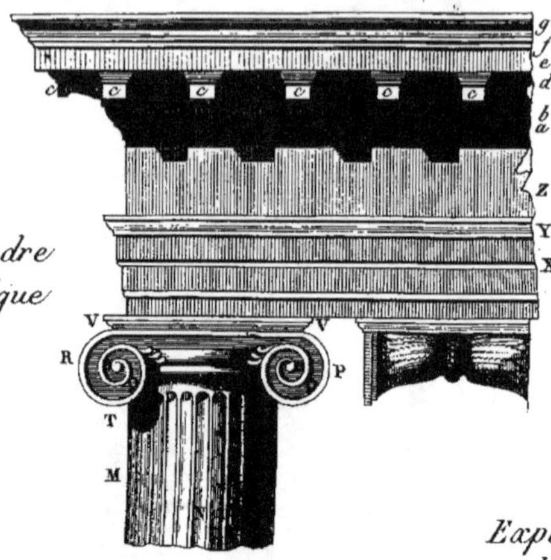


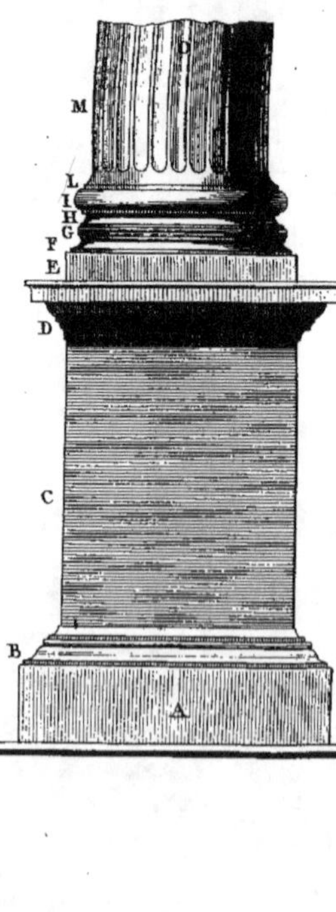


## *Explication des p*
## *de l'Ordre Ioniq*

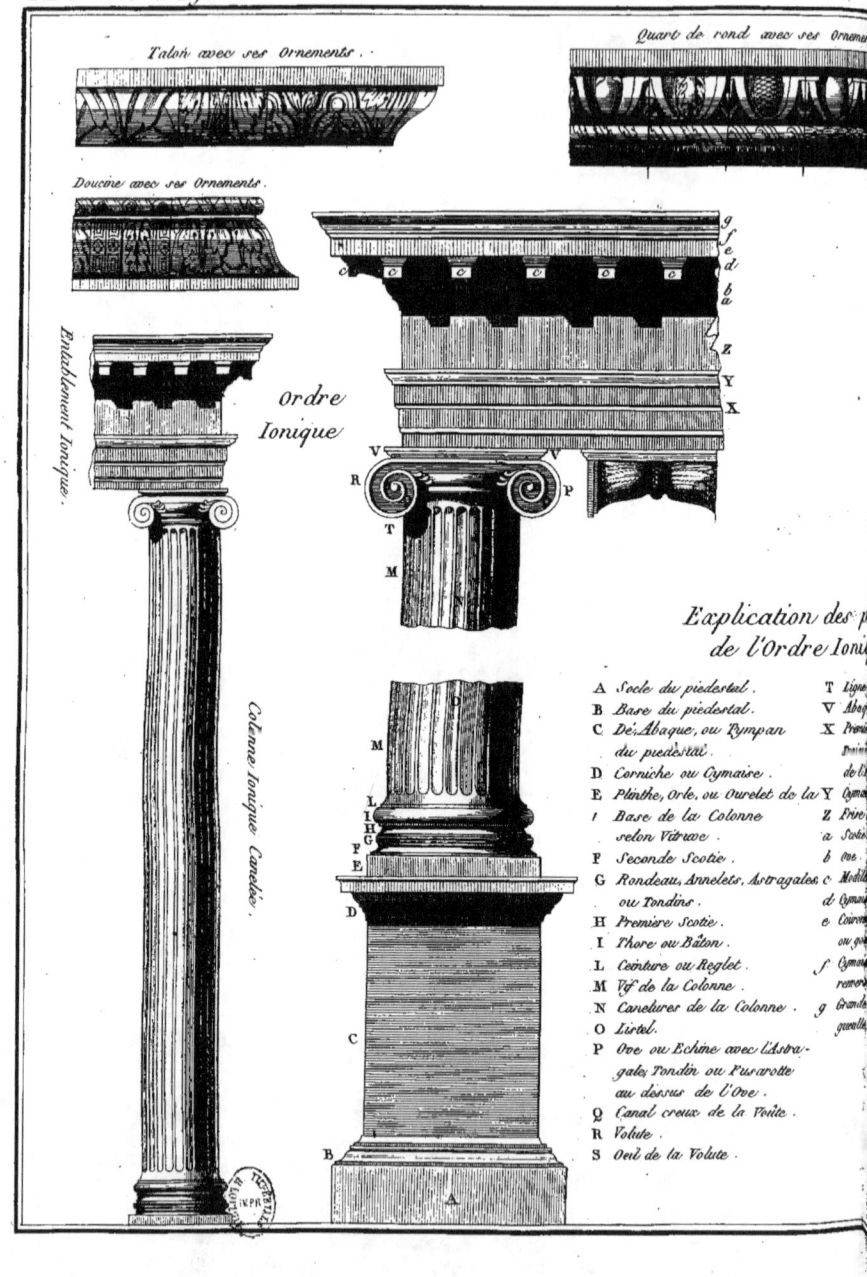

A *Socle du piedestal.*
B *Base du piedestal.*
C *Dé, Abaque, ou Tympan du piedestal.*
D *Corniche ou Cymaise.*
E *Plinthe, Orle, ou Ourelet de la*
*ı* *Base de la Colonne selon Vitruve.*
F *Seconde Scotie.*
G *Rondeau, Annelets, Astragales, ou Tondins.*
H *Premiere Scotie.*
I *Thore ou Bâton.*
L *Ceinture ou Reglet.*
M *Vif de la Colonne.*
N *Canelures de la Colonne.*
O *Listel.*
P *Ove ou Echine avec l'Astragale, Tondin ou Fusarolle au dessus de l'Ove.*
Q *Canal creux de la Voûte.*
R *Volute.*
S *Oeil de la Volute.*
T *Ligne*
V *Abaq*
X *Premie*
Y *Cyma*
Z *Frise*
a *Scotie*
b *Ove.*
c *Modill*
d *Cymai*
e *Couron ou go*
f *Cymai renver*
g *Grande gueulle*

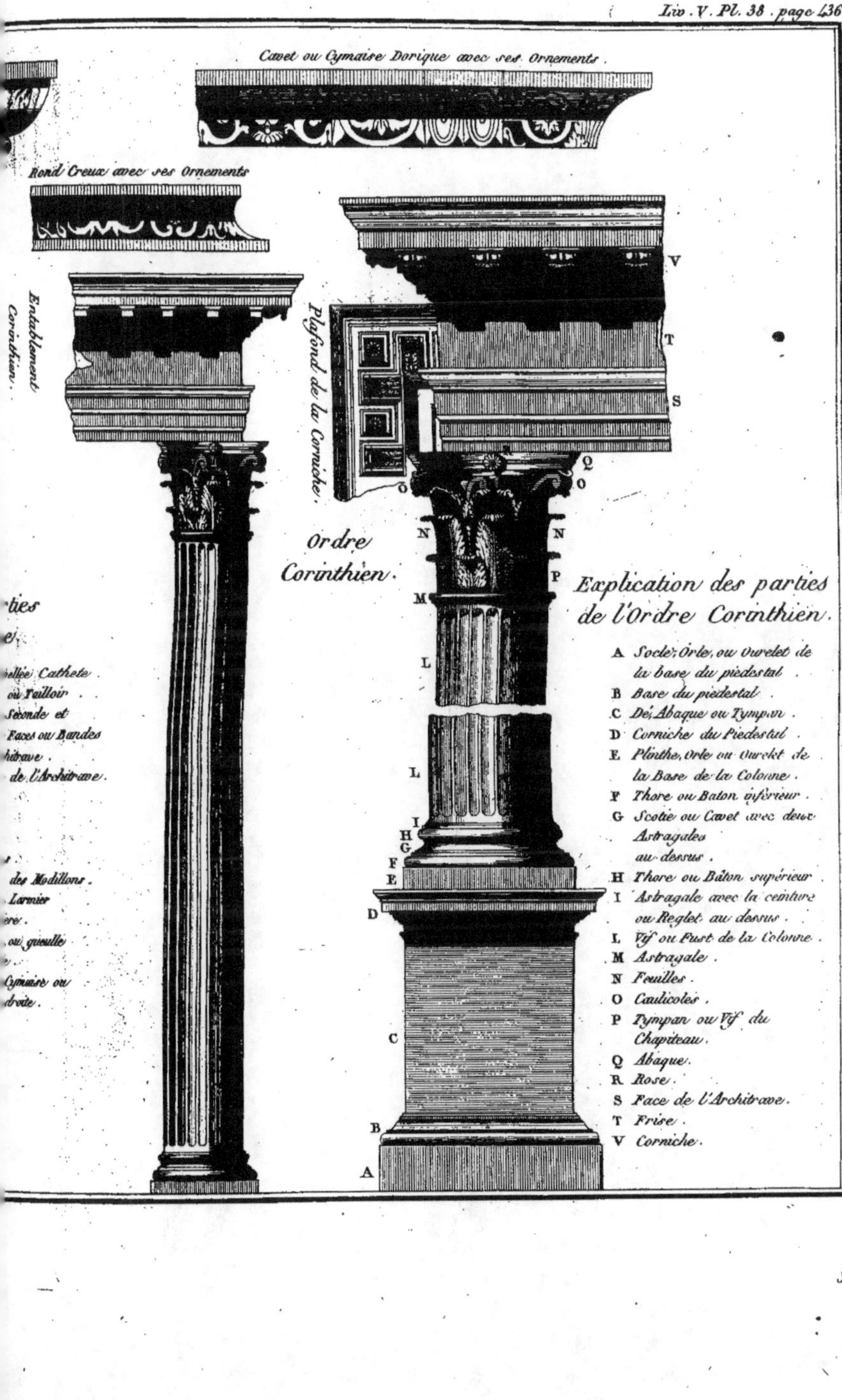
Cavet ou Cymaise Dorique avec ses Ornements.
Rond Creux avec ses Ornements
Entablement Corinthien.
Plafond de la Corniche.
Ordre Corinthien.
Explication des parties de l'Ordre Corinthien.
A Socle, Orle, ou Ourelet de la base du piedestal.
B Base du piedestal.
C Dé, Abaque ou Tympan.
D Corniche du Piedestal.
E Plinthe, Orle ou Ourelet de la Base de la Colonne.
F Thore ou Baton inférieur.
G Scotie ou Cavet avec deux Astragales au dessus.
H Thore ou Baton supérieur.
I Astragale avec la ceinture ou Reglet au dessus.
L Vif ou Fust de la Colonne.
M Astragale.
N Feuilles.
O Caulicoles.
P Tympan ou Vif du Chapiteau.
Q Abaque.
R Rose.
S Face de l'Architrave.
T Frise.
V Corniche.

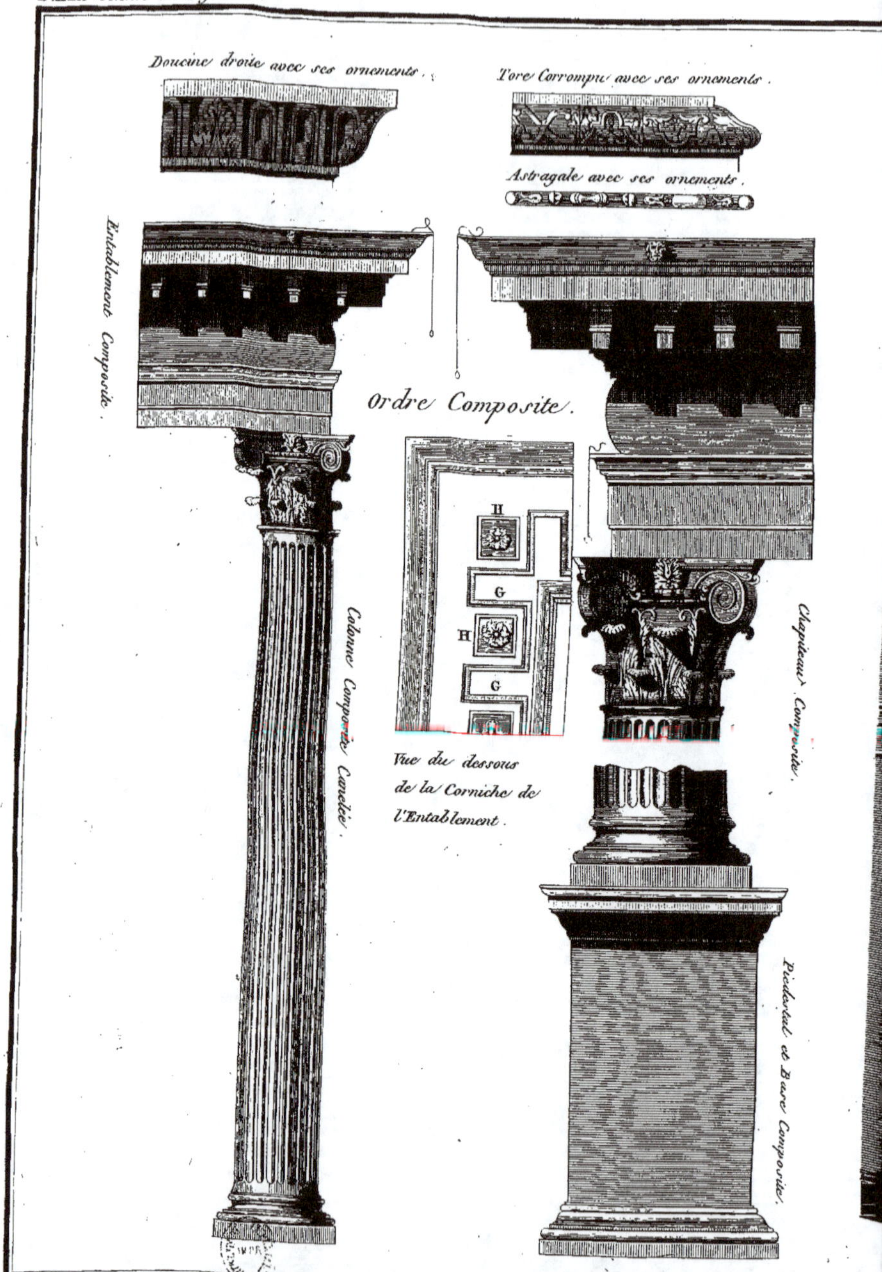
Doucine droite avec ses ornements.
Tore Corrompu avec ses ornements.
Astragale avec ses ornements.
Entablement Composite.
Ordre Composite.
H
G
H
G
Colonne Composite Canelée.
Vue du dessous de la Corniche de l'Entablement.
Chapiteau Composite.
Piédestal et Base Composite.

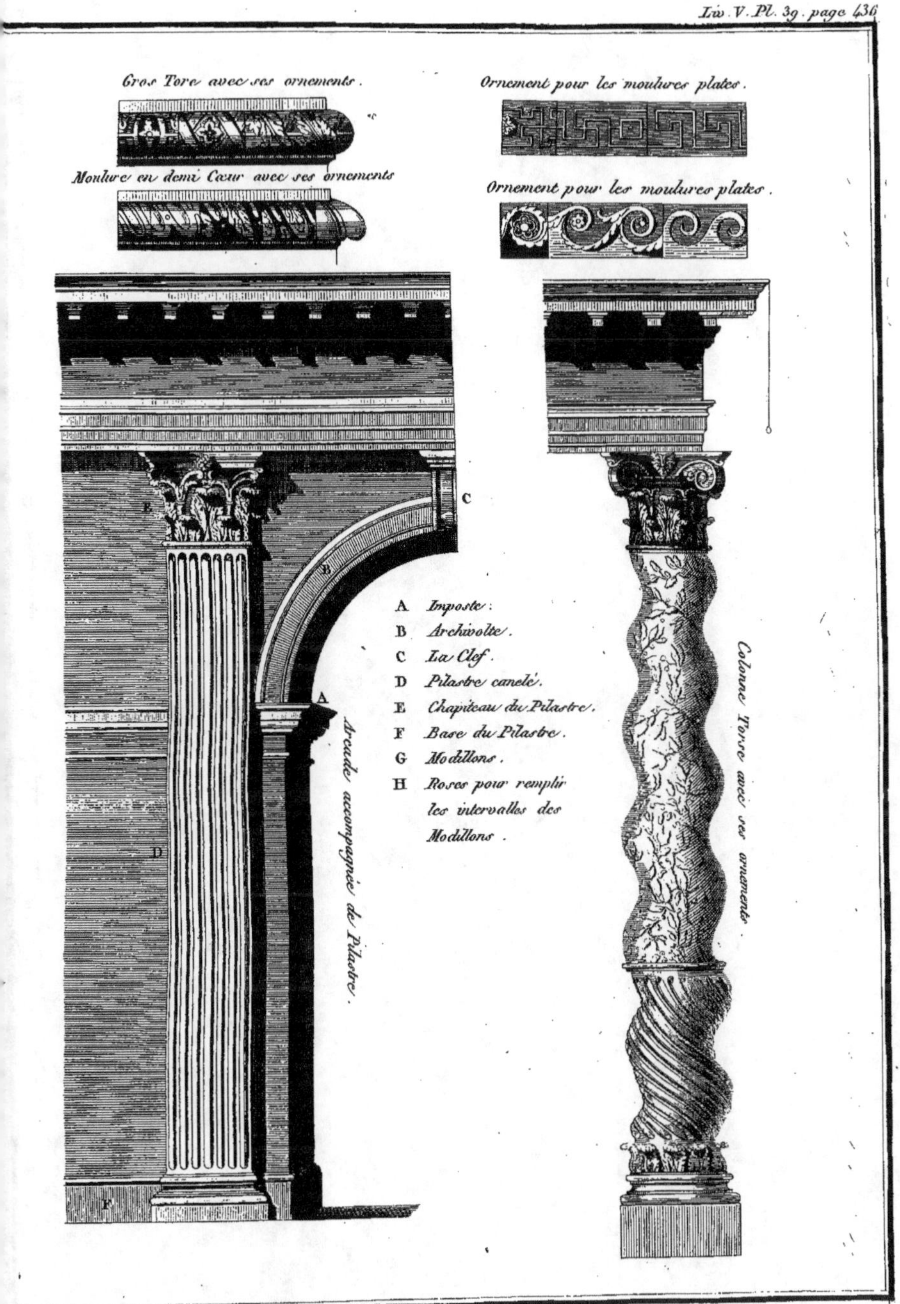
Gros Tore avec ses ornements.
Moulure en demi Cœur avec ses ornements
Ornement pour les moulures plates.
Ornement pour les moulures plates.
A Imposte.
B Archivolte.
C La Clef.
D Pilastre canelé.
E Chapiteau du Pilastre.
F Base du Pilastre.
G Modillons.
H Roses pour remplir les intervalles des Modillons.
Arcade accompagnée de Pilastre.
Colonne Torse avec ses ornements.

Vignole, il est bien aisé d'en avoir le diamètre, et par conséquent le module, puisqu'il n'y a qu'à diviser la hauteur de la colonne en autant de parties égales qu'elle doit avoir de diamètre, et alors une de ces parties sera le diamètre qu'on cherche, dont la moitié pourra servir de module. Car on sent bien que chaque ordre a son module particulier, qui est plus ou moins grand, selon que l'ordre dont il s'agit est massif ou léger, et qu'il n'en est point de cette mesure comme du pied ou du pouce ordinaire, qui restent toujours les mêmes. Or, pour rendre ceci plus intelligible, supposons qu'il soit question de décorer une façade selon l'ordre Dorique, il faut en mesurer la hauteur depuis le rez-de-chaussée jusqu'à l'endroit où doit se terminer le sommet de la corniche de l'entablement, et diviser cette hauteur en dix-neuf parties, dont il en faut prendre douze pour la colonne pour tel ordre que ce soit ; et ces douze parties n'étant plus considérées que comme une seule grandeur, il faut la diviser en huit parties égales, l'une desquelles sera le diamètre de la colonne : par conséquent la moitié de ce diamètre sera le module pour règler les proportions de l'ordre Dorique, relativement à la façade que l'on veut décorer. Or, comme on aura connu en pieds et en pouces la hauteur de cette façade, on pourra aussi si l'on veut rapporter la grandeur du module aux mesures ordinaires, et savoir par conséquent combien il contient de pouces, quoiqu'à le bien prendre cela soit assez inutile, puisque, comme je viens de le dire, cette mesure est particulière aux ordres et n'a rien de commun avec la toise.

Toutes les mesures en usage dans la société ayant été divisées en plusieurs parties, pour les raisons que personne n'ignore, les architectes ont aussi divisé leurs modules en un nombre de parties égales, les unes plus, les autres moins, selon qu'ils en ont cru tirer plus de commodité, quand ils ont été obligés de déterminer la grandeur des moulures et des autres petites parties, afin qu'elles eussent entre elles certaines proportions qui leur convinssent par rapport à l'harmonie qui devait régner dans le tout ; Vignole a cela d'avantageux au-dessus des autres, c'est que les parties de son module ne sont point susceptibles de fractions embarrassantes. On saura donc que pour l'ordre Toscan et le Dorique, il divise le module en douze parties égales : mais comme dans les trois autres ordres, c'est-à-dire l'Ionique, le Corinthien et le Composite, il se rencontre des moulures encore plus petites que dans les précédents, il a divisé le module de ces trois ordres en dix-huit parties égales, afin d'éviter les fractions qui se seraient rencontrées, s'il ne l'avait été qu'en douze parties.

Comme ce que je viens d'expliquer dans ce chapitre, suffit pour être prévenu de ce qu'il faut savoir afin d'entendre clairement ce que l'on verra dans la suite, je passe à la composition des ordres, en commençant par le Toscan.

## CHAPITRE TROISIÈME.

*De l'ordre Toscan.*

DANS l'ordre Toscan, le fût de la colonne a pour hauteur six de ses diamètres ; c'est-à-dire, douze modules, et sa base et son chapiteau chacun un, ce qui fait en tout quatorze modules, comme nous l'avons dit dans le chapitre précédent, dont le tiers qui est de quatre modules huit parties est pour la hauteur du piédestal, et le quart qui fait huit modules six parties pour celle de l'entablement. Ainsi toute la hauteur de la façade, ou, si l'on veut, de l'ordonnance, se trouve de vingt-deux modules deux parties. Car il faut se rappeler que le module, dans cet ordre, doit être divisé en douze parties égales, et que ce sont ces parties qui vont servir à déterminer la proportion des moulures.

Comme nous allons donner les dimensions des parties de chaque ordre, et que les mêmes dimensions se trouvent exactement cotées sur les dessins, on pourra à l'aide du discours connaître plus distinctement qu'on ne l'a fait dans ce qui précède, la situation des moulures, leurs figures et leurs noms, puisque chaque chiffre dont on va faire mention dans l'explication, pourra servir en même temps à désigner celle dont on parle. Par exemple, quand on dira que la plinthe de la base du piédestal toscan est de cinq parties, il suffira de jeter les yeux sur cette base, pour voir que la moulure qui répond au chiffre 5 est nommée plinthe ; et ainsi des autres qui se suivront immédiatement, ce qui contribuera fort à se rendre les termes familiers.

*Piédestal toscan.*

On donne un demi-module ou six parties à la hauteur de la base du piédestal, dont il y en a cinq pour la plinthe, et une pour le réglet : la saillie de la plinthe est de quatre parties, et celle du réglet de deux. Quant à la largeur du dé ou du tronc, elle est de deux modules neuf parties, et sa hauteur de trois modules huit parties. PL. LX. FIG. 1.

La hauteur de la corniche est égale à celle de sa base, c'est-à-dire qu'elle est de six parties, desquelles on en donne quatre au talon, et deux à la bandelette ou réglet : toute la saillie est de quatre parties, dont il y en a trois et demie pour le talon, une demie pour le réglet qui est au-dessus.

*Colonne toscane.*

Cette colonne a deux modules par le bas et un module sept parties par le haut, parce qu'elle va en diminuant depuis en bas jusqu'en haut, et que cette diminution est de deux parties et demie de chaque côté.

La base de la colonne a douze parties, dont il y en a six pour la plinthe, cinq pour le tore et une pour l'anneau ; la saillie de la plinthe et du tore est de quatre parties et demie de chaque côté ; celle de l'anneau n'est que d'une partie et demie : à l'égard de l'anneau et de l'astragale qui sont au sommet du fût de la colonne, la hauteur du premier est d'une demi-partie, celle du second, d'une partie ; la saillie de ce dernier est d'une partie et demie de chaque côté.

La hauteur du chapiteau étant de douze parties comme celle de la base, le gorgerin en a quatre, l'anneau une, l'ove trois, l'abaque trois, et le réglet une ; la largeur du gorgerin est d'un module sept parties, et par conséquent n'a point de saillie au-dessus du sommet de la colonne ; toute la largeur de l'abaque est de deux modules cinq parties, ainsi sa saillie est de cinq parties de chaque côté, en y comprenant celle de son réglet qui est au-dessus ; la saillie de l'anneau est d'une partie de chaque côté. PL. LXI. FIG. 1.

*Entablement toscan.*

La hauteur de l'entablement étant, commme on l'a dit, de trois modules et demi ou de quarante-deux parties, l'architrave doit en avoir douze en y comprenant la hauteur du réglet qui en a deux, la frise quatorze ; la corniche qui comprend le talon, le larmier et l'ove avec les filets qui les accompagnent, en a seize parties, dont le talon en a quatre, le filet au-dessus une demie, le larmier six, le filet au-dessus une demie, l'astragale qui est au-dessous de l'ove une, et l'ove quatre; la frise et l'architrave n'ont point de saillies, l'un et l'autre devant répondre au vif du haut de la colonne : toute la saillie de la corniche est de dix-huit parties, chaque membre particulier a autant de saillie que de hauteur, excepté le larmier, dont la saillie est de neuf parties, en y comprenant le filet qui est au-dessous, quoique sa hauteur ne soit que de six : et pour juger de l'effet que font toutes ces saillies, il suffira de considérer le dessin, où les proportions de toutes les parties sont exactement marquées. On creuse ordinairement dans le larmier un canal que les ouvriers appellent *mouchette pendante* ; ce canal se pratique afin de rendre l'ouvrage plus léger, et pour empêcher que l'eau n'aille couler sur la frise.

Quand on emploie l'ordre Toscan aux portes des villes ou à celles de quelques édifices militaires, on peut pour leur donner plus de majesté, revêtir les colonnes de bossages ou de ceintures et de bandes, pourvu qu'elles soient rustiques et sans sculpture ; ce rustique se fait en pointillé également, ou en tortillis comme les pierres mangées et moulinées par la lune, ce qui peut être appelé *rustique vermiculé* ; cependant, comme ces bossages augmentent le module de la colonne, et la rend plus courte qu'elle ne serait si elle était tout unie, il est à propos de lui donner pour hauteur un peu plus des sept diamètres.

Si l'on voulait se servir de l'ordre Toscan sans piédestal, il faudrait diviser la hauteur donnée en cinq parties égales, dont il y en aura quatre pour la hauteur de la colonne y compris sa base et son chapiteau, et pour la hauteur de l'entablement, une. Or, si l'on divise ensuite la hauteur de la colonne, c'est-à-dire les quatre cinquièmes de la hauteur qu'on veut donner à l'ordonnance, en quatorze parties égales, une de ces parties servira de module : ainsi le fût de la colonne aura comme ci-devant douze modules, la base et le chapiteau chacun un ; et comme le quart de quatorze est trois et demi, il s'ensuit que l'entablement aura encore trois modules et demi de hauteur, et toute l'ordonnance dix-sept et demi.

M. de Chambray, en parlant de l'ordre Toscan, dit que la colonne, sans aucune architrave, est la seule pièce qui mérite d'être mise en œuvre, et qui peut rendre cet ordre recommandable. Il fait ensuite la description de la colonne Trajane, dont il remarque l'excellence, et qu'il croit avoir servi de règle à la colonne Antonine, et à une autre qui fut élevée dans Constantinople à l'honneur de l'empereur Théodose. Cette dernière est des plus belles, non-seulement parce qu'elle est bien proportionnée, mais par l'ouvrage en bas-relief dont elle est entourée depuis le bas jusqu'en haut, où l'on voit la description du triomphe de cet empereur après avoir vaincu les Scytes. J'en ai une estampe qui a bien 25 pieds de longueur sur 2 de hauteur, gravée sur le dessin d'un R. P. Jésuite, qui l'a fait à Constantinople d'après l'original. Cependant, selon Félibien, il y a apparence que la colonne Trajane n'est pas la première que l'on ait dressée à l'honneur de grands hommes, puisqu'il n'y a pas long-temps que l'on voyait à Rome une petite colonne toscane sur laquelle était la figure d'un corbeau avec ce mot au-dessous *Corvin*, qui marque selon toute apparence que cette colonne fut élevée à Valérius Maximus, après l'action qu'il fit à la vue de l'armée des Gaulois et de celle des Romains, où il accepta le défi d'un géant qui sortit de l'armée ennemie, qu'il combattit et vainquit avec le secours d'un corbeau qui vint se placer sur sa tête, ce qui lui fit prendre ensuite le surnom de Corvinus : et comme, suivant l'histoire romaine nouvellement mise au jour par les R R. P P. Catrou et Rouillé, de la compagnie de Jésus, cette action mémorable est arrivée l'an 404 de la fondation de Rome, on voit combien cette colonne est plus ancienne que la Trajane.

Voyez l'histoire citée, tome 4, p. 232.

# CHAPITRE QUATRIÈME.

## *De l'ordre Dorique.*

La hauteur de toute la colonne de cet ordre, y compris la base et le chapiteau, selon Vignole, est de seize modules, dont il y en a un tiers, c'est-à-dire cinq modules quatre parties, pour le piédestal ; et un quart pour la hauteur de l'entablement, qui sera par conséquent de quatre modules. Le module est encore divisé en douze parties comme pour l'ordre Toscan.

*Piédestal dorique.*

Pl. XL. Fig 2. La hauteur du piédestal étant de cinq modules quatre parties, on en donne dix à la base et six à la corniche ; ainsi le dé ou tronc se trouve de quatre modules de hauteur.

Des dix parties de la base on en donne quatre au socle, deux et demie à la plinthe, deux au talon renversé, une à l'astragale et une et demie au filet.

La saillie du socle est de quatre parties et demie, celle de la plinthe de quatre, celle du talon renversé de trois et demie, celle de l'astragale de deux, celle du filet d'une, et la largeur du dé se trouve de deux modules dix parties.

Des six parties qui composent la hauteur de la corniche, on en donne une et demie au talon, deux et demie à la gouttière, une demie au filet, une à l'ove, et une demie au réglet.

La saillie de la corniche est égale à sa hauteur, c'est-à-dire qu'elle est de six parties, dont il y en a une et demie pour celle du talon, quatre pour celle de la gouttière, et six pour celle du réglet et de l'ove qui est au-dessous.

*Colonne dorique.*

De seize modules que l'on donne à la hauteur de la colonne, il y en a un pour la base, et un autre pour le chapiteau ; ainsi il reste quatorze modules pour le fût : et la diminution de cette colonne par le haut est de quatre parties ; deux d'un côté et deux de l'autre, par conséquent le vif de cette colonne est d'un module huit parties.

La base étant de douze parties, on en donne six à la plinthe, quatre au tore, une à l'astragale et une au réglet ou anneau : sur quoi il faut remarquer qu'il n'y en a que dans l'ordre Toscan et le Dorique, où le filet fait partie de la base ; car dans les trois ordres suivants il appartient au fût de la colonne.

La largeur de la plinthe, aussi bien que celle du tore, est de deux modules dix parties, parce que ces deux membres n'ont point de saillie au-dessus du dé du piédestal ; mais celle de l'astragale est de deux parties trois quarts au-dessous de la colonne, et celle du filet deux.

Ayant compris dans la hauteur du tronc de la colonne l'astragale et le filet qui se trouvent au sommet, on doit dans cet ordre, aussi bien qu'au Toscan, séparer ces deux moulures du chapiteau ; ainsi il suffira de dire que le filet est d'une partie et demie, et l'astragale d'une, et que la saillie de l'astragale est de deux parties, et celle du filet d'une et demie. Pl. XLI. Fig. 2.

La colonne commence à diminuer au tiers de sa hauteur, ou même dès le pied, auquel cas on lui donne deux modules et deux parties pour le diamètre, qui répond au tiers de la hauteur, afin de la faire renfler d'une partie de chaque côté ; nous parlerons dans la suite de la manière que se trace la diminution et le renflement.

De douze parties que le chapiteau a de hauteur, on en donne quatre au gorgerin, et une demie à chacun des trois réglets ou anneaux qui sont immédiatement après, deux et demie à l'ove qui est au-dessus, deux et demie à la gouttière de l'abaque, une au talon, et une demie au réglet.

La saillie du réglet de l'abaque a cinq parties et demie de chaque côté, ainsi toute sa largeur sera de deux modules sept parties ; la saillie des trois réglets est d'une partie, celle de l'ove est égale à sa propre hauteur, celle de la gouttière est de quatre parties, et la largeur du gorgerin est égale à celle du haut de la colonne.

Le réglet, le talon et la gouttière de l'abaque doivent être quarrés dans tous les ordres, et les autres membres arrondis comme le fût de la colonne.

Quand on veut embellir cet ordre et lui donner plus de délicatesse, il faut canneler la colonne de vingt cannelures à vives arêtes ; c'est-à-dire par des cannelures qui ne soient point séparées avec des réglets, de la manière que nous l'expliquerons plus particulièrement dans la suite. On peut aussi tailler des roses ou fleurs, ou même des feuilles dans le gorgerin ; et pour donner plus de grace, au lieu de faire trois filets au haut du gorgerin, n'en faire qu'un et changer les deux autres en un astragale retaillé d'olives et de patenotres, et refendre l'ove de vingt œufs qui doivent répondre à plomb sur les arêtes des cannelures ; les olives de l'astragale doivent aussi être au nombre de vingt, et répondre justement sous les œufs de l'ove.

*Entablement dorique.*

La hauteur de l'entablement étant de quatre modules ou de quarante-huit parties, l'on en donne douze à l'architrave, dix-huit à la frise et à la corniche ; et comme cet entablement est orné de plusieurs petites parties qui demandent d'être bien détaillées pour qu'il soit exécuté avec précision, nous allons faire en sorte de ne rien négliger.

Les gouttes au-dessous des triglyphes sont toujours au nombre de six, disposées de façon que leur intervalle en occupe la largeur, ces gouttes sont faites en forme de clochettes, leur saillie est égale à leur hauteur : l'une et l'autre étant d'une partie et demie, sont couronnées par un filet qui a pour hauteur une demi-partie, au-dessus duquel est un réglet de deux parties, et dont la saillie est d'une partie.

Les triglyphes sont élevés dans la frise de toute sa hauteur, et ont par conséquent dix-huit parties. Leur largeur est de douze parties, ils sont refendus de deux canaux, qui ont chacun deux parties séparées par trois arêtes, qui ont aussi deux parties de largeur et une de saillie, accompagné par chaque côté d'un demi canal ; le creux des canaux est en angle droit, leur hauteur est de seize parties. J'ajouterai que la distance d'un triglyphe à l'autre, est ordinairement égale à la hauteur de la frise, c'est-à-dire de dix-huit parties ; cet espace que l'on nomme *métope*, est orné quelquefois par des noms en chiffres, ou par quelque autre dessin fait à fantaisie, mais qui doivent être simples.

De dix-huit parties que comprend la corniche, il y en a deux pour le réglet qui sert de chapiteau aux triglyphes, deux pour le talon, une demie pour le filet qui est au-dessus, trois pour la bandelette qui est refendue par des denticules, au-dessus desquelles est une petite ove d'une demi-partie : la largeur des denticules est de deux parties, leur intervalle d'une partie et demie, la gouttière de quatre, le talon de deux et demie, le filet d'une demie, le cavet de trois, et le réglet d'une partie.

Toute la saillie de la corniche est de deux modules ou de vingt-quatre parties, sur quoi la bandelette des denticules en a six, le lamier quatorze, faisant attention que les denticules sont quarrées par le bas, ayant autant de saillie que de largeur ; à l'égard des saillies des autres moulures, elles sont égales à leur hauteur, comme on le voit marqué dans le dessin.

On taille ordinairement le plafond de la gouttière, pour y pratiquer un canal et des gouttes, afin de l'orner et le rendre plus léger.

Vitruve ne met point de différence entre le chapiteau dorique et le toscan, en ce qui regarde les mesures : il se contente seulement d'y ajouter quelques ornements pour le rendre moins nu. Mais Vignole, et tous les autres architectes qui sont venus après, n'ont point suivi cette conformité, et ont tous donné au chapiteau dorique, à-peu-près les mêmes proportions que nous avons rapportées ici.

Vignole a tiré du théâtre de Marcellus le dessin de l'ordre Dorique que nous venons de donner pour exemple : sur quoi M. Daviler remarque que Vitruve n'a point été l'architecte de ce monument, comme plusieurs l'ont prétendu parce que cet auteur était contemporain d'Auguste, dont il était l'ingénieur. D'ailleurs il est à présumer que s'il y avait eu part, il en aurait fait mention dans son livre. Mais ceci est de peu d'importance. On remarquera seulement que Vignole ne s'est pas attaché absolument à suivre les proportions du théâtre de Marcellus, et que s'étant aperçu que les membres de chaque partie n'étaient pas assez bien proportionnés entre eux, il a fait les changements qu'il a jugés les plus nécessaires. Par exemple, ayant trouvé que la corniche n'était pas assez élevée, il a ajouté quelques moulures au-dessous du lamier, et par-là la hauteur de la corniche se trouve égale à celle de la frise, ce qui lui donne plus de grace et de dégagement. D'ailleurs la plate-bande qui sert ici de chapiteau aux triglyphes fait partie de la corniche, et non pas de la frise, ce qui est tout le contraire dans les dessins que nous avons de ce théâtre.

Vignole rapporte encore un autre entablement de l'ordre Dorique, qu'il a tiré à Rome de plusieurs fragments antiques, et que l'on peut voir sur la planche XLVIII ; il est peu différent de celui dont nous venons de parler : tout ce qu'on y trouve de plus remarquable, c'est qu'on n'y voit point de denticules.

# CHAPITRE CINQUIÈME.

Ayant fait remarquer, dans le second chapitre, que les triglyphes étaient des membres qui appartenaient particulièrement à l'ordre Dorique, et qui servaient à le faire reconnaître entre les autres, de même que les volutes du chapiteau ionique étaient affectés à cet ordre, ce qui sert à le distinguer aussi des autres, j'ajouterai ici que les volutes ont été regardées par les anciens comme exprimant les coiffures des anciennes dames de la Grèce, et que les cannelures des colonnes avaient été faites à l'imitation des plis de leurs robes. Il y a des auteurs qui ne sont point de ce sentiment, et qui veulent que les volutes aient été faites pour représenter les pentes roulées des coussinets que l'on feignait avoir mis sur la tête des cariatides, pour leur donner moins de peine à porter le poids des architraves. Mais ce qu'il y a de certain, c'est que l'ordre Ionique a toujours été regardé des Grecs et des Romains comme étant le symbole du beau sexe.

*Piédestal ionique.*

Pl. LX. Fig. 3. La hauteur du piédestal, qui est de six modules, se partage en sorte que la base ait un demi-module, et la corniche autant : ainsi il reste cinq modules pour la hauteur du dé.

La base est composée d'une plinthe de quatre parties, d'un filet de deux tiers, d'une doucine de trois parties, et d'un astragale d'une partie et un tiers.

La saillie de la plinthe est de huit parties, celle du filet de sept, et celle du centre de l'astragale de six.

La largeur du dé doit être de deux modules quatorze parties ; ses moulures sont les réglets du dessous et du dessus avec leurs chanfreins qui ont chacun une partie, la saillie du réglet d'en bas est d'une partie, et celle d'en haut de deux.

Les moulures de la corniche sont l'astragale, qui a une partie, l'ove en a trois, la gouttière aussi trois, le talon une et un tiers, et le réglet deux tiers seulement : la saillie de toute la corniche a dix parties, celle de la gouttière huit, et celle du haut de l'ove cinq.

*Colonne ionique.*

La base de la colonne a pour hauteur un module : elle est composée de la plinthe, qui a six parties; de l'orle ou l'anneau, qui n'a qu'un quart; de la scotie, qui a deux parties; d'un autre anneau d'un quart; ensuite deux astragales immédiatement l'un sur l'autre, qui ont chacun une partie; au-dessus est encore un ourlet d'un quart de partie, et une scotie de deux parties, un filet d'un quart; le tout terminé par un tore de cinq parties.

Toute la saillie de la base est de sept parties de chaque côté, afin que la largeur ou le front de la plinthe soit le même que le front du piédestal, que nous avons dit ci-devant être de deux modules quatorze parties; la saillie de l'orle qui est sur la plinthe est de six parties et demie, celle des deux astragales et du tore, de cinq, et celle du réglet qui est sous le tore, de deux et demie.

La hauteur du fût de la colonne a seize modules six parties, le réglet ou orle de dessous avec son congé ou cavet une partie et demie, le tronc de la colonne seize modules et une partie et demie, l'orle de dessus avec son congé une partie, et l'astragale deux parties. PL. XLI. FIG. 3.

La saillie des orles avec les chanfreins est de deux parties, et celle de l'astragale de trois : la largeur de la colonne par le bas est de deux modules, qui se conduit également jusqu'au tiers de la hauteur, d'où elle est insensiblement diminuée jusque sous l'orle de dessus, où sa largeur est réduite à un module douze parties, afin que la diminution soit de trois parties de chaque côté.

Si l'on veut canneler les colonnes ioniques, il faut premièrement faire le plan du fût à l'endroit de la base, c'est-à-dire qu'on tracera un cercle dont le diamètre sera de deux modules, ensuite on en divisera la circonférence en vingt-quatre parties égales, telle que AB, qu'il faut partager chacune en cinq autres parties, aux points 1, 2, 3 et 4, et l'une de ces parties, comme C, marque l'épaisseur des côtés ou listels des cannelures, et les autres quatre, comme A 4 ou BD, détermine le creux FIG. 6.

ou le fond qui se fouille dans le vif de la colonne en forme d'un demi-cercle, qui aurait pour diamètre l'intervalle A 4 ou BD ; ses moulures sont conduites depuis le pied de la colonne jusqu'au dessous de l'orle supérieur, en sorte que les lignes montantes suivent toujours entre elles le contour de la diminution de la colonne, pour s'approcher avec la même proportion ; ainsi la colonne se trouve cannelée agréablement, et suivant les règles de la bonne architecture, avec vingt-quatre creux et autant de cannelures qui seront chacune égale au quart de la largeur du creux, quoiqu'elles puissent être quelquefois plus grandes, en sorte néanmoins qu'elles ne passent jamais au-dessus du tiers, et jamais au-dessous du cinquième du même creux, qui sont les termes que les anciens se sont prescrits dans leurs cannelures.

*Chapiteau ionique.*

Fig. 3 et 8. La hauteur du chapiteau se fait de douze parties, non compris la pente des volutes : les moulures sont l'ove, qui a cinq parties, la plate-bande des coussinets des volutes trois, la bandelette ou bordure une, la cimaise ou talon de l'abaque deux, et la règle de l'abaque une.

Toute la saillie de l'ove est de sept parties, celle de l'abaque en a cinq, celle des bordures des volutes quatre et demie, et celle du fond ou creux de la plate-bande du coussinet des volutes sur l'ove six et demie.

La perpendiculaire ou cathète CD de l'œil des volutes passe par le milieu AB de toute la saillie de l'abaque : sa longueur FD sous l'abaque est de seize parties, et le centre E de l'œil se prend sur la neuvième, en sorte qu'il y a neuf parties de F en E, et sept de E en D. On verra par la suite comment l'on trouve dans l'œil de la volute les centres qui servent à la former, aussi bien que ceux qui donnent les arcs de la bordure ou volute intérieure.

Toute la face ou largeur de l'abaque est de deux modules quatre parties, celle des volutes par-devant et par-derrière est de deux modules onze parties, comme on le peut voir dans la figure 8 de la Pl. XL, qui représente tout le chapiteau vu par le dessous : la largeur de la face des côtés du chapiteau est d'un module dix-sept parties, la largeur de la ceinture qui est entre les balustres, ou qui attache le coussinet des volutes sur les côtés, est de six parties, avec un filet de part et d'autre d'une partie; elle prend son origine sous le talon de l'abaque, d'où elle descend insensiblement sur la partie de l'ove qu'elle embrasse de là avec un contour agréable, jusque sur l'orle supérieur du fût de la colonne, d'où enfin elle remonte en s'arrondissant en dedans sur l'astragale, pour se venir perdre au-dessous de l'ove; les extrémités des balustres sont enfermées d'un ruban ou orle, qui a pour largeur deux parties; enfin on taille des œufs dans l'ove qui répondent au vif des cannelures. Tout ceci s'entendra parfaitement, si l'on considère les dessins qui sont relatifs à ce discours.

Scamozzy fait le chapiteau ionique différent de celui de Vignole, comme on en peut juger par la figure 7 de la pl. XLI, et la fig. 9 de la pl. XL. Ce chapiteau a fort bonne grace et paraît approuvé des meilleurs architectes: et afin d'être mieux instruit des particularités qui lui appartiennent essentiellement, voici l'explication qu'en donne Scamozzy lui-même dans le chap. XXIII du livre VI de son *Idée générale d'architecture*, où après avoir décrit le chapiteau ionique ordinaire, il continue en ces termes:

« Il faut à-présent, dit-il, expliquer un autre chapiteau ionique de notre invention, imité de l'antique et de Vitruve en partie, qui est différent des autres qui ont été faits jusqu'à présent, en ce que l'abaque est dégagé par-dessous, que les volutes sont angulaires, que les quatre faces en sont égales, et qu'il a beaucoup de rapport à la partie supérieure du chapiteau corinthien. Il est si régulier en ses parties et réussit avec tant de grace, qu'il a été mis en œuvre à la plupart des bâtiments que nous avons faits.

« Son plan quarré a un module et un tiers à chaque face; il y faut tracer des lignes diamétrales et d'autres diagonales qui se croisent et qui se divisent en huit parties égales: du centre on décrit la circonférence du diamètre supérieur, et celle du listeau et de l'astragale.

« Ensuite sur chaque diagonale il faut tracer à l'équerre une ligne distante du centre d'un module moins un huitième, ainsi la diagonale reste en tout longue d'un module trois quarts: cette ligne, à chacune des extrémités des diagonales, fait les cornes de l'abaque qui ont deux parties trois quarts de largeur, les huit angles touchent les quatre côtés du quarré, et sur un des côtés, d'un des points qui le touchent, il faut prendre la base d'un triangle équilatéral, et de son sommet tracer la ligne courbe de la face de l'abaque; la profondeur de cette courbe sera de deux douzièmes et demi de module, de sorte que d'une courbure à l'autre, il y aura un module et un douzième comme nous avons dit ci-devant: ce qui peut encore servir pour faire l'abaque quarré.

« Au milieu de chaque face de l'abaque, il faut mettre une fleur large d'un cinquième de module, ou de trois parties deux cinquièmes des dix-huit; depuis l'extrémité de l'astragale jusqu'à celle de la corne de l'abaque il y aura sept parties de largeur; le dessous des volutes est de deux parties et trois quarts vers le devant, et elles s'élargissent en dedans, s'éloignent de l'ove et entrent sous l'abaque; sous les fleurs règne l'ove qui saille à chaque face de demi-partie plus que la courbure de l'abaque, ce qui est pour le plan.

« La hauteur de ce chapiteau avec ses volutes est de neuf parties et cinq huitièmes des dix-huit du bas de la colonne: nous nous servons de ces mesures pour faire la division et donner les hauteurs des parties. L'abaque a de front un module et un tiers, sa hauteur est d'une partie et de cinq huitièmes, qui comprennent le filet et le talon qui a une partie de saillie égale à sa hauteur; sous l'abaque le listeau et la volute a une partie, et le membre creux de la volute qui pose sur l'ove une partie et demie.

« L'ove a deux parties de ce membre creusé qui est à la volute et finit sur l'astragale qui détermine le haut du fût de la colonne; il a un module et un neuvième de diamètre; l'astragale a une partie de hauteur et répond à l'œil de la volute; le listeau au-dessous a deux cinquièmes de cette partie, et ses membres doivent être toujours dégagés des volutes, qui pendent plus bas que le listeau de deux parties deux cinquièmes.

« Les volutes depuis le dessous de l'abaque ont huit parties de haut, sept de large, et leur épaisseur sous la corne de l'abaque est de deux parties trois quarts; elles commencent à côté de la fleur sur l'ove et se vont courber sous la corne de l'abaque: l'œil de la volute qui est d'une partie doit être de niveau avec l'astragale; dans le milieu de l'œil on fait un quarré plus petit de moitié que le diamètre et parallèle aux lignes croisées: les diagonales de ce quarré se divisent en six parties égales qui font en tout douze centres pour les tours de la volute : il faut prendre garde que les centres angulaires sont éloignés entre eux d'une demi-partie, ceux des lignes du quarré d'un tiers de partie, et ainsi la volute diminue dans les trois tours de ses douze quartiers.

« Il y a quatre parties et demie depuis le centre de l'œil jusque sous l'abaque, et quatre depuis le centre jusqu'au dehors de la volute qui est à plomb sous la face de la corne de l'abaque; il y en a trois et demie de ce même centre jusqu'au bas de la volute; ainsi elle diminue de deux parties dans le premier tour; c'est-à-dire une demi-partie pour chaque quartier, et dans le tour elle diminue de deux tiers de parties, c'est-à-dire d'un sixième pour chaque quartier, de sorte que c'est quatre parties pour les trois tours qui sont dans l'espace contenu depuis le dessous de l'abaque jusque sur l'œil. »

### *Entablement ionique.*

La hauteur de l'architrave se fait d'un module quatre parties et demie; on donne quatre parties et demie à la première plate-bande, six à la seconde, sept et demie à la troisième, trois au talon, et une et demie à la règle.

La première bande répond au vif de la colonne; la saillie de chacune des deux autres est d'une partie, la règle et le talon en ont cinq. PL. XLI. FIG. 3.

La frise a pour hauteur un module et demi, elle se fait à plomb et répond au vif du haut de la colonne, de même que la première plate-bande : on peut y entailler des ornements composés de figures, de fleurs ou de feuilles.

La hauteur de la corniche est d'un module treize parties et demie; ses moulures sont composées d'abord d'un talon qui a quatre parties, de la règle qui en a une; de la bandelette des denticules qui en a six; d'un filet qui a une demi partie, d'un astragale d'une partie, de l'ove qui en a quatre, du larmier qui en a six, d'un talon au-dessus qui en a deux, d'un filet qui en a une demie, de la doucine qui a cinq parties, et de la règle qui en a une et demie.

Toute la saillie de la corniche est de trente-une parties, celle de la règle est de cinq, sur quoi il faut en ajouter quatre pour la saillie des denticules, quatre et demie pour celle de l'ove, dix pour celle de la gouttière, deux et demie pour le filet, et cinq pour la saillie de la règle.

La hauteur des denticules se fait de six parties, leur largeur de quatre sur autant de saillie, et espacées de deux parties : sur le haut du vide de ces intervalles, on laisse en dedans une règle qui a pour hauteur une partie et demie.

Quand on fouille des feuillages sur le talon des cimaises, des œufs dans l'ove et des grains d'olives ou de patenotres dans les astragales, on le doit faire de manière que les olives répondent à plomb sous les œufs, et les œufs sous les denticules, aussi bien que les tiges des feuillages de la cimaise.

*Manière de tracer la volute ionique.*

Plusieurs savants architectes ont cherché des méthodes pour tracer la volute ionique, afin de lui donner cette forme agréable qu'on remarque dans les chapiteaux antiques: car on a ignoré jusqu'ici de quelle manière les Anciens s'y sont pris, ne nous étant resté que les écrits de Vitruve, qui ne satisfont point assez; ce qui a été cause qu'on a regardé long-temps la description de la volute comme un problème fort intéressant. Vignole en donne deux solutions différentes dont la pratique est aisée, mais peu exactes, ainsi que plusieurs autres dont je ne ferai pas mention.

Le plus sûr moyen d'instruire un lecteur à peu de frais, étant de lui mettre d'abord sous les yeux ce qu'il y a de meilleur, je me contenterai de rapporter seulement la volute de Goldman, qui est la plus estimée de toutes celles qu'on a imaginées jusqu'ici, parce qu'elle se décrit géométriquement aussi bien que le listel ou la volute intérieure.

Pl. XLI. Fig. 5. Supposant qu'on a déterminé la grandeur du module qui doit servir à régler l'ordonnance ionique, on le divisera, comme je l'ai déja dit, en dix-huit parties égales; on tirera une ligne AB, à laquelle on donnera seize de ces parties, ou si l'on veut un module moins deux parties, ensuite on déterminera dans cette ligne le point E, en sorte qu'il soit éloigné de neuf parties de l'extrémité A, et de sept de l'extrémité B. Ce point sera le centre de l'œil de la volute, et pour avoir cet œil, on décrira un cercle qui aura pour centre le point E, et pour rayon une partie; alors le diamètre CD sera de deux parties, la ligne CA de huit, et la ligne DB de six, ainsi que le prescrit Vignole.

Cela posé, il faut diviser les demi-diamètres EC et ED en deux également aux points 1 et 4, et sur la ligne 1, 4, qui sera égale au rayon, faire le quarré 1, 2, 3, 4, dont le côté 2, 3 touchera la circonférence du cercle; on tirera les lignes E 2 et E 3, et l'on divisera la base 1, 4, en six parties égales, afin d'avoir les points 5, 9, 12, 8. Après quoi sur la ligne 5, 8, on fera le quarré 5, 6, 7, 8, et sur la ligne 9, 12, le quarré 9, 10, 11, 12: alors on aura trois quarrés, par conséquent douze angles droits qui donneront douze centres, dont nous nous servirons après avoir prolongé les côtés des quarrés indéfiniment dans le sens qu'on voit ici.

Pour tracer le contour de la volute, il faut du centre 1 et de l'intervalle 1 A, décrire le quart de cercle AF; du centre 2 et de l'intervalle 2F, le quart de cercle FL; du centre 3 et de l'intervalle 3L, le quart de cercle LO; du centre 4 et de l'intervalle 4 O, le quart de cercle OQ; du centre 5 et de l'intervalle 5Q, le quart de cercle QG; du centre 6 et de l'intervalle 6 G, le quart de cercle GI; du centre 7 et de l'intervalle 7 I, le quart de cercle IN; du centre 8 et de l'intervalle 8N, le quart de cercle NR; du centre 9 et de l'intervalle 9R le quart de cercle RH; du centre 10 et de l'intervalle 10 H, le quart de cercle HK; du centre 11 et de l'intervalle 11 K, le quart de cercle KM; enfin du centre 12 et de l'intervalle 12 M, l'arc MS qui aille rencontrer la circonférence de l'œil de la volute.

Pour décrire le contour intérieur, il faut prendre la ligne AP, égale à une partie du module, ensuite chercher aux lignes CA, CP, E*j*, une quatrième proportionnelle qui sera aisée à trouver; car, comme la ligne CP est les sept huitièmes de la ligne CA, celle que l'on cherche doit être aussi les sept huitièmes de la ligne E*j*, afin que les antécédents aient même rapport à leurs conséquents. Cela posé, si l'on considère le quarré 1, 2, 3, 4 de la fig. 4 que j'ai détaché de la volute pour l'exprimer plus en grand, on y verra la ligne E*j*, qui est supposée égale aux sept huitièmes de la ligne E 1. Or, si de l'autre côté du point E, on prend la partie E*m*, égale à E*j*, on aura la ligne *jm*, qu'il faut diviser en six parties égales, comme on a fait pour la ligne 1, 4, et faire sur les bases *jm*, *ch*, et *ab*, les quarrés *iklm*, *efgh*, *acdb*, dont les douze angles droits donneront encore douze nouveaux centres, qui serviront à tracer la volute intérieure que l'on voit ponctuée sur la figure. Car, si l'on suppose pour un instant que les quarrés dont je viens de faire mention soient placés sur le diamètre de l'œil de la volute, on commencera par décrire un quart-de-cercle qui aura pour centre le point *j*, et pour rayon l'intervalle *ip*; et alors ce quart-de-cercle ira se terminer sur le prolongement du côté *jk*, comme on l'a fait en premier lieu : ensuite du point *k*, qui servira de second centre, on décrira un autre quart-de-cercle qui aura pour rayon l'intervalle du point *k* à l'endroit où le premier quart-de-cercle aura été se terminer sur le prolongement *jk*, et l'on continuera de suite à décrire tous ces autres contours de la même manière que l'on a fait pour la première volute, puisque la construction est la même ; la seule différence est que les quarrés qui donnent les centres de l'une, sont plus grands que ceux qui donnent les centres de l'autre, et il suffira, pour avoir une parfaite intelligence de tout ceci, de prendre un compas, et de lui faire faire tous les mouvements dont je viens de parler.

## CHAPITRE SIXIÈME.

### *De l'ordre Corinthien.*

Nous mettons ici l'ordre Corinthien devant le Composite, comme s'il était inférieur à ce dernier, mais c'est pour nous conformer à Vignole; autrement il serait plus naturel de mettre le Composite immédiatement après l'Ionique, comme ont fait Scamozzy et M. de Chambray, qui ont regardé avec raison le Corinthien comme le plus parfait et le plus délicat.

Vignole donne vingt modules de hauteur à la colonne de l'ordre composite, en y comprenant sa base et son chapiteau, il divise encore le module en dix-huit parties comme dans l'ordre précédent, et suit à-peu-près les mêmes proportions pour l'entablement et le piédestal, c'est-à-dire qu'il donne à l'entablement cinq modules de hauteur, qui est précisément le quart de la colonne; mais au lieu de prendre le tiers de cette même hauteur pour le piédestal qui devrait être ici de six modules et douze parties, il le fait un tant soit peu plus élevé, lui donnant sept modules, par conséquent six parties de plus qu'il ne devrait avoir : sans doute qu'il en a usé ainsi pour faire paraître cet ordre encore plus délicat et rendre la proportion du piédestal plus agréable, en faisant que la hauteur du dé soit double de sa largeur, comme on le va voir. Pl. XL. Fig. 4.

*Piédestal corinthien.*

La hauteur du piédestal se faisant de sept modules, on donne douze parties pour la base, et quatorze pour la corniche, ainsi il reste cinq modules dix parties pour la hauteur du dé; et comme la largeur du même dé doit être de deux modules quatorze parties pour se trouver égale à celle de la plinthe de la base de la colonne, on voit, comme je viens de le dire, que la hauteur du dé se trouve double de sa largeur.

Des douze parties qui déterminent la hauteur de la base du piédestal, on en donne quatre à la plinthe, trois au tore, une à la règle, trois à la doucine ou gueule, et une à l'astragale; et toute la saillie est de huit parties. A l'égard des moulures du dé, elles ne sont composées que de deux règles qui ont chacune une partie : de ces deux règles, il y en a une en bas et l'autre en haut; celle d'en bas avec son congé fait que la largeur du dé se trouve réduite, comme nous l'avons déja dit, à deux modules quatorze parties.

Des quatorze parties que doit avoir la corniche du piédestal, on en donne une à l'astragale, cinq au gorgerin, une au filet, une à un autre astragale, une à l'ove, trois à la gouttière, une un tiers au talon, et deux tiers de partie au filet qui est au-dessus : à l'égard de toute la saillie, elle est de huit parties comme celle de la base.

*Colonne corinthienne.*

La hauteur de la base de cette colonne est d'un module : ses moulures sont la plinthe qui a six parties, le tore inférieur quatre, le filet un quart, la scotie de dessous une partie et demie, le filet un quart, l'astragale inférieur une demie, l'astragale supérieur aussi une demie, le filet un quart, la scotie de dessus une demie, le filet un quart, enfin le tore supérieur est de trois parties; à l'égard de la saillie de la base, elle est de sept parties; par ce moyen la largeur de la plinthe se trouve de deux modules et quatorze parties, par conséquent égale à celle du dé du piédestal, comme nous l'avons dit ci-devant.

PL. XLI. FIG. 4. La hauteur du fût de la colonne est de seize modules douze parties: ses moulures sont l'orle d'en bas avec son chanfrein, qui est d'une partie et demie, l'orle d'en haut aussi avec son chanfrein, qui n'est que d'une partie, et terminé par un astragale qui en a deux.

La largeur de la colonne par le bas est de deux modules réduite à un module douze parties par le haut, ainsi la diminution est de trois parties de chaque côté; et afin que l'astragale qui termine la colonne réponde au vif de la même colonne par le bas, on lui donne trois parties pour saillie.

La hauteur du chapiteau corinthien se fait de deux modules six parties: on donne deux modules aux vase, panier ou tambour, et six parties à l'abaque: les feuilles dont le tambour est couvert ont aussi leurs proportions, les plus courtes ont neuf parties de hauteur depuis leur naissance jusqu'au sommet de leur rempli ou courbure, et leurs plis en ont trois; les autres feuilles qui sont au-dessus de celles-ci les surmontent de neuf parties, c'est-à-dire qu'elles en ont dix-huit de hauteur depuis l'astragale, leur repli est aussi de trois parties; enfin les feuilles moyennes qui sortent des tiges qu'on voit posées dans les intervalles des grandes feuilles, ont quatre parties; l'orle ou bord du vase a pour hauteur deux parties. Les volutes qui sont sous les angles ou cornes de l'abaque ont pour hauteur huit parties depuis le dessous de leur enroulement jusqu'au-dessus de l'orle du tambour. L'abaque a, comme nous l'avons dit, pour hauteur six parties, dont on en donne trois à la plinthe, une à la règle, et deux à l'ove: la largeur de la campane ou tambour est la même que celle de la colonne, et doit être par conséquent d'un module douze parties, et par le haut de deux modules six parties, toute la longueur de la diagonale de l'abaque est de quatre modules, la saillie de la plinthe est de quatre parties, la règle en a deux et demie de plus; la largeur des cornes de l'abaque est de quatre parties, et pour avoir la saillie des volutes et des feuilles, il faut que les unes et les autres aillent se terminer sur la ligne tirée du bout de la corne de l'abaque à l'extrémité de l'astragale qui est au sommet de la colonne: à l'égard de la courbure qui forme l'enfoncement de l'abaque, elle se fait par une portion de cercle qui a pour centre l'angle du triangle équilatéral, dont la base est égale à la distance du milieu d'une corne de l'abaque à l'autre.

Les feuilles de ce chapiteau sont toujours au nombre de seize, dont il y en a huit à chaque rang, chaque feuille se partage en sept ou neuf bouquets, dont on en donne deux, ou pour mieux dire un entier et demi de chaque côté pour former le revers : quelquefois ce revers se fait de trois bouquets presque entiers, refendus suivant la nature de la feuille.

Ces feuilles se font d'achante, d'olive ou de persil; mais quand l'ordre Corinthien est fort élevé, il vaudrait mieux se servir des feuilles d'olives que des autres, parce qu'étant assez plates et recevant mieux la lumière que celles dont le travail est le plus délicat, elles paraissent plus distinctement étant vues d'une grande distance, que les autres qui ne sont guère propres qu'à être vues de près.

Quand on fait ces feuilles, il faut avoir un soin tout particulier de les dessiner de bon goût, prendre garde qu'en les refendant par bouquets, les bouquets ne s'écartent trop; mais que toutes ensemble forment une seule feuille qui ne devienne pas trop étroite vers le haut, que chaque bouquet tende à trouver son origine vers le bas de la côte du milieu, autrement les feuilles n'ont ni grace ni beauté.

*Entablement corinthien.*

La hauteur de cet entablement est de cinq modules, dont on en donne un et douze parties à l'architrave, autant à la frise, et deux modules à la corniche : les moulures de l'architrave sont la bande de dessous qui a cinq parties, l'astragale une, la bande du milieu six, le talon deux, la bande de dessus sept, l'astragale une, la gueule droite quatre, et la règle une : toute la saillie de l'architrave est de cinq parties, dont on en prend trois pour celle de la gueule droite, trois et demie pour celle de la bande de dessous, et quatre et demie pour celle de la bande du milieu.

La hauteur de la frise est aussi d'un module neuf parties, la bande ou aire de la frise a un module sept parties et demie, le fruit avec son congé a une demi-partie, et l'astragale en a une entière; la saillie de cet astragale est de deux parties.

Les moulures de la corniche sont la gueule droite qui a trois parties, le filet sous les denticules une demi-partie, la bande des denticules six, le filet au-dessus une demie, l'astragale une partie, l'ove quatre, la règle sous les modillons une demi-partie, la bande où sont les modillons six parties, le talon une et demie, la gouttière cinq, le talent qui est ensuite une et demie, le filet une demie, la doucine qui est au-dessus cinq parties, et enfin la règle qui termine le tout en une : la saillie de toute la corniche est de deux modules deux parties, on donne cinq parties pour celle de la règle, et de celle-ci il en faut ôter une et demie pour avoir celle des modillons ; le filet sous les modillons en a dix-sept et demie, desquels on en retranche quatre et demie pour celle des denticules ; la longueur ou portée des modillons est de seize parties, leur largeur est de huit, et leur entre-deux de seize ; la largeur de chaque denticule est de quatre, et leur intervalle de deux parties.

Les ornements particuliers des talons se font avec des feuilles de chêne, ou avec des arceaux entrelacés de feuilles et de fleurs ; ceux des astragales se font avec des olives mêlées de grains de patenotres ou grains de lauriers ; à l'égard des œufs qui se taillent sur l'ove, ils doivent répondre à plomb sur le milieu des denticules ; on taille aussi des mufles ou têtes de lion dans la doucine, qui doivent répondre au milieu de chaque modillon.

J'ajouterai qu'il est à propos que les feuilles des modillons soient de la nature de celles qui font l'ornement du chapiteau, plutôt que de toute autre espèce.

---

## CHAPITRE SEPTIÈME.

### *De l'ordre Composite.*

Il y a apparence que les anciens architectes n'ont eu aucunes règles déterminées pour l'ordre Composite. Vitruve, après avoir expliqué les mesures du Corinthien, dit à la fin du premier chapitre de son livre quatrième, qu'il y a d'autres sortes de chapiteaux de différents noms, que l'on met sur les mêmes colonnes, mais dont il ne peut marquer les proportions, ni leur donner le nom d'un ordre, parce qu'étant pris du Dorique, Ionique et Corinthien, on en a changé les moulures pour en faire d'autres nouvelles. Ce sont à-peu-près ses termes; d'où l'on peut conclure que dans le temps que cet auteur a écrit, l'ordre Composite n'était pas séparé des autres, mais dépendait du goût et du caprice de ceux qui, ne voulant pas imiter exactement les trois ordres grecs, se donnaient la liberté d'y faire tous les changements que pouvait fournir leur imagination. Ainsi les architectes modernes ont cru ne pouvoir mieux faire pour établir quelque chose de certain relativement à l'ordre Composite, que de mesurer exactement quelques-uns des plus beaux ouvrages de l'antiquité qui nous sont restés dans ce goût-là, et s'en servir comme de modèles et de règles assurées pour en déterminer les proportions, s'attachant d'ailleurs à lui donner les membres et les moulures les plus délicates et les ornements les plus recherchés.

Vignole ne met point de différence entre les mesures générales de cet ordre et celles du Corinthien, donnant encore vingt modules de hauteur à la colonne composite, y compris sa base et son chapiteau, sept au piédestal qui est un peu plus du tiers de la colonne, pour les raisons que l'on a vues ci-devant, et cinq à l'entablement qui est toujours du quart de la colonne: ainsi ce n'est que dans les mesures particulières des moulures et dans la figure du chapiteau que cet ordre diffère du Corinthien.

*Piédestal composite.*

La base du piédestal est de douze parties, sur quoi l'on en donne quatre à la plinthe, trois au tore, une à la règle, trois au talon renversé, et une au cordon: toute la saillie est de huit parties. Pl. XL. Fig. 5.

La hauteur du tronc du piédestal est de cinq modules dix parties, et sa largeur de deux modules quatorze parties; ses moulures sont la règle inférieure et supérieure avec leur chanfrein qui ont chacune une partie.

La hauteur de la corniche du piédestal est de quatorze parties, sur quoi l'on en donne une à l'astragale, cinq au gorgerin ou à la frise, une au demi-creux, deux tiers au filet, une et un tiers à la doucine, trois parties à la gouttière, une et demie au talon, et deux tiers à la règle; quant à la saillie, elle est égale à celle de la base, c'est-à-dire qu'elle est de huit parties : le soffite de la gouttière est creusé par dessous d'un canal qui laisse en dehors une bande d'une partie.

Il y a des architectes qui mettent des tables en saillie ou en creux dans le dé de ce piédestal, sans considérer le caractère de l'ordre : ces tables à la vérité font un fort bel effet; mais il faut prendre garde qu'elles ne doivent avoir de saillie qu'aux ordres Toscan et Dorique; car aux trois autres ordres elles doivent être prises en dedans : il est vrai que les Anciens n'ont pas pratiqué ces espèces d'ornements aux piédestaux, ayant toujours laissé nues les faces du dé parce qu'apparemment ils appréhendaient que cela ne fût contraire à la solidité.

*Colonne composite.*

La base de la colonne est encore d'un module ou de dix-huit parties, sur quoi l'on en donne six à la plinthe, quatre au tore inférieur, un quart au filet, deux parties à la scotie inférieure, un quart au filet, trois parties au tore supérieur, une demie à l'astragale, un quart au filet, une et demie à la scotie supérieure, un quart au filet et trois parties au tore supérieur; la saillie est de sept parties, de chaque côté, ainsi la plinthe en front est de deux modules quatorze parties, il en faut ôter trois parties trois quarts pour la saillie du tore supérieur, pour celle de l'astragale quatre et demie, et cinq pour celle du filet.

Le fût de la colonne a pour hauteur seize modules douze parties, ses moulures sont l'orle inférieur avec son chanfrein qui a une partie et demie, le tronc a seize modules sept parties et demie, l'orle supérieur avec son chanfrein une partie, et l'astragale deux, la grosseur du pied de la colonne est de deux modules, et réduite par le haut à un module douze parties, ainsi la diminution est de trois parties de chaque côté : la saillie de l'orle inférieur est de deux parties, celle du supérieur d'une et demie, et celle de l'astragale de trois, afin qu'il réponde au vif de la colonne.

PL. XLI. FIG. 5 La hauteur du chapiteau est de deux modules six parties comme au corinthien, le tambour a deux modules, et l'abaque six parties : les membres du tambour sont les feuilles basses qui ont neuf parties, leur repli trois, les feuilles hautes neuf, leur repli trois, l'espace des rosettes quatre, l'orle une demie, l'astragale une et demie, l'ove quatre parties, l'orle de la campane deux; les membres de l'abaque sont la plinthe ou gouttière qui a quatre parties, le filet une demie, l'ove une et demie, la hauteur des volutes seize parties, depuis le haut des feuilles jusqu'au filet de l'abaque; les saillies dépendent du plan et du profil sur la diagonale comme au corinthien, sur lequel il faut tirer une ligne du coin de l'ove de l'abaque jusqu'à l'astragale du fût de la colonne qui déterminera celle des feuilles; et si l'on tire une ligne parallèle aux moulures de l'abaque par le point où la ligne de la hauteur de la volute est divisée, en sorte qu'elle laisse neuf parties au-dessus et sept au-dessous, et qu'on prenne sur cette ligne en dedans huit parties, à commencer du point où elle coupe celle qui détermine les saillies, on aura le centre de l'œil de la volute qui se décrira comme l'ionique, avec cette différence seulement que les ioniques sont droites ou plates sur les deux faces antérieures ou postérieures du chapiteau, au lieu que celles-ci suivent le contour du renfoncement des quatre faces du chapiteau. A l'égard de la structure du plan et du contour du renfoncement de l'abaque, c'est la même chose qu'au corinthien; la saillie de l'ove sur le vif du haut de la colonne a six parties, celle de l'astragale trois, et celle de l'orle une et demie: le front des cornes de l'abaque est de six parties, sa largeur diagonale est de quatre modules, dont on ôte quatre parties de chaque côté pour la gouttière de l'abaque, et deux et demie pour le filet: la largeur de la fleur du milieu est de huit parties.

*Entablement composite.*

L'architrave a un module neuf parties, sur quoi l'on en donne huit à la première bande, deux au talon, dix à la seconde bande, un à l'astragale, trois à l'ove; deux au demi-creux, et une à la règle: la saillie a sept parties, dont on ôte deux pour le pied du demi-creux, et cinq pour la seconde bande.

La frise a aussi un module neuf parties, sur quoi l'on en donne une et demie au filet avec son chanfrein, et une au cordon ou astragale.

La corniche a deux modules en trente-six parties, dont on donne cinq à l'ove, une à la règle sous les denticules, huit à la bande des denticules, quatre au talon, une à la règle, une et demie à l'ove, cinq à la gouttière, une à l'astragale, deux au talon, une à la règle, cinq à la doucine, et une et demie à la règle; la saillie est égale à la hauteur, c'est-à-dire à deux modules, dont il faut ôter cinq parties pour celle de la règle, et huit pour la gouttière, et de celle-ci dix pour celle de la règle; la saillie de la bande des denticules a quatorze parties, celle de la règle sous les denticules huit, et celle du pied de l'ove deux. Sous le soffite de la gouttière on entaille un canal, dont le contour doit suivre agréablement celui de l'ove de dessous, et laisser une bande en dehors de la largeur de deux parties; le front des denticules est de six parties, et leur intervalle de trois; dans le fond des intervalles on laisse une règle sous le talon, creusée à la moitié et soutenue de deux petits ronds..

On fait aussi des cannelures aux colonnes corinthiennes et composites, de la façon que nous avons dit qu'on le pratiquait à l'ionique, c'est-à-dire qu'elles doivent être au nombre de vingt-quatre, et tracées de même; on taille quelquefois dans ces cannelures pour rendre leurs côtes moins fragiles et moins sujettes à être brisées, certains ornements qu'on nomme *rudentures*, qui ont la figure de cordes ou de bâtons. Par exemple, quand on fait des colonnes ou des pilastres cannelés sans piédestaux, et posés à crû sur le rez-de-chaussée, ou du moins si peu élevés qu'on les peut toucher de la main, il faut rudenter leurs cannelures jusqu'au tiers de leur hauteur, c'est-à-dire qu'il faut les remplir en partie jusqu'à cette hauteur de ces rudentures, afin d'en fortifier les côtes, qui autrement seraient bientôt ruinées.

Ces rudentures, qui furent d'abord imaginées pour l'utilité, ont donné ensuite occasion d'en faire des ornements pour enrichir les cannelures. Ainsi, au lieu de ces rudentures fortes et simples, on en fait quelquefois de très-légères: on les travaille en figure de rubans tortillés, de feuillages, de chapelets, de fleurons et autres ornements délicats et fort riches. Mais ces sortes de rudentures ne doivent être pratiquées que dans des colonnes ou des pilastres de marbre, et qui sont hors la portée des mains du public.

Il faut que le nombre des cannelures soit moindre lorsqu'on y taille de ces ornements, pour les dégager davantage; en sorte qu'au lieu de vingt-quatre qui sont ordinairement au corinthien, il n'y en ait que vingt, et même que chaque côte n'ait environ que le quart de la largeur de la cannelure. On dispose ces ornements de différentes manières, ou en les faisant sortir du roseau de la longueur du tiers du fût, comme aux colonnes ioniques des Tuileries, ce qui est la meilleure manière, ou en les espaçant sans roseaux, comme lorsqu'il n'y a dans chaque cannelure qu'une branche au bas, une autre au tiers ou à la moitié, et une troisième au haut, ou enfin par petits bouquets mêlés alternativement dans les cannelures.

### *Remarques sur les cinq ordres en général, suivies de l'explication de quelques fragments des plus beaux édifices antiques de Rome.*

Si l'on veut en croire M. de Chambray, l'ordre Toscan ne doit être employé qu'aux maisons de campagne, c'est-à-dire aux lieux rustiques et champêtres. Il est vrai que de la manière dont Vitruve, Palladio, et quelques autres, l'ont traité, il n'a rien de recommandable; mais il faut convenir que suivant la composition de Vignole, il a dans sa simplicité des beautés qui le rendent très-estimable.

L'ordre Dorique peut passer pour le premier que les Grecs ont inventé : sa composition est grande et noble. Les triglyphes qui font l'ornement de la frise ont quelque chose de gracieux et de fier. Dans les plus anciens monuments qu'on a faits de cet ordre, les colonnes y étaient sans base, et l'on est assez embarassé d'en donner une raison satisfaisante. Vitruve veut qu'étant composées à l'imitation d'un homme nu, fort et nerveux, tel que serait un Hercule, elles ne doivent point avoir de base, voulant qu'une base soit à la colonne ce qu'une chaussure est à l'homme. Mais j'avoue que je ne puis considérer une colonne sans base, en la comparant à un homme, qu'en même temps je n'aie l'idée d'un homme sans pieds plutôt que sans chaussure : ainsi j'aime mieux croire que les premiers architectes ne s'étaient pas encore avisés de donner des bases à leurs colonnes, lorsqu'ils imaginèrent cet ordre.

Vitruve prétend que les colonnes de l'ordre Ionique ont été composées sur le modèle d'une jeune fille coiffée en cheveux, et d'une taille gracieuse. Les Romains les employaient particulièrement aux temples et aux endroits où l'on rendait la justice. A l'égard de la base que Vignole leur donne, elle paraît de mauvais goût, le gros tore qui la termine faisant un vilain effet sur les astragales et les cavets qui sont au-dessous : les anciens y mettaient ordinairement une base attique, semblable à celle qui est représentée par la figure 7 de la planche LX. Comme on peut s'en servir indifféremment dans les trois derniers ordres, et qu'elle est plus belle que toutes celles de Vignole, je vais en donner les proportions, afin que dans l'occasion on puisse en faire usage.

Pl. XL. Fig. 7. La hauteur de cette base est d'un module comme à l'ordinaire, ses moulures sont la plinthe qui a six parties, le tore inférieur quatre et demie, l'orle inférieur une demie, la scotie trois parties, l'orle supérieur une demie, et le tore supérieur trois et demie : toute la saillie est de sept parties, dont on en donne deux tiers pour celle du tore supérieur, quatre et demie pour celle de l'orle qui est au-dessous, et six pour le creux de la scotie.

La figure 6 représente encore une autre base de fort bon goût, qui est un peu plus ornée que l'autre, mais cependant sans confusion ; elle est composée de la plinthe qui a six parties, du tore inférieur qui en a trois et demie, d'un astragale qui en a une, d'un filet qui n'en a qu'une demie, d'une scotie qui en a deux et demie, au-dessous de laquelle est un filet de demi-partie, un astragale d'une partie ; le tout terminé par un tore qui en a trois. Les saillies sont les mêmes que les précédentes.

L'ordre Corinthien est le plus noble, le plus riche et le plus délicat de tous ceux qui ont été imaginés par les anciens et les modernes (car les modernes ont aussi voulu inventer un ordre, mais avec peu de succès). Les proportions que lui donne Vignole me paraissent fort belles : on lui reproche seulement d'avoir mis dans la corniche de l'entablement des denticules avec des modillons, parce que, dit-on, cela est contraire à la règle prescrite par Vitruve, qui les condamne, et qui ne veut de denticules qu'aux ordres Dorique et Ionique. Cependant il semble que les meilleurs architectes de notre temps ne se sont pas arrêtés au sentiment de Vitruve, puisqu'ils en ont mis dans tous les autres ordres excepté au Toscan, et je ne vois pas qu'on puisse leur en faire un crime puisqu'elles produisent un fort bel effet ; mais il y a des gens qui ont un respect superstitieux pour tout ce qui vient des Anciens, et dont la prévention est si grande, que les meilleures raisons ne sont pas capables de les désabuser.

Vitruve rapporte un trait assez singulier au sujet de l'invention de cet ordre. Il dit qu'une jeune fille de Corinthe étant morte, sa nourrice

Fig. 1.
Piedestal et Base de la Colonne Toscane
3. mod. 3. par.
Fig. 2.
Piedestal et Base de la Colonne Dorique.
4 mod.
5. mod.

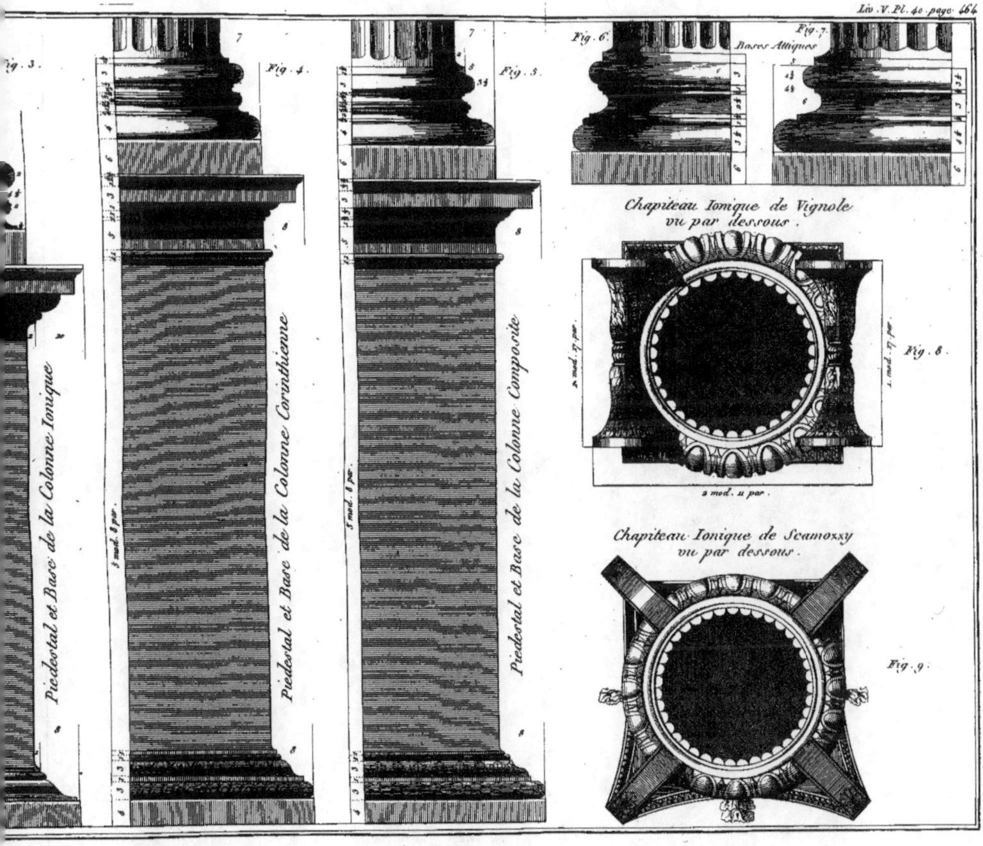
Fig. 3.
Piedestal et Base de la Colonne Ionique
Fig. 4.
Piedestal et Base de la Colonne Corinthienne
Fig. 5.
Piedestal et Base de la Colonne Composite
Fig. 6.
Fig. 7.
Bases Attiques
Chapiteau Ionique de Vignole vu par dessous.
Fig. 8.
2 mod. 11 par.
Chapiteau Ionique de Scamozzy vu par dessous.
Fig. 9.

Chapiteau et Entablement Toscan.
1 m. 6 p.
Fig. 1.
Chapiteau et Entablement Dorique.
2 m.
Fig. 2.
Chapiteau et Entablement Ionique
Chapiteau Ionique de Scamozzy
Fig. 7.
Profil
Fig. 6.
A
B
C
D

Fig. 3.
Chapiteau et Entablement Corinthien.
Fig. 4.
Chapiteau et Entablement Composite.
Fig. 5.
Manière de rudenter les Cannelures.
du Chapiteau Ionique de Vignole.
Fig. 8.

mit sur son tombeau un panier dans lequel étaient quelques petits vases qu'elle avait aimés pendant sa vie, et pour empêcher que la pluie ne les gâtât, elle mit une tuile sur le panier, qui par hasard avait été posé sur une racine d'acanthe. Il arriva qu'au printemps les feuilles venant à pousser au tour du panier, se recourbèrent sous les coins de la tuile, où elles formèrent une matière de volute, et que le sculpteur Callimachus s'étant aperçu de l'effet singulier et gracieux que produisaient ces feuilles ainsi disposées, profita de l'idée que lui fournit la nature pour en composer le chapiteau qu'on a depuis nommé corinthien.

Je n'ai rien à dire de particulier sur l'ordre Composite, en ayant assez fait mention dans les chapitres précédents. J'ajouterai seulement qu'on n'approuve point que Vignole ait donné la même proportion à la colonne de cet ordre qu'à celle du Corinthien, puisque naturellement il devait avoir égard à la différence de leurs chapiteaux. On lui reproche aussi d'avoir fait les entablements de ces deux derniers ordres trop lourds, et d'y avoir employé des denticules plus grossières que dans le Dorique, puisqu'il semble qu'il aurait dû faire tout le contraire.

Si les ordres d'architecture avaient eu des beautés positives et bien connues (comme l'a voulu insinuer M. Perrault dans la préface de son livre de l'*Ordonnance des cinq espèces de colonnes selon la méthode des anciens*), les architectes auraient été obligés de convenir entre eux de leurs règles : mais ces beautés n'étant qu'arbitraires, puisqu'elles ne sont fondées sur aucune démonstration constante, ceux qui en ont traité nous ont donné des principes bien opposés suivant leur goût et leur génie. Cependant, quoiqu'un même ordre puisse avoir des beautés et des proportions différentes, on convient qu'il est constant qu'entre ces diverses beautés et proportions il y en a qui plaisent davantage et qui sont plus universellement approuvées, et c'est ce que l'on peut dire des ordres de Palladio et de Vignole. Et pour qu'on en puisse faire le parallèle, il est bon qu'on soit prévenu que les cinq ordres qui sont sur les planches XXXVII, XXXVIII et XXXIX, sont ceux de Palladio, que je ne m'arrêterai point à détailler, pour ne pas grossir ce livre mal à propos. Il suffira seulement qu'en considérant avec attention les dessins de cet auteur, on se mette en état de juger, en voyant un édifice, s'il est décoré selon lui ou Vignole : il est bien aisé de ne pas prendre le change, la composition de ce dernier étant beaucoup plus grande et plus majestuese.

Pour faire voir que c'est avec justice que j'ai donné, dans le commencement de ce cinquième livre, tant d'éloges à l'architecture ancienne, je vais expliquer quelques fragments des plus beaux édifices de Rome, que j'ai tiré du *Parallèle de l'architecture antique avec la moderne* de M. de Chambray, qui peut passer, sans contredit, pour un des grands hommes de son temps, et le plus habile architecte que nous ayons eu en France. L'honneur qu'il fait à la nation mérite bien que je m'arrête un moment pour rapporter quelques traits de son hitoire; les habiles gens m'en sauront gré, et je m'acquitterai en partie de la reconnaissance que je dois à sa mémoire, pour les lumières que j'ai tirées de la lecture de ses ouvrages.

Rolland-Fréart de Chambray, cousin-germain de M. Desnoyer, secrétaire d'état de la guerre et surintendant des bâtiments sous Louis XIII, fut envoyé à Rome par ordre de Sa Majesté en 1640, pour négocier des affaires importantes avec Sa Sainteté. Ce fut dans ce voyage qu'aidé de M. de Chanteloup, son frère, et de M. Poussin, le Raphaël de son siècle, il recueillit ce que l'Italie pouvait offrir de plus rare et de plus curieux. De retour en France, on le députa une seconde fois pour faire bénir deux couronnes de diamants que Leurs Majestés offraient à Notre-Dame de Lorette, en action de graces de la naissance du Dauphin, c'est-à-dire de Louis-le-Grand : et comme le roi avait été fort satisfait des savantes recherches de son premier voyage, il lui ordonna d'en faire de nouvelles, et de ne rien négliger pour tout ce qui pouvait contribuer à la perfection de l'architecture et à la beauté du Louvre, que l'on bâtissait alors. C'est à ces deux voyages que nous devons en partie son excellent livre du Parallèle.

Louis XIV voulant faire continuer le bâtiment du Louvre, engagea, par son ambassadeur à Rome, le cavalier Bernin, architecte fameux, à venir en France. Il n'y fut pas plus tôt arrivé que M. de Chambray eut ordre de travailler de concert avec lui. Mais l'Italien ne fut pas longtemps sans connaître combien les connaissances de M. de Chambray étaient supérieures aux siennes : et ce qui est également à la louange de tous deux, c'est que le cavalier Bernin dit au roi que Sa Majesté aurait pu se dispenser de le faire venir de si loin, puisqu'il avait trouvé dans

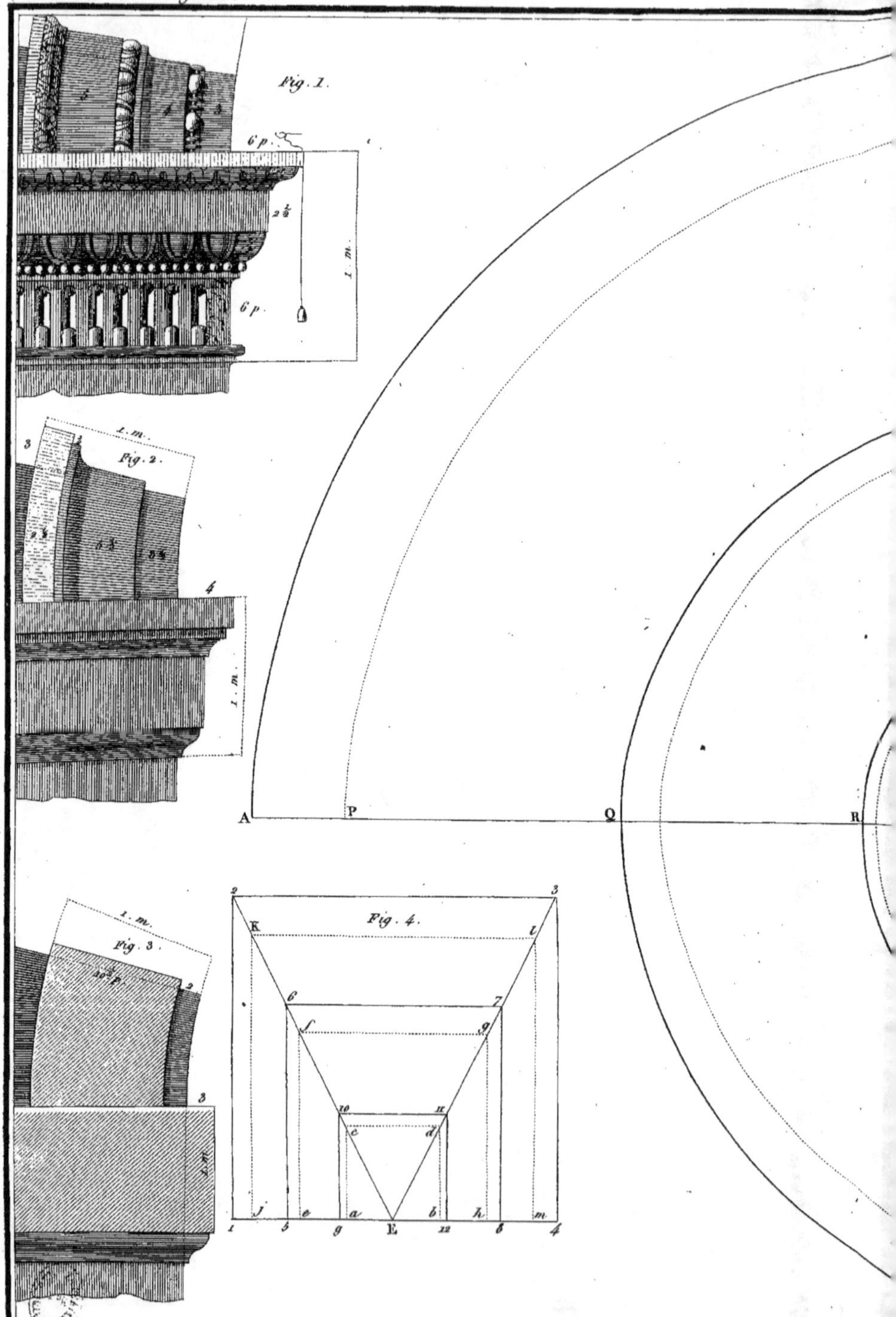
Fig. 1.
6 p.
2 ½
1. m.
6 p.
1. m.
Fig. 2.
4
1. m.
A
P
Q
R
1. m.
Fig. 3.
2
3
Fig. 4.
K
l
6
7
f
g
10
11
c
d
j
e
a
b
h
m
1
5
g
E
12
8
4

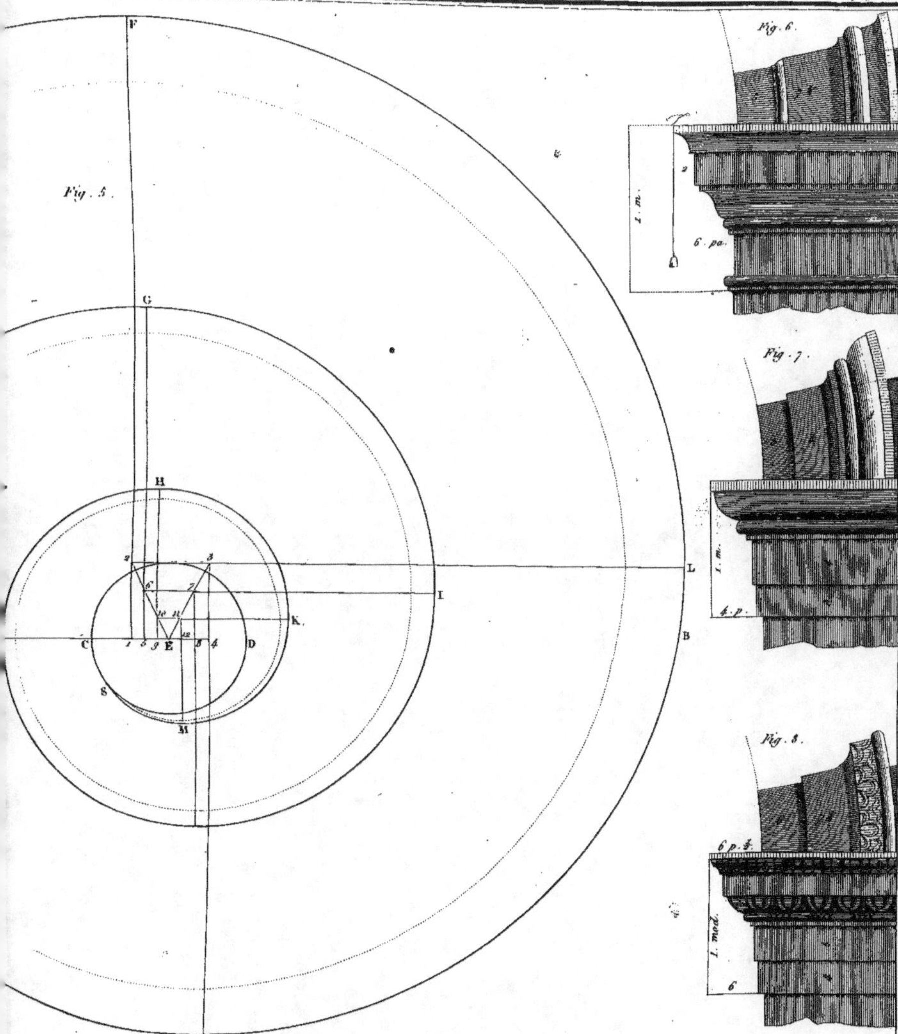
Fig. 5.
F
G
H
I
K.
L
B
C
D
E
S
M
Fig. 6.
1. m.
6. pa.
Fig. 7.
1. m.
4. p.
Fig. 8.
6 p. ½.
1. mod.
6

M. de Chambray un maître qu'il se ferait honneur de suivre, et qu'il n'était pas assez téméraire pour rien changer à son projet. Exemple rare, où la concurrence s'est dépouillée de ses propres intérêts pour rendre hommage au vrai mérite. Mais cela ne doit pas surprendre; les grands hommes ont toujours des traits qui marquent leur caractère, au lieu que l'ignorance croit se signaler et trouver de la ressource dans les sentiments de jalousie qu'elle fait éclater.

Comme il ne reste aucun monument de l'ordre Toscan qui se soit trouvé digne de quelque attention, M. de Chambray n'en donne point d'exemple. Mais en récompense on a lieu d'être satisfait de ceux qu'il rapporte des autres ordres; et comme, tout admirables qu'ils sont on ne peut les regarder sans faire quelque choix, puisqu'il se trouve de chaque ordre en particulier des profils mieux proportionnés les uns que les autres, je me suis attaché à décrire les plus approuvés dans le rang qui leur convenait relativement à celui que Vignole donne aux siens.

Si l'on considère la planche XLIII, on verra qu'elle représente un chapiteau et un entablement doriques tirés des Thermes de Dioclétien. Ce morceau est regardé comme un des plus excellents de tous les ouvrages antiques de cet ordre : sa compositiou est noble et régulière, les ornements sont appliqués avec goût sur chaque membre, en enrichissant les uns sans blesser les autres. PLANCHE XLIII.

Comme la colonne ne subsiste plus en entier, on ne peut juger positivement des proportions générales qu'on y a suivies : cependant l'on remarque que l'entablement est de quatre modules, ce qui fait présumer que la colonne en avait seize, parce que les anciens ont presque toujours donné à la hauteur de l'entablement le quart de la colonne. Quant à sa base, M. de Chambray ne la rapporte point, parce qu'apparemment il n'en paraît plus, la barbarie de certains siècles ayant tellement défiguré la plupart des anciens monuments, que ce n'est qu'avec bien de la peine qu'on en a tiré quelque morceau entier.

La planche XLIV représente un profil ionique qui peut passer pour l'ouvrage le plus parfait qui nous soit resté des anciens. M. de Chambray le regarde comme le chef-d'œuvre de la plus haute perfection. Palladio, qui l'a aussi rapporté dans le treizième chapitre de son quatrième livre, ne peut lui donner trop d'éloges ; et quand on manquerait de goût pour en connaître toute la beauté, il suffirait du jugement de ces deux grands maîtres pour en sentir le prix.

L'ordre entier, depuis le rez-de-chaussée jusqu'à la corniche, a pour hauteur onze diamètres ou vingt-deux modules, la colonne avec sa base et son chapiteau en a dix-huit, et l'entablement, c'est-à-dire l'architrave, la frise et la corniche, en a quatre, ce qui est un peu moins du quart de la colonne. Si l'on veut juger de la proportion des autres parties, on n'aura qu'à considérer les chiffres qui sont cotés à l'endroit de chaque membre : sur quoi il est à propos que j'avertisse que M. de Chambray divise le module en trente parties égales qu'il nomme *minutes.*

PLANCHE XLV.

La Pl. XLV comprend un profil corinthien si riche et si superbe, qu'il ne paraît pas qu'on puisse rien faire de plus magnifique que ce qu'on voit dans cet exemple, qu'on ne peut imiter à propos, dit M. de Chambray, qu'avec beaucoup de prudence et de circonspection. Car l'abondance des ornements est sujette à embrouiller, s'ils ne sont employés avec économie : autrement ils font naître une confusion qui blesse l'œil des connaisseurs, et c'est en effet ce que j'ai remarqué à Paris à quelque portail d'église, que l'on a gâté en le chargeant d'ornements superflus. Je crois qu'on sentira bien que je ne veux point parler de celui de Saint-Gervais, qui peut passer pour le morceau d'architecture le plus accompli que nous ayons en France.

Pour expliquer les proportions générales du profil dont il est question présentement, on saura que la colonne avec sa base et son chapiteau a vingt modules, que l'entablement a deux neuvièmes de hauteur de la colonne, sur quoi l'architrave et la frise ont chacun un module et un tiers, c'est-à-dire quarante minutes ; et la corniche deux modules moins huit minutes, c'est-à-dire cinquante-deux minutes.

Quant à la base de la colonne, elle me paraît de fort bon goût, étant composée de plusieurs moulures qui font ensemble un tout qui réussit fort bien.

PLANCHE XLVI.

La planche XLVI comprend encore un autre profil corinthien qu'on a composé sur l'idée que plusieurs historiens célèbres donnent de quelques parties du temple de Salomon : et comme il me siérait mal d'entrer dans aucune dissertation critique sur un sujet si équivoque, je prends le parti de rapporter à la lettre ce qu'en dit M. de Chambray, et je laisse au lecteur éclairé d'en porter le jugement qu'il jugera à propos

« Voici, dit-il, un ordre particulier, mais d'une excellente composition ; et quoique je n'ose pas assurer que ce profil soit précisément le même que celui du temple de Salomon ( qui est le modèle que je me suis proposé ), néanmoins, autant qu'on peut approcher de cette divine idée par la description qui en paraît dans la Bible, et en quelques historiens célèbres que Vilalpandus rapporte en son grand ouvrage, où les ornements et toutes les principales proportions de chaque membre sont exactement spécifiés, je crois qu'il lui est assez conforme. La composition en est toute corinthienne, quoique les feuillages du chapiteau et ses caulicoles soit des palmes, et que la frise de l'entablement ait emprunté l'ornement dorique qui sont des triglyphes, dont la solidité n'a pas beaucoup de conformité avec la délicatesse corinthienne. Mais quelque nom qu'on veuille donner à cet ordre, néanmoins Josèphe dit que c'était le Corinthien. Il est assuré qu'il n'y en a jamais eu de plus parfait ; et bien que le Corinthien soit un ordre tendre et virginal, lequel ne demande pas cette fermeté et virilité dorique qui nous est symbolisé par les triglyphes, on peut toutefois en certaines occasions l'y introduire avec tant d'adresse et de raison, qu'elle sera non-seulement excusable, mais très-judicieuse. »

L'ordre composite étant celui qui souffre le plus de difficultés dans l'exécution, à cause de l'incertitude des proportions que lui ont données les anciens, je crois qu'on sera bien aise d'en voir un exemple sur la pl. XLVII, qui représente un profil tiré de l'arc de Titus à Rome. Comme cet arc de triomphe fut élevé à la gloire de Titus au retour de la conquête de Jérusalem, M. de Chambray croit que l'architecte qui le construisit y avait suivi cet empereur, où, selon toute apparence, il étudia les beautés du temple, ayant introduit dans les ornements de la frise ses principales dépouilles, comme le chandelier à sept branches qui était dans le sanctuaire, la table d'or qui servait à mettre les pains de proposition, et plusieurs autres choses touchant les sacrifices, qui se voient encore aujourd'hui. Il ajoute que cet arc est le premier et le plus achevé qui ait été élevé à la gloire des héros.

PLANCHE XLVII.

# CHAPITRE HUITIÈME.

*Des colonnes et de leur diminution, des perciques et des cariatides.*

Si l'on juge de l'origine des colonnes par ce qu'en disent quelques historiens, il y a apparence qu'elles sont très-anciennes, et que l'usage en était fréquent long-temps avant l'invention des ordres. On les fit servir d'abord de monuments pour éterniser la mémoire des grands hommes, ou pour marquer à la postérité la reconnaissance des bienfaits qu'on en avait reçus. Après leur mort on dressait une colonne au sommet de laquelle était l'urne qui renfermait leurs cendres; et il y a apparence que c'est cette urne qui a donné lieu au chapiteau, dont on s'est servi depuis pour les couronner agréablement.

Vitruve dit que les premières colonnes qui parurent en Grèce, furent celles du temple de Junon dans Argos ; et que les Doriens ne sachant quelle proportion leur donner, considérèrent que le pied de l'homme était ordinairement la sixième partie de sa hauteur, et sur cet exemple ils firent les colonnes sextuples de leur grosseur. Ensuite ils en augmentèrent la hauteur au temple de Diane à Ephèse, parce qu'ils voulurent leur donner des mesures proportionnées à la stature des femmes de leur pays. Quoi qu'il en soit, les architectes ont toujours paru fort partagés sur la hauteur qu'il fallait leur donner pour chaque ordre; c'est pourquoi nous nous en tiendrons aux portions de Vignole, sans nous arrêter à rapporter tout ce qu'on pourrait dire sur ce sujet.

Les premiers architectes ayant fait les colonnes à l'imitation des arbres, qui sont ordinairement plus gros par le pied que par le haut, ils les ont aussi diminuées dans le même goût. Mais comme on s'est aperçu que cette diminution produisait un effet désagréable, on s'est contenté de ne la commencer qu'au tiers de la tige : c'est-à-dire qu'ayant divisé la hauteur de la tige en trois parties égales, la première reste à plomb et parfaitement cylindrique, et les deux autres vont en diminuant imperceptiblement jusqu'à l'astragale. Cette diminution se fait plus ou moins sensible, selon la grosseur ou la délicatesse des

# Profil Dorique
tiré des termes de Dioclétien
à Rome.

Gravé par Adam.

# Profil Ionique

tiré du Temple de la fortune Virile à Rome, qui est maintenant l'Eglise de S.te Marie Egyptienne.

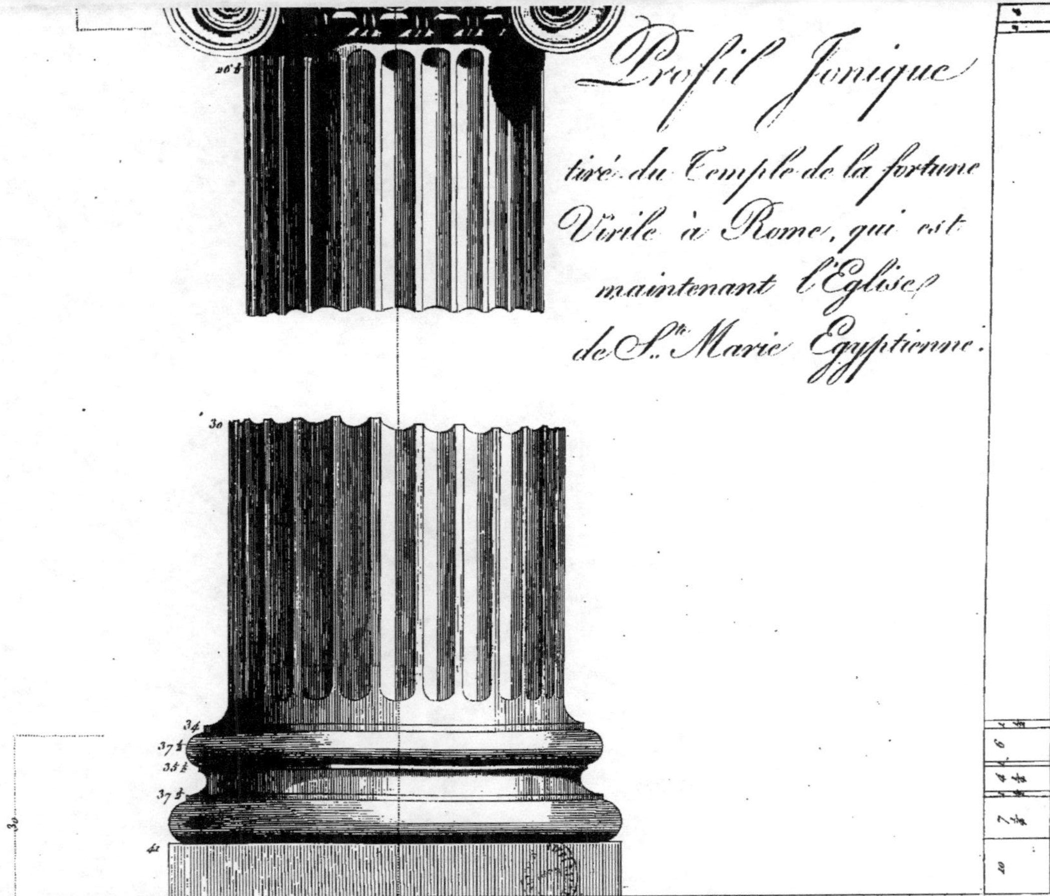


Gravé par Adam.

Gravé par Adam.

6

Profil Corinthien tiré des Termes de Diocletien à Rome.

Profil Composite
tiré de l'Arc de Titus
à Rome.

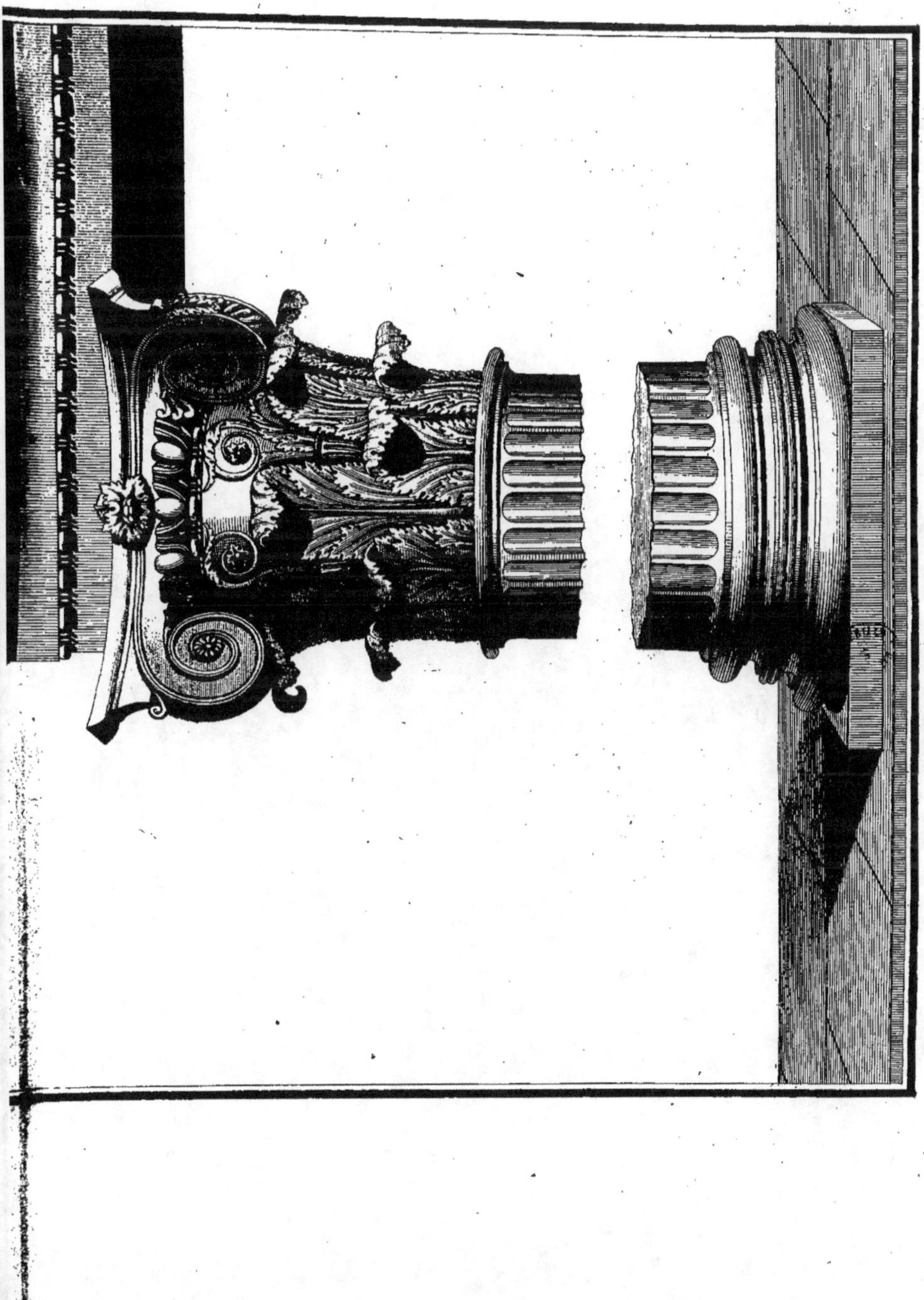

colonnes, et c'est ce que l'on a dû remarquer dans les chapitres précédents.

On a aussi donné du renflement aux colonnes, à l'imitation du corps humain, qui est plus large vers le milieu que vers les extrémités. Mais les architectes sont encore partagés sur ce sujet, parce qu'on n'en a point d'exemple antique : il y en a même qui traitent ce renflement d'abus insupportable. Cependant l'usage de renfler les colonnes à leurs tiers est si pratiqué par les modernes, qu'on n'en voit presque point qui ne le soit. C'est pourquoi on a cherché plusieurs moyens pour le faire agréablement ; car, moins il est sensible, et plus il est beau. Or, pour savoir de quelle manière on doit les diminuer ou les renfler, voici les deux pratiques que donne Vignole, lesquelles je rapporterai préférablement à plusieurs autres, qui sont à la vérité moins mécaniques, mais plus difficiles à exécuter.

*Manière de diminuer les colonnes.*

Après avoir déterminé la hauteur et la grosseur de la colonne, avec la quantité dont on veut qu'elle diminue depuis le tiers jusqu'au haut, il faut décrire un demi-cercle sur le diamètre CD : ensuite mener la parallèle GE à l'axe AB, en sorte qu'elle vienne rencontrer le demi-cercle au point E afin d'avoir l'arc CE : on divisera ensuite la ligne AM en un certain nombre de parties égales, comme en dix ou douze, mais je me contenterai de ne la diviser ici qu'en six, afin de rendre la figure moins confuse : il faut diviser de même l'arc CE en autant de parties égales que la ligne AM, et par chaque point de division mener des parallèles à l'axe ; on mènera aussi par les points I d'autres parallèles au diamètre CD, qui venant rencontrer les précédentes, donneront les points K qui marqueront de combien la colonne doit diminuer. Or, pour tracer cette diminution, il faut prendre une grande règle flexible, et la faire passer par tous les points que la courbe doit rencontrer.

Planche XLVII.

*Manière de renfler les colonnes.*

Ayant déterminé les mesures de la colonne et tiré le diamètre DE, qui doit passer par le tiers de l'axe AB, comme ci-devant, il faut avec le compas prendre le demi-diamètre CE ( que je suppose égal à celui de la colonne), et le porter à l'extrémité G du diamètre GH, en sorte que venant rencontrer l'axe AB au point I, la ligne GI soit égale au demi-diamètre CE; ensuite il faut prolonger cette ligne aussi bien que le diamètre DE, de manière que l'un et l'autre venant se rencontrer, donnent le point F, duquel il faut tirer un nombre de lignes qui viendront couper l'axe de la colonne en autant de points différents LL, etc., au-dessus et au-dessous du point C; sur chacune de ces lignes au-delà de l'axe, il faut faire LK égal à GI, c'est-à-dire au demi-diamètre CE, et alors on aura tous les points K par lesquels doit passer la courbe qui fera le renflement et la diminution de la colonne.

Ce que l'on vient d'enseigner au sujet de la diminution et du renflement des colonnes, sert pour tracer l'épure, c'est-à-dire le patron, à l'aide duquel on pourra creuser dans une planche la courbure dont il s'agit, afin qu'appliquant ensuite cette concavité sur le vif de la colonne, on puisse, en la faisant tourner à l'entour de l'axe, diminuer le fût et lui donner une figure qui s'accorde parfaitement avec ce que l'on aura tracé en premier lieu.

La difficulté d'avoir des pierres d'une assez belle grandeur pour faire des colonnes toutes d'une pièce, n'embarrassait guère les anciens; lorsqu'ils étaient contraints de les faire de plusieurs morceaux, ils les posaient avec tant de précaution les unes sur les autres, que les joints ne paraissaient point: pour cela ils laissaient le parement brut comme je l'ai dit ailleurs; mais ils étaient très-attentifs à tailler les pierres justes sur leurs lits, afin qu'elles se rencontrassent parfaitement, se gardant bien de se servir de cales pour les dresser et les ficher comme nous faisons aujourd'hui, et lorsqu'elles étaient toutes posées, ils les polissaient, et donnaient à leur face la figure qu'elles devaient former, poussant les moulures les plus délicates sur le tas, parce qu'autrement elles n'auraient pu se rencontrer juste, si elles avaient été taillées chacune à part.

Il y a apparence que les anciens n'ont jamais employé d'autres colonnes que la circulaire, puisque toutes celles qui nous restent ont cette figure, et je crois qu'il n'y a que le mauvais goût de quelques architectes modernes qui en ait pu imaginer d'ovales, de triangulaires et à pans. Un défaut insupportable des colonnes ovales, c'est que si elles font face par le côté du plus grand diamètre, et qu'on veuille se servir de ce diamètre comme de modules, elles deviennent d'une hauteur extravagante lorsqu'on les regarde du côté le plus étroit, parce que le petit diamètre n'a plus de proportion avec la hauteur de la colonne. Le contraire arrive si l'on veut prendre le petit diamètre pour module ; car, quand on vient à les regarder du côté du grand, elles sont trop basses et écrasées. Je ne dis rien des colonnes triangulaires, étant si défectueuses, qu'elles ne méritent pas qu'on s'y arrête : à l'égard de celles qui sont à pans, je les trouve plus supportables. Mais, après tout, quelle nécessité de vouloir donner aux colonnes des figures extraordinaires ? Est-il possible que les hommes aient tant de peine à se conformer aux règles de la nature ! Et ne seront-ils jamais convaincus que ce n'est qu'en l'imitant qu'on peut réussir.

Les colonnes torses paraissent aussi peu approuvées des habiles gens ; car, les colonnes étant faites pour soutenir un fardeau, la raison veut qu'on leur donne toute la force qu'elles peuvent avoir. Ainsi c'est un défaut de les affaiblir par des retours qui les éloignent de la perpendiculaire. Cependant leur beauté a fait qu'on n'a-point eu égard à cette considération, puisqu'on les emploie aujourd'hui comme un des plus beaux ornements qu'il y ait dans l'architecture, non pas à la vérité à des endroits qui demandent de la solidité, mais dans des lieux de distinction, comme aux autels, aux tombeaux, aux salons, etc. Au reste, comme les occasions de s'en servir semblent n'avoir pas grand rapport avec un traité comme celui-ci, je ne m'arrêterai point à montrer comment l'on s'y prend pour les tracer, parce que d'ailleurs il n'y a point de livre d'architecture où cela ne se trouve.

Il y a aussi des colonnes symboliques, et qui représentent des figures humaines. Leur origine vient des Grecs, qui, voulant conserver la mémoire de leurs victoires, donnaient souvent aux colonnes de leurs édifices publics la figure et la ressemblance de leurs ennemis. Les femmes des Cariens réduites en servitude, et les Perses vaincus par les Lacédémoniens à la bataille de Platée, furent les premiers sujets de ces colonnes : de là sont dérivés les noms des *cariatides* et des *persiques*, qu'on a donnés depuis aux colonnes qui ont été faites sous des figures humaines. Cependant on ne donne plus aux cariatides des représentations d'esclavage et de servitude comme autrefois, ces caractères étant trop injurieux au beau sexe ; on leur en donne de tout opposés, ne les employant plus que sous les symboles de prudence, de sagesse, de justice, de tempérance, etc. Quand elles sont isolées, elles ne doivent porter tout au plus que quelque balcon, tribune, ou couronnement léger : mais lorsqu'elles joignent un mur, il est à propos de les mettre sous une console qui paraisse porter tous les poids de l'entablement.

Les colonnes persiques sont le plus souvent représentées sous des figures d'hommes nerveux et barbus : elles conviennent beaucoup mieux que celles des femmes pour représenter l'esclavage. On en fait aussi des symboles de vertu, de force, de valeur, et même des divinités de la fable, comme quand on leur donne des figures d'Hercule, de Mars, de Mercure, ou de faune et de satyre.

Il y a encore d'autres colonnes symboliques de figures humaines, dont la moitié du corps paraît sortir d'une gaîne : ces colonnes sont nommées *termes*, et ne doivent jamais entrer en parallèle avec d'autres colonnes, non plus que les cariatides. Cependant elles ont cet avantage, qu'on leur donne telle élégance que l'on veut, en alongeant leurs gaînes pour les faire monter à une hauteur convenable à l'entablement qui est au-dessus.

Comme les figures contribuent extrêmement à enrichir la décoration, et qu'il faut beaucoup d'art pour qu'elles accompagnent les ordres agréablement, voici quelques observations de M. de la Hire, tirées du Traité d'architecture qu'il a dicté autrefois dans son école du Louvre.

Je suppose ici que l'ordre est Ionique, et qu'il tient le milieu entre les autres, afin de faire une comparaison plus juste, et qui convienne mieux entre les figures et les colonnes. Je suppose aussi que la colonne a dix-huit modules ou neuf diamètres de hauteur.

Je prends d'abord une colonne d'une moyenne grosseur, dont la hauteur est de dix-huit pieds et le diamètre de deux pieds, et je trouve par expérience qu'une figure qui a six pieds de hauteur peut fort bien l'accompagner : cette figure sera donc le tiers de la hauteur de la colonne.

Si la colonne a 27 pieds de hauteur ou 3 pieds de diamètre, on peut donner à la figure 7 pieds et demi ; si elle a 36 pieds de hauteur et 4 pieds de diamètre, la figure peut avoir environ 9 pieds ; si elle a 45 pieds de hauteur et 5 de diamètre, la figure peut en avoir 10 et demi ; enfin, si la colonne a 54 pieds de hauteur et 6 pieds de diamètre, on peut donner a la figure 12 pieds de hauteur.

Dans ces proportions, la figure est augmentée depuis 6 pieds, à raison d'un pied par toise d'augmentation à la hauteur de la colonne: mais si la colonne n'a que 12 pieds de hauteur et un pied et demi de diamètre, une figure de 5 pieds peut fort bien y convenir. Si elle n'avait que 9 pieds de hauteur, on y pourra mettre une figure de 4 pieds et demi; ce qui montre aussi que la même règle pourra servir pour les colonnes plus petites que 18 pieds, en diminuant la hauteur des figures au-dessous de la moyenne qui est de 6 pieds, à raison d'un pied par toise de diminution de hauteur à la colonne, et semblablement dans une même raison pour les hauteurs qui sont entre deux.

Pour ce qui est de la proportion que doivent avoir entre elles des figures posées à différentes hauteurs, il n'est pas possible d'en donner de mesures certaines, parce qu'on juge la figure plus ou moins éloignée de l'œil suivant les accompagnements. On doit aussi remarquer que les figures qu'on met sur les colonnes, doivent être un peu plus grandes que celles qui sont posées contre les bâtiments, ou dans une niche, et moins grosses et moins garnies de draperies que celles qui sont isolées et qui n'ont point d'autre fond que le ciel.

## CHAPITRE NEUVIÈME.

### *De la proportion des pilastres et des frontons.*

Les pilastres sont des colonnes quarrées, de plusieurs espèces, dont les différences dépendent de la manière qu'elles sont appliquées au mur. Il y en a d'entièrement isolés, d'autres attachés aux encognures des édifices, et qui n'ont que deux faces, d'autres qui, étant enfoncés en partie dans le mur, ne présentent que la face du devant, et ce sont les plus en usage aujourd'hui (1).

Les pilastres quarrés et isolés s'emploient aux extremités des por-

(1) On n'emploie actuellement les pilastres, quand ils sont engagés, qu'aux extrémités des murs, aux angles des édifices, et dans les endroits où les murs de refend

tiques pour donner plus de fermeté aux encognures; ceux qui sont engagés dans le mur servent à décorer les édifices avec beaucoup de grace. Mais, pour qu'ils puissent réussir, il y a plusieurs choses à observer à l'égard de leurs saillies, de leur diminution, de la manière que l'entablement doit poser dessus, et de la façon qu'ils doivent être cannelés.

La saillie des pilastres qui n'ont qu'une face hors du mur, doit être de toute la moitié, ou ne sortir au plus que de la sixième partie, lorsqu'il n'y a aucune raison qui oblige de lui en donner davantage. Par exemple, quand les pilastres doivent recevoir des impostes qui viennent profiler contre leurs côtés, il faut alors leur donner pour saillie le quart du diamètre, c'est-à-dire le quart de la face qui tient lieu ici de diamètre; et cette proportion a cela de commode, qu'elle n'oblige point à tronquer irrégulièrement les chapiteaux corinthien et composite; car il se rencontre que la feuille d'en bas est coupée justement par la moitié, et qu'à l'ordre Corinthien la tigette est coupée de même. Par cette raison, lorsqu'on emploie des demi-pilastres aux angles rentrants, il faut leur donner un peu plus de la moitié de leur diamètre.

On ne diminue point ordinairement les pilastres lorsqu'ils n'ont qu'une face hors du mur; mais quand il s'en trouve sur un même alignement avec les colonnes, et qu'on veut faire passer l'entablement sur les uns et sur les autres, il faut alors donner aux pilastres la même dimension qu'aux colonnes; cela s'entend de la face de devant, car ils doivent, par les côtés, rester aussi larges en haut qu'en bas. Mais quand le pilastre a deux faces hors du mur, comme cela arrive aux encognures, et qu'il y en a une qui regarde une colonne, cette face doit être diminuée de même que la colonne.

Les cannelures qui se font quelquefois aux pilastres doivent toujours être en nombre impair, afin qu'il s'en trouve une dans le milieu. Mais s'il s'agit des demi-pilastres qui se rencontrent aux angles rentrants, on ajoute une canelure, afin que le nombre en soit pair, et alors on en

---

viennent aboutir aux murs de face. Il en résulte que les entre-pilastres sont toujours beaucoup plus larges que les entre-colonnements. On n'applique plus de pilastres contre des murs pour les décorer *(N)*.

donne la moitié d'un côté, et la moitié de l'autre; c'est-à-dire que, si dans un pilastre entier on en mettait sept, il en faudrait quatre à chaque demi-pilastre.

Les proportions des bases, des chapiteaux et de l'entablement pour les pilastres sont les mêmes que celles des colonnes de l'ordre selon lequel on veut faire la décoration. Ainsi je pense qu'il n'est aucune règle particulière à donner, qui soit différente de celles que nous avons enseignées pour la composition des ordres en général.

Quand les pilastres sont engagés dans le mur, il faut prendre garde qu'ils saillent assez en dehors pour recevoir les corniches des portes, des fenêtres, et des autres ouvertures qui seront entre deux, les saillies des corniches faisant un bon effet, lorsqu'étant continuées, elles viennent mourir justement dans les flancs des pilastres. C'est pourquoi Scamozzi veut que les pilastres ne sortent au plus hors du mur que d'un quart de largeur; car par ce moyen, dit-il, ils pourront recevoir dans leurs côtés toutes les saillies des ornements des portes et fenêtres qui ne doivent jamais excéder les pilastres; quoiqu'il y ait des exemples antiques et modernes où l'on remarque que ces saillies s'avancent non-seulement au-delà des pilastres, mais même des colonnes qu'elles embrassent en passant, ce qui fait un très-mauvais effet. Mais s'il arrivait qu'on fût obligé de donner aux corniches des portes ou des fenêtres des saillies plus grandes que ne sont les flancs des pilastres, il vaudrait en ce cas beaucoup mieux couper ces corniches au droit des tableaux des portes ou fenêtres, et les continuer en plate-bande seulement couronnées de quelques cimaises ou autres moulures qui toutes ensemble eussent autant de saillie que le flanc du pilastre, que de les faire avancer avec toute leur portée.

Lorsque les pilastres engagés dans le mur n'ont pas trop de saillie, on peut faire régner les architraves sans interruption, et les laisser déborder en dehors du mur qui est entre les pilastres d'autant qu'ils ont de saillie; mais quand ils en ont par trop, il faut retirer les architraves en dedans; et dans ce cas, ou l'on rompt les entablements en les faisant ressauter sur les pilastres, ou bien on se contente de donner ces ressauts à l'architrave seule, ou quelquefois même à l'architrave et à la frise, laissant passer le reste de l'entablement depuis un pilastre jusqu'à l'autre sans interruption.

On peut faire le même raisonnement sur les pilastres qui se mettent aux encognures des murs : car, s'ils font face des deux côtés, il faut que les architraves et les autres parties des entablements courent dans les retours sur les murs des flancs, de la même manière qu'ils auront été mis sur celui de la façade, c'est-à-dire sans ressauts ou avec ressauts; si ce n'est qu'ayant donné aux pilastres beaucoup de saillie sur les faces de devant, qui aient obligé à faire des ressauts dans l'entablement, on ne la retranche sur les flancs, et par ce moyen on peut faire courir l'architrave et le reste de l'entablement sans interruption.

Si le pilastre angulaire se termine sur l'alignement du mur de côté sans y faire face et sans avoir aucune saillie au dehors de cette part, il faut en ce cas que l'entablement qui est sur le devant vienne mourir dans le retour du coin du flanc du pilastre, sans le faire passer sur le mur de côté; ou, si l'on veut que le flanc soit couvert de l'entablement, il faut que le coin du retour de l'architrave soit au dehors du vif du pilastre.

Quelquefois, quand le dernier pilastre de la façade ne se trouve point sur le coin du retour et laisse une alète dans l'encognure, et qu'il y a un autre pilastre à pareille distance dans le mur du flanc, il faut faire tourner l'entablement de l'un à l'autre avec des ressauts sur le coin. S'il s'en rencontre dans la façade, ou bien s'il n'y en a point, on le fera passer droit sur les côtés sans ressauts, et s'il n'y avait point de pilastres sur le côté, il faudrait continuer l'entablement de devant avec des ressauts ou sans ressauts, suivant l'ordonnance de la façade jusque sur le coin du mur, d'où il doit retourner tout droit sur les flancs, en laissant seulement à l'architrave autant de saillie qu'il lui en faut pour la dégager du mur.

Toutes ces pratiques sont bonnes, et il y en a de beaux exemples dans les ouvrages les plus approuvés : mais, dans tout ceci, il faut remarquer que l'on suppose que les pilastres sont seuls, et n'accompagnent point de colonnes(1).

(1) Toutes ces règles sur l'agencement des corniches pouvaient être utiles aux architectes du commencement du siècle dernier; mais aujourd'hui, où les bons esprits font consiter la première beauté d'une décoration dans la simplicité des lignes, ces préceptes ne trouveront plus d'application *(N)*.

Les frontons augmentent aussi beaucoup la beauté des façades, lorsqu'ils sont mis à propos (1) : mais, pour qu'ils aient plus de grace, il faut que le corps qui en est couronné fasse quelque saillie, afin de se distinguer et maîtriser les autres parties continuées de l'édifice.

Selon Scamozzi, pour avoir la plus belle proportion d'un fronton, il faut diviser la corniche AB qui lui sert de base en neuf parties égales, et en donner deux à la perpendiculaire EC, pour déterminer la hauteur qu'il doit avoir depuis l'entablement jusqu'au sommet, cette proportion étant plus agréable à la vue que de lui donner pour hauteur la cinquième partie de la base, comme font quelques architectes, et plus commode pour faciliter l'écoulement des eaux. On peut aussi tracer un cercle dont la base AB servira de diamètre que l'on divisera en deux également par la perpendiculaire DF, et du point D comme centre, et de l'intervalle DA, on décrira l'arc ACB, lequel venant couper la perpendiculaire au point C, on n'aura qu'à tracer l'angle ACB, qui donnera celui qui doit former le fronton. L'on remarquera que cet angle est égal à celui des côtés d'un octogone, puisque le point D étant le centre de l'arc que l'on a décrit, les deux rayons DA et DB forment un angle droit. Planche XLVIII.

Il se fait aussi des frontons en portion de cercle qui ont la même hauteur que les triangulaires, puisque l'arc AGHB, qui en détermine la figure, doit avoir pour centre le point D, dont nous nous sommes servis pour le précédent; on peut donc dire que les frontons ronds sont composés d'un segment de cercle qui comprend le quart de la circonférence (2).

Quand on a un rang de fenêtres sur un même alignement, et qu'on veut les couronner par des frontons, il faut, pour les varier, les faire alternativement ronds et triangulaires, en sorte qu'ils répondent avec

---

(1) Bélidor n'explique point ce qu'il entend par un fronton *mis à propos*. Un fronton n'est employé à propos, qu'autant qu'il est formé par la saillie de l'extrémité d'un toit à deux pentes, et qu'il couronne ainsi le pignon d'un édifice, ou quand il met à l'abri une porte ou une fenêtre. Dans tout autre cas, il forme un ornement prétendu, aussi ridicule et désagréable qu'il est insignifiant *(N)*.

(2) On ne fait plus actuellement de fronton en arc-de-cercle *(N)*.

symétrie à droite et à gauche du milieu de la façade, ainsi qu'on l'a pratiqué à la galerie du Louvre et aux Tuileries ; cependant, quoique ce bâtiment soit des plus magnifiques, et qu'on puisse le citer pour exemple en bien des choses, je ne saurais m'empêcher de dire qu'il est ridicule de voir qu'on ait affecté d'y mettre une si grande quantité de frontons ; les choses qui réussissent le mieux ont besoin d'être ménagées ; quand elles sont trop répétées, elles apportent plus de confusion que d'agrément.

Soit qu'on fasse les frontons triangulaires ou circulaires, la corniche qui couronne le tympan doit toujours être semblable à celle de l'entablement. Il faut seulement remarquer que la partie de la corniche qui sert de base au fronton doit être sans cimaise, parce que la cimaise du reste de la corniche, venant à rencontrer le fronton, passe par-dessus, comme on le peut voir dans les figures X et Y de la pl. XLVIII, dont il y en a une qui marque plus en grand que l'autre de quelle manière la corniche du fronton doit se rencontrer avec celle de l'entablement.

Quand il y a des modillons à la corniche de l'entablement, on en met aussi à celle du fronton, et ces derniers doivent se rencontrer à plomb avec ceux de l'entablement. Vitruve dit que les anciens n'approuvaient pas les modillons dans la corniche d'un fronton, parce que, selon eux, ces modillons n'ayant été imaginés que pour représenter des extrémités de chevrons, c'était mal à propos qu'on en voulait exprimer dans les pentes d'un fronton où il ne s'en pouvait rencontrer. Mais les modillons étant plutôt des ornements pour soulager la grande saillie du larmier, que pour représenter des chevrons ou autres pièces de charpente, on ne doit point avoir égard à ces prétendues raisons, d'autant plus que ces ornements font un très-bon effet, sur-tout quand on les emploie dans de grands frontons.

Il est à remarquer que le nu du fronton, c'est-à-dire son tympan, doit toujours répondre à plomb sur la frise de l'entablement qui est au-dessous. Cependant il est assez ordinaire d'y faire des ornements de sculpture qui indiquent le caractère de l'édifice : on y met quelquefois les armes du roi ou des trophées, quand il s'agit de quelque bâtiment militaire, comme on l'a pu voir sur plusieurs planches du quatrième livre.

Un fronton pointu peut couronner jusqu'à trois arcades ou trois

Bélidor. *Science des Ingénieurs.*

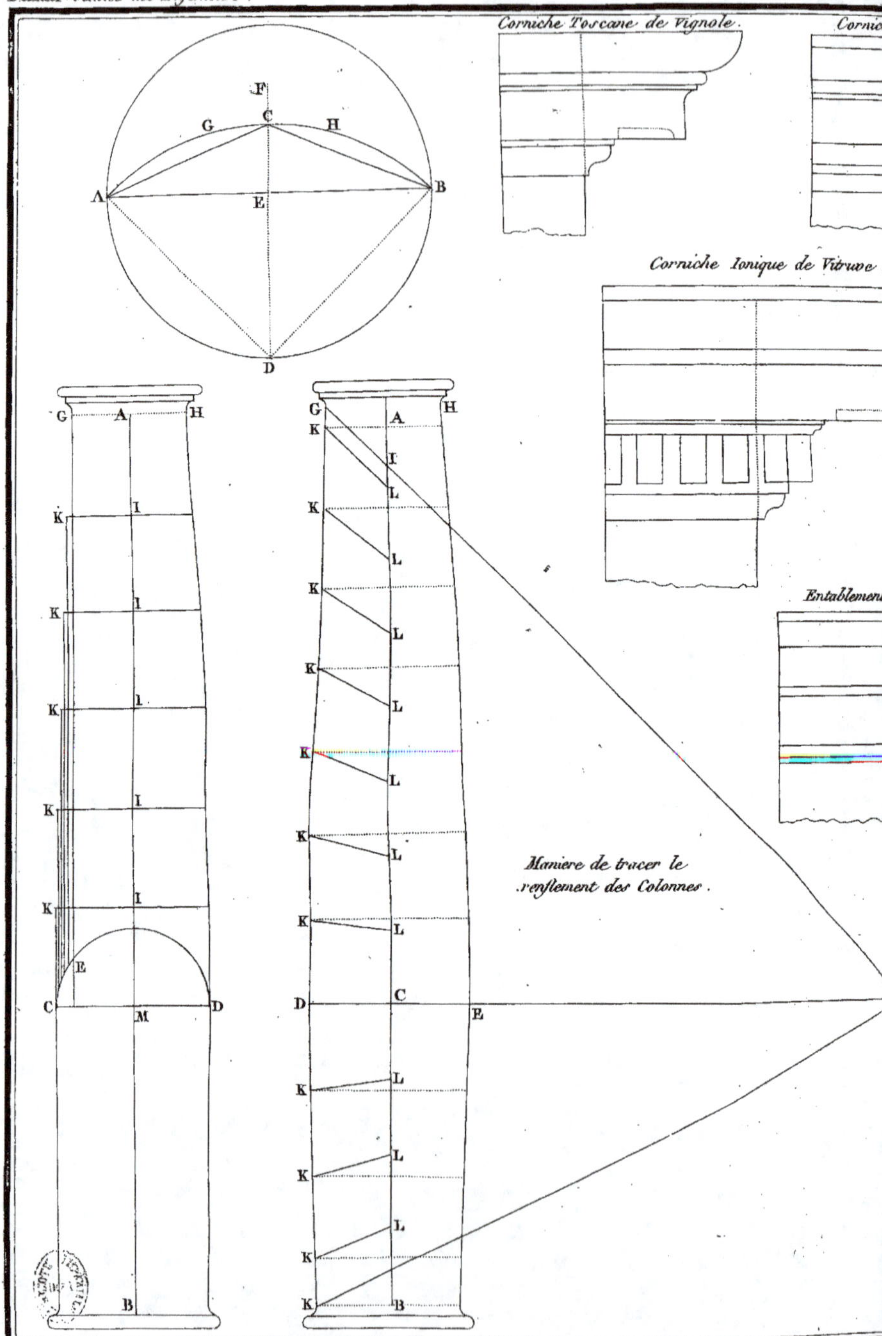

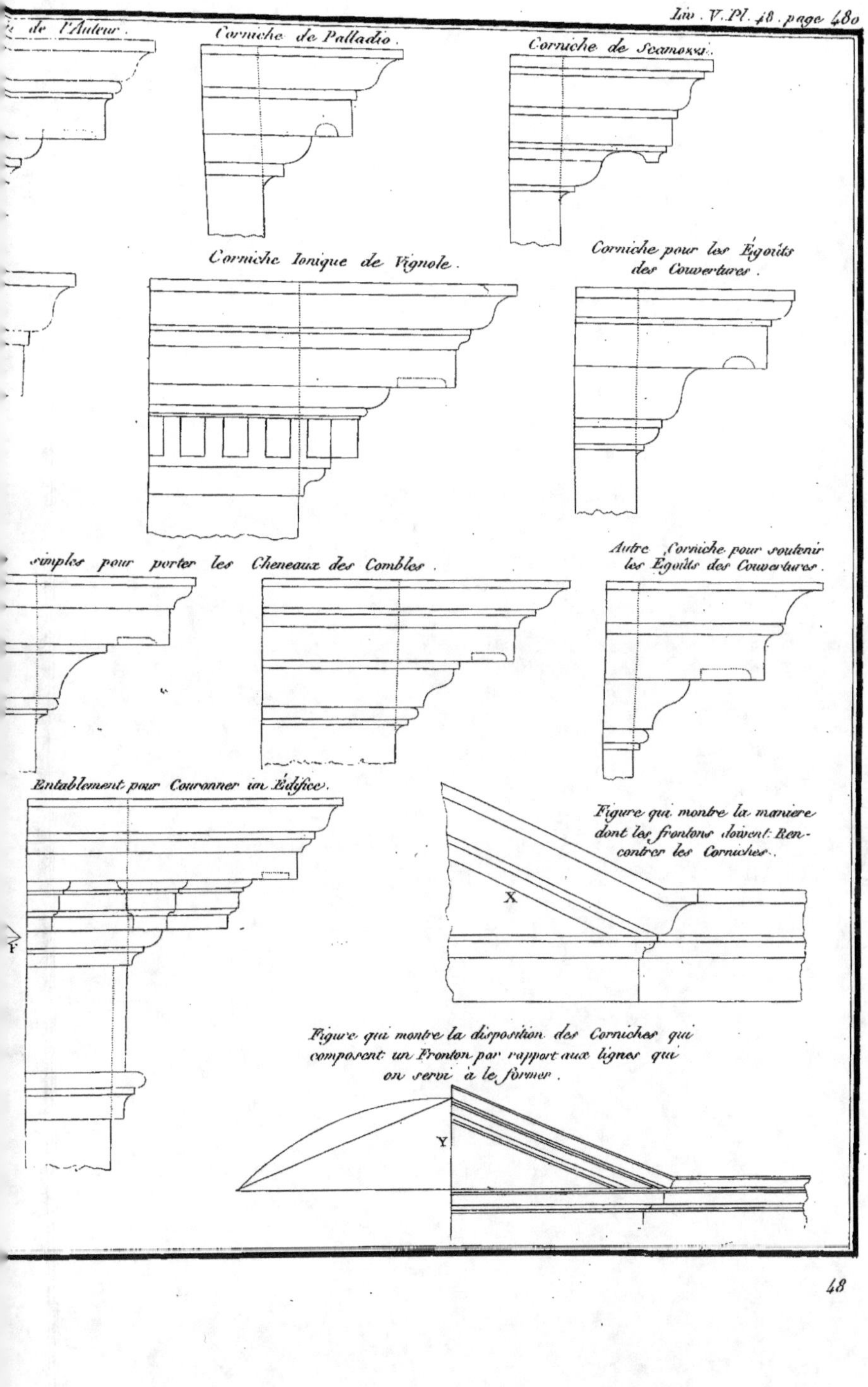
… de l'Auteur.
Corniche de Palladio.
Corniche de Scamozzi.
Corniche Ionique de Vignole.
Corniche pour les Égoûts des Couvertures.
… simples pour porter les Cheneaux des Combles.
Autre Corniche pour soutenir les Égoûts des Couvertures.
Entablement pour Couronner un Édifice.
F
Figure qui montre la maniere dont les frontons doivent Rencontrer les Corniches.
X
Figure qui montre la disposition des Corniches qui composent un Fronton par rapport aux lignes qui on servi à le former.
Y

grandes croisées qui seraient dans le milieu de la façade d'un bâtiment; mais le rond ne peut couronner qu'une arcade agréablement. Et quand on en voudra mettre deux l'un sur l'autre, il est bon que l'un soit cintré et l'autre pointu, et que ce dernier termine la façade en forme de pignon. Il y a des architectes qui ont mis fort mal à propos deux frontons l'un dans l'autre, comme on en voit au vieux Louvre; mais en vérité de pareilles licences méritent d'être sifflées, et choqueront toujours les personnes de bon goût.

Vitruve voudrait que toutes les parties qui sont au-dessus des colonnes et des pilastres, c'est-à-dire, qui sont élevées au-dessus de la vue, comme les faces de l'architrave, la frise, le tympan du fronton, les acrotères, aussi bien que leurs figures ou statues, fussent inclinées en devant de la douzième partie de leur hauteur. Mais n'ayant pas d'autre raison pour cela que d'exposer ces parties plus à la vue de ceux qui les regardent de bas en haut, je ne crois pas qu'on doive suivre son sentiment, qui n'est appuyé que d'une opinion particulière très-éloignée de la règle générale, qui veut que toutes les parties d'un bâtiment et d'une belle architecture soient bien à plomb, parce qu'autrement elles feraient un très-mauvais effet étant regardées de côté, d'où elles paraîtraient comme prêtes à tomber en avant. Cependant les sculpteurs observent cette maxime de Vitruve fort judicieusement à l'égard de leurs statues, lorsqu'elles doivent être élevées assez haut, et qu'elles ne peuvent être vues que par devant et de bas en haut.

Je ne dis rien des frontons coupés pour faire place à des tableaux ou à des cartouches, de ceux qui sont brisés sur le haut et repliés en dedans, des autres roulés en volute, ni de ceux qui sont renversés la pointe en bas, n'y ayant rien de plus disgracieux et de plus contraire à leur usage, qui est de mettre à l'abri ce qui se trouve au-dessous.

Il me reste à parler des acrotères, qui sont de petits piédestaux que l'on met sur le coin et au sommet des frontons, afin d'y poser des figures, comme on le peut voir sur la planche LI. Scamozzi, après avoir examiné la règle de Vitruve sur ce sujet et y avoir trouvé plusieurs défauts, en prescrit une que M. Blondel approuve fort, qui est de faire la hauteur du dé des acrotères des coins égale à la saillie de la corniche de l'entablement; observant que celui du milieu, c'est-à-dire, qui est posé au sommet du fronton, soit un peu plus élevé que les précédents.

La largeur du dé des acrotères, suivant le même architecte, doit être égale à celle du haut des colonnes auxquelles ils doivent répondre: ceci ne peut avoir lieu que quand on ne met qu'une statue à chaque coin; car si l'on avait dessein d'y placer un groupe de figures, il faudrait alors continuer la largeur des acrotères, et la faire mourir sur les côtés du fronton.

On ne fait point ordinairement de base à ces sortes de piédestaux, parce qu'elle ne serait point vue à cause de la saillie de la corniche de l'entablement. Ainsi, après avoir fait la hauteur du dé égale à la saillie de la corniche de l'entablement, comme nous le venons de dire, il faut le couronner par une petite corniche qui soit proportionnée à la hauteur du même dé, observant de ne lui donner que peu de moulures, afin qu'on puisse les distinguer de loin.

# CHAPITRE DIXIÈME.

*Des péristyles ou colonnades, des arcades et des niches.*

On n'a rien imaginé jusqu'ici de plus grand et de plus superbe pour orner les bâtiments considérables, que les péristyles ou portiques. Les anciens s'en servaient aux temples, aux basiliques, aux places et aux marchés publics. Nous avons en France des morceaux dans ce genre qui feront à jamais l'admiration des connaisseurs, entre autres le péristyle du Louvre à Paris, qui est assurément l'ouvrage le plus achevé et le plus parfait qu'il y ait. C'est encore ici, comme en tant d'autres choses, que les architectes anciens et modernes sont fort partagés, pour déterminer les entre-colonnes dans tous les ordres, car il est assez difficile de savoir à qui donner la préférence: ce sujet est pourtant essentiel pour la beauté et la solidité des édifices, puisqu'à le bien prendre c'en est là le point critique.

Quand les colonnes sont isolées, et qu'elles composent des colonnades, Vignole, pour en régler l'intervalle dans l'ordre Toscan, donne quatre modules deux tiers du fût de l'une au fût de l'autre, dans l'ordre Dorique cinq et demi, dans l'Ionique quatre et demi, et dans le Corinthien et le Composite quatre modules deux tiers comme au Toscan. Il est assez extraordinaire d'avoir adopté des intervalles égaux dans les ordres les plus éloignés l'un de l'autre, comme sont le Toscan et le Corinthien, aussi bien que d'avoir fait les entre-colonnes doriques plus grandes que les toscanes, contre le sentiment de Vitruve, qui veut que les entre-colonnes des ordres massifs soient plus grandes que celles des plus légers.

La règle de Scamozzi est différente : il donne six modules aux entre-colonnes toscanes, cinq et demi aux doriques, cinq aux ioniques, quatre et demi aux composites, et quatre aux corinthiennes. Ainsi il prend trois nombres proportionnels arithmétiques entre 6 et 4, qu'il regarde comme les termes extrêmes de ces entre-colonnes; et pour ne point tomber dans la faute qu'il reproche aux autres architectes, qui font toutes leurs entre-colonnes égales, ils donnent plus de largeur à celle du milieu des façades qu'aux autres qui sont à droite et à gauche : par exemple, selon lui, il faut que l'entre-colonne du milieu pour l'ordre Dorique soit plus grande que les autres d'un triglyphe et d'un métope, et à l'Ionique, au Composite et au Corinthien, plus grande d'un mutule.

Les règles précédentes ne sont point si générales qu'on ne puisse quelquefois s'en écarter, parce que les entablements des ordres obligent à certaines sujétions, auxquelles il faut avoir égard absolument pour régler les entre-colonnes. Il n'y a que l'ordre Toscan qui peut s'exécuter sans aucune difficulté, parce qu'on n'est pas gêné par les triglyphes, les denticules, ni les modillons; car il suffit pour cet ordre que l'entablement soit solidement établi, et n'ait pas trop de portée.

Il n'en est pas de même pour le Dorique, qui est le plus difficile de tous à mettre en œuvre, parce que la distance des colonnes est déterminée par les espaces des triglyphes et des métopes : car entre deux colonnes il ne peut y avoir que depuis un triglyphe jusqu'à cinq, prenant garde qu'on ne compte que sur ceux qui portent sur le vide, et non pas ceux qui sont à plomb sur les colonnes. Plusieurs n'ont pas voulu se contraindre à la précision que cet ordre demande, et ne se sont point embarrassés de s'assujétir à faire les métopes quarrés; mais comme c'est justement de là que dépend la beauté de cet ordre, ceux qui n'ont pas suivi la maxime des anciens, n'ont pas été approuvés. D'autres, pour n'être contraints en rien, ont exécuté l'ordre Dorique sans triglyphes ni métopes, n'ayant mis nulle distribution dans la frise; mais alors c'est priver cet ordre de ce qu'il a de plus beau, pour en faire un autre auquel on ne sait quel nom donner.

A l'égard des trois autres ordres, la sujétion n'en est pas si grande pour régler les entre-colonnes, car il ne s'agit que d'avoir égard à la distribution des modillons et des denticules; mais principalement des modillons, parce qu'on doit observer pour règle constante, qu'il doit toujours y en avoir un qui réponde au milieu de chaque colonne; et c'est à l'architecte à proportionner si bien la grandeur, la saillie et l'espace des autres, que le tout puisse cadrer de manière qu'il ne paraisse pas qu'on ait été gêné en rien.

Outre les cinq espèces d'entre-colonnes dont nous venons de parler, les modernes en ont inventé une sixième que l'on nomme *colonnes couplées;* parce qu'elles sont deux à deux fort près l'une de l'autre. Par exemple, s'il y a plusieurs colonnes de suite disposées selon les règles précédentes, on accouple la deuxième avec la première, la quatrième avec la troisième, la sixième avec la cinquième. C'est ainsi qu'on a fait le péristyle du Louvre dont j'ai parlé; et quoiqu'il y ait peu d'exemples antiques où cela ait été pratiqué, on a trouvé que les colonnades dans ce goût-là réussissaient si bien, qu'il n'y a presque point de bâtiment considérable où il n'y en ait (1).

Les colonnes couplées n'ont ordinairement qu'un piédestal commun, parce que, devant être près l'une de l'autre autant qu'il est possible, si l'on voulait que leurs piédestaux fussent séparés, les corniches et les bases de ces piédestaux se trouveraient confondues ensemble, ce qui ferait un méchant effet. Cependant, si les deux colonnes pouvaient être assez éloignées l'une de l'autre, pour ne pas mêler les corniches et les bases de piédestaux, elles pourraient avoir chacune le leur, ce qui est quelquefois nécessaire, comme quand deux colonnes sont élevées sur deux autres, parce qu'alors il est à propos de rendre les piédestaux légers.

(1) On a maintenant changé d'avis sur les colonnes couplées, dont l'inconvenance est généralement reconnue (*N*).

Quand il y a plusieurs colonnes de file à une égale distance, ou même quand elles sont couplées, ou leur donne encore une espèce de piédestal commun qui règne sur toute la longueur du péristyle, et n'est qu'à hauteur d'appui : et l'intervalle qu'il y a d'une colonne à l'autre se remplit par une balustrade qui lie ensemble toutes les parties qui servent de soubassement.

La règle la plus générale que l'on suit aux arcades des portiques est de leur donner pour hauteur deux fois leur largeur, et c'est ce que Vignole fait aux arcades des ordres Toscan, Dorique et Ionique; mais pour le Corinthien et le Composite, il leur donne pour hauteur un module de plus que le double de leur largeur. Cependant, comme les colonnes qui accompagnent ces arcades apportent quelque changement à leur largeur, parce qu'elle se fait plus grande quand il y a des piédestaux aux colonnes que quand il n'y en a point; voici encore ce que Vignole prescrit pour ces deux cas.

Dans l'ordre Toscan, quand il n'y a point de piédestaux aux colonnes, il faut donner six modules et demi de largeur aux arcades, et trois à leurs jambages; mais quand les colonnes ont des piédestaux, la largeur des arcades se fait de trois modules trois quarts, et celle des jambages de quatre.

Dans le Dorique sans piédestaux, il faut donner sept modules de largeur aux arcades, et trois à leurs jambages; et quand il y a des piédestaux, la largeur des arcades se fait de dix modules, et celle des jambages de cinq.

Dans l'Ionique sans piédestaux, la largeur des arcades doit être de huit modules et demi, et celle des jambages de trois, et quand il y a des piédestaux, il faut onze modules de largeur aux arcades et trois aux jambages.

Enfin aux ordres Corinthien et Composite sans piédestaux, il faut donner neuf modules à la largeur des arcades, et trois à celle des jambages; et quand il y a des piédestaux, la largeur des arcades se fait de douze modules, et celle des jambages de trois.

Quand les colonnes sont engagées dans les jambages (1), Vignole

(1) On n'emploie plus actuellement de colonnes engagées dans les murs. On veut

veut, dans tous les ordres, que la partie engagée ne soit que les trois quarts du demi-diamètre. Scamozzy ne suit pas tout-à-fait cette règle, voulant que la colonne sorte au juste des trois quarts de son diamètre.

Comme il arrive souvent qu'on fait des arcades sans colonne ni pilastres, il est bon d'observer qu'il faut, autant qu'il est possible, donner à leurs jambages les mêmes proportions que s'il y en avait, et ne jamais faire les jambages plus larges que la moitié de l'arcade, ni plus étroits que le tiers, et que les baies soient toujours plus grandes aux ordres massifs qu'aux plus délicats.

Pour empêcher que la ligne courbe de l'arcade, en venant joindre la ligne à plomb de l'alète, ne paraisse faire un jarret ou un coude, on termine les piédroits par un imposte, qui n'est autre chose qu'une petite corniche dont la saillie ne doit point excéder les pilastres quand il y en a aux jambages, ni la rondeur ou le plus gros des colonnes: et c'est ce que Vignole a parfaitement bien observé dans les dessins des impostes qu'il a donnés pour tous les ordres, n'ayant pas suivi la plupart des bâtiments antiques, où elles ont une si grande saillie, qu'elles semblent être plutôt des corniches d'entablement que des coussinets pour recevoir la retombée des arcades avec leurs bandeaux ou archivoltes.

Selon Scamozzy, les impostes des grandes arcades dont les colonnes ne portent que sur des socles sans piédestaux, doivent avoir de hauteur une treizième partie et demie de celle des jambages. Il ajoute que les bandeaux de l'arc ou archivolte ne doivent jamais avoir, pour l'ordre Toscan, plus de largeur que la neuvième partie de celle de l'arcade, et la dixième pour le Corinthien; ainsi entre ces deux proportions pour les autres ordres. A l'égard du bossage de la clef qui excède le bandeau de l'arc, suivant le même architecte, il faut le faire au moins de deux tiers de module, ou au plus d'un module, observant de lui donner moins de hauteur aux ordres simples, et de l'augmenter à proportion aux ordres délicats: ces bossages peuvent recevoir des ornements conformes à l'usage du bâtiment comme des consoles, des têtes d'animaux, des masques, des casques, etc.

---

que toutes les parties d'un édifice aient un but, et on ne trouve aucune beauté dans un ornement inutile (*N*).

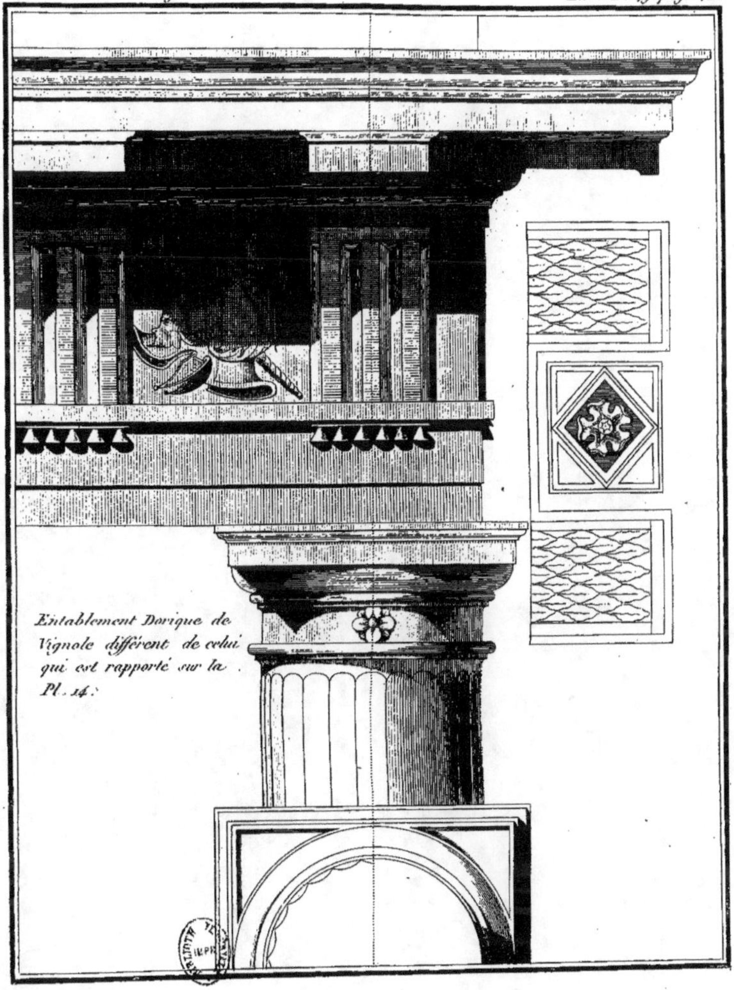

Entablement Dorique de Vignole différent de celui qui est rapporté sur la Pl. 14.

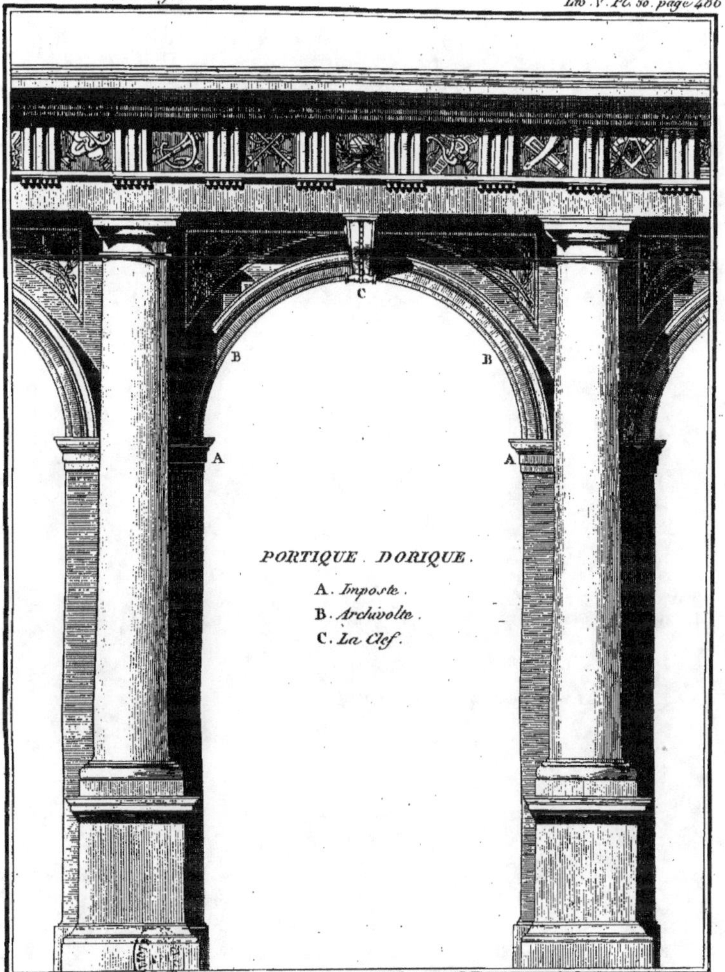
C
B
B
A
A
PORTIQUE DORIQUE.
A. Imposte.
B. Archivolte.
C. La Clef.

Pour donner quelque exemple de tout ce que nous venons d'enseigner, on peut considérer un portique dorique représenté sur la pl. L, par lequel on pourra juger de ceux des autres ordres. On verra de même sur la pl. LI un autre portique suivant l'ordre Ionique, tiré des édifices antiques de Rome, rapporté par M. de Chambray, qui en parle comme du plus noble et du plus magnifique morceau qu'on puisse voir: il conviendra d'autant mieux ici, qu'on y verra l'assemblage de toutes les parties d'une ordonnance. PLANCH. L et LI.

A l'égard des moulures et des autres ornements qu'on peut donner aux impostes et aux archivoltes des arcades suivant les ordres, on en peut voir des modèles sur la pl. XLII. Par exemple, les fig. 2 et 3 pourront servir pour les arcades faites selon l'ordre Toscan, et la 7e pour le Dorique, la 8e pour l'Ionique, la 1re pour le Corinthien, et la 6e pour le Composite, les ayant dessinées d'après Vignole. Pour ce qui est des nombres qui en déterminent les proportions, ils expriment des parties de module, selon que le module est divisé en douze ou en dix-huit parties égales par rapport à l'ordre dont il s'agit. PLANCHE XLII.

Pour dire aussi quelque chose des niches que l'on creuse dans les murs pour y placer agréablement quelques statues, on saura que leur plus belle proportion est de leur donner pour hauteur deux fois et demie leur largeur. Ainsi, voulant faire une niche de 3 pieds de large, on donnera six pieds depuis le bas jusqu'à la naissance du demi-cercle du cul-de-four qui termine le haut de la niche; et comme la hauteur de ce demi-cercle se trouvera d'un pied et demi, celle de toute la niche sera de 7 pieds et demi, c'est-à-dire de deux fois et demi sa largeur. Pour ce qui est de l'enfoncement de la niche, il se fait presque toujours d'un demi-cercle, dont le diamètre est égal à celui de la largeur de la niche même.

Souvent les niches ont une imposte et une archivolte; la largeur de l'archivolte se fait de la sixième ou septième partie de l'ouverture de la niche, et celle de l'imposte de la cinquième ou sixième partie de la même ouverture. L'une et l'autre doivent être composées de moulures qui aient rapport à l'architecture du lieu: mais si la niche était placée au-dessous d'une imposte entre deux colonnes ou pilastres, alors elle ne doit point en avoir, parce que deux impostes l'une au-dessus de l'autre font un mauvais effet; il ne faut pas non plus mettre de niches entre les pilastres, s'ils ne sont éloignés l'un de l'autre de près d'un tiers de leur hauteur, autrement elles seraient trop petites et trop étroites. A l'égard de l'élévation des niches, le bas doit répondre au niveau des corniches des piédestaux, des pilastres ou colonnes qui les accompagnent.

Comme il doit régner une proportion entre la hauteur des niches et celle des figures qu'on veut y placer, on observera de poser la figure sur un socle, dont l'élévation soit égale à la moitié de la hauteur de la tête de la figure, et que le menton de cette figure réponde à-peu-près au niveau de l'imposte de la niche : ainsi la figure ayant 6 pieds, si l'on en ôte 9 pouces pour la hauteur de la tête qui en est ordinairement la huitième partie, il restera 5 pieds 3 pouces pour la hauteur du socle, on aura 5 pieds 8 pouces pour celle de la niche jusqu'à l'imposte, et 2 pieds 10 pouces pour sa largeur; c'est pourquoi la hauteur sous la clef sera de 7 pieds un pouce. Si la figure avait 9 pieds, on trouvera par la même règle que la hauteur de la niche sous la clef sera de 10 pieds 6 pouces. On peut donc de là tirer une règle pour la proportion de la hauteur des niches avec celle des figures, qui est d'ajouter à la hauteur de la figure autant de fois 2 pouces qu'elle a de pieds; ainsi pour une figure de 5 pieds, la niche doit être haute de 5 pieds 10 pouces.

## CHAPITRE ONZIÈME.

*De l'assemblage des ordres, ou de plusieurs ordres mis les uns sur les autres.*

QUAND on veut décorer un édifice considérable par plusieurs ordres d'architecture différents, posés les uns sur les autres, on doit observer pour règle générale que le fort porte le faible; c'est-à-dire, que l'ordre supérieur soit toujours plus délicat que l'inférieur. Ainsi il faut que le Toscan soit sous le Dorique, le Dorique sous l'Ionique, l'Ionique sous le Corinthien et le Corinthien sous le Composite; et les axes des colonnes doivent se rencontrer toujours en même aplomb.

Portique Ionique tiré du Temple de la fortune Virile à Rome.

Lorsque les colonnes sont entièrement isolées, et qu'elles portent tout le poids de l'entablement, la règle de Vitruve est que celles du second ordre soient toujours d'un quart moindres en grosseur que celles du premier, et celles du troisième d'un quart moindre que celles du second : parce que, dit-il, il est juste que ce qui porte soit plus fort que ce qui doit être porté, ce qui d'ailleurs imite les arbres, dont la grosseur diminue toujours à mesure que la tige s'éloigne de la racine.

Ce qui nous est resté des monuments antiques ne s'éloigne guère de cette règle, dit M. Blondel : car les colonnes du second ordre du portique de la scène qui est au théâtre de Pôle en Dalmatie, sont les trois quarts de celles de dessous; celles du troisième ordre du Settizone de Sévère étaient aussi les trois quarts de celles du second, mais celles du second ordre étaient plus hautes à l'égard de celles du premier; car celles-ci ne surpassaient les colonnes du milieu que d'une sixième partie, c'est-à-dire que la hauteur des colonnes de dessous était à celles des colonnes du milieu, comme 6 est à 5.

Scamozzy blame cette règle de Vitruve, disant qu'elle n'est fondée sur aucune raison. Il veut que les colonnes de dessus prennent la mesure de leur grosseur sur celles de dessous; c'est-à-dire que la grosseur du pied de la colonne supérieure doit être la même que celle du haut de la colonne inférieure, comme si les colonnes des différents ordres provenaient d'un grand arbre coupé par pièces, dont les morceaux, étant posés les uns sur les autres, suivraient leur diminution naturelle.

Serlio donne aussi pour règle générale aux ordonnances que l'on doit mettre l'une sur l'autre, que la supérieure soit toujours les trois quarts de celle sur laquelle elle pose immédiatement, excepté aux édifices qui ont un rustique nu pour première ordonnance : parce qu'il est à propos que celle qui est au-dessus lui soit égale, car autrement les ordonnances plus hautes paraîtraient trop petites, et le rustique serait trop élevé à proportion du reste. Les ordonnances de cet auteur sont toutes avec piédestal, ou toutes sans piédestal, afin que, les supérieures étant divisées en même proportion que les inférieures, les colonnes et les entablements de dessus se trouvent toujours les trois quarts de l'étage de dessous.

Sans m'arrêter à rapporter les différentes règles que les architectes ont données pour la composition des ordonnances des colonnes qui doivent être mises les unes sur les autres, nous nous en tiendrons à celle de Scamozzy, qui me paraît bien entendue. C'est pourquoi je dirai une fois pour toutes que, lorsqu'on voudra mettre deux ordres l'un sur l'autre, il faut, après avoir déterminé la diminution de la colonne de l'ordre inférieur, se servir du demi-diamètre du haut du fût pour le module qui doit régler l'ordonnance supérieure. Par exemple, voulant mettre le Corinthien sur l'Ionique, ayant vu dans le troisième chapitre que la colonne ionique, selon Vignole, devait diminuer par le haut de trois parties de chaque côté, en sorte que le diamètre du sommet du fût soit réduit à un module douze parties, il faut faire une ligne égale à la moitié de cette quantité, c'est-à-dire qui vaille quinze parties, et s'en servir pour le module qui doit régler l'ordre Corinthien, après toutefois qu'on l'aura divisé en dix-huit parties égales, afin de se conformer aux mesures dont Vignole se sert pour cet ordre. De même, voulant mettre un troisième ordre sur les deux précédents, c'est-à-dire le Composite sur le Corinthien, on verra que la colonne corinthienne devant diminuer de façon que le demi-diamètre, qui est de dix-huit parties par le bas, soit réduit à quinze par le haut, on se servira encore de ce demi-diamètre réduit pour le module qui doit régler la troisième ordonnance.

La règle précédente ne doit pourtant pas être regardée comme si générale qu'on ne puisse s'en écarter quelquefois : car il arrive assez souvent qu'on est obligé d'assujétir la hauteur des colonnes à celle des étages, aussi bien qu'à la différence de leurs ordres. Tantôt il faut avoir égard à la proportion que la hauteur d'une façade doit avoir avec sa largeur, tantôt à la hauteur de l'édifice même : car, à ceux qui sont fort élevés, le grand éloignement de la vue peut altérer considérablement les mesures ordinaires, et les rendre différentes de celles dont on se servirait dans les distances moins éloignées ; et c'est sans doute pour cette raison, dit M. Blondel, que l'architecte du Colisée a donné plus de hauteur au pilastre du dernier ordre qu'aux colonnes corinthiennes du troisième, et à celles-ci plus de hauteur qu'aux colonnes ioniques du second ; car, après avoir disposé les deux premiers ordres de manière que les colonnes doriques du dessous fussent plus hautes que les ioniques dans le rapport de 38 à 35, qu'il a pris comme celui qui répondait assez juste à leur élévation, c'est-à-dire à la distance d'où elles devaient être vues, il a fait celles du troisième ordre plus hautes que celles du second, dans la raison de 37 à 35, et celles du dernier ordre encore plus hautes que celles du troisième, dans la raison de 38 à 37, parce qu'il a cru que ces hauteurs, dans un si grand éloignement, seraient raisonnablement diminuées pour produire un bon effet aux yeux des spectateurs.

La difficulté de bien déterminer les grosseurs des colonnes que l'on met les unes sur les autres vient de la rigidité de cette règle d'architecture, qui ne souffre pas qu'il y ait aucune charge dans le bâtiment qui porte à faux. Et comme elle veut que la plinthe de la base d'une colonne réponde au vif du dé du piédestal sur lequel elle est assise, que l'architrave réponde au vif du haut de la colonne, et la frise à celui de l'architrave, aussi bien que le nu du tympan du frontispice, il faudrait, sur ce principe, que la plinthe de la base du second étage, au cas qu'elle se trouvât posée immédiatement sur la corniche du premier, répondît au vif du haut de la colonne de dessous, et que les membres que l'on voudrait mettre entre deux, soit socle, soit piédestal, fussent situés de même. Mais si l'on donne à toutes ces parties la saillie qui leur convient suivant la nature de leur ordre, il arrive, ou que le vif de la colonne de dessous se trouve le plus souvent reculé en arrière et en retraite hors de l'aplomb de celui de la colonne de dessous, ou que son diamètre est tellement diminué, que la colonne devient hors de mesure; ce qui présente bien des difficultés qu'il n'est pas aisé de surmonter.

L'architecte du Colisée, dit M. Blondel, ne s'est pas soucié que les colonnes supérieures fussent à plomb sur celles de dessous; au contraire, il les a reculées de beaucoup en arrière, les posant sur les retraites du corps du mur, et par ce moyen il a eu toute la facilité pour que rien ne portât à faux.

« Nous avons un exemple de cette pratique, dit-il encore, au portail de l'église Saint-Louis des PP. Jésuites de la rue Saint-Antoine à Paris, où les colonnes des ordres supérieurs se retirent par degré en dedans; ce qui ne paraît point de front, mais seulement lorsqu'on les regarde de profil : et cela, suivant le sentiment de quelques modernes, fait un méchant effet à la vue.

« Ces mêmes architectes, pour éviter ces embarras, sont d'avis que l'on ne mette jamais de piédestaux dans les ordonnances supérieures, mais seulement des socles sous les bases des colonnes. Ce qui est contraire à la doctrine de Vitruve, qui met des piédestaux dans toutes les ordonnances de la scène de son théâtre et partout ailleurs, et à la pratique des anciens, dont il y a peu d'exemples de colonnes posées l'une sur l'autre sans piédestal. Les architectes modernes s'en servent presque toujours pour marquer la hauteur des appuis des arcs ou des fenêtres qui sont dans les entre-colonnes des ordres supérieurs. »

N'ayant rien trouvé d'assez précis dans les auteurs pour savoir quel parti prendre dans le choix de tout ce qui a été dit et exécuté au sujet de la composition des ordres, je suis obligé de convenir que cette partie de la décoration est très-difficile, et demande bien des connaissances qui ne peuvent guère être développées dans un traité aussi abrégé que celui-ci. C'est pourquoi tout ce que je puis faire de mieux est d'insinuer quelques observations générales, laissant à ceux qui voudront s'appliquer particulièrement à l'architecture, de s'instruire plus à fond par la lecture des bons auteurs, et l'examen des édifices les plus approuvés ; ce qui est à la vérité un travail plus grand qu'on ne pense, si j'en juge par ce que m'a coûté le peu que j'ai acquis dans ce genre d'étude.

Il ne paraît pas qu'on doive mettre plus de trois ordres de colonnes l'un sur l'autre : car, outre qu'un quatrième se trouverait avoir ses colonnes trop écartées pour leur hauteur, il serait à craindre que quatre étages de colonnes ne fussent point assez solides : cependant l'on pourrait faire le premier étage selon un ordre rustique, pour servir comme de soubassement au premier des trois autres.

Quand on met plusieurs ordres de pilastres les uns sur les autres, on rencontre moins de difficulté pour régler la composition des ordonnances, que lorsqu'il s'agit des colonnes, puisque alors il suffit d'avoir égard à la différence des étages, sans que les saillies contraignent à aucune sujétion gênante.

Les pilastres étant de même largeur en haut qu'en bas, il semble d'abord que la régularité voudrait que ceux qui sont les uns sur les autres fussent aussi de même largeur ; mais deux raisons obligent à faire le contraire : la première est que les ordres devant augmenter en délicatesse, les pilastres doivent aussi augmenter en hauteur par rapport à leur largeur. Or, si le module demeurait le même pour les supérieurs comme pour les inférieurs, il s'ensuivrait que les ordres et les étages augmenteraient en hauteur à mesure qu'ils s'éleveraient les uns sur les autres; ce qui ne conviendrait point, surtout aux façades qui n'ont point une grande élévation, et dont le point de vue n'est pas fort éloigné des parties qui composent l'ordonnance.

La seconde est que s'il y avait des colonnes avec des pilastres, comme cela arrive souvent, le diamètre des pilastres supérieurs se trouverait plus fort que celui du haut de la colonne inférieure, ce qui causerait encore un autre défaut contraire à la bonne architecture.

Supposant donc qu'on veuille mettre plusieurs ordres de pilastres les uns sur les autres, je crois que la meilleure manière est de commencer d'abord par régler la hauteur de chaque ordonnance selon les maximes de Vitruve; c'est-à-dire que l'étage supérieur soit toujours les trois quarts de celui qui est immédiatement dessous. Ensuite on suivra ce qui est enseigné dans le second chapitre, page 436, comme s'il était question de colonnes, et alors le diamètre des colonnes déterminera la largeur et la hauteur des pilastres, par conséquent la moitié de cette largeur, ou le demi-diamètre, deviendra le module, qu'on n'aura plus qu'à diviser en autant de parties égales que le prescrit Vignole pour l'ordre dont il sera question. Ainsi il sera aisé de régler toutes les parties de chaque ordonnance.

Lorsque les pilastres servent d'arrière-corps à des colonnes isolées, il faut prendre garde que ces pilastres soient assez éloignés des colonnes pour empêcher que les chapiteaux ne se confondent, comme au portail de la Sorbonne.

Quand on veut décorer un édifice, et qu'on a des raisons pour lui donner un air de solidité, il faut faire le premier étage d'un goût rustique, sur lequel on pourra élever un ordre de colonnes ou de pilastres (car j'entends ici par premier étage celui du rez-de-chaussée); sur quoi il est à remarquer qu'on peut faire le second étage plus élevé que le premier, parce qu'alors le premier n'est regardé que comme le soubassement du second. Mais s'il s'agissait d'un corps-de-logis qu'on voulût faire plus élevé que les ailes qui doivent l'accompagner, alors il ne faut pas que l'ordre du rez-de-chaussée soit plus élevé que celui des ailes; mais il doit partout régner également, et ce sera par le moyen d'un second ordre qu'on donnera au corps-de-logis du commandement sur les ailes.

Quand il y a des appartements qui tirent du jour sous des portiques par des croisées qui ont un appui, alors les pilastres doivent avoir des piédestaux de la hauteur même des appuis, ou pour mieux dire, les piédestaux doivent être continués et servir d'appuis aux croisées; mais si ces croisées n'avaient point d'appuis, et qu'elles descendissent jusqu'au niveau du parquet des appartements, alors il vaudrait beaucoup mieux ne point donner de piédestaux aux pilastres.

On doit aussi remarquer que des colonnes de différentes grandeurs ne doivent jamais se rencontrer à côté l'une de l'autre, ne pouvant faire que des dispositions très-désagréables. De même, quand l'on veut ajouter quelques pièces à un bâtiment déja fait, il faut bien se garder de le faire d'un autre ordre : au contraire, il faut bien que la pièce ajoutée paraisse avoir été ordonnée par le même architecte qui a conduit le reste du bâtiment, et, pour tout dire enfin, il faut que les parties se rapportent au tout autant qu'il est possible. C'est ce qui ne se rencontre pas bien exactement au palais des Tuileries du côté du jardin : la façade, toute magnifique qu'elle paraît, est remplie de défauts insupportables, parce qu'elle n'est composée que de pièces ajoutées, dont le tout ne réussit pas des mieux. Au lieu que ce qui a été fait anciennement était un morceau achevé dans son espèce, avant qu'on l'eût accompagné de ce qui devait contribuer au dessin général du Louvre.

Pour dire aussi quelque chose de l'ordre Attique, qui est un petit ordre toujours élevé au-dessus d'un plus grand, parce qu'il sert de dernier étage pour terminer le haut d'une façade, il est bon qu'on sache qu'on ne lui donne ordinairement pour hauteur que le tiers de l'ordonnance du dessous lorsqu'il n'y en a qu'une seule; mais s'il s'en trouve plusieurs, il peut avoir jusqu'à la moitié et même les deux tiers de celle sur laquelle il est immédiatement assis.

L'ornement le plus ordinaire des attiques se fait avec des pilastres raccourcis, que l'on nomme ainsi, parce que ces pilastres n'ayant pas moins de grosseur qu'en ont par le haut les colonnes ou pilastres qui sont à l'ordonnance de dessous, leur hauteur ne peut être assez grande pour se trouver conforme aux règles ; puisque le plus souvent ils n'ont tout au plus que cinq ou six fois leur grosseur, compris la base et le chapiteau. Leur base se fait comme à l'ordinaire : mais les chapiteaux sont presque toujours carrés, je veux dire aussi haut que le pilastre est large. On prend un septième de cette hauteur pour l'abaque, et le reste est occupé par un vase renversé d'un seul rang de feuillage, pareil à ceux du chapiteau corinthien. A l'égard de l'entablement, il doit être proportionné à la hauteur de ces sortes de pilastres : mais le plus souvent il n'est composé que d'une corniche sans frise ni architrave.

Il y en a qui mettent un attique entre deux étages, à l'exemple de Vitruve, qui, dans la description de sa basilique, semble placer une manière d'attique entre deux ordonnances de colonnes. Mais, à vrai dire, un attique qui se trouve ailleurs qu'au haut d'une façade, me paraît faire un méchant effet.

L'assemblage des ordres a fait naître une question qui a fait beaucoup de bruit il y a quarante à cinquante ans : savoir dans quel goût on pourrait faire une ordonnance qui pût être élevée au-dessus de l'ordre Composite, c'est-à-dire inventer un sixième ordre qui eût au-dessus du cinquième les mêmes avantages en délicatesse et en grace que le Composite peut avoir sur les quatre autres. Cet ordre, qu'on devait nommer l'*ordre Français*, fut proposé de la part du roi à tous les savants architectes de l'Europe, avec un prix considérable pour ceux qui produiraient quelque nouveau dessin qui mériterait de porter un nom si glorieux. Aussitôt les habiles gens de toute nation et de tout pays firent tous leurs efforts pour donner des productions de leur génie. Mais, par une fatalité qui ne paraît presque pas croyable, il est arrivé que d'un million de différents dessins qui ont été proposés il ne s'en est pas trouvé un seul qui ait mérité le moindre applaudissement. M. Blondel dit que la plupart n'étaient remplis que d'extravagances, de chimères gothiques et de fades allusions. J'ai vu aussi plusieurs morceaux qui n'avaient rien de recommandable, quoique fort vantés par des gens d'un certain rang, qui avaient apparemment intérêt de les faire valoir. Je conviendrai pourtant qu'il y a quelques profils de l'invention de Sébastien le Clerc, qui ne doivent point être confondus avec ceux dont je parle : le goût exquis de cet auteur s'est assez fait admirer des gens les plus délicats, pour avoir un sentiment avantageux de ce qui vient de lui.

Quoique les peines que l'on a prises pour inventer un nouvel ordre n'aient pas fait beaucoup d'honneur au dernier siècle (1), on aurait pourtant tort d'en demeurer là. Il se rencontre quelquefois des génies heureux qui produisent sans effort ce que leurs prédécesseurs ont cherché en vain : car ce que la nature refuse dans un temps, elle le donne quelquefois avec usure dans un autre. Nous admirons aujourd'hui les anciens architectes : il en viendra peut-être par la suite pour lesquels on aura les mêmes sentiments. Mais en attendant l'on peut sur un ordre composé placer un ordre composé, à l'exemple des anciens, qui n'ont pas fait difficulté de mettre un Corinthien sur un autre. Il ne serait pas non plus mal-à-propos d'y mettre des cariatides ou des persiques, parce que ne faisant point d'ordre particulier, il semble qu'ils peuvent convenir l'un et l'autre à tous les ordres. Il ne faut pas avoir la délicatesse de ceux qui ne veulent rien souffrir dans l'architecture dont on n'ait des exemples antiques : car, au sujet de l'ordre composé, nous avons autant de droit de changer les pensées des Romains, que ceux-ci en ont eu d'altérer celles des Grecs. Mais on ne le doit faire qu'avec beaucoup de sagesse, sans sortir de certaines règles générales dans lesquelles on remarque que ces mêmes Romains ont toujours renfermé leurs inventions : car la plupart des choses qu'ils ont changées ou ajoutées ne sont point essentielles à la beauté de l'architecture, s'étant toujours conformés aux règles légitimes.

Quelques architectes de nos jours ont été bien plus hardis, ayant entièrement abandonné les anciennes règles pour ne suivre que celles d'une folle imagination : et s'ils avaient eu beaucoup d'imitateurs, l'architecture gothique, malgré son ridicule, aurait peut-être régné une seconde fois. L'église des Théatins à Paris nous en offre un exemple qu'on ne devait pas attendre d'un siècle aussi éclairé que le nôtre. Car il semble que celui qui l'a bâtie ait voulu épuiser tout ce que l'esprit humain peut inspirer de plus extravagant, non seulement dans l'ordonnance, dont

(1) L'exemple de plusieurs chapiteaux romains antiques, et celui des chapiteaux égyptiens, qui offrent une si grande variété, prouvent suffisamment qu'on peut en composer d'aussi agréables que le chapiteau corinthien, et qui, en offrant plus de convenance et de solidité, ne laisseraient point regretter la grace de convention qu'on lui attribue communément (*N*).

le goût est mille fois plus bizarre que ce que l'on a jamais vu dans le gothique, mais même dans la distribution du terrain, qui pèche contre le sens commun. Qu'on me permette encore cette réflexion : rien n'est plus dangereux dans la société que ceux qui ne veulent pas se conformer aux maximes généralement reçues; car, comme le mépris qu'ils en font procède toujours de ce qu'ils n'ont pas assez de capacité pour en connaître les avantages, ils cherchent à en établir suivant leur caprice; et quoiqu'ils donnent dans le faux, l'esprit de nouveauté fait que bien des gens se rangent de leur parti. Ensuite il ne faut plus que du temps pour que les choses les plus monstrueuses soient regardées comme des lois sacrées : la raison veut en vain y trouver à redire, on lui impose silence, et ce n'est qu'en tremblant qu'on ose se déclarer pour elle.

## CHAPITRE DOUZIÈME.

### *De la distribution et de la décoration des édifices en général.*

J'ENTENDS par la distribution l'usage qu'on doit faire d'un terrain dans lequel on peut élever un bâtiment. Cette partie de l'architecture peut être regardée comme la principale et la plus essentielle, toutes les autres lui étant subordonnées. En effet, quand on mettrait colonnes sur colonnes, que les profils seraient plus réguliers et plus délicats que ceux des plus beaux édifices antiques, et qu'on emploierait les plus habiles sculpteurs à la décoration, quel succès peut-on en attendre, si le terrain est mal distribué, que les principales parties n'aient pas la grandeur, la noblesse et les dégagements qui leur conviennent, ou si l'on manquait dans quelque point essentiel qui répugnât à la qualité du bâtiment dont il s'agit (1)?

Il est vrai que cette partie a bien plus d'étendue aujourd'hui qu'elle n'en avait autrefois. Les Français ont poussé la distribution à un point

(1) Ces réflexions sont de la plus grande sagesse. Les maximes que donne ici Bélidor ont été consacrées et développées par M. Durand dans des leçons dont le souvenir sera

qui les met en cela fort au-dessus des autres nations. Nous avons en France et en Italie des palais faits dans les siècles précédents, dont l'extérieur est décoré d'une assez belle architecture, tandis que la distribution des dedans n'a rien qui y réponde. On n'y trouve aucune commodité, il semble qu'on ait affecté d'en éloigner le grand jour, et d'y faire régner un crépuscule perpétuel; les cheminées occupent le plus grand espace des appartements, les portes sont petites et donnent une faible idée des lieux où elles conduisent. Mais, quoique depuis un siècle on ait inventé un nouvel art de la distribution, il ne faut pas croire que tout ce qu'on bâtit aujourd'hui soit exempt de défauts. Par exemple, on fait dans des palais considérables des vestibules, des escaliers, des salons, des antichambres, des chambres de parade, des cabinets et plusieurs autres pièces de cette nature d'une grandeur au-dessus de l'ordinaire et proportionnée à celle de l'édifice, cela est en place, et il est permis de sortir des proportions communes dans ces occasions : mais il est ridicule, comme cela est arrivé à plusieurs architectes, de faire de

---

toujours précieux aux élèves de l'École Polytechnique, et dans des ouvrages où la justesse des vues est réunie au goût le plus exquis et le plus pur.

Les détails que contiennent les chapitres précédents de ce cinquième livre, et sur lesquels Bélidor s'est peut-être trop appesanti, sont utiles; mais l'architecte ne doit leur accorder qu'une importance accessoire. Ils sont pour lui ce qu'est pour un écrivain la connaissance des règles du langage. On ne peut écrire sans savoir sa langue; mais, avec cette connaissance, on peut faire de très-mauvais ouvrages. On ne peut être architecte sans connaître les règles que l'usage a consacrées pour la disposition des ordres, et des autres détails des édifices; mais les édifices les plus ridicules ont été faits par des artistes qui avaient consacré leur vie à cette étude.

M. Durand a su le premier fonder les principes d'architecture sur des bases solides. Il n'en reconnaît d'autre que la *convenance*, c'est-à-dire qu'un parfait rapport établi entre la disposition d'un édifice et l'usage auquel il est destiné; en sorte que projeter un édifice, c'est résoudre un problême dont les données se trouvent dans les conditions de *solidité*, d'*économie* et d'*utilité*, auquel il est assujéti. M. Durand démontre, par des considérations et des exemples qui ne laissent lieu à aucune objection, que, loin que ce principe soit contraire à la décoration, ce n'est qu'en se laissant guider par lui qu'on est assuré de donner toujours à chaque édifice le caractère et le genre de beauté qu'il comporte. Voyez les Leçons d'architecture données à l'École Polytechnique (*N*).

semblables pièces dans une place d'une médiocre étendue, au lieu d'avoir ménagé le terrain pour un meilleur usage.

Il ne suffit pas d'employer assez bien l'espace que l'on veut occuper, et de trouver à-peu-près toutes les commodités nécessaires, il faut encore, en faisant la distribution, avoir égard à la décoration des dehors, soit par des avant-corps ou pavillons proportionnés à la masse de l'édifice; soit en plaçant les portes et croisées de manière qu'elles fassent une parfaite symétrie; ou en distribuant les trumeaux, en sorte qu'ils soient susceptibles des ornements qu'on voudra y mettre: en un mot, s'il n'y a un accord dans toutes les parties, il ne faut pas croire qu'on ait l'approbation des personnes de bon goût. On peut dire au contraire qu'en mariant les dehors avec les compositions des dedans, on fait naître un plaisir secret dans l'ame des spectateurs, qui, sans pouvoir rendre raison de la satisfaction qu'ils ressentent, ne savent à quoi l'attribuer, quoiqu'ils ne voient dans ce qu'ils admirent que des croisées, des pilastres, des masques, des consoles, et d'autres pareils ornements, qu'ils ont remarqués cent fois ailleurs sans sentir la même émotion.

Je ne saurais m'empêcher de dire qu'il est très-difficile, pour ne pas dire impossible, d'atteindre à ce rapport parfait des parties intérieures d'un bâtiment avec celles du dehors, lorsqu'un architecte n'est pas maître absolu de son sujet, et qu'on dérange ses idées le plus souvent pour des bagatelles; car, s'il mollit, et qu'il ait à faire à des personnes entêtées et prévenues d'une prétendue capacité, il ne peut qu'être blâmé dans la suite, puisqu'on le rendra responsable des fautes qu'on lui aura fait faire. Les demi-savants sont dangereux dans toute sorte de genre; mais ils sont insupportables en fait de bâtiments, et le fâcheux est que tout le monde veut être architecte.

Comme ce n'est point ici le lieu d'enseigner à faire une distribution, et qu'on ne le pourrait même qu'en donnant les plans des plus beaux hôtels de Paris avec les remarques nécessaires, je me contenterai de dire qu'on ne saurait parvenir à faire un plan achevé, si en composant celui du rez-de-chaussée on n'a égard aux étages supérieurs, à commencer depuis les souterrains jusqu'au comble. Sans ces précautions, on s'expose à des inconvénients très-fâcheux, et qui deviennent quelquefois irréparables. Ce qui rend une distribution parfaite, c'est l'arrangement naturel de toutes les pièces de l'édifice, dans lesquelles il faut conserver la noblesse, la grandeur et la proportion qui leur est convenable.

Si nous avons surpassé les anciens dans la distribution, parce qu'ils pouvaient avoir moins de délicatesse, ou que nous jugeons mal de leur magnificence, on peut dire avec justice que nous ne sommes que leurs copistes pour la décoration, et que la plus belle architecture de nos jours n'a de prix qu'autant qu'elle est conforme à la leur. Mais il est plus difficile qu'on ne pense de la bien imiter, puisque, quelque habile que l'on soit, on ne peut jamais s'assurer du succès, ne travaillant pour ainsi dire que par conjecture, n'ayant point de principes démontrés sur lesquels on puisse se déterminer. Si l'on peut se fonder sur quelques règles certaines, ce ne peut être que sur celles de la perspective, qui pourra faire connaître les vraies proportions qu'on doit suivre. On doit donc s'appliquer avec tout le soin possible à l'étude d'une science si nécessaire, et dont l'union est si étroite avec l'architecture, qu'il est presque impossible d'atteindre à la perfection de celle-ci, sans avoir une connaissance très-distincte de l'autre : car il se trouve dans la décoration des grands édifices tant de parties différentes dont les unes sont plus enfoncées que les autres, qu'il faut convenir qu'on ne saurait guère juger de leurs effets par une simple élévation géométrale.

Les saillies les plus utiles et les plus belles pour décorer les bâtiments sont les corniches, parce qu'elles les couronnent avec grace, et conservent le parement contre les injures de l'air. La hauteur et la saillie des entablements dépendent de l'élévation des édifices, et de la distance d'où ils doivent être vus : les moindres corniches sont en chanfrein, et n'ont qu'une moulure couronnée, comme un gros talon, un quart-de-rond, ou une doucine avec quelques filets ou astragales; elles ne s'emploient qu'aux bâtiments rustiques qu'on ne veut point décorer. Mais, quand on veut les faire plus riches, on peut employer à propos celles de l'entablement d'un des cinq ordres, selon qu'on juge qu'elles pourront convenir à l'édifice, ce qui ne se fait guère que lorsqu'on emploie tout l'entablement du même ordre, puisqu'à le bien prendre il vaut mieux composer la corniche exprès, afin d'avoir égard aux circonstances les plus essentielles, soit par rapport aux différents effets que peuvent causer les moulures, ou à la nature de la pierre, qui ne se rencontre pas toujours propre pour exprimer des parties délicates. La couleur même peut faire beaucoup : car, si c'est une pierre colorée ou mêlée, il faut des moulures qui aient beaucoup de relief, et qu'on puisse distinguer aisément, sans quoi elles causent plus de confusion que d'ornements; au lieu que, si la pierre est blanche, il y a moins de sujétion, la lumière qui s'y réfléchit faisant que rien ne se perd dans l'ombre.

Pour qu'une corniche soit bien profilée, il faut que les moulures aient entre elles un certain rapport. Pour cela, l'on évite que deux ou trois moulures semblables se rencontrent de suite ainsi que plusieurs d'une même hauteur. Il doit se trouver un contraste dans leur distribution par l'opposé qui règne entre elles, en les faisant alternativement circulaires et angulaires, ou différant de grandeur. En général, la saillie d'une corniche doit être à-peu-près égale à sa hauteur.

Quand le bâtiment est fort exhaussé, et que son usage le distingue des autres, un entablement entier lui convient beaucoup mieux qu'une corniche seule, et la masse en est couronnée avec beaucoup de grace. La proportion doit s'en déterminer en le faisant comme s'il y avait un ordre entier. Cependant, quand on le juge à propos, on peut en diminuer l'architrave et la frise, ce qui doit se faire avec beaucoup d'art. Si l'entablement est tout entier, on doit enrichir la frise de consoles, et la corniche de modillons. On peut voir quelques exemples de tout ceci, en considérant les corniches et entablements qui sont rapportés sur la planche XLVIII, desquels on pourra tirer des idées pour s'en servir dans l'occasion. PLANCHE XLVIII.

Il est bon d'ajouter qu'on ne doit jamais interrompre le cours d'une corniche en la coupant à l'endroit des lucarnes des étages en galetas, parce que cela choque le coup-d'œil, et est contre toutes les règles. Je dirai aussi que, quand on veut déterminer la proportion des moulures, on peut, au lieu de se servir des parties du module, commencer par tracer la plus grande moulure, en sorte qu'elle ait avec toute la hauteur le rapport qui conviendra le mieux, ensuite diviser la hauteur de cette moulure en autant de parties égales qu'on jugera à propos, et s'en servir pour régler les autres parties.

Quant aux ornements des fenêtres, les unes sont composées d'un chambranle simple sans aucune moulure, les autres ont un chambranle avec des moulures et une corniche au-dessus : enfin les plus belles sont celles qui ont un chambranle avec des consoles, et un fronton sans montant aux côtés des chambranles.

Les grandes croisées doivent avoir une corniche assez saillante pour donner du couvert à ceux qui s'y présentent, et alors on fait porter cette saillie par deux consoles, aussi bien que l'appui ou accoudoir qui termine la croisée par en bas.

Les consoles de la corniche doivent être aussi larges en bas qu'en haut, afin qu'elles suivent régulièrement le chambranle et le montant. La largeur du chambranle peut être d'une sixième partie de la croisée ou fenêtre. Au-delà du chambranle, il y a une plate-bande qui lui sert d'arrière-corps; elle peut avoir autant de largeur que le chambranle, ou un peu moins; elle sert particulièrement à placer les consoles de la corniche, si la corniche est portée par des consoles. Cet arrière-corps doit être moins large de moitié, et sans aucune moulure que celles qui composent sa corniche. Les consoles qui portent l'appui doivent être placées au-dessous du chambranle, et avoir même largeur: leurs enroulements auront bonne grace, s'ils se portent en dehors par les côtés. La hauteur de ces consoles peut être de la moitié de l'ouverture de la fenêtre tout au plus, ou du tiers au moins. On les fait ordinairement plus étroites en bas qu'en haut; cependant j'aimerais mieux qu'elles fussent également larges. Souvent la hauteur du perron termine le bas de ces consoles.

La principale porte d'un édifice étant la partie la plus remarquable de la façade, il faut nécessairement qu'elle soit décorée à proportion de la dimension du bâtiment; sa grandeur doit même être assujétie à cette circonstance. Par exemple, si la façade retient quelque partie d'un ordre d'architecture, il faut, pour le Toscan et le Dorique, que la porte ait de hauteur un peu moins du double de sa largeur; pour l'Ionique, on pourra lui donner positivement le double de la largeur, et pour le Corinthien et le Composite, un peu plus. Quant à leur figure, les plus belles sont rondes ou quarrées, c'est-à-dire qu'elles sont terminées par un demi-cercle ou par une plate-bande. Il y en a d'autres qui approchent de ces figures, comme celles dont le cintre est en anse de panier ou surbaissé, ou qui, ayant la figure d'une plate-bande, sont un peu cintrées. Quand on les fait comme ces dernières, le trait le plus parfait est celui qui se décrit sur la base d'un triangle équilatéral dont le sommet est le centre. Je ne dis rien de celles qu'on fait à pans, c'est-à-dire terminées par plusieurs faces, parce qu'elles ont mauvaise grace et ne sont point approuvées.

Si l'on veut avoir un balcon au-dessus de la porte, on peut le faire porter par des colonnes quand le lieu le permet. En ce cas, on fait saillir les ornements d'architecture, ou bien, si l'on ne fait pas de colonnes, le balcon est porté par des consoles. Mais, lorsqu'on est obligé de ménager la place, on fait des pilastres ou avant-corps qui ont peu de saillie. Quelquefois même on prend la porte dans un renfoncement, et alors les ornements se distribuent selon la nécessité et les circonstances.

A l'égard des entablements qui couronnent les portes, Scamozzy veut qu'ils aient, pour l'ordre Toscan, la quatrième partie de la hauteur du vide, et la cinquième partie pour l'ordre Composite, et qu'on prenne des moyennes proportionnelles entre ces deux ordres pour l'Ionique, le Dorique et le Composite. Ensuite la hauteur de l'entablement doit être divisée en quinze parties, dont on donne cinq à l'architrave, quatre à la frise et six à la corniche, et les moulures se font à proportion ; la largeur des piédroits ou montants des chambranles et les moulures doivent être pareilles à celles du linteau, dont le profil est ordinairement semblable à celui de l'architrave.

Il faut, autant qu'il est possible, laisser les ventaux des grandes portes de toute leur hauteur, à moins qu'on n'en soit empêché par un entresol. Si la porte est ronde, et qu'on y mette un dormant, il doit occuper la partie cintrée, en sorte que l'imposte continuée serve de linteau ; à l'égard de leur compartiment il y faut peu de panneaux, et que ceux d'en bas soient arrasés comme du parquet, que la richesse des cadres et des moulures soit conforme à la décoration de l'architecture. Si l'on y pratique des ornements de sculpture, il faut qu'ils aient peu de relief, faisant en sorte qu'ils se trouvent dans l'épaisseur du bois sans être rapportés.

Pour dire aussi quelque chose de l'intérieur des édifices, il faut convenir qu'on n'a jamais eu tant de goût qu'on en remarque aujourd'hui dans les appartements un peu considérables. La manière d'orner les cheminées demanderait elle seule un grand détail, si l'on voulait rapporter des exemples pour montrer l'art de mêler à propos le marbre, la sculpture et le bronze doré pour accompagner les glaces qui en font le principal ornement. Mais je renvoie le lecteur au livre de Daviler, qui a traité ce sujet à fond, et me contenterai de parler des autres ornements qui semblent appartenir essentiellement à l'architecture.

Les anciens, au rapport de Vitruve, ornaient leurs plafonds de bois précieux et d'ouvrages de marquetterie fort riches, par la diversité des bois de couleur, l'ivoire et la nacre de perle, dont ils composaient des compartiments, qui étaient enrichis par des lames de bronze. Il est constant que les plafonds conviennent fort aux salons et aux grandes pièces, où la hauteur des planchers donne assez d'éloignement pour les voir d'une distance raisonnable, parce que dans les petites pièces il faut le moins de relief qu'il se peut. Pour faire la division des compartiments, les cadres doivent répondre au vide des murs, comme fenêtres et portes, ce que les poûtres règlent assez facilement. Dans les grandes pièces, il faut de grandes parties, particulièrement une qui marque le milieu, et qui soit différente des autres par sa figure; par exemple, elle doit être ronde ou octogone pour les pièces quarrées, et ovale pour les longues: les enfoncements peuvent être ornés de roses tombantes qui ne doivent point excéder l'arrasement des poûtres principales. Les corniches ou entablements doivent être tellement proportionnés que leurs profils aient la même hauteur que s'il y avait un ordre au-dessous, parce qu'alors on est sûr que la corniche ne sera ni trop puissante, ni trop faible, lorsqu'elle sera élevée à la hauteur de l'ordre qu'elle doit couronner. A l'égard de la frise, elle peut recevoir de beaux ornements; mais il faut qu'ils soient répandus avec choix et avec goût, et qu'ils conviennent au lieu où ils sont employés. Mais, pour régler d'une manière générale la proportion qne doivent avoir les entablements qui portent les plafonds, s'il n'y a qu'une architrave ou imposte, il faut, selon Scamozzy, qu'elle ait la seizième partie de la hauteur, depuis le plancher jusque sous le plafond; et si le lieu permet d'y mettre une corniche, soit avec modillons ou sans modillons, il faut qu'elle ait alors la treizième partie et demie de cette hauteur. Daviler veut qu'on donne aux corniches la douzième partie de la hauteur des chambres, ou, ce qui revient au même, un pouce par pied, et cela pour les pièces qui auraient depuis 8 pieds jusqu'à 15 d'exhaussement; et pour celles qui en ont davantage et où l'on a coutume de faire des entablements, il prétend qu'un dixième de la hauteur conviendrait mieux.

Pour les ornements des portes des appartements, il faut en diviser la hauteur en quinze parties, dont on en donnera cinq à l'architrave ou linteau, quatre à la frise, et six à la corniche: le chambranle ne doit jamais avoir plus de deux faces avec ses moulures. On peut aussi mettre des consoles avec de la sculpture pour porter les corniches; ces consoles portent sur de petits montants, au côté des chambranles.

Je ne m'étends pas beaucoup sur la décoration intérieure des édifices, parce qu'il est bien difficile d'y appliquer des règles auxquelles le caprice veuille se soumettre. Car, sur ce sujet, les architectes ont tous les jours des idées nouvelles, et il s'en trouve qui ont fait des choses dignes d'admiration: il faut avouer qu'il y en a aussi un grand nombre d'autres qui en ont imaginé qui ne sont point supportables; et pour faire voir que je n'en parle qu'après les plus habiles gens, voici ce que dit M. Courtonne, architecte du roi, à la fin de son Traité de perspective.

« Pour dire à présent quelque chose des parties intérieures des palais et des hôtels les plus considérables, on a fait de si grands changements à leurs décorations depuis une trentaine d'années, qu'on ne s'y reconnaît plus aujourd'hui; et l'on aurait le dernier mépris pour un architecte qui n'ajouterait pas quelque nouveauté singulière à toutes celles qu'on a introduites depuis ce même temps contre l'usage, et peut-être même contre la raison et le bon sens: je sais bien qu'on s'y est tellement accoutumé, qu'il serait dangereux d'aller contre le torrent et de se roidir contre des modes que trente années de prescription semblent avoir assez autorisées; aussi mon intention n'est pas de les censurer: mais on me permettra de dire en passant, que l'inconstance de notre nation avait assez de matière à s'exercer sur les choses de peu de durée, comme sont toutes celles qui ont du mouvement; les meubles, les carrosses, les habillements sont de cette nature, au nombre desquels on ne doit pas mettre les édifices et tout ce qui en fait partie, dont la durée doit aller jusqu'à nos derniers neveux.

« Il est vrai que des ornements de sculpture bien traités relèvent infiniment les beautés de l'architecture, et surtout dans les parties intérieures des bâtiments dont il s'agit en cet endroit; mais comme ils ne sont, à proprement parler, qu'accessoires, et qu'on doit toujours regarder la proposition de tous les membres d'architecture comme le principal objet, il ne faut s'en servir qu'avec beaucoup de ménagement si l'on veut que l'œil soit satisfait et qu'il en goûte pleinement toutes les beautés : mais lorsqu'on jette des ornements sur toutes les parties sans choix et sans nécessité, il n'y a plus que de la confusion, l'œil ne sait plus où se reposer, l'architecture est cachée sous ces voiles, et rien ne nous frappe, parce que rien ne nous émeut assez pour le sentir.

« Comme ces réflexions nous meneraient trop loin s'il fallait citer des exemples qui déplairaient sans doute aux personnes intéressées, je me contenterai de dire que ce n'est pas encore assez de retrancher la confusion des ornements de sculpture, si l'on n'en sait pas faire le choix, qui dépend ordinairement de la qualité, des emplois, et même des inclinations particulières des seigneurs qui font bâtir. On pourra donc choisir parmi tous les différents trophées ou attributs de guerre, de marine, de chasse, de musique, de science, et tant d'autres que je pourrais nommer, ceux qui conviendront le mieux au sujet que l'on aura à traiter, et c'est à quoi l'on doit s'étudier le plus, quand on veut avoir l'approbation des connaisseurs.

« Mais comme ces dedans sont aujourd'hui d'une très-grande importance par la grande dépense que la mode a rendue comme nécessaire, il faut que l'architecte épuise tous les secrets de son art à la distribution et l'arrangement de toutes leurs parties, qui consistent dans une belle proportion, dans un choix délicat des plus beaux profils, et dans une grande variété.

« J'entends par la proportion la hauteur qu'il faut donner aux corniches sous les plafonds, la distribution des pilastres, panneaux, cadres et autres parties des lambris de menuiserie dont l'arrangement dépend de la grandeur des pièces, de leur hauteur, et des sujétions causées par les portes, croisées ou cheminées.

« Les profils qui se font dans ces pièces sont bien différents de ceux que l'on fait au dehors; ils doivent être fort délicats, avoir peu de saillie, aussi bien que les ornements de sculpture qui s'y font, et l'architecte doit en faire lui-même les profils, et ne s'en rapporter jamais aux ouvriers.

« A l'égard de la variété, elle doit régner dans toutes les pièces d'un appartement; c'est-à-dire que les dessins en doivent être différents aussi bien que les profils et les ornements, avec cette remarque que les premières pièces se font pour l'ordinaire moins riches que celles qui suivent.

« Enfin, si l'on veut donner toute la perfection à son ouvrage, il ne faut pas se contenter de donner aux ouvriers un dessin bien lavé et coté pour chaque pièce ; on doit le faire crayonner en grand sur le lieu même où doit être posé le lambris, et y faire dessiner le plus exactement que l'on pourra tous les ornements qu'on voudra y mettre, afin de pouvoir corriger, augmenter, ou diminuer les parties qui paraîtront trop fortes ou trop faibles ; car on juge bien autrement de ces sortes d'ouvrages quand on les voit dans leur grandeur naturelle, qu'on ne fait sur un dessin réduit en petit ; ce que l'expérience apprendra beaucoup mieux que le discours.

« On peut voir déja par le peu de remarques que nous avons faites jusqu'ici, que les connaissances nécessaires à un bon architecte ont plus d'étendue qu'on ne s'imagine, et qu'il ne suffit pas d'avoir exercé la fonction de dessinateur pendant quelques années, pour en mériter le titre, comme cela n'est que trop ordinaire ; car, bien loin d'avoir acquis la plus grande partie des sciences qui sont absolument nécessaires, on prend cette qualité sans avoir même la pratique, ni cette expérience consommée dans les bâtiments, et qui ne s'apprend point dans le cabinet, mais par des travaux pénibles et non interrompus. Il ne faut donc plus s'étonner si l'architecture a perdu beaucoup de son premier éclat depuis un certain nombre d'années, et l'on doit même appréhender que ce mal n'augmente, si l'on n'exige point d'autres dispositions de ceux qui se prévalent de cette qualité. »

Comme ce discours de M. Courtonne renferme plusieurs choses instructives, je n'y ai rien voulu changer. J'ai supprimé seulement un article où il m'a paru qu'il marquait un peu trop d'aigreur contre quelques personnes de sa profession, qu'il ne nomme pas à la vérité, mais dont l'application est à craindre. Au reste, je reviens à l'explication de quelques sujets qui doivent finir ce chapitre.

On fait toujours un perron aux grands bâtiments, comme à l'entrée d'une église, d'un palais ou de tout autre édifice considérable. Un perron, comme on sait, est élevé par plusieurs marches ou degrés, dont le palier, pour bien faire, doit s'étendre sur toute la largeur du portail. Les marches, selon Vitruve, doivent être en nombre impair, de 5 à 6 pouces de hauteur au plus, sur 10 à 12 pouces de giron, c'est-à dire qu'il faut leur donner pour largeur environ le double de leur hauteur, afin de rendre la montée plus douce et plus facile.

Quand un perron est élevé de treize à quinze marches, il est à propos d'en interrompre la suite par un ou deux repos, afin de n'avoir pas tant de degrés à monter de suite, et que la vue ne se trouve pas blessée, en descendant une si grande hauteur sans appui. Mais il faut surtout prendre garde que le perron soit toujours pratiqué dans la hauteur du socle ou soubassement de l'édifice, observant que, quoique le soubassement tienne lieu ici de piédestal continu, il ne doit avoir ni base ni corniche.

Pour faire aussi mention des balustres et balustrades qui se pratiquent si utilement dans les édifices, soit pour la commodité, ou seulement pour la décoration, comme quand on en fait au-dessus de la corniche des entablements pour égayer une façade et la terminer avec grace, on saura que les baslustrades ne sont autre chose qu'une suite de balustres composés d'une ou de plusieurs travées, terminés par des piédestaux de même hauteur, le tout portant une tablette en manière d'appui. Ces travées doivent finir par des demi-pilastres joints aux piédestaux. Les balustres se font de plusieurs figures, mais les ronds et les quarrés sont préférables à tous les autres.

Au lieu de balustres, on fait quelquefois des entrelas, qui n'ont pas moins d'agrément. On les rend plus ou moins délicats suivant les lieux où ils doivent être placés : par exemple, ceux qui sont élevés au-dessus d'un bâtiment qu'on ne pourra voir que de loin, doivent être plus massifs que ceux qui sont faits pour être vus de près.

Les trophées composent encore dans l'architecture un ornement fort noble : leur figure est un tronc d'arbre chargé et environné d'armes de toute espèce. Leur origine vient des Grecs qui dressaient sur le champ de bataille un tronc chargé des dépouilles des ennemis pour marquer leur victoire. Ces monuments étaient consacrés à Mars, et l'on n'y pouvait toucher sans sacrilége, si l'on en juge par ce que rapporte Vitruve dans le huitième chapitre de son second livre, où il dit que la reine Artémise ayant pris la ville de Rhodes, dressa un trophée dans le milieu de la place avec deux statues de bronze, dont l'une était élevée à sa gloire, et l'autre marquait la ville de Rhodes sous des signes de servitude, et que les Rhodiens dans la suite, n'osant y toucher, l'enfermèrent d'une enceinte, parce qu'ajoute-t-il, il n'était pas permis d'ôter les trophées consacrés aux dieux.

Les trophées peuvent se faire dans toute sorte de goût, selon le genre de l'édifice où l'on veut les appliquer. Par exemple, on en fait de livres, de sphères, de globes et d'instruments de mathématiques, pour représenter les arts et les sciences, d'autres avec des instruments de musique, d'autres qui conviennent à l'agriculture, d'autres enfin pour la marine, les manufactures et les magasins publics ou arsenaux.

A l'égard des trophées d'armes, qui sont les plus ordinaires et les plus considérables, il semble que lorsqu'il s'agit de quelque édifice militaire, il convient beaucoup mieux de se servir des armes qui sont en usage aujourd'hui, que d'employer celles dont se servaient les Anciens. Nos canons, nos mousquets, nos mortiers, nos bombes, nos drapeaux, nos piques, nos tambours, nos tymbales, nos trompettes, etc., ne sont pas moins nobles ni moins beaux à la vue, quand ils sont disposés ensemble avec art, que les boucliers, les carquois, les flèches, les balistes, les catapultes, les béliers et les autres armes des Anciens. Au reste, tout ce qui s'appelle ornement doit dépendre du jugement de l'architecte : c'est en cela qu'on connaîtra son goût et sa capacité, non-seulement dans l'invention des sujets, mais dans la juste application qu'il en saura faire.

Lorsqu'on veut décorer une place publique qui doit contribuer à la beauté d'une ville, on ne saurait donner trop d'apparence aux bâtiments qui l'environnent. Or, pour que la magnificence et l'utilité se trouvent de concert, il est à propos de pratiquer deux étages dans la hauteur de l'ordonnance : est si l'on élève le tout sur un ordre rustique, l'ordonnance en aura une augmentation de beauté. C'est ce qu'on a fait avec beaucoup de succès à la place Vendôme et à la place Victoire à Paris.

On pourra élever une balustrade au-dessus de l'entablement pour terminer agréablement la façade, et cacher en partie le comble, qui ne fait jamais un bon effet quand il est question d'une belle architecture. Mais à propos des balustrades, j'ai oublié de dire ci-devant que le socle sur lequel on posait les balustres devait avoir une hauteur égale à la saillie entière de l'entablement, et même quelque chose de plus; et qu'il fallait donner aux balustres 2 pieds de hauteur comme on l'a pratiqué aux plus beaux bâtiments de Paris. J'ajouterai encore qu'il faut observer de ne point faire leurs travées si longues, qu'on soit obligé d'employer plusieurs pièces pour la tablette, ce qui est contraire à la bonne grace et à la solidité : car rien n'est si sec que de voir quinze ou vingt balustres de suite sans pilastres et sans aucune liaison; je crois que neuf ou dix au plus par travée doivent suffire.

On met quelquefois dans le milieu des places publiques des pyramides, qui sont des monuments servant à transmettre à la postérité la mémoire des grands princes. On les orne pour l'ordinaire d'un trophée d'armes, de figures, de bas-reliefs, qui représentent leurs actions mémorables, leurs victoires, leurs vertus, leur puissance, et les ennemis qu'ils ont vaincus.

Une pyramide doit être d'une hauteur qui l'élève au-dessus de tous les autres bâtiments des environs, en sorte même qu'elle soit vue de la campagne, et qu'elle fasse un riche ornement pour la ville où elle sera érigée. Il faut prendre garde aussi qu'une pyramide doit être seule, autrement elle perdrait sa véritable signification, qui est de représenter la gloire du prince qui règne, ou qui a régné.

Je ne finirais jamais si je voulais parler de tout ce qui peut appartenir à la décoration des édifices. Ce sujet est si abondant, que plus on l'examine, plus on trouve matière à de nouvelles réflexions. L'inclination dont je me sens animé pour l'instruction des lecteurs, fait que je voudrais ne leur rien laisser à désirer, et leur donner au moins une connaissance générale de tout ce qui peut s'offrir aux yeux : cependant je suis souvent contraint de retenir ma plume, de crainte qu'on ne la trouve point assez intéressante, et qu'on ne se plaigne que je m'arrête à des choses qui paraissent trop éloignées de mon sujet. Il ne faut pourtant pas croire que c'est la passion d'écrire qui me guide : je me suis prescrit des bornes, et elles paraîtront peut-être trop étroites, quand on entrera bien dans mes sentiments ; car, voici comme j'ai raisonné en composant ce cinquième livre.

L'ouvrage que je veux donner au public a pour objet l'instruction des jeunes ingénieurs et de tous ceux qui ont la conduite des travaux pour le roi ou pour les particuliers. Les uns et les autres parlent sans cesse bâtiments, et je sais par expérience qu'on n'en peut raisonner juste sans en avoir fait une longue et pénible étude. Peu de gens ont assez de loisir et assez de courage pour lire vingt-cinq ou trente gros volumes, qu'on ne peut avoir qu'en faisant des dépenses considérables auxquelles on ne peut pas toujours suffire; et ce serait leur abréger beaucoup de chemin, que de leur donner en peu de mots tout ce qui pourrait contribuer à les mettre en état, non seulement de travailler par eux-mêmes, mais de porter un jugement solide de tous les édifices qui méritent quelque attention, soit que leur profession les y engage, ou seulement pour satisfaire leur curiosité, principalement sur un sujet qui est purement de goût, et où tout le monde se croit en droit de blâmer ou d'applaudir. Je me suis donc chargé de toute la peine que pouvait donner le soin de débrouiller et de mettre en ordre les pensées et les principes de tant d'auteurs différents, dans l'espérance qu'on serait satisfait du motif qui me guide.

# LIVRE SIXIÈME,

QUI COMPREND LA MANIÈRE DE FAIRE LES DEVIS POUR LA CONSTRUCTION DES FORTIFICATIONS ET CELLE DES BATIMENTS CIVILS.

COMME on ne peut bien faire les devis sans avoir une connaissance parfaite des ouvrages que l'on veut exécuter, il m'a paru qu'il convenait de ne traiter cette matière qu'après avoir enseigné tout ce qu'on a vu dans les quatre premiers livres : car, pour bien dresser un devis, il faut non-seulement savoir faire un bon choix des matériaux, afin de spécifier les conditions de ceux que l'on voudra employer, et la manière de les mettre en œuvre ; mais il faut encore régler les dimensions des ouvrages, afin qu'on puisse voir toutes les particularités du projet jusque dans les moindres parties. C'est dans un devis qu'un ingénieur habile peut donner des marques de sa capacité, et c'est en effet l'endroit par lequel on peut en juger sûrement ; car, s'il a du goût et de bons principes d'architecture militaire et civile, il le fera voir par les dimensions qui seront prescrites dans son devis ; s'il a l'esprit net et juste, on y apercevra un ordre et un arrangement qui rendront intéressants les sujets les plus ingrats ; enfin, s'il est capable de faire exécuter les travaux les plus difficiles, on en sera convaincu par les détails bien circonstanciés de tout ce qui doit entrer dans leur construction : sa pénétration ira même jusqu'à prévoir les accidents qui pourraient survenir, et rien ne lui échappera. On peut donc dire qu'un devis doit être regardé comme le chef-d'œuvre de l'ingénieur, et que c'est de là que dépend absolument l'exécution bonne ou mauvaise du dessin que l'on a en vue. Combien de fois n'est-il pas arrivé que de grands ouvrages ont échoué faute d'avoir été précédés d'un bon devis ? Et que ne pourrait-on pas alléguer pour en prouver la conséquence ?

Dans l'usage ordinaire ce sont MM. les directeurs de fortifications qui font les devis, et le plus souvent les ingénieurs en chef: mais comme il n'y a point d'ingénieurs qui ne puissent se trouver dans le cas de projeter par eux-mêmes, on peut regarder ce sixième livre comme celui qu'il importe le plus de bien savoir, puisque, comme je l'ai déja dit, les autres qui précèdent n'en sont que l'introduction.

Le devis est un mémoire instructif de toutes les parties d'un ouvrage qu'on veut construire; il explique l'ordre et la conduite du travail, les qualités et façons des matériaux, et généralement tout ce qui a rapport à la construction et à la perfection de l'ouvrage.

Ses qualités principales sont que toutes les matières soient mises dans un bel ordre, énoncées clairement et bien détaillées, sans confusion, n'omettant rien d'essentiel, et ne laissant aucune équivoque qui puisse donner lieu dans la suite à des contestations avec les entrepreneurs: il doit être relatif au plan et profil du projet. Quand il est revêtu de toutes ces conditions, il sert de guide à l'entrepreneur, aux ouvriers et à l'ingénieur même, parce qu'alors il assujétit les uns et les autres à travailler de concert et conformément à l'intention du directeur ou de celui qui a fait le projet.

Il n'y a point de sorte d'ouvrage qui ne demande son devis particulier: mais comme il faudrait un détail infini pour en circonstancier chaque espèce, je me contenterai d'en donner une idée générale, qui suffira pour en faire l'application à toute sorte de travaux, et à ceux même dont je ne ferai point mention. Pour cela nous supposerons, comme nous l'avons fait jusqu'ici, qu'il s'agit de bâtir une place neuve dont tous les dessins sont cotés et réglés définitivement, et qu'il n'est plus question que d'en faire le devis, pour ensuite procéder à l'adjudication. En remplissant ce dessin, je remettrai sous les yeux du lecteur toutes les différentes espèces d'ouvrages dont j'ai fait mention jusqu'ici. Mais avant cela il est à propos que je m'arrête un moment, pour faire voir la disposition générale d'un devis tel que celui dont nous parlons.

Il faut commencer d'abord par faire mention de la situation de la place et de son tracé, des principales pièces de fortifications qui doivent composer son enceinte, comme du corps de la place, des ouvrages détachés et des chemins couverts. On doit dire un mot en passant des mesures qu'il faudra prendre pour établir le rez-de-chaussée général, et pour former la distribution des rues; de là on passe aux dimensions de chaque espèce d'ouvrage, commençant par le corps de la place, et continuant par les autres ouvrages détachés, et cela à mesure qu'ils s'éloignent du centre. On fait mention des épaisseurs que doivent avoir les murs au sommet et sur la base, de leurs talus, retraites et empattements, de la hauteur et épaisseur des contreforts, de la largeur et profondeur des fossés, de la disposition des chemins couverts et glacis, des voûtes, portes, souterrains et latrines, le tout en général seulement: c'est ce qui doit faire la première partie du devis.

On entre ensuite dans le détail de la qualité des matériaux, comme des mortiers, ciment, sable, chaux, pierre de taille, moellon, pierres de parement, carreaux et boutisses, joints, hauteur des assises, *libages*, fichage des pierres, fer, bois, pilotis, placage et gazonnage, ce qui forme la seconde partie; et on continue en reprenant chaque ouvrage l'un après l'autre suivant l'ordre de sa construction particulière, détaillant toutes les précautions, assujétissements, formes et règles du travail dans toutes leurs circonstances, observant toujours de commencer par le corps de la place, comme il vient d'être dit, et d'en épuiser la matière avant que de passer aux autres ouvrages, qu'on doit ensuite traiter tour-à-tour avec la même méthode.

Enfin le devis se termine par la construction des ponts, puits, magasins, arsenaux, hôpitaux, pavillons et corps de casernes, quoique cependant il soit d'usage de faire un devis particulier pour ces derniers. En tout cas, on doit garder le même ordre pour ces sortes de bâtiments, que pour la place même, c'est-à-dire, désigner d'abord leurs dimensions principales, parler ensuite de la qualité des matériaux, et suivre après en détail l'ordre de leur construction, commençant par les gros ouvrages, et finissant par les légers; après quoi l'on met les conditions qui regardent les entrepreneurs.

Voilà ce qu'on peut dire en général sur l'ordre et l'arrangement des parties d'un devis. Quant aux autres qualités qu'il demande pour être bien fait, elles se réduisent, comme je l'ai déja dit, à la netteté et à la précision, c'est-à-dire à distinguer chaque chose clairement, à ne rien oublier d'essentiel, de même qu'à ne rien mettre d'inutile, à ne faire de répétitions qu'autant qu'elles sont absolument nécessaires pour un plus parfait éclaircissement, à ne laisser aucune équivoque ou doute qui puisse donner matière aux entrepreneurs de contester, et à spécifier toujours, autant qu'il est possible, la qualité et la force de chaque nature d'ouvrage, afin que l'entrepreneur soit obligé de s'y assujétir; et que non-seulement l'on soit en droit de lui faire exécuter son marché dans toutes ses circonstances, mais encore qu'il ne puisse trouver aucun faux-fuyant pour se disculper des frais que le plus ou moins de propreté dans l'ouvrage, ou le plus ou moins de force dans chaque chose pourrait occasionner.

Il ne faut pas non plus dans un devis multiplier les titres mal-à-propos: ce défaut le rend ordinairement obscur, et lui ôte cet air de netteté qu'il doit avoir. Il vaut beaucoup mieux renfermer sous un seul titre toutes les matières qui peuvent y avoir rapport, et les apostiller à la marge chacune en particulier, afin qu'on les puisse trouver du premier coup-d'œil, quand l'occasion le demande.

J'ai tâché de me conformer dans le modèle suivant aux règles que je viens de prescrire, et la lecture en sera plus instructive qu'un plus ample discours. On y trouvera la plupart des dimensions et des conditions qui ont été observées au Neuf-Brisach, que j'ai choisi exprès préférablement à toute autre place, à cause de l'estime que l'on fait de la beauté de ses ouvrages. C'est effectivement le sujet le plus parfait qui puisse être traité: cependant je ne m'assujétirai point au devis primitif qui en a été fait, quoique je puisse le prendre sans balancer pour unique modèle, si cet abrégé me permettait d'entrer dans tout son détail.

J'ai ajouté à la fin de ce devis deux planches qui serviront à développer la fortification du Neuf-Brisach. Les tours bastionnées qui sont représentées sur la seconde, ne sont point tout-à-fait conformes à celles qui ont été exécutées, parce que je les ai tirées d'un nouveau projet que M. le maréchal de Vauban a fait quelques années avant sa mort, pour rectifier celui du Neuf-Brisach: mais comme la différence est très-peu de chose, j'ai cru qu'au lieu d'y trouver à redire, on me saurait bon gré d'avoir rapporté celles-ci préférablement aux autres, qui sont connues de tout le monde. D'ailleurs il est bon que l'on sache que ces deux planches que j'ai fait graver il y a plusieurs années, ne devaient point se trouver dans ce volume-ci, leur véritable place étant dans celui où je parle de l'art de fortifier les places, et de la manière de faire les projets de fortification, que je mettrai au jour dans la suite; c'est pourquoi elles contiennent des lettres et des chiffres dont je ne fais point mention présentement, parce qu'ils ont rapport à un discours qui n'est pas du sujet que je traite ici : mais, sans s'en mettre en peine, il suffira, en lisant ce devis, de jeter de temps en temps les yeux sur les dessins, afin d'avoir une parfaite intelligence de l'objet de chaque article, et on ne trouvera pas moins ces deux planches avec leur dissertation dans le volume dont je viens de parler.

## MODÈLE D'UN DEVIS POUR UNE PLACE NEUVE,

### TELLE QUE NEUF-BRISACH.

*I. Devis des ouvrages de maçonnerie, terre et gazonnages, charpente, couverture, menuiserie et autres que le roi a ordonné être faits pour la construction d'une nouvelle place. (On marque ici son nom et sa situation.)*

### SITUATION DE LA PLACE.

Figure et situation de la place.

La place sera située dans la plaine de.... ou sur la rivière de.... et sera tracée suivant les mesures de son plan en octogone régulier, formant huit polygones égaux, sur chaque angle desquels sera construite une tour bastionnée suivant les dimensions qui seront spécifiées ci-après.

Dehors de la place.

Les dehors de la place consisteront en huit bastions détachés, ou contre-gardes, tracés sur la capitale de ces tours, huit tenailles devant les courtines, huit réduits, huit demi-lunes devant ces réduits, et un ouvrage à corne devant tel... front; le tout enveloppé d'un chemin couvert.

Rez-de-chaussée.

Après que la place aura été tracée, on fera courir le niveau tout autour, et sur ses différentes élévations on prendra un milieu pour établir le rez-de-chaussée; ce qui se fera en abaissant les parties les plus élevées, et en relevant celles qui se trouveront trop basses. Ce même niveau réglera ceux du dedans et du dehors de la place.

Distribution des rues et pentes pour l'écoulement des eaux.

On fera en même temps la distribution des rues qui doivent séparer les places à bâtir, et l'on en marquera la destination par des grands piquets auxquels seront attachés des écriteaux de fer-blanc qui serviront d'indices; et pour avoir les pentes nécessaires à l'écoulement des eaux, on relèvera le centre de la place de 4 pieds, et on chiffrera des piquets fixes qui régleront l'alignement des rues, et indiqueront les rehaussements ou rabaissements qu'il y aura à faire à chaque partie.

## II. *Dimensions des parties principales de la place. — Corps de la place.*

### POLYGONE ET COURTINE.

Chaque polygone extérieur aura 180 toises de longueur d'un angle à l'autre. Polygone.

Les courtines auront 124 toises 4 pieds $\frac{3}{4}$ chacune entre les tours, et seront coupées en deux endroits par des flancs de 4 toises 4 pieds, formées par le prolongement de ceux des contre-gardes. Courtines.

Leur revêtement aura 10 pieds 2 pouces d'épaisseur au-dessus des fondements, y compris le chanfrein des trois assises de pierre de taille, et sera élevé de 30 pieds depuis le dessus des fondements jusqu'à la hauteur du dessus du cordon, où l'épaisseur sera réduite à 5. Revêtements des courtines.

Au niveau du fond du fossé sera faite une retraite de 3 pouces de saillie au dehors du nu dudit revêtement, et un peu au-dessous une autre pareille retraite, de sorte que les fondements auront 10 pieds 8 pouces d'épaisseur par le bas sur 3 pieds de profondeur. On observera les mêmes retraites et empattements, tant des tours bastionnées que des contre-gardes, tenailles, demi-lunes, réduits et autres pièces, ainsi il n'en sera plus parlé dans la suite. Retraites et fondements.

Les contreforts seront construits aussi bas que le revêtement, et élevés à la même hauteur; on les espacera à 15 pieds de distance les uns des autres de milieu en milieu, et ils auront 8 pieds de long, 5 de large à la racine, et 3 à la queue. Contreforts.

Pour suppléer aux affaissements des terres, les remparts seront élevés de 3 pieds plus que la hauteur des revêtements, et la surface de leur terre-plain sera dressée sur 30 pieds de largeur en pente d'un pied et demi à prendre depuis la banquette jusqu'au talus intérieur des mêmes remparts, qui aura les deux tiers de sa hauteur; ces remparts seront ornés de deux rangs d'arbres qui formeront une allée sur le terre-plain, et d'un troisième qui sera planté au pied du talus du rempart. Remparts.

La banquette aura 4 pieds et demi de large sur un pied et demi de haut, taluant de 3 pieds.

Banquettes.

Les parapets auront 18 pieds d'épaisseur au sommet, et seront élevés par devant de 4 pieds au-dessus du cordon, et de 4 pieds et demi au-dessus de la banquette, formant une pente de 2 pieds et demi du derrière au devant. Le talus gazonnage intérieur sera du quart de sa hauteur.

## TOURS BASTIONNÉES.

Tours bastionnées.

Chaque tour sera composée de deux faces, deux flancs et une gorge de maçonnerie; chaque face aura 2 toises 5 pieds 8 pouces de long mesurés au cordon, chaque flanc 6 toises, chaque demi-gorge 7, et la capitale 9 toises 2 pieds 6 pouces.

Revêtements et parapet.

Son revêtement sera élevé de 28 pieds depuis le dessus des fondements où il y aura 13 pieds 1 pouce d'épaisseur, jusqu'au cordon où l'épaisseur se réduira à 8 pieds, et sera surmonté d'un parapet de maçonnerie en briques aussi de 8 pieds d'épaisseur et de 6 de hauteur, dans lequel seront observées, aussi bien qu'à l'étage inférieur, toutes les embrasures, évents et guérites marqués dans les plans et profils.

Banquettes.

On élèvera le long des faces deux banquettes de maçonnerie, faisant ensemble 3 pieds de largeur sur 3 de hauteur.

Gorges.

Le mur des gorges n'aura que 6 pieds d'épaisseur au-dessus des fondements, et sera érigé à plomb jusqu'à la hauteur du sommet du parapet des tours.

Noyau et voûtes.

Au centre de chacune de ces tours sera fait un noyau de maçonnerie fondé aussi bas que le revêtement, pour recevoir et soutenir les voûtes qui régneront le long des flancs et gorges; ces voûtes auront 18 pieds de longueur de vide, et seront construites à plein cintre. Au milieu du noyau sera pratiqué un magasin à poudre voûté aussi à plein cintre de 15 pieds de largeur dans œuvre, et de 20 pieds de longueur.

Poternes.

Il sera fait aux deux côtés de chaque tour une poterne voûtée pour communiquer aux contres-gardes, dont les allées déboucheront dans le fossé à coté des flancs, et auront 6 pieds de largeur chacune jusqu'à la jonction du gros mur de la courtine, où le passage de la porte sera masqué de maçonnerie pour n'être ouverte que dans le besoin, et réduit à 4 pieds et demi. Le mur qui soutiendra les terres du côté du rempart, aura 5 pieds d'épaisseur au-dessus des fondements, où sera faite une retraite de 3 pouces de chaque côté, et 5 pieds et demi de hauteur jusqu'à la naissance des voûtes.

Le passage de l'entrée inférieure des tours sera aussi voûté sur 12 pieds de largeur à l'endroit du rempart, et formé par deux murs qui auront chacun 5 pieds et demi d'épaisseur au-dessus de leurs fondements, avec 3 pouces de retraite de chaque côté, et 4 pieds de hauteur au-dessus du rez-de-chaussée de l'intérieur des tours. Ces murs seront soutenus du côté des terres par des contreforts de 6 pieds de longueur, 4 et demi de largeur à la racine, et 3 à la queue. Passage et entrée des tours.

A l'entrée de ces passages, et sur l'alignement du retour du rempart, sera faite une porte de pierre de taille avec ses fermetures de 8 pieds de longueur, et 9 et demi de hauteur sous clef, dont les piédroits seront prolongés en dehors jusqu'au pied du talus du rempart, formant deux ailes en rampe suivant le même talus, qui auront 3 pieds d'épaisseur chacune aux extrémités avec des ébrassements de part et d'autre; et à chaque côté de cette entrée sera fait un escalier de pierre de taille, dont les marches auront 4 pieds et demi de longueur sur 6 pouces de hauteur, contre-gardé par un petit mur d'appui de 2 pieds d'épaisseur. Porte de l'entrée des tours et escalier.

GRANDES PORTES ET CORPS-DE-GARDE DES ENTRÉES PRINCIPALES.

Sur le milieu des quatre courtines qui répondront aux entrées principales de la place, seront faites quatre grandes portes d'architecture. La hauteur du frontispice de chaque porte sera de 8 toises depuis le dessus des fondements jusqu'au-dessus de la corniche de l'entablement, et sa largeur de 8 toises 3 pieds au-dessus du soubassement, sur 11 pieds d'épaisseur par le bas et 7 par le haut, non compris la saillie des pilastres. Le fronton aura 12 pieds d'élévation dans son milieu. Chaque porte aura 9 pieds 9 pouces de largeur entre les piédroits, 13 pieds de hauteur entre le seuil et la clef, et sera décorée conformément au dessin. Portes d'architecture.

Le passage des entrées aura 12 pieds de largeur dans œuvre entre les dosserets, non compris la refuite des côtés. Il sera voûté au-dessus de l'imposte, et formé par des murs de 5 pieds de hauteur jusqu'audit imposte, et 5 pieds et demi d'épaisseur au-dessus de leur fondement, Passage.

faisant retraite de 3 pouces de part et d'autre. Ces murs seront soutenus de chaque côté par deux contreforts qui auront chacun 6 pieds de longueur, 5 de largeur à la racine, et 3 à la queue. Ce passage sera garni de toutes ses fermetures, ponts-levis, orgues et bascules, conformément au dessin, et sera précédé d'un péristyle ou vestibule de 38 pieds de largeur dans un sens, et 21 et demi dans l'autre, qui sera voûté à même hauteur que le passage de la porte, et soutenu par des dosserets et piliers de pierre de taille de 3 pieds sur 3 et demi d'épaisseur, symétrisant avec la décoration des piédroits du passage.

Vestibule.

La partie de ce péristyle qui regarde le dedans de la place, sera revêtue de pierre de taille dedans et dehors sur toute sa hauteur, et aura 5 pieds d'épaisseur au-dessus des fondements; elle fera retraite de 2 pouces à 2 pieds au-dessus de ces fondements, puis élevée de 16 pieds depuis le dessus de cette retraite jusqu'au-dessus de la plinthe, formant trois arcades, dont celle du milieu aura 10 pieds d'ouverture et les deux joignantes de 8 pieds seulement; toutes trois de 14 pieds de hauteur.

Corps-de-garde.

A droite et à gauche du même péristyle seront faits deux corps-de-gardes et une prison, dont les murs de face et de retour auront 4 pieds et demi d'épaisseur au-dessus de toutes les retraites; ces pièces seront éclairées par quatre croisées de 4 pieds de largeur et de 8 de hauteur chacune, disposées et décorées avec symétrie, deux de chaque côté du vestibule, et auront ensemble 10 toises un pied de longueur de face du côté de la place.

Logement au-dessus et chambre aux orgues.

Le logement au-dessus sera conforme en tout à la distribution figurée dans le dessin, et sa façade, qui sera percée de neuf croisées, et réduite à 2 pieds d'épaisseur, sera élevée de 17 pieds depuis le dessus de la plinthe jusqu'au-dessus de l'entablement; le tout décoré suivant les élévations du même dessin, et surmonté d'un fronton, de quatre lucarnes et d'un comble de 16 pieds de hauteur. La chambre aux orgues, la cage de bascule et les escaliers à droite et à gauche des portes pour monter sur le rempart, seront aussi construits suivant leurs plans et profils particuliers. Ces escaliers seront de pierre de taille, ils auront 4 pieds et demi de largeur dans œuvre, et un gros mur d'appui rampant de 2 pieds et demi d'épaisseur.

### POTERNE DE SORTIE.

Dans le milieu de chaque courtine où il n'y aura point de grande porte, sera faite une poterne pour communiquer aux tenailles ; on y descendra par un escalier de pierre de taille hors œuvre, voûté sur 6 pieds de largeur, et surmonté à l'aplomb du talus supérieur du rempart, d'un mur de briques d'un pied et demi d'épaisseur, et de 4 de hauteur au-dessus du terre-plain. Poternes de sortie.

Son passage sera enfoncé de 5 pieds au-dessous du sol de la place, et aura 12 pieds de largeur. Ses portes, ainsi que celles des poternes des tours bastionnées, auront 4 pieds et demi de largeur, et seront garnies de leurs fermetures d'une force convenable, observant de les masquer toutes ensuite du côté du fossé, d'une bonne maçonnerie de 4 pieds à 4 pieds et demi d'épaisseur, et de pratiquer un petit évent dans ce masque. Passage.

Les piédroits de ce passage auront 6 pieds de hauteur et 5 d'épaisseur au-dessus de leurs fondements, faisant retraite de 3 pouces de chaque côté, et seront soutenus par des contreforts de 3 pieds de large à la racine, 2 à la queue, et 4 et demi de long.

Et pour faciliter l'écoulement des eaux de la place, il sera construit au-dessous de ces poternes un petit aquéduc voûté, de 2 pieds de largeur dans œuvre sur 3 de hauteur, dont les piédroits auront chacun 2 pieds et demi d'épaisseur. On en fera un pareil à chaque côté des quatre grandes portes. Aquéduc.

### SOUTERRAINS.

Il sera fait des souterrains sous les brisures de chaque courtine, qui feront l'office de flanc bas, à l'exception de deux seulement, qui seront conduits en pente douce, et perceront du dedans de la place jusqu'au fond du fossé, pour y abreuver les chevaux en temps de siége. Ces souterrains seront pavés proprement, et fermés par des portes sûres à chaque extrémité, puis murées solidement, pour n'être ouvertes que dans les besoins pressants : ils auront 18 pieds de largeur dans œuvre, leurs piédroits 7 pieds et demi jusqu'à la naissance des voûtes, et 4 pieds et demi d'épaisseur, leurs contreforts 6 pieds de longueur, 4 de largeur à la racine, et 3 à la queue. Souterrains.

Escalier. Pour descendre dans les premiers de ces souterrains, on pratiquera intérieurement à leur entrée un escalier de pierre de taille de 7 pieds de largeur, fondé sur un bon massif avec des murs d'appui d'un pied et demi d'épaisseur. Les piédroits de cette entrée seront prolongés par dehors jusqu'au pied du talus du rempart, et ébrasés de 6 pieds de chaque côté. Ils auront 5 pieds d'épaisseur au-dessus des fondements, et seront réduits à 3 à leur sommet. On observera de pratiquer dans un des piédroits de ces souterrains, et contiguëment à l'entrée, un petit magasin à poudre de 8 sur 12 pieds de largeur dans œuvre, et d'élever sur cette entrée un petit mur d'un pied et demi d'épaisseur, qui surmonte de 3 à 4 pieds le terre-plain du rempart. On observera de même toutes les cheminées, évents et embrasures qui sont marqués dans le plan.

## BASTIONS DÉTACHÉS, OU CONTRE-GARDES.

Faces et flancs des contregardes. Les faces des contre-gardes auront 60 toises de longueur chacune, et les flancs 22. Ces faces et ces flancs seront élevés à demi-revêtement depuis le dessus de leurs fondements, et auront 18 pieds de hauteur à l'angle du flanc et de la gorge, 18 pieds à celui de l'épaule, et 20 à l'angle flanqué, taluant d'un sur six. Ce revêtement aura 7 pieds 8 pouces d'épaisseur au-dessus des fondements, et à 3 pieds près du sommet dudit revêtement, la maçonnerie sera arrasée et réduite par son talus à 5 pieds d'épaisseur. Les trois autres pieds d'élévation seront continués suivant le talus du parement extérieur sur 3 pieds d'épaisseur par le bas, revenant à 2 pieds et demi au sommet.

Exécuté à Brisach.

Sur-tout l'on aura soin d'élever sur chaque angle flanqué un petit mur en forme de surtout de 42 pieds de longueur, et de 4 et demi de hauteur, dont le couronnement se raccordera à celui des faces par une rechûte en talus de 12 pieds.

Gorges. Le revêtement des gorges aura 2 pieds et demi d'épaisseur au sommet, et 16 de hauteur à prendre depuis le dessus des fondements; il taluera aussi d'un sur six, et suivra le profil des parapets, banquettes et remparts.

Contreforts. Les contreforts des flancs et des faces auront les mêmes dimensions que ceux des courtines, et seront espacés du même intervalle. On les élèvera à 3 pieds près du sommet des revêtements. Ceux des gorges n'auront que 4 pieds de longueur, 3 d'épaisseur à la racine, et 2 à la queue, et seront d'un pied plus bas que le sommet des gorges.

Au niveau de la brique de champ qui terminera le revêtement des flancs et des faces, sera faite une berme de 10 pieds de largeur, sur laquelle on plantera une haie vive, après quoi l'on continuera l'élévation des remparts et des parapets de ces pièces en parement de gazon ou avec placage seulement, en taluant des deux tiers de la hauteur. L'intérieur de ces parapets, aussi bien que les banquettes, seront en tout semblables à ce qui a été dit pour ceux du corps de la place, et leur extérieur surmontera de 4 pieds le niveau du terre-plain du rempart. Berme et parapet.

Ces remparts auront 30 pieds de largeur depuis le bord de leur talus intérieur jusqu'au pied de la banquette, à l'endroit de laquelle ils seront élevés de 10 pieds au-dessus de la berme des ouvrages, avec pente d'un pied et demi du côté de la place, observant de les élever d'un pied plus à l'angle de l'épaule qu'à celui du flanc et de la gorge, et de 3 pieds à l'angle flanqué plus qu'à celui de l'épaule. Dans cette hauteur de 10 pieds sont compris les 3 pieds qu'on donnera pour suppléer aux affaissements des terres, et ces mêmes 10 pieds joints au 4 pieds du parapet, donneront en tout 14 pieds de hauteur par devant de gazonnage ou placage. On observera aussi les rampes nécessaires pour la montée du canon, et elles auront 11 toises de longueur sur 9 pieds de largeur. Remparts.

Il sera fait un souterrain sous le rempart de chaque flanc, pour communiquer aux tenailles; son passage sera conduit en pente depuis l'intérieur des contre-gardes jusqu'au niveau de la rampe, qui sera prise dans ces mêmes tenailles, 8 pieds au-dessus des fondements; il aura 6 pieds de largeur, et ses piédroits auront 3 pieds d'épaisseur, et 5 de hauteur jusqu'à la naissance des voûtes. L'entrée de ces souterrains sera formée par un mur élevé à l'aplomb du talus supérieur du rempart par un profil de 18 pieds de longueur. Ces deux murs seront érigés perpendiculairement, et auront chacun 3 pieds d'épaisseur. Communication.

### TENAILLES.

Chaque tenaille sera composée de deux faces, qui auront 28 toises de longueur chacune, et sera revêtue devant et derrière. Elle sera coupée Tenailles.

dans son angle rentrant par un passage pris sous son parapet, et voûté de 6 pieds de largeur, qui servira de communication aux demi-lunes par le milieu du fossé.

Revêtement. Le revêtement des faces aura 5 pieds 8 pouces d'épaisseur au-dessus des fondements, et sera élevé de 9 pieds, taluant d'un sur six par devant, à laquelle hauteur il sera réduit à 4 pieds d'épaisseur, puis sera continué suivant le même talus jusqu'à 3 pieds plus haut sur 3 d'épaisseur seulement, réduite à 2 et demi au sommet, observant que ce sommet ne soit pas plus élevé que la surface du chemin couvert.

Exécuté à Brisach.

Bermes et parapet. A cette hauteur sera faite une berme semblable à celle des contre-gardes, mais d'un pied 6 pouces de largeur seulement, et sans haie vive, sur laquelle on élèvera le parapet de la tenaille en gazonnage ou placage, et ce parapet aura 8 pieds de hauteur par dehors, et 7 et demi par dedans, avec une banquette de 2 pieds de haut, du pied de laquelle le terre-plain de la tenaille ira gagner le sommet de la gorge.

Exécuté à Brisach.

Gorges. Les gorges n'auront que 4 pieds 10 pouces d'épaisseur par le bas, et 2 pieds et demi par le haut; elles seront élevées de 14 pieds au-dessus des fondements.

Contreforts. Les contreforts des faces auront 5 pieds de long, 4 de largeur à la racine, et 3 à la queue, et ne seront élevés que de 9 pieds; ceux des gorges auront 4 pieds de longueur, 3 de largeur à la racine, 2 à la queue, et seront de 2 pieds plus bas que le sommet des gorges : ils seront tous espacés à 15 pieds de distance les uns des autres de milieu en milieu.

Rampe. Pour communiquer au pont qui forme le passage de la contre-garde à la tenaille, il faudra pratiquer à l'extrémité de ce pont une rampe de 6 à 7 pieds de largeur dont les côtés seront revêtus, et former deux autres rampes joignant l'angle des gorges de 12 à 15 pieds de largeur sur 3 toises 5 pieds de longueur, pour descendre dans le fossé.

### DEMI-LUNES.

Demi-lunes. Les faces des demi-lunes auront 48 toises de longueur chacune, et les flancs 7.

Revêtement des demi-lunes, gorges et contreforts. Leur revêtement sera de 7 pieds 4 pouces d'épaisseur au-dessus des fondements, de 5 à la hauteur de 13 pieds, et de 2 pieds 6 pouces au sommet, faisant en tout 16 pieds d'élévation avec talus d'un sur six.

Les gorges auront 15 pieds de hauteur, et tous les contreforts de ces pièces seront entièrement conformes à ce qui a été dit pour ceux des contre-gardes.

Il sera fait, au niveau du sommet du revêtement de ces faces et flancs, une berme de 10 pieds de largeur, garnie d'une haie vive, sur laquelle seront élevés les remparts et parapets avec parement extérieur de gazonnage taluant d'un tiers, ou avec placage seulement taluant des deux tiers, sur 15 pieds de hauteur à l'endroit des angles flanqués, et 14 pieds aux angles d'épaule, y compris les trois pieds donnés pour l'affaissement des terres. Bermes.

Les parapets et banquettes auront d'ailleurs les mêmes dimensions qu'aux contre-gardes. Parapets et banquettes.

Le terre-plain du rempart aura 20 pieds de largeur depuis le pied de la banquette jusqu'au bord du talus intérieur, et sera dressé en pente d'un pied et demi du devant au derrière. On y observera toutes les rampes et escaliers qui sont figurés dans le plan. Rempart.

A chacune des quatre demi-lunes qui couvriront les courtines des entrées principales de la place, sera faite une porte d'architecture de 9 pieds 9 pouces de largeur, et 13 de hauteur sous chef, avec les ornements conformes aux dessins qui en ont été réglés. Portes d'architecture.

Sera fait ensuite le revêtement du passage des entrées de ces demi-lunes sur toute la largeur de leur rempart et parapet, et les murs de ces revêtements seront élevés à plomb des deux côtés jusqu'à la hauteur des parties qu'ils profileront sur 4 pieds et demi d'épaisseur au-dessus des fondements, avec retraite de 3 pouces de chaque côté. Les contreforts auront 5 pieds de long, 4 de large à la racine, 3 à la queue, et seront espacés comme ceux dont il a été parlé ci-dessus. Les passages seront accompagnés de leurs ponts-levis, bascules et descentes, suivant les mesures de leurs plans et profils particuliers. Passage des entrées.

RÉDUITS DANS LES DEMI-LUNES.

Les faces des réduits auront 18 toises de longueur, les flancs 3 toises, et les retours des demi-gorges 6 ; le tout bien revêtu. Le revêtement des faces et flancs aura 23 pieds de hauteur depuis le dessus des fondements jusqu'au-dessus du cordon, où l'épaisseur sera réduite à 5 pieds, taluant par dehors d'un sur six, de sorte qu'il aura 9 pieds d'épaisseur Réduits. Exécuté à Brisach.

au-dessus desdits fondements, y compris les 2 pouces de la saillie du soubassement.

Contreforts. Les contreforts derrière ce revêtement seront élevés à la même hauteur que le dessus du cordon, et auront 7 pieds de longueur chacun, 4 pieds de largeur à la racine, et 3 à la queue.

Parapet. Au-dessus du cordon sera élevé le revêtement du parapet en maçonnerie de briques sur 4 pieds de hauteur et 3 d'épaisseur, et le revêtement sera remblayé de 12 pieds de terre, qui formeront un parapet de 15 pieds d'épaisseur au sommet, avec plongée de 2 pieds et demi du dedans au dehors.

Banquettes, remparts et gorges. Les banquettes de ces pièces seront semblables à celles des demi-lunes; les remparts auront 15 pieds de largeur avec pente d'un pied et demi du côté de la place, et 10 pieds de talus intérieur; les gorges seront revêtues comme celles des demi-lunes, et auront les mêmes dimensions.

Communication. Quatre de ces réduits seront percés du passage de 6 pieds de largeur, revêtu et voûté pour servir de communication aux demi-lunes. Le revêtement de ce passage sera élevé à plomb, et aura 4 pieds et demi d'épaisseur au-dessus de ses fondements, sur autant de hauteur, où la maçonnerie sera mise de niveau, pour commencer la naissance des voûtes qui seront construites à plein cintre. Les entrées et sorties du passage auront 4 pieds et demi de largeur entre les piédroits, qui auront chacun double feuillure, ainsi que tous ceux des autres poternes, pour y poser des portes de 4 pouces d'épaisseur. On observera dans ces réduits, comme aux demi-lunes, les rampes et escaliers nécessaires pour établir les communications, et l'on y pratiquera de plus une descente au fossé, de 3 pieds de largeur dans œuvre sur 20 de longueur, joignant le mur de la gorge, qui sera percé d'un passage de 3 pieds de largeur pour communiquer au fossé; le mur qui soutiendra les marches du côté des terres, aura aussi 3 pieds d'épaisseur, et le dessus de cette descente sera recouvert par une trappe garnie de ferrures et serrures nécessaires, pour empêcher qu'on n'y entre qu'en cas de besoin. On formera aussi quatre grands passages pour les voitures, semblables à ceux des demi-lunes, aux quatre réduits qui se trouveront sur les entrées principales, et sur chacun desdits passages sera érigée une porte d'architecture conforme à son dessin particulier, de même qu'un petit corps-de-garde.

### OUVRAGE A CORNE.

Les branches de l'ouvrage à corne auront 120 toises de longueur chacune, son polygone 150, ses faces 40, ses flancs 15 et sa courtine 69. Ouvrage à corne.

Tous les revêtements de cet ouvrage, aussi bien que les remparts, banquettes et parapets, seront conformes en toutes choses à ceux des demi-lunes, avec cette seule différence que la tête des branches sera plus élevée de 4 pieds que leurs extrémités, dont la hauteur ne surpassera pas celle du chemin couvert; observant encore de ne terrasser les revêtements que jusqu'à 18 toises près dudit chemin couvert, et de diminuer la largeur du rempart depuis le canal de l'hôpital qui y sera renfermé, jusqu'à cette distance, de manière que le tout se réduise, dans le cours des 18 toises ci-dessus marquées aux banquettes pures et simples.

On observera au surplus de faire des batteries à barbette sur les pointes des bastions et demi-lunes de l'ouvrage à corne, qui seront retournées de 7 à 8 toises de part et d'autre des angles flanqués. Barbettes.

Vis-à-vis le rempart sera fait le revêtement en parement de pierre de taille du canal qui traverse les deux longs côtés, et cela sur 7 pieds et demi d'épaisseur, non compris 6 pouces pour les retraites des fondements. On fera aussi des arcades de pierre de taille aux entrées et sorties dudit canal, et l'on y pratiquera les coulisses nécessaires pour leurs fermetures. Le reste de ce passage, qui sera compris entre les arcades et les talus des banquettes, sera voûté de briques sur 3 pieds d'épaisseur, et recouvert d'une chappe de ciment (comme il est dit dans le livre troisième). Revêtement du passage du canal.

### FOSSÉS.

Les fossés du pourtour de la place auront les largeurs suivantes, mesurées à l'aplomb du cordon, ou du trait principal des ouvrages et du sommet de la contrescarpe. Savoir, aux angles flanqués des tours bastionnées, 7 toises; vis-à-vis le milieu des courtines, 16 toises 3 pieds; entre les contre-gardes et les tenailles, 5 toises; vis-à-vis le milieu des faces des contre-gardes, 15 à 16, selon le besoin que l'on aura de terre; vis-à-vis les faces des réduits, 6 toises; vis-à-vis celles des demi-lunes, 10; vis-à-vis les branches et demi-bastions de l'ouvrage à corne, 10; vis-à-vis la demi-lune de cet ouvrage à corne, 7. Largeur des fossés.

Profondeur et revêtement des fossés.

Tous ces fossés en général seront approfondis de 14 à 15 pieds au-dessous du rez-de-chaussée de la place, et revêtus d'un mur de pareille hauteur taluant de son sixième par dehors, et réduits à 3 pieds d'épaisseur au sommet.

Contreforts.

Il sera fait en même temps des contreforts derrière le mur, à 15 pieds de distance les uns des autres de milieu en milieu, dont la longueur sera de 4 pieds, la largeur de 4 et demi à la racine, et de 3 à la queue, et la hauteur un pied plus bas que le sommet du revêtement.

En faisant la distribution de ces contreforts, on aura soin d'en placer deux à l'endroit de toutes les traverses du chemin couvert, afin que les profils des traverses qui seront aussi revêtus, en soient mieux soutenus et plus solidement établis. Ces contreforts doivent avoir un pied de largeur et 6 pouces d'épaisseur en tous sens plus que les précédents.

Quant à l'excavation des grands fossés de la place, il faut avoir attention de donner près de 20 pieds de profondeur vis-à-vis les angles flanqués des contre-gardes, et de remonter insensiblement vers le milieu des tenailles et courtines. On observera encore d'approfondir le petit fossé qui sera entre le derrière des tenailles et les petits flancs des courtines, de 3 ou 4 pieds plus que celui de la place, afin qu'il puisse y avoir de l'eau en tout temps. Pareille attention sera faite le long des flancs des contre-gardes, et le revêtement de ces parties, qui sera fondé plus bas que les autres à proportion.

## CHEMIN COUVERT.

Chemin couvert.

Tous les chemins couverts seront tracés parallèlement aux fossés de la place sur 5 toises de largeur, à compter depuis le pied de la banquette jusqu'au bord de ces mêmes fossés, et seront dressés en pente d'un pied et demi du côté des ouvrages : on y observera tous les petits retours, redents et traverses qui sont figurés sur le plan.

Places d'armes.

Les places d'armes auront 10 toises et demie de gorge et 13 de face.

Traverses.

Les traverses auront 18 pieds d'épaisseur mesurées au sommet ; les banquettes 5 pieds de largeur, un pied et demi de hauteur, et 3 pieds de talus.

Parapet.

Le parapet sera élevé de 4 pieds et demi au-dessus de la banquette, et revêtu de 2 pieds et demi d'épaisseur avec talus d'un sixième par devant jusqu'à un pied et demi près du sommet, qui sera ensuite achevé en gazonnage, et bordé ainsi que les traverses d'un lit de palissades plantées et conditionnées comme il est dit en son lieu.

Le parapet sera coupé en plusieurs endroits le long des branches du chemin couvert, et dans les faces des places d'armes, par des passages de sortie de 10 à 12 pieds d'ouverture, dont la rampe se prendra dans le glacis et s'étendra à 2 ou 3 toises. Ces passages, de même que ceux qui aboutissent aux entrées principales de la place, seront revêtus de maçonnerie, et fermés par des barrières de force suffisante à deux ventaux; on posera aussi des barrières à un seul ventail au passage de chaque traverse. Passage de sortie.

GLACIS.

Le glacis sera bien dressé et parfaitement soumis à la découverte des contre-gardes et demi-lunes, desquels il sera défendu; il sera étendu de 25 ou 30 toises au moins, et sa pente sera réglée suivant le sommet du parapet du chemin couvert, fichant à un pied au-dessous du sommet des parapets, des demi-lunes et contre-gardes. Glacis.

PONTS.

Il se fera des ponts de charpente de 15 pieds dans œuvre, sur les travers tant du grand fossé que de ceux des réduits, demi-lunes et tenailles des quatre entrées principales de la place, dont les fermes seront espacées à 12 pieds les unes des autres, de milieu en milieu, et posées sur une pile de maçonnerie de pierre de taille d'un pied et demi de largeur, et d'un pied de hauteur au-dessus du fond du fossé. Ponts dormants.

On établira aussi les petits ponts de communication des tours bastionnées aux contre-gardes, et des contre-gardes aux tenailles, qui auront chacun 5 pieds de largeur dans œuvre, et seront construits avec les mêmes précautions que les précédents.

Tous les ponts-levis des entrées principales joignant les courtines et demi-lunes seront à bascules, et les autres à flèches; on posera de grandes barrières à doubles ventaux, tant aux tenailles qu'à la tête des ponts dormants et à l'entrée du chemin couvert; de sorte qu'il y aura quatre ponts-levis à chaque entrée principale, savoir, un à la grande porte du corps de la place, un autre à la tenaille, un au réduit, et un à la demi-lune; et trois barrières, savoir, une à la tête du grand pont, une à la tête de celui de la demi-lune, et la troisième au chemin couvert : le tout construit et exécuté suivant les dessins qui en ont été réglés. On fera aussi les petits ponts-levis nécessaires aux ponts de communication des contre-gardes aux tenailles.

PUITS ET PAVÉ DE LA PLACE.

Il sera fait quatre puits sur la grande place de 5 pieds de diamètre chacun, et sur toute l'étendue de la place il sera fait un pavé de cailloux avec toutes les pentes et ruisseaux nécessaires.

BATIMENTS PRINCIPAUX.

Il sera construit dans l'enceinte de ces ouvrages, savoir au pied du rempart de chaque front, un corps de casernes avec un pavillon pour les officiers à chacune de ses extrémités, une église, une maison de ville, un arsenal et une munition, des magasins et angars, tant pour les vivres que pour l'artillerie, un logement pour le gouverneur, un pour le lieutenant-de-roi et major, un pour les aides-majors et capitaines des portes, un pour l'intendant et le commissaire, et un pour les ingénieurs. Tous ces bâtiments, aussi bien que les corps-de-gardes et latrines, seront construits chacun selon leurs dessins et devis particuliers. A l'égard de l'hôpital, il convient qu'il soit placé dans l'intérieur de l'ouvrage à corne.

III. *Qualités et façons des matériaux qui seront employés aux susdits ouvrages.*

CHAUX, SABLE, MORTIER ET CIMENT.

Chaux. La chaux qui sera employée à la construction de la maçonnerie sera prise à.... et autres lieux où elle se trouvera de même qualité. On observera 1° qu'elle soit bien cuite, sans biscuit, non éventée; 2° qu'elle soit éteinte un jour ou deux au moins avant que de l'employer; et l'on aura soin d'en faire ôter tous les biscuits et durillons qui pourront s'y rencontrer.

Sable. Le sable sera de deux espèces, l'un gros et l'autre fin, tous deux tirés de la rivière de .... du fossé de la place ou de ses environs : le gros sera employé à faire le mortier de la maçonnerie de moellon, et le fin à faire celui de la maçonnerie de brique, des parements et des pierres de taille; on aura soin qu'il soit sec, criant à la main, bien lavé, et non gras ni terreux.

Le mortier sera composé d'un tiers de chaux mesurée vive, et de deux tiers de sable mêlé, broyé et incorporé avec la chaux tant et si long-temps, que les espèces soient totalement confondues l'une dans l'autre jusqu'à n'y plus reconnaître de différence. On n'y emploiera que l'eau simplement nécessaire à leur mélange, et cela une seule fois, et non davantage. Mortier.

Si on n'emploie la chaux qu'après avoir été éteinte, comme il est d'usage en plusieurs endroits, il faudra en augmenter la dose à proportion de sa qualité, ce qui va quelquefois à la moitié.

Le ciment sera fait de vieux tuileaux bien cuits et réduits en farine par la meule, puis passés au tamis du boulanger ou au bluteau. Il sera composé des deux tiers de cette farine et d'un tiers de chaux mesurée vive; le tout bien battu et conroyé ensemble, et démêlé pendant un long espace de temps, et à plusieurs reprises, dans un petit bassin de planches carré, fait exprès; observant de n'y mettre de l'eau qu'une seule fois, et de l'employer, autant que faire se pourra, tout chaud et frais battu, de même que de ne le doser que par rapport à la force de la chaux et à la qualité du ciment. Ciment.

PIERRE DE TAILLE, MOELLON ET BRIQUE.

Toute la pierre de taille, tant des angles saillants des ouvrages que des soubassements, cordons et autres parties où il en sera besoin, sera tirée des carrières de.... ou autres lieux qui en pourront fournir de pareille qualité, c'est-à-dire qui soit pleine, dure, non sujette à la lune ni à la gelée; observant de n'employer que celle qui sera bien ébousinée, sans fil ni moie qui la traverse, ou qui paraisse à six pouces près des parements. Pierres de taille.

Les carreaux qui formeront ces parements seront taillés avec ciselure relevée aux arêtes, piqués proprement à la petite pointe dans leurs faces, aussi bien que dressés à la règle et démaigris pour le mortier, de même que leurs lits et joints; ils seront posés à petits joints et en bonne liaison, par assises réglées de 9 à 10 pouces de hauteur au moins, Pierres de parement.

sur 12 à 15 pouces de lit. On aura soin, dans l'emploi de ces carreaux, qu'ils soient toujours mêlés d'un tiers de boutisses de 20 à 25 pouces de queue, qu'ils aient au moins 6 pouces de joint carré, et le tout bien lié avec le reste de la maçonnerie.

Pierres de soubassements. Les pierres de soubassements qui seront posées au-dessus des fondements, seront aussi taillées proprement dans leurs faces, lits et joints, et auront 12, 15 à 18 pouces de lit, et 8 à 10 de joint à l'équerre: elles seront de plus mêlées d'un tiers de boutisses ayant au moins 2 pieds de queue; le tout posé en bonne liaison, à petits joints et en bain de mortier.

Pierres des angles. Tous les angles saillants tant du corps de la place que des contregardes, tenailles, demi-lunes, ouvrages à cornes et réduits, seront armés de pierres de taille de graisserie, taillées en petit bossage d'un pouce et demi de relief, et posées par assises réglées d'un pied de hauteur, ayant les joints d'équerre sur 18 pouces de long, 2 pieds de lit et 3 de queue; le tout mêlé d'un tiers de boutisses, retourné et posé alternativement, de manière qu'il se trouve de chaque côté des harpes d'un pied élevées à l'aplomb par les bouts les unes sur les autres, et que les assises les plus courtes reviennent sous le cordon à 4 pieds de longueur de part et d'autre des angles.

Cordons. Les cordons seront aussi de pierres de taille de graisserie d'un pied de hauteur, taillées en demi-rond, et posées en saillie de la moitié de leur diamètre, ayant les joints d'équerre sur 16 à 18 pouces de long et 2 pieds de lit, non compris la saillie, le tout mêlé d'un tiers de boutisses qui auront 3 pieds de queue.

Moellon. Tous les autres moellons dont on se servira pour remplir et garnir le corps de la maçonnerie brute, seront tirés ou de l'excavation du fossé, ou des carrières de .... observant de choisir les plus gros libages pour en former les fondements, et de réserver les moindres pour le revêtement au-dessus, comme aussi d'arraser de niveau toute la maçonnerie à chaque levée que l'on fera de 18 pouces, et de la traverser, s'il est jugé nécessaire pour plus grande solidité, par des chaînes de brique sur toute l'épaisseur des murs, ce qui formera un renouvellement d'assiette.

Cailloux. Les cailloux de la rivière de .... ou de la plaine de .... et ceux qui se trouveront dans les excavations, pourront aussi être employés dans la garniture du corps de la maçonnerie, en les posant par assises réglées, mais en cas de besoin seulement, et au défaut de moellon; encore faudra-t-il que la quantité de ces cailloux n'excède pas le tiers du solide de la maçonnerie, et que chaque levée de 18 pouces de hauteur soit aussi recouverte d'une chaîne de brique.

Toutes ces pierres en général seront proprement assises et bien calées aux parements, posées, coulées, fichées et jointoyées les unes en mortier de ciment, les autres en mortier de chaux et sable, suivant que les qualités de l'ouvrage l'exigeront. Les libages et moellons de remplissage seront posés dans le massif des revêtements à bain de mortier, avec de bonnes liaisons de quatre à 5 pouces au moins les unes contre les autres, et d'autant des unes sur les autres. Fichage des pierres.

A l'égard des revêtements qui se feront en parement de brique, on n'y emploiera que les neuves et les mieux cuites, et de la meilleure qualité, dont les plus belles seront choisies pour former le parement, et posées par assises liaisonnées sur cinq rangs de hauteur, élevées par diminution d'une demi-brique à chaque rang, c'est-à-dire depuis trois briques et demie au premier rang jusqu'à une et demie au cinquième, observant de bien frotter ces briques, et de les dresser l'une contre l'autre avant que de les employer, et qu'il y ait toujours moitié de boutisses en parements. Si l'on emploie des cailloux dans le corps de la maçonnerie faute de moellon, on fera, comme il vient d'être dit, à chaque levée de 18 pouces, une chaîne ou recouvrement de deux briques de hauteur, qui garnira toute la surface du revêtement et des contreforts, et traversera toute leur épaisseur. Le premier rang qu'on posera ensuite en parement au-dessus de ladite chaîne, recommencera par trois briques et demie d'épaisseur, finissant toujours par une demie. Briques.

### PLACAGE ET GAZONNAGE.

Le placage sera fait de terre noire de jardin ou de labeur, non pierreuse; il aura 6 pouces d'épaisseur, et taluant de 8 pouces par pied. Placage.

Le gazon sera coupé de biais en prés bien herbus et racineux, ou vieilles pâtures un peu humides et non turbeuses ni sablonneuses. On posera de trois lits en trois lits une couche de fascines, et chacun de ces lits sera bien garni de terre sur toute sa hauteur, et bien battu à la dame, pour être lié parfaitement avec les terres du rempart.

BOIS.

Bois.

La charpente des ponts dormants, ponts-levis et barrière, de même que celles de madriers des fondements de toutes les principales parties des bâtiments, sera de bois de chêne bien sain, coupé en bonne saison, et bien équarri à vive arête, sans aubier, non piqué ni échauffé, roulé, vermineux ni trop nouveau, non plus que sur le retour, mais de bon âge, de droit fil et de bon emploi.

## VI. *Construction des Ouvrages.*

COURTINES.

Déblais des Fondements

Après que les alignements auront été donnés et rectifiés par l'ingénieur qui aura la principale conduite des ouvrages, ils seront montrés aux entrepreneurs, qui feront faire aussitôt les déblais des revêtements de toute l'enceinte de la place sur 15 à 16 pieds de profondeur au-dessous du niveau des chemins couverts, et comprendront en même temps la moitié de la largeur des fossés, réservant l'autre pour être remblayée derrière les revêtements à mesure qu'ils s'élèveront. Ensuite de quoi les fondements seront approfondis de 3 pieds au-dessous du fossé, et plus bas s'il est nécessaire, pour trouver le fond solide, dont les terres, ainsi que celles qui proviendront des autres déblais, seront portées à la masse des remparts, où elles seront dressées par lit d'un pied de hauteur sur toute l'étendue des alignements, et dans l'ordre qui sera expliqué ci-après.

Madriers en fondements.

Pour prévenir les affaissements que la transpiration des eaux de... pourrait causer, on assurera le fond des fondements par un rang de madriers de bois de chêne de 4 à 12 pouces de grosseur, qui sera posé sur le devant, et fera saillie d'un pouce au-dehors du nu de mur. Si quelque partie des fondements se trouve tendre ou douteuse, on continuera de mettre un rang de madriers sur le milieu et sur le derrière du revêtement. Enfin, si le fond se trouve trop faible, on le fortifiera par un grillage de charpente, composé de longuerines et racinaux de bois de chêne ou sapin rouge, de 9 à 10 pouces de gros, assemblés à

Fondements

leur extrémité par entaille à queue d'hyronde, et tenus en raison par un rang de pilots-de-garde battus sur le devant au refus du mouton; ce qui étant ainsi préparé, et les fondements dressés à plomb par dehors et par dedans, et mis bien de niveau par devant avec 6 pouces de pente par derrière, on les remplira de bonne et solide maçonnerie, construite des plus gros libages et moellons qui se pourront trouver, lesquels seront bien garnis et posés en bain de mortier composé comme il est dit ci-devant, de sorte qu'il ne reste aucun vide dans le corps de la maçonnerie, et que pressant les pierres de la main et du marteau, le mortier souffle de toute part : ce qui doit être observé dans tout le composé de la maçonnerie, de même que les retraites sur le devant.

Sur la seconde de ces retraites, et à 3 pouces près de son bord extérieur, seront posées en parement, suivant le talus du revêtement, trois assises de pierre de taille de façon et qualité susdites, qui formeront un soubassement de 3 pieds de hauteur, dont le sommet sera taillé en chanfrein de 2 pouces, et bieu garni par derrière, au-dessus duquel sera fait un parement net de moellon piqué, garni de grosse maçonnerie, qui sera élevée jusqu'au-dessus du cordon avec talus d'un sur six par devant, et à plomb par derrière ; on observera de maçonner le parement de ce soubassement en mortier de ciment, et de jointoyer de même tout ce qui sera exposé aux flots de l'eau. Soubassements.

On établira en même temps les contreforts suivant l'ordre de leur distribution, et on les fondera aussi bas que le revêtement pour les élever ensuite à la hauteur du dessus du même cordon à plomb de deux côtés, et avec ébrasement égal de part et d'autre d'après leur milieu, au surplus construits et maçonnés comme le corps des revêtements, à l'exception des parements, qui seront assis de hasard, et soumis seulement aux simples alignements des cordeaux. Contreforts.

Le sommet de ces revêtements sera terminé par un cordon de pierre de taille des façons et qualités ci-devant énoncées, et sera surmonté d'un mur de brique de 4 pieds de haut et 3 d'épaisseur, maçonné en bain de mortier ordinaire, qui servira de revêtement aux parapets ; ce mur sera aussi terminé sur toute son épaisseur par une assise de briques posées en liaison alternative de quatre briques de champ, et d'autant debout, avec pente de 4 pouces du derrière au devant, observant d'y faire un larmier débordant d'un pouce sur le fossé, et construit à petits joints en bonne liaison et avec mortier de ciment bien reciré à la truelle. Cordon et revêtement des parapets

Angles de pierres de taille.

Les angles d'épaules des petits flancs des courtines seront armées de pierres de taille conditionnées comme ci-dessus, et sur le milieu de chaque courtine sera faite une guérite aussi de pierres de taille, suivant les plans et profils qui en ont été arrêtés, et ce qui en sera encore dit dans la suite.

A mesure que les revêtements s'éleveront, on continuera le déblai des terres du fossé, dont les plus douces seront choisies et mises à part sur le chemin couvert, pour en former les parapets tant dudit chemin couvert que des ouvrages de la place, et le surplus sera porté à la masse des remparts derrière et joignant les revêtements et contreforts, où elles seront rangées et battues avec dames du poids de vingt-cinq à trente livres, par lits de 6 pouces de hauteur sur 12 pieds de largeur, et dressées à chacun de ces lits en pente de 6 pouces sur le derrière, tant pour soulager ces revêtements du poids des terres que pour empêcher la pénétration des eaux au pied des fondements.

Terrassement des remparts.

Le côté des terres qui joindra la maçonnerie relevera d'autant; et sur chaque deux lits, faisant ensemble un pied de hauteur, bien battus et bien dressés, comme il vient d'être dit, sera posé un rang de fascines, espacées brins à brins à deux doigts de distance l'un de l'autre, le gros bout appuyé contre le derrière du revêtement, ce qui sera ainsi réitéré à chaque pied de hauteur jusqu'à l'entière élévation des remparts; faisant attention que ces remparts doivent être élevés de 3 pieds plus que les revêtements pour les raisons qui ont été spécifiées, et que leur terre-plain doit être dressé en pente d'un pied et demi, depuis la banquette jusqu'au talus intérieur, ainsi que celle du terre-plain sera recouverte de la moins mauvaise terre qu'il se pourra trouver, et de la plus épierrée.

Terrassement des parapets et banquettes.

Les parapets et banquettes seront construits dans le même ordre que les remparts; c'est-à-dire que l'on observera ce qui a été dit au sujet du battement des terres et de l'arrangement des fascines, avec cette différence qu'on n'y emploiera que des terres douces, choisies et bien épierrées; et s'il ne s'en trouvait pas suffisamment de cette qualité, il en faudrait passer avec des claies assez fines, pour qu'il n'y reste aucun gravier ni cailloutage.

Gazonnage des parapets.

On gazonnera le parement intérieur de ce parapet avec les précautions dont il a été parlé, et le gros bout de la fascine appuiera sur la queue du gazon.

TOURS BASTIONNÉES.

Fondement des tours.

Les tours bastionnées seront fondées avec les mêmes précautions que les courtines, et à la même profondeur, supposé que le fond s'y trouve vif et solide; auquel cas on ne changera rien à la disposition qui a été marquée pour les fondements du corps de la place, excepté que les madriers seront redoublés au droit des angles, et retournés de 12 pieds de chaque côté. Que si le fond se trouve tendre ou douteux, après l'avoir approfondi autant qu'on aura pu, on donnera 6 et 12 pouces d'épaisseur aux madriers, et l'on en posera sur le milieu et sur le derrière des fondements, comme sur le devant, sinon il faudra griller; et s'il y a encore plus de précaution à prendre, on couvrira la superficie de la grille d'un plancher de madriers de 6 pouces d'épaisseur.

Revêtements.

Au surplus, tout se fera comme il vient d'être dit pour la construction des courtines, et l'on observera tant les deux retraites dans les fondements, que les trois assises de pierre de taille qui forment le soubassement et la retraite qui est au-dessus. On fera aussi une retraite de 3 pouces du côté des terres, et cela au niveau du dedans des tours, qui sera élevée de 6 pieds au-dessus du fond du fossé, à laquelle hauteur toute l'épaisseur du revêtement sera réduite à 12 pieds un pouce; et ce revêtement, continué extérieurement en même parement et même garniture que celui des courtines, taluant toujours d'un sur six, et à plomb par derrière. Le parement intérieur qui formera le piédroit des voûtes sera fait de brique sur un pied et demi d'épaisseur, et sera posé sur deux assises de pierre de taille qui régneront autour des faces, flancs et gorges parallèlement au plan du noyau.

Parapet.

Le cordon qui terminera ce revêtement sera des qualité et façon susdites; et le parapet qui le surmontera sera entièrement fait de maçonnerie de brique, dans laquelle seront pratiquées quatre embrasures, deux à chaque flanc aussi à parement de briques choisies, frottées l'une contre l'autre jusqu'à ce qu'elles soient bien droites, et posées ensuite de champ et debout en bonne liaison sur 3 pieds d'épaisseur, tant par le fond que par les côtés; et ces embrasures seront réglées suivant les mesures de leurs plans et profils, avec leurs rampes et plongées; ce qui s'observera de même pour les embrasures du bas étage. Enfin ledit parapet sera terminé par une assise de briques posées alternativement de champ et debout, faisant saillie d'un pouce sur le fossé, et maçonnées en bain de ciment composé comme il est dit.

Events. Seront aussi construits à parement de brique les évents et cheminées nécessaires pour l'évaporation de la fumée, suivant qu'ils sont marqués sur le plan, c'est-à-dire, entre les embrasures du bas étage, et chacun de ces évents aura 3 pieds de longueur sur 9 pouces de largeur par le bas, revenant à 6 pouces par le haut, où il débouchera dans l'épaisseur des parapets.

Banquettes. On a dit en son lieu quelles doivent être les dimensions des banquettes de ces pièces, on observera seulement qu'elles soient toutes de maçonnerie.

Angles et guérites. Les angles du parement extérieur seront tous armés de pierres de taille des façon et qualité susdites, et sur l'angle flanqué de chaque tour sera faite une guérite aussi de pierres de taille, conformément à ce qui sera dit ci-après.

Noyau. Le noyau sera fondé aussi bas que les autres parties de la tour, et avec les mêmes précautions. Il sera élevé à parement brut jusqu'au niveau du rez-de-chaussée intérieur de ladite tour; et après que ses alignements auront été dressés et ses pans réduits à leur juste mesure, on fera parement net par deux assises de pierre de taille, qui régneront tout autour parallèlement à l'intérieur des flancs, faces et gorges, de même qu'autour des côtés du magasin à poudre; puis on élèvera le surplus de la hauteur en grosse maçonnerie avec parement de brique d'un pied et demi d'épaisseur, et à plomb de 4 pieds et demi au-dessus des fondements, à laquelle hauteur la maçonnerie sera proprement arrasée et disposée pour commencer la naissance des voûtes.

Gorges. Les angles du noyau seront aussi de pierres de taille posées par assises retournées deux en trois; on observera la même construction aux gorges des tours qu'à leur noyau, c'est-à-dire, même parement, même garniture, même profondeur des fondements, et même retraite. Au milieu de ces gorges et au niveau du rez-de-chaussée de ces tours, il sera fait une porte de 8 pieds de largeur sur 8 et demi de hauteur, dont les piédroits et voussoirs seront de pierre de taille, ainsi que les seuils et arrière-voussoirs. On aura attention d'y faire double feuillure, et de pratiquer à chacun de ces côtés des créneaux plongeants et bien voyants dans lesdites tours. Ce passage sera fermé par une porte de bois de chêne de 4 pouces d'épaisseur, garnie de ferrures et verroux de force suffisante, et de deux bonnes serrures; il sera fait une pareille ouverture dans le milieu de cette gorge au niveau du rempart, avec une fermeture aussi de bois de chêne, garnie des ferrures nécessaires, le tout de force convenable.

L'intervalle qui se trouvera entre les noyaux des tours et leurs faces, flancs et gorges, sera voûté à plein cintre sur 18 pieds de largeur, et 3 et demi d'épaisseur, le tout de brique: sur quoi sera élevée en chappe avec moellon et mortier de chaux et sable, la maçonnerie du couronnement des voûtes, dont la pente sera prolongée de part et d'autre pour donner de l'écoulement aux eaux; cette pente aboutira à un petit ruisseau qui sera formé le long des parapets à un pied et demi, puis les eaux s'écouleront dans le fossé par le moyen de quelques gargouilles qui les porteront à 3 pieds au-delà du talus des revêtements; on voûtera de même le magasin à poudre sur toute sa largeur, et l'on y pratiquera les portes et évents nécessaires. Voûtes.

Les voûtes étant terminées, on les couvrira sur toute leur longueur et largeur d'une chappe de ciment. Chappes de ciment.

L'ouvrage étant bien conditionné et exactement visité, on terrassera sur les voûtes, commençant par un lit de gros sable ou de gravier, si l'on en a, ou de menues recoupes de pierres de 5 à 6 pouces d'épaisseur, étendu et posé également sur toute la superficie de la chappe, et continuant par un lit de terre douce d'un pied d'épaisseur, qu'on battra bien à la dame, et qu'on rechargera de même terre, lit par lit jusqu'à l'entier terrassement, qui sera élevé au moins de 3 pieds au-dessus de l'arête ou sommet des chappes. Terrassement des voûtes.

Les piédroits ou côtés des poternes de sortie joignant les flancs des tours, seront fondés avec les mêmes précautions et solidité qu'il a été dit ci-devant, et seront élevés à plomb au-dessus de leurs fondements en grosse maçonnerie, avec parement de brique d'un pied et demi d'épaisseur du côté de la galerie seulement. Poternes de sortie.

On adossera l'extérieur de ces piédroits, de pierres ou petits murs secs de 2 pieds d'épaisseur, qui seront faits avec blocailles arrangées proprement à la main sans mortier, et arrasées à chaque levée de glaise ou gros gravier pour en remplir les joints. Ces murs seront élevés jusqu'à 2 pieds près de la superficie du terre-plain des remparts, et ces Pierrées.

2 pieds seront continués en maçonnerie de chaux et sable jusqu'à la rencontre de la chappe de ciment, qu'il faudra prolonger sur toute leur épaisseur, afin que la transpiration et l'humidité ne se fassent point sentir dans les gros murs. Il faudra fonder ces pierrées un pied ou deux plus bas que l'aire des souterrains, et l'on aura soin d'y pratiquer des conduits proprement moussés pour faciliter l'égout des eaux. On fera aussi de pareilles pierrées aux passages de l'entrée des tours et à ceux des portes, poternes, flancs bas, souterrains, et généralement à tous les autres murs qui soutiendront des terres, quand même ils seraient couverts, afin que les eaux s'y rassemblent et qu'elles ne pénètrent point dans les souterrains.

Voûtes des poternes.

La voûte qui portera sur les piédroits de ces poternes sera construite en plein cintre de 2 pieds d'épaisseur seulement, et le surplus sera de grosse maçonnerie, et élevé en demi-cape contre la gorge de la tour, recouvrant le mur sec, et recouvert ensuite d'une chappe de ciment.

Il sera érigé dans le souterrain deux portes de pierre de taille de 4 pieds et demi de largeur chacune sur 7 de hauteur sous clef, observant de faire dans les piédroits les feuillures nécessaires pour y appliquer les fermetures.

Passage de l'entrée des tours.

Les murs du passage de l'entrée des tours, aussi bien que leur ébrasement extérieur, seront construits dans le même ordre que les poternes, et leur voûte faite en plein cintre de 3 pieds d'épaisseur de brique, surmontés d'une petite chappe de maçonnerie et d'une autre de ciment. Les piédroits de la porte auront chacun 18 pouces de tableau, et 3 pieds d'écoinçon, ce qui fera 4 pieds 6 pouces d'épaisseur de mur au-dessus des fondements; cette porte sera voûtée à plein cintre, et aura son arrière-voussoir par derrière, et un seuil de pierres de taille d'un pied d'épaisseur et de la longueur des tableaux. A l'égard des ébrasements ils seront terminés par une assise de briques posées de champ et debout en bain de ciment, qui formera une tablette ou larmier débordant d'un pouce sur le devant.

Portes de menuiserie.

Toutes les portes de menuiserie, tant des tours que de leurs passages et poternes, seront de bon bois de chêne bien sec, de 2 pouces d'épaisseur pour les petites portes, de 4 pouces pour les grandes d'assemblage, rédoublées avec gonds et fortes pentures à queue d'hyronde, bien attachées aux portes avec un clou rivé au collet, plusieurs autres clous limés à tête ronde le long des branches, et trois aux extrémités des queues d'hyronde traversant toute l'épaisseur du bois, à pointe rabattue et contrecognée, le tout de force suffisante, ainsi que les serrures et autres ferrures.

Escaliers.

On fondera les escaliers qui seront joignant l'entrée des tours, sur un massif de maçonnerie de 21 pieds de long et 6 et demi de largeur. Toutes les marches seront de pierre de taille, ainsi que les encognures du mur d'appui, qui sera recouvert d'une tablette aussi de pierre de taille de 6 pouces d'épaisseur et 2 pieds 2 pouces de largeur, bien jointes et bien cramponnées avec crampons de fer coulés en plomb, et proprement enchâssés de leur épaisseur dans la dite tablette.

Pavé des tours, et planchers.

Le rez-de-chaussée des tours, aussi bien que celui de tous leurs passages, poternes et sorties, sera pavé de briques choisies, dressées l'une contre l'autre, et posées de champ en bain de mortier de chaux et sable fin, et bien de niveau; quant aux tours qui serviront de magasin à poudre, on y fera un plancher de poutrelles de 8 à 9 pouces de gros, recouvert de madriers de chêne de 2 pouces d'épaisseur, bien chevillés sur les poutrelles, et proprement joints et assemblés, sur lesquels seront ensuite chevillés les chantiers destinés à porter les barils.

## GRANDES PORTES, PASSAGES ET CORPS-DE-GARDE DES ENTRÉES PRINCIPALES.

Fondements des soubassements.

Les façades extérieures des quatre grandes portes d'architecture, de même que les murs de leurs passages, seront fondées en même temps que les revêtements du corps de la place, et avec les mêmes précautions. Chaque façade aura 9 toises et demie de longueur en fondements sur 14 et demie de largeur, et après avoir été élevée à plomb devant et derrière en grosse maçonnerie avec des retraites pareilles à celles des courtines, elle sera arrasée bien de niveau d'après le fond du fossé, sur lequel arrasement sera érigé en pierre de taille lisse et mortier de ciment, le soubassement de la façade avec le corps et arrière-corps figurés sur le plan, et avec talus jusqu'au rez-de-chaussée de la place, où il sera terminé par un cordon de pierre de taille de 10 pouces de hauteur et de 5 de saillie.

Cage de la bascule.

On observera, en construisant ce soubassement, de ne lui donner qu'un pied et demi d'épaisseur par le haut à l'endroit du basculage, afin que rien ne gêne le mouvement de la bascule, dont la cage aura 12 pieds et demi de largeur sur 13 de profondeur, et sera revêtue du côté des terres en grosse maçonnerie d'un mur de 3 pieds et demi d'épaisseur au-dessus de ses fondements, et réduits à 2 pieds et demi par le haut. On observera encore, pour descendre dans ladite cage, de pratiquer dans un de ses côtés un petit escalier voûté de 2 pieds et demi de largeur, et de donner un peu de pente au fond de la cage avec une gargouille pour l'écoulement des eaux qui pourraient y séjourner.

Façades des portes.

Au-dessus du cordon du soubassement seront érigées les façades des portes suivant les dimensions qui ont été marquées ci-dessus; elles seront décorées de quatre pilastres d'architecture dans les proportions de l'ordre Toscan, avec tous les refends, socles, bases, impostes, chapiteaux, architraves, frises, corniches, frontons, et autres accompagnements dudit ordre; seront de plus sculptées les armes du roi dans l'arcade au-dessus de la porte, et la devise de Sa Majesté dans le fronton, le tout taillé-lisse, posé en mortier de ciment; bien appareillé et proprement mis en œuvre; observant de plus que tous les joints soient d'équerre sur 18 pouces de long, que les carreaux soient mêlés d'un tiers de boutisses de 2 pieds de queue, et que les arrière-corps, écoinçons, et généralement toute la décoration, soient absolument conformes aux plans et aux profils. Les arrière-voussures seront aussi toutes de pierre de taille, de même que le derrière des gros murs des portes, et les retours du haut et du bas des façades.

Passage des entrées.

Les fondements des murs qui formeront le passage de ces portes, seront élevés jusqu'au niveau de ce passage; puis après avoir fait 3 pouces de retraite de chaque côté, on posera du côté du passage deux assises de pierres de taille lisse d'un pied de hauteur chacune, et mêlées d'un tiers de boutisses d'un pied et demi de longueur ou environ; sur ces assises on fera une autre retraite de 2 pouces, pour élever ensuite à plomb les murs en parement de brique d'un pied et demi d'épaisseur, et le surplus du côté des terres en moellon, caillou et brique jusqu'à 5 pieds de hauteur, où la maçonnerie sera arrasée bien de niveau pour recevoir une imposte de pierre de taille de 8 pouces de haut, sur laquelle commencera la naissance des voûtes. Les contreforts de ces murs seront fondés à même profondeur et construits de grosse maçonnerie; les dosserets ou arcs doubleaux, seront

Dosserets.

aussi de pierre de taille, et auront 2 pieds de largeur sur 2 de saillie; ceux dans lesquels se trouvera le passage des orgues, auront 4 pieds 10 pouces de largeur, y compris les feuillures, qui auront 10 pouces d'ouverture et autant d'enfoncement, et ceux du milieu du passage n'auront que 4 pieds. Ils seront tous espacés à 9 pieds et demi de distance les uns contre les autres, et les assises dont ils seront composés, feront parpin entre deux une, observant que celles qui ne le feront point soient de deux pièces seulement, et non davantage; ce qui se continuera jusqu'à la fermeture des arcades.

On fera une pierrée à chaque côté de ces murs, puis on commencera la naissance des voûtes au-dessus de l'imposte. Ces voûtes seront construites de brique sur 2 pieds d'épaisseur à petits joints sur le devant, et grossissant insensiblement sur le derrière, suivant la coupe de leur cintre, puis seront recouvertes d'une chappe de ciment d'un pouce d'épaisseur; mais cela, aux endroits seulement où elles ne seront point couvertes par les bâtiments.

Vestibules et corps-de-gardes.

Les vestibules et corps-de-gardes de ces passages seront fondés et élevés avec la même attention, et seront parfaitement conformes aux mesures et décorations de leurs plans et profils.

Bornes et pavé.

A droite et à gauche de ce passage il sera posé des bornes de pierre de taille pour empêcher que les moyeux des roues des voitures n'offensent les dosserets et piédroits des voûtes, et chacune de ces bornes aura 5 pieds et demi de hauteur, dont 2 pieds et demi seront enterrés et scellés dans un petit massif de maçonnerie, 18 pouces de diamètre au niveau du pavé, et 11 à 12 à la tête; elles seront toutes aussi arrondies et piquées proprement à leur place.

Pavé.

Le rez-de-chaussée, tant du passage que des corps-de-gardes et vestibules, sera pavé avec cailloux posés dans une forme de sable conditionnée comme il sera dit ci-après.

Escaliers et latrines.

Les escaliers pour monter sur le rempart seront construits de la même manière que ceux des tours bastionnées, avec cette différence qu'on pratiquera sous chacun de ceux-ci une latrine dans laquelle tomberont par un égout les eaux de la ville, pour ensuite dégorger dans le fossé. Les murs d'enceinte de ces latrines, de même que celui du retour de leur entrée, n'aura qu'un pied et demi d'épaisseur. Les fermetures, orgues, bascules, seront construites suivant leurs dessins particuliers.

LOGEMENT AU-DESSUS.

Mur de face et de refend. Les murs de face et de refend, tant du logement au-dessus des vestibules et corps-de-gardes, que de la chambre des orgues, seront construites de brique, crêpis proprement par-dehors, enduits et blanchis par-dedans, et garnis de pierres de taille dans leurs angles. Les piédroits des jambages, portes, croisées de leurs seuils, appuis et fermetures, seront aussi de pierres de taille proprement appareillées.

Cheminées. Les cheminées seront construites de brique sur 6 pouces d'épaisseur, elles seront enfoncées de 3 pouces dans l'épaisseur des murs de refend et pignon, élevées de 3 pieds au-dessus du comble, crêpies et enduites des deux côtés avec plinthe de brique au niveau du faîtage, et une autre à 3 pieds plus haut à l'endroit de la fermeture. Les tuyaux de ces cheminées auront 3 pieds de longueur dans œuvre, et 10 pouces de largeur.

Croisées de menuiserie. Les croisées seront faites de bois de chêne bien sec; leurs châssis dormants auront 2 pouces d'épaisseur, leurs châssis à verre un pouce et demi, et les volets un pouce; le tout bien assemblé à raînures et abouement. Elles seront de plus garnies de toutes leurs ferrures; savoir seize gonds, seize fiches à charnière, seize targettes ovales, et seize crampons; le tout proprement limé et mis en œuvre: les vitres seront de verre blanc, et mis en plomb de force suffisante, puis arrêtées avec trois vergettes bien soudées à chaque panneau.

Portes de menuiserie. Les portes communes seront faites des hauteurs et largeurs des baies avec bois de chêne bien sec d'un pouce et demi d'épaisseur, assemblées à rainure, collées et emboîtées par les deux bouts de 6 pouces de hauteur; seront aussi garnies des gonds en pierre d'un pied de long sur un pouce et demi en quarré, bien scellés et coulés en plomb, avec penture à queue d'hyronde de 2 pouces de largeur sur 2 pieds et demi de longueur, attachée auxdites portes avec un clou rivé au collet: le tout bruni et bien limé, de même que la serrure qui sera à tour et demi avec deux verroux garnis de leurs gâches et de la boule pour les tirer.

Charpente et plancher. La partie du plancher dudit bâtiment qui se trouvera au-dessus du vestibule, portera sur de pierres lambourdes qui seront posées au-dessus de la voûte, et l'autre partie se trouvant sur les corps-de-gardes qui ne sont point voûtés, portera sur des solives soutenues par des poutres qui auront 13 à 15 pouces de gros, et les solives 7 à 5; les unes et les autres des longueurs et qualités requises, et d'un bon bois de chêne bien équarri à vive arrête et sans aubier. Les arbalétriers du comble, ses jambes de force, entraits, poinçons, blochets et plates-formes seront de même bois; le surplus de l'assemblage sera de bois de sapin, et des longueurs et grosseurs dont il sera donné un détail ci-après. Les planchers seront aussi de sapin, bien dressés et bien blanchis, à l'exception de ceux qu'on pavera de brique.

La couverture de ces bâtiments sera faite double, et de tuiles bien cuites du moule ordinaire du pays, posées sur un latis de sapin bien attaché aux chevrons, et de 4 pouces de pureau. Les égouts y seront redoublés, et les faîtières et arêtières recouvertes de tuiles creuses posées en mortier de chaux et sable. Couverture.

## POTERNES DE SORTIE, SOUTERRAINS ET AQUÉDUCS.

On fondera les piédroits des poternes de sorties et des souterrains ou flancs bas sur un bon et vif fond avec grosse maçonnerie, de même que les escaliers pour y descendre; puis, toute retraite faite, on les élèvera en parement de brique d'un pied et demi d'épaisseur du côté de leur passage, et le surplus en maçonnerie brute, de même que les contreforts, observant d'y pratiquer tous les évents et cheminées qui sont marqués sur le plan. Les voûtes seront aussi construites avec briques choisies sur trois pieds d'épaisseur, puis seront recouvertes d'une chappe de ciment. Poternes et souterrains.

Les portes des entrées seront de pierre de taille toute simple et sans aucune façon que celle des feuillures, où seront appliquées des portes de bois de chêne à deux ventaux de 4 pouces d'épaisseur, garnies de quatre gonds, quatre pentures, deux verroux et deux serrures de force suffisante. Portes.

Les massifs qui porteront les aquéducs seront fondés sur bon et vif fond de 7 pieds de largeur, et les piédroits seront revêtus par-dedans de deux assises de pierre de taille, d'un pied de hauteur chacune, posées et garnies en ciment, et bien cramponnées avec crampons de fer coulés en plomb. Le fond de ces aquéducs sera pavé de pierres de taille à Aquéducs.

joints recouverts, aussi posées en ciment suivant sa pente, puis sera surmonté d'une voûte de brique de 2 pieds d'épaisseur terminée par-dessus en talus, dont les joints seront bien recirés avant que d'être recouverts de terre: on aura soin de griller l'entrée de ces aquéducs du côté de la place, et leur sortie du côté du fossé, laquelle sortie sera réduite à 10 pouces de largeur sur un pied de hauteur, avec une gargouille de pierre de taille, qui portera les eaux au-delà du talus du revêtement.

## CONTRE-GARDE, DEMI-LUNES, TENAILLES ET OUVRAGE A CORNE.

Revêtement. Les revêtements des contre-gardes, demi-lunes, tenailles et ouvrage à corne, seront fondés aussi bas que ceux du corps de la place, et avec mêmes matériaux et mêmes précautions, puis seront élevés comme les courtines, en parement de moellon piqué, posé sur deux assises de pierres de taille, seulement avec retraite de 2 pouces par-devant, et talus d'un sixième de leur hauteur. Le derrière de ce parement sera élevé à plomb et construit de grosse maçonnerie composée comme il est dit ci-devant. Puis à la hauteur qui a été spécifiée en son lieu, la maçonnerie sera arrasée et terminée par une assise de briques posées de champ et debout en bonne liaison et bain de mortier fin. On armera les angles de grosses pierres de taille des mesures et qualités susdites, et l'on observera de pratiquer dans les gorges les rampes et escaliers désignés dans le plan, de même que l'exacte distribution des contreforts qui seront aussi de grosse maçonnerie.

Terrassement. Les terres des fossés de ces pièces seront portées à la masse de leurs remparts et parapets, et employées à les terrasser; ce qui se fera par lits battus d'un pied de hauteur, et fascinés dans le même ordre qu'il a été dit pour le corps de la place.

Berme. A la hauteur du sommet du revêtement des faces et flancs des ouvrages et depuis le bord extérieur dudit sommet, sera faite une berme de 10 pieds de largeur aux contre-gardes, d'un pied et demi aux tenailles, et de 10 aux demi-lunes et à l'ouvrage à corne; le long de laquelle sera continuée l'élévation des remparts et parapets en gazonnage ou placage seulement, observant de mettre à part toutes les meilleures terres qui ont été portées dans ces pièces, pour être ensuite passées à la claie, et employées tant à la construction des parapets, qu'à recouvrir d'un pied et demi de hauteur toutes les superficies des terre-plain et talus des remparts, qui seront, ainsi que les banquettes, bien battus, bien dressés et arrasés suivant leur niveau et alignement.

On plantera sur ces bermes, à l'exception toutefois de celles des tenailles, une haie vive d'épine blanche, conditionnée comme il a été dit ailleurs. Haie vive.

Les poternes de communication des contre-gardes aux tenailles seront construites dans le même ordre que celles des courtines, n'y ayant de différence que dans leurs dimensions, qui ont déja été expliquées dans leur article. Poternes des contre-gardes.

Il sera fait au passage des quatre demi-lunes qui sont aux entrées principales de la place, des portes d'architecture des dimensions et qualités énoncées ci-dessus; et ces portes seront ornées de deux pilastres érigés suivant les proportions de l'ordre Toscan avec leurs socles, bases, chapiteaux, architraves, frises et corniches, puis seront terminées par un fronton dans lequel seront sculptées les armes du roi, et sur lequel seront posées trois boules à feu, montées sur leurs piédestaux, garnies de leurs flammes, et scellées avec goujon de fer d'un pied de long coulé en plomb. L'une de ces boules sera mise sur le milieu du tympan, et les deux autres sur les pilastres. Le soubassement sera de pierre de taille depuis le dessus de ses fondements jusqu'au-dessous du pont-levis ainsi que tout le composé desdites portes. On y observera tous les corps et arrière-corps marqués au dessin, de même que les basculages et autres assortiments. Portes d'architecture.

Les fondements des profils du passage, ainsi que leurs contreforts, seront assis sur bon et vif fond, et construits de grosse maçonnerie; et après avoir fait les retraites ordinaires au niveau de ce passage, on commencera l'élévation des murs par deux assises de pierre de taille d'un pied de hauteur chacune, que l'on continuera ensuite à plomb de deux côtés, et en parement de brique d'un pied et demi d'épaisseur du côté du passage; le surplus en grosse maçonnerie jusqu'à la hauteur du rempart, au-dessus duquel la maçonnerie des parties excédantes sera faite de brique sur toute son épaisseur. Sur quoi l'on observera d'arraser bien de niveau dès le bas ladite maçonnerie à chaque pied et demi de hauteur, et d'y mettre des traverses de brique pour faire plus de liaison; après quoi on la terminera à la hauteur du rempart par Profils du passage.

une assise aussi de briques posées de champ et debout en bain de ciment.

### RÉDUITS DANS LES DEMI-LUNES.

Réduits.

La construction des réduits sera conforme en toutes choses à ce qui a été dit pour celle du corps de la place; on y observera mêmes angles, mêmes soubassements, mêmes parements, cordon, garniture et terrassements, avec les portes, passages, rampes, escaliers, et généralement tout ce qui est exprimé dans leurs plans et profils.

### REVÊTEMENTS DES FOSSÉS.

Revêtement des fossés.

La maçonnerie des revêtements des fossés sera semblable à celle des gros revêtements, et terminée au sommet par une assise de briques choisies, posées de champ et debout en bain de ciment avec un pouce de saillie sur le fossé, et un pouce et demi de pente par-dessus vers le même côté. Les angles saillants seront arrondis, et les rentrants garnis de pierre de taille sur 2 ou 3 pieds de part et d'autre; observant de pratiquer des montées et des descentes de 3 pieds et demi de largeur en rampe d'escaliers, dont les marches seront aussi de pierres de taille et d'une seule pièce, et auront 8 pouces de hauteur sur 10 de giron, posées et jointoyées en mortier de ciment. On aura soin d'augmenter de 2 pieds l'épaisseur de ces revêtements à l'endroit des escaliers.

### CHEMIN COUVERT ET GLACIS.

Chemin couvert.

Le parapet des chemins couverts sera revêtu, comme il a été dit, jusqu'à un pied et demi près de son sommet; ce revêtement sera fondé 2 pieds plus bas que le dessus de la banquette, et établi sur deux rangs de madriers de 4 à 12 pouces de gros, au-dessus desquels il sera élevé à plomb jusqu'au niveau de la banquette, puis suivant le talus du gazon jusqu'à la hauteur de 3 pieds et à plomb par-derrière; le tout en grosse maçonnerie.

Glacis.

Le surplus de la hauteur sera gazonné jusqu'au sommet, et fasciné à l'ordinaire, observant d'y employer 3 pieds de hauteur de terre douce qu'il faudra étendre jusqu'à 5 toises de la palissade, et bien épierrée, de même que toute la surface du glacis qu'on aura soin de bien unir, et de dresser parfaitement suivant sa pente.

Traverses.

On élèvera l'intérieur du parapet des traverses à même hauteur que celui du chemin couvert, et avec pente d'un pied ou un pied et demi du côté de la place; on le revêtira de maçonnerie comme celui du chemin couvert, ou de gazonnage seulement, et l'extérieur de placage, observant aussi de mettre 3 pieds de terre douce sur toute la surface supérieure de la traverse, et de la battre par lits de 6 pouces, et fasciner de pied en pied. Leurs profils, tant du côté du fossé, que de celui de leur passage de communication seront revêtus sur toute leur hauteur, et leur sommet terminé par une assise de briques posées de champ et debout en mortier de ciment. Les passages de ces traverses auront chacun 4 pieds et demi de largeur prise dans l'épaisseur du glacis, et une toise de retour pour se couvrir des enfilades. Les banquettes seront semblables à celles des chemins couverts.

Profils des passages des barrières.

On revêtira aussi à même hauteur que celle des revêtements des chemins couverts, tous les profils des sorties et passages des barrières. A l'égard de ceux qui se trouveront vis-à-vis les entrées des quatre grandes portes de la place, on les revêtira d'un mur de brique de 2 pieds 9 pouces d'épaisseur du côté du chemin couvert, et de 2 pieds 3 pouces à son autre extrémité du côté du glacis avec talus et retraite en saillie de 3 pouces pour les fondements. Ce mur sera élevé à la hauteur du glacis dont il suivra la pente, et son sommet terminé par une assise de briques posées de champ et debout en bain de ciment.

Palissades.

Les palissades du chemin couvert des traverses seront faites de bois de chêne, et auront 8 pieds de hauteur sur 18 à 20 pouces de tour; on les espacera de deux doigts marqués sur leur liteau l'une de l'autre, après les avoir bien appointées.

Grandes barrières.

Pour fermer les passages et sorties du chemin couvert, il sera fait des barrières de la longueur des passages, à deux ventaux tournants sur pivots, arrêtés par le haut avec des collets et assemblés par des traverses et contre-fiches. Ces barrières seront entretenues par des poteaux de 10 à 11 pouces de gros, et 9 pieds et demi de longueur, ayant la pointe à même hauteur que celle des palissades, tenus en raison chacun par un patin de 7 pieds de long, et 7 à 8 pouces de gros, et assemblés par deux seuils de la longueur des baies, et de 9 à 10 pouces de grosseur, dont l'un sera enterré de 2 à 3 pieds, et l'autre posé au niveau du passage; le tout en bois de chêne conditionné comme il est dit en son lieu, et garni de ses ferrures et serrures de force convenable.

Petites barrières.

Il sera aussi posé de petites barrières à un seul ventail de 4 pieds et demi de largeur à l'entrée des passages de chaque traverse, lesquelles seront des mêmes hauteur, bois, assemblages et ferrures que les précédents, à l'exception des poteaux, qui n'auront que 9 à 10 pouces de grosseur.

PONTS DE LA PLACE.

Ponts dormants des entrées principales.

Les ponts dormants des entrées principales de la place, tant sur le grand fossé que sur celui des demi-lunes et réduits, porteront sur des fermes espacées à 12 pieds de distance l'une de l'autre de milieu en milieu, et chacune de ces fermes sur une pile de maçonnerie de pierre de taille d'un pied de hauteur et d'un et demi de largeur, qui saillira hors du nu des seuils, et sera érigée au-dessus d'un massif de grosse maçonnerie fondé sur des madriers de chêne.

Ces fermes seront composées de cinq poteaux, chacun de 12 à 14 pouces de grosseur, dont un sera posé dans le milieu et à plomb, et deux autres de chaque côté en talus avec des contre-fiches et liens de de 9 à 10 pouces; le tout assemblé à tenons et mortaises avec renforts dans le seuil et le chapeau.

On posera sur chaque travée cinq poutrelles de 13 pieds de longueur chacune, et de 12 à 13 pouces de grosseur, qu'on aura soin d'espacer également sur 15 pieds de largeur qui sera celle de ces ponts; puis on les couvrira en travers d'un couchis de madriers de chêne 16 pieds de longueur et de 4 pouces d'épaisseur seulement, sur le milieu desquels sera fait en redoublement d'autres madriers de même bois de 10 pieds de longueur, et de 3 pouces d'épaisseur, pour garantir le premier plancher de l'effort et du frottement des voitures.

Les poteaux des appuis seront ensuite dressés sur les chapeaux, et auront chacun 6 pieds de long, et 7 à 8 pouces de gros; ils seront garnis de leurs liens pendants, appuis, sous-appuis, potelets et croix de Saint-André. Les liens pendants auront chacun 6 pieds de longueur sur 6 à 12 de grosseur, les appuis et sous-appuis chacun 12 pieds de long, et 6 à 6 de gros; les potelets chacun 3 pieds de long sur 5 à 6 de gros, et les croix de Saint-André 6 pieds de long sur 5 à 6 pouces de gros. Si l'on pavait ces ponts, le garde-pavé aura 9 à 9 pouces d'épaisseur sur toute la longueur des ponts.

Les ponts-levis seront faits de longueur et ouverture des portes de la place, et seront assortis de leurs flèches, bascules, châssis, entretoises, chaînes, serrures et ferrures nécessaires; le tout bien arrêté et attaché avec boulons, vis et écrou proprement enchâssés et mis en œuvre conformément aux dessins qui en seront donnés. Observant en général de donner 27 pieds de longueur aux flèches sur 12 et 14 pouces de grosseur par le gros bout, et 9 à 10 par le petit; réglant au surplus leurs assemblages selon les calibres nécessaires pour lever le marche-pied de ces ponts, dont il n'y doit avoir que le châssis de bois de chêne, et le reste de bois de sapin pour être plus léger et plus facile à lever et à mouvoir. Ponts-levis.

Les ponts de communication des contre-gardes aux tenailles seront plus légers que les précédents, et consisteront seulement en trois fermes espacées à 10 pieds 9 pouces de distance les unes des autres de milieu en milieu, dont chacune sera composée d'un seuil, d'un chapeau, de deux montants et des liens nécessaires. Les seuils auront 10 pieds 11 pouces de long sur 7 à 8 pouces de gros; les poteaux 7 pieds 5 pouces de longueur entre le seuil et le chapeau, sur 7 à 7 de grosseur; les chapeaux 6 pieds 3 pouces de long sur 7 à 7; les liens 3 pieds sur 6 à 6; les poutrelles 14 pieds et demi sur 6 à 7, et les madriers du plancher 4 pouces d'épaisseur. Lesdites fermes seront aussi posées sur un massif de maçonnerie, et le pont-levis sera de la grandeur de l'ouverture de la porte du souterrain avec des grosseurs proportionnées. Ponts de communication des contre-gardes aux tenailles.

GUÉRITES.

Les guérites de pierre de taille se feront à chaque angle flanqué des tours bastionnées, de même qu'au milieu de chaque courtine, seront de figure pentagonale, et auront 4 pieds et demi de diamètre dans œuvre et 8 pouces d'épaisseur de parpin. On pratiquera à leur entrée une porte de 2 pieds de largeur sur 6 de hauteur, et à chacune de leurs faces un petit créneau de 2 pieds de hauteur et de 6 pouces de largeur dans le milieu de son épaisseur, faisant dedans et dehors un ébrasement de 3 pouces de chaque côté de ce créneau. On observera d'ailleurs tous les panneaux, bossages, cordons et ornements qui sont marqués dans le dessin. Ces guérites seront posées sur un cul-de-lampe aussi de Guérites de pierre de taille.

pierre de taille, dans la face duquel seront proprement sculptées les armes du roi, puis elles seront surmontées d'une voûte en dôme taillées et posées à joints recouverts par assises égales, bien travaillées et mises en mortier de ciment. Au-dessus du dôme sera élevée une fleur de lis de même pierre, arrêtée sur son piédestal avec un goujon de fer d'un pied de longueur, bien scellée en plomb.

Passage des guérites.

On communiquera à ces guérites par un passage de 2 pieds et demi à 3 pieds de largeur, revêtu de chaque côté d'un mur de brique d'un pied et demi d'épaisseur, qui profilera les parapets et banquettes.

Guérites de bois.

Toutes les autres guérites, tant des contre-gardes que des demi-lunes, ouvrages à corne et autres de la place, où il en sera besoin, seront de charpente de bois de chêne, et auront 2 pieds et demi de largeur en quarré dans œuvre, sur 5 pieds 8 pouces de hauteur, non compris sa couverture. Les bois des montants et entre-toises auront 6 pouces de gros, et le châssis d'en bas 7 à 8. Elles seront recouvertes par les flancs et par le dessus de planches de sapin bien attachées, et seront percées des créneaux par les côtés.

## PUITS.

Puits.

Les puits de la place seront approfondis jusqu'à ce qu'il y ait 4 à 5 pieds d'eau vive, et plus s'il est possible, après quoi l'on placera dans le fond un rouet de bois de chêne de 4 à 12 pouces de grosseur et de 4 pieds de diamètre dans œuvre, sur lequel seront posées quatre assises de pierres de taille l'une sur l'autre, d'un pied de hauteur chacune, faisant parpin de 18 pouces d'épaisseur, taillées dedans et dehors, posées en ciment et bien cramponnées avec crampons de fer coulés en plomb. Le surplus sera élevé en maçonnerie de brique ou de moellon, faite avec un mortier de chaux et sable jusqu'à 3 pouces près de la hauteur du rez-de chaussée de la place, puis sera surmonté de trois autres assises aussi de pierres de taille d'un pied de hauteur chacune, faisant parpin et proprement taillées dedans et dehors, la dernière desquelles servira de margelle, et ces trois assises seront posées en ciment, et cramponnées comme il vient d'être dit; au surplus, les puits seront garnis de leurs chaînes, poulies, seaux et assemblage de charpente nécessaires, tant pour le support des poulies que pour la couverture, s'il en est besoin.

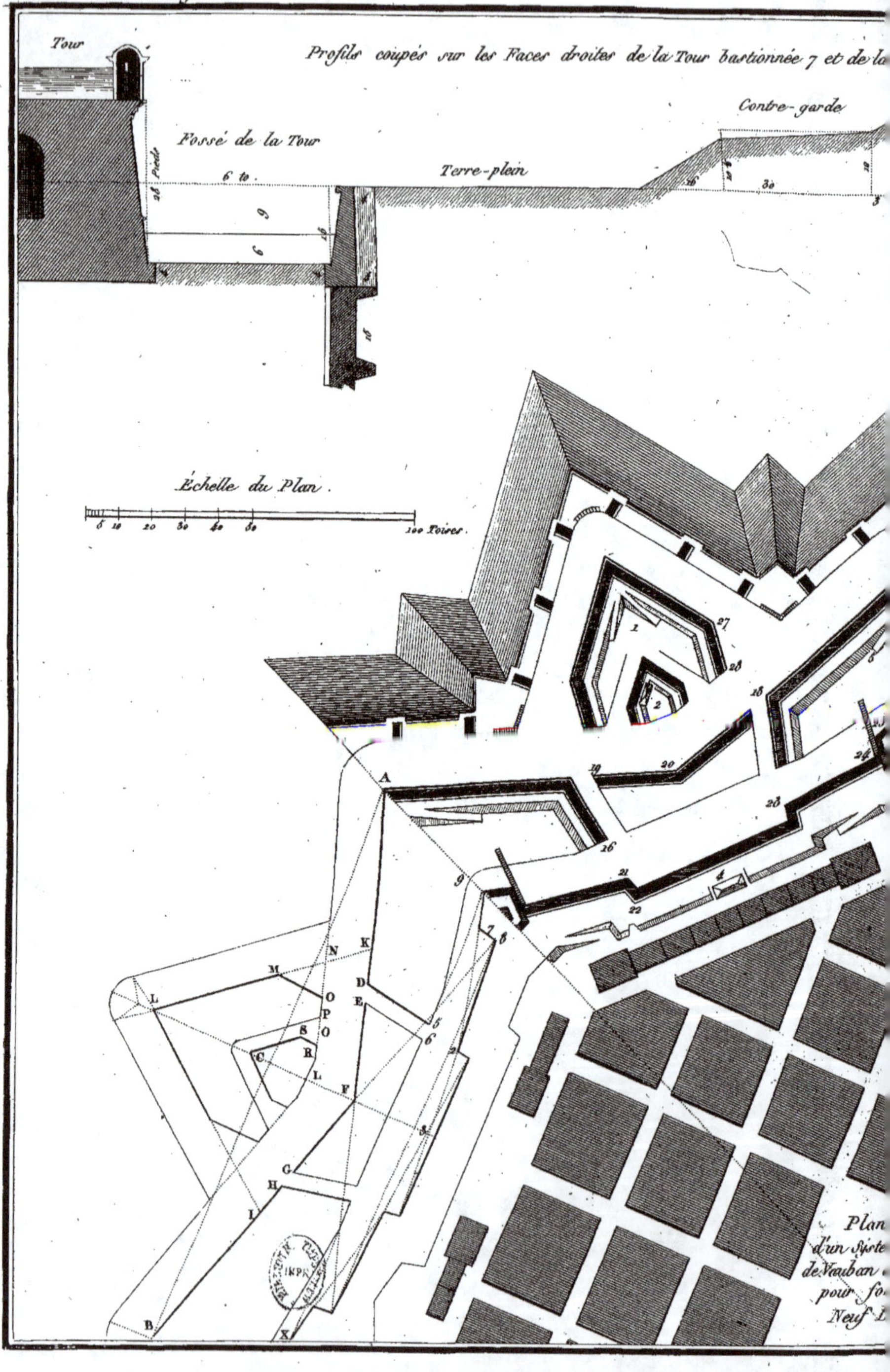
Profils coupés sur les Faces droites de la Tour bastionnée 7 et de la
Tour
Fossé de la Tour
Terre-plein
Contre-garde
Échelle du Plan.
100 Toises.
Plan
d'un Syste
de Vauban
pour fo
Neuf

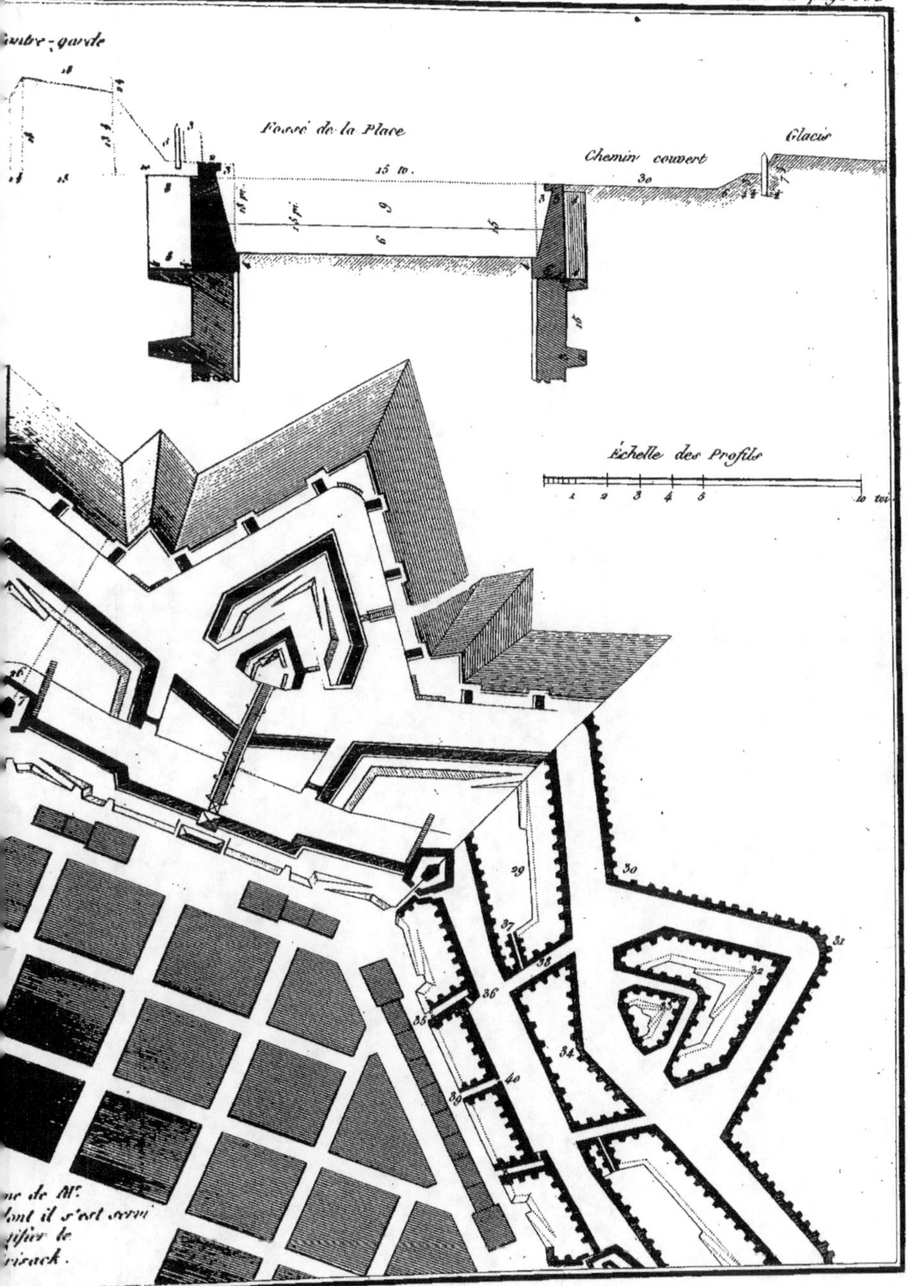
ontre-garde
Fossé de la Place
Chemin couvert
Glacis
15 to.
30
Échelle des Profils
1 2 3 4 5 10 toi
29
30
31
32
33
34
35
36
37
38
39
40
ne de M.
dont il s'est servi
ifier le
risack.

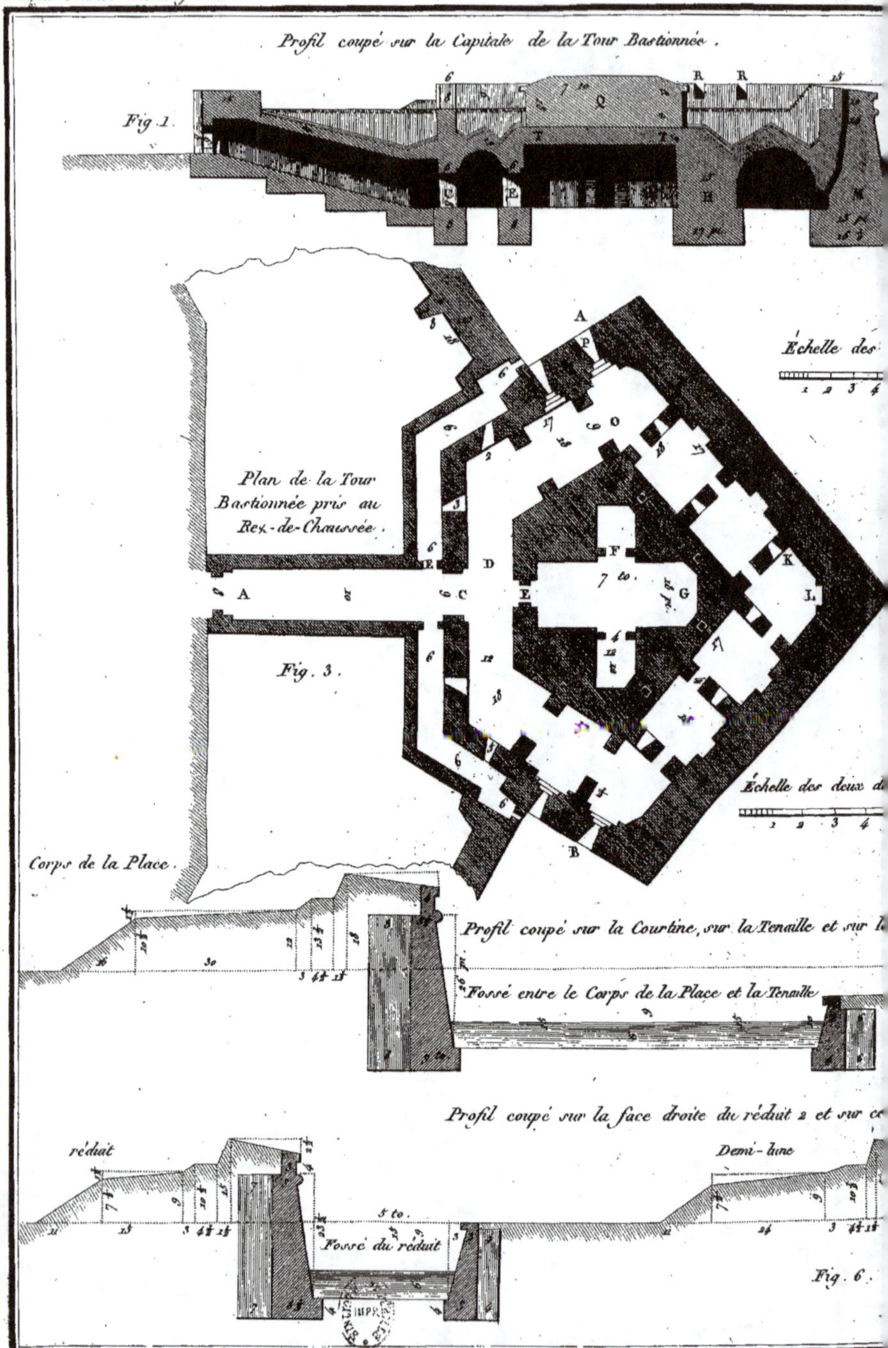
Profil coupé sur la Capitale de la Tour Bastionnée.
Fig. 1.
Plan de la Tour Bastionnée pris au Rez-de-Chaussée.
Fig. 3.
Échelle des
Échelle des deux d
Corps de la Place.
Profil coupé sur la Courtine, sur la Tenaille et sur l
Fossé entre le Corps de la Place et la Tenaille
Profil coupé sur la face droite du réduit 2 et sur c
réduit
Demi-lune
Fossé du réduit
Fig. 6.

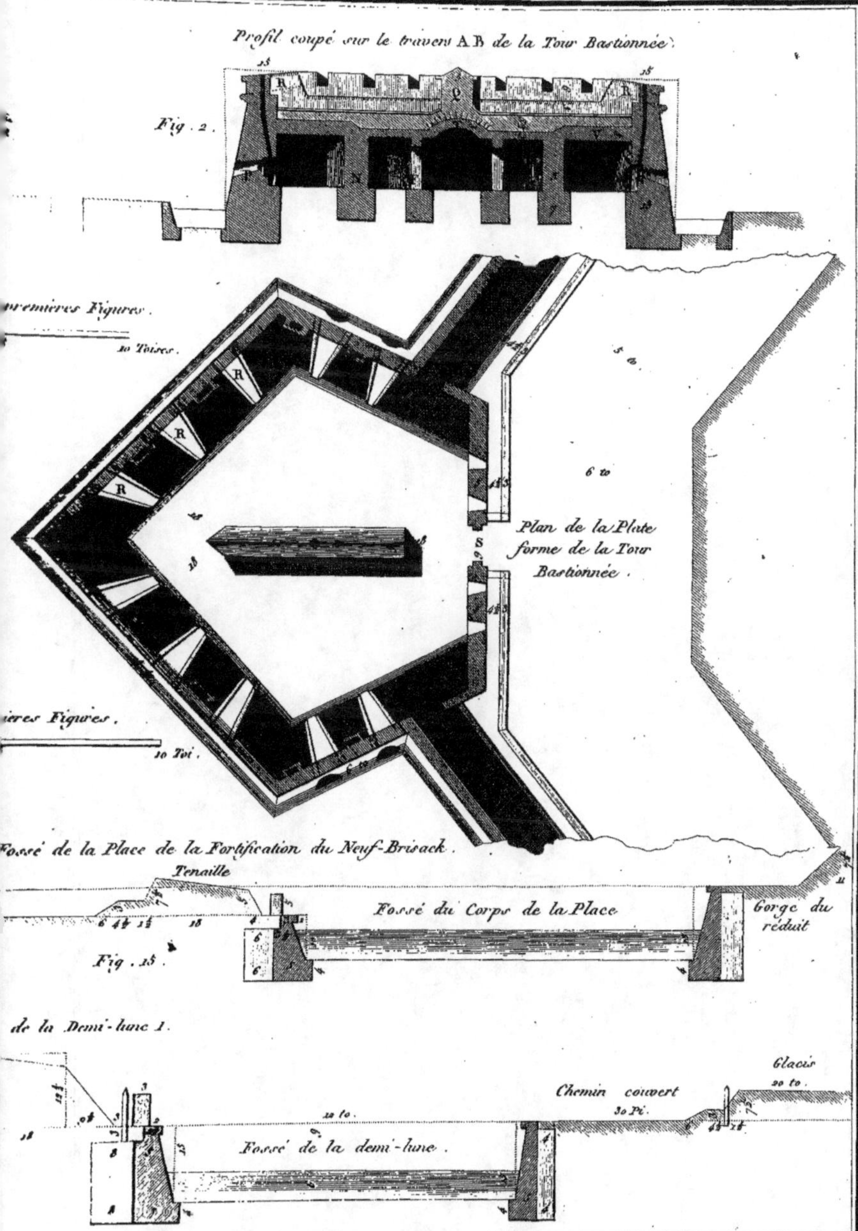
Profil coupé sur le travers A B de la Tour Bastionnée.
Fig. 2.
premieres Figures.
10 Toises.
Plan de la Plate forme de la Tour Bastionnée.
ieres Figures.
10 Toi.
Fossé de la Place de la Fortification du Neuf-Brisack.
Tenaille
Fossé du Corps de la Place
Gorge du réduit
Fig. 15.
de la Demi-lune 1.
Glacis
20 to.
Chemin couvert
30 Pé.
Fossé de la demi-lune.

PAVÉ DE LA PLACE.

Le pavé de la grande place sera construit des plus gros cailloux que l'on pourra trouver, et sera conduit régulièrement sur une pente égale pour faciliter l'écoulement des eaux; on élèvera pour cet effet le centre de la place de 4 pieds, comme il a été dit, ce qui reviendra à 3 ou 4 lignes par toise ou environ, et l'on observera non-seulement de placer les ruisseaux dans le milieu des rues avec pente d'environ 2 pouces et demi par toise, à commencer du pied des maisons jusqu'auxdits ruisseaux, mais encore de diriger les pentes de longueur suivant la pente générale qu'il y aura depuis le centre de la place jusqu'aux remparts. Ce pavé sera sur une forme de sable de 8 pouces de hauteur, à petits joints et en bonne liaison, puis sera bien battu et dressé avec la demoiselle le plus uniment que faire se pourra. Pavé.

Voilà à-peu-près tout ce qui concerne la construction d'une place neuve, et l'arrangement qu'on doit observer dans son devis. S'il se trouvait d'ailleurs des pilotages, écluses et autres ouvrages à faire dont il n'a pas été parlé, parce que nous nous proposons d'en faire le détail dans l'architecture hydraulique, il faudrait les y insérer, n'ayant mis ici précisément que ce qui a rapport au Neuf-Brisach, en tâchant de ne rien omettre, tant pour ce qui regarde la distribution des parties, que l'ordre de l'exécution. Je n'y ai point parlé non plus des magasins à poudre ordinaires, parce que leur construction a été suffisamment traitée dans le quatrième livre.

A l'égard des devis qui se font annuellement pour l'entretien ou la réparation des places, on suit communément l'ordre des articles de l'état de la cour, et l'on traite chaque article en particulier et définitivement, sans s'assujétir aux divisions que j'ai observées dans le devis précédent, qui n'ont lieu que dans les ouvrages de conséquence. Cependant, s'il se trouve dans les devis annuels quelque chose de neuf à construire, et qui demande une attention particulière, il sera bon d'en faire un article détaillé, conformément au modèle ci-dessus, et d'y observer toutes les conditions et formalités jusque dans les moindres circonstances.

*Conditions élémentaires du devis d'un bâtiment civil.*

### DÉBLAI DES TERRES.

Après avoir tracé les murs du bâtiment et rectifié son alignement, on fera le déblai des terres des fondements sur environ 4 pieds de largeur par le haut et 3 par le bas, jusqu'à ce qu'on ait trouvé un fond ferme et solide, lequel sera ensuite dressé bien de niveau dans toute son étendue, et assuré, s'il est besoin, par des madriers de 3 à 4 pouces d'épaisseur.

### MAÇONNERIE.

Les fondements des murs de face auront 2 pieds et demi d'épaisseur, et seront non bloqués contre les terres, mais élevés à plomb, et parallèlement entre deux lignes, faisant parement de chaque côté, puis seront bien garnis et arrasés de niveau ; le tout posé en bonne liaison, et maçonné avec bon moellon et mortier composé d'un tiers de chaux mesurée vive et de deux tiers de sable : au-dessus de ces fondements, et avec les mêmes matériaux, on érigera les murs des faces sur 2 pieds d'épaisseur, non compris la saillie du soubassement, hors du nu duquel il sera fait retraite de 3 pouces par dehors et de 2 par dedans, et ces murs seront élevés de 11 pieds jusqu'à la hauteur du dessous de la plinthe, qui aura un pouce de saillie et 8 de hauteur.

On élèvera ensuite les murs du premier étage de 10 pieds au-dessus de la plinthe, et l'on observera de leur faire faire une retraite d'un pouce par-devant sur l'aplomb des murs inférieurs (ce qui s'exécutera de même au-dessus de la plinthe du second étage), et leur sommet sera terminé par un entablement décoré suivant le dessin, mis bien de niveau, et construit de pierre de taille, ainsi que la plinthe, ou de briques choisies posées en liaison dans le corps du mur.

Tous les murs de refend auront 2 pieds d'épaisseur dans les fondements, et seront réduits à un pied et demi au-dessus, observant de leur donner aussi 3 pouces de retraite de chaque côté, et de les élever avec un peu de fruit pour être réduits à 16 pouces d'épaisseur au-dessus du premier plancher, et à 14 au-dessus du second : le tout construit de même que les murs de face, avec moellon et mortier composé comme ci-devant, puis crépis proprement et blanchis des deux côtés.

Les murs de cloison, ainsi que les ailes et faces des lucarnes, seront construits de brique; savoir, les faces sur 18 pouces d'épaisseur, et les ailes et cloisons sur 6 pouces seulement. Les contre-cœurs des grandes cheminées seront aussi faits de brique sur 9 pieds de hauteur, et ceux des communes sur 4 seulement avec un pouce de fruit par pied. Les hottes des manteaux, languettes et fermetures des cheminées, seront également construites d'une épaisseur de brique, et les ouvertures des tuyaux auront 3 pieds et demi de long sur 10 à 11 pouces de large, et 3 pieds d'élévation au-dessus du faîte: le tout bien uni et crépi, et enduit dedans et dehors.

### PIERRE DE TAILLE.

Les angles du bâtiment seront armés de pierres de taille choisies dans la meilleure carrière du pays, non gelisses, ni filtreuses, posées en bonne liaison par assises d'un pied de hauteur sur 16 à 18 pouces de lit, ayant les joints d'équerre avec harpe de 6 pouces de chaque côté, et faisant retour alternativement de 21 pouces de face et de 2 pieds et demi. Les encoignures des plinthes et entablement seront de même pierre, ainsi que les piédroits des grandes portes d'entrées et leurs fermetures, qui porteront parpin d'une pierre entre deux, la plus courte desquelles fera au moins 9 pouces de liaison, et aura un pied et demi de longueur en tête, et un pied en retour de l'écoinçon; les pierres des piédroits qui seront de deux pièces, auront leurs joints bien à l'équerre, et les deux pierres formeront l'épaisseur du mur.

On espacera les croisées et autres portes suivant les mesures de leur dessin; leur fermeture sera bombée par dehors et par dedans, construite de pierre de taille ou de brique, ainsi que les piédroits avec un seuil ou appui de pierre dure, d'une seule pièce de 7 pouces d'épaisseur et 10 de largeur. Après quoi sera faite une décharge au-dessus de ces portes et croisées pour soulager leur plates-bandes.

### CHARPENTE.

La charpente consistera dans les pièces suivantes, dont tous les bois seront bien équarris et sans aubier, proprement taillés et assemblés les uns aux autres avec tenons et mortaises bien chevillées. 1°. Les jambes de force des combles auront chacune 10 pouces de gros, sur .... de longueur ; les liens 10 pouces de gros sur... de longueur ; les entraits 10 à 12 pouces sur... ; les blochets 8 à 10 pouces sur... ; et les plates-formes sur l'entablement quatre, et 12 pouces de gros : le tout de bois de chêne. Le surplus de l'assemblage sera de bois de sapin.

2°. Les arbalétriers auront... de longueur sur 8 à 9 pouces de gros ; les poinçons... de longueur sur 9 à 10 pouces ; les pannes porteront sur les jambes de force, et auront les longueurs nécessaires sur 7 à 8 pouces de gros ; les contrefiches.... de longueur sur 7 à 8 pouces de gros ; les chevrons... de long et 4 pouces de gros, lesquels chevrons seront d'une seule pièce, et espacés à un pied de distance les uns des autres, bien brandis et arrêtés sur les pannes, et les empanons bien dressés à la ligne.

Tous les soliveaux des planchers seront posés bien de niveau à deux pieds de distance l'un de l'autre de milieu en milieu, et auront... de longueur sur 8 à 9 pouces de grosseur ; on y observera les enchevêtrures nécessaires. Les gîtes ou lambourdes sous le plancher du rez-de-chaussée auront 4 à 5 pouces de gros sur les longueurs nécessaires, et seront espacés de 2 pieds et demi de milieu en milieu. La sablière qui doit être posée sur les murs, aura 12 pouces de largeur sur trois à quatre d'épaisseur. Les poteaux des cloisons auront 5 à 6 pouces de grosseur, et seront assemblés haut et bas à tenons et mortaises dans des sablières de 6 à 7 pouces de grosseur, et délardés pour retenir la maçonnerie des panneaux.

Tous les bois des escaliers seront de la même qualité et dressés au rabot à vive arête avec les moulures convenables. Les balustres seront aussi de même bois, et tournés ou faits à la main. Les marches massives, délardées avec un demi-rond sur le devant ; les limons seront gros de 5 à 10 pouces ; les noyaux de 5 ; les appuis et les potelets de 3 à 5 pouces.

### COUVERTURE.

On n'emploiera aux couvertures que des tuiles choisies et bien cuites. Les lattes seront de bon bois de sapin de droit fil sans aubier, bien clouées sur chaque chevron d'un clou à latte, et posées à distance égale et de niveau, afin que les pureaux le soient aussi.

### MENUISERIE.

Les planchers au-dessus des solives seront faits de planches de sapin bien sec d'un pouce ou un pouce et demi d'épaisseur, blanchies du côté vu, assemblées à rainure et languette, bien dressées et attachées aux solives avec autant de clous qu'il sera nécessaire pour les empêcher de se déjeter.

Toutes les croisées de menuiserie auront 7 pieds et demi de hauteur sur 4 pieds 4 pouces de largeur, et seront assemblés à bouement. Les châssis dormants auront deux pouces d'épaisseur, et seront ornés de meneaux ronds sur les montants et traverses, avec un quart de rond sur l'appui élégi dans ses traverses. Les châssis à verre auront un pouce et demi d'épaisseur, et les volets un pouce; le tout de bon bois de chêne bien sec et bien assemblé, garni de ses ferrures, qui consisteront pour chaque croisée en huit gonds, huit fiches ou gonds à charnière, quatre targettes, quatre crampons et huit équerres proprement limés et mis en œuvre. Chaque panneau des croisées sera garni de verre blanc posé en plomb ou en mastic, soutenu et arrêté par trois vergettes de fer arrondies, bien clouées aux panneaux, et attachées avec bonnes attaches de plomb suivant l'usage.

S'il est jugé nécessaire de barrer ces croisées, on y emploiera des barreaux de fer quarré de trois quart de pouce de grosseur, qui entreront de quatre pouces dans les appuis et couvertes, et seront scellés en plomb. Les portes communes seront aussi de bon bois de chêne bien sec, de 6 pieds et demi de hauteur, de trois de largeur, et un pouce et demi d'épaisseur, bien assemblées avec clef, collées et emboîtées par les deux bouts par des emboîtures de 5 à 6 pouces de haut, et garnies chacune d'une serrure à tour et demi, bénardée à l'usage de France, bien limées et polies, de même que ses pentures et gonds, qui seront seulement limés, brunis et d'une force convenable.

Les portes à deux ventaux auront chacune 4 pieds et demi de large, et 7 à 8 de hauteur, et seront de bois de chêne d'un pouce et demi à deux pouces d'épaisseur d'assemblage, et d'un pouce seulement pour les panneaux. Elles seront collées et emboîtées comme les précédentes, sur la largeur et épaisseur du bois, et bien rabotées des deux côtés; elles seront de plus garnies de ressorts, verroux, serrures et autres ferrures nécessaires: le tout proprement limé et de force suffisante.

Les grandes portes cochères auront 9 pieds de largeur sur 12 à 13 de hauteur, leurs battants seront épais de 4 pouces et larges de 8 à 9, les bâtis de 3 pouces d'épaisseur, les cadres quatre, et les panneaux d'un pouce et demi.

Le lambris des plafonds et côtés des chambres sera fait de bon bois de chêne ou de sapin bien sec, à grands panneaux assemblés, collés et bien arrêtés dans les murs, ou de planches seulement bien blanchies du côté vu, et recouvertes de liteaux sur tous les joints.

Les conditions de cet abrégé peuvent s'appliquer aux casernes, pavillons, arsenaux, logements d'état-major et autres, en changeant seulement ce qui pourra faire quelque différence, tant dans la décoration que dans la pierre de taille et la qualité des matériaux, qui sont tous arbitraires suivant les lieux, la destination et la dépense qu'on juge à propos d'y faire.

### *De la forme des adjudications; formalités qui s'y observent; et du style dans lequel elles sont conçues.*

Le devis étant réglé, et partie des fonds assignée, l'intendant de la province fait publier et afficher dans toutes les places de son département, et même dans les provinces voisines, qu'à tel jour nommé il sera proédé en son hôtel et par-devant lui à l'adjudication des ouvrages à faire pour la construction de la nouvelle place, où seront admis tous ceux qui voudront se charger de cette entreprise, et faire la condition du roi la meilleure, en donnant bonne et suffisante caution.

Le jour arrivé, l'intendant, accompagné du directeur des fortifications et autres assemblés à ce sujet, fait lire à haute voix le devis tout entier, afin que les prétendants à ladite entreprise puissent être informés de la nature des ouvrages qu'on veut construire, et des conditions auxquelles ils doivent s'assujétir; après quoi commencent les différentes mises des entrepreneurs, espèce d'ouvrage par espèce d'ouvrage, qu'on inscrit à mesure qu'elles se font. Puis, quand il ne se trouve plus personne qui mette au rabais, on allume trois feux de bougie consécutifs, pendant la durée desquels un nouvel entrepreneur peut encore être reçu à faire un nouveau rabais; et enfin, après l'extinction desdits feux, l'entreprise est adjugée à celui qui a fait la condition du roi la meilleure, et l'on en dresse procès-verbal à-peu-près dans les termes suivants :

Ce jourd'hui. . .mois, an et jour. . .Nous. . . ( noms et qualités de l'intendant de la province ), étant à notre hôtel à. . .( nom de la ville ), après plusieurs affiches et publications faites tant dans ladite ville que dans les autres places de la province, portant que ledit jour il serait par nous procédé à l'adjudication et au rabais des ouvrages que le roi a ordonné être faits pour la construction d'une place neuve à. . .( nom du lieu qu'on doit fortifier ), suivant le dessin de M. . . y avons procédé en présence et de l'avis de M. . . ingénieur-directeur des fortifications desdites places, aux clauses et conditions dont la teneur s'ensuit.

Devis des ouvrages, etc. ( On copie ici le devis tout entier dans la forme qui a été prescrite, après quoi l'on continue le procès-verbal de la manière suivante. )

Les entrepreneurs acceptant les conditions du présent devis se fourniront de tous les matériaux, peines d'ouvriers, voitures, échafaudages, ponts, planches, outils, engins, cordages, et généralement de toutes les choses nécessaires à l'exécution de leur entreprise; feront aussi à leurs frais tous les épuisements d'eaux, et seront obligés, un an après la construction de la place, de refaire tous les joints de la maçonnerie avec bon mortier de chaux et sable, sans qu'ils puissent prétendre autre chose, de la part de Sa Majesté, que les prix portés par l'adjudication qui leur en sera faite, observant qu'aucune terre ne soit toisée deux fois, quoique parties soient sujettes à un second transport, à l'exception toutefois de celles qui seront passées à la claie, et des terres douces qui seront mises à part, pour former les parapets, dont on tiendra compte pour le second transport; on observera encore qu'aucun remblai ne soit toisé, ni aucun vide dans le cube de la maçonnerie. Seront au surplus lesdits ouvrages exécutés avec toute la diligence possible, sujets aux vérifications et réceptions suivant la manière accoutumée, et garantis un an après qu'ils auront été reçus par les ingénieurs qui en seront chargés.

Au moyen desdits prix, les entrepreneurs seront exempts de guet et garde, de toute corvée et logement des gens de guerre, et il leur sera permis de faire couper tous les gazons dont ils auront besoin, dans les prairies ou vieilles pâtures les plus à portée, qui leur seront marquées par notre subdélégué, ou par les magistrats des lieux, et l'ingénieur en chef de la place, sans que lesdits entrepreneurs soient obligés d'en rien payer aux propriétaires des terres. (Si la place est bien frontière et qu'on soit en temps de guerre, on pourra ajouter qu'il sera donné à l'entrepreneur les escortes nécessaires pour la conservation de ses bestiaux, soit chevaux ou bœufs employés à voiturer les matériaux pour la construction des ouvrages. Que si lesdits chevaux ou bœufs viennent à être pris avec les escortes par quelque parti ennemi, soit de troupes réglées ou autres, en voiturant les matériaux, l'entrepreneur en sera indemnisé suivant leur juste valeur. Qu'au cas que ledit entrepreneur, ou ses commis soient pris prisonniers par les ennemis en faisant le service du roi, leur rançon sera payée par Sa Majesté.)

Et après lecture faite du devis ci-dessus à haute et intelligible voix, que les entrepreneurs assemblés pour mettre leur rabais ont dit entendre, lesdits ouvrages ont été mis à prix, savoir :

La toise cube de grosse maçonnerie, par le sieur.... à 30 liv.; par le sieur.... à 25 liv.; par le sieur.... à 22 liv., et par le sieur.... à 20 liv.

La toise cube des terres, etc. (Et ainsi de suite, désignant chaque espèce différente d'ouvrages, sans en oublier aucun, s'il est possible, pour éviter toute contestation dans la suite, et spécifiant à chaque article toutes les mises qui y ont été faites suivant l'ordre, et finissant par la dernière et la plus faible.)

Après quoi nous avons fait allumer trois feux consécutifs, pour voir si pendant leur durée quelque particulier de ladite assemblée ne ferait point quelque nouveau rabais; mais lesdits feux s'étant tous éteints, et ayant fait trois autres remises à différents jours, sans qu'il se soit présenté personne qui ait voulu mettre lesdits ouvrages à plus bas prix, ni faire la condition du roi plus avantageuse que le sieur... Nous, de l'avis de M.... directeur, et sous le bon plaisir de Sa Majesté, lui avons adjugé et adjugeons lesdits ouvrages, à charge de donner bonne et suffisante caution; savoir :

Audit sieur.... la toise cube de maçonnerie à 20 liv.

La toise cube des terres, etc. (Reprenant ainsi de suite toutes les dernières mises dudit entrepreneur.)

Lesquels prix seront payés audit entrepreneur, des deniers de Sa

Majesté sur les fonds faits et à faire pour lesdits ouvrages, au fur et à mesure de leur avancement, et sur les billets de l'ingénieur qui aura la principale conduite. Fait à .... jour et an que dessus, *signé* l'intendant, le directeur et l'entrepreneur.

Et à l'instant ledit sieur .... nous a présenté pour caution la personne de Guillaume .... demeurant à .... lequel, tant en cette qualité qu'en celle d'associé, s'est obligé pour ce présent, et s'oblige solidairement comme pour les propres deniers et affaires de Sa Majesté, et par les mêmes voies que ledit entrepreneur est tenu. Fait lesdits jour et an que dessus. *Signé* l'intendant de la province et la caution.

Pour la conduite que les ingénieurs doivent avoir avec les entrepreneurs, il faut d'abord se persuader que, comme les entreprises ne se font qu'en vue du gain, on a besoin de toute son attention pour empêcher que ce motif n'occasionne bien des mal-façons, ou de la négligence dans le travail. Ainsi, pour y obvier, il est du devoir de l'ingénieur de n'épargner ni ses soins ni ses peines pour que toutes choses soient faites dans l'ordre, et d'être toujours présent, autant qu'il est possible, à tout ce qui s'exécute. Les maçonneries surtout demandent une présence continuelle, de même que la façon des mortiers et le choix de l'emploi des pierres; il ne faut avoir sur cela aucune indulgence, les ouvriers se relâchent assez d'ailleurs. On doit aussi avoir beaucoup de régularité dans ses registres, dans la prise des attachements, dans la distribution des témoins, dans l'acceptation des matériaux, et ne pas oublier de fixer la grosseur des bois avant que l'ouvrage se fasse, de crainte que l'entrepreneur n'abuse de la condescendance qu'on aurait de les lui laisser employer à sa volonté, et qu'il ne multiplie mal à propos le nombre de cent de solives, abus qui n'est pas moins grand, et qui souvent n'est pas moins préjudiciable à l'ouvrage que celui d'employer des bois trop faibles; il en est de même des ferrures et de plusieurs autres choses, qu'il serait trop long de détailler.

D'un autre côté il ne faut pas non plus être inquiet, ni vétiller sans sujet; le bien du service veut que l'entrepreneur s'exécute, et qu'il n'épargne rien pour la bonté des ouvrages, mais il veut aussi que le même entrepreneur trouve, en travaillant bien, de quoi se dédommager de ses frais et de ses peines. Si cependant il a fait un mauvais marché, ou qu'il lui arrive dans le cours du travail des contre-temps fâcheux et inévitables, ce n'est point à l'ingénieur à y entrer; l'entrepreneur a la voie de représentation à la cour, comme cela est arrivé plusieurs fois; et quand il est bien fondé, il est comme assuré de trouver dans la bonté du roi de quoi l'indemniser de ses pertes. Mais qu'on s'embarrasse peu d'ailleurs des tons plaintifs qui sont assez ordinaires à ces Messieurs. Un ingénieur qui sait son métier voit aisément ce qui est juste et raisonnable à faire; et pour peu qu'il prenne la peine d'entrer dans le détail de chaque chose, il connaît d'un coup d'œil à quoi il doit s'en tenir.

On demande s'il est plus avantageux de n'avoir à faire qu'à un seul entrepreneur général qu'à plusieurs qui seraient chargés de différentes espèces d'ouvrages. L'un et l'autre peuvent avoir lieu, comme cela arrive quelquefois: cependant il convient mieux qu'un seul en soit chargé, et plusieurs raisons semblent autoriser mon sentiment.

1° Quand tout est réuni dans la même personne, le travail se suit mieux, il survient moins de discussions et de faux-fuyants.

2° Les intérêts du roi ne périclitent pas tant, et il est plus aisé de faire des recherches, si le cas y échoit.

3° L'entrepreneur général trouve toujours lui-même des gens solvables et capables pour soutraiter avec lui; et enfin dans les différentes manœuvres qui surviennent, on sait d'abord à qui s'adresser, et sur qui cela doit rouler, sans être exposé aux mauvais procédés qui arrivent souvent, quand plusieurs entrepreneurs s'en mêlent; ainsi il n'y a point à balancer dans ce choix, et il est même d'usage dans une grosse entreprise de donner le tout à celui qui est chargé des plus gros ouvrages, quand même il s'en serait trouvé d'autres qui eussent détaché quelque chose; mais aussi l'entrepreneur général ne peut exiger que le prix des mises qui auront été faites.

*Devis et Conditions qu'observeront les Entrepreneurs des casernes ordonnées à faire à Béthune.*

PREMIÈREMENT.

Terres. Les terres pour les fondements seront enlevées et posées dans les lieux indiqués, conformément aux alignements et piquets de hauteur qui seront donnés, pour relever le terrain autant qu'il sera jugé convenir par l'ingénieur-directeur, ou celui en chef, pour remplir les trous, et mettre à hauteur les rues qui y communiquent, afin de rendre le terrain bien uni, avec les pentes d'eau nécessaires, observant de les arranger et dresser par lits dans toute l'étendue qu'elles devront occuper, et de les bien battre avec des dames ou masses de bois; et s'il s'en trouve trop, l'entrepreneur les fera porter hors la ville aux endroits qui lui seront marqués; et quand il s'en trouvera de mal mises, il sera obligé de les ôter et rétablir à ses frais.

Ces terres seront mesurées et réduites à la toise cube dans les lieux de leur déblai, et payées au prix de l'adjudication.

Maçonnerie des fondements.

II. L'excavation faite en profondeur suffisante, et le fonds reconnu bon par l'ingénieur, il sera aplani bien de niveau; après que les alignements auront été vérifiés, on y commencera la maçonnerie en libage et gros moellon jusqu'à un pied au-dessous du rez, laquelle aura de largeur ou d'empattement, savoir, le pignon qui regarde la ville, et la partie du mur de face qui regarde le rempart des deux bouts qui doivent butter les voûtes des écuries, 5 pieds 8 pouces jusqu'à la première retraite, 5 pieds 4 pouces pour la deuxième, et 5 pieds en nette maçonnerie.

Le pignon qui regarde le château, 3 pieds 4 pouces jusqu'à la première retraite, 3 pieds pour la deuxième, et 2 pieds 8 pouces en nette maçonnerie.

Les murs de face, 3 pieds 2 pouces jusqu'à la première retraite, 2 pieds 10 pouces pour la deuxième, et 2 pieds 6 pouces en nette maçonnerie.

Ceux de refend qui doivent contenir les cheminées, et l'entrefend qui traverse en long les écuries dans le milieu du bâtiment au quartier des soldats, 3 pieds jusqu'à la première retraite, 2 pieds 8 pouces pour la deuxième, et 2 pieds 4 pouces ou trois briques et demie de 8 pouces en nette maçonnerie.

Les dix contreforts des cinq angles, de 5 pieds jusqu'à la première retraite, 4 pieds 8 pouces pour la deuxième, et 4 pieds 4 pouces en nette maçonnerie.

Les autres murs qui font la cage des deux escaliers, de 2 pieds 4 pouces jusqu'à la première retraite, 2 pieds pour la deuxième, et un pied 8 pouces ou deux briques et demie en nette maçonnerie.

Le mur d'échiffe au quartier des soldats, d'un pied 8 pouces jusqu'à la première retraite, un pied 4 pouces pour la deuxième, et un pied ou brique et demie en nette maçonnerie.

Les deux murs d'entrefend pour le corridor au quartier des officiers, 2 pieds jusqu'à la première retraite, un pied 8 pouc. pour la deuxième, et un pied 4 pouces en nette maçonnerie.

Le mur qui sépare le quartier des officiers de celui des soldats, 2 pieds jusqu'à la première retraite, un pied 8 pouces pour la deuxième, et un pied 4 pouces ou deux briques en nette maçonnerie.

Et l'autre mur traversant les deux dernières écuries, de 3 pieds jusqu'à la première retraite, 2 pieds 8 pouc. pour la deuxième, et 2 pieds quatre ou trois briques et demie en nette maçonnerie.

Les parties qui se trouveront plus basses que 6 à 7 pieds auront une augmentation d'épaisseur, à raison de 4 pouces par retraite sur 2 pieds et demi de hauteur; et si l'on rencontre le sable bouillant, on diligentera les fondements en les découvrant, lui donnant toute l'épaisseur ou empattement qu'on croira nécessaire, qui sera toujours réduit en nette maçonnerie aux épaisseurs dites ci-dessus jusqu'au plancher du premier étage.

Les murs des latrines seront de même construction que ceux de faces des bâtiments.

Puis, après avoir élevé trois rangs de brique bien de niveau, faisant chaîne sur toute l'épaisseur de ces murs, et vérifié de nouveau les alignements et les angles, on y posera une graisserie servant de base en dehors, laquelle aura trois pieds de hauteur, où on laissera un chanfrein de deux pouces coupé en glacis, qui fera une retraite.

La même graisserie sera continuée en-dedans des écuries pour la conservation des murs; il en sera pareillement des pilastres des angles, ou encognures du rez-de-chaussée, qui feront un avant-corps de deux pouces de saillie; des piédroits ou jambages des fenêtres et portes, lesquels seront élevés jusqu'à la hauteur de sept pieds, observant les ébrasements et battées suivant l'usage.

Les appuis des fenêtres, les seuils des portes en dehors, les premières marches, seront aussi de grès d'une seule pierre, le tout proprement coupé conformément au modèle du nouveau pavillon de Saint-Prix; les marches de l'escalier au quartier des soldats, aussi d'une seule pierre, seront débruties et mises en œuvre à joints carrés et recouverts; elles auront 12 pouces de giron sur 6 de hauteur, à porter dans les murs de 3 à 4 pouces de chaque côté, ce qui fera 4 pieds 2 pouces de longueur totale ou environ, sans défauts ni défectuosités vicieuses; après quoi l'on achevera de même façon les angles, les portes, les fenêtres, les cordons à chaque étage, les entablements et les souches des cheminées au-dessus des toits, en pierres blanchés, ainsi que les ornements qu'on laissera en attente de sculpture.

Le reste de la maçonnerie sera fait en brique depuis le dessus de la graisserie, ainsi que les voûtes des écuries, et celles des escaliers au quartier des soldats.

On gardera bien exactement les distributions des chambres et écuries, et les décorations suivant les dessins, plans et profils qui seront donnés à l'entrepreneur, ainsi que les retraites; savoir, au premier étage, le pignon et la partie de mur de face qui butteront les deux bouts des voûtes des écuries, seront réduits à la même épaisseur, et tout ainsi que les autres murs de même nature diminuent d'une demi-brique, de sorte que les deux pignons auront seulement 2 pieds 4 pouc. ou trois briques et demie d'épaisseur, les murs de face 2 pieds ou trois briques au-dessus des cordons au quartier des officiers, et à celui des soldats au-dessus des voûtes des écuries : les murs qui font la cage des escaliers, et celui qui sépare les deux quartiers, seront réduits à un pied ou une brique et demie depuis le premier étage jusqu'à *leur* hauteur totale.

Les murs de refend qui contiennent les cheminées, lesquelles seront dévoyées à côté l'une de l'autre dans l'épaisseur des murs du bas en haut, ne peuvent souffrir de réduction.

Tous les autres murs diminueront de 4 pouces à chaque étage.

Le bâtiment des latrines sera de même construction, et des dimensions des murs de face, dont les voûtes en plein cintre auront les ouvertures nécessaires pour le passage des matières, le fond pavé de grès avec une décharge dans la rivière.

Les chambres du rez auront 11 pieds de hauteur, les autres des étages au-dessus 10, non compris l'épaisseur des planchers; les galetas auront aussi 10 pieds d'élevation jusque sous les entraits : tous lesquels planchers seront compassés, de sorte que l'appui des fenêtres et l'entablement se trouvent à 3 pieds de hauteur au-dessus tout au plus.

Les murs du dedans en général seront élevés bien à plomb; et ceux qui font face auront environ un pouce et demi de fruit en dehors.

Qualité des matériaux.

Les matériaux pour la construction de ces choses seront bons, bien choisis, conditionnés, et de l'échantillon ordinaire, les blancs ou gros libages pour les fondements, provenant des carrières de la Bussière ou de Barloin, tirés au moins d'un an en bonne saison : il en sera de même des grés dont les boutisses dans les murs auront 10 à 20 pouces de queue, espacés de 3 en 3 pieds de milieu en milieu en dedans et en dehors alternativement, et les panneresses ou carreaux 10 à 12.

Les pierres de taille pour les pilastres des angles, les piédroits, les ouvertures, les cordons, les entablements, les fenêtres du galetas, et les ornements des souches des cheminées, seront aussi tirées au moins d'un an, en bonne saison, ayant été exposées aux injures de l'hiver, bien ébousinées jusqu'au vif, en sorte qu'il n'y reste ni fil, ni moie, ni veines jaunes, proprement taillées et ragréées au fer suivant les panneaux et dessins, qui enseigneront aussi les saillies qu'elles devront avoir.

Les briques seront toutes de même échantillon ordinaire, bien cuites et bien conditionnées, dont on choisira les plus belles pour les parements, posées en bain flottant de mortier, de même que les pierres de taille, avec attention de les placer dans leur lit, ainsi que la graisserie, le tout par assises égales de niveau et en liaison, bien et dûment frottées, réparées et dans les joints, recirées au fer à mesure que le travail avancera, observant de les bien appareiller, principalement les pierres de taille, et les graisseries jointoyées au mortier de cendrée.

Dans les grandes chaleurs on aura soin de mouiller en employant chaque brique, afin qu'elles ne refusent pas le mortier.

L'entrepreneur ne commencera à travailler à tous ces ouvrages qu'après que les attachements des fondements lui auront été marqués par l'ingénieur.

Cette maçonnerie sera mesurée et réduite à la toise cube pour les fondements, et celle au-dessus à la toise carrée d'une brique d'épaisseur suivant l'usage du lieu, toisée tant plein que vide, sans rien diminuer des ouvertures.

La graisserie comptée au cent de pieds carrés, mesurée parements vus pour la taille ainsi que les pierres blanches.

Les appuis des fenêtres et les marches à la pièce, mises en place, lesquelles choses seront payées au prix de l'adjudication.

III. Le mortier qu'on emploiera pour toutes ces maçonneries, sera composé d'un tiers de chaux vive de bonne qualité et cuisson, sans biscuit, et non éventée, bien éteinte, et de deux tiers de sable pur du meilleur des environs, criant à la main ; il sera dosé en présence d'un ingénieur, et on ne l'emploiera que trois jours au moins après qu'il aura été bien battu, corroyé et broyé de façon qu'on ne puisse plus distinguer la chaux d'avec le sable; et que l'un et l'autre étant confondus ne fassent plus qu'un même corps.

Celui dont on se servira pour les grès en parements, encognures et autres, sera composé d'un tiers de chaux vive et de deux tiers de bonne cendrée, façonné comme il vient d'être dit, n'y mettant qu'une fois de l'eau ; puis étant rebattu pendant plusieurs jours, il sera employé tout frais battu autant que faire se pourra.

IV. Le pavé de grès pour la rue qui communique à ces casernes, pour la bande qu'on se propose tout autour, celui des cours, etc. sera du meilleur du pays, d'une dure et bonne qualité; il aura 6 à 7 pouces de tête sur 8 à 9 de queue, de figure presque cubique, et les bordures de 18 pouces sur 8 à 9 de large, et au moins 12 de long, seront de même carrées sur les deux bouts; il sera appareillé et par routes égales, en liaison, sur un lit ou forme de sable de 9 pouces de hauteur, battu et affermi au refus de la demoiselle, observant les pentes et bombages qui seront réglés.

La même chose se pratiquera pour le pavé à relever, et ils serout tous mesurés à la toise carrée, payés au prix de l'adjudication, bordures comprises.

Toutes les charpentes qui se trouveront à faire pour la construction de ces casernes, seront exécutées suivant le mémoire ci-joint et les dessins qui seront donnés à l'entrepreneur pour les longueurs, façons et positions des bois, qu'il suivra de point en point, sans y pouvoir rien changer, tous lesquels bois seront bien sains et secs, coupés au moins de deux ans, et abattus en bonne saison, à vive arête, à l'exception des sommiers, auxquels on pourra laisser deux petits chanfreins d'un pouce et demi aux angles du dessous, les posant toujours de champ, et leur bombage en dessus, mais les angles du dessus à vive arête ; toutes lesquelles charpentes, sans aubier, capelures, ventelures, ni mauvais nœuds, seront mises en œuvre, assemblées à abreuvement, tenons et mortaises avec toute la justesse, solidité et propreté possibles, et bien chevillées; et au cas que l'entreprencur livre des pièces plus grosses, elles ne lui seront mesurées que suivant lesdits dessins et mémoires.

L'entrepreneur sera obligé de faire à toutes les marches massives de l'escalier au quartier des officiers un astragale avec une moulure poussée de 2 pouces, et de faire aussi tourner au tour, suivant un dessin approuvé pour servir de modèle, les poteaux et potelets qui y seront employés.

Les premiers limons des deux escaliers au même lieu seront placés sur chacun une marche massive d'épaisseur et longueur suffisante pour être arrondie en dehors; dans tous lesquels limons en général on assemblera ces marches, et ils n'auront d'autres ornements que l'arête du dessous arrondie entre deux petites moulures.

*Mémoire pour servir à la distribution des Bois employés aux casernes de Saint-Jor, détaillés par étage.*

### LES BOIS DU REZ-DE-CHAUSSÉE.

| | Grosseurs. |
|---|---|
| Les supports mis en attente dans les murs pour porter les auges des écuries | 8 et 8. |
| *Idem.* Ceux du dessous des auges | 6 et 4. |
| *Idem.* Ceux pour les rateliers | 4 et 4. |
| Les pièces de bois, ou linteaux encastrés dans les murs des huit chambres d'officiers, pour servir de porte-manteaux | 6 et 4. |
| Les madriers du dessus des portes en dedans | 10 et 4. |
| Ceux des fenêtres aussi en dedans | 27 et 4. |

### LE PREMIER ÉTAGE.

| | |
|---|---|
| Les huit sommiers des chambres d'officiers | 12 et 10. |
| Les semelles ou coussinets sous ces sommiers | 6 et 4. |
| Les soliveaux des chambres d'officiers et ceux du corridor | 6 et 4. |
| Les autres soliveaux qui portent les jambages des cheminées | 8 et 6. |
| Les cours des plates-formes pour servir de tirants ancrés dans les murs à chaque étage | 6 et 4. |

Les linteaux encastrés dans les murs des deux quartiers à chaque étage pour servir de porte-manteaux.............. 6 et 4. *Grosseurs.*

Les madriers au-dessus des portes en dedans............ 9 et 4.

Ceux au-dessus des fenêtres des deux pignons............17 et 4.

Les appuis des mêmes.................................. 6 et 4.

Les madriers du dessus des autres fenêtres.............11 et 4.

Les appuis des mêmes.................................. 6 et 4.

Les pièces de bois qui traversent les murs de refend, pour porter sur les jambages les cintres des cheminées et servir à tenir les chambranles.................................. 4 et 4.

Les châssis des portes au quartier des soldats...........14 et 6.

LE DEUXIÈME ÉTAGE.

Les huit sommiers du quartier des officiers, et neuf à celui des soldats.............................................12 et 10.

Trois autres dans la première chambre joignant la citerne, et celle dans l'angle qui la suit...........................14 et 12.

Les semelles ou coussinets pour les mêmes.............. 6 et 4.

Les soliveaux pour les hausses des escaliers au quartier des officiers, et ceux qui portent les jambages des cheminées aux deux quartiers............................................. 8 et 6.

Les autres soliveaux des planchers des deux quartiers...... 6 et 4.

Les pièces traversant les murs de refend pour porter les cintres des cheminées aux deux quartiers.................. 4 et 4.

Les châssis des portes au quartier des soldats.............14 et 6.

Les madriers pour le dessus en dedans des fenêtres des pignons 13 et 4.

Ceux des appuis des mêmes............................ 6 et 4.

Les madriers pour le dessus en dedans des autres fenêtres... 8 et 4.

Les appuis des mêmes.................................. 6 et 4.

Les madriers du dessus des portes des chambres d'officiers en dedans.............................................. 6 et 4.

LE TROISIÈME ÉTAGE, OU GALETAS.

Les huit sommiers du quartier des officiers, et quatre aux chambres du côté du pignon qui regarde la ville, à celui des soldats................................................12 et 10.

Dix-huit autres sommiers aux chambres du pan coupé, et autres le long de la face qui regarde le rempart, et ceux qui soutiennent la mansarde .................................... 14 et 12. *Grosseurs.*

Les semelles ou coussinets en général .................... 6 et 4.

Les soliveaux pour les hausses des escaliers............... 8 et 6.

Ceux pour porter les jambages des cheminées aux deux quartiers .................................................... 8 et 6.

Les autres pour les planchers des deux quartiers.......... 6 et 4.

Les pièces traversant les murs pour porter les manteaux des cheminées des deux quartiers ................................... 4 et 4.

Les châssis des portes au quartier des soldats............. 14 et 6.

LE COMBLE ET LE PLANCHER EN DESSOUS.

Cours de pannes de brisis.................................. 12 et 6.

Les goussets ou enrainures des angles..................... 10 et 8.

Les jambes de force, les blochets, les entraits (1), ceux des croupes, les arbalétriers ou petites forces, les poinçons, les colliers ou enrainures, les arêtiers sur les angles du faux comble, sur la panne de brisis, les soliveaux ou gîtes des escaliers des deux quartiers, ceux servant de lissoirs le long des souches des cheminées, et qui portent les planchers des deux quartiers............................................... 7 et 6.

Cours des sablières on plates............................... 10 et 4.

Cours d'autres sablières sur l'entablement pour porter les coyaux au comble des fenêtres........................... 6 et 4.

Cours de pannes, ou ventrières au faux comble sur deux rangs de chaque côté............................................ 6 et 4.

Cours de faîtes et sous-faîtes.............................. 6 et 4.

Les pièces d'entre-toises faisant les croix de Saint-André entre les faîtes et sous-faîtes, les liens ou brassons des fermes et autres, les plates-formes ou coussinets pour toutes les pièces qui portent sur les murs................................. 6 et 4.

---

(1) Les entraits portent sur les deux murs du corridor; car autrement il leur faudrait plus de grosseur.

Les pièces qui portent les joues des fenêtres du troisième *Grosseurs.* étage ou galetas.......................................... 8 et 4.

Les montants, les petites pannes et les appuis des petites fenêtres des greniers.......................................... 6 et 4.

Les cintres qui font le devant des mêmes.................10 et 4.

Les deux châssis des portes des greniers sous le faux-comble. 9 et 5.

LES DEUX ESCALIERS AU QUARTIER DES OFFICIERS.

Les limons et les patins sous les deux premiers limons.....10 et 5.

Les cent soixante-quatre marches massives coupées en triangle rectangle, réduites à..........................................13 et 4.

Les seize pièces traversant la cage des escaliers à l'endroit des paliers et au haut de chaque étage, pour porter et appuyer les limons..........................................10 et 8.

Les trente-deux grands poteaux.......................... 5 et 5.

Les deux cent huit potelets tournés, compris ceux au-devant des fenêtres.......................................... 4 et 4.

Les cours d'appui des escaliers, et au-devant des fenêtres... 5 et 4.

Les soles au-devant des mêmes fenêtres pour porter les potelets.......................................... 5 et 4.

Les soliveaux des paliers et autres.......................... 6 et 4.

BOIS D'ORME AU QUATRIÈME PLANCHER ET AU COMBLAGE.

Les soliveaux des chambres des deux quartiers et des corridors.......................................... 6 et 4.

Les chevrons, les coyaux, le comblage des fenêtres des galetas, et celui des petites lucarnes.......................... 4 et 3.

Les ruelles ou linteaux aux mêmes fenêtres.............. 3 et 2.

Cette charpente sera toisée pour être réduite au cent de solives suivant l'usage, et payée, savoir, le bois de chêne ordinaire à un prix, celui des sommiers de 10 pouces d'équarrissage et au-dessus, à un autre, à cause de leurs longueurs et grosseurs, et les bois d'orme des combles aussi à un prix particulier; les rateliers des écuries égaux à ceux des casernes de Saint-Prix, à la toise courante, moyennant quoi l'entrepreneur sera tenu à tous les ornements ordinaires de la charpente, et au rétablissement de toutes ouvertures dans les murs et dégradations qu'il sera obligé de faire pour placer ces bois, ou qui surviendront par maladresse.

VI. Les planchers des mangeoires dans les écuries, ceux des chambres, des grandes portes d'entrées, de celles des écuries, etc., seront de bonnes planches d'un pouce franc d'épaisseur, bien sèches, sans défauts ni nœuds vicieux, mises en longueur pour porter sur les gîtes, la même qualité de bois qu'il est dit ci-devant, bien jointes et équarries, de sorte que les bouts de deux planches couvrent chacune en se joignant la moitié d'un soliveau, parées et rabotées des deux côtés s'il est besoin, assemblées à languette et rainure pour les portes, et à joints recouverts d'un quart de pouce au moins pour les planchers, attachées chacune avec de bons clous sur chaque gîte ou soliveau, de longueur convenable, en quantité suffisante, et enfoncés à tête perdue.

Cet ouvrage sera payé à la toise carrée, le chêne neuf à un prix, et le bois blanc à un autre, les clous, chevilles, et généralement tout ce qui en dépendra compris.

VII. La menuiserie, qui consistera particulièrement en trente-deux portes au quartier des officiers, les chambranles des cheminées au même lieu, quatre-vingt-quatorze croisées aux deux quartiers, les armoires, etc., sera d'un bois de chêne choisi, bon et bien sec, de cinq ans au moins, et des qualités expliquées à l'art. V de la charpente; le tout bien uniformément exécuté suivant les dessins; seront payés à la pièce les portes des chambres d'officiers à un prix, celles des écuries et chambres des soldats à un autre, les fenêtres à un autre, les chambranles ou bras de cheminées aussi à la pièce, et le reste à la toise carrée.

VIII. Les plafonds des galetas seront faits de lattes de cœur de chêne, solidement clouées aux gîtes ou soliveaux, sur lesquelles on appliquera deux couches de mortier, la première composée d'argile avec un huitième de chaux vive, dans laquelle on mêlera de la bourre qu'on aura eu soin de bien battre pour en ôter la poussière, reprise et rendue unie par dessous; la seconde sera aussi de chaux seulement bien éteinte coulée, et de bourre blanche battue en quantité suffisante, le tout broyé ensemble; observant de faire ces mortiers trois ou quatre jours avant que de les employer, et de mettre la seconde couche après que la première aura été reconnue suffisamment sèche, sans l'être trop, afin que les deux couches fassent union ensemble.

Cette deuxième couche sera proprement cirée et polie à la truelle, jusqu'à ce qu'elle ne puisse plus fendre, pour être lavée ensuite deux fois avec la brosse, d'un lait de chaux vive mêlé de petit bleu.

Cet ouvrage sera mesuré et payé à la toise carrée, tout compris.

Les enduits des chambres et autres seront exécutés avec les mêmes mortiers et de même façon que les précédents, ayant attention de bien mouiller les parements pour la première couche.

Ils seront aussi payés à la toise carrée.

IX. Les carreaux de terre que l'on emploiera dans les chambres, seront bons, bien cuits, et de même échantillon, de 5 à 6 pouces en carré; ils seront posés sur une forme de terre grasse d'environ un demi-pouce d'épaisseur en ligne droite et en liaison, sur une couche de mortier égal à celui des maçonneries, bien de niveau, pour être aussi mesurés et payés à la toise carrée.

X. La couverture d'ardoise d'Angleterre sera bonne, noire, luisante et ferme, recoupée sur trois côtés, bien appareillée, pour être posée au tiers de pureau ou de sa hauteur, d'alignement, à joints recouverts, clouée de trois bons clous chacune, sur un plancher de bois blanc d'un pouce d'épaisseur, et des qualités dites aux art. V et VI, lesquelles planches auront été bien alignées pour être ajustées et jointes ensemble sans intervalles, attachées avec trois bons clous sur chaque chevron.

L'entrepreneur en sera payé à la toise carrée, plancher et toutes autres fournitures comprises, mesurées tant plein que vide pour les fenêtres et autres ouvertures des toits, dont il ne pourra prétendre d'augmentation, non plus que pour les bordures.

XI. La plomberie au comble de ces casernes aura sur l'enfaîtement une ligne un quart d'épaisseur sur 18 pouces de largeur, qui feront 9 pouces de chaque côté, arrêtée avec des crochets de fer de quatre à la toise, ou de pied et demi en pied et demi de distance: il en sera de même des enfaîtements des fenêtres des galetas, et de celui qui doit en couvrir où en revêtir le dessus de la maçonnerie.

Le plomb des enfaîtements des lucarnes aura 15 pouces de large sur une ligne d'épaisseur.

Celui des noquets pour les noues, et le long des souches des cheminées, de même épaisseur sur 9 pouces de large.

Le plomb pour revêtir les cordons ou la panne de brisis aura aussi une ligne d'épaisseur sur 12 pouces de large, afin de recouvrir 4 pouces au moins partie du premier rang d'ardoise au-dessous de la brisure.)

Le plomb des arêtières aura aussi une ligne d'épaisseur sur 12 pouces de large.

Celui qui couvrira le pan coupé du côté de la cour, aura pareillement 12 pouces de large sur une ligne au moins d'épaisseur.

Le plomb des chaîneaux pour recevoir les eaux sous l'entablement aura 18 pouces de large sur une ligne et demie d'épaisseur, arrondis et couverts vis-à-vis les fenêtres des galetas, pour empêcher les ordures que les soldats y pourraient jeter; ils auront un pouce de pente par toise, soutenus par des crochets de fer de pied et demi en pied et demi, afin de les conduire sous l'aplomb des citernaux.

Le plomb des bavettes ou larmières, par-dessus ces chaîneaux et l'entablement, aura trois quarts de ligne d'épaisseur.

Le plomb des descentes dans les citernaux et pour les pompes, de 3 pouces de diamètre sur 2 lignes d'épaisseur, sera attaché à la muraille avec des colliers de fer qui puissent s'ouvrir au besoin.

Tout lequel plomb sera du meilleur que l'on puisse trouver, loyal et marchand, coulé en tables bien unies, soudé avec étain fin à l'ordinaire; *il sera pesé au poids de la ville, et payé au quintal, soudure* comprise.

XII. La ferrure, dont on distinguera deux sortes.

Le gros fer neuf comprend tout ce qui sera employé en gros ouvrages, comme les anneaux en dehors qui seront mis dans les murs de face en bâtissant pour le besoin des cavaliers, les cinq chaînes qui traverseront en long d'un bout à l'autre dans les dix écuries à hauteur de la naissance des voûtes, savoir, sur les deux murs de face, sur le mur d'entrefend et le milieu des écuries, celles en large sur les cinq murs de refend au même quartier, et ceux des deux bouts; lesquelles chaînes auront un pouce et demi en carré, ancrées à demi-brique des parements des murs, avec des clefs de même grosseur, de 4 à 5 pieds de longueur, bandées au moyen des talons ou crochets faits exprès aux forges, forts et bien soudés à chacune de ces chaînes, compassés pour être au milieu de chaque mur, et d'un coin long d'un pied avec quelques autres petits frappés à chaque endroit entre deux de ces talons ou crochets à force avec un gros marteau, ayant attention de ne faire cette dernière opération que quand les maçonneries du dessus qui les enfermeront auront été élevées de 5 à 6 pieds, même davantage pour les mieux contenir, et de laisser à chaque jonction de ces talons un intervalle suffisant pour frapper ces grands coins et petits déja placés, jusqu'à ce que l'on voie la chaîne suffisamment tendue, car il serait dangereux de passer outre.

Les autres ancres, molles, bandes, ou plates-formes à chaque étage, en bois de chêne dont on a parlé à l'article V, gonds, crochets, pentures des grandes portes, éguilles des fleurs de lits, et le reste, lequel sera de bonne qualité, doux, pliant, sans paille, d'un grain fin, clair et pressé, non cassant, et bien forgé suivant les instructions qui seront données, proprement travaillé et mis en œuvre.

Le fer à la lime et d'un grain plus fin et plus pressé, sujet à être limé, devra être travaillé et des qualités dites ci-dessus; il consistera en petits boulons, verroux à ressorts, gâches, targettes, crochets et équerres des combles, la ferrure des trente-deux portes des chambres d'officiers, composées chacune de deux pentures, une serrure à tour et demi avec la clef, garnies différemment les unes des autres, un glissoir et un bouton accompagné de sa rosette pour les ouvrir et fermer; les trente du quartier des soldats aussi de différentes garnitures, et celles des dix portes des écuries qui seront à tour seulement, ayant toutes chacune deux gros verroux plats ou targettes en dedans.

Les portes des vestibules auront mêmes garnitures, mais plus fortes, afin de mieux résister, sans oublier un crochet à chaque ventail, afin de les tenir ouverts.

La ferrure des croisées au quartier des officiers consistera en six pentures à charnières, deux verroux plats, l'un en haut plus long que l'autre en bas, six pattes et un bouton; celle des fenêtres du quartier des soldats et des écuries sera de même qualité; desquelles ferrures des portes et fenêtres il sera fait un modèle qui, après avoir été bien examiné et approuvé, servira pour l'adjudication à la pièce de chacune de ces ferrures, que l'entrepreneur sera obligé de mettre en place où on lui indiquera; fournira les clous nécessaires à cette fin, qui pour les autres ouvrages seront pesés avec le reste.

Ces deux sortes de fers seront pesées au poids de la ville, et payées au quintal, compris toute main d'œuvre, mais à prix différents, la ferrure entière des portes à la pièce, ainsi que celle des croisées, tout compris.

XIII. La vitrerie pour les croisées sera de verre de France bien blanc et uni, sans pailles ni boudines, mis en plomb tiré d'un tiers de pouce de largeur pour l'encastrement des carreaux, et la facilité de les remplacer lorsqu'ils sont cassés, proprement travaillés, suivant les dessins qu'on donnera.

Il sera mesuré au pied carré de 12 pouces, les verges de fer comprises, que l'entrepreneur fournira à chaque rang de carreaux, en grosseur suffisante pour bien affermir chaque panneau et les soutenir contre les plus grands efforts du vent.

XIV. La peinture d'impression à l'huile pour les portes d'entrées, celle des écuries, les croisées en dehors, la panne de brisis, les lucarnes de bois et le reste, sera mise en couleur de bois, imprimée de deux couches composées de blanc de céruse, mêlée d'ocre jaune, ou de telle autre couleur que l'on jugera convenir, de la meilleure, et broyée avec de l'huile de lin, dont la seconde couche ne se mettra que lorsque la première sera bien sèche.

Cet ouvrage sera mesuré, réduit et payé à la toise carrée.

Les trois fleurs de lis à quatre angles pour les deux coupes, et le milieu de l'équerre de ces casernes seront de cuivre jaune, de 4 pieds et demi de hauteur, non compris le globe qui en fera la base, on les exécutera suivant le dessin, et conformément au modèle en carton qui en a été dressé, bien soudées, et en outre clouées de clous aussi de cuivre, rivés de distance à autre, pour ensuite être dorées, et posées dans une éguille de fer qui les traversera d'un bout à l'autre, sans blesser le métal, compassant sa grosseur au vide du collet de ces fleurs de lis, dont le pied sera cloué sur le bois du comble, et recouvert par le plomb des enfaîtements.

*Conditions générales.*

XVI. Les entrepreneurs se conformeront au terme du présent devis, et ne pourront commencer aucun travail, de quelque nature qu'il puisse être, qu'auparavant il n'ait été tracé, aligné et ordonné par M. le comte de Vauban, directeur des fortifications de cette province, ou en son absence par l'ingénieur en chef de la place; et au cas qu'il se trouve pendant le cours et après l'achèvement du travail quelques mal-façons de leur part, ils seront tenus de le refaire à leurs frais, sans pouvoir prétendre d'être dédommagés: tous lesquels onvrages ne leur seront comptés qu'une fois seulement, et payés au prix de l'adjudication qui en aura été faite chaque année.

Les entrepreneurs se fourniront sans exception de tous les matériaux, outils, échafauds, cintre des voûtes, et autres choses nécessaires pour l'entière et parfaite exécution de leur entreprise, employant le nombre d'hommes suffisant, et qui leur sera ordonné pour diligenter le travail, afin qu'il soit fait en bonne saison; et au cas de retardement, il en sera mis à leurs frais autant qu'il sera jugé nécessaire: ils suivront en tout les ordres qu'ils recevront, et les dessins qui leur seront donnés, n'employant que des matériaux conditionnés comme il est dit, qui seront sujets à vérification et réception, rejetant ceux qui ne se trouveront pas des qualités et dimensions requises au présent devis, et ne pourront prétendre à leur entier et parfait paiement qu'après l'achèvement et réception d'iceux, qu'ils garantiront pendant un an, à compter du jour qu'ils auront été reçus; et pour sûreté de l'exécution d'iceux et des deniers du roi, qu'ils recevront à compte à fur et à mesure que le travail avancera, ils donneront bonne et suffisante caution.

S'il survient quelque ouvrage extraordinaire et imprévu pendant le cours de l'année, les entrepreneurs seront obligés de le faire par continuation du prix de chaque nature dont ils seront convenus; et si réciproquement on trouvait à propos de changer, retrancher, ou différer à une autre année quelqu'un de ceux qui sont ordonnés, les entrepreneurs ne pourront en prétendre aucun dédommagement.

Ils feront transporter tous les décombres provenant des constructions ou démolitions de leurs ouvrages, aux lieux qui leur seront indiqués; et si, quelqu'un manque d'avoir achevé son entreprise par négligence à la fin du mois de septembre prochain, il sera condamné à une amende proportionnée au travail dont il aura été chargé.

Bien entendu qu'encore que le présent devis comprenne ce qui doit entrer dans la construction totale de ces casernes, il ne pourra cependant servir à cette fin que pour la consommation des fonds qui seront ordonnés chaque année.

Chaque entrepreneur sera tenu au dédommagement des propriétaires sur les héritages desquels il prendra ou voiturera les matériaux de gré à gré, ou suivant l'estimation qui en sera faite par deux experts nommés de part et d'autre; et s'il arrive quelques difficultés entre les entrepreneurs, ou entre eux et leurs cautions, comptes et décomptes, qui aient rapport directement ou indirectement à l'exécution de leurs ouvrages, et que tout ne soit pas assez clairement expliqué par le présent devis, ils se conformeront sans appel à ce qui sera réglé par le directeur des fortifications, ou en son absence par l'ingénieur en chef; et ils ne pourront, sans leur consentement, rendre les ouvrages par sous-entreprise, ni s'associer.

Fait à Béthune le 22 mars 1722. D'ARTEZAY, ingénieur en chef.

Quand on fera des devis, il est à propos de lier les entrepreneurs, autant qu'il est possible, ainsi qu'on vient de le voir dans les conditions précédentes, afin de prévenir toutes les contestations, et les relâchements auxquels la plupart sont assez sujets.

*Devis pour la construction d'un magasin à poudre très-solide, de 20 toises de longueur sur 4 de large.*

PREMIÈREMENT.

Placer autant que faire se pourra le magasin dans un lieu le plus sec, le plus à couvert, et le moins exposé au front des attaques, non plus que ses portes et fenêtres au vent d'ouest.

II. Après que l'ingénieur en chef aura distribué le plan, profil et le devis aux entrepreneurs, et tracé tout l'intérieur des murs, on marquera la largeur de la fouille des terres pour la fondation, jusqu'au bon, vif et solide fond, que nous supposons ici de 6 pieds de profondeur seulement, et plus ou moins bas s'il en est nécessaire, sur la largeur de 8 pieds dans le fond pour les longs côtés, bien mis de niveau, et les terres coupées à plomb, et étrésillonnées pour qu'il ne s'y fasse point d'éboulement.

III. Ensuite on posera de gros moellons ou libages, avec de bons lits, et joints à sec, et on maçonnera au-dessus avec pareille matière en bon mortier, jusqu'à 2 pieds 3 pouces de hauteur, bien arrasés de pied en pied; après quoi l'on posera au-dessus une chaîne de deux assises de brique, traversant toute la largeur du mur, dont la seconde sera en boutisse par les deux extrémités, et sur laquelle on fera retraite de 3 pouces de part et d'autre : on recommencera à élever encore 2 pieds 3 pouces en moellon, faisant parement bien dressé et à plomb tant sur le devant que sur le derrière, en sorte que l'achèvement de toute la hauteur desdits 6 pieds, ainsi que toutes les fondations, soit qu'elles aient plus ou moins de profondeur, soient terminés par cinq assises de briques dont la dernière sera aussi en boutisses, pour avoir 9 pouces de retraite sur le devant, trois sur le derrière, et réduire les murs des longs côtés à 7 pieds d'épaisseur.

IV. On fondera aussi en même temps et aussi bas les piliers buttant et les murs de face sous les deux pignons, en y observant toutes les bonnes façons, liaisons et symmétries que ci-devant; le tout posé en bon mortier ordinaire, composé d'un tiers de bonne chaux éteinte toute vive, et de deux tiers du meilleur sable bien battu, démêlé et conroyé, ensorte qu'il ne fasse plus qu'un même corps, et mis en œuvre seulement vingt-quatre heures après, et le rabotant et conroyant tout de nouveau, sans y mettre de l'eau que la première fois.

V. Lesdits piliers buttants auront chacun 4 pieds 6 pouces de large sur 6 pieds 6 pouces de queue en fondation, réduits ensuite à 5 pieds 6 pouces, et 4 pieds au nœud de leurs parements, pour avoir deux retraites de 3 pouces chacune.

VI. Les fondations des deux pignons auront chacune 5 pieds de large, et le mur réduit à 4 pieds, à cause des retraites du devant et du derrière; le tout construit en même temps pour faire meilleure liaison.

VII. Si le fond du terrain se trouvait tendre, faible ou douteux, après l'avoir sondé avec la sonde à tarrière, on le fortifiera par une grille de charpente de bois de chêne, composée de longuerines et racinaux de 10 pouces quarrés, assemblée par entailles à queue d'aronde aux extrémités par le devant et le derrière, et tenues en raison avec des bonnes chevilles de fer ébarbelées, enfoncées à tête perdue, après quoi les arraser de moellon ou libage, comme il est dit ci-devant.

VIII. S'il y avait plus de précaution à prendre, il faudrait couvrir toute la superficie de ladite grille par un plancher de madriers de bois de chêne de 6 pouces d'épaisseur, sur 8, 10 et 12 de largeur, bien joints l'un contre l'autre, les laissant déborder de 2 ou 3 pouces sur le devant et le derrière de la fondation, avec une espèce de mentonnet, ou bien un heurtoir pour contenir le premier moellon ou libage posé à sec, et l'empêcher de glisser au vide lorsqu'il serait chargé.

IX. Piloter même au-dessous de la grille, s'il en était nécessaire, pour plus de solidité et de sûreté, et cela fait selon l'usage du pilotage, dont nous ne faisons point le détail.

X. Toutes ces fondations mises à leur hauteur, on fera courir le niveau tout autour, après quoi on établira les murs au-dessus, selon les largeurs ci-devant spécifiées, donnant un peu de fruit au parement extérieur, c'est-à-dire 2 ou 3 lignes par pied, et le parement intérieur bien monté à plomb; ensuite on posera d'abord cinq assises de pierres dures non gelisses, ou de graisserie, en tous les parements extérieurs, dont les carreaux auront 10 à 12 pouces de face, sur 9 à 10 de queue à joints quarrés et d'équerre; et de trois en trois carreaux on placera une boutisse à tête carrée, sur 18 à 20 pouces de queue; le tout bien essémillé et équarri; observant que lesdites boutisses ne doivent pas être mises l'une sur l'autre dans les assises au-dessus, mais en quinconce ou en échiquier, avec des coins à tous les angles, et aux piédroits des portes et fenêtres; le tout en bon mortier de ciment, composé d'un tiers de bonne chaux vive, et de deux tiers de poudre de vieux tuileau bien pulvérisé et passé au tamis, battu, *démêlé et conroyé, en sorte qu'ils ne fassent plus qu'un même corps, fait de quinze jours* avant que de le mettre en œuvre, pendant lequel temps on le rebattra de nouveau à plusieurs reprises avec la batte de fer, dans un petit bassin ou auget d'un pied quarré fait exprès, avec des planches par les côtés et un gros madrier dans le fond, et toujours sans y mettre de l'eau que la première fois.

XI. Et comme la plupart des pierres, et surtout celles de graisserie, sont fort susceptibles d'impression de la gelée, à cause de la nature de leurs pores, il faut que le derrière desdites cinq assises soit rencontré et maçonné au moins avec deux briques en boutisses posées en mortier ordinaire.

XII. Tous les parements intérieurs desdits murs seront de bonnes briques bien cuites et bien moulées, faits par plombées de cinq assises, faisant ensemble un pied de hauteur, y compris le mortier, dont la première aura trois briques et demie, la seconde trois briques, la troisième deux briques et demie, la quatrième deux briques, et la cinquième une et demie, afin d'observer une bonne liaison; et l'intervalle entre lesdites briques et celles qui ont garni le derrière de la graisserie, seront maçonnées en mortier posé à la main, pressé du talon du marteau en bon moellon ordinaire, en sorte qu'il souffle de toutes parts, et arrasé à chaque pied de hauteur.

XIII. Au-dessus des cinq assises de graisserie, on fera parement de briques par plombées, comme ci-devant, et l'entre-deux maçonné en moellon, observant que le dehors et le dedans montent également, et en même temps avec des coins de grès retournés en liaison à tous les angles posés en mortier de ciment.

XIV. Les longs côtés seront élevés de même jusqu'à 5 ou 6 pieds plus ou moins, selon le besoin, après quoi ils seront terminés par cinq assises de briques, traversant d'un parement à l'autre pour recevoir la naissance de la voûte, dont la dernière assise sera posée par précaution en douelle et coupe de voussoir, selon le cintre de la voûte, pour éviter le défaut des cales ou gros mortier que les maçons mettent mal-à-propos sous la première brique qu'ils posent, pour racheter la retombée du cintre; le tout à petits joints et à petits lits, sans faire de trop gros mortier.

XV. La voûte sera faite en plein cintre, comme la plus solide, de 3 pieds et demi d'épaisseur au moins, toute de bonnes briques choisies, bien cuites et bien moulées, frottées et dressées à la main l'une contre l'autre, posées à petits joints en bon mortier, sans grumeaux ni grains de sable, très-bien et également cintrées dans toute sa longueur et largeur; tous les matériaux choisis et bien appareillés, c'est-à-dire, des voussoirs pendants et clavaux conditionnés, et taillés exprès, si c'est de pierres.

Mais si c'est de briques, comme la meilleure matière à ce sujet, il faudra d'abord les bâtir par une brique d'épaisseur, bandée et bien fichée de coins de bois sur la clef, et bien arrondir son extrados, pour recommencer une seconde voûte, répétées jusqu'à quatre fois l'une sur l'autre, faisant ensemble au moins 3 pieds.

XVI. On élèvera en même temps les piédroits, les piliers buttants et les murs des pignons au-dessus de la voûte, que l'on terminera en dos d'âne ou cape de bâtardeau, avec des pentes de part et d'autre, dirigées comme celles des égoûts d'un toit; le tout en brique sans moellonnage, à cause de la gelée. Sur la superficie desdites pentes on fera une crémaillière, dont les intervalles seront proportionnés selon la longueur de la tuile et de son crochet, afin d'observer le pureau ordinaire, pour lequel effet on préférera toujours la tuile du grand moule à celle du petit, l'une et l'autre posées en bon mortier ordinaire, et encore mieux en mortier de ciment, ou tout au moins moitié de l'un et de l'autre de ces derniers, bien mêlés ensemble, et la couverture faite en bonne saison.

XVII. Si l'on ne veut pas mettre en usage lesdites crémaillières, on encastrera à sec dans la maçonnerie les pannes, sablières ou ventrières, et les chevrons de bois de chêne, espacés de quatre à la latte, qu'on laissera déborder de toute l'épaisseur de ladite latte, pour recevoir le crochet de la tuile, et posée en mortier comme ci-devant.

XVIII. Et si l'on voulait couvrir d'ardoise, au lieu de lattes volisses, on mettra de bons feuillets de chêne bien sec, cloués avec deux clous à chaque chevron, avec des contre-lattes de sciage, sur lesquelles on posera l'ardoise attachée au moins avec trois clous chacune, observant toujours le pureau ordinaire; et en ces deux derniers cas, il faudra absolument mettre un entablement de pierres de taille, ou de briques de champ, avec une plate-forme de charpente au-dessus, pour recevoir et retenir les pas des chevrons, au bas desquels on pourra mettre des coyaux, mais cela est bien sujet au feu, et empêche de voir les endroits par où les eaux de pluies peuvent tomber sur la maçonnerie et la dégrader; quant aux couvertures de dalles de pierres, non-seulement elles chargent trop, mais elles sont encore sujettes à s'éclater et fendre par les neiges et les grandes gelées, et les mortiers s'affament, et il faut toujours recommencer à les réparer.

XIX. Les baies des deux portes des pignons auront chacune 4 pieds de large sur 7 et demi de hauteur, voûtées en plein cintre, leurs piédroits garnis de pierres de taille, avec deux battées; les deux fenêtres au-dessus auront chacune 3 pieds de large sur 5 de hauteur, avec double battée, et voûtées en cintre surbaissé.

XX. Les doubles fermetures des baies desdites portes seront faites à deux ventaux avec des planches de bon bois de chêne bien sec, de 2 pouces d'épaisseur, bien jointes à feuillures l'une contre l'autre, garnies par leurs derrières de bonnes barres de pareil bois, et bien clouées avec des clous picards rivés par le dedans; les volets des fenêtres seront simples, mais avec des bois et planches des mêmes qualités; et les unes et les autres recouvertes avec des lames de tôle de Hollande, clouées sur les planches, et rivés aussi par le derrière; garnis de leurs gonds, pentures, pivots ou pioches, avec des crapaudines scellées en plomb dans des dés de grès; de bonnes serrures à bosses, à doubles tours, toutes différentes, avec de bons et forts verroux.

XXI. La voûte bien achevée et couverte, on la laissera cintrée pendant cinq ou six mois, pour donner le temps au mortier de se consolider et faire corps avec les briques, après quoi on la décintrera tout doucement par travée, et non tout-à-la-fois; on la réparera en tous les lits et les joints avec de bon mortier blanc et reciré; on déblaiera les bois et décombres, faisant place nette.

XXII. Ensuite on mettra tout le sol ou aire du magasin bien dressé, battu et de niveau, un pied plus haut que le rez-de-chaussée sur lequel on posera des poutrelles de 8 pouces quarrés, soit en longuerines ou traversines de 2 pieds de milieu en milieu, en sorte qu'il ne reste plus que 16 pouces d'intervalles entre elles, dont la hauteur sera arrasée avec des escarbilles ou mâchefer, provenant des forges des serruriers ou maréchaux; et après les avoir bien arrangés et battus pour remplir tous les vides, on remettra du charbon de bois jusqu'à fleur du dessus desdites poutrelles, sur lesquelles on posera le plancher de madriers au moins de 2 pouces d'épaisseur, bien chevillés et proprement joints ensemble, ainsi que les chantiers pour ranger les barriques, et le tout de bon bois de chêne bien sec, sans aubier ni gerçures: lequel plancher sera tenu un pied plus haut que le rez-de-chaussée, par lequel on montera par deux marches de 6 pouces chacune, faisant les seuils des deux portes avec battée par le bas, pour qu'on n'y puisse pas introduire du feu.

XXIII. Paver sur 6 pieds de large tout autour dudit magasin avec des carreaux de grès de 9 à 8 pouces quarrés à leur face; sur 8 à 10 de queue, posés sur un couchis ou forme de sable de 8 à 9 pouces de hauteur, bien battus au refus de la demoiselle, et mis en pente de 6 pouces, depuis le parement des gros murs allant vers le petit mur d'enceinte, qui doit être un pied et demi ou 2 pieds plus bas avec de petites ouvertures ou tuyaux de 2 ou 3 pouces, pour servir d'écoulement aux eaux qui tomberont des égouts des toits, pour éviter les humidités; et si ledit pavé était posé en bon mortier de ciment, il serait encore meilleur.

XXIV. Ledit petit mur d'enceinte ou d'enveloppe sera fondé solidement avec deux retraites de 3 pouces de part et d'autre, et réduit ensuite à un pied et demi d'épaisseur sur 10 à 12 pieds de hauteur plus ou moins selon la situation du magasin, fait en mêmes matériaux que ci-devant.

Toute la maçonnerie qui composera ce magasin, y compris la voûte et les angles de pierres de taille, sera payée à la toise cube, sans y comprendre aucun vide.

La maçonnerie du petit mur d'enceinte sera payée à la toise quarrée d'un pied et demi d'épaisseur réduite.

Les terres à la toise cube, déblai et remblai compris.

Les bois de charpente payés au cent de solives mises en œuvre.

Les portes à la pièce.

Les fenêtres à la pièce.

Les gros fers au cent de livres pesant, poids de marc.

Les serrures avec leurs clefs et verroux à la pièce, mis en place.

La tôle au cent de livres pesant, poids de marc, la pose et clous compris.

Le pavé de grès à la toise quarrée selon sa construction. Au surplus on mettra à l'ordinaire toutes les conditions auxquelles on voudra obliger les entrepreneurs, ainsi que de fournir bonne et suffisante caution, tant pour la sûreté des deniers du roi qui leur seront délivrés, que pour la garantie de leurs ouvrages un an et jour après leur réception.

Comme il n'y a point de maçonnerie nouvellement faite qui ne tasse ou ne fasse quelque affaissement, plus ou moins, selon la bonne ou mauvaise qualité des matériaux, j'estime, pour plus de solidité dans la construction d'un magasin à poudre, d'où peut dépendre la conservation ou la perte d'une place, qu'il ne faudrait rien faire avec précipitation, et qu'après que la fondation serait mise à hauteur de la retraite, on aurait soin de la couvrir de gros fumier et de terre au-dessus mise en dos d'âne, pour l'écoulement des neiges et eaux des pluies; afin de laisser reposer, affaisser et consolider les mortiers pendant six mois, et au printemps ensuite la découvrir par un beau temps, la bien balayer, repasser le niveau partout; et après avoir rétabli ce qu'il pourrait y avoir de dégradé, élever les murs au-dessus jusqu'à la naissance de la voûte, en les arrasant toujours à même hauteur, après quoi les couvrir et laisser reposer comme ci-devant; l'année ensuite faire la voûte avec toutes ses appartenances, la couvrir de tuile ou d'ardoise, et ne la décintrer que six mois après, et toujours par petites travées pour ne lui pas causer de grands ébranlements, ainsi que cela est arrivé à quelques endroits que la bienséance ne permet pas de citer; faire ensuite son plancher avec les chantiers et son mur d'enceinte ou d'enveloppe.

Fait à Saint-Quentin, le 22 janvier 1729. DEMUZ.

Voici le devis de la citerne de Calais, que j'ai promis dans le liv. IV: il ne contient rien de particulier dont je n'aie fait mention en parlant de la citerne de Charlemont; mais il servira d'exemple, et pourra avoir son utilité.

*Devis de ce qui est à faire et à observer pour la construction d'une citerne qui recevra les eaux de pluie qui tombent sur l'église paroissiale de Calais.*

REMUEMENT DES TERRES.

Après que les alignements auront été tracés à l'entrepreneur, pour faire l'excavation et la fouille des terres qu'il faudra ôter, il les enlèvera jusqu'à la profondeur du dessus des eaux des puits circonvoisins, les transportera et les aplanira le plus uniment que faire se pourra, sur la partie du cimetière du côté du midi, suivant toute sa longueur et sa largeur, et singulièrement dans les endroits les plus bas. PLANCHE XXXIV.

Les vieux matériaux provenant de la démolition du petit mur du parvis, les pavés, les arbres et tous autres appartiendront à la fabrique de ladite église, qui s'en saisira à mesure de la démolition d'iceux, laquelle sera faite par l'entrepreneur, qui les transportera où bon lui semblera, afin que ledit entrepreneur n'en reçoive point d'embarras après la construction de ladite citerne; il remblaira derrière la maçonnerie par dehors et à ses dépens les trous qu'il conviendra; lesquelles terres il battra avec une batte du poids de trente livres, et les mettra en état de recevoir le pavé qui sera fait autour.

### CHARPENTE.

Il mettra des madriers ou brodages de bois de chêne de 4 pouces d'épaisseur sur toute la largeur de la maçonnerie des murs de fondation, lesquels seront bien équarris et à vive arête.

### MAÇONNERIE. — QUALITÉ DE LA CHAUX.

Elle sera faite avec pierres de la côte de Boulogne du blanc-bleu, cuites à propos par gens à ce entendus, et éteintes de même; laquelle sera bien remuée, brouillée et coulée en bassin pour être mieux détrempée, et purgée soigneusement de toutes les pierres qui n'auront point été éteintes ni pénétrées par la violence du feu, et par conséquent mal cuites.

### QUALITÉ DU SABLE.

Il sera du plus pur qui se trouvera dans le pays, sans mélange, et passé à la claie, laquelle sera très-fine, afin qu'il ne s'y trouve point de galets.

### COMPOSITION DU MORTIER.

La chaux et le sable étant préparés et de la qualité ci-dessus spécifiée, le mortier de toute la maçonnerie de brique en sera composé, savoir, avec deux cinquièmes de chaux et trois cinquièmes de sable, bien brouillés et bien battus à quatre reprises en quatre jours différents avant la mise en œuvre.

### QUALITÉS DE LA BRIQUE.

Elle sera toute de même échantillon, le mieux cuite que faire se pourra, et faite avec de bonne terre bien maniée et bien conroyée, et la plus entière, en sorte que les morceaux n'aient pas moins que demi-brique de long, faute de quoi ils seront rebutés sans être mis en œuvre; l'entrepreneur fera charger et décharger à la main ladite brique sur les tombereaux et banneaux qui la voitureront, afin qu'il y en ait moins de cassées.

### QUALITÉS DU MORTIER DE CIMENT.

Celui qui sera employé aux renduits et citerneaux tant du dedans que du dessus, sera fait avec tuileaux de vieilles tuiles bien cuites, sans qu'il y soit employé aucune brique; il sera bien battu, pulvérisé et passé au tamis du boulanger, et le mortier fait avec deux cinquièmes de chaux vive de Boulogne et trois cinquièmes dudit ciment, le tout bien battu, et démêlé tous les jours consécutivement jusqu'à ce qu'il soit employé.

Après que les matériaux ci-dessus mentionnés auront été préparés sur les lieux tels et de la qualité qu'ils sont spécifiés par les articles précédents de ce devis, et que l'entrepreneur aura préparé en dernier lieu l'endroit où sera établie la fondation de ladite citerne, suivant les alignements qui lui auront été marqués, et qu'il aura creusé la fondation aussi bas qu'il se pourra, après l'avoir bien égalisée et mise de niveau, il posera à l'endroit des murs des madriers ou bordages de bois de chêne à vive arête de 4 pouces d'épaisseur, sur lesquels la maçonnerie desdits murs sera établie, et en même temps celle du fond de la citerne suivant les longueurs, hauteurs et épaisseurs marquées au plan et profil qui seront joints au devis : toute la maçonnerie du fond de la citerne, des côtés et du mur du milieu, sera faite avec bonne brique et chaux de Boulogne, ainsi qu'il est ci-dessus spécifié, à la réserve du citernage marqué au milieu des murs, qui sera fait avec quatre assises de briques posées de plat et à bain de ciment dans toute l'étendue du fond, observant de recouvrir chaque lit de ciment bien et proprement étendu et repassé à la truelle, en sorte qu'il ne reste pas la moindre apparence de joints, ce qui sera répété autant de fois qu'il y aura de lits de briques; le citernage des côtés sera aussi de briques, mais posées de champ et en liaison l'une après l'autre, et chaque lit recouvert et renduit de ciment fouetté, lissé et repassé à la truelle autant de fois aussi qu'il y aura d'assises de briques. Comme ce citernage est très-important, l'entrepreneur aura un soin très-particulier qu'il soit bien fait, et y veillera sans cesse.

### RENDUITS AUTOUR DU DEHORS DE LA CITERNE.

En élevant la maçonnerie des piédroits et des pignons, il sera fait un renduit par le dehors d'icelle, depuis le bord de la fondation jusqu'à la hauteur des plus hautes eaux de la mer, lorsqu'elle sera mise dans le canal qui passe au travers de la ville en cas de besoin.

Le renduit sera fait avec chaux de Boulogne et sable conditionné comme celui de la maçonnerie, il aura un pouce d'épaisseur, et sera passé à la truelle, lissé et relissé pour fermer les gerçures, avec un lissoir de bois ou d'acier bien poli; et en ce faisant il sera employé un lit de chaux, après quoi les terres seront mises derrière la maçonnerie pour ne pas laisser le temps au soleil d'y causer de nouvelles gerçures.

Après la construction de la citerne, et que les voûtes auront été décintrées, les joints du dedans seront creusés et approfondis de 4 lignes avec un petit fer recourbé, et les briques du parement piquées à la pointe du marteau pour donner plus de tenue au ciment, en suite de quoi l'on commencera par en fouetter les joints, et après les avoir remplis, il sera fait un enduit par-dessus de l'épaisseur de 10 à 12 lignes, lequel sera battu contre le mur avec des lissoirs de buis ou de fer bien poli; après quoi on le repassera tous les jours une fois pendant douze ou quinze jours, jusqu'à ce qu'il soit parfaitement sec, l'arrosant à chaque fois de lait de ciment avec un bouchon : le mur du milieu sera renduit de même que ceux des côtés, et avant le fond de la citerne, qui ne sera mis que le dernier en état.

Les puits de pompes et les citerneaux seront renduits avec la même précaution que la susdite citerne.

Le renduit et le citernement de la clôture seront faits avec les mêmes soins et avec le même mortier que celui du dedans de la citerne, en le relevant de 15 pouces le long des côtés, et dirigeant les ruisseaux avec pente à une gargouille qui versera dans un petit citerneau fait exprès.

Après que ce citerneau aura été fait dans les heures du jour que l'ardeur du soleil dominera le moins, et qu'il fera sombre, il sera recouvert avec des paillassons de roseaux, qui seront levés toutes les fois qu'on le relissera, et aussitôt remis pour éviter que la grande précipitation du desséchement n'y fasse de gerçure, s'il se faisait en plein soleil.

On le couvrira ensuite tout du long par un lit de gros sable, spécialement dans le ruisseau où il faudra le doubler, après quoi le surplus sera rempli de terres qui seront battues par lits afin de les affermir, et recouvertes avec gazon plat.

Après que la maçonnerie sera élevée au niveau du rez-de-chaussée, le pourtour extérieur d'icelle sera bordé de deux assises de pierre de taille de 12 pouces de hauteur au moins, laquelle sera de la carrière de Landretun ou de la côte de Boulogne, au choix de l'entrepreneur, dont les pierres seront bien dégauchies et proprement taillées au ciseau et au poinçon, de huit pouces sur le plat et 6 sur les joints montants, posées en liaison de 6 pouces au moins à côté de chaque, et avec boutisses de 20 à 22 pouces au moins de queue, et panneresses de 14 à 16 pouces; le surplus du parement extérieur de ladite maçonnerie sera bordé du haut en bas et tout autour de ladite citerne, avec autant d'assises que besoin sera, de doubles carreaux de Boulogne bien épincés, et proprement mis en œuvre avec les plus petits joints qu'il sera possible, lesquelles assises seront posées de niveau et en bain de mortier de la même qualité que celui de la pierre de taille; le même entrepreneur fera aussi les auges, puits, margelles et citerneaux avec des entrées dans la citerne, et petites guérites servant de couvertures et de fenêtres audit puits, à quoi sera employée la pierre de taille nécessaire, et le tout toisé à la toise cube, de même que la maçonnerie de brique.

Les citerneaux auront 3 pieds de diamètre dans œuvre, et les auges seront traversées de barreaux de fer pour poser les seaux dessus quand on voudra les remplir d'eau; il sera fait un petit cordon de pierre de taille autour de ladite citerne à 4 pieds au-dessous du couronnement du parapet, dont le parement sera fait avec doubles carreaux de Boulogne, et recouvert par-dessus avec une tablette de 6 pouces d'épaisseur, de 12 à 15 pouces de queue pour les panneresses, et de 18 à 20 pour les boutisses, laquelle sera de pierres de taille de la carrière de Landretun ou de la côte d'Ambleteuse, au choix de l'entrepreneur, proprement taillées au ciseau et au poinçon, et posées en bain de mortier de ciment conditionné comme ci-dessus, ayant 2 pouces de saillie, et un pouce de pente sur pied par le dessus.

Le dessus du parapet sera fait avec bonnes briques posées en liaison et en bain de mortier de Boulogne, et le couronnement d'icelui, sauf la tablette, fait avec briques posées de bout et de champ avec pareille pente que celle de ladite tablette, et assises en bain de mortier et de ciment.

Le gravier qui sera mis sur la teiture, ainsi qu'il a été dit pour les citerneaux, sera du galet le plus fin et le plus délié, de celui du banc de pierrettes hors de la basse ville, après avoir été passé à la claie fort fine et fort déliée, et ensuite lavé et relavé avec de l'eau douce, jusqu'à ce qu'il la rende aussi claire qu'il l'aura reçue, après quoi il sera apporté dans des tonneaux recouverts pour empêcher qu'il ne s'y communique aucune saleté, avant que d'être mis sur ladite teiture et dans lesdits citerneaux.

### PAVÉ.

Ledit entrepreneur fera le pavé nécessaire au-dehors de ladite citerne, lequel sera de la côte de Boulogne, bien épincé, de 6 à 8 pouces de queue, posé par routes sur 12 à 15 pouces d'épaisseur de sable avec les pentes nécessaires, observant de le battre avec la demoiselle par deux reprises.

Il livrera et mettra en place les tuyaux de plomb, chaîneaux et cuvettes nécessaires pour la conduite des eaux dans ladite citerne.

Il fournira aussi la soudure nécessaire pour souder lesdits tuyaux; il livrera et mettra en œuvre tout le fer-blanc nécessaire aux tuyaux, chaîneaux et autres endroits, au cas qu'il soit trouvé à propos d'y en employer; il livrera pareillement les ferrures des pompes, gonds et autres choses nécessaires à les mettre en place. S'il est jugé à propos par l'ingénieur en chef d'augmenter ou diminuer les épaisseurs de la maçonnerie, l'entrepreneur ne pourra pas prétendre qu'il soit rien changé aux dimensions de la toise cube d'icelles, ni qu'il lui soit rien payé de surplus, au cas qu'il y eût donné de plus grandes épaisseurs que celles portées par le plan et profil ci-joint; et au cas qu'il les eût diminuées, cette diminution lui sera déduite sur le toisé. Tous les susdits ouvrages seront rendus faits et parfaits le quinzième d'août prochain, sujets à visites, réception et toisé. Savoir :

Les terres à la toise cube une fois en déblai seulement.

La charpente du bois de chêne mise en œuvre au cent de solives.

La maçonnerie à la toise cube, y compris les renduits intérieurs et extérieurs.

Toute la pierre de taille, et la graisserie de doubles carreaux, sans que l'entrepreneur puisse rien prétendre pour le vide des voûtes, ni pour les frais de la charpente des cintres, qu'il fera à ses dépens.

Le galet mis sur la teiture et dans les citerneaux, conditionné comme il est dit au devis ci-dessus, aussi à la toise cube.

Le pavé de graisserie autour de ladite citerne, à la toise carrée.

Le plomb mis en œuvre au cent pesant, poids de Paris.

La soudure aussi à la livre et au même poids.

Le fer-blanc au pied carré mis en œuvre.

La ferrure des pompes, gonds et autres ouvrages, au cent de livres pesant et au même poids; et seront payés,

| | | |
|---|---|---|
| Les terres à | 3 | 10. |
| Le cent de solives de bois de chêne | 395 | «. |
| La toise cube de maçonnerie | 61 | «. |
| La toise cube de galets | 18 | «. |
| La toise carrée de pavé | 7 | «. |
| Le cent de plomb | 20 | «. |
| La livre de soudure | « | 12. |
| Le pied carré de fer-blanc | « | 14. |
| Le cent de gros fer | 18 | «. |

Je crois qu'en voilà assez sur les devis : ce serait vouloir grossir ce livre mal-à-propos que d'en rapporter un plus grand nombre; on trouvera à la fin du second volume tous ceux qui peuvent appartenir à l'architecture hydraulique.



FIN DU SIXIÈME ET DERNIER LIVRE.

# APPROBATIONS.

Nous lieutenant-général des armées du roi, etc., directeur des fortifications des places de la province d'Artois, certifions avoir lu et examiné, à la recommandation de M. le marquis Dasfeld, avec autant d'exactitude qu'il nous a été possible, un manuscrit intitulé *la Science des Ingénieurs dans la conduite des travaux de fortification*, *par M. de Bélidor*, dans lequel nous n'avons rien trouvé qui ne soit conforme à ce qui se pratique de mieux pour la construction des ouvrages de fortification, écluses et édifices militaires. La plupart des matières qui étaient susceptibles des règles de géométrie y sont traitées avec précision et netteté, ce qui pourra contribuer à la perfection des ouvrages : je juge même que les ingénieurs pourront se servir très-utilement des règles qui y sont enseignées, et qu'en général ce livre ne peut être que très-avantageux au service du roi et à ceux qui sont chargés de la construction des ouvrages de sa majesté.

Fait à Béthune, ce 17 mai 1728. *Signé* DE VAUBAN.

Nous soussigné, chevalier de l'ordre royal et militaire de Saint-Louis, brigadier des armées du roi, ingénieur, directeur des fortifications, etc., certifions avoir vu, lu et examiné par ordre de M. le marquis Dasfeld, avec toute l'attention dont nous sommes capable, un manuscrit intitulé *la Science des Ingénieurs dans la conduite des travaux de fortification*, *par M. de Bélidor*, dans lequel nous n'avons rien reconnu qui ne soit très-bon, très-utile au service du roi, et avantageux à tous ceux qui s'appliquent à la profession d'ingénieur, les matières y étant traitées selon l'usage que j'ai vu pratiquer dans plusieurs places depuis cinquante-six ans que je fais travailler.

Fait à Saint-Quentin, le 28 avril 1728. *Signé* DEMUS.

Nous soussigné, chevalier de l'ordre militaire de Saint-Louis, directeur des fortifications de la Flandre; certifions avoir vu, lu et examiné avec soin, par ordre de M. le marquis Dasfeld, un manuscrit accompagné de planches, qui a pour titre *la Science des Ingénieurs dans la conduite des travaux de fortification*, *par M. de Bélidor*, dans lequel nous n'avons rien trouvé que de très-bon, très-utile, et démontré avec toute l'exactitude et la capacité requises, tant géométriquement que par la pratique ordinaire; et jugeons que ce travail ne peut être que très-utile et avantageux pour le service du roi, et à ceux qui s'appliquent à la connaissance des fortifications, puisqu'ils ne pourront point se servir d'une méthode plus facile et plus exacte que celle qui y est démontrée.

Fait au Quesnoy, ce 2 mai 1728. *Signé* VALLORY.

Nous soussigné, chevalier de l'ordre militaire de Saint-Louis, etc., ayant la direction des fortifications des ville et citadelle de Lille, certifions avoir vu, lu et examiné avec soin un manuscrit qui a pour titre *la Science des Ingénieurs dans la conduite des travaux de fortification*, *par M. de Bélidor*, dans lequel nous n'avons rien trouvé que de très-bon et très-utile, bien démontré géométriquement dans plusieurs parties essentielles qui n'avaient été jusqu'à présent mises en usage que par pratique; ce qui pourra beaucoup contribuer à la perfection des ouvrages de fortification, et devenir très-utile pour le service du roi, et à perfectionner les jeunes ingénieurs, qui trouveront dans ce Traité, avec beaucoup d'exactitude et de netteté, ce qui ne se rencontre point dans aucun des auteurs qui ont traité des fortifications.

Fait à Lille, ce 9 mai 1728. *Signé* GITTARD.

# TABLE

## DES LIVRES ET CHAPITRES

### CONTENUS DANS CE VOLUME.

FIN DE LA TABLE.

www.ingramcontent.com/pod-product-compliance
Lightning Source LLC
Chambersburg PA
CBHW061728300426
44115CB00009B/1137
*9782013689373*